轮机自动控制系统

林叶春　陈文涛　张　俊　主编
周明华　主审

上海浦江教育出版社

图书在版编目(CIP)数据

轮机自动控制系统/林叶春，陈文涛，张俊主编. —上海：上海浦江教育出版社有限公司，2014. 3

ISBN 978 - 7 - 81121 - 332 - 4

Ⅰ. ①轮…　Ⅱ. ①林…　②陈…　③张…　Ⅲ. ①轮机—自动控制系统　Ⅳ. ①U664. 1

中国版本图书馆 CIP 数据核字(2014)第 038901 号

上海浦江教育出版社出版

社址：上海海港大道 1550 号上海海事大学校内　邮政编码：201306

电话：(021)38284910(12)(发行)　38284923(总编室)　38284916(传真)

E-mail：cbs@shmtu. edu. cn　URL：http://www. pujiangpress. cn

上海图宇印刷有限公司印装　上海浦江教育出版社发行

幅面尺寸：185 mm×260 mm　印张：27. 75　字数：658 千字

2014 年 4 月第 1 版　　2014 年 4 月第 1 次印刷

责任编辑：黄丽芬　　封面设计：赵宏义

定价：78. 00 元

内容摘要

本书共分12章，主要内容包括：微机控制系统与工业控制技术；自动控制系统基础；传感器与测量技术；船舶机舱重要参数的监测；船舶机舱监测与报警系统；船舶蒸汽锅炉自动控制系统；机舱辅机控制系统；机舱反馈自动控制系统；船舶主机遥控系统；主机遥控系统实例分析；智能柴油机控制系统；电力推进控制系统。

本书是普通高等院校轮机工程和船舶电子电气工程专业教学的配套教材之一，是针对高等院校轮机工程和船舶电子电气工程专业本科教学，也可用于相关专业课程的参考教材，还可供船舶轮机自动化技术人员自学使用。

前言
Preface

本书是为轮机工程和船舶电子电气工程专业及其相关的专业的学生而编写的。本书注重系统性和实用性，面向社会需求，以培养应用型的高级轮机工程技术人才为目标，力求简明扼要、通俗易懂，有较强的针对性、适用性和先进性。

本书由上海海事大学的林叶春、陈文涛、张俊任主编，王海燕、常勇、李精明任副主编，周明华主审。全书共分12章：第一章微机控制系统与工业控制技术；第二章自动控制系统基础；第三章传感器与测量技术；第四章船舶机舱重要参数的监测；第五章船舶机舱监测与报警系统；第六章船舶蒸汽锅炉自动控制系统；第七章机舱辅机控制系统；第八章机舱反馈自动控制系统；第九章船舶主机遥控系统；第十章主机遥控系统实例分析；第十一章智能柴油机控制系统；第十二章电力推进控制系统。第二章和第九章的第一节～第六节由陈文涛编写，第十章、第十一章由张俊编写，第一章和第九章的第七节由王海燕编写，第三章由常勇编写，第十二章由李精明编写，其余部分由林叶春编写。参加本书编写工作的还有孙永明、李品友、刘冲、武起立、李军军、甘世红、陈军、岳虎、陈泰山、姜军、韩冲等。全书由林叶春统稿。

本书在编写和出版过程中，得到了上海海事大学教务处、商船学院，以及上海浦江教育出版社、中远上海远洋公司技术部和“育明”轮等有关单位和部门领导的鼎力支持和悉心指导，得到了上海海事大学领导和商船学院同仁的帮助和支持，特别是得到兄弟院校同仁及国家海事中心高级轮机长黄党和的指导和大力支持，在此向以上单位和个人一并致以诚挚的谢意。

由于本书内容涉及面广，加之编者的水平有限、经验不足，难免有不当和误漏之处，敬请同行和读者批评指正。

编　者

2013年10月

目录 Contents

第一章　微机控制系统与工业控制技术 ……………………（1）
第一节　微机控制系统 ……………………（1）
第二节　嵌入式系统及应用 ……………………（18）
第三节　可编程序控制器控制技术 ……………………（23）
第四节　船舶计算机网络基础知识 ……………………（45）
复习思考题 ……………………（66）

第二章　自动控制系统基础 ……………………（67）
第一节　自动控制系统的基本知识 ……………………（67）
第二节　自动化仪表简介 ……………………（74）
第三节　调节器 ……………………（79）
第四节　执行器 ……………………（95）
第五节　闭环自动控制系统的调节器参数调整 ……………………（100）
复习思考题 ……………………（104）

第三章　传感器与测量技术 ……………………（105）
第一节　传感器概述 ……………………（105）
第二节　船舶常用传感器 ……………………（107）
第三节　变送器 ……………………（121）
第四节　光电编码器 ……………………（131）
复习思考题 ……………………（134）

第四章　船舶机舱重要参数监测 ……………………（136）
第一节　曲轴箱油雾浓度监测报警装置 ……………………（136）
第二节　主机气缸压力检测系统和柴油机轴承磨损监测系统 ……………………（142）
第三节　油水分离器及其油份浓度检测 ……………………（146）
复习思考题 ……………………（148）

第五章　船舶机舱监测与报警系统 ……………………（150）
第一节　船舶机舱监测与报警系统的基础知识 ……………………（150）
第二节　单元组合式监测与报警系统 ……………………（155）

第三节　网络型监测与报警系统 …………………………………… (157)
第四节　船舶火灾自动报警系统 …………………………………… (184)
复习思考题 …………………………………………………………… (197)

第六章　船舶蒸汽锅炉自动控制系统 ………………………… (198)
第一节　锅炉水位的自动控制 ……………………………………… (199)
第二节　蒸汽压力的自动控制 ……………………………………… (202)
第三节　燃烧时序控制 ……………………………………………… (208)
第四节　船舶蒸汽锅炉的安全保护 ………………………………… (218)
第五节　SAACKE 型辅锅炉控制系统 …………………………… (219)
复习思考题 …………………………………………………………… (223)

第七章　机舱辅机控制系统 ………………………………………… (224)
第一节　燃油净油单元的自动控制系统 …………………………… (224)
第二节　自清洗滤器的自动控制 …………………………………… (240)
第三节　阀门遥控与液货舱的遥测 ………………………………… (242)
第四节　焚烧炉的控制系统 ………………………………………… (250)
第五节　船舶制冷系统的自动控制 ………………………………… (252)
第六节　船舶空调的电气控制系统 ………………………………… (269)
复习思考题 …………………………………………………………… (277)

第八章　机舱反馈自动控制系统 ………………………………… (278)
第一节　柴油机气缸冷却水温度自动控制系统 …………………… (278)
第二节　燃油供油单元及其自动控制系统 ………………………… (284)
复习思考题 …………………………………………………………… (294)

第九章　船舶主机遥控系统 ………………………………………… (295)
第一节　主机遥控系统的基础知识 ………………………………… (295)
第二节　主机遥控系统的主要气动元件 …………………………… (301)
第三节　车钟系统及操作部位的转换 ……………………………… (309)
第四节　主机遥控系统的控制功能 ………………………………… (313)
第五节　主机遥控系统的电/气转换装置和执行器 ……………… (331)
第六节　船舶主机气动操纵系统 …………………………………… (334)
第七节　变距桨自动遥控系统 ……………………………………… (342)
复习思考题 …………………………………………………………… (347)

第十章　主机遥控系统实例分析 ………………………………… (348)
第一节　微机控制型主机遥控系统 ………………………………… (348)

第二节　PLC 控制的主机遥控系统 …… (359)
第三节　数字调速系统 …… (361)
第四节　主机安全保护系统 …… (375)
第五节　现场总线型主机遥控系统 …… (378)
复习思考题 …… (396)

第十一章　智能柴油机控制系统 …… (397)
第一节　智能柴油机的共轨技术 …… (397)
第二节　ME 系列柴油机智能控制系统 …… (399)
第三节　RT-flex 型智能控制系统 …… (406)
复习思考题 …… (411)

第十二章　电力推进控制系统 …… (412)
第一节　电力推进系统的组成与特点 …… (412)
第二节　电力推进系统的控制 …… (420)
第三节　电力管理系统(PMS) …… (428)
复习思考题 …… (431)

参考文献 …… (432)

第一章　微机控制系统与工业控制技术

第一节　微机控制系统

微机(Microcomputer)产生于20世纪70年代初期,其微处理器(Microprocessor)采用大规模或超大规模集成电路技术。到70年代中期,微机就开始应用于船舶机舱的集中监测系统。如今,微机技术已经渗透到船舶自动化领域的方方面面,从单台设备的自动控制到机舱设备的分布式监控,再到全船的网络化管理,都已经离不开微机。

一、微机的结构组成

如图1-1所示,微机由微处理器、总线、存储器、输入/输出接口(I/O接口)和输入/输出设备(I/O设备)等五部分组成。其中,微处理器包含运算器和控制器,通过地址总线(Address Bus, AB)、数据总线(Data Bus, DB)和控制总线(Control Bus, CB)与存储器、I/O接口相连;存储器包括随机存取存储器(Random Access Memory, RAM)和只读存储器(ROM),分别用于存储数据和程序;微处理器通过I/O接口与I/O设备进行数据交换。微机体系结构的主要特点就是采用总线结构,通过总线将微处理器、存储器、I/O接口电路连接起来,而外围输入或输出设备则通过I/O接口实现与微处理器的信息交换。总线是指微机中各功能部件间传送信息的公共通道,它是微机的重要组成部分,其物理上可以是带状的扁平线,也可以是印刷电路板上的一层极薄的金属连线,系统中各部件都是"挂"在总线上的,所有的信息都通过总线传送。根据所传送信息的内容与作用不同,总线可分为数据总线(DB)、控制总线(CB)和地址总线(AB)三类。

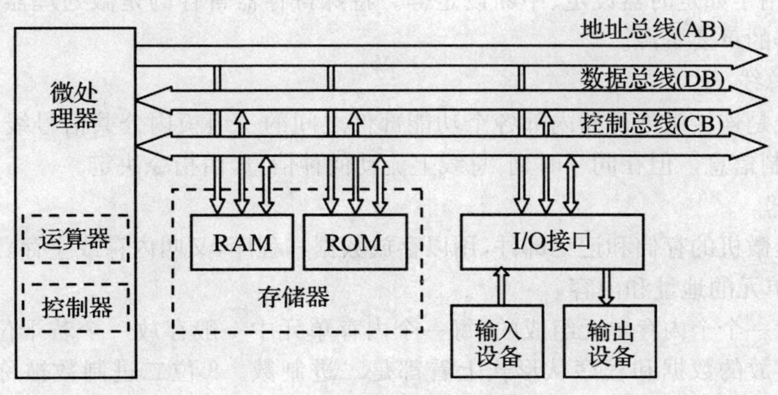

图1-1　微机结构框图

1．微处理器

1）控制器

控制器协调整个微机的有序工作，是微处理器的指挥控制中心。其组成包括指令寄存器（Instruction Register，IR）、指令译码器（Instruction Decoder，ID）和操作控制器（Operation Controller，OC）。控制器按时钟脉冲依次从存储器中取出指令，放在IR中，通过指令译码确定应该进行的操作，再通过OC，向相应的部件发出控制信号。各条指令集合在一起，由微处理器依次执行，即微处理器根据预先编好的程序完成指定的任务。

控制器执行一条指令的第一步，是由程序计数器（Program Counter，PC）给出该指令的地址，并寄存到地址寄存器（Address Register，AR）中，地址寄存器把这个地址码通过AB送至存储器的地址译码器，从该地址的存储器中取出指令放在IR。由于指令的第一个机器周期取出的是操作码而不是数据，所以这一个字节的信息经数据寄存器送至IR，而不是送到累加器或通用寄存器。控制器将寄存在IR的操作码进行译码，通过可编程序逻辑阵列，按照时序发出执行指令所需的各种控制命令。当一条指令执行完后，再次进入下一条取指令的阶段，开始前述过程，一直循环进行。如果程序的最后一条指令是跳转到程序的开始或程序指定处，程序又开始新一轮循环工作。

2）运算器

运算器在控制器的控制下，对二进制数进行算术和逻辑运算。运算器通常由算术逻辑单元（Arithmetic Logic Unit，ALU）、累加器（Accumulator，A）、通用寄存器（HL）和标志寄存器（Flag，F）等部件组成，其中：ALU是运算器的核心，在控制信号的作用下可完成加、减、乘、除四则运算和各种逻辑运算；累加器A配合ALU工作，与运算的一个操作数一起送给ALU进行运算，并存储ALU的运算结果；通用寄存器HL可寄存参与运算的一个操作数，或寄存ALU运算的中间结果，或寄存参与运算的一个操作数所在存储单元的地址；标志寄存器F用于记录运算结果的状态特征，如结果为零、正、负、溢出等。

3）寄存器阵列

寄存器阵列也称寄存器或寄存器组，是微处理器内部的一组RAM单元，可以单个使用，也可以成对使用（即寄存器组），甚至有些可以按位使用。有些被定义为特定的名称，称特殊寄存器，用于如定时器设定、中断设定等。特殊寄存器寄存的是微处理器的基本信息，也是微处理器的重要资源。

4）内部总线

内部总线是连接微处理器内部各个功能部件之间的一组板内公共信号线，可以传输数据、地址或控制信息。但在同一时刻，总线上流动何种信息，由指令决定。

2．存储器

存储器是微机的存储和记忆部件，用以存放数据和程序，又叫内存或主存。

1）内存单元的地址和内容

内存是由一个个内存单元组成的，每一个内存单元中一般存放一个若干位的二进制信息。内存中存放的数据和程序从形式上看都是二进制数。8位二进制数被称为1个字节（Byte，B）；2个字节，即16位二进制数称为字（Word，W）；2个字，即32位二进制数称为双字（Double Word，DW）。

内存单元的字节总数称为内存的容量。2^{10}(即1 024)个字节称为1千字节,记作1 KB;2^{10}KB称为1兆字节,记作1 MB;2^{10}MB称为1GB;2^{10}GB称为1TB。

每个内存单元依次按地址来存放和管理,微机通过地址即可找到相应的内存,并对其进行操作;所以,内存单元的地址和内存单元的内容是两个完全不同的概念。

2) 内存的操作

微处理器对内存的操作有读、写两种,所谓读、写操作都是针对微处理器来说的。读操作是微处理器将内存单元的内容取出和送入微处理器内部寄存器,而写操作是微处理器将其内部信息传送到内存单元。显然,写操作的结果改变了被写单元中原有内容,而读操作则不改变被读单元中原有内容。

3) 内存的分类

按工作方式不同,内存可分为两大类,即RAM和ROM。按写入方式的不同,内存又可分为只读存储器(ROM)、可编程只读存储器(PROM)、可擦除可编程只读存储器(EPROM)、电可擦可编程只读存储器(EEPROM或E^2PROM)和FLASH存储器。

RAM可以被微处理器随机地读和写,所以又称为读写存储器,这种存储器用于存放用户装入的程序、数据及部分系统信息,当机器断电后,所存信息消失。

ROM中的信息只能被微处理器读取,不能由微处理器任意写入,当机器断电后,信息并不丢失。所以,这种存储器主要用来存放那些固定不变、不需修改的程序和数据。ROM中的内容是由生产厂家或用户使用专用设备写入固化的。

PROM允许用户根据需要来编写ROM中的内容,但只允许编程一次。PROM一旦写入信息后,就具有永久固定的内容,只能读出,不能重写。

EPROM可以多次改写,并可通过紫外线照射擦除存储器的原来信息,之后可重新写入。

EEPROM是用电来擦除存储器的原来信息,而不需要紫外线光源,且断电信息不会丢失,使用起来很方便。当需要擦除或修改时,可通过加入相应的电压及控制信号来改写某一个字节的内容或擦除全部内容。像对RAM操作一样,只是擦写过程要比RAM慢得多。

FLASH存储器又称闪存,结合ROM和RAM的长处,不仅具备EEPROM的性能,还不会因断电而丢失数据,同时可以像RAM一样快速读取数据,U盘和MP3用的就是这种存储器。由于闪存编程速度快、容量大,因此得到广泛的应用,目前主要用来构成存储卡,现已大量用于笔记本电脑、数码相机、MP3播放器等设备中。闪存如用作内存,可存放程序或微机的BIOS等基本信息。

3. I/O接口

I/O接口是微机控制系统与外部设备之间的桥梁,外部输入设备和输出设备要通过I/O接口才能与计算机进行信息交换,完成实际工作任务。常用输入设备有键盘、鼠标器、扫描仪等;常用输出设备有显示器、打印机、绘图仪等。磁盘和光驱既是输入设备,又是输出设备,可读取,也可写出。与微处理器相比,使用I/O接口的主要原因是:外设的工作速度较低;外设的数据类型不同,外设处理的信息有数字量、模拟量、开关量、脉冲量等,而微机只能处理数字量;外设的时钟源不一致;外设的电平与微处理器的不一致。

机控制系统不可分离的两个重要组成部分。软件包括系统软件和应用软件，系统软件是指不需要用户干预的，为用户程序的开发、调试以及运行等服务的程序，它是计算机裸机与应用程序及用户之间的桥梁。系统软件主要包括操作系统（Operating System, OS）和系统应用程序。操作系统是控制微机本身的资源（如微处理器、存储器及 I/O 设备等），用于提供人-机接口和管理计算机的所有硬件与软件资源。其中，最为重要的核心部分是常驻监控程序，微机起动后常驻监控程序始终存放在内存中，它接收用户命令，并执行相应的操作。操作系统还包括用于执行 I/O 操作的 I/O 驱动程序，每当用户程序或其他系统程序需要使用 I/O 设备时，通常并不是该程序执行 I/O 操作，而是由操作系统利用 I/O 驱动程序来执行任务。操作系统是计算机系统的控制和管理中心，从资源角度来看，它具有处理机、存储器管理、设备管理、文件管理等 4 项功能。系统应用程序是指为了完成某项或某几项特定任务而被开发运行于操作系统之上的计算机程序，常常作为用户应用软件与操作系统间的接口服务程序而被使用。

应用软件就是用户为解决各种实际问题而自己编写的程序，可用来编写用户软件的语言有机器语言（Machine Language）、汇编语言（Assemble Language）和高级语言（High Level Language）等。

图 1-3 所示即为典型微机控制系统，中间是由微处理器、组成内存的 ROM 和 RAM 构成的主要内部设备。左边为计算机的外部设备，包括打印机（PR）、显示屏（CRT）、键盘（KB）以及外存储磁带或软盘硬盘（HD），通过相应的接口与计算机的内部总线相连。右边为被控对象，包括传感器、信号调理电路、信号驱动电路、执行器等，处理的信号有模拟量、数字量、开关量及脉冲量 4 种形式。在右边的接口通道中，包括输入接口通道和输出接口通道，配合相应的传感器电路和输出执行回路。

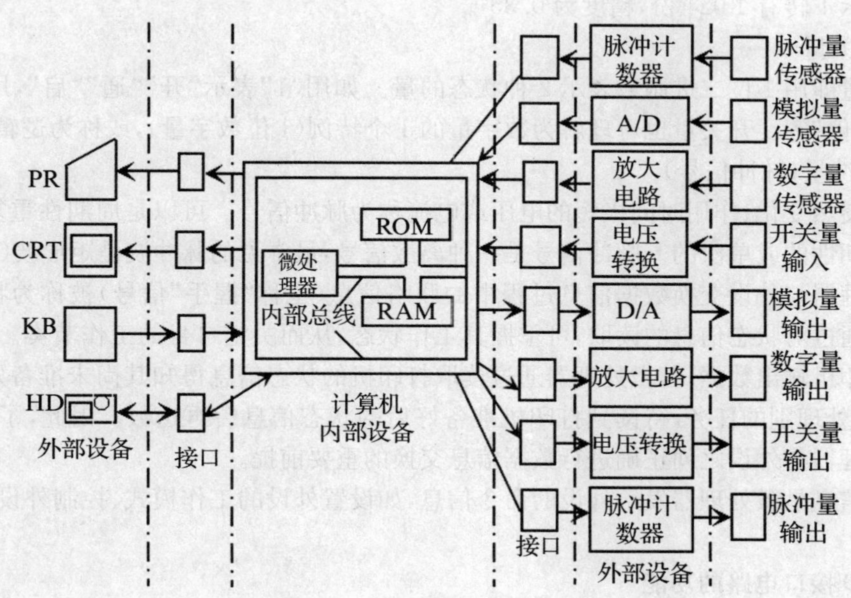

图 1-3 典型微机控制系统

针对具体应用对象，图1-3所示的微机控制系统可能有变化，如有的简单的系统输入设备只有1个，有的输出设备有1个或几个。在典型的微机控制系统的结构基础上，可以根据用户的需要作适当的调整，并配以合适的软件来完成用户的实际需要。

二、I/O接口电路

微机I/O接口技术是采用硬件与软件相结合的方法，确保微处理器与外设进行最佳耦合与匹配，以便实现高效、可靠的信息交换。接口电路有些是比较简单的，也有些是非常复杂的，有些复杂程度往往不亚于微处理器。目前，微机中常采用大规模集成电路制成的可编程接口芯片。

1. I/O接口电路的分类

按照是否可以编程来看，I/O接口电路可以分为简单和可编程接口电路。按照信息处理来分，I/O接口电路可以分为数据信息、状态信息和控制信息接口电路，数据信息接口电路又可分为模拟量、数字量、开关量、脉冲量等4种接口形式，具体4个数据信息量定义如下：

1）模拟量

模拟量即连续变化的量。如温度、压力、速度、位移、电流、电压等物理量，对于非电量输入，可先通过相应的传感器转换成电量，对于非标准信号，应先通过信号调理电路转换为标准的0～5 V或4～20 mA信号。对于模拟量输入，要经过模数（A/D）转换；对于模拟量输出，要经过数模（D/A）转换。

2）数字量

数字量即按一定的编码标准（如二进制格式或ASCII码标准），由若干位数（如8位、16位、32位）组合表示的数或字符。其中的每1位可以为0或1，每8位（或16位、32位）的组合表示1个数或字符。在工业控制中，常使用绝对值编码器来检测角度，如10位二进制数字量可表示1转有1 024份，精度为0.35°。

3）开关量

开关量即用1位二进制数表示2种状态的量。如用“1”表示“开”“通”“启”，用“0”表示“关”“断”“停”等。开关量也可理解为数字量的1个特例（1位数字量），或称为逻辑量。

4）脉冲量（脉冲信号）

瞬间突然变化、作用时间极短的电压或电流称为脉冲信号。可以是周期性重复的，也可以是非周期性的或单次的。脉冲信号是一种离散信号，最常见的脉冲波是矩形波（即方波）。

微处理器与外设交换数据信息过程中的联络信息（也称“握手”信号）被称为状态信息。微处理器通过对状态信息的读取，可掌握其工作状态，从而决定自身的工作节奏。如微处理器要向打印机输出数据，若微处理器通过读取打印机的状态信息得知其尚未准备好，则暂缓送数，先去处理别的任务，待读到打印机准备好后的状态信息后再送数。因此，了解状态信息是微处理器与外设之间正确进行数据信息交换的重要前提。

控制信息是微处理器发给外设的命令信息，如设置外设的工作模式、控制外设的开始和停止等。

2. I/O接口电路的功能

1）速度匹配

微处理器运行速度与速度相对较慢的外部设备在传送数据方面是存在矛盾的，比如，微处理器输出一组数据是微秒级的，在 DB 上这个信息稍纵即逝。换言之，外设还未来得及读取，信息已消失。为此，需要设置锁存器作为接口电路，把 DB 瞬间出现的信息锁存起来。这样，慢速的外部设备就有充足的时间来完成这个信息的操作。

2）地址译码和设备选择

所有的 I/O 接口电路都是通过三组总线与微处理器连在一起的。所有的输入接口都把数据放到总线上，而所有的输出接口都从 DB 上取数据，微处理器输出的数据是要送到对应设备接口的，如果不加选择，则会造成数据传输的混乱。因此，I/O 接口电路必须根据地址来产生一个选择信号，即要有译码功能，在微处理器发出的地址信息后，各 I/O 接口电路都将进行地址译码，哪个 I/O 接口地址与微处理器发的地址一致，则哪个 I/O 接口才会被选中，则该接口与微处理器接通，微处理器与该接口进行数据传送。当接通时，微处理器通过控制总线发读信号$\overline{RD}$或写信号$\overline{WR}$，决定被选中的 I/O 接口是把数据放在 DB 上还是从 DB 上取数据。其他 I/O 接口则处在高阻抗状态，即与 DB 脱离。

3）模拟量和数字量转换

在用微机组成的控制和监测系统中，现场采集的数据除开关量可用 0 或 1 来表示开关状态外，大量的是运行参数连续变化的量，其参数值的大小一般用电压或电流这一模拟量形式表示且，且必须通过 I/O 接口电路把这一模拟量转变成微处理器能接受的数字量。另外，微处理器输出的信息是数字量，用二进制的数字量来显示这个参数值是很不方便的。同时，如果微处理器要控制一个调节阀的开度变化，必须把微处理器输出的数字量经 I/O 接口电路转变成模拟量。把模拟量转换成数字量的电路称为 A/D 转换电路；把数字量转换成模拟量的电路称为 D/A 转换电路。

4）电平和功率的匹配

微处理器常用的工作电压是 5 V，而外部设备工作电压与微处理器是不同的，常用的是 24 V DC，有的输出设备还要求有较大的功率，因此，绝大多数外部设备是不能直接与微处理器进行数据传送的，必须经 I/O 接口电路，把输入信号的电压转换成微处理器能接受的电压范围。对输出设备来说，经输出接口电路接收到微处理器送来的信息，要转换成输出设备的工作电压并进行功率放大。另外，为保证微处理器的正常工作，也必须将外围设备与微处理器隔离，防止外部故障对微处理器造成影响。所以，系统需要 I/O 接口电路实现电平转换、信号隔离和功率匹配。

5）为微处理器提供外部设备的状态信号

由于微处理器对数据传送和数据运算的速度极高，而外部设备比较慢，这样，微处理器要从某个外部设备读取数据时，这个外部设备必须准备好，否则微处理器就不能读取这个外部设备的数据。当微处理器要把数据写到外设时，该外部设备必须是空闲的，如果该外设正在工作，处在忙的状态，或锁存器、缓冲器已有待执行的数据，即是满数据状态，微处理器是不能向该外部设备写数据的，这种“准备好”“闲”“忙”“满”等状态信息也必须由 I/O 接口电路提供。

6）信息串并行传送的转换

有些 I/O 设备与微处理器之间是用串行通信的，但微处理器是并行的，且一次处理 8 位二进制数。这样，I/O 接口电路必须使这两种信息传送的格式相匹配。当外部设备以串行方式送来数据时，该接口电路能一位一位地接收，然后转成并行的数据送微处理器。当微处理器要把数据写到外部设备时，该接口电路能并行接收微处理器送来的数据，然后再一位一位地向外部设备发送。这种数据传送方式在远距离通信中采用比较多。

3. 微处理器与外设间的接口电路

三个I/O接口的典型结构如图1-4所示。微处理器与外设经过I/O接口交换信息，即微处理器通过DB，AB和CB与I/O接口连接，以实现与外设交换数据信息、状态信息和控制信息。在可编程的接口电路中，一般都设有数据寄存器、状态寄存器和控制寄存器，可分别对这三种不同性质的信息进行锁存和处理。因此，一个外设往往要占用几个端口，即数据端口、状态端口、控制端口等。微处理器对外设的控制或微处理器与外设间的信息交换，实际上就转换成微处理器通过I/O指令读/写外设备端口的数据，只是对不同的端口，读/写的数据性质也不同。在状态端口，读入的数据表示外设的状态信息；在控制端口，写出的数据表示微处理器对外设的控制信息；只有在数据端口，才是真正地进行数据信息的交换。

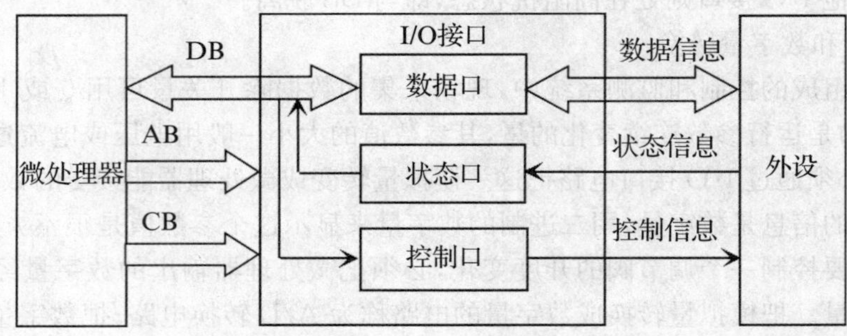

图1-4　I/O接口的典型结构

1)开关量输入接口

在工业控制设备中，开关量往往来自控制台或控制箱的按钮、转换开关、继电器或来自现场的行程开关等的触点，而且伴有不同的电平输出和干扰噪声，因此必须经过电平转换电路，将触点的通断转换成计算机电路能够接受的逻辑电平，同时还要考虑滤波、去抖动以及信号隔离等措施，常用的微机工作电平是TTL(Transistor-Transistor Logic)电平。$TTL \geqslant 2.4$ V为高电平，表示逻辑“1”；$TTL \leqslant 0.4$ V为低电平，表示逻辑“0”。

图1-5所示电路是1个采用74LS373锁存器进行开关量输入的典型接口电路。图中，S7～S0代表8个外部设备的开关状态，经光电隔离转换电路后送至锁存器的输入端。锁存器输入端的状态反映开关的状态，当S7接通时，光隔离器输出“0”(低电平)，经反相后为“1”(高电平)。由于计算机的数据宽度一般都是8的整数，因此一般把需要输入的开关量按每8个为1组进行组合。这样计算机每次输入的实际上是8个开关量。图1-5中的74LS373锁存器的11脚LE端已接+5 V(高电平)，8个输入端的信息可以直接进入锁存器内部，但什么时候可以送至输出端，则由微处理器根据程序指令来控制。

当微处理器执行某条指令，需要对这组开关量进行输入时，通过地址译码使图中的片选线为低电平(逻辑“0”)，由于微处理器执行的是输入指令(即读操作)，$\overline{RD}$为低电平(逻辑“0”)，或门输出逻辑“0”，锁存器的输出允许端1号脚$\overline{OE}$有效，锁存器内部已输入的信息有效送至输出端，再经由DB送入微处理器。

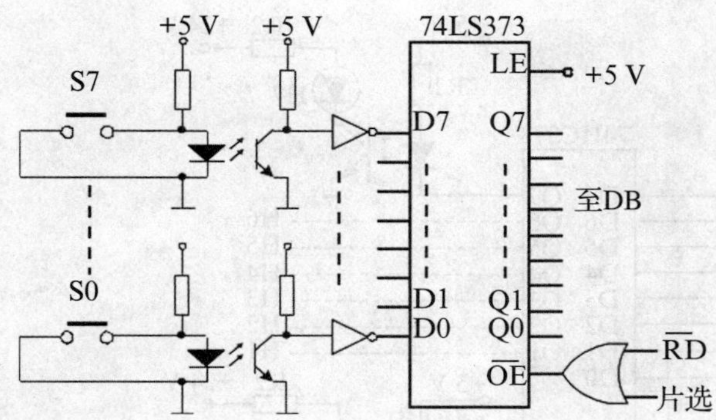

图 1-5　开关量输入接口电路

开关量输入的结果是以字节的形式出现的，字节中每位的状态（即是 0 还是 1）反映开关的状态（即是断开还是闭合）。例如，若某次输入的结果为 11H(00010001B)，则说明 S0 和 S4 是闭合的，其余开关都是断开的。

2) 开关量输出接口

开关量输出用于控制外部设备的起停或状态指示等。通常有晶体管输出、晶闸管输出和继电器输出等形式。为保证计算机安全、可靠的工作，输出部分要加光电隔离电路，同时为了驱动继电器或其他执行部件，输出通道一般都要设置功率放大电路。

图 1-6 所示为几种典型的开关量输出电路。其中，图 1-6(a)为采用 74HC373 锁存器作为输出接口的 TTL 电平输出电路，输出可以直接驱动发光二极管(LED)等低功率负载。锁存器的锁存端 C(即前述的 LE)由片选线和$\overline{WR}$经或非门控制，输出控制端$\overline{OE}$接地，输入端来自微处理器 DB，输出端经光电隔离后控制 8 个指示灯的状态。当计算机对片选地址执行写操作时，片选线和$\overline{WR}$)同时为 0，或非门输出 1，将来自 DB 的写出内容送入锁存器，由于输出控制端接地，使得锁存器输出端$\overline{OE}$始终有效，因此送入锁存器的内容直接到达输出端，经光电隔离后控制各个指示灯的状态。

从图 1-6(a)不难看出，输出字节中，状态为 0 的位将使相应的指示灯点亮，状态为 1 的位则使指示灯熄灭。以 D7 位为例，若 $D_0=0$，则 $Q_0=0$，光隔离器中的发光管点亮，与其配对的晶体管导通，集电极接地，指示灯 H0 点亮；反之，若 $D_0=1$，则 $Q_0=1$，发光管关断，晶体管截止，指示灯 H0 熄灭。

图 1-6(b)为开关量的晶体管输出原理，D 端为输出接口电路输出的某个字节位，或为 0，或为 1。若 $D=1$，则经反相后使光隔离器中的发光管点亮，与其配对的晶体管导通，晶体管 T 也导通，负载 R_L 得电；反之，晶体管 T 截止，R_L 失电。它适用于控制板外供电的继电器和电磁阀等的电磁线圈，板外电源必须是直流电源。

图 1-6(c)为开关量的继电器输出原理。与晶体管输出的区别在于晶体管 T 驱动的是继电器 K，对板外输出的是继电器 K 的触点。由于是触点输出，外界负载 R_L 既可以是直流电源也可以是交流电源。

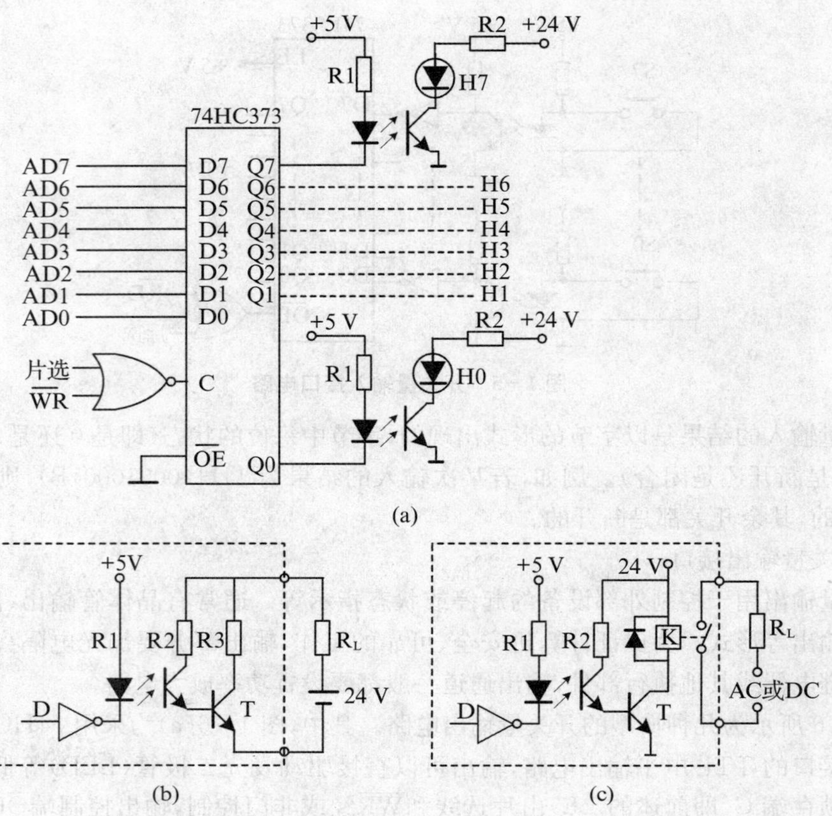

图 1-6　开关量输出电路

3) D/A 转换

数模转换器(Digital Analog Converter，DAC)的模拟量输出 V_{OUT} 与输入数字量 B 的绝对值大小关系可用以下公式计算：

$$V_{OUT}=\frac{B}{2^n}\times V_R \tag{1-1}$$

式中：V_R 为参考电压，也是 DAC 的量程；B 为微处理器经过 D/A 输出的数字量，其最大数字由芯片型号决定，为 2^n；n 为 D/A 转换器的位数，通常为 10 位、12 位和 16 位。

假设，参考电压为+5 V，一个完整的 D/A 转换器输出被设计为一个从 0～5 V，表 1-1 给出 10 位 D/A 转换电压输出结果的示例。

表 1-1　D/A 转换结果示例

数字量输入		模拟量输出/V
十六进制	二进制	
000H	00 0000 0000B	0
001H	00 0000 0001B	0.004 9
010H	00 0001 0000B	0.078
100H	01 0000 0000B	1.25
3FFH	11 1111 1111B	4.995

(1) DAC的性能指标。DAC的性能指标是选用DAC芯片型号的依据，也是衡量芯片质量的重要参数，主要指标有以下4个：①分辨率。分辨率是指DAC输入数字量的最低有效位（Least Significant Bit，LSB）发生变化时，所对应的输出模拟量的变化量。它反映DAC输出模拟量的最小变化值，它与输入数字量的二进制位数有确定关系。一个n位的DAC所能分辨的最小电压增量为参考电压值的2^{-n}倍。例如，参考电压为5 V的10位DAC芯片的分辨率为$5\times2^{-10}=4.9$ mV；若采用16位DAC，则其分辨率高达$5\times2^{-16}=76.29$ μV。从表1-1可用看出，当被转换的数字量达到最大值3 FFH时，模拟量输出的绝对值未达到5 V，这正是由于分辨率的缘故。②转换精度。转换精度是指满量程时DAC的实际模拟输出值和理论值之间的差值。③线性度。线性度（也称非线性误差）是指DAC的实际转换特性曲线和理想直线之间的最大偏差。在理想情况下，DAC的数字输入量作等量增加时，其模拟输出电压也应作等量增加，但是实际输出往往有偏离。④偏移量误差。偏移量误差是指输入数字量为零时，输出模拟量不为零的偏移值。这种误差通常可以通过DAC的外接电位计加以调整。

除上述指标外，转换速度和温度灵敏度也是DAC的重要技术参数。

(2) D/A转换器输出电路。实际应用中，D/A转换器还需要配合适当的外围电路来实现需要的模拟量输出，除常规的0～5 V输出外，还常常使用4～20 mA的输出。

AD7520是一种常用的模拟量输出芯片，它是一个10位的DAC芯片，有多种工作方式。图1-7所示是AD7520常见的一种用法，在这种连接方式下，只要将数字量通过锁存器送至其输入引脚（BIT1～BIT10），与之配合的比较器A通过反向比例运算电路输出与该数字量相对应的模拟电压信号。

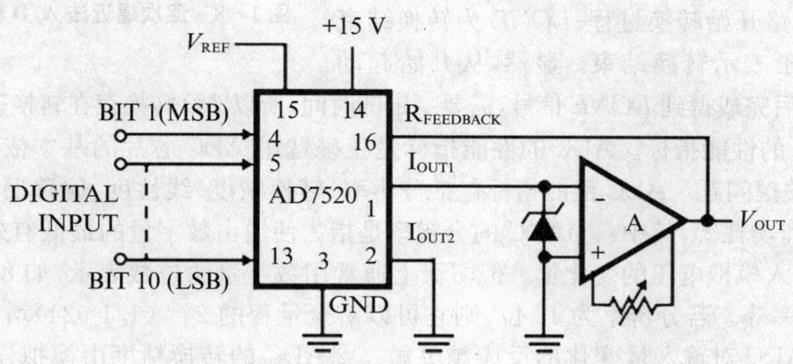

图1-7　AD7520常见的D/A转换电路

由于AD7520无内置锁存器，所以在从DB上取出需要D/A转换的数据时，需要2个8D锁存器，如前述的74HC373，在片选有效时，微处理器的$\overline{WR}$脉冲信号即将需要转换的数据送至74HC373的输入引脚。由于10位需要2个74HC373芯片，而采用8位计算机，DB为8位，则需要使用2次操作，先将10位中的高8位数据通过外1个74HC373送出，再将低2位数据通过另外1个74HC373送出，组合成10位输出给AD7520转换。由于已接地的转换控制始终有效，存入的内容将直接由AD7520进行D/A转换。

4) A/D转换

(1) A/D转换原理。A/D转换是将连续变化的模拟量信号转换为二进制的数字量信号，便于计算机进行处理。

A/D 转换的实现方法很多，常用的一种方法是逐次逼近法，图 1－8 给出逐次逼近法的基本原理。其转换的基本思路是：将要转换的模拟电压信号 V_X 送至比较器 A，与 DAC 输出的模拟电压 V_C 进行比较，而 DAC 的输入来自控制逻辑电路的输出。控制逻辑电路先将 10 位二进制数（$D_9 \sim D_0$）的最高位 D_9 假设为“1”，其余各位假设为“0”，经 D/A 转换后与 V_X 比较，若 $V_X > V_C$，则说明 D_9 位假设正确，保留为“1”；若 $V_X < V_C$，则说明假设错误，将 D_9 位置保留为“0”。并以同样的方法对 $D_8 \sim D_0$ 进行逐位假设和判断，直到最低位为止。最终得到的二进制数即为与 V_X 对应的数字量转换结果。

在逐次比较过程中，每次都要用到 DAC 进行 D/A 转换，DAC 需要一个参考电压。显然，被转换的模拟电压 V_X 不能超过 DAC 的参考电压，因此这一内部 DAC 的参考电也称作模数转换器（Analog Digital Converter，ADC）的参考电压。假设参考电压为 +5 V，V_X = 3.75 V，则经逐次比较的结果所转换成的 10 位数字量应为 1100000000（768）。当 10 位均比较完毕时，控制逻辑停止 A/D 转换，这时 10 位二进制数正好与输入的模拟量电压信号 V_X 相对应。

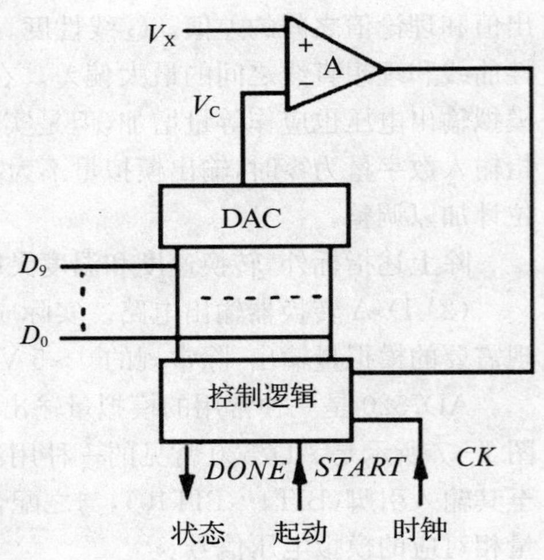

图 1－8　逐次逼近法 A/D 转换法框图

在图 1－8 中，*CK* 为时钟信号，ADC 的每次比较都在时钟控制下进行，*CK* 端来一个脉冲，控制逻辑电路就进行一次比较；*START* 为起动信号，用于触发控制逻辑电路开始转换过程；*DONE* 为转换结束状态信号，用于表示转换结束。显然，从开始起动 A/D转换到最后完成得到 *DONE* 信号，需要一定的时间，所以 AD 转换存在转换速度的问题。

（2）ADC 的性能指标。ADC 的性能指标是正确选用 ADC 芯片的基本依据，也是衡量 ADC 质量的关键问题。ADC 性能指标包括分辨率、转换精度、线性度、偏移误差、温度灵敏度、转换速度和功耗等，其中：①ADC 的分辨率是指为使输出数字量的最低有效位（LSB）发生变化所需输入模拟电压的变化量。但习惯上通常用数字量的位数表示，如 8 位、10 位、12 位、16 位分辨率等。若分辨率为 10 位，则它可以对全量程的 2^{-10}（1/1 024）增量作出反应。分辨率越高，ADC 对输入量变化的反应越灵敏。②ADC 的转换精度由模拟误差和数字误差组成。模拟误差是比较器、解码网络中电阻值以及基准电压波动等引起的误差。数字误差主要包括丢失码误差和量化误差，前者属于非固定误差，由器件质量决定，后者与 ADC 输出数字量位数有关，位数越多，其误差越小。③转换速度是指完成一次 A/D 转换所需时间的倒数，它是一个很重要的指标。ADC 型号不同，其转换速度差别很大。通常，8 位逐次比较式 ADC 的转换时间为 100 μs 左右。

（3）计算机的模拟量输入。计算机对开关量的输入相对简单，只要对开关量接口芯片进行读操作即可，但对模拟量的输入则要复杂些。

在实际应用中，为了节约硬件成本，往往多个模拟量共用 1 个 ADC，如 CD4051 芯片实现 8 个输入、1 个输出的多路切换开关。但在同一时刻，ADC 只能对 1 个模拟量进行 A/D 转换。其解决办法通常是采用1个多路转换开关对多路模拟量信号进行分时切换。多路转换开关的结构框图如图1-9所示，IN7～IN0是8个模拟量输入通道；EN是多路转换开关的片选端，高电平有效；A_2～A_0是微处理器发出的通道选择信号，经译码器可译出8种状态；out是转换开关的输出端，接至ADC的输入端。若$A_2A_1A_0$=000，则经译码后将使电子开关K0闭合，0号通道IN0的模拟量信号与out端接通，送至ADC进行A/D转换；若$A_2A_1A_0$=101，经译码器使电子开关K5闭合，则选通5号通道IN5，依次类推。经过多路开关选通的信号往往还要进行放大处理，使之达到与ADC工作相适应的电压级别。

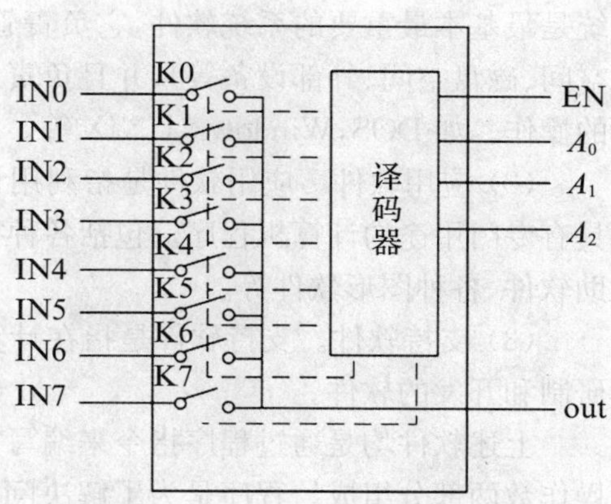

图1-9　多路转换开关的结构

图1-10所示的模拟量输入通道原理是经常采用的方案。各个组成部分的功能如下：①传感器及信号变换。将来自监控对象的物理量转换为电信号，必要时还必须包含滤波电路和线性补偿电路。②放大电路。对微弱的电信号进行放大，为后端数据采集提供标准范围。如果各个通道的信号性质相同，例如，都是来自Pt100传感器的缸套冷却水温度信号，经过放大处理后得到A/D转换需要的标准电压信号。③多路转换开关。多路转换开关也称为多路转换器或采样单元，它的作用是在控制逻辑的协调下把多个输入信号接到放大器或采样保持器，达到微处理器对各路模拟量进行分时采样的目的。④采样保持器。可以形象地理解为对模拟信号的暂时存储，以保证在A/D转换期间保持采样信号不变，减少采样误差。有些ADC自带采样保持功能，此时采样保持器可以省略。⑤ADC。即模/数转换器，将模拟信号转换为计算机可以识别的二进制数字量。⑥接口电路。提供模拟输入通道与计算机之间的控制信号和数据传输通路。

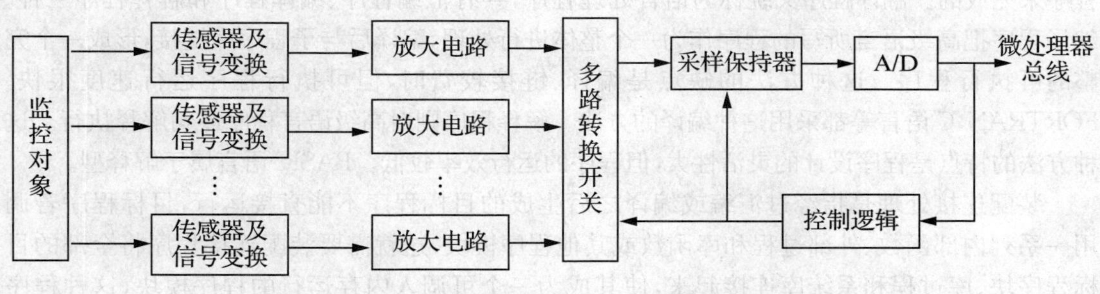

图1-10　模拟量输入通道原理

三、微机控制系统的软件设计

软件是相对于硬件而言的。通常，软件包括计算机运行所需要的所有程序、数据和文档。从计算机系统角度考虑，软件可分为系统软件、应用软件和支持软件三大类。

(1) 系统软件。系统软件通常是指管理、监控和维护计算机资源（包括硬件和软件）的一种软件，包括操作系统、各种程序设计语言及其解释、编译系统、数据库管理系统。操作系统是最基本最重要的系统软件，它负责管理计算机系统的各种硬件资源（如微处理器、内存空间、磁盘空间、外部设备等），并且负责解释用户对机器的管理命令，使它转换为机器实际的操作。如 DOS，Windows，UNIX 等。

（2）应用软件。应用软件是指利用计算机及系统软件为解决各种实际问题而编制的、具有专门用途的计算机程序。包括各种字处理软件、各种用于科学计算的软件包、计算机辅助软件、各种图形软件等。

（3）支持软件。支持软件是指在计算机硬件与系统软件的基础上，用于支援其他软件研制和开发的软件。

上述软件均是通过程序指令来编写完成的，程序指令就是一组二进制编码，由操作码和操作数两部分组成。程序是为了解决问题而编制的有序指令的集合，计算机的工作过程就是不断地执行这些有序的指令，对信息进行加工处理的过程。而程序设计语言就是用户用来编写程序的语言，是人们与计算机之间交换信息的工具，实际上也是人们指挥计算机工作的工具。程序设计语言可分为机器语言、汇编语言、高级语言三大类。机器语言是指机器能直接认识的语言，它是由“1”和“0”组成的一组代码指令。汇编语言实际是由一组与机器语言指令一一对应的符号指令和简单语法组成的。高级语言比较接近日常用语，对机器依赖性低，即适用于各种机器的计算机语言。如 BASIC 语言、Visual Basic 语言、FORTRAN 语言、C 语言、Java 语言等。

无论何种高级语言，最终都将转换为计算机控制器可以认识、编译的二进制数码，实现该步转换的过程称为语言处理。语言处理是由编辑处理、语言编译和装配连接处理三部分组成的。

编辑处理是指计算机通过编译程序将人们编写的源程序写入计算机。它可以方便地为用户提供源程序修改，包括添加、删除、修改等。

语言编译是指将源程序转换成机器语言的形式，以便计算机能够运行，这一转化是由翻译程序来完成的。翻译程序又统称为语言处理程序，共有汇编程序、编译程序和解释程序三种。编译程序把高级语言所写的程序作为一个整体进行处理，编译后与子程序库链接，形成一个完整的可执行程序。这种方法的缺点是编译、链接较费时，但可执行程序运行速度很快。FORTRAN，C 语言等都采用这种编译的方法。解释程序则对高级语言程序逐句解释执行。这种方法的特点是程序设计的灵活性大，但程序的运行效率较低。BASIC 语言属于解释型。

装配连接处理是指经过汇编或编译之后生成的目标程序不能直接运行，目标程序若调用一系列内部函数、外部过程和库函数或其他程序模块，这就需要装配连接程序将全部的目标程序块、库过程和系统库连接起来，使其成为一个可调入内存运行的程序模块，这种程序模块称为可执行程序。

为使编译完毕的程序便于使用、维护和修改，需给程序写个详细的使用说明，这个使用说明就是程序的文档（或称软件的文档）。文档包括功能说明、程序说明、上机操作说明、测试和维护说明，它是计算机编程中重要的辅助环节。

四、单片机基础知识

单片机在智能化仪器仪表、家用电器和其他各种小型控制系统中获得了广泛的应用。

船舶机舱的很多控制和检测仪表也都采用了单片机技术。单片机的类型众多，但以 MCS－51 系列 8 位单片机使用较早、应用也最普及。

1. MCS－51 系列单片机内部总体结构

MCS－51 系列单片机是在一块芯片中集成了微处理器，ROM，RAM，I/O 接口，系统总线等基本部件构成微机基本部件的 8 位单片机，主要包括：针对控制应用而优化的 8 位微处理器，128 字节的片内数据 RAM，64 KB 的数据存储器寻址空间，64 KB 的程序存储器寻址空间，4 KB的片内程序存储器（8031 无），2 个 16 位定时器/计数器，32 根双向和单独可寻址的 I/O 线，全双工的 UART，2 个优先级的 5 向量中断结构，广泛的布尔处理（单位逻辑）能力，片上时钟振荡器。

2. MCS－51 系列单片机外部引脚

MCS－51 系列单片机的基本型号为 8031，8051 和 8751。它们在内部结构及应用特性方面存在一些差异，如 8051 和 8751 包含内部程序存储器，对于小型应用系统，无须外挂程序存储器。但它们的引脚与指令系统完全兼容，图 1－11 给出了其双列直插式封装的引脚名称及分配情况。

1）电源及时钟引脚

8031 的工作电源是 5 V DC。VCC（40 脚）和 VSS（20 脚）为电源引脚，用于接入工作电源，其中 VCC 接电源＋5 V DC，VSS 接地。

计算机的工作是在时钟脉冲控制下有序进行的。XTAL1 和 XTAL2 为时钟引脚，它们外接振荡晶体与片内的电路构成振荡器，为单片机提供时钟控制信号。

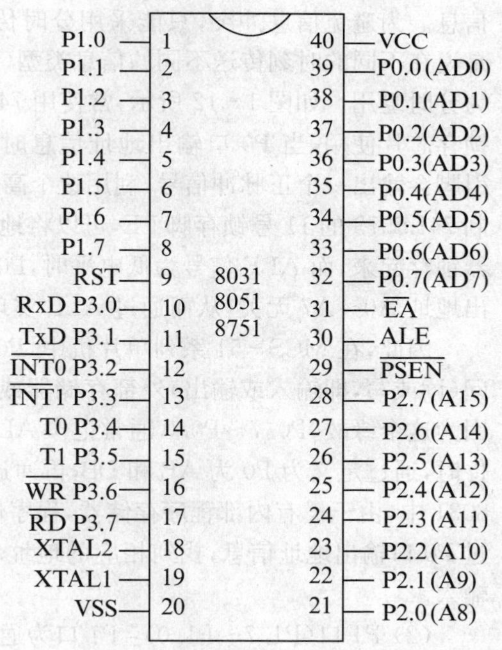

图 1－11 MCS－51 双列直插式封装和引脚分配

2）控制引脚

控制引脚提供基本控制信号，使单片机基本状态正常。

（1）RST（9 脚）：复位信号引脚。当振荡器运行时，在此引脚上加上一定时长的高电平将使单片机复位（RESET），即恢复到出厂时的默认状态。

（2）ALE（30 脚）：地址锁存允许。当访问单片机外部存储器时，ALE 输出脉冲的下跳沿用于地址锁存控制。

（3）$\overline{\text{PSEN}}$（29 脚）：外部程序存储器的读选通信号。当微处理器从外部程序存储器取指令或数据时，$\overline{\text{PSEN}}$有效（低电平），以实现对外部程序的读操作。

（4）$\overline{\text{EA}}$（31 脚）：当$\overline{\text{EA}}$保持低电平时，微处理器只访问外部程序存储器。对于 8031 来说，因其无内部程序存储器，所以该引脚必须接地。

3）I/O 接口引脚

MCS－51 系列单片机共有 4 个 8 位的 I/O 接口，分别为 P0，P1，P2 和 P3。有的具有复用功能，即在不同情况下具有不同的功能。从图 1－11 中可以看出，每个 I/O 接口都占用 8 根引脚。每根引脚上出现的电平可以是高电平（代表二进制数“1”），也可以出现低电平（代表二进制数“0”），因此每个 I/O 接口各引脚状态组合在一起就表示 1 个 8 位的二进制数。PX.7（$X=0\sim3$）代表 8 位二进制数的最高位（MSB），PX.0（$X=0\sim3$）代表最低有效位（LSB）。

（1）P0 口（P0.7～P0.0）：MCS－51 系列单片机具有 16 位外部地址的寻址能力，即可以同时输出 16 位二进制数作为地址信息，用于确定某个具体地址。每个不同的 16 位二进制数都对应一个唯一的地址，因此共有 2^{16}（64 K）个地址。这 16 位地址信息中的低 8 位由 P0 口输出。

另外，MCS－51 系列单片机如果要与片外的存储器或设备进行并行数据传输，那么数据只能从 P0 口进行输入或输出。可见，P0 口既要传送地址信息又要传送数据信息。为避免信息冲突，只能采用分时传送的办法，也就是说在不同的时刻传送不同的信息类型（地址或数据），称为分时复用。如图 1－12 所示，常使用 74LS373 作为地址锁存芯片使用，当 P0 口输出地址信息时，单片机的 ALE 引脚会输出一个正脉冲信号，利用这个高电平脉冲信号控制 74LS373 的 11 号锁存脚 LE，可以将地址信息通过锁存器锁存起来，而 ALE 信号为低电平时，P0 口作为数据口使用，P0 口的数据与 74LS373 的输出地址 A0～A7 无关，从而通过 ALE 实现地址和数据的分离。

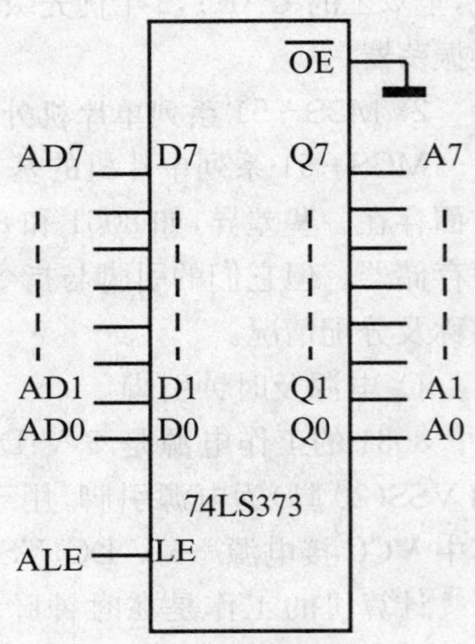

图 1－12　74LS373 锁存器

因此，在 MCS－51 系列单片机中，P0 口被用作 AB（低 8 位）及 DB 的分时复用口，在访问（读或写，即输入或输出）外部存储器或外部设备时，分时地切换为 AB 低 8 位和 DB。正因为这个缘故，P0.7～P0.0 通常记作 AD0.7～AD0.0。当单片机需要扩展外围存储器等器件时，通过定义为 P0 为 AB 和 DB，再通过 74LS373 隔离地址和数据，并分离出地址来。在 8031 中，由于没有内部程序存储器，程序代码必须存储在外部存储器中，微处理器必然要通过 P0 口输出地址信息，找到相应的地址单元，并将其中的程序代码（二进制数）通过 P0 口输入。

（2）P1 口（P1.7～P1.0）：P1 口为通用 I/O 接口。在 MCS－51 系列单片机中，P1 口是 4 个I/O接口中唯一的单一功能 I/O 接口。其每根引脚都可直接接入反映外部状态的 TTL 电平信号，如开关状态等；也可以用作输出直接驱动小功率负载，如 LED 等。若要驱动大功率负载，则需要通过驱动放大电路连接。

（3）P2 口（P2.7～P2.0）：P2 口被用作高 8 位地址口。它输出高 8 位地址 A15～A8，A15～A8 与 P0 口输出的经锁存分离的低 8 位地址 A7～A0 一起形成 16 位地址信息，即 A15～A0。

（4）P3 口（P3.7～P3.0）：P3 口被用作多用途端口，除用作通用的 I/O 外，其每一位都可以有第二功能，具体功能见表 1－2。

表 1-2　8031 单片机 P3 口引脚功能

引脚	功能
P3.0	RxD——串行输入(数据接收)口
P3.1	TxD——串行输出(数据发送)口
P3.2	$\overline{INT0}$——外部中断 0 输入线
P3.3	$\overline{INT1}$——外部中断 1 输入线
P3.4	T0——定时器 0 外部输入
P3.5	T1——定时器 1 外部输入
P3.6	$\overline{WR}$——外部数据存储器写选通信号输出
P3.7	$\overline{RD}$——外部数据存储器读选通信号输入

3. 单片机系统

虽然单片机是一个高度集成的芯片，它集成微机的主要组成部分，但要组成一个实际的单片机系统，还需要一些外部电路的支持。特别是 8031 单片机，由于没有片内程序存储器，至少需要有一定数量的外部程序存储器，用以存储工作程序。另外，片内 RAM 的数量有限，一般还需要有外部数据存储器。图 1-13 给出一个简单的 8031 单片机系统，其中，373 为地址锁存器，在 8031 单片机的 ALE 信号配合下，对在 P0 口上出现的地址信息进行锁存；2764 是一个容量为 8 KB 的 EPROM 程序存储器；6264 是一个容量为 8 KB 的 RAM 数据存储器；138 为 3-8 地址译码器。单片机可以通过 P1.0 选择 138 输出各芯片需要的使能信号有效，使微处理器和外界联络。

存储器和 8031 单片机的连接信号包括 AB，DB 和 CB。AB 上的信息经过存储器内部地址译码可以找到与地址内容相对应的存储单元(每个单元存储 8 位二进制数，即 1 个字节)，这个过程称为寻址。DB 用于将被寻址存储单元的存储内容送入单片机(读数据)或从单片机送入被寻址单元(写数据)。

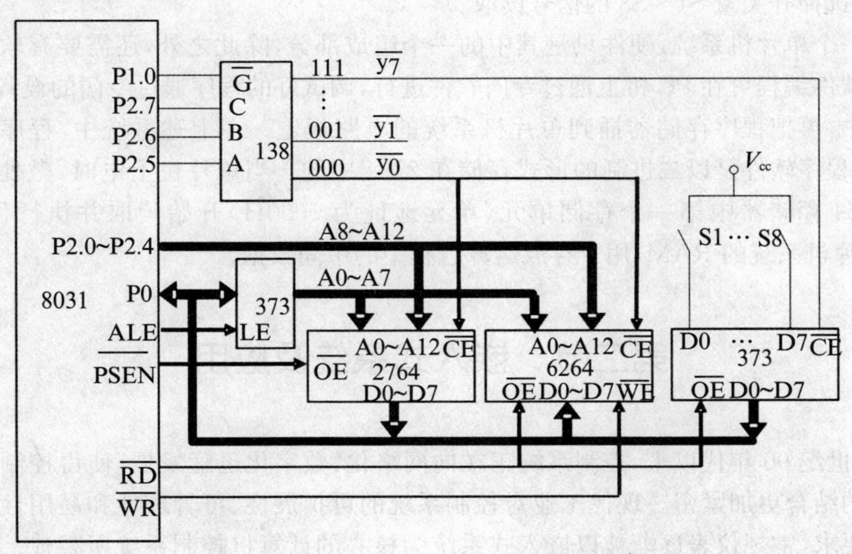

图 1-13　8031 单片机系统原理图

因此，微机不能直接与外设连接和交换信息，需设计一个“接口电路”以实现隔离主机与外设之间的电气连接；向外设传输控制信号和接收外设的状态信号；实现数据类型与电平的转换。

由于I/O接口电路处于DB和被选用的外设之间，用以控制被选用的外设读出或写入数据。而计算机采用三组总线，所有器件都挂在同一组DB上。为了保证微处理器与被选中的存储单元进行数据传输，对未被选中的存储单元需要断开连接。因此，任何直接挂在DB上的器件（存储器、I/O接口电路）的输出都必须设有三态输出缓冲器，在未被选用时，保持为高阻状态，即虽然连接在总线上，但是实际上是不通的。

如图1-2所示的三态输出缓冲器（三态门）是专为总线结构而设计的。三态门有三种状态，即输出1状态、输出0状态及处于高阻抗状态（也称第三态）。图中 $\bar{E}$ 是控制端，对于未被选中的器件，$\bar{E}=1$，两组场效应管T1和T2均截止。这时不论输入信号 A 是0还是1，不影响输出端 Y。外界信息的变化，即 Y 的变化也不会影响器件的状态 A 变化，此时三态门处于高阻抗状态，器件是不会与数据总线发生任何联系的。当 $\bar{E}=0$ 时，该三态门被打开，对应的器件被选中，其输出端 Y 与器件的状态 A 相同，即 $Y=A$。而由于选中使能信号 $\bar{E}$ 具有排他性，其他设备则处于高阻态，从而保证微处理器控制选中后数据来源的唯一性。

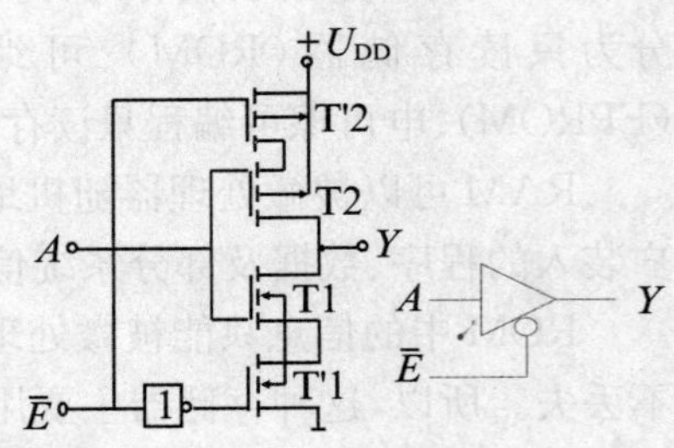

图1-2 三态门电路及其逻辑符号

不同的外设选中信号采用不同的地址，即不同的外设片选信号 $\overline{CS}$ 由不同的地址产生。但有的外设可能占用很多个地址，除片选信号外，还需要对应的地址信号，所以常用一段空闲的高位地址来译码产生外设对应的一个片选信号，而外设地址的片选信号与AB的低位对应。所以片选信号 $\overline{CS}$ 常由高位地址译码产生，任意时刻只有一个译码输出有效，具有排他性，用于区别不同的存储体。

4. 三总线结构

三总线指的是微机控制系统中连接微处理器与存储器和I/O接口的3组总线，它包括DB、AB和CB。图1-1中，三总线都画成宽线，表示不止1根线，至少包含2根以上。其中，DB宽度取决于微处理器的数据宽度，一般为8的倍数，如8位、16位和32位等，用来传输数据信息，它是双向总线，微处理器既可通过DB从内存或输入设备读入数据，又可通过DB将内部数据送至内存或输出设备。AB是单向的，其宽度取决于微处理器的寻址能力，对于8位机而言，AB宽度一般为16位，用于指明与微处理器交换信息的内存单元或I/O设备。CB是各种控制信号和状态信号的集合，包括微处理器向外设发出命令信号和外设向微处理器发出中断请求等信号，用来传送控制信号、时序信号和状态信息等。CB中每根控制线的方向是一定的、单向的，在图1-1中将CB画成双向，是因为将之视为一个整体。

5. 典型的计算机系统

微机控制系统是以微处理器为核心，配以相应的存储器、I/O接口、外围设备、电源、辅助电路，再根据要求在存储器内装载程序软件来构建的。

微机的软件是为了运行、管理和维护微机而编制的各种程序的总和。软件和硬件是微

2764 的 CB 包括片选信号$\overline{CE}$(Chip Enable)和输出允许信号$\overline{OE}$(Output Enable),$\overline{CE}$连接 138 译码器的$\overline{y0}$,只有当$\overline{y0}$有效时,2764 才工作;$\overline{OE}$连接单片机的$\overline{PSEN}$,当微处理器从 2764 读取指令时,单片机从$\overline{PSEN}$发出低电平信号,使$\overline{OE}$为低电平,允许存储器内容输出,并通过 DB 进入微处理器。

6264 比 2764 多一个写允许控制信号$\overline{WE}$(Write Enable),与单片机的写控制引脚$\overline{WR}$连接,当单片机要往 6264 写数据时,$\overline{WR}$输出低电平,使得微处理器从 DB 输出的数据能够进入 6264 中被寻址的存储单元。6264 的$\overline{OE}$与单片机的读控制引脚$\overline{RD}$连接,当微处理器从存储器读数据时,$\overline{RD}$输出低电平,使被寻址单元的数据内容经 DB 进入微处理器。片选信号$\overline{CE}$与 2764 一样,也是连接 139 译码器的$\overline{y0}$,它们不会因此同时工作而导致数据混乱,因为单片机访问程序存储器时,$\overline{RD}$和$\overline{WR}$无效,而在访问数据存储器时,$\overline{PSEN}$无效。这是由所执行的指令性质所决定的。

2764 和 6264 的存储容量均为 8 KB,因此它们都有 13 根地址线($2^{13}=2^3\times 2^{10}=8$ K),在图中标为 A0～A12。其中,低 8 位(A0～A7)来自地址锁存器 373,高 5 位(A8～A12)来自 8031 的 P2 口(P2.0～P2.4)。8031 单片机的地址线 A13～A15(P2.5～P2.7)接 3-8 译码器 138 芯片,参加译码。译码器的$\overline{y0}$输出用作存储器的片选信号。控制线 P1.0 控制译码器的使能端 G,地址 A13～A15(P2.5～P2.7)对应$\overline{y0}$～y7,2764 和 6264 工作的前提是$P_{2.7}P_{2.6}P_{2.5}=000$,即其片选有效。所以 2764 和 6264 的地址范围为 0000～1FFFH(H 表示 16 进制)。

根据实际需要,单片机可以通过 P1 口输入外界信息,或者对外输出信息。若 P1 口不够用,则还需进行 I/O 接口扩展,利用 I/O 接口芯片,通过地址译码器形成片选信号,配合低位 AB 构成接口芯片的地址,再通过 DB 和 CB 实现 I/O 操作。图 1-13 所示电路还可根据需要扩展 I/O,图中$\overline{y0}$～$\overline{y7}$有效位对应输入 A13～A15(P2.5～P2.7),其中$\overline{y7}$用于 373 的片选信号,用于选择开关量 S1～S8 的信号读取。

作为一个单片机系统,硬件只是其中的一个组成部分,除此之外,还需要有软件(程序)的支撑。软件编程可在 PC 机上通过专门软件进行,调试好的程序通过专门的设备写入到程序存储器中,再把程序存储器插到单片机系统的电路板上。在上述系统中,程序存储器是 2764,因此程序软件是以二进制的形式存储在 2764 中的。当单片机上电时,微处理器会自动地从 2764 存储器中第一个存储单元(单元地址为 0000H)开始读取并执行程序指令。6264 是单片机系统的 RAM,用于存放运算过程中的中间数据。

第二节　嵌入式系统及应用

自 20 世纪 90 年代以来,控制系统正在向网络化、数字化迅猛发展,使得控制技术与嵌入式技术的结合更加紧密。现代工业对控制系统的可扩展性、可管理性和易用性提出了越来越高的要求,常规仪表逐渐被以嵌入式系统为核心的计算机控制系统所替代。嵌入式系统在工业控制中的广泛应用,极大地提高了工业生产的信息化、现代化和自动化水平。在工业生产中，使用嵌入式技术的数字机床、智能工具、工业机器人正在逐渐改变传统工业的生产方式。由于船舶上环境特殊，相对来说空间有限，航行时环境复杂、体积小、便于维护，可靠性好的嵌入式设备不仅能满足船舶环境的特殊要求，而且还具有软件系统可裁剪、硬件可定制、提供友好的人机交互界面等优点，成为船舶自动化系统中的重要设备。

一、嵌入式系统的定义

所谓嵌入式系统(Embedded System)，是"嵌入式计算机系统"的简称，它是相对于通用计算机系统而言的。国际电气与电子工程师协会(IEEE)对嵌入式系统的定义为：嵌入式系统是用来控制或监测机器、装置或工厂等大规模系统的设备。国内对嵌入式系统的一般定义为：嵌入式系统是以应用为中心，以计算机技术为基础，软件、硬件可裁剪，适于应用系统对功能、可靠性、成本、体积、功耗严格要求的专用计算机系统。

嵌入式系统是软件和硬件的综合体，其涵盖范围和领域都十分广泛，几乎包括了所有电器设备，如电视机顶盒、掌上 PDA、移动计算设备、多媒体设备、医疗仪器乃至路由器、交换机等。

嵌入式系统是将先进的计算机技术、半导体技术和电子技术与各个行业的具体应用相结合的产物，是一个技术密集、资金密集、高度分散、不断创新的知识集成系统。嵌入式系统的最大特点是其目的性或针对性强，即每一套嵌入式系统的开发设计都有其特殊的应用场合与特定功能，这也是嵌入式系统与通用计算机系统的主要区别。由于嵌入式系统是为特定的目的而设计的，且常常受到空间、成本、存储、带宽等限制，因此必须最大限度地在硬件和软件"量身定做"以提高效率。

二、嵌入式系统的构成

嵌入式系统由硬件和软件两大部分组成。硬件包括微处理器、存储器、外部设备和 I/O 端口、图形控制器等；软件部分包括操作系统和应用程序。以下重点介绍嵌入式处理器和嵌入式操作系统(Embedded Operating System，EOS)。

1. 嵌入式处理器

嵌入式系统的核心部件是各种类型的嵌入式处理器，目前据不完全统计，全世界嵌入式处理器的品种总量已经超过 1 000 多种，流行体系结构有三十几个系列，其中 8051 体系的占有多半。生产 8051 单片机的半导体厂家有 20 多个，共 350 多种衍生产品，仅 Philips 就有近 100 种。现在几乎每个半导体制造商都生产嵌入式处理器，越来越多的公司有自己的处理器设计部门。嵌入式处理器的寻址空间一般从 64 KB 到 16 MB，处理速度从 0.1 MIPS 到 2 000 MIPS，常用封装从 8 个引脚到 144 个引脚。根据其现状，嵌入式处理器可以分成下面几类：

1）嵌入式微处理器(Embedded Microprocessor Unit，EMPU)

嵌入式微处理器的基础是通用计算机中的微处理器。在应用中，将微处理器装配在专门设计的电路板上，只保留与嵌入式应用有关的母板功能，这样可以大幅度减小系统体积和功耗。为了满足嵌入式应用的特殊要求，嵌入式微处理器虽然在功能上和标准微处理器基本是一样的，但在工作温度、抗电磁干扰、可靠性等方面一般都作了各种增强。

与工业控制计算机相比，嵌入式微处理器具有体积小、重量轻、成本低、可靠性高的优点，嵌入式微处理器目前主要有 Am186/88，386EX，SC - 400，Power PC，68000，MIPS，ARM 系列等。

2）嵌入式微控制器（Microcontroller Unit，MCU）

嵌入式微控制器又称单片机，顾名思义，就是将整个计算机系统集成到一块芯片中。嵌入式微控制器一般以某一种微处理器内核为核心，芯片内部集成 ROM/EPROM，RAM，总线，总线逻辑，定时/计数器，看门狗（WatchDog），I/O，串行口，脉宽调制输出，A/D，D/A，Flash RAM，EEPROM 等必要功能和外设。为适应不同的应用需求，一般一个系列的单片机具有多种衍生产品，每种衍生产品的处理器内核都是一样的，不同的是存储器和外设的配置及封装。这样可以使单片机最大限度地与应用需求相匹配，从而减少功耗和成本。

与嵌入式微处理器相比，微控制器的最大特点是单片化，体积大大减小，从而使功耗和成本下降、可靠性提高。微控制器是目前嵌入式系统工业的主流。微控制器的片上外设资源一般比较丰富，适合于控制，因此称微控制器。嵌入式微控制器目前的品种和数量最多，比较有代表性的通用系列包括 8051，P51XA，MCS - 251，MCS - 96/196/296，C166/167，MC68HC05/11/12/16，68300 等。

3）嵌入式 DSP 处理器（Embedded Digital Signal Processor，EDSP）

DSP 处理器对系统结构和指令进行特殊设计，使其适合于执行 DSP 算法，编译效率较高，指令执行速度也较高。在数字滤波、FFT、谱分析等方面，DSP 算法正在大量进入嵌入式领域，DSP 应用正从在通用单片机中以普通指令实现 DSP 功能，过渡到采用嵌入式 DSP 处理器。嵌入式 DSP 处理器比较有代表性的产品是 Texas Instruments 的 TMS320 系列和 Motorola 的 DSP56000 系列。

4）嵌入式片上系统（System on Chip，SOC）

在一个硅片上实现一个更为复杂的系统，这就是 SOC。各种通用处理器内核将作为 SOC 设计公司的标准库，存储在器件库中。用户只需定义出其整个应用系统，仿真通过后就可以将设计图交给半导体工厂制作样品。这样除个别无法集成的器件以外，整个嵌入式系统大部分均可集成到一块或几块芯片中去，应用系统电路板将变得很简洁，对于减小体积和功耗、提高可靠性非常有利。

SOC 可以分为通用和专用两类。通用 SOC 包括 Infineon（SIEMENS）的 TriCore，Motorola 的 M-Core，某些 ARM 系列器件，Echelon 和 Motorola 联合研制的 Neuron 芯片等。专用 SOC 一般专用于某个或某类系统中，不为一般用户所知。一个有代表性的产品是 Philips 的 Smart XA，它将 XA 单片机内核和支持超过 2 048 位复杂 RSA 算法的气缸控制单元（CCU）制作在一块硅片上，形成一个可加载 JAVA 或 C 语言的专用 SOC，可用于公众互联网如 Internet 安全方面。

2. 嵌入式操作系统

嵌入式操作系统是指用于嵌入式系统的操作系统。嵌入式操作系统是一种用途广泛的系统软件，通常包括与硬件相关的底层驱动软件、系统内核、设备驱动接口、通信协议、图形界面、标准化浏览器等。嵌入式操作系统负责嵌入式系统的全部软、硬件资源的分配、任务调度，控制、协调等活动。它必须体现其所在系统的特征，能够通过装卸某些模块来达到系统所要求的功能。目前在嵌入式领域广泛使用的操作系统有嵌入式 Linux，Windows Embedded，VxWorks，Windows CE，Nudeus，QNX 等，以及应用在智能手机和平板电脑的 Android，iOS 等。

1）VxWorks

VxWorks 是美国风河公司（WindRiver）于 1983 年设计开发的一种实时嵌入式操作系统（RTOS），是目前嵌入式系统中使用最广泛、市场占有率最高的操作系统。它支持多种处理器，如 x86，i960，Sun Sparc，Motorola MC68xxx，MIPS RX000，POWER PC 等。

VxWorks 以其良好的持续发展能力、高性能的内核、友好的用户开发环境、高可靠性和实时性被广泛地应用在通信、军事、航空、航天等高精尖技术及实时性要求极高的领域中，如卫星通信、军事演习、弹道制导、飞机导航等。

2）Windows CE

Windows CE 是从整体上为有限资源的平台设计的多线程、完整优先权、多任务的操作系统。它的模块化设计允许它对从掌上电脑到专用的工业控制器的用户电子设备进行定制。

Windows CE 的基本核心需要至少 200 KB 的 ROM。它支持 Win32 API 的子集和多种用户界面硬件，同时提供熟悉的开发模式和工具。它有五个主要模块：内核模块、内核系统接口模块、文件系统模块、图形窗口和事件子系统模块、通信模块。

Windows CE 提供与 PC 类似的界面和主要应用程序，使熟悉 PC 机 Windows 系统的用户能很快掌握它的使用。

3）嵌入式 Linux

自由免费软件 Linux 是一个类似于 UNIX 操作系统。嵌入式 Linux 由于代码开放和强大的网络功能，在嵌入式产品的开发中具备巨大的潜力。由于其内核代码完全开放，不同领域和不同层次的用户可以根据自己的应用需要方便地对内核进行改造，以低成本设计开发出满足自己需要的嵌入式系统。而且嵌入式 Linux 具备一整套工具链，容易自行建立嵌入式系统的开发环境和交叉运行环境，可以跨越嵌入式系统开发中仿真工具的障碍。此外，嵌入式 Linux 具有广泛的硬件支持特性，无论是 RISC 还是 CISC，32 位还是 64 位等各种处理器，嵌入式 Linux 都能运行。嵌入式 Linux 支持各种主流硬件设备和最新硬件技术，甚至可以在没有存储管理单元（MMU）的处理器上运行（如 μCLinux），这意味着嵌入式 Linux 未来将具有更广泛的应用前景。

4）Nucleus

Nucleus 是 Accelerated Technology 公司开发的嵌入式 RTOS（实时操作系统），它对微处理器的支持能力比较强，支持当前流行的大多数 RISC，CISC，DSP 处理器，比如，80x86 实时保护模式，68xxx，PowerPC，i960，MIPS，SH，ARM，ColdFire 等几百种微处理器。Nucleus 内核非常小巧，只有 4～20 KB，但其稳定性高。

Nucleus 除提供功能强大的内核操作系统外，还提供种类丰富的功能模块，例如，用于通信系统的局域和广域网络模块、支持图形应用的实时化 Windows 模块、支持 Internet 的 Web 产品模块、工控机实时 BIOS 模块、图形化用户接口以及应用软件性能分析模块等，用户可以根据自己的应用来选择不同的应用模块。

5) QNX

QNX是加拿大QNX公司的一个实时的、可扩充的操作系统,它部分遵循POSIX相关标准,如POSIX.1b的实时扩展。它提供一个很小的微内核以及一些可选的配合进程。其内核仅提供4种服务:进程调度、进程间通信、底层网络通信和中断处理,其进程在独立的地址空间运行。所有其他OS服务,都实现为协作的用户进程,因此QNX内核非常小巧(QNX4.x大约为12 KB)而且运行速度极快。这个灵活的结构可以使用户根据实际的需求,将系统配置成微小的嵌入式操作系统或是包括几百个处理器的超级虚拟机操作系统。

三、嵌入式系统的应用与发展

嵌入式系统的应用十分广泛,涉及工业生产、日常生活、工业控制、机器人、信息家电、汽车电子、医疗电子、POS网络及电子商务、航空航天等多个领域,而且随着电子技术和计算机软件技术的发展,在其他传统的非信息类设备中也逐渐显现出其用武之地。

1. 工业控制

目前有大量的嵌入式处理器应用于诸如工业过程控制、数控设备、电力推进系统运行和检测、石油化工系统等方面。这些控制器往往采用16位以上的处理器,各种MCU;ARM,MIPS,68K系列的处理器在控制器中占据核心地位。这些处理器上提供丰富的接口总线资源,可以通过它们实现数据采集、数据处理、通信以及显示(显示一般是连接LED或者LCD(液晶显示))。

2. 信息家电

信息家电将成为嵌入式系统最大的应用领域,如电视机、移动电话、数码相机、便携式摄像机、MP3/MP4等产品中,均可以见到嵌入式技术。冰箱、空调等家电设备的网络化、智能化将引领人们的生活步入一个崭新的空间。即使不在家,也可以通过电话、网络对家电进行远程控制。

3. 机器人

机器人技术的发展从来就是与嵌入式系统的发展紧密联系在一起的。20世纪70年代中期之后,由于智能理论的发展和MCU出现,机器人逐渐成为研究热点,并且获得了长足的发展。近来由于嵌入式处理器的高度发展,机器人从硬件到软件也呈现了新的发展趋势。例如,火星车这个价值10亿美金的技术高密集移动机器人,采用的是美国风河公司的Vxworks,可以在不与地球联系的情况下自主工作。这台火星车在火星上自主工作了3个月,充分体现了Vxworks的高可靠性。近来32位处理器,Windows CE等32位嵌入式操作系统的盛行,使得操控一个机器人只需要在手持PDA上获取远程机器人的信息,并且通过无线通信控制机器人的运行,与传统的(采用工控机)相比,要轻巧、便捷得多。随着嵌入式控制器越来越微型化、功能化,微型机器人、特种机器人等也将获得更大的发展机遇。

信息时代的到来使得嵌入式产品获得了巨大的发展契机,为嵌入式市场展现了美好的前景,同时也对嵌入式生产厂商提出了新的挑战,从中可以看出未来嵌入式系统的几大发展趋势。

(1) 嵌入式开发是一项系统工程,因此要求嵌入式系统厂商不仅要提供嵌入式软、硬件系统本身，同时还需要提供强大的硬件开发工具和软件包支持。目前很多厂商已经充分考虑到这一点，在主推系统的同时，将开发环境也作为重点推广。比如，三星在推广 ARM7，ARM9 芯片的同时，还提供开发板和支持包（BSP），而 Windows CE 在主推系统时也提供 Embedded VC＋＋作为开发工具，还有 Vxworks 的 Tonado 开发环境，DeltaOS 的 Limda 编译环境等都是这一趋势的典型体现。

(2) 网络互联成为必然趋势。未来的嵌入式设备为了适应网络发展的要求，必然要求硬件上提供各种网络通信接口。传统的单片机对于网络支持不足，而新一代的嵌入式处理器已经开始内嵌网络接口，除了支持 TCP/IP 协议，还有的支持 IEEE1394，USB，CAN，Bluetooth 或 IrDA 通信接口中的一种或者几种。软件方面系统内核需支持网络模块，甚至可以在设备上嵌入 Web 浏览器，真正实现随时随地用各种设备上网。

(3) 精简系统内核，降低功耗和软、硬件成本。未来的嵌入式产品是软、硬件紧密结合的设备，为了减低功耗和成本，需要设计者尽量精简系统内核，只保留和系统功能紧密相关的软硬件，利用最低的资源实现最适当的功能，这就要求设计者选用最佳的编程模型和不断改进算法，优化编译器性能。因此，既要软件人员有丰富的硬件知识，又需要发展先进嵌入式软件技术，如 Java，Web 和 WAP 等。

(4) 提供友好的多媒体人机界面。嵌入式设备能与用户亲密接触，最重要的因素就是它能提供非常友好的用户界面，这就要求嵌入式软件设计者在图形界面，多媒体技术上多下苦功。目前一些先进的 PDA 在显示屏幕上已实现汉字写入、短消息语音发布，但一般的嵌入式设备距离这个要求还有很长的路要走。

(5) 对于企业专用解决方案，如物流管理、条码扫描、移动信息采集等，小型手持嵌入式系统将发挥巨大的作用。

第三节 可编程序控制器控制技术

可编程序控制器（Programmable Logic Controller，PLC）是一种专门为在工业环境下应用而设计的数字运算操作的电子装置。PLC 按照易于与工业控制系统形成一个整体、易于扩展其功能的原则而设计。由于厂家在设计、生产 PLC 时，在硬件和软件方面做了大量的共性工作，用户在使用 PLC 组成某一控制系统时，只需针对具体控制任务做用户程序，从而大大简化了控制系统的设计和生产。PLC 除了具有工业控制微机的优点外，还具有自身的一些特点。在硬件方面，PLC 采用模块化结构，能方便地增加或更换模块，使 PLC 的功能扩展和维修变得十分简单。在软件方面，由于可采用通俗易懂的符号语言，用户可方便、灵活地编制和修改控制程序。

一、PLC 的基本知识

1. PLC 的特点

1) 软、硬件功能强

PLC 的功能非常强大，其内部具备很多功能，如时序、计算器、主控继电器、移位寄存器及中间寄存器等，能够方便地实现延时、锁存、比较、跳转和强制I/O等功能。PLC不仅可进行逻辑运算、算术运算、数据转换以及顺序控制，还可以实现模拟运算、显示、监控、打印及报表生成等功能，并具有完善的I/O系统。PLC能够适应各种形式的开关量和模拟量的输入、输出控制，还可以和其他计算机系统、控制设备共同组成分布式控制系统，实现成组数据传送、矩阵运算、闭环控制、排序与查表、函数运算及快速中断等功能。PLC的编程语言丰富，可分为梯形图语言、语句表以及控制系统流程图等。特别是梯形图，直观，类似于继电器、接触器电路图，很适合电气工程技术人员使用。

2）使用、维护方便

PLC不需要像计算机控制系统那样在I/O接口上做大量的工作。PLC I/O接口是已经按不同需求做好的，可直接与控制现场的设备相连接。如输入接口可以与各种开关、传感器连接；输出接口具有较强的驱动能力，可以直接与继电器、接触器、电磁阀等连接。不论是输入接口还是输出接口，使用都很简单。PLC具有很强的监控功能，利用编程器、监测器或触摸屏等人机界面可对PLC的运行状态、内部数据进行监测或修改，从而增加调试工作的透明度。PLC的维护也非常简单，只要利用其自诊断功能和监控功能，就可以迅速查找到故障并及时给予排除。

PLC的接线十分简单，只需将输入设备（按钮、开关等）与PLC输入端子连接；接收输出信号执行控制功能的执行元件（接触器、电磁阀等）与PLC输出端子连接即可，工作量相对要少得多。

3）运行稳定、可靠

由于PLC采用了微电子技术，大量的开关动作由无触点的半导体电路来完成，同时还采用屏蔽、滤波、隔离等抗干扰措施，所以其平均无故障时间在2万h以上。特别是在制造工艺上加强抗干扰措施，例如，I/O都采用光电隔离，能有效地隔离PLC内部电路与I/O电路之间的联系，从而避免由I/O通道串入的干扰信号引起的误动作。PLC还采取屏蔽、输入延时滤波等软、硬件措施，有效地防止空间电磁干扰，特别对高频传导干扰信号具有良好的抑制作用。所有这一切措施，都有效地保证PLC在恶劣环境下能正常、稳定地运行。

2. PLC的功能

1）开关量的控制

开关量的控制是PLC的最基本的控制功能，包括时序、组合、延时、计数、计时等。PLC控制的I/O点数可以不受限制，少则10点或几十点，多则成千上万点，并可通过联网来实现控制。

2）模拟量的闭环控制

对于模拟量的闭环控制系统，除了要有开关量的I/O点以实现某种顺序或逻辑控制外，还要有模拟量的I/O点，以便采样输入和调节输出，实现过程控制中的PID调节或模糊控制调节，形成闭环系统。这类PLC系统能实现对温度、流量、压力、位移、速度等参量的连续调节与控制。

3）数字量的智能控制

利用PLC能实现接收和输出高速脉冲的功能，而这个功能在实际中用途很大。在配备相应的传感器(如旋转编码器)或脉冲伺服装置(如环形分配器、功放、步进电机)后,PLC就能实现数字量的智能控制。较高级的PLC还专门开发了数字控制模块、运动单元模块等,可实现曲线插补功能。最近新出现的运动控制单元,还提供了数字控制技术的编程语言,为PLC进行数字量控制提供了更多方便。

4) 数据的采集与监控

由于PLC在控制现场实现控制,所以把控制现场的数据采集下来,做进一步分析、研究是很重要的。对于这种应用,目前较普遍采用的方法是PLC加上触摸屏,这样既可随时观察采集下来的数据又能及时进行统计分析。有的PLC本身就具有数据记录单元,此时可利用一般的便携计算机的存储卡插入到该单元中保存采集到的数据。

PLC的另一个特点是自检信号多,利用这个特点,PLC控制系统可实现自诊断式的监控,以减少系统的故障,提高平均累计无故障运行时间,同时还可减少故障修复时间,提高系统的可靠性。

5) 联网、通信及集散控制

PLC的联网、通信能力很强,可实现PLC与PLC,PLC与上位计算机之间的联网和通信,由上位计算机来实现对PLC的管理和编程。PLC也能与智能仪表、智能执行装置(如变频器等)进行联网和通信,互相交换数据并实施PLC对其的控制。

利用PLC的强大联网、通信功能,把PLC分布到控制现场,实现各PLC控制站间的通信以及上、下层间的通信,从而实现分散控制集中管理的目的。

3. PLC的技术性能指标

PLC的技术性能指标有一般性能规格和具体性能规格两种。

一般性能规格是指使用PLC时应注意的问题,主要包括电源电压、允许电压波动范围、耗电情况、直流输出电压、绝缘电阻、耐压情况、抗噪声性能、耐机械振动及冲击情况、使用环境温度和湿度、接地要求、外形尺寸、质量等。

具体性能规格是指PLC所具有的技术能力,如果只是一般地了解PLC的性能,了解如下的基本技术性能指标即可:

(1) I/O点数。如FX系列的I/O点数最多为256。

(2) 扫描速度。小型PLC的扫描时间可能大于40 ms。

(3) 内存容量。一般小型机的存储容量为1 KB到几千字节,大型机则为几十千字节,甚至1~2 MB,通常以PLC所能存放用户程序的多少来衡量。

(4) 指令系统。除常用的逻辑指令外,还有各种运算,甚至包括浮点数的运算指令,另外各公司还设计有各自的特殊功能指令和智能指令。

(5) 内部寄存器。有的内部寄存器对用户开放,编程中可以利用其内部的专用寄存器,如第一次扫描、定时器、中断控制等。

(6) 特殊功能模块。特殊功能模块包括PID控制、模糊控制、增量型编码器的计数、通信设置等,有的还具有数据保存记录。

4. PLC的分类

PLC的种类很多,其实现的功能、内存容量、控制规模、外形等方面均存在较大差异。因此,PLC的分类没有严格的统一标准,可以按照结构形式、控制规模、实现的功能等进行大致的分类。

1）按结构分类

PLC 按照其 I/O 点数要求可以分为整体式和组合式。整体式 PLC 的中央处理单元（CPU），存储器，I/O 都安装在同一机体内，I/O 点数较少。这种结构的特点是结构简单、体积小、价格低、I/O 点数固定、实现的功能和控制规模固定，但灵活性较低。组合式（模块式）PLC 采用总线结构，即在一块总线底板上有若干个总线槽（或采用总线连接器），每个总线槽上安装一个或数个模块，不同模块实现不同功能。PLC 的 CPU 和存储器设计在一个模块上，有时电源也放在这个模块上，该模块一般被称为 CPU 模块，在总线上的位置是固定的。其他有 I/O、智能、通信等模块，根据控制规模、实现的功能不同进行选择，并安排在总线槽中。组合式 PLC 的特点是系统构成的灵活性较高，容量较大，可构成不同控制规模和功能的 PLC、维护和维修方便，但价格相对较高。

2）按控制规模分类

PLC 的控制规模主要是指开关量的 I/O 点数及模拟量的 I/O 路数，但主要以开关量的点数计数。模拟量的路数可折算成开关量的点数，一般一路模拟量相当于 8～16 点开关量。根据 I/O 控制点数的不同，PLC 大致可分为超小型、小型、中型、大型及超大型。具体划分见表 1－3。

表 1－3　PLC 按控制规模进行的分类

类型	I/O 点数	存储器容量/KB	机型
超小型	小于 64	1～2	SIEMENS S7－200，S5－90U；三菱 F10 等
小型	64～128	2～4	SIEMENS S5－100U；三菱 F－40，F－60 等
中型	128～512	4～16	SIEMENS S7－300，S5－115U；三菱 K 系列等
大型	512～8 192	16～64	SIEMENS S5－135U，S7－400；三菱 A 系列等
超大型	大于 8 192	64～128	SIEMENS S5－155U，A－B 公司 PLC－3 等

3）按生产厂家分类

世界上著名的 PLC 厂家有美国 Rockwell 自动化公司所属的 A－B（Allen&Bradly）公司 GE－Fanuc 公司、德国的 SIEMENS 公司、法国的施耐德（SCHNEIDER）自动化公司、瑞典 ABB 公司、日本的欧姆龙（OMRON）和三菱公司等。

5. PLC 系统的基本结构

PLC 与一般的计算机控制系统一样，也具有 CPU、存储器、输入/输出（I/O）模块、电源和通信接口等部分。其实质上是一种专用的计算机控制系统，具有比一般计算机更强的工业过程接口，具有更适用于控制要求的编程语言。其基本结构如图 1－14 所示，内核为微机控制系统，接口电路考虑周全，适应工业控制，外围配合设备的传感器和相关执行装置。

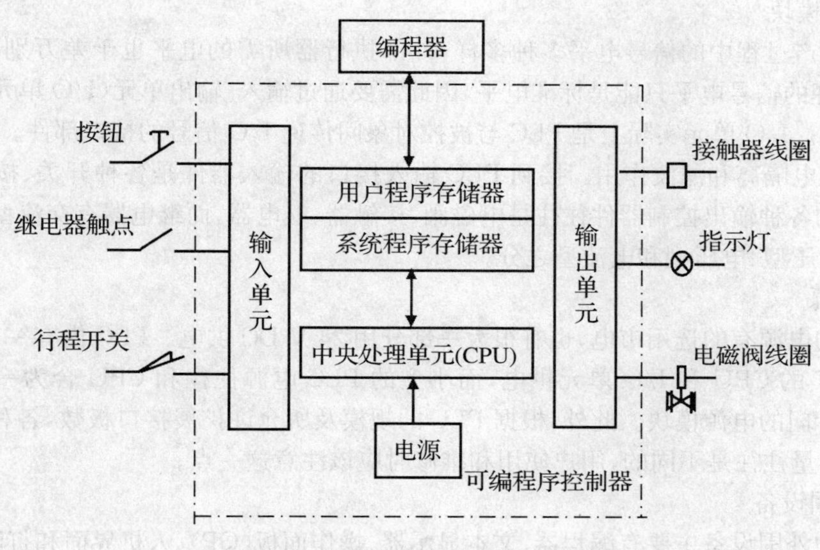

图 1－14　可编程序控制器基本结构

1）CPU

PLC 中常用的 CPU 主要采用通用微处理器或单片机。通用微处理器如 INTEL 公司的 8080,8086,80286,80386 等；单片机如 8031,8096 等。PLC 的档次越高，CPU 的位数越多，运算速度越快，功能指令也越强。

PLC 的硬件是一种模块式的结构，核心部件是中央处理模块。整个 PLC 的工作过程都是在 CPU 的统一指挥和协调下进行的。其主要任务是按一定的规律或要求读入被控对象的各种工作状态，然后根据用户所编制的应用程序的要求处理有关数据，最后再向被控对象送出相应的控制信号。它与被控对象之间的联系是通过各种 I/O 接口实现的。

CPU 在一个 PLC 中指的是中央处理模块，不仅有 CPU 集成芯片（可能不止一片），而且还有一定数量的 EPROM（存储系统的操作系统）和 RAM（存储少量的数据或用户程序）等。

PLC 的 CPU 模块完成下述各项工作：①接收用户从编程器输入的用户程序，并将它们存入用户存储区；②用扫描方式接收源自被控对象的状态信号，并存入相应的数据区；③用户程序的语法错误检查，并给出错误信息；④系统状态及电源系统的监测；⑤执行用户程序，完成各种数据的处理、传输和存储等功能；⑥根据数据处理的结果，刷新输出状态表，以实现对各种外部设备的实时控制和其他辅助工作（如显示和打印等）。

2）存储器

PLC 的存储器分为两种：系统存储器和用户存储器。系统存储器存放系统管理程序，用户存储器存储用户程序。

常用的存储器有 RAM，EPROM 和 EEPROM。RAM 是一种可进行读写操作的随机存储器，存放用户程序，生成用户数据区，存放在 RAM 中的用户程序可以方便地修改，为防止 RAM 中存放的程序和数据在掉电时丢失，可用锂电池作后备电源。EPROM 和 EEPROM 都是只读存储器，往往用这些类型存储器固化系统管理程序和用户程序。

3)I/O 模块

实际生产过程中的信号电平多种多样，外部执行器所需的电平也千差万别，而 PLC 的 CPU 所处理的信号电平只能是标准电平，因此需要通过输入/输出单元(I/O 单元)实现这些电平的转换。I/O 单元实际上是 PLC 与被控对象间传递 I/O 信号的接口部件。I/O 单元具有良好的光电隔离和滤波作用。接到 PLC 输入接口的输入器件是各种开关、按钮、传感器等。PLC 的各种输出控制器件往往是电磁阀、接触器、继电器，而继电器有交流型和直流型、高压型和低压型、电压型和电流型之分。

4）电源

PLC 的电源有的选用市电，也有很大一部分用 24 V DC 供电。PLC 内有一个稳压电源用于对 PLC 的 CPU 和 I/O 单元供电，而小型的 PLC 电源往往和 CPU 合为一体，中大型 PLC 都有专门的电源模块。此外，根据 PLC 的规模及所允许扩展接口板数，各种 PLC 的电源种类和容量往往是不同的，用户使用和维修时应该注意这一点。

5）外围设备

PLC 的外围设备主要有编程器、文本显示器、操作面板（OP）、人机界面和打印机等。

编程器是一种手持设备，也是 PLC 的最重要的外围设备。现在多采用笔记本计算机作为移动编程设备，在计算机上接入适当通信硬件，安装软件包，并通过编程电缆与 PLC 的通信接口相连，即可在计算机上对 PLC 编程。

编程器或编程界面有两种工作方式，即编程工作方式和监控工作方式。编程工作方式的主要功能是输入新的控制程序，或者对已有的程序进行编辑。监控工作方式是对运行中的 PLC 的工作状态进行监测和跟踪。

以上是 PLC 的重要组成部分，除此之外，PLC 往往还包括其他部分，在需要时选用。

6）通信接口

通过通信接口可以与监测器、打印机、其他 PLC 和计算机等相连。

当与打印机相连时，可将过程信息、系统参数等输出打印；当与监测器相连时，可将过程图像显示出来，它既可以显示静态图像，也可以显示动态图像，它与其他 PLC 相连时，可组成多级控制系统，实现过程控制、数据采集等功能。

使用通信接口，使 PLC 与外围设备的连接能力进一步加强，从而也丰富了 PLC 的各种功能。

7）智能 I/O 接口

为满足更加复杂控制功能的需要，PLC 配有许多智能 I/O 接口。为满足模拟量闭环控制的需要，配有闭环控制模板。为了对频率超过 100 Hz 的脉冲进行计数和处理，配有高速计数模板和其他一些智能模板。所有这些智能模板都带有其自己的处理器系统。

使用智能 I/O 接口，PLC 不仅可用于顺序控制，还可用于闭环控制等一些复杂的控制场合。

PLC 的总线多为基板形式。无论电源模板、CPU、各种 I/O 模板都可插入这个基板上的相应位置，基板上各相应位置之间通过印刷电路板实现电气连接。

6. PLC 的工作原理

PLC 用户程序按先后顺序存放，在没有中断或跳转指令时，PLC 从第一条指令开始顺序执行，直到程序结束符后又返回到第一条指令，如此周而复始地不断循环执行程序。PLC

在工作时采用循环扫描的工作方式。顺序扫描工作方式简单直观，程序设计简化，并为PLC的可靠运行提供保证。在有些情况下也插入中断方式，允许中断正在扫描运行的程序，以处理紧急任务。如图1-15所示，在每次扫描过程中还要完成自诊断、与外设通信、读入现场信号、执行用户程序和输出结果等。扫描一次所需要的时间称为扫描周期，是PLC的重要参数之一，反映PLC对输入信号的灵敏度或滞后程度。扫描周期与用户程序的长短和扫描速度有关，通常工业控制要求PLC的扫描周期在6～30 ms。

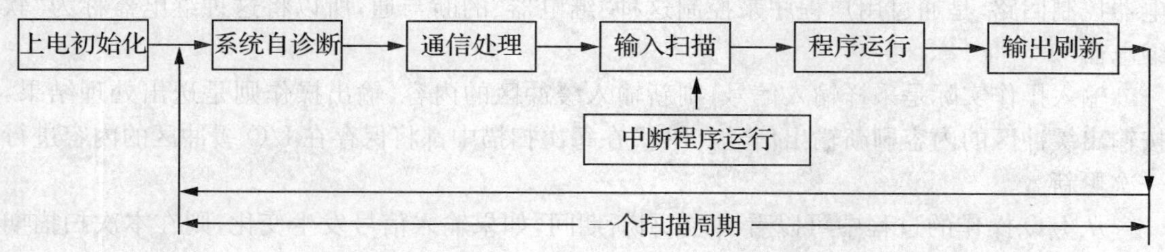

图1-15　PLC工作流程

在系统软件的管理下，PLC按图1-15中所画的扫描顺序工作。合上电源后，首先进行自诊断，包括检查PLC硬件本身是否正常，将监控定时器复位等。在与外设通信阶段，CPU与其他带CPU的智能装置通信，响应编程器键入的命令，更新编程器的显示内容。在读入现场信号阶段，CPU对全部的输入通道信号进行采样，并将采样结果储存在内存的输入信息状态区。在执行用户程序阶段，CPU逐条解释和处理用户程序，需要使用输入通道信息时，则从内存的输入信息状态区读入。程序执行以后得出的运算结果，立即送至内存中输出信号状态缓冲区。当全部程序执行完毕，CPU才做向外输出结果的工作，即把输出信号状态缓冲区的内容送至输出通道的对应端口上，经输出模块隔离和功率放大后驱动外部负载。

以上是PLC处于运行(RUN)状态时，CPU的扫描过程。若PLC处于停止运行(STOP)状态，CPU就只执行自诊断及与外设通信两部分程序，并不断地进行循环扫描过程。在停止状态下，输出的情况可以根据用户需要予以设定，如输出触点全部断开、全部闭合或保持停止前状态。具体过程描述如下：

1) 故障诊断及处理操作

在每一次扫描程序前都要对PLC系统作一次自检。若发现异常，除了出错指示灯(ERROR)亮之外，还判断故障的性质。如属于一般性故障，则只报警不停机，等待处理。

对于严重故障，PLC切断一切外部联系，停止用户程序的执行。系统中设有WatchDog功能，即如果整个程序扫描一次所需要的时间超过监控定时器的设定值，则定时器动作，发出CPU故障信号，并对系统采取应有的保护措施。

2) 数据I/O操作

数据I/O操作即I/O状态刷新。输入扫描就是对PLC的输入进行一次读取，将输入端各变量的状态重新读入PLC中，存入输入缓冲器。输出刷新就是将新的运算结果从输出缓冲区送到PLC的输出端。

PLC的存储器中有一个专门存放I/O数据的区域。对应于输入端的数据区为输入缓冲区，对应于输出端的数据区为输出缓冲区。PLC 在采样时，输入信号进入缓冲区，即数据输入的状态刷新。PLC 在输出时，将输出缓冲区的内容输出到输出寄存器，即数据输出的状态刷新。I/O 缓冲区中的内容构成当前的 I/O 状态表。

通常把 PLC 内部的各种存储器称为“软继电器”。所谓“软继电器”实际上是存储器中的一位触发器，0，1 分别对应继电器线圈的断与通。在传统的继电器控制系统中，输出是由物理器件加导线连接而成的电路来实现的。而在 PLC 中，却是用 CPU 和存储器来代替继电器控制回路，是通过用户程序来控制这种“继电器”的断与通，所以将这种继电器称为“软继电器”。

输入操作实际是采样输入信号，刷新输入缓冲区的内容，输出操作则是送出处理结果，按输出缓冲区的内容刷新输出信号。PLC 在每次扫描中都将保存在 I/O 缓冲区的内容进行一次更新。

从 I/O 操作的过程中可以看出，在刷新期间，如果输入信号发生变化，则在本次扫描期间，PLC 的输出端会相应地发生变化，也就是说输出对输入立刻产生响应。如在一次 I/O 刷新之后输入变量才发生变化，则在本次扫描期间输入缓冲器的状态保持不变，PLC 相应的输出也保持不变，而要到下一次扫描期间输出才对输入产生响应。即只有在采样（刷新）时刻，输入缓冲区中的内容才与输入信号（不考虑电路固有惯性和滞后影响）一致，其他时间范围内输入信号的变化不会影响输入缓冲区的内容。PLC 根据用户程序要求及当前的输入状态进行处理，结果存放在输出缓冲区中。在程序执行结束（或下次扫描用户程序前）PLC 才将输出缓冲区的内容通过锁存器输出到端子上，刷新后的输出状态一直保持到下次的输出刷新。这种循环扫描的工作方式存在一种信号滞后的现象，但 PLC 的扫描速度很高，一般不会影响系统的响应速度。

3）执行用户程序

用户程序的执行一般包括程序的具体执行与监测两部分操作。

（1）程序的具体执行。用户程序是存放在用户程序存储器中的。PLC 在循环扫描时，每一个扫描周期都按顺序从用户程序的第一条指令开始，逐条（跳转指令除外）解释和执行，直到执行到 END 指令才结束对用户程序的本次扫描。

用户程序处理的依据是 I/O 状态表。其中，输入状态在采样时刷新，输出状态则根据用户程序而逐个更新。每一次计算都以当前的 I/O 状态表中的内容为依据，结果送到相应的输出缓冲器中，上面的结果作为下面计算的依据，中间结果不能作为输出的依据。对于整个控制系统来说，只有执行完用户程序后的 I/O 状态才是该系统的确定状态，作为输出锁存的依据。

（2）监测。PLC 中一般设置有监测定时器（WatchDog Timer，WDT），即“WatchDog”，用来监测程序执行是否正常。每次执行程序前复位 WDT 并开始计时。当正常时，扫描执行一遍用户程序所需时间不会超过某一定值。当程序执行过程中因某种干扰使扫描失控或进入死循环，则 WDT 发出超时复位信号，使程序重新开始执行。此时，如是偶然因素造成超时，系统便转入正常运行，如由于不可恢复的确定性故障，则系统会在故障诊断及处理操作中发现这种故障，并发出故障报警信号，切断一切外界联系，停止用户程序的执行，等待技术人员处理。

4）响应外设的服务请求

外设命令是可选操作，它给操作者提供交互机会，也可与其他系统进行通信，不会影响系统的正常工作，而且会更有利于系统的控制和管理。PLC 每次执行完用户程序后，如有外设命令，就进入外设命令服务的操作，操作完成后就结束本次扫描周期，开始下一个扫描周期。

5）几点说明

(1) PLC 以循环扫描的方式工作，I/O 的逻辑关系上存在滞后现象。扫描周期越长，滞后现象就越严重。但 PLC 的扫描周期一般只有几十毫秒或更少，两次采样之间的时间很短，对于一般输入量来说可以忽略。可以认为输入信号一旦变化，就能立即传送到对应的输入缓冲器。同样，对于变化较慢的控制过程来说，由于滞后的时间不超过一个扫描周期，因此可以认为输出信号是及时的。

在实际应用中，这种滞后现象可起到滤波的作用。对慢速控制系统来说，滞后现象反而增加了系统的抗干扰能力。但对控制时间要求较严格、响应速度要求较快的系统，就必须考虑滞后对系统性能的影响，在设计中应尽量缩短扫描周期，或者采用中断的方式处理高速的任务请求。

(2) 除了执行用户程序所占用的时间外，扫描周期还包括系统管理操作所占用的时间。前者与程序的长短及所用的指令有关，而后者基本不变。如考虑到 I/O 硬件电路的延时，PLC 的响应滞后就更大一些。I/O 响应的滞后不仅与扫描方式和硬件电路的延时有关，还与程序设计的指令安排有关，在程序设计中一定要注意。

PLC 最基本的工作方式是循环扫描的方式，即使在具有快速处理的高性能 PLC 中，系统也是以循环扫描的工作方式执行的。

7. PLC 的抗干扰措施

虽然 PLC 在设计时已充分考虑各种干扰因素，但在实际使用中，仍然需要考虑系统可能存在的干扰，为了使控制器稳定地工作，提高整个控制系统的可靠性，在控制系统中采取一些有效的抗干扰措施是非常必要的。常用的抗干扰措施有以下几个方面：

1）抗电源干扰

(1) 使用隔离变压器将屏蔽层良好接地，对抑制电网中的干扰信号有良好的效果，如果没有隔离变压器，可使用普通变压器。为了改善隔离变压器的抗干扰效果，需要注意两点：一是屏蔽层要良好接地；二是二次侧连接线要使用双绞线（双绞线能减少电源线间干扰）。

(2) 使用滤波器代替隔离变压器，在一定的频率范围内有一定的抗电网干扰作用，但要选择好滤波器的频率范围是困难的。为此，惯用的方法在使用滤波器的同时，又使用隔离变压器。连接方法如图 1-16 所示。但必须注意，使用时应把滤波器接入电源，然后再用隔离变压器。

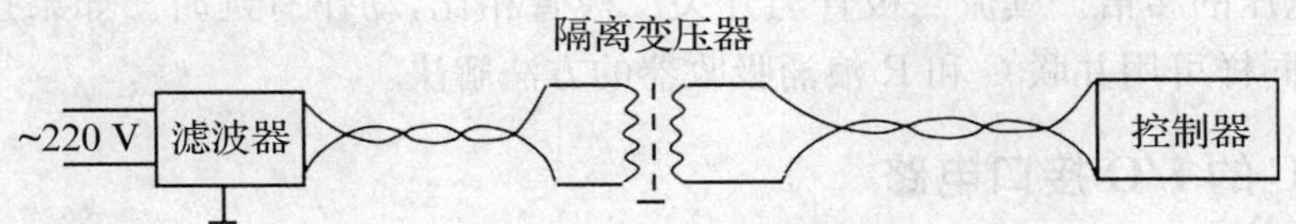

图 1-16　滤波器和隔离变压器同时使用的连接方法

(3) 分离供电系统，即使用隔离变压器将控制器、I/O通道和其他设备的供电分离开来，这也有助于抗电网干扰。

2) 控制系统接地

(1) 接地的作用：①控制器与控制盘柜与大地之间存在电位差，良好接地可以减少由电位差引起的干扰电流；②混入电源和输入、输出信号的干扰，可通过良好的接地引入大地，从而减少干扰的影响；③良好接地可以防止由漏电流产生的感应电压。

(2) 接地的方法：控制系统的接地一般有三种方法，如图1-17所示，其中，图1-17(a)为控制器和其他设备分别接地方式，这种接地方法最好；如果做不到每个设备专用接地，也可以使用图1-17(b)的共用接地方式；一般不采用图1-17(c)的串联接地方式，特别应该避免与电动机、变压器等动力设备串联接地。

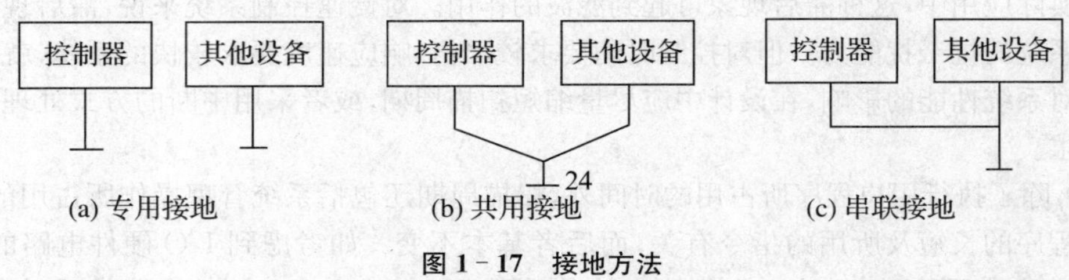

图1-17 接地方法

(3) 接地的注意事项：①接地线应尽量粗，一般用大于2 mm^{2}的线接地；②接地点应尽量靠近控制器，接地点与控制器间的距离不大于50 m；③接地线应尽量避开强电回路和主回路的电线，当不能避开时，应垂直相交，尽量缩短平行走线长度。

3) 防外部信号干扰

(1) 防止输入信号的干扰。除采用滤波器及使控制器良好接地来抑制干扰外，抗输入干扰的措施有：①RC滤波。在输入端两端并接电容C和电阻R(为交流输入信号时)，或并接续流二极管VD(为直流输入信号)可有效防止输入源含感性元件带来的信号突变。当交流输入方式时，C和R的选择要适当，才能起到较好的效果，一般参考值为：负荷容量在10 V·A以下一般选用0.1 μF±120 Ω；负荷容量在10 V·A以上，一般选用0.47 μF±47 Ω比较适宜。有时需要在输入信号对地之间加压敏电阻，在突现高压情况下，压敏电阻导通，释放高压，保护电路。②用继电器转换进行中转，实现物理隔离，可防感应电压的干扰。

(2) 防止输出信号的干扰。在交流感性负载的两端并接C和R作为浪涌吸收器。如果是100 V AC或220 V AC，电压功率为400 V·A左右时，C和R浪涌吸收器选为0.47 μF+47 Ω，C和R愈靠近负载，其抗干扰效果愈好。

在直流负载的两端需并接续流二极管VD，二极管也要靠近负载。二极管的反向耐压应至少是负载电压的4倍。续流二极管与开关二极管相比，动作有延时。如果这个延时时间是不允许的，同样可用并联C和R浪涌吸收器的方法解决。

二、PLC的I/O接口电路

1. 输入接口电路

各种PLC的输入电路大多都相同，主要有两种类型：一种是(12～24 V)DC输入；另一种是(100～120 V)AC和(200～240 V)AC输入。

图1－18所示为PLC直流输入接口电路,PLC输入电路有光耦合器隔离,并设有RC滤波器,可以消除输入触点的抖动和外部噪声干扰。当输入开关闭合时,一次电路中有电流流过,输入指示灯LED亮,光耦合器被激励,晶体管从截止状态变为饱和导通状态,这一状态经滤波电路和输入选择器由I/O总线进行输入。

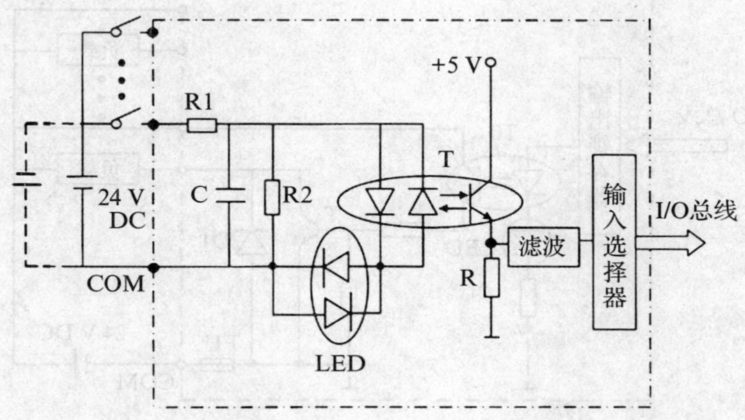

图1－18 PLC直流输入接口电路

由于采用的是双向光耦,因此外部接线没有极性要求,即公共端子COM(SIEMENS PLC的公共端标记为M)既可以接在电源的正极,也可以接在负极(如图中虚线电源所示)。该接口可作为交流输入接口。如果采用单个光耦,则只能选择使用直流输入。

2. **输出接口电路**

PLC的输出接口有三种形式,即继电器输出、晶体管输出和晶闸管输出。继电器输出是最常用的输出类型,其输出接口电路如图1－19所示。当CPU有输出时,接通或断开输出电路中继电器的线圈,继电器的接点闭合或断开,通过该接点控制外部负载电路的通断,并通过LED对输出点的状态进行指示。继电器输出方式利用继电器的触点和线圈将PLC的内部电路与外部负载进行电气隔离。

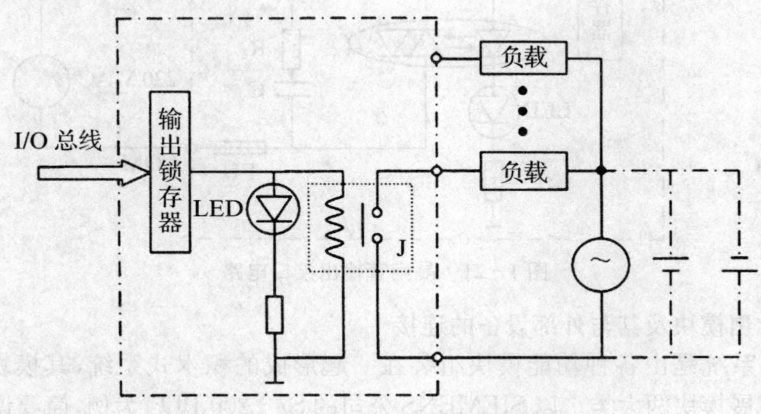

图1－19 继电器输出接口电路

继电器输出对外提供的是无源干触点，适用于驱动大、小容量的交、直流负载，对直流负载的接线无极性要求。其缺点是响应速度(即通断速度)较慢(约 10 ms)，且触点寿命有限制。

晶体管输出接口电路如图 1-20 所示，它通过光电耦合使晶体管截止或饱和导通以控制外部负载电路，光电耦合对 PLC 内部电路和输出晶体管电路进行电气隔离。LED 对输出点的状态进行指示。

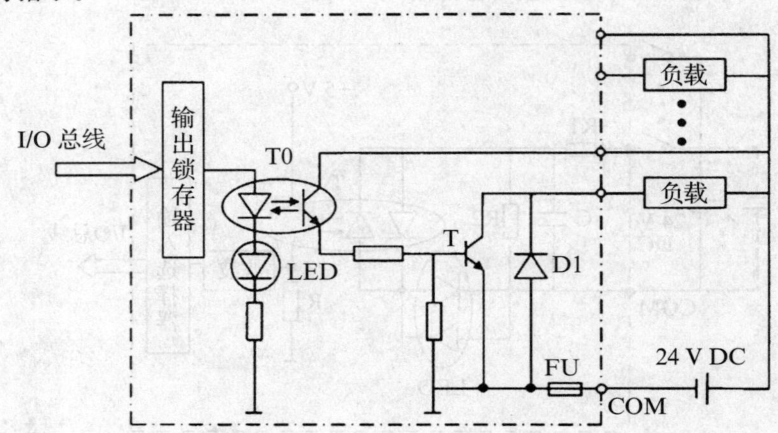

图 1-20　晶体管输出接口电路

晶体管输出只能带直流负载，且电源方向有极性要求。其驱动能力较弱，不适用于直接带继电器、接触器和电磁阀等大容量负载。但响应速度较快(约 0.2 ms)、无触点、寿命长。

晶闸管输出接口电路如图 1-21 所示。它采用光触发型双向晶闸管，适用于驱动交流负载。适用的交流电压范围较宽，负载能力强，可直接驱动各种大容量设备，响应时间短(约 1 ms)，无触点，寿命长。同样带 LED 输出状态指示。

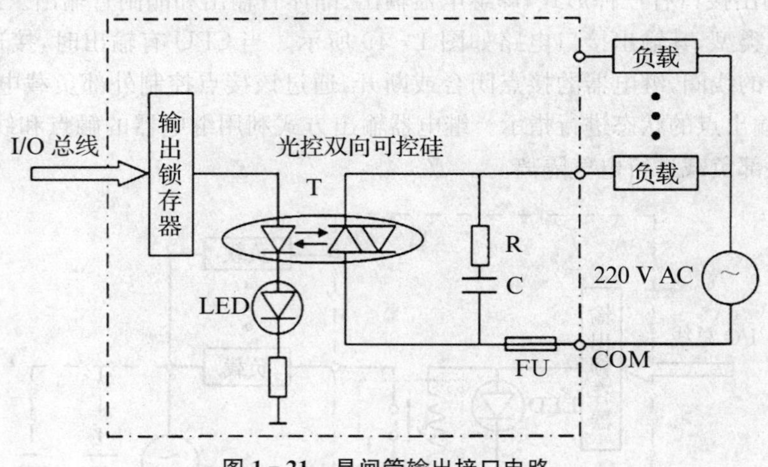

图 1-21　晶闸管输出接口电路

3. PLC 常用模块及其与外部设备的连接

PLC 控制系统是由各种功能模块组装在一起形成的积木式系统，其模块的种类分为 CPU 模块和扩展模块两大类。以 SIEMENS 公司的 S7-200 PLC 为例，简要说明 PLC 的常用模块及其与外部设备的连接方法。

1）CPU 模块

（1）CPU 模块的类型和功能。CPU 模块将一个 CPU、一个集成电源和数量不等（取决于不同的型号）的 I/O 通道集成在一个紧凑的封装中，独自形成一个小型的 PLC 控制系统。

S7－200 PLC 有 CPU 221，CPU 222，CPU 224 和 CPU 226 四种基本型号，不同型号的区别主要在于 I/O 点数和扩展能力的不同，分别适用于不同复杂程度的控制任务。图 1－22示出 S7－200 CPU 模块的外观结构。

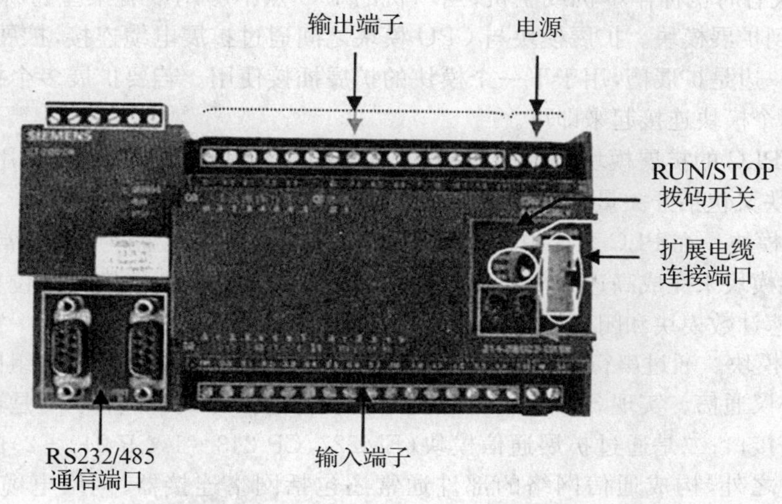

图 1－22　S7－200 CPU 模块的外观结构

在图 1－22 中，RS232/485 通信端口用于连接编程设备或用于网络连接。当 CPU 模块通过编程电缆与编程设备连接后，可编辑或载入用户程序，内置的操作系统可对用户程序进行编译和运行。

顶部接线端子为输出接线端子和电源接线端子，输出端子的运行状态可以由端子下方的一排指示灯显示；底部端子为输入端子和传感器电源端子，输入端子的运行状态可以由底部端子上方的一排指示灯显示。CPU 模块本身所带的 I/O 通道以开关量为主，只有少数几个型号带有模拟量 I/O。

“RUN/STOP”开关用于控制 PLC 的运行模式，开关打在“RUN”位置时，程序运行，“RUN”指示灯亮，此时可通过编程设备对程序的运行状态进行监测；开关打在“STOP”位置时，程序停止运行，“STOP”指示灯亮，此时可通过编程设备对 PLC 进行编程操作。

扩展电缆连接端口用于连接扩展模块，实现 I/O 扩展。

（2）CPU 模块的外部接线。CPU 模块的外部接线主要包括电源接线、输入接线和输出接线。电源常用的有 220 V AC 和 24 V DC 电源两种，常用的输入电源有 220 V AC 或 110 V AC，24 V DC，常用的输出为继电器输出。小型 PLC 的 CPU 模块自带的 I/O 一般最多配置为 24 个开关量输入和 16 个开关量输出。大中型 PLC 的 CPU 模块一般不配开关量的 I/O。

PLC与单片机等其他计算机一样，其I/O也需要端口地址。在CPU模块的上述接线中，端子名称实际上就是端子的地址名称，并且与PLC用户程序中的地址名称是一致的。在S7-200 PLC中，开关量输入端口的地址以字母I开头，开关量输出的端口地址以字母Q开头。例如：I0.0～I0.7表示开关量输入字节的8位，其中的某一位，如I0.0表示该字节的第0位；Q0.0～Q0.7表示开关量输出字节的8位，其中的某一位，如Q0.7表示该字节的第7位。

2）扩展模块

CPU模块有时也称作本机或主机，当本机的I/O点不够用或有某些特殊的功能要求时，还必须用到扩展模块。扩展模块与CPU模块之间通过扩展电缆连接，扩展模块一边是扩展电缆，另一边是扩展槽，用于下一个模块的扩展插接使用。若要扩展多个模块，则采用扩展电缆将两个模块连接起来即可。

S7-200 PLC的扩展模块包括I/O模块、通信模块和其他具有某种专门用途的功能模块，而I/O模块又包括开关量I/O模块、模拟量I/O模块。

(1) 功能模块。在PLC系统中，为了减轻CPU模块的负担，生产厂家经常提供一些特殊功能的功能模块来完成高速或需要实时处理的任务。常见的功能模块有位置控制模块、称重模块、高速计数模块和闭环控制模块等。

(2) 通信模块。通过串行通信连接，SIEMENS S7-200 PLC有很强的组网能力，支持多种形式的协议通信。实现S7-200 PLC网络的硬件连接方式有两种：一是通过CPU模块本身的通信接口；二是通过扩展通信模块(EM227，CP 243-1，CP 243-2)的通信接口。除了通信接口之外，构成通信网络的部件通常还包括网络连接器、网络电缆和网络中继器等。

S7-200系列PLC除了CPU226本机集成了2个通信口以外，其他均只在其内部集成了一个通信口，通信口采用RS485总线。除此以外各PLC还可以接入通信模块，以扩大其接口的数量和联网能力。S7-200系列PLC的通信模块有EM277，CP 243-1，CP 243-2等。EM277模块是ProfiBus-DP从站模块，同时也支持MPI从站；CP 243-1是工业以太网通信模块；CP 243-2是AS-I(Actuator Sensor Interface，传感器/执行器接口)主站模块，可连接最多62个AS-I从站。

最常用的是CPU模块本身的通信接口与一台计算机通过PPI协议实现通信，用于编程和监控。另外，CPU模块还支持与其他设备之间的PPI协议通信、MPI协议通信、USS协议通信、自由口协议通信和ModBus协议通信。

通过EM227通信扩展模块的通信接口能支持与其他设备之间的ProfiBus-DP协议通信，同时也支持PPI和MPI协议通信。

通过CP 243-1通信扩展模块的通信接口可使PLC与其他设备之间进行工业以太网连接，实现协议Ethernet通信。

通过CP 243-2通信扩展模块的通信接口可构成AS-I主站，最多可连接62个AS-I从站，进一步扩大I/O点数。

5) S7-200 PLC的系统配置及地址分配

PLC的系统配置根据应用任务进行确定。S7-200 PLC主机可构成一个独立的控制系统(基本配置),因此对于简单任务,可采用只有 CPU 模块组成的基本配置;若 CPU 模块本身的资源不够用,则需采用扩展配置,即在 CPU 模块的基础上增加扩展模块。在进行系统配置时,要对各模块的 I/O 点进行编址,主机提供的 I/O 具有固定的 I/O 地址。下面以 CPU226 为例说明其基本配置和扩展配置。

(1) 由 CPU226 组成的基本配置。由 CPU226 本机组成的基本配置可以组成 1 个 24 点开关量输入和 16 点开关量输出的小型系统,地址分配如下:

输入点地址为:I0.0,I0.1,…,I0.7
I1.0,I1.1,…,I1.7
I2.0,I2.1,…,I2.7

输出点地址为:Q0.0,Q0.1,…,Q0.7
Q1.0,Q1,…,Q1.7

(2) 由 CPU226 组成的扩展配置。CPU 模块的型号不同,其扩展能力也不同,即所能连接的扩展模块个数不同。如 CPU221 不能扩展,CPU222 最多可扩展 2 个模块,CPU224 和 CPU226 最多可扩展 7 个扩展模块。扩展模块的 I/O 地址顺次往下数,根据 I/O 信号的类型数字前加上"I""Q""AI""AQ"等分别表示开关量输入、开关量输出、模拟量输入和模拟量输出。

三、梯形图的设计

PLC 常用的编程语言有四种,即梯形图编程语言、指令语句表编程语言、控制系统流程图编程语言以及高级语言。但具体到细节,不同厂家,甚至相同厂家的不同型号的 PLC 的编程软件都有所不同。

梯形图编程语言简称梯形图,类似电气控制系统中继电器控制电路图,逻辑关系明显;指令语句表编程语言键入方便;控制系统流程图同样是一种图形式语言,类似于逻辑功能图;而高级语言一般适用于较为复杂的控制系统。由于梯形图形象、直观,用户很容易接受和上手,因此梯形图是目前用得最多的 PLC 编程语言之一。

1. 梯形图的表达形式

图 1-23 所示是 S7-200PLC 的一个简单的梯形图,由线圈、触点和功能块等基本要素组成。最左边的竖线称为起始母线或左母线,简称母线(某些 PLC 的梯形图还在最右边加上一条竖线,称为右母线)。触点、线圈及功能块按照控制要求和一个完整电路的形式连接起来形成一个程序段,称为梯级或网络,例如,图中包含网络 1(Network1)和网络 2(Network2)两个网络(注意,这里提到的网络和计算机网络没什么关系)。母线可以被理解为能量线,或理解为继电器电路中的电源线。每个程序段从左母线开始,能量流从左到右依次连接各个触点,最后以线圈或功能块结束(对于有右母线的梯形图,则以右母线结束),形成一个逻辑行或一个梯级,使得整个程序呈阶梯形。

梯形图中,所谓线圈和触点(有常开、常闭两种)不是物理器件,而是计算机存储单元中的某一位。相应位为"1"状态,表示继电器线圈通电、常开触点闭合或常闭触点断开;相应位为"0"状态,表示继电器线圈断电、常开触点断开或常闭触点闭合。如果梯形图中的常开输入触点为"1"状态,该触点状态为接通,表示输入触点闭合;如为"0"状态,表示输入触点断开，梯形图中的常开触点断开。而功能块是PLC的某个功能程序，如计时器和PID控制功能块等，图1－23中的T33是一个计时器功能块。

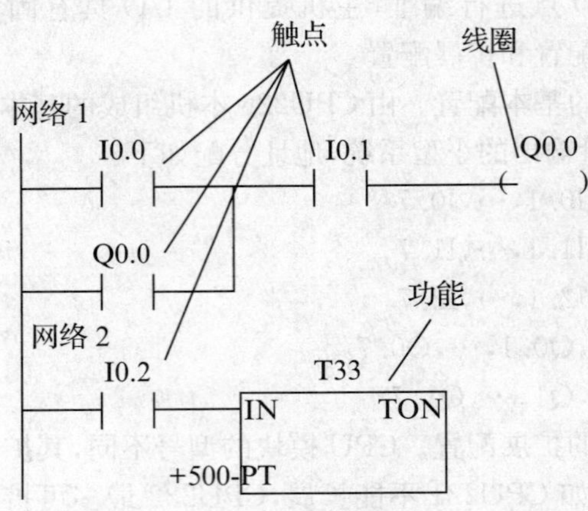

图1－23　梯形图基本要素

触点可以是来自外部输入的物理开关触点，也可以是线圈或功能块所带的触点。图1－23中的触点I0.0，I0.1和I0.2均是来自外部输入的物理触点，而Q0.0则是PLC内线圈Q0.0所带的触点。

线圈有两种：一种是具有实际输出的，通过开关量输出点对外部设备起控制作用；另一种是出于程序设计的需要而采用的内部线圈，类似于继电器电路中的中间继电器，它们没有实际输出，但在梯形图内部起逻辑控制作用。

梯形图中的每个触点和线圈均有相应的标号，该标号实际上是地址号。对于与外部I/O有对应关系的触点和线圈，其地址要与PLCI/O的端子地址一致。

图1－24所示是一个采用PLC取代继电器电路对电机进行起动控制的例子。图1－24(a)为继电器控制的电机起动电路，图1－24(b)是其对应的PLC梯形图，图1－24(c)是PLC的外部接线图，比继电器电路多了一个运行指示灯L。

在继电器电路中用到START和STOP两个开关，按下START后，接触器KM得电，主触点KM闭合，电机通电起动，同时KM的辅触点闭合自锁。在PLC电路中，START和STOP开关信号分别通过PLC的I1.0和I0.0输入点进行输入，输出点Q0.0控制接触器KM，输出点Q0.1控制运行指示灯。

当PLC运行图1－24(b)所示的梯形图时，由于STOP常闭开关是合上的，因此I0.0触点接通，若合上START开关，则I0.1也闭合，此时线圈Q0.0之前(左边)的所有触点都闭合，能量流到达线圈，线圈被激活，经输出端子Q0.0使KM得电，电机起动。同时，梯形图中的线圈触点Q0.0闭合，一方面对线圈进行自锁，另一方面使Q0.1得电，经输出端子Q0.1使指示灯L亮。当按下STOP开关时，开关断开，梯形图中的I0.0断开，线圈Q0.0失电，输出点Q0.0没有输出，KM失电，电机停止。与此同时，Q0.0对应触点断开，一方面解除自锁，另一方面使输出点Q0.1的输出消失，指示灯熄灭。

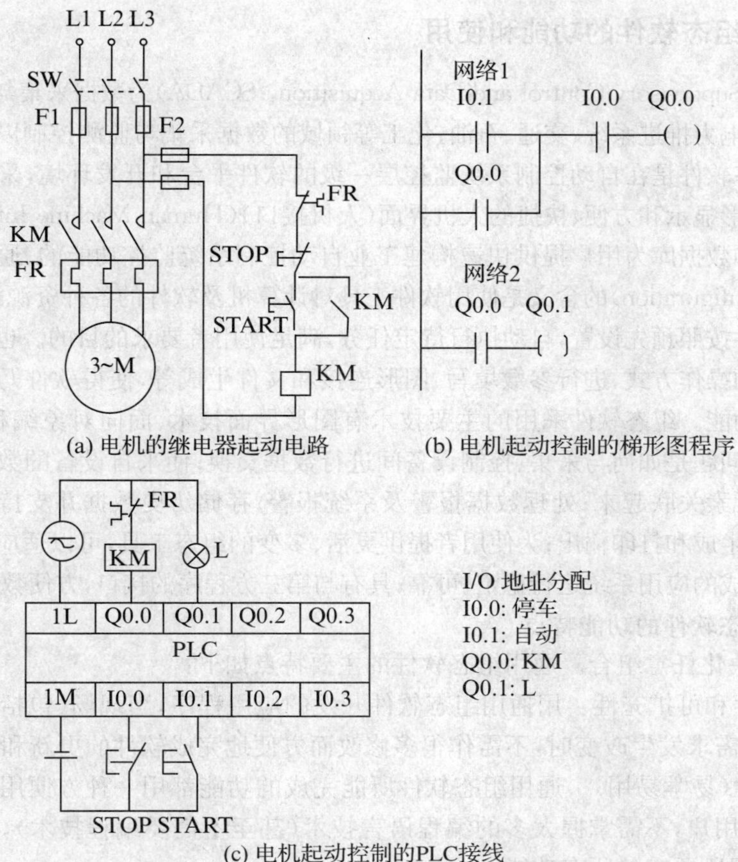

(a) 电机的继电器起动电路　(b) 电机起动控制的梯形图程序

(c) 电机起动控制的PLC接线

图 1-24 继电器电路与 PLC 梯形图

2. 梯形图语言的编程规则

(1) 在梯形图的每个梯级(网络)中,能量流总是以母线为起点,以线圈或功能块为终点。当 PLC 执行程序时,总是按照从左到右、从上到下的顺序执行,因此能量流只能是单向流动,即从左到右,梯级的改变也只能从上到下。

(2) 线圈及功能块必须位于一行的最右端,在它们的右边不允许再在任何触点存在。但不允许直接与左边的母线相连,必须通过触点才能连接到能量线。

(3) 梯形图中的线圈及其相应触点均使用同一地址,触点的数量不受限制。

(4) 同一个触点的使用次数不受限制,而同一线圈则不能重复使用。

(5) 触点可以任意串联或并联,但线圈只能并联而不能串联。

(6) 梯形图中,每行串联的触点数目和沿垂直方向的并联触点数目,虽然理论上没有限制,但它们受所用编程器显示屏幕大小的限制,不同的编程器对此有不同的限定。

(7) 当有几个串联支路相并联时,宜将触点最多的之路设计在最上面;当有几个并联支路相串联时,宜将含有支路最多的并联支路放在梯形图的最左面。

四、监控组态软件的功能和使用

组态软件(Supervisory Control and Data Acquisition, SCADA)为数据采集与监测控制的应用软件,应用于电力推进系统、交通、石油、化工等领域的数据采集与监测控制以及过程控制等诸多领域。组态软件是在自动控制系统监控层一级的软件平台和开发环境,采用灵活的组态方式,良好的图形显示和方便、快捷的人机界面(人机接口)(Human Machine Interface, HMI),丰富的器件库和数据库为用户提供快速构建工业自动控制系统监控功能的、通用层次的软件工具。组态(Configuration)的含义是使用软件工具对计算机及软件的各种资源进行配置,达到使计算机或软件按照预先设置,自动执行待定任务,满足使用者要求的目的。也就是通过对软件采用非编程的操作方式,进行参数填写、图形连接和文件生成等,使得软件乃至整个系统具有某种指定的功能。组态软件采用的主要技术有图形界面技术、面向对象编程技术、组件技术,主要解决的问题是如何与采集、控制设备间进行数据交换;使来自设备的数据与计算机图形画面上的各元素关联起来;处理数据报警及系统报警;存储历史数据并支持历史数据的查询;各类报表的生成和打印输出;为使用者提供灵活、多变的组态工具,可以适应不同应用领域的需求;最终生成的应用系统运行稳定、可靠;具有与第三方程序的接口,方便数据共享。

1. 监控组态软件的功能特点

组态为模块化任意组合。通用组态软件的主要特点如下:

(1) 延续性和可扩充性。用通用组态软件开发的应用程序,当现场(包括硬件设备或系统结构)或用户需求发生改变时,不需作很多修改而方便地完成软件的更新和升级。

(2) 封装性(易学易用)。通用组态软件所能完成的功能都用一种方便用户使用的方法包装起来,对于用户,不需掌握太多的编程语言技术(甚至不需要编程技术),就能很好地完成一个复杂工程所要求的所有功能。

(3) 通用性。每个用户根据工程实际情况,利用通用组态软件提供的底层设备(PLC、智能仪表、智能模块、板卡、变频器和 PLC 等)的 I/O Driver、开放式的数据库和画面制作工具,就能完成一个具有动画效果、实时数据处理、历史数据和曲线并存、具有多媒体功能和网络功能的工程,不受行业限制。

组态软件突出特点是实时多任务,包括:提供开发环境和运行环境;采用客户/服务器模式;软件采用组件方式构成;采用 DDE,OLE,COM/DCOM,Active X 技术;提供 ODBC,OPC,API 接口;支持分布式应用;支持多种系统结构,如单用户、多用户(网络),甚至多层网络结构;支持 Internet 应用。

2. 监控组态软件的系统构成

1) 必备的典型组件

(1) 应用程序管理器。提供应用程序的搜索、备份、解压缩、建立新应用等功能的专用管理工具。

(2) 图形界面开发程序。自动化工程设计工程师为实施其控制方案,在图形编辑工具的支持下进行图形系统生成工作所依赖的开发环境。

(3) 图形界面运行程序。在系统运行环境下,图形目标应用系统被图形界面运行程序装入计算机内存并投入实时运行。

(4) 实时数据库系统组态程序。建立实时数据库的组态工具,可以定义实时数据库的结构、数据来源、数据连接、数据类型及相关的各种参数，提高系统的实时性，增强处理能力。

(5) 实时数据库系统运行程序。在系统运行环境下，目标实时数据库及其应用系统被实时数据库系统运行程序装入计算机内存并执行预定的各种数据计算、数据处理任务。历史数据的查询、检索、报警的管理都是在实时数据库系统运行程序中完成的。

(6) I/O 驱动程序。I/O 驱动程序是组态软件中必不可少的组成部分，用于与 I/O 设备通信，互相交换数据，DDE 和 OPC Client 是两个通用的标准 I/O 驱动程序，用来支持 DDE 标准和 OPC 标准的 I/O 设备通信。多数组态软件的 DDE 驱动程序被整合在实时数据库系统或图形系统中，而 OPC Client 则多数单独存在。

2) 扩展可选组件

(1) 通用数据库接口(ODBC 接口)组态程序。用来完成组态软件的实时数据库与通用数据库的互联，实现双向数据交换，通用数据库既可以读取实时数据，也可以读取历史数据；实时数据库也可以从通用数据库实时地读入数据。

(2) 通用数据库接口运行程序。已组态的通用数据库连接被装入计算机内存，按照预先指定的采样周期，对规定时间区段按照组态的数据库结构建立起通用数据库和实时数据库间的数据连接。

(3) 策略(控制方案)编辑组态程序。策略编辑/生成组件是以 PC 为中心实现低成本监控的核心软件，具有很强的逻辑、算术运算能力和丰富的控制算法。

(4) 策略运行程序。组态的策略目标系统被装入计算机内存并执行预定的各种数据计算、数据处理任务，同时完成与实时数据库的数据交换。

(5) 实用通信程序组件。实用通信程序极大地增强了监控组态软件的功能，可以实现与第三方程序的数据交换，是监控组态软件价值的主要表现之一。通信实用程序具有的功能有：实现操作站的双机冗余热备用；实现数据的远程访问和传送；可以使用以太网(Ethernet)，RS485，RS232，PSTN 等多种通信介质或网络实现其功能。

3. 监控组态软件的使用

图 1-25 所示是某锅炉控制平台的监控画面，水泵运行状态、锅炉蒸汽运行状态、控制设备的基本状态在这一个画面上都得到显示，系统通过总线与设备联系，用户通过运行软件对过程进行操作和监控，主要执行的任务有：读出已经保存在 CS 数据库中的数据；显示屏幕中的画面；与自动化系统通信；对当前的运行系统数据进行归档以及对过程进行控制。

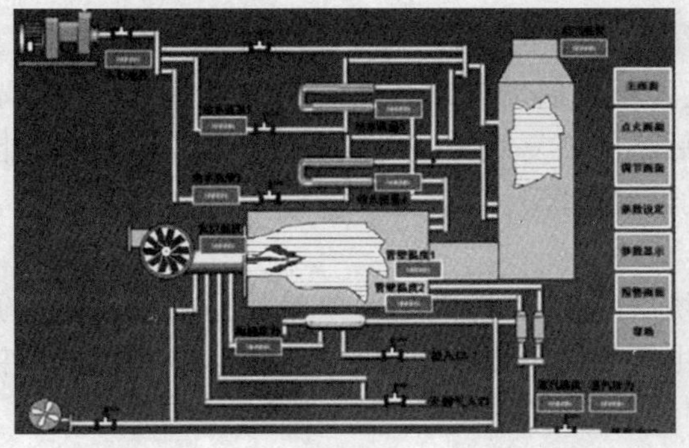

图 1-25 某锅炉控制平台的监控画面

1）图形系统的任务

（1）显示静态画面和操作者可控制的画面元素，如文本、图形或按钮等。

（2）更新动态画面元素，例如，根据过程值的变化修改棒图长度。

（3）对操作者输入作出反应，如单击按钮或输入域中的文本输入等。

2）图形系统的组件构成

（1）图形编辑器是图形系统的组态组件，是用于创建画面的编辑器。

（2）图形运行软件是图形系统的运行组件，显示运行系统中的画面上的图片，并管理所有的 I/O。

3）模块库

模块库有助于用户高效创建用户画面，在组态期间采用拖放方式将模块库中的对象插入过程画面。

（1）模块库含有大量的已预编译的对象，这些对象根据相关主题（如阀、电机、电缆、显示仪器等）进行排序。

（2）用户自己创建的对象也可保存在项目库中，需要时可再次调出。

4）报警记录的组件构成

（1）报警记录组态系统组件为报警记录编辑器，用来定义显示报警的种类、报警的内容、报警的时间。

（2）报警记录运行系统组件主要负责监控过程值，控制报警输出，管理报警确认。

5）归档系统的任务

过程值归档的目的是采集、处理和归档工业现场的过程数据，所获得的过程数据可用于获取与设备的操作状态有关的管理和技术标准。归档系统除了用于过程值的处理外，还用于对报警进行归档。

五、PLC 系统的故障诊断

1. 故障的分类

1）外部设备故障

外部设备就是与实际过程直接联系的各种开关、传感器、执行器、负载等。外部设备发生故障，直接影响系统的控制功能。这类故障约占整个控制系统总故障的 95%。

2）系统故障

系统故障是影响系统运行的全局性故障。系统故障可分为固定故障和偶然故障。当系统发生故障后，如果可通过重新启动使系统恢复正常，则可认为是偶然性故障（又称可自动恢复故障）；若重新启动后不能恢复而需要更换硬件或软件，系统才能恢复正常，则可认为是固定故障（又称不可自动恢复故障）。

3）硬件故障

硬件故障主要指系统中的模块（特别是 I/O 模块）损毁而造成的故障，在多数情况下其影响是局部的。主要是由于使用不当或使用时间较长，其模块内元件老化所致。

4）软件故障

软件故障是由软件本身所包含的错误引起的。在实际工程应用中，由于软件工作复杂、工作量大，因此软件错误几乎难以避免，这就提出了软件可靠性问题。

以上故障分类尚不全面，但 PLC 系统绝大部分故障属于上述四种。根据以上分类，可以帮助分析和找出故障发生的部位和产生原因。

2. 故障判断和修理的一般原则和技巧

自动控制系统的功能是自动地根据生产过程的状态和控制指令对执行器发出控制信号，对被控对象进行控制。在 PLC 控制系统中，各种物理量都是以电气信号的形式 I/O，由 PLC 中预先输入的用户程序进行处理。

当查找故障时，一般先检查电源是否正常。如果电源正常，再检查故障的影响范围，是整个系统（包括 PLC 和被控设备）都瘫痪还是局部的故障（主要指 PLC 设备基本没有问题）。如果是局部故障，则使用提供的技术资料、图纸，找到故障所涉及的外部逻辑条件，及其所对应的具体 I/O 通道和具体设备，进行检查测量。对于 PLC 控制系统通常首先可以区分出故障是发生在 PLC，还是外部设备。

船舶正在营运中的自动化系统如果发生故障，一般故障部位比较单一，容易找到。而陈旧的设备或经过多位维修人员处理仍未修复的故障，则往往增添一些人为的故障，增加了故障判断的难度。

(1) 在进行故障判断前要熟悉系统的结构、工作原理、功能和操作方法，熟悉操作装置的用途、指示灯的含义，熟悉各种操作方式之间的转换方法和相互关系、系统运行的逻辑条件和结果，仔细阅读说明书。有实践经验的维修人员，常先了解故障前后的状态和引发故障的操作情况，还可通过烧焦的元件或气味，或先检查易损部件，迅速找到故障部件。

(2) 故障信号流程图追踪法是判断故障部位的最常用方法。该方法亦称为故障树分析法，如图 1－26 所示，可通过追踪检查与故障有关的各种信号通路及状态，确定发生故障的部位。

(3) 模块功能测试法。各种复杂的系统通常可以看作由一些分系统、环节或部件等模块组成。模块的划分并不是死板的，一个模块可以是一个元件，也可以包含许多部件，只要系统中的某一部分与其他部分相对独立，I/O 信号之间存在一定的对应关系，具有一定的功能，便于对其进行测试，就可以把该部分看作是一个模块。

对一个模块尽管可能不知道它的具体内部结构，但只要对其 I/O 信号的关系进行测试，对比其功能就可以判断该部分是否正常。例如，一个 PLC 控制系统可分为 PLC 设备和外部设备两大部分，而 PLC 设备又可以分为 CPU 模块、I/O 模块等。不同模块在系统中的地位、承担的作用不同。有的是各种功能的共用部分，如果损坏了，则系统的共用功能丧失；而另一些模块则是只承担局部的工作，如果损坏了，将只影响局部的功能。因此，当系统出现故障时，可以根据系统的模块化结构，将故障原因判断到模块一级。然后对这一模块进行测试，即对该模块提供输入信号，观察其输出信号是否符合模块设计的规定。如果不符合，则基本证明该模块有故障。

CPU 模块的故障往往表现为整个系统失去反应，而 I/O 模块的故障往往只影响该模块 I/O 信号相关的功能，某一外部设备的故障只影响这一信号的相关功能。

(4) I/O 信号状态的检查。通过 PLC 模块上 I/O 信号对应的 LED 显示可以方便地观察到每一通道 I/O 信号状态。但是，外部设备损坏、连线接触不良也可能造成 PLC 收发的信号与外部设备信号的实际状态不符,这也是 PLC 控制系统最常见的故障。当发现控制系统出现故障或动作错误时,应根据图纸和相应的功能,找到相应的 I/O 地址。

当更换开关、传感器、电磁阀以及指示灯等 I/O 部件时,注意不要发生短路,以免扩大系统的故障。如果由于某种原因,损坏某一个 I/O 通道,又一时无备件可以更换时,可以请 PLC 技术人员,将其接到备用通道上,相应地用编程器修改软件。

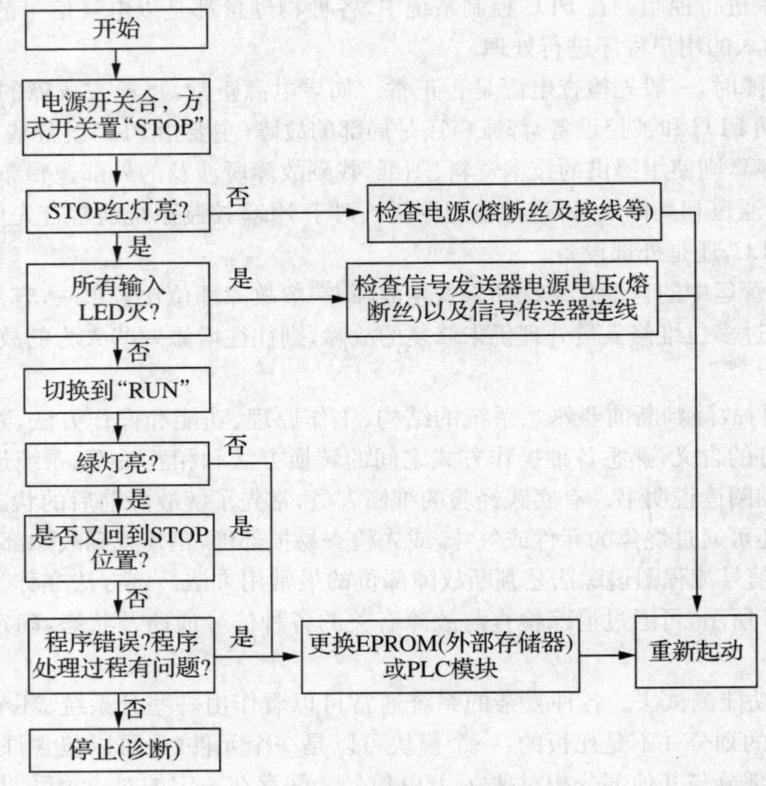

图 1-26 故障诊断流程

(5) 模拟试验。为了检查 PLC 控制系统的功能,进行调试和故障诊断,必须对系统在各种运行状况下的控制动作进行测试。但对系统的检查通常是在系统停车状态下进行,这时无法提供控制系统在判断时需要的不同状态值。为了解决上述问题,就需要进行模拟试验。

所谓模拟试验就是采取以假代真的模拟手段,为系统测试提供可以随意设置的各种运行状态模拟信号,使控制系统或系统中的某一部分根据这些模拟信号发出控制信号,进行显示,从而判断控制装置的功能,进行调试和故障诊断。

在进行模拟试验前要做好各种准备工作,尤其需要注意安全,一定要在确保设备和人员安全的前提下才能实施模拟试验。而在模拟试验进行完毕后,必须将进行模拟试验的临时设置全部复位,否则系统不能正常工作。

(6) 故障排除技巧和注意事项:①充分利用显示灯、LED 的信息,尤其是自检显示的信息。当发生故障时,可以首先查看 PLC 的 CPU 模块 POWER LED 显示,判断是否是电源故障。如果 POWER LED 指示灯亮,再查看 RUN LED 指示灯是否亮,如果 RUN LED 灭,表示 PLC 运行停止，可能是扩展模块或外部通信连接不好所致。②如果属 PLC 硬件故障，可通过换用 PLC 模块备件的方式进行解决。若硬件无故障，而系统的控制功能不符，则应考虑参数的设置问题。怀疑故障的原因是系统工作参数设置错误时，可以将全部参数按照技术资料对照一遍，快捷地排除参数设置故障。③经过测试，输出点的 LED 显示表明系统的 I/O 信号控制关系正常，而执行器没有随其动作时，应根据电气原理图和接线图检查外部的电磁阀或者外部电气连接。④在使用键盘修改系统工作参数或通过印刷板上的微调电位器修改系统工作参数之前，最好记录其原始数据或原始位置，以便在修改无效时，恢复初始值。⑤拔插印刷电路板或模块时，要关闭电源。记住模块或印刷电路板的型号和在插槽的原始位。要将新模块上的可设置的拨动开关、跳线、电位器设置得与原有模块一致。⑥如果必须调整系统软件，则之前应先保存 PLC 内的程序和数据到编程器，以确保修改程序不顺时，可以恢复原始程序和数据。⑦如保证系统可靠，正确接地；避免电磁干扰（如大负载电缆靠近 PLC 系统）等。

第四节　船舶计算机网络基础知识

一、计算机通信基础

计算机通信是指计算机与外界的信息传输，既包括计算机与计算机之间的信息传输，也包括计算机与外部设备，如显示器、磁盘和打印机之间的信息传输。信息的实体是数据，因此信息传输最终的表现形式是数据通信。

1. 并行通信与串行通信

计算机的数据通信有两种方式，一是并行通信，另一种是串行通信。所谓并行通信，是指采用并行的多根数据线同时传输多位二进制数，一般都以字节（即 8 位二进制数）为单位。而串行通信则是使用一根数据线，在发送端将字节拆开后按顺序一位一位地传输，接收端逐位接收，接收完后再对字节进行组装复原。

并行通信的优点是控制简单、传递速度快；其缺点是数据有多少位，就至少需要多少根数据传送线，通信距离短，不适宜远距离传输。串行通信的突出优点是只需一对传送线，大大降低了传送成本，特别适用于远距离通信；其缺点是控制较为复杂，传送速率较低。但是随着技术的不断发展，传输速度不断提高，串行通信被越来越广泛地应用到远距离数据通信中，是目前通信网络中主要采用的数据传输模式。

2. 串行通信的通道形式

串行通信有单工、半双工、全双工通信三种数据通道形式。

1）单工通信

单工形式的数据或信号传送是单向的。通信双方中一方固定为发送端，另一方则固定为接收端。单工形式的串行通信，只需要一条数据或信号通道，如图 1-27(a)所示。

2）半双工通信

半双工形式的数据或信号传送是双向的，但任何时刻只能由其中的一方发送数据或信号,另一方接收数据或信号。因此半双工形式既可以使用一条数据通道,也可以使用两条数据通道,如图 1-27(b)所示采用一条数据通道,两个开关同时向上时,A 发 B 收;两个开关同时向下时,B 发 A 收。

(3) 全双工通信

全双工形式的数据或信号传送也是双向的,且可以同时发送和接收数据或信号。因此,全双工形式的串行通信至少需要两条数据或信号通道,如图 1-27(c)所示。例如,打电话的双方的通信。

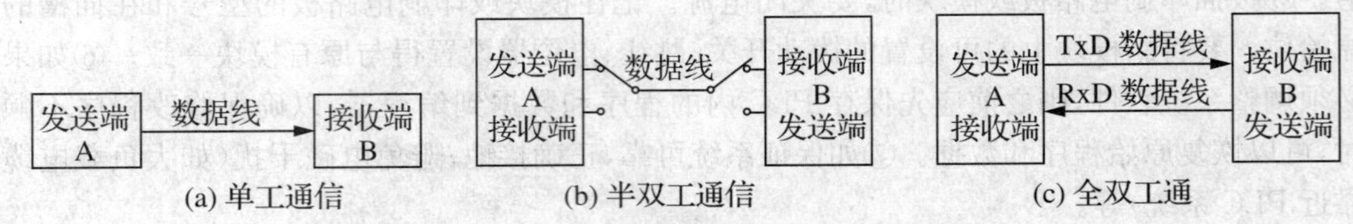

图 1-27　串行数据通信通道形式

3. 串行通信的分类

根据串行数据的传送方式,串行通信可以分为异步通信和同步通信两类。

1) 异步通信

在异步通信中,数据通常是以字符(或字节)为单位组成字符帧传送的。字符帧由发送端一帧一帧地发送,通过传输线为接收设备一帧一帧地接收。发送端和接收端可以有各自的时钟来控制数据的发送和接收,这两个时钟源彼此独立,互不同步。但由于这两个时钟频率一致,只要确认发送的开始,即协调发送与接受数据。

具体发送和接受受字符帧格式规定的约束。平时发送线为高电平(逻辑"1"),表示无信息发送,每当接收端检测到传输线上发送过来的低电平逻辑"0"(字符帧中起始位)时就知道发送端已开始发送,接收端开始以同样的速率接受信号,而当接收端接收到字符帧中停止位时可确认一帧字符信息已发送完毕。

在异步通信中,字符帧格式和波特率是两个重要指标,由用户根据实际情况选定。

(1) 字符帧(Character Frame)。字符帧也叫数据帧,由起始位、数据位、奇偶校验位和停止位四部分组成,如图 1-28 所示。

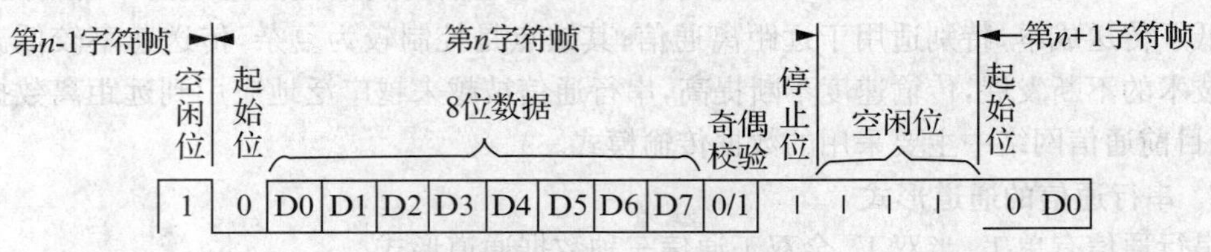

图 1-28　异步通信的字符帧格式

(2) 波特率(Baud Rate)。波特率的定义为每秒钟传送二进制数码的位数(亦称比特数),单位是 bit/s(bit per second),即位/秒。波特率是串行通信的重要指标,用于表征数据传送的速度。波特率越高,数据传输速度越快。国际上规定一个标准波特率系列:常用的有 1 200 bit/s,2 400 bit/s,4 800 bit/s,9 600 bit/s 以及 19.2 kbit/s,56 kbit/s 等。如

9 600 bit/s,指每秒传送 9 600 个位,包含字符的数位和其他必须的数位,如奇偶校验位等。通信线上所传输的字符数据(代码)是逐位传送的,1 个字符由若干位组成,因此每秒所传输的字符数(字符速率)和波特率是 2 种概念。在串行通信中,假设传送 1 个字符,包括 12 bit(其中有 1 个起始位,8 个数据位,1 个校验位,2 个停止位),其传输速率(波特率)是 1 200 bit/s,每秒所能传送的字符数是 1 200/(1+8+1+2)=100 个。

2) 同步通信

同步通信是一种连续串行传送数据的通信方式,一次通信传送一帧信息。时钟同步信号与数据同时发送,接受方根据时钟信号同步接受数据。其信息帧和异步通信中的字符帧不同,通常含有若干个数据字符。

同步通信的数据传输速率较高,通常可达 56 000 bit/s 或更高。同步通信的缺点是要求发送时钟和接收时钟保持严格同步,故发送时钟除应和发送波特率保持一致外,还要求把它同时传送到接收端去。

4. 错误校验

数据在长距离传送过程中必然会发生各种错误,奇偶校验是一种最常用的校验数据传送错误的方法。奇偶校验分偶校验和奇校验两种。

若采用偶检验,则发送端电路会自动检测发送字符位中"1"的个数,并在奇偶校验位上添加"1"或"0",使得"1"的总和(包括奇偶校验位)为偶数。接收端电路会对字符位和奇偶校验位中"1"的个数加以检测,若"1"的个数为偶数,则表明数据传输正确;若"1"的个数变为奇数,则表明数据在传送过程中出现错误。

若采用奇校验,则相反。

5. MCS-51 单片机的串行通信

MCS-51 单片机内部集成了一个可编程的全双工串行通信接口,具有异步接收/发送的全部功能。该串行口由单片机内部的串行口控制寄存器 SCON 及发送和接收电路组成,其串行接收和发送引脚分别为 P3.0(RxD)和 P3.1(TxD)。

采用内部串行口进行串行通信存在占用单片机资源的缺点,所以也经常采用专门的串行接口芯片(如 8251)进行串行通信。此时,单片机只要将需要发送的数据以并行的方式发送给串行接口芯片,串行接口芯片会自动将并行数据转换为串行的方式进行发送;而在接收串行数据时,接口芯片能自动将串行数据转换为并行数据,并发送给单片机。

6. 串行通信的总线标准

在微机应用系统中,数据通信主要采用的是异步串行通信方式。在设计通信接口时,必须根据应用需求选择标准接口,并考虑电平转换、传输介质等问题。目前,异步串行通信常用接口主要有以下几种:

1) RS232C 串行通信总线

RS232C 是一种最早而且使用最多的串行通信总线标准,其中 RS 是 Recommended Standard 的缩写,232 是该标准的标号,C 表示最后一次修订版本。RS232C 也简称为 RS232,已作为一种串行通信标准在微机通信接口中被广泛采用。例如,目前 PC 机提供的 COM1 和 COM2 串行接口就是 RS232 接口。

表 1-4 定义 RS232 接口通向外部的连接器(插针和插座)的信号线及其功能,确保

RS232 硬件的统一，但通信软件由用户自定，也就是说标准中只包含机械指标和电气指标，没有定义具体的通信协议。

表 1-4　RS232 的信号线及其功能

信号类型	信号名称	信号功能	DB-9 引脚(针)排列
数据信号	TxD	Transmitting Data，发送数据(输出)	
	RxD	Receiving Data，接收数据(输入)	
联络信号	RTS	Request To Send，请求发送数据(输出)	1 DCD DSR 6 2 RxD RTS 7 3 TxD CTS 8 4 DTR RI 9 5 SGND DB-9
	CTS	Clear To Send，允许发送数据(输入)	
	DSR	Data Set Ready，对方准备好(输入)	
	DTR	Data Terminal Ready，本地准备好(输出)	
	DCD	Data Carrier Detect，数据载波监测信号(输入)	
	RI	Ring Indication，振铃呼叫信号(输入)	
地信号	SGND	Signal Ground，信号地(无方向)	

(1) RS232 的信号线与物理连接。数据信号线用于数据的串行发送和接收，而联络信号线是为了正确无误地传输数据而设计的联络信号，见表 1-4。根据不同的应用场合，不是所有的信号线都要采用，尤其是在近距离传输时，只需“发送数据 TxD”“接收数据 RxD”和“信号地 SGND”三根线，称为三线制连接。最常采用传输电缆屏蔽双绞线，并把屏蔽层用作信号地线。具体连接方式如图1-29所示。

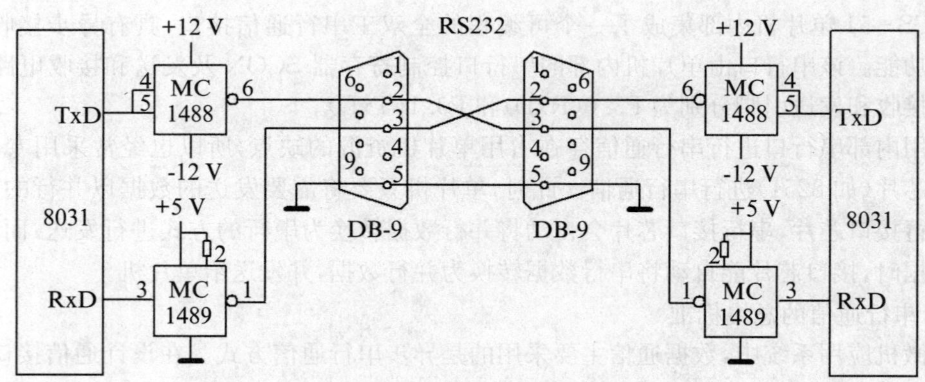

图 1-29　RS232 与 TTL 电路之间的电平和逻辑转换原理

(2) RS232 的电气特性。RS232 是以电压的正、负电压来表示逻辑状态的。对于数据信号，规定－15～－3 V 表示逻辑“1”，＋3～＋15 V 表示逻辑“0”，这是一种负逻辑；介于－3～＋3 V 的电压以及低于－15 V 或高于＋15 V 的电压被认为无意义。在实际中，RS232 的信号电压一般为－12～＋12 V。

然而，微机中的信号电平通常是 0～5 V 的 TTL 电平，即大于等于 2.4 V 表示逻辑“1”，小于等于 0.4 V 表示逻辑“0”。显然，这与 RS232 采用正、负电压来表示逻辑状态是不同的。

因此，为了能够同计算机接口或终端的 TTL 器件连接，必须在 RS232 与 TTL 电路之间进行电平和逻辑关系的变换。实现这种变换的方法可用分立元件，也可用集成电路芯片。图 1－29所示为采用一对集成芯片 MC1488 和 MC1489 来实现电平转换的电路。

(3) RS232 的缺点：①接口的信号电平值较高，易损坏接口电路的芯片，又因为与 TTL 电平不兼容，需使用电平转换电路方能与 TTL 电路连接。②接口使用一根信号线和一根信号返回线而构成共地的传输形式，由于不同电源地之间存在电平差异，这种共地传输容易产生共模干扰。③当信号穿过电磁干扰环境时，可能会因附加的干扰信号使电平或逻辑变化，因此传输速率较低。④传输距离有限。在通信速率低于 20 kbit/s 时，RS232 所能直接连接的最大传输距离约为 15 m。虽然这只是一种保守距离，在实际中可以适当延长，但最长物理距离也只能在 50 m 左右。⑤RS232 只能实现两台设备之间的点对点传输。

2) RS422 和 RS485 串行通信总线

针对 RS232 的不足，EIA 陆续发布了其他一些串行接口标准，如 RS422 和 RS485 串行通信总线。与 RS232 不同，RS422 和 RS485 的数据信号采用差动传输方式，也称作平衡传输，如图 1－30 所示。图中，D 为发送驱动器(Driver)，R 为差动放大接收器(Receiver)，Y 和 Z 为驱动器的两线输出，A 和 B 为接收器的差分输入，TxD 和 RxD 分别为 TTL 电平的串行发送和接收信号，虚框表示集成芯片。

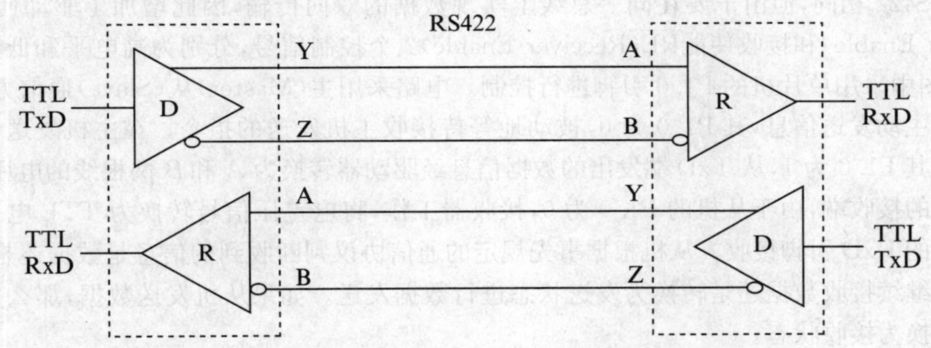

图 1－30　RS422 总线传输原理

所谓平衡传输是指在发送端由发送驱动器将 TTL 电平转换为 Y 与 Z 两线之间电压差，这一差值电压经传输电缆送至接收端的接收输入端 A 和 B，经接收放大器 R 进行差动放大后还原成 TTL 电平信号。在发送端，当 TxD 为逻辑“1”时，D 的输出端 Y 为高电平，Z 为低电平，按 RS422 标准的规定，Y 与 Z 之间的电压差应为＋2～＋6 V；当 TxD 为逻辑“0”时，Y 为低电平，Z 为高电平，Y 与 Z 之间的电压差应为－6～－2 V。在接收端，只要 A 比 B 高 200 mV 以上便被视为逻辑“1”，即 RxD 为 1；只要 A 比 B 低 200 mV 以上便被视为逻辑“0”，即 RxD 为 0。由于集成转换芯片均为单电源供电，因此在实际中，Y 与 Z 之间的电压差绝对值能否达到 6 V 还取决于芯片的电源电压。

从图 1－30 可以看出，当采用 RS422 总线实现计算机之间的数据双向传输时，至少需要 4 根信号线，一般采用 2 对双绞线。但出于抗干扰的考虑，还应加上 1 根信号地线。电缆连接器多采用 9 针“D”型插头，连接器的引脚定义如图 1－31 所示，其中信号地线 SGND 可以是额外的一条线，也可以是屏蔽双绞线的屏蔽层。

由于 RS422 采用平衡驱动和双端输入的差动放大，一方面使得传输距离比 RS232 要远，另一方面差动输入能对共模干扰起到很好的吸收作用，使得数据的传输更加可靠，传输速率大大增加。在电缆长度小于 120 m 时，RS422 的最大传输速率为 10 Mbit/s；如采用较低的传输速率，如 9 600 bit/s，则传输距离可达 1 200 m。

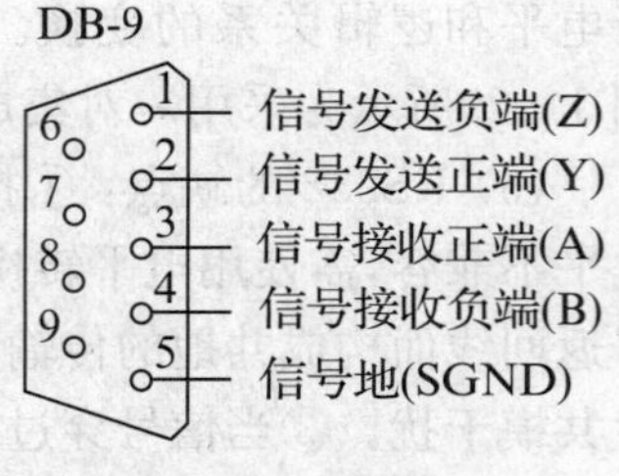

图 1－31　RS422 的 DB－9 引脚定义

RS422 允许在总线上挂接 1 个发送器和多个接收器（多至 10 个），从而实现单机发送、多机接收的数据传输，但 RS422 并不能构成正真意义上的多点总线。多点总线应该由连接至单总线的多个驱动器和接收器构成，且其中任何一个均可发送或接收数据。另外，采用 RS422 进行双向数据传输时至少需要 4 根连接线，导致布线成本增加。为此，EIA 在 RS422 的基础上又提出了 RS485 标准。

RS485 是在 RS422 的基础上改进的，保留了 RS422 的所有电气特性，同样具有良好的抗干扰性能和长距离传输能力，且允许在 2 条连接线上实现数据的双向传输，图 1－32 所示为单片机采用 MAX485 芯片构成的 RS485 半双工点对点通信电路。数据的发送和接收方式与 RS422 相同，但由于要在同一总线上实现数据的双向传输，因此增加了驱动使能 DE（Driver Enable）和接收使能$\overline{\text{RE}}$（Receiver Enable）2 个控制信号，分别为高电平和低电平有效，在图中采用单片机的 P1.0 引脚进行控制。电路采用主（Master）从（Slave）通信方式，即从机不主动发送信息，其 P1.0 为 0，被动地等待接收主机发送的指令。在主机发送信息的同时使其 P1.0 为 1，从 TxD 端发出的数据信息经驱动器转换为 A 和 B 两根线的电压差，送至从机的接收端，由于从机的 P1.0 为 0，接收器工作，将电差压信号转换为 TTL 电平信号由从机的 RxD 引脚接收。从机根据事先规定的通信协议判断收到的信息是数据还是指令，决定是继续接收数据还是转换为发送状态进行数据发送。如果从机发送数据，那么主机相应地转换为接收状态。

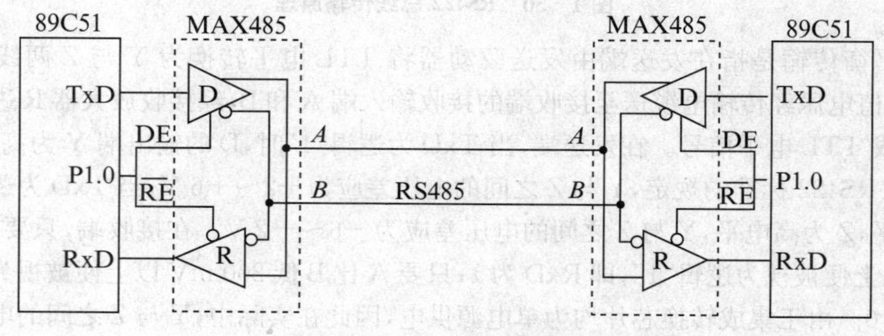

图 1－32　RS485 总线传输原理

以上数据传输过程表明，不论是主机还是从机，在某一时段内，要么是发送数据，要么是接收数据，无法在同一时间内既进行发送又进行接收，因此是一个半双工过程。

RS485 还具有多站功能，允许多达 32 个设备并接在总线上，而且每个设备均可进行数据的发送和接收，因而可以实现真正的多点总线结构。总线上允许挂接的最大节点数取决于驱动芯片，可达 128 个甚至更多。因此在工业上常采用 RS485 来组建半双工网络，如图 1－33所示。网络只能以单主多从的方式进行通信，即网络中只允许存在一个主机（通常是一台 PC 机），其余全部都是从机，从机之间的互通信息必须通过主机中转才能实现。

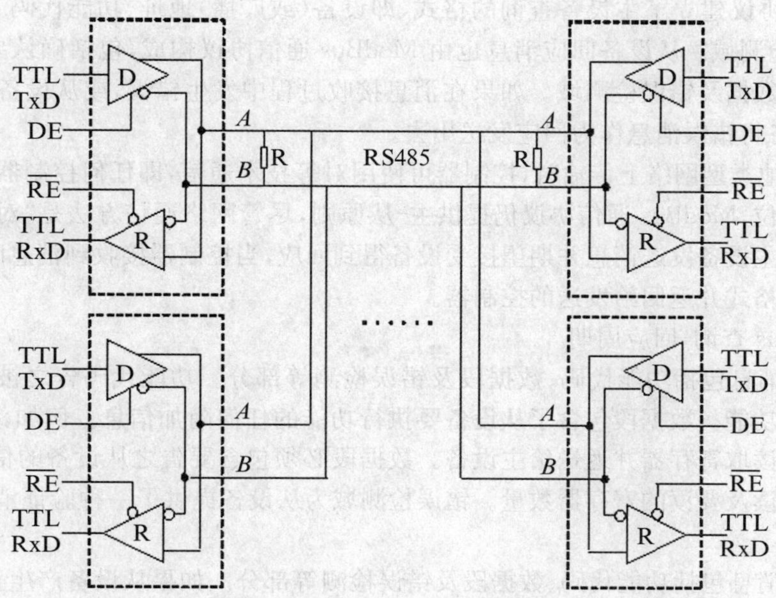

图 1－33 RS485 总线的网络连接

理论上，RS485 总线只需要 2 根连接线，但在实际连接中，为了抑制共模干扰，往往还要将各个设备的信号地连接起来。因此，RS485 的连接电缆一般由 3 根线组成，最常采用的还是屏蔽双绞线，并把屏蔽层用作数字地线。电缆连接器一般采用 9 针“D”型插头，其引脚定义如图 1－34 所示。

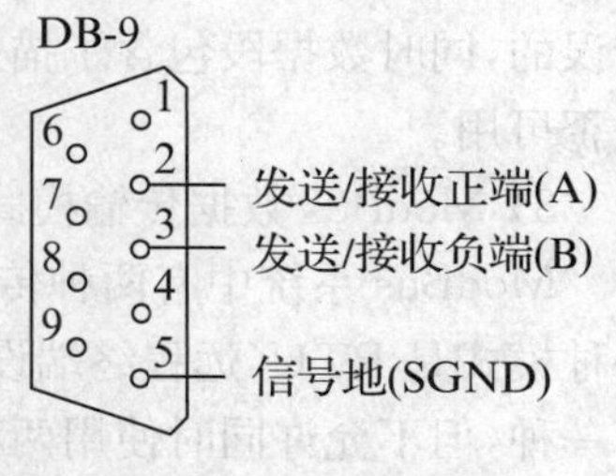

图 1－34 RS485 的 DB－9 引脚定义

7．ModBus 通信

在目前的工业通信领域中，各个设备供应商几乎都推出了自己的专用协议，但是为了兼容，几乎所有的设备都支持 Moubus 通信协议，ModBus 通信协议是应用于电子控制器上的一种通用协议标准，得到了广泛的应用。

当在 ModBus 网络上通信时，每个控制器需要知道它们的设备地址，识别按地址发来的消息，决定要产生何种行动。如果需要回应，则控制器将生成反馈信息并用 ModBus 通信协议发出。

1）ModBus 通信协议网络选择

（1）在 ModBus 网络上转输时，标准的 ModBus 是使用与 RS232C 兼容的串行接口，它定义了连接口的引脚、电缆、信号位、传输波特率及奇偶校验。控制器能直接或经由调制解调器（Modem）组网。

(2) 控制器通信使用主/从技术,即仅一台设备(主设备)能初始化传输(查询)。其他设备(从设备)根据主设备查询提供的数据做出相应的反应。典型的主设备有计算机和编程面板。典型的从设备有微机控制系统、PLC 等。

主设备可单独与从设备通信,也能以广播方式与所有从设备通信。如果单独通信,则需要从设备返回消息作为回应;如果是以广播方式查询的,则从设备不必做任何回应。ModBus 通信协议建立了主设备查询的格式,即设备(或广播)地址、功能代码、所有要发送的数据、错误检测域。从设备回应消息也由 ModBus 通信协议构成,包括确认要行动的域、任何要返回的数据及错误检测域。如果在消息接收过程中发生错误,或从设备不能执行其命令,则从设备将错误消息作为回应发送出去。

(3) 在其他类型网络上传输时,控制器可使用对等技术通信,即任何控制器都能作为主设备。在消息位,ModBus 通信协议仍提供主-从原则,尽管网络通信方法是“对等”的,但如果控制器作为主设备发送消息并期望接受设备得到回应,当控制器接收到消息时,则将建立接受设备回应格式并返回给发送的控制器。

2) ModBus 查询-回应周期

(1) 查询消息包括功能代码、数据段及错误检测等部分。功能代码告之被选中的从设备要执行何种功能。数据段包含了从设备要执行功能的任何附加信息。例如,功能代码 03 是要求从设备读取寄存器并返送给主设备。数据段必须包含要告之从设备的信息:从哪一个寄存器开始读及要读的寄存器数量。错误检测域为从设备提供了一种验证消息内容是否正确的方法。

(2) 回应消息包括功能代码、数据段及错误检测等部分。如果从设备产生正常的回应,则在回应消息中的功能代码是在查询消息中的功能代码的回应。数据段包括了从设备收集的数据—寄存器值或状态。如果有错误发生,则功能代码将被修改以用于指出回应消息是错误的,同时数据段包含了描述此错误信息的代码。错误检测域允许主设备确认消息内容是否可用。

3) ModBus 数据传输模式

ModBus 系统中有两种传输模式编码可选择,一种模式是 ASCII(美国信息交换码),另一种模式是 RTU(远程终端设备),控制器能设置为两种传输模式(ASCII 或 RTU)中的任何一种,但不允许同时使用两种通信模式。在配置每个控制器时,一个 ModBus 网络上的所有设备都必须选择相同的传输模式和串口通信参数(波特率、校验方式等)。所选的 ASCII 或 RTU 方式仅适用于标准的 ModBus 网络,定义了在这些网络上连续传输的消息段的每一位,以及决定如何将信息打包成消息域和如何解码。

(1) ASCII 方式。ASCII 方式的每个字节的格式:十六进制 ASCII 字符 0～9,A～F;消息中的每个 ASCII 字符都由十六进制字符组成。每个字节的组成:1 个起始位;7 个数据位,最小的有效位先发送;1 个奇偶校验位(如果有校验);1 个停止位(有校验时),2 个 bit(无校验时);检测码使用 LRC(纵向冗余检测)。

(2) RTU 方式。RTU 方式每个字节的格式:十六进制数 0～9,A～F;消息中的每个 8 位域都是由 2 个十六进制字符组成的。每个字节的组成为:1 个起始位;8 个数据位,最小的有效位先发送;1 个奇偶校验位(如果有校验);1 个停止位(有校验时),2 个 bit(无校验时)；检测码使用 CRC(循环冗余检测)。

ASCII 方式的主要优点是传送字符方便。RTU 方式的主要优点是在相同的波特率情况下数据传输的密度较高，有更大的数据处理能力。

4) ModBus 消息帧

在两种传输模式中，传输设备将 ModBus 消息转为有起点和终点的帧，这就允许接收的设备在消息起始处开始工作，读地址分配信息，判断哪一个设备被选中(广播方式则传给所有设备)，判断何时信息已完成。其消息帧包括 ASCII 帧和 RTU 帧。消息帧的地址域包含 2 个字符(ASCII)或 8 bit(RTU)。从设备地址是 0～247(十进制)。单个设备的地址范围是 1～247。主设备通过将要联络的从设备的地址放入消息帧的地址域来选通从设备。当从设备发送回应消息时，它把自己的地址放入回应的地址域中，以便主设备知道是哪一个设备并做出回应。地址 0 用作广播地址，以使所有的从设备都能认识。当 ModBus 协议用于更高水准的网络时，广播可能不允许以其他方式代替。

使用 RTU 模式，消息发送至少要以 3.5 个字符时间的停顿间隔开始。一典型的 RTU 消息帧依次为：①起始位，T1－T2－T3－T4；②设备地址，8 bit；③功能代码，8 bit；④数据，N 个 8 bit；⑤CRC 校验，16 bit；⑥结束符，T1－T2－T3－T4。整个消息帧必须作为一连续的流传输，如果在消息帧完成之前有超过 1.5 个字符时间的停顿，接收设备将刷新不完整的消息并假定下一字节是一个新消息的地址域。同样地，如果一个新消息在小于 3.5 个字符时间内接着前个消息开始，接收的设备将认为它是前一消息的延续，这将导致一个错误，因为在最后的 CRC 域的值不可能是正确的。

消息帧中的功能代码域包含 2 个字符(ASCII)或 8 bit(RTU)。可能的代码范围是十进制的 1～255。当然，有些代码适用于所有控制器，有些是适用某种控制器，还有些保留以备后用。

当消息从主设备发往从设备时，功能代码域将告之从设备需要执行哪些行为。例如，读取输入的开关状态，读一组寄存器的数据内容，读从设备的诊断状态，允许调入、记录、校验在从设备中的程序等。

当从设备回应时，它使用功能代码域来指示是正常回应(无误)还是有某种错误发生(称作异议回应)。对正常回应，从设备仅回应相应的功能代码。对异议回应，从设备返回一等同于正常代码的代码，但最重要的位置(最高位)逻辑变为 1。

例如，主设备发往从设备的消息要求读一组保持寄存器的值，并产生功能代码：00000011(十六进制 03H)，对正常回应，从设备仅回应同样的功能代码。对异议回应，它返回 10000011(十六进制 83H)。

除功能代码因异议错误做了修改外，从设备将一独特的代码放到回应消息的数据域中，以便告诉主设备发生了什么错误。

主设备应用程序得到异议回应后，典型的处理过程是重发消息，或者诊断发给从设备的消息并报告给操作者。

5) 数据域

数据域是由两个十六进制数集合构成的，范围为 00H～FFH。根据网络传输模式，这可以是由一对 ASCII 字符组成或由一 RTU 字符组成。

主设备发给从设备消息的数据域包含附加的信息。从设备必须执行由功能代码所定义的功能，包括不连续的寄存器地址、要处理项的数目及域中实际数据字节数。例如，如果主设备需要从设备读取一组保持寄存器（功能代码 03H），数据域指定起始寄存器及要读的寄存器数量。如果主设备写一组从设备的寄存器（功能代码 10H），则数据域指明要写的起始寄存器及寄存器数量、数据域的数据字节数、要写入寄存器的数据。

如果没有错误发生，则从设备返回的数据域包含请求的数据。如果有错误发生，则此域包含有异议代码，主设备应用程序可以用来判断后采取下一步行动。

在某种消息中，数据域可以是不存在的（0 长度）。例如，主设备要求从设备回应通信事件记录（功能代码 OBH），从设备不需任何附加的信息。

6）错误检测域

标准的 ModBus 网络有两种错误检测方法：ASCII 模式和 RTU 检测。错误检测域的内容有赖所选的检测方法。

（1）当选用 ASCII 模式做字符帧，则错误检测域包含两个 ASCII 字符。这是使用 LRC（纵向冗长检测）方法对消息内容计算得出的，不包括开始的冒号符及回车换行符。LRC 字符附加在回车换行符前面。

（2）当选用 RTU 模式做字符帧，则错误检测域包含一 16 bit 值（用两个 8 位的字符来实现）。错误检测域的内容是通过对消息内容进行循环冗余检测方法得出的。CRC 域附加在消息的最后，添加时先是低字节，然后是高字节，故 CRC 的高位字节是发送消息的最后一个字节。

7）错误检测方法

标准的 ModBus 串行网络采用两种错误检测方法：奇偶校验和帧检测。奇偶校验对每个字符都可用，帧检测（LRC 或 CRC）应用于整个消息。它们都是在消息发送前由主设备产生的，从设备在接收过程中检测每个字符和整个消息帧。

用户要给主设备配置预先定义的超时时间间隔。这个间隔要足够长，以使任何从设备都能做出正常回应。如果从设备检测到传输错误，则将不会接收消息，也就不会向主设备做出回应。这样超时事件将触发主设备处理错误。发往不存在的从设备的地址也会产生超时错误。

8）ModBus 协议命令表（表 1－5）

表 1－5　ModBus 协议命令表

功能码	名称	作　用
01	读取线圈状态	取得线圈的状态
02	读取输入状态	取得开关输入的状态
03	读取保持寄存器	取 1 个或多个保持寄存器的值
04	读取输入寄存器	取 1 个或多个输入寄存器的值
05	强置单线圈	强置逻辑线圈的通、断
06	预置单寄存器	把二进制写入 1 个保持寄存器，取得 8 个内部线圈的通、断状态，这 8 个线圈的地址由控制器决定

（续表）

功能码	名称	作　用
07	读取异常状态	用户逻辑可以将这些线圈定义，以说明从机状态，短报文适宜于迅速读取状态
08	回送诊断校验	把诊断校验报文送主机
09	编程（只用于484）	使主机模拟编程器作用，修改PC从机逻辑
10	控询（只用于484）	可使主机与1台执行长程序任务从机通信，探询该从机是否已完成其操作任务，仅在含有功能码9的报文发送后，本功能码才发送
11	读取事件计数	可使主机发出单询问，并随即判断操作是否成功，尤其是该命令或应答产生通信错误
12	读取通信事件记录	可使主机检索每台从机的ModBus事务处理通信事件记录，如果某项事务处理完成，记录会给出有关错误
13	编程	可使主机模拟编程器功能修改PC从机逻辑
14	探询	可使主机与正在运行的从机通信，定期探询该从机是否已完成其程序操作，仅在含功能13的报文发送后，本功能码才发送
15	强置多线圈	强置一串连续逻辑线圈的通、断
16	预置多寄存器	把具体的二进制值装入一串连续的保持寄存器
17	报告从机标识	可使主机判断编址从机的类型及该从机运行指示灯的状态
18	对884/M84	可使主机模拟编程功能，修改PC状态逻辑

二、计算机网络基础

1. 计算机网络的基本组成

计算机网络包括硬件和软件两大部分。网络硬件提供的是数据处理、数据传输和建立通信通道的物质基础，而网络软件是真正控制数据通信的。软件的各种网络功能需依赖于硬件去完成，两者缺一不可。

按照网络覆盖的地理范围的大小，网络可分为局域网（Local Area Network，LAN）、城域网和广域网三种类型。局域网是将较小地理区域内的计算机或数据终端设备连接在一起的通信网络。局域网覆盖的地理范围比较小，一般在几十米到几千米之间，常用于组建一个办公室、一栋楼、一个楼群、一个校园或一个企业的计算机网络。船舶内部计算机网络为一个局域网。

不论是局域网、城域网还是广域网，计算机网络的基本组成都主要包括如下四部分，常称为计算机网络的四大要素。

1）计算机系统

计算机系统是网络的基本模块，是被连接的对象。其主要作用是负责数据信息的收集、处理、存储、传播和提供共享资源。在网络上可共享的资源，包括硬件资源（如巨型计算机、高性能外围设备、大容量磁盘等）、软件资源（如各种软件系统、应用程序、数据库系统等）和信息资源。

2）通信线路和通信设备

计算机网络的硬件部分除了计算机本身以外，还要有用于连接这些计算机的通信线路和通信设备，即数据通信系统。通信线路分有线通信线路和无线通信线路。有线通信线路是指传输介质及其介质连接部件，包括光纤、同轴电缆、双绞线等；无线通信线路是指以无线电、微波、红外线和激光等作为通信线路。通信设备指网络连接设备、网络互联设备，包括网卡、集线器（Hub）、中继器（Repeater）、交换机（Switch）、网桥（Bridge）、路由器（Router）以及Modem等通信设备。使用通信线路和通信设备将计算机互联起来，在计算机之间建立一条物理通道以传输数据。通信线路和通信设备负责控制数据的发出、传送、接收或转发，包括信号转换、路径选择、编码与解码、差错校验、通信控制管理等，以完成信息交换。通信线路和通信设备是连接计算机系统的桥梁，是数据传输的通道。

3）网络协议

网络协议是指通信双方必须共同遵守的约定和通信规则，如TCP/IP协议、NetBEUI协议、IPX/SPX协议，是通信双方关于通信如何进行所达成的协议。比如，用什么样的格式表达、组织和传输数据，如何校验和纠正信息传输中的错误，以及传输信息的时序组织与控制机制等。现代网络都是层次结构，网络协议规定分层原则、层次间的关系、执行信息传递过程的方向、分解与重组等约定。在网络上通信的双方必须遵守相同的协议，才能正确地交流信息，就像人们谈话要用同一种语言一样，如果谈话时使用不同的语言，就会造成相互间都听不懂各自在说什么的问题，那么将无法进行交流。因此，协议在计算机网络中是至关重要的。

一般来说，网络协议的实现是由软件和硬件分别或配合完成的，有的部分由联网设备承担。

4）网络软件

网络软件是一种在网络环境下使用和运行或者控制和管理网络工作的计算机软件。根据软件的功能，计算机网络软件可分为网络系统软件和网络应用软件两大类型。

(1) 网络系统软件。网络系统软件是控制和管理网络运行、提供网络通信、分配和管理共享资源的网络软件，它包括网络操作系统（Network Operating System，NOS）、网络协议软件、通信控制软件和管理软件等。

网络操作系统是指能够对局域网范围内的资源进行统一调度和管理的程序。它是计算机网络软件的核心程序，是网络软件系统的基础。

网络协议软件（如TCP/IP协议软件）是实现各种网络协议的软件。它是网络软件中最重要的核心部分，任何网络软件都要通过协议软件才能发生作用。

(2) 网络应用软件。网络应用软件是指为某一个应用目的而开发的网络软件（如远程教学软件、电子图书馆软件、Internet信息服务软件等)。网络应用软件为用户提供访问网络的手段、网络服务、资源共享和信息的传输。

2. 网络拓扑结构

网络拓扑结构是计算机网络结点和通信链路所组成的几何形状。计算机网络有很多种拓扑结构,最常用的网络拓扑结构有总线型结构、环型结构、星型结构、树型结构、网状结构和混合型结构。

1) 总线型结构

总线型结构采用一条单根的通信线路(总线)作为公共的传输通道,所有的结点都通过相应的接口直接连接到总线上,并通过总线进行数据传输。例如,在一根电缆上连接组成网络的计算机或其他共享设备(如打印机等),如图1-35所示。由于单根电缆仅支持一种信道,因此连接在电缆上的计算机和其他共享设备共享电缆的所有容量。连接在总线上的设备越多,网络发送和接收数据就越慢。

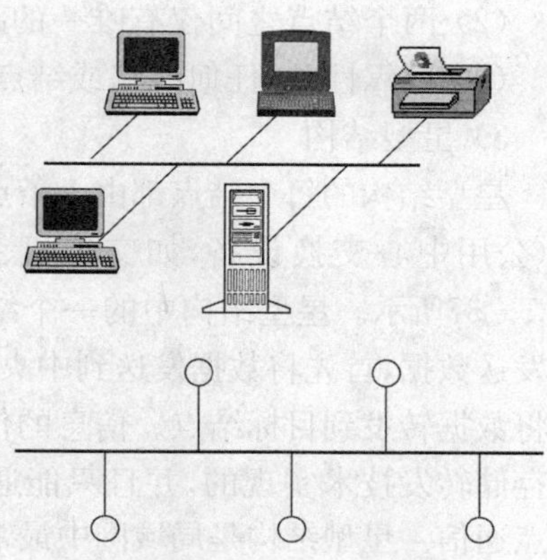

图1-35 网络的总线型结构

总线型网络使用广播式传输技术,总线上的所有结点都可以发送数据到总线上,数据沿总线传播。但是,由于所有结点共享同一条公共通道,所以在任何时候只允许一个站点发送数据。当一个结点发送数据,并在总线上传播时,数据可以被总线上的其他所有结点接收。各站点在接收数据后,分析目的物理地址再决定是否接收该数据。粗、细同轴电缆以太网就是这种结构的典型代表。

总线型结构具有如下特点:

(1) 结构简单、灵活,易于扩展;共享能力强,便于广播式传输。

(2) 网络响应速度快,但负荷重时性能迅速下降;局部站点故障不影响整体,可靠性较高。但是,总线出现故障,则将影响整个网络。

(3) 易于安装,费用低。

2) 环型结构

环型结构是各个网络结点通过环接口连在一条首尾相接的闭合环型通信线路中,如图1-36所示。每个结点设备只能与它相邻的一个或两个结点设备直接通信。如果要与网络中的其他结点通信,数据需要依次经过两个通信结点之间的每个设备。环型结构既可以是单向的也可以是双向的。单向环型结构的数据绕着环向一个方向发送,数据所到达的环中的每个设备都将数据接收经再生放大后将其转发出去,直到数据到达目标结点为止。双向环型结构中的数据能在两个方向上进

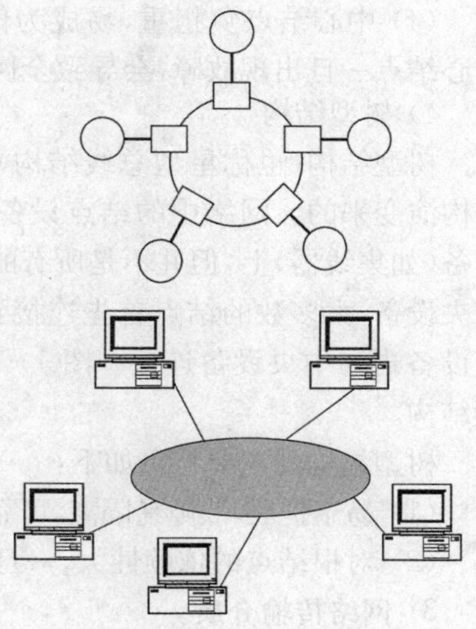

图1-36 网络的环型结构

行传输，因此设备可以和两个邻近结点直接通信。如果一个方向的环中断了，数据还可以在相反方向的环中传输，最后到达其目标结点。

环型结构有两种类型，即单环结构和双环结构。令牌环(Token Ring)是单环结构的典型代表，光纤分布式数据接口(FDDI)是双环结构的典型代表。

环型结构具有如下特点：

(1) 在环型结构中，各工作站间无主从关系，结构简单；信息流在网络中沿环单向传递，延迟固定，实时性较好。

(2) 两个结点之间仅有唯一的路径，简化了路径的选择，但可扩充性差。

(3) 可靠性差，任何线路或结点的故障，都有可能引起全网故障，且故障检测困难。

3) 星型结构

星型结构的每个结点都由一条点对点链路与中心结点(公用中心交换设备，如交换机、集线器等)相连，如图 1-37所示。星型结构中的一个结点如果向另一个结点发送数据，首先将数据发送到中央设备，然后由中央设备将数据转发到目标结点。信息的传输是通过中心结点的存储转发技术实现的，并且只能通过中心结点与其他结点通信。星型结构是局域网中最常用的拓扑结构。

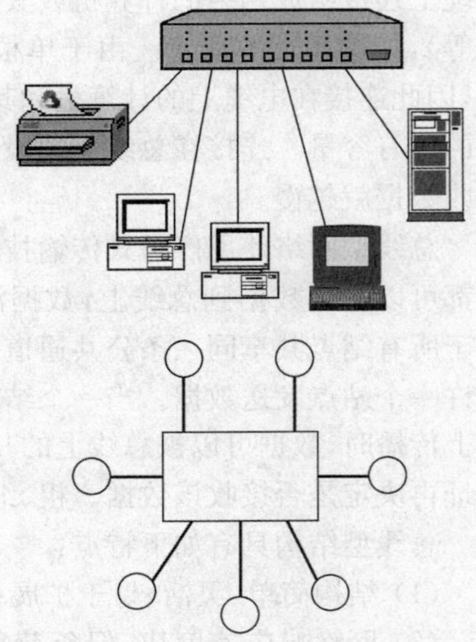

图 1-37 网络的星型结构

星型结构具有如下特点：

(1) 结构简单，便于管理和维护；易实现结构化布线；结构易扩充、易升级。

(2) 通信线路专用，电缆成本高。

(3) 星型结构的网络由中心结点控制与管理，中心结点的可靠性基本上决定了整个网络的可靠性。

(4) 中心结点负担重，易成为信息传输的瓶颈，且中心结点一旦出现故障，会导致全网瘫痪。

4) 树型结构

树型结构(也称星型总线结构)是由总线型和星型结构演变来的。网络中的结点设备都连接到一个中央设备(如集线器)上，但并不是所有的结点都直接连接到中央设备，大多数的结点首先连接到一个次级设备，次级设备再与中央设备连接。图 1-38 所示的是一个树型结构。

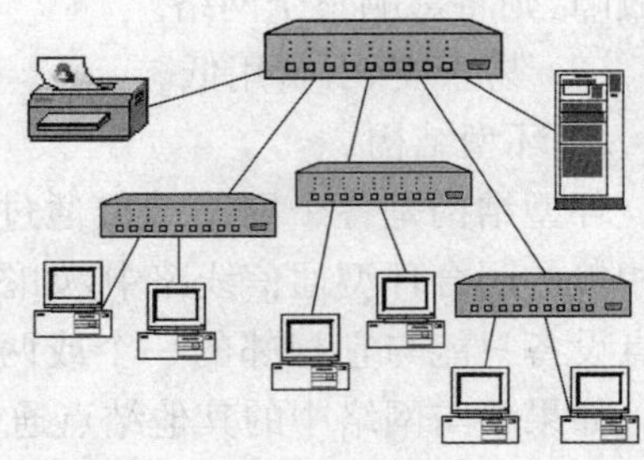

图 1-38 网络的树型结构

树型结构的主要特点如下：

(1) 易于扩展，故障易隔离，可靠性高；电缆成本高。

(2) 对根结点的依赖性大，一旦根结点出现故障，将导致全网不能工作。

3. 网络传输介质

网络传输介质指在通信系统中接收方与发送方之间的物理信道。网络传输介质可以分为两大类：有线介质和无线介质，有线介质包括双绞线、同轴电缆、光纤等，无线介质包括卫星通信、红外通信、微波通信等的载体。在船舶机舱中，目前主要采用有线介质。

1）双绞线

双绞线是最常见的有线传输介质，它由一对相互绝缘的金属导线按一定的密度螺旋状地扭绞而成，成对扭绞可以有效减少相互间的电磁干扰。同一根电缆可包含一对或多对双绞线，并按其是否外加屏蔽丝网分为屏蔽双绞线（Shielded Twisted Pair，STP）和非屏蔽双绞线（Unshielded Twisted Pair，UTP）。美国电子工业协会（EIA）为双绞线定义了1～5类不同的质量等级，其中3类线和5类线为计算机网络所常采用的，分别适用于10 Mbit/s和100 Mbit/s的计算机网络。

2）同轴电缆

同轴电缆由内外两个导体组成，内导体是一根芯线，外导体是以内导体为轴的金属丝圆柱编织面，成为外屏蔽导体，内外导体间用绝缘介质隔离。同轴电缆可分为基带同轴电缆和宽带同轴电缆。

3）光纤

光纤一般是由纤芯、包层和涂敷层等多层介质构成的对称圆柱体。纤芯由透明材料制成，包层采用比纤芯的折射率稍低的材料制成。数据信息转换为射入纤芯的光信号，经包层界面反射，使光信号在纤芯中传播前进，在接收端再将光信号还原为数据。一根或多根光纤组合在一起则形成光缆。采用光纤作为传输介质，具有传输速率高、通信容量大、传输距离远和抗干扰性强的优点。

三、船用现场总线及其特点

现场总线不仅规定了硬件接口标准，而且还规定了通信协议标准，具有完整的软件支持系统。其关键性标志是能支持双向多节点、总线式的全数字通信，具有可靠性高、稳定性好、抗干扰能力强、通信速率快、系统安全、造价低廉、维护成本低等特点。现场总线是通信总线在现场设备中的延伸，允许将各种现场设备，如变送器、调节阀、基地式控制器、记录仪、显示器、PLC以及手持终端等与控制系统之间通过同一总线进行双向多变量数字通信。总线上允许多主存在，无主从设备之分，且遵守相同通信协议的不同产品可以互换，设备之间具有互操作性。这一特点使得现场总线在船舶机舱自动化系统中得以广泛应用。目前在船舶机舱应用较多的主要有CAN总线和ProfiBus（Process Field Bus）。

1. CAN总线

CAN总线是控制器局域网（Controller Area Network）总线的简称，与其他总线相比，CAN总线的数据通信具有突出的可靠性、实时性和灵活性，现已成为国内外最为普及的现场总线之一。

1）CAN总线的特征

（1）CAN总线以多主机方式工作，网络上任一节点均可在任意时刻主动地向网络上其他节点发送信息，而不分主从，通信方式灵活。可以采用点对点、点对多点及全局广播方式传输数据。

（2）CAN总线上的节点信息分成不同的优先级，可满足不同的实时要求，高优先级的数据最快可在134 μs内得到传输。

(3) 数据信号采用差分电压传输，两条信号线分别为 CAN_H 和 CAN_L。当 CAN_H 和 CAN_L 电平相等时称为静态，静态表示逻辑"1"，也称作"隐性"；当 CAN_H 比 CAN_L 高(一般发射端高 2 V，接受端高 200 mV 以上)时表示逻辑"0"，也称为"显性"。

(4) CAN 总线传输介质可用双绞线、同轴电线或光纤，具有较强的抗干扰能力。直接通信距离最大可达 10 km(速率小于 5 kbit/s)，最高通信速率可达 1 Mbit/s(此时距离最长为 40 m)，节点个数最多可达 110 个。

(5) CAN 总线采用非破坏性总线仲裁技术。当两个节点同时向网络上发送数据时，优先级低的节点主动停止数据发送，而优先级高的节点可不受影响地继续传输数据，大大地节省了总线仲裁冲突时间，在网络负载很重的情况下也不会出现网络瘫痪。

(6) CAN 总线采用短帧结构，每一帧为 8 Byte，数据出错率极低，被公认为最有发展前途的现场总线之一。

(7) CAN 通信协议中，数据链路层具有严格的错误检测功能，CAN 节点有能力识别永久性故障和暂时性扰动，对错误做出判断。当故障计数大于 255 时，节点被"脱离总线"，且不会对整个网络产生任何影响。

(8) CAN 总线采用公开的国际标准，有很好的开放性和良好的数据兼容性。在 CAN 系统中一个 CAN 节点不使用有关系统结构的任何信息，节点可在不要求其他节点及其应用层改变任何软件或硬件的情况下接入 CAN 网络。

2) CAN 总线接口的结构

一个 CAN 总线接口由三个部分组成，如图 1-39 所示，分别对应于 CAN 总线的物理层、数据链路层和应用层。

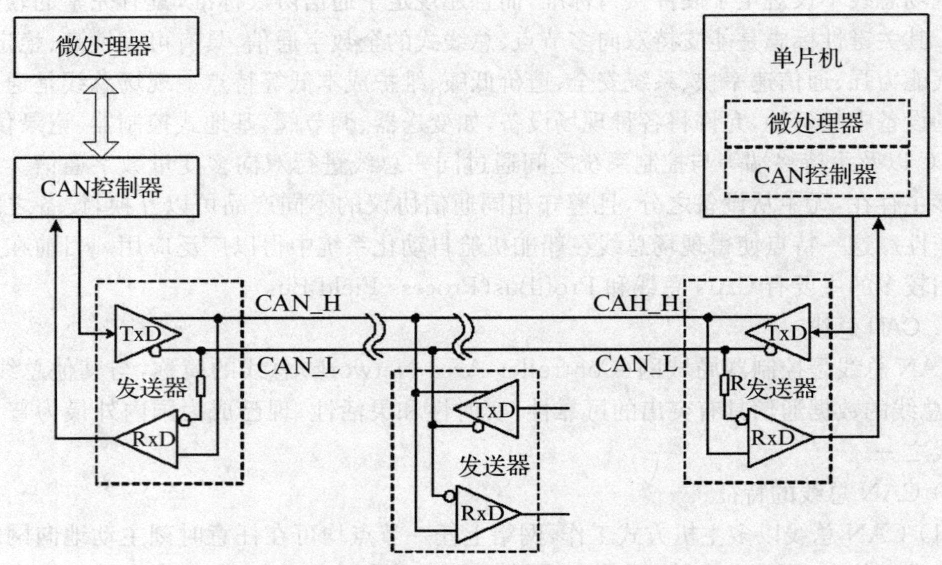

图 1-39 CAN 总线接口及网络连接

最上层为微处理器，主要负责上层应用以及系统控制，包括 CAN 协议的应用层协议的实现，协调各系统设备的工作。

中间层为 CAN 控制器，CAN 控制器负责处理数据帧，完成数据的打包、解包，错误界定，并提供报文缓冲和传输滤波。

最底层为 CAN 收发器，主要是接口电平的转换，接口电气特性的处理。CAN 总线收发器采用一对漏极开路器件来生成 CAN_H 对 CAN_L 的差分信号。当受到驱动时，发送器产生显性信号，表示逻辑“0”。当发送器没被驱动时，产生隐性信号，表示逻辑“1”。

2．ProfiBus

ProfiBus 是另一种国际上通用的现场总线标准之一，根据应用特点，ProfiBus 可分为 ProfiBus－FMS(Field Bus Message Specification)，ProfiBus－PA(Process Automation)和 ProfiBus－DP(Decentralized Periphery)三个兼容版本。其中，ProfiBus－DP 网络的规模较小，实现成本较低且传输速度快。其传输速率为 9.6 kbit/s～12 Mbit/s，最大传输距离在 9.6 kbit/s以下为 1 200 m，在 12 Mbit/s 以下为 200 m，可采用中继器延长至 10 km，传输介质为双绞线或者光缆。ProfiBus－DP 的应用范围最广，占整个 ProfiBus 应用的 80％以上，一般意义上的 ProfiBus 就是特指 ProfiBus－DP。在船舶机舱自动化系统中，ProfiBus－DP 主要应用于由 PLC 组成的控制系统。

1）ProfiBus－DP 的系统结构

ProfiBus－DP 上的站点包括主站和从站两类。ProfiBus－DP 的拓扑结构可以是总线型、星型和树型，支持单主站的主-从系统、多主站的主-主站系统和多主多从混合系统等传输方式。图 1－40 所示为 ProfiBus－DP 典型系统结构。

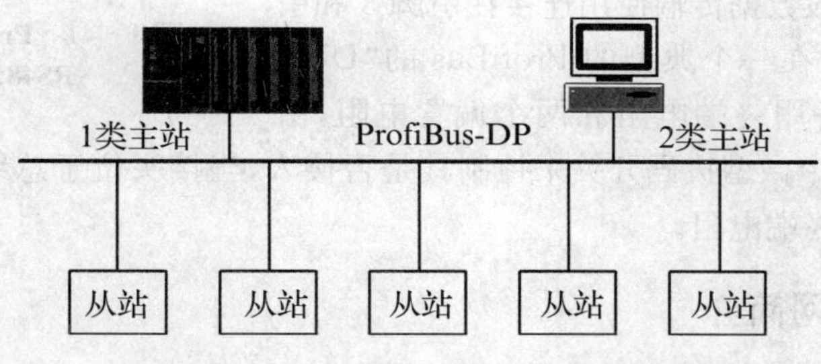

图 1－40　ProfiBus－DP 典型系统结构

在 ProfiBus－DP 网络中，1 类主站中央控制器在预定的信息周期内与分散的站(如 ProfiBus－DP 从站)之间进行信息交换，并对总线通信进行控制和管理。此外，还可以将控制命令发送给个别从站或从站组，以实现数据 I/O 的同步。具有 ProfiBus－DP 接口模块的 PLC 或插有 ProfiBus 适配卡的 PC 机都可以用作 1 类主站。在图 1－40 中，1 类主站为一台 PLC。

2 类主站是编程器、组态设备或操作面板，是 ProfiBus－DP 网络中的编程、诊断和管理设备。它除了具有 1 类主站的功能外，在与 1 类主站进行通信的同时，还可以进行 ProfiBus－DP从站地址分配，读取 ProfiBus－DP 从站的 I/O 数据和当前的组态数据。插有 ProfiBus 适配卡的 PC 机和触摸屏等都可用作 2 类主站。在图 1－40 中，2 类主站为一台插有 ProfiBus 适配卡的 PC 机。

ProfiBus－DP 从站是进行现场数据 I/O 的外围设备，可由主站在线完成系统配置、参数修改和数据交换等功能，从站负责上传采集到的数据并执行由主站下达的命令。ProfiBus－

DP 从站可以是 PLC、分散式 I/O 和各种具有 ProfiBus 接口的驱动器、传感器、执行器等。一条 ProfiBus－DP 最多可以连接 124 个从站设备。

主站与从站的通信方式为主从方式，即通信始终由主站发起，从站被动响应。主站按照事先规定好的次序周期性地依次访问其所属的各个从站，其数据传输是轮回分时进行的，称为轮询传输。对于多主站网络，主站与主站之间通过传递一种特殊的数据帧（称为令牌）来确定哪个主站拥有总线控制权，得到令牌的主站可在一个事先规定的时间内拥有总线控制权，并可以按照轮询表确定的顺序对所属从站发起通信，直至持有令牌的时间达到上限或者轮询表中的任务全部被处理完毕，则交出令牌传递给下一个主站。

在实际应用中，有些时候可以不单独设立 2 类主站，也就是说 2 类主站往往是可选的。但调试阶段需要配置一台编程设备。如果需要监控站，则可以采用串行接口将 1 类主站连接到一台监控 PC 机，但 PC 机不能直接读取从站数据，只能通过串口从 1 类主站读取。

2）ProfiBus－DP 的传输介质

为满足不同场合的应用要求，ProfiBus－DP 总线总共提供三种传输介质，即 RS485，MBP（曼彻斯特）和光纤。ProfiBus－DP 总线一般采用 RS485 方式，其连接器主要采用 9 针“D”型接头。插座总是在站点一侧，而插头则在电缆一侧，图 1－41 所示为 ProfiBus－DP 总线的电缆插头，一般数据传输使用连接在引脚 3 和引脚 8 的一对双绞线。在一个典型的 ProfiBus 的“D”型接头内部都有一个备用终端电阻和两个偏置电阻，由“D”型接头外部的一个微型拨码开关来控制其是否接入，当接头位于总线的两个终端时，应使开关闭合，即接入终端电阻。

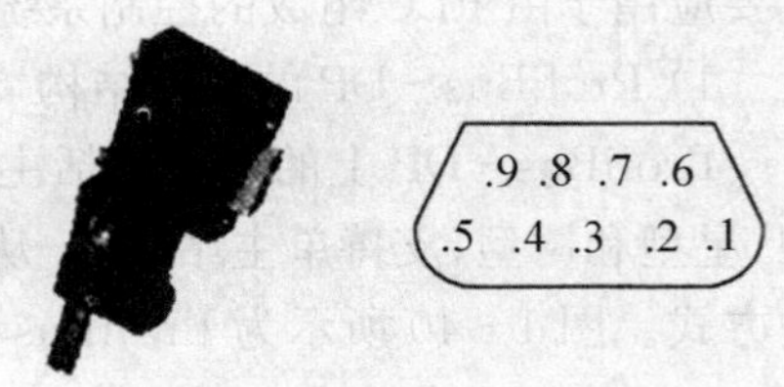

图 1－41 ProfiBus－DP 总线 RS485 连接器

四、船舶以太网简介

局域网的拓扑结构有总线型、星型、环型和树型结构等。而以太网是采用无源电缆作为传输介质的总线型基带传输（直接传输未经调制的数字信号）的一种局域网。目前，船舶局域网主要采用以太网，主要应用于监测与报警系统的上层网络。例如，将与现场网络连接的集控室计算机通过局域网连接到驾驶台和轮机员舱室等，实现全船数据共享。

与所有其他网络一样，以太网是由硬件和软件两个部分组成的，两者共同实现以太网系统中各计算机之间的信息传输和共享。构成该系统的四个必不可缺的要素如下：

（1）帧为一系列标准化的数据位，用来在系统中传输数据。

（2）介质访问控制协议由一整套内嵌于各个以太网接口中的规则组成，它容许多个计算机以公平的方式访问共享的以太网信道。

（3）信号部件为一些标准化的电子设备，用来在以太网信道中接收和发送信号。

（4）物理介质由电缆和其他用来在联网的计算机之间传输数字式以太网信号的硬件部件组成。

1. 以太网的硬件

1）信号部件

用于以太网的信号部件包括计算机中的以太网接口、收发器及其电缆和中继器。

(1) 以太网接口为计算机内微处理器与外围通信之间的接口，该部件包含组织和发送以太网帧，接收帧和从帧中提取数据所需的电子器件。

(2) 收发器为发送器和接收器的组合，通过电缆分接头连接在通信电缆上，从接口上取出信号送往通信电缆，或从通信电缆上接收信号送给接口。

(3) 收发器电缆是将以太网接口和收发器连接起来的通信电缆。

(4) 中继器是连接两个通信电缆段的端口。中继器将以太网信号从一个区段移到另一个区段，只是重复各个区段上的信号。所以中继器的作用就是将多个区段作为一个信号通道，使构造由多个电缆段组成的以太网系统成为可能。

2）物理传输介质

电缆和其他用于构造共享以太网信道的信号传输部件称为物理传输介质。物理电缆部件由使用的介质系统决定，另外，在同一个以太网中，还可能包括不同类型的介质系统，通过中继器连接以组成一个网络信道。粗同轴电缆介质系统最基本的组成是一根硬同轴电缆，同时其两端各有一个终端器。

3）以太网的物理结构

从技术的角度看，LAN 是通过特定类型的传输媒体（如电缆、光缆和无线媒体）和网络适配器（亦称为网卡）互连在一起的计算机，并受网络操作系统监控。

以太网的连接模式有多种，但最流行的模式是采用网络接口板、集线器和双绞线连接，图 1-42 为由单台集线器和多台集线器连成的以太网结构。

网络接口板插在主机箱内的一块插板又称网络适配器（Adapter）或网络接口卡（Network Interface Card，NIC），俗称网卡。网卡的作用是在驱动软件的控制下整理从计算机发往网络的数据，并将数据分解为适当大小的数据包再发送到传输介质上，同时也从网络接收数据。每个网卡都有一个唯一的网络节点地址，也称作 MAC 地址（物理地址）。MAC 地址是由生产厂家在生产时烧入 ROM（只读存储芯片）中的，它具有唯一性。

集线器（Hub）是双绞线以太网不可缺少的设备，图 1-42(a) 描述 Hub 如何通过双绞线将各个计算机的网卡连接在一起，当由于计算机数量或物理距离的原因使得一个 Hub 不够时，可以采用多个 Hub 级联的方案，如图 1-42(b) 所示。从表面上看，采用 Hub 连接而成的局域网在物理上是一个星型结构，但由于 Hub 内部是使用电子器件来模拟实际电缆的工作，因此整个网络在逻辑上仍然像一个传统的以太网样运行，整个网络的物理连接线路在逻辑上仍然是一条共享总线。

网卡与 Hub 之间的连接线俗称网线，由一定长度的双绞线和 RJ45 插头组成。其中，双绞线由 8 根不同颜色的导线分成 4 对绞合而成，每对传输分配一路差分信号。两端的 RJ45 插头分别与网卡和 Hub 的插孔相连。按电气特性的不同，在 EIA/TIA-568 标准中将双绞线分为 1～5 类等级，目前最多采用的是 8 芯 5 类非屏蔽双绞线。相应地，RJ45 插头也采用相同的等级。

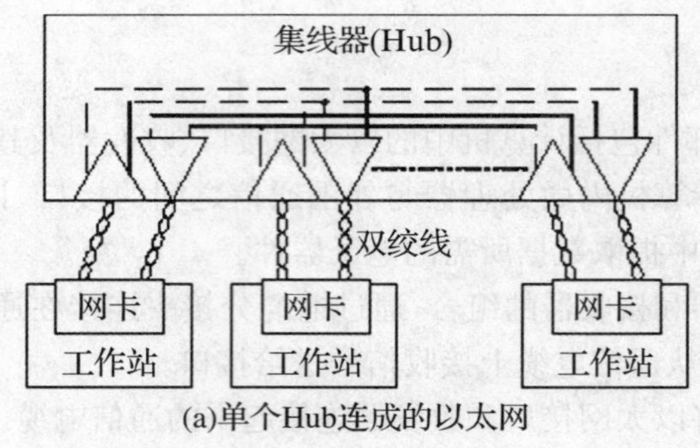

(a)单个Hub连成的以太网

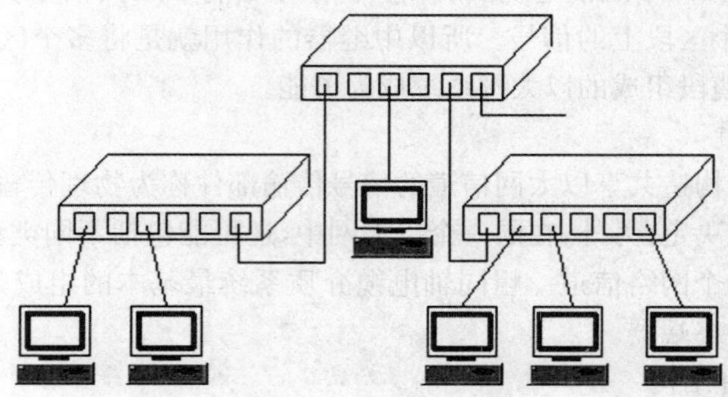

(b)多个Hub连成的星型网

图 1-42 Hub 及由 Hub 连成的以太网

RJ45 插头是一个国际上通用的注册插孔(Registered Jack),其插头部分由铜片和透明塑料外壳制成,俗称水晶头,如图 1-43 所示。双绞线的色标及其在水晶头上的排列方法有国际统一的严格规定,EIA/TIA 规定 568A 和 568B 两种布线标准,见表 1-6。显然,如果网线的两端采用同一标准,那么两端是直通的,称为直通线。在同一个局域网内,直通线的标准要求统一,一般采用 568B 标准。反之,若两端分别采用不同的标准,则网线的两端存在交叉,称为交叉线。

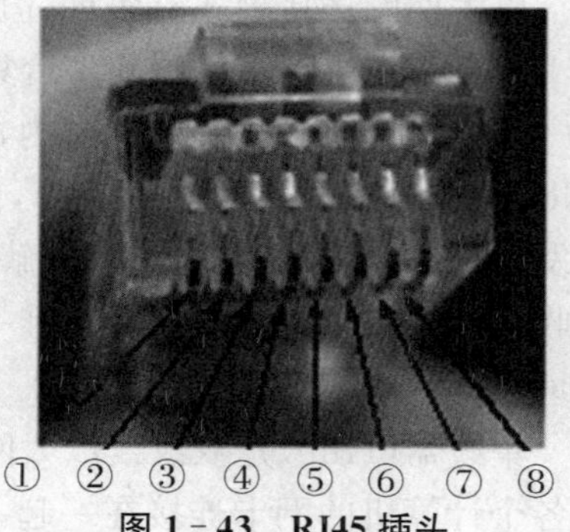

图 1-43 RJ45 插头

表 1-6 EIA/TIA568A 和 568B 标准

线序		①	②	③	④	⑤	⑥	⑦	⑧
色标	568A	绿白	绿	橙白	蓝	蓝白	橙	棕白	棕
	568B	橙白	橙	绿白	蓝	蓝白	绿	棕白	棕

针对不同对象之间的连接,应视情况采用直通线或交叉线。以太网卡和 Hub 的普通口(一般标识为 MDI-X)之间必须采用直通线。Hub 与 Hub 之间的连接有两种情况:一种情况是通过 Hub 的级联口(一般标识为 MDI 或 Uplink)与上一级 Hub 的普通口连接,此时应采用直通线;二是在 Hub 的级联口故障或者 Hub 未提供级联口时,也可通过普通口与上一

级 Hub 的普通口连接,此时应采用交叉线。当两台计算机通过以太网网卡对接时,其网卡之间也必须采用交叉线(智能网卡例外)。

网线的最大传输距离为 100 m。如果要加大传输距离,在两段双绞线之间可安装中继器,最多可安装 4 个中继器。如安装的 4 个中继器连接 5 个网段,则最大传输距离可达 500 m。

2. 以太网的软件组成

1) 以太网帧及其结构

以太网的核心是帧。首先,所有的网络硬件,包括以太网接口、介质电缆等都仅仅是用来在计算机之间传输以太网帧的;其次,以太网的协议规范是携带在以太网帧中的,是靠以太网帧传递的;最后,以太网规范和介质访问控制是针对帧的发送和接收而提出的,以太网的存在就是用来在计算机之间传递应用程序和数据的,因此,帧的构成规则和组织是以太网的关键。常用以太网帧的结构见表 1-7。

表 1-7　以太网帧的结构

位数/bit	64	48	48	16	46～1 500	32
内容	前同步信号	目的地址	源地址	类型	数据	帧校验序列

(1)前同步信号:以 64 bit 的前同步信号开始。该信号在以太网系统中主要用于提供使所有接口识别一个正在传输中的帧所需的时间;使以太网接口能在重要的数据字段到来之前,与输入的数据流同步,以进入接收数据的状态。

(2) 目的地址字段:帧的第二个字段是目的地址字段。每个以太网接口都分配一个唯一的 48 位地址,即接口的物理地址或者硬件地址。目的地址字段所包含的 48 位以太网地址对应着目的站点的接口地址。连在网络上的各个以太网接口在读入被传送的帧时至少要读入目的地址字段。如果目的地址字段与接口本身的物理地址不匹配,则接口就可以忽略帧的其余内容;反之,则继续读入。以太网的寻址方式为“广播传输”机制。广播地址是多播地址的一个特例。所谓多播地址,就是容许各站点接收同一个以太网信息帧。网络软件可以对站点的以太网接口进行设置以监听特定的多播地址,这就使一组站点可以被合并成一个具有特定的多播地址的多播组。一个发往多播地址的帧能够被该组中的所有站点接收。以太网采用的“广播传输”机制使每个共享信道上的站点都可以接收所传输的帧,这种机制有时可能使信道利用率不高,它的优点却是使物理介质保持最简单的情况,即物理信号部件和介质系统的全部工作只用来将信息正确地传送到每个站点,并由以太网接口完成其余的工作。目的地址的第一位是用来区别物理地址和多播地址的,若为 0,则地址是某个接口的物理地址,也可称为单播地址,因为发给此地址的帧只能为一个站点接口所接收;若为 1,则是多播地址。

(3) 源地址字段:发出帧的接口的物理地址。该地址是供高层协议用的。以太网站点在它所传送的帧中是以自己的物理地址为源地址的。

(4) 类型字段:也称为长度字段。它包含一个标志符,用来说明以太网帧中所携带的高级网络协议数据的类型。

(5) 数据字段:该字段至少包括 46 bit,最多为 1 500 bit。网络协议软件应提供至少 46

个字节的数据，以满足以太网系统正常运行的要求。

(6) 帧校验序列(FCS)字段：也称为循环冗余码校验(Cyclic Redundancy Check，CRC)段。此 32 bit 字段包含的值是通过循环冗余检验的方法计算出来的，是用来检验帧字段数据位的完整性(不包括前同步信号)。它使用的是由目的地址、源地址，类型字段和数据字段计算出来的一个多项式。发送站点传输数据的同时计算 CRC 值；接收站点读入数据的同时，再计算一次 CRC 值。比较两者，如果不同，则接收站点认为以太网系统信道传输有错。

2) 介质访问控制协议

以太网的另一个重要组成部分是介质访问控制协议。由于采用半双工模式，能使一组站点以公平方式通过竞争来访问共享以太网。协议包括决定以太网站点行为的一系列规则，其中包括站点何时才能在以太网信道上传输信息帧以及产生冲突时应做的工作。因为在以太网系统中没有中央控制者，所以以太网接口在使用同一种介质访问控制协议时是独立进行操作的。在每一个接口装备了同一套规则后，连接在以太网上的站点就以同样的方式进行工作，实现对网络信道的公平访问。

3) 网络设置

目前，Windows 系列的操作系统均支持以 TCP/IP 的方式操作局域网，计算机之间可以通过 IP 地址进行相互访问，使得通信非常方便。应当指出的是：以太网的应用目前已从原来的台式计算机逐渐扩展到工业控制的现场层网络，许多设备的监测或控制模块都支持 TCP/IP 通信协议，可以方便地组成基于 TCP/IP 的工业以太网监控系统。TCP/IP 通信协议在安装网卡驱动程序时自动安装并同网卡绑定。但要使计算机能够连接到网络上，还必须对其进行设置。

复习思考题

1. 微机控制系统的基本组成有哪些？各有何作用？三总线是如何定义的？
2. 微机控制系统中的 I/O 接口有哪些类型？各适用哪些具体的电信号？
3. 8031 单片机控制系统中 P0 口是如何实现地址和数据的分时的？
4. 8031 单片机的 P3 口有哪些第二功能？
5. PLC 主要由哪几个部分组成？简述各部分的主要作用。
6. PLC 常用的存储器有哪几种？各有什么特点？用户存储器主要用来存储什么信息？
7. 什么是扫描周期？其时间长短主要是受什么因素的影响？
8. 试编写一段由 I0.0 正转按钮，I0.1 反转按钮，I0.2 停止按钮(常闭)控制输出 Q0.0(正转)，Q0.1(反转)输出控制对应接触器的 PLC 程序。
9. PLC 中的继电器有哪些类型？各有什么作用？
10. PLC 有哪些抗干扰措施？
11. 简述 RS485 与 RS232 的区别。
12. 描述 ModBus 主站和从站一次通信的过程。
13. 简述 CAN 总线与以太网总线的区别和相同点。

第二章 自动控制系统基础

第一节 自动控制系统的基本知识

一、自动控制系统的组成

自动控制系统对机器设备或生产过程参数的控制过程实际上是直接模拟人的手动操作过程，图 2-1 为手动控制和自动控制柴油机气缸冷却水温度控制过程示意图。

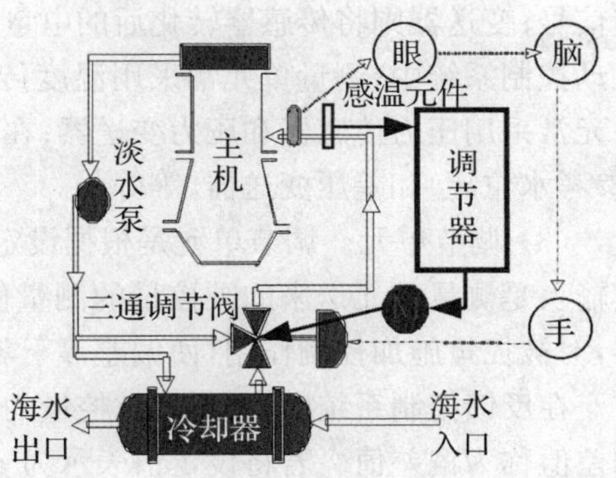

图 2-1 手动控制和自动控制柴油机气缸冷却水温度控制过程示意图

柴油机在运行过程中需要保持一个最佳的冷却水温度。假如冷却水进口温度为 65 ℃，则在手动控制时，操作者要用眼睛观察温度表，并把观察到的冷却水的实际温度反应给大脑，大脑对这一水温进行分析(温度的实际值是否偏离了最佳值)、判断(实际水温是高于最佳值还是低于最佳值)和计算(实际水温离开最佳值的数量)，然后输出一个控制指令给双手，用双手改变三通调节阀的开度，即改变旁通水量和经冷却器冷却后的冷水流量，从而可改变对气缸冷却水的冷却强度，使冷却水的实际温度逐渐恢复到冷却水温度的最佳值上 70 ℃。

例如，当冷却水实际温度升高时，大脑通过眼睛从温度表上观察到这一信息，为了维持希望的温度值，必然指挥双手关小旁通水量。而旁通水量关小的结果势必使实际温度下降，并且在温度表上得到体现。眼睛把这一调节结果再传递给大脑，以便大脑作出下一步判断和进行下一步动作。这个过程一般都要反复进行，直至实际温度恢复到希望的温度值为止。其中，眼睛把调节结果传递给大脑的过程叫做反馈。显而易见，正因为利用了反馈，控制的最终目标才能得以实现。

在自动控制过程中，由于不需要人来干预控制过程，因此必须采用相应的自动化仪表来代替人的功能器官。比如，可用温度传感器和变送器来代替人的眼睛，随时测量冷却水的实际温度并把该值送给调节器(Regulator)。调节器代替人的大脑，并对冷却水实际温度进行分析和计算，然后输出控制信号给执行器。执行器代替人的双手，改变三通调节阀的开度。不论是手动控制，还是自动控制，反馈的作用都是存在的。所以把包含反馈作用的控制过程称为反馈控制过程。

其实，对任何其他运行参数进行控制也都具有类似的过程。分析上述实例不难发现：

组成一个反馈控制系统必须有四个最基本的环节，即被控对象、测量单元、调节单元和执行器。

(1) 被控对象。被控对象是指所要控制的机器、设备或装置，而所要控制的运行参数则称为被控量。例如，在柴油机气缸冷却水温度自动控制系统中，柴油机的冷却水出口温度是被控量，冷却器是被控对象，柴油机是冷却水温度变化的干扰因素，或称为冷却水的负载；在锅炉水位自动控制系统中，锅炉是被控对象，水位是被控量；在锅炉蒸汽压力控制系统中，锅炉是被控对象，蒸汽压力是被控量；在燃油黏度自动控制系统中，燃油加热器是被控对象，燃油黏度是被控量；在柴油机转速的控制系统中，柴油机是被控对象，转速是被控量，等等。

(2) 测量单元。测量单元的作用是检测被控量的实际值，并把它转换成所需的信号。该信号称为被控量的测量值，常使用电动或气动的标准信号。在气动控制系统中，对应被控量的满量程，其统一的标准气压信号是 0.02～0.1 MPa；在电动控制系统中，对应被控量的满量程，其统一的标准电流信号是 0～10 mA 或 4～20 mA，其中以 4～20 mA 居多。测量单元一般包含两部分，即传感器和变送器。传感器用于对物理量进行检测，将非电量转化为电量信号；变送器则将传感器转化后的电量信号转换为调节器能够接受的信号。例如，在温度自动控制系统中，测量单元常采用温度传感器和温度变送器；在压力自动控制系统中，测量单元常采用压力传感器和压力变送器；在锅炉水位控制系统中，测量单元常采用水位发讯器(参考水位罐)和差压变送器，等等。

(3) 调节单元。调节单元是根据设定与反馈比较的偏差，按某种作用规律输出的单元。其输入是测量单元送来的被控量的测量值和被控量的希望值(即设定值)；其输出送给执行器，对被控量施加控制作用，使偏差等于零或接近零。

在反馈控制系统中，一般把被控量的希望值称为设定值，被控量的测量值与设定值之间的差值称为偏差值。若将设定值表示为 g，被控量的测量值表示为 f，偏差表示为 e，则

$$e=g-f \tag{2-1}$$

若 $e>0$，则说明测量值低于设定值，称为正偏差；若 $e<0$，则说明测量值大于设定值，称为负偏差；若 $e=0$，则说明测量值等于设定值，称为无偏差。

在实际应用中，调节器一般有位式、比例、比例积分、比例微分和比例积分微分等五种，根据控制对象特性的不同及对被控量控制精度的要求，控制系统可选用不同调节作用规律的调节器。

(4) 执行器。执行器接受调节单元输出的控制信号，并将该信号转换为作用到被控对象的实际控制作用。调节单元输出的控制信号一般都要经过执行器才能作用到被控对象上，从而改变流入被控对象的物质或能量，使之能适应被控对象负荷的变化。在气动控制系统中，执行器一般是气动薄膜调节阀或气动活塞式调节阀；在电动控制系统中，一般采用伺服电动机。

以上四个单元是组成反馈控制系统必不可少的基本单元。对于一个完整的控制系统，一般都还会有若干辅助单元。例如，用来指示给定值和测量值的指示单元，用来设定给定值的给定单元等。另外，对气动控制系统来说，还应设有气源装置；对电动控制系统来说，还应有稳压电源等辅助装置。

二、反馈控制系统的结构框图

为了分析反馈控制系统工作过程的方便起见，可把组成反馈控制系统的四个基本单元分别用一个小方框来表示，并用带箭头的信号线来表示各单位之间的信号传递关系。这样就构成了反馈控制系统传递方框图，如图 2-2 所示。

(1) 环节。在控制系统传递方框图中，代表实际单元的每个小方框称为一个环节。每个环节都有输入量和输出量，并用带箭头的信号线来表示。其中，箭头指向该环节的信号线为输入量，箭头离开该环节的信号线为输出量，在信号线上可标明 I/O 量的名称，也可以不标明。任何环节输出量的变化均取决于输入量的变化以及该环节的特性，而输出量的变化不会直接影响输入量，这叫信号传递的单向性；另外，如果信号线在某处出现分支，则各个分支的信号都具有等值特性。

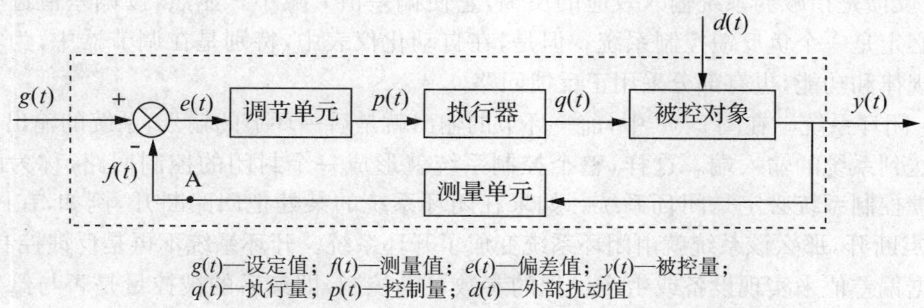

图 2-2　反馈控制系统传递方框图

(2) 扰动。被控对象作为反馈控制系统的组成环节，其输出量是被控量，而引起被控量变化的因素统称为扰动。显然，扰动量是被控对象的输入量，具体包含两类，即基本扰动和外部扰动。

基本扰动是指来自控制系统内部控制通道(调节通道)的扰动。例如，在水位控制系统中，给水调节阀开度的改变将引起水位的变化；在冷却水温度控制系统中，三通调节阀开度的改变将引起水温的变化，等等。这种扰动通过系统内部的调节通道，改变流入被控对象的物质或能量的流量，从而影响被控对象的输出。因此，基本扰动通过调节通道影响被控量。

外部扰动是指来自系统外部环境的扰动。例如，以锅炉为被控对象的水位控制系统，水位是被控量，锅炉负荷(外部用汽量)的变化将引起水位的变化；在柴油机气缸冷却水温度控制系统中，水温是被控量，柴油机负荷的变化、海水温度的变化、淡水冷却器中水管结垢的多少等都会引起冷却水温度的变化。这种扰动是由于设备负荷或外界环境的扰动变化而导致被控对象内部的能量平衡遭到破坏而引起的。因此，外部扰动通过扰动通道影响被控量。

在图 2-2 中，有两个信号线的箭头指向被控对象，它们分别代表基本扰动(执行器的输出 q)和外部扰动(被控对象负荷或环境因素的变化 d)。

(3) 系统的输入与输出。每个环节有其 I/O，若从系统的角度来看，则可将图 2-2中的各个基本环节看作一个整体，如图中的虚框所示。作为一个整体，系统具有两个输入(即设定值和外部扰动)以及一个输出(即被控量)。

(4) 反馈。在图 2-2 中，符号“⊗”是一个比较算子(它不是一个独立环节，而是调节器中的一个组成部分，为清楚起见，单独画出)，它对被控量的给定值 g(旁标“+”号)和测量值 f(旁标“-”号)进行比较，得到偏差值 $e=g-f$，此偏差值作为调节器的输入值。调节器的输出经执行器改变控制强度，即改变流入被控对象的物质或能量的流量，引起被控量的变化(即系统输出变化)，而系统输出的变化经测量单元又送到系统的输入端，这个过程叫反馈。只有通过反馈才能不断地对被控量的给定值和测量值进行比较，只要存在偏差的变化，调节器就应控制执行器动作，直到测量值回到给定值或给定值附近为止(偏差是否为零取决于调节器所采用的调节规律)。这时调节器的输出不再改变，执行器的输出正好适应负荷的要求，控制系统达到一个新的平衡状态。所以反馈控制是一种根据偏差来进行控制的调节系统。

反馈有正反馈和负反馈之分。正反馈是指加强系统输入效应的反馈，它使偏差值 e 增大；而负反馈是指减弱系统输入效应的反馈，它使偏差值 e 减小。显然，按偏差值进行控制的系统必定是一个负反馈控制系统。但是，在自动化仪表中，特别是在调节器中，为实现某种作用规律和功能，也有部分采用正反馈回路。

(5) 闭环系统。在图 2-2 中，前一环节的输出就是后一环节的输入，系统的输出又经反馈通道送到系统的输入端。这样，整个控制系统就形成一个封闭的控制回路，称为闭环系统。反馈控制系统必定是闭环系统。如果在闭环系统的某处把回路断开，例如，在图 2-2 中的 A 点断开，那么该系统就由闭环系统变成了开环系统。开环系统不再是反馈控制系统，无法根据偏差值来实现设备或生产过程的参数自动控制，即最后的被控量是否与给定一致是不确定的。

三、反馈控制系统的分类

反馈控制系统常按给定值的变化规律进行分类，其方法如下：

(1) 定值控制系统。系统的给定值是恒定不变的，为某个确定值，则该系统称为定值控制系统。例如，锅炉水位与蒸汽压力控制系统、柴油机气缸冷却水温度控制系统、燃油黏度控制系统、发电机的原动机转速控制系统等都属于定值控制系统。

(2) 程序控制系统。系统的给定值是变化的，而且是按人们事先安排好的规律进行变化的，则该系统称为程序控制系统。程序控制系统不一定是反馈控制系统，逻辑控制也属于程序控制系统。例如，船舶主机遥控系统中的程序负荷控制，其调速器的给定值就是按预定规律而变化的；分油机的自动排渣控制，其动作是按照事先设定好的时序进行的。

(3) 随动控制系统。系统的给定值是任意变化的，且变化规律是事先无法确定的系统，则该系统称为随动控制系统。例如，自动舵的随动操舵系统，其舵角给定值完全取决于当时的航行情况，事前不能决定；主机在备车航行过程中的转速控制，它也是根据航行工况需要而定的。

四、反馈控制系统的控制过程

根据前面的介绍，反馈控制系统的工作过程可以描述如下：

设系统处在平衡状态(即系统稳定运行)时突然受到一个外部扰动，被控量将离开初始稳定值，测量单元将把被控量的实际值送至调节器，在调节器内部，被控量的给定值与测量值进行比较，得到偏差值，调节器依据该偏差值和设定的调节作用规律输出一个控制信号，通过执行器改变流入被控对象的物质或能量流量，使得被控量朝着偏差减少的方向变化，同时被控量又通过测量单元送至调节器，重复上述过程，最终使被控量又回到给定值或给定值附近，系统达到一个新的平衡状态。图 2－3 表示一个定值控制系统的动态过程。

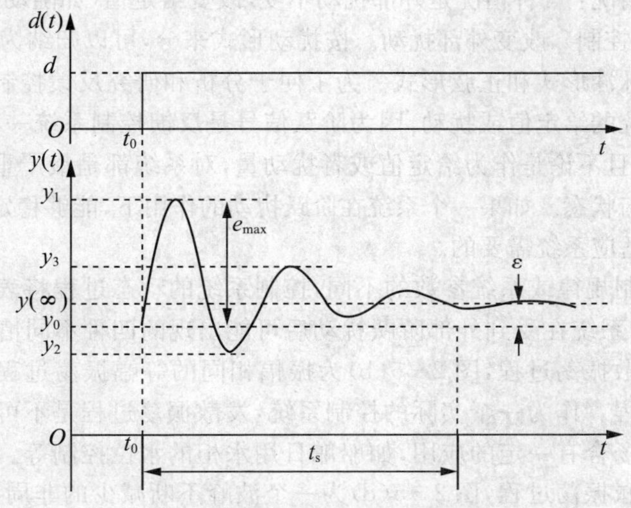

图 2－3 定值控制系统的动态过程

改变给定值后，系统的工作与上述过程类似，图 2－4 表示一个随动控制系统的动态过程。

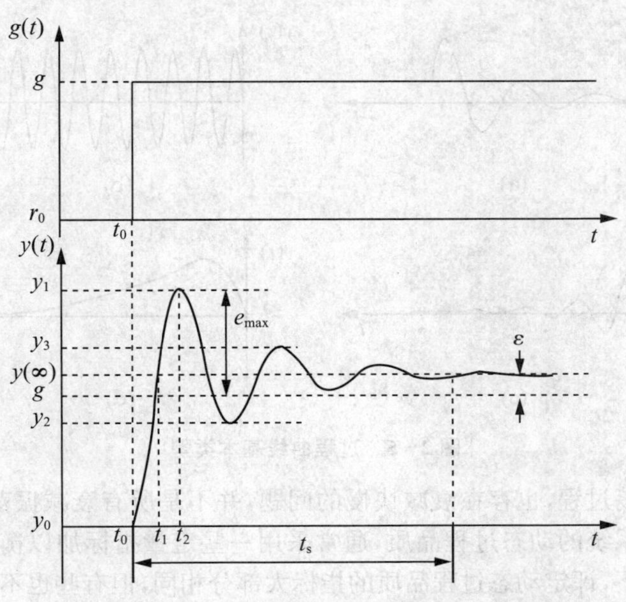

图 2－4 随动控制系统的动态过程

五、评价反馈控制系统的品质指标

为评定控制系统动态过程品质，通常给系统施加一个阶跃输入，然后研究系统的输出量（被控量）随时间的变化曲线，即系统的动态响应过程。根据控制系统接受的扰动途径，扰动输入可以分为两种情况：一种情况是外部扰动不变，改变给定值（如随动控制）；另一种情况是给定值不变（定值控制），改变外部扰动。按扰动形式来分，可以归纳为四种扰动形式：阶跃形式、线性形式、脉冲形式和正弦形式。为了便于分析和研究反馈控制系统的性能，通常以阶跃信号作为系统的给定值或扰动，因为阶跃信号是反馈控制系统一种最常见的最容易实现的输入信号，而且不论是作为给定值或者扰动量，对系统都是最严重的冲击，且最容易引起系统发生不平衡状态。如果一个系统在阶跃扰动的作用下，能够稳定运行，则可以据此判断该系统是能够适应系统需要的。

由于控制器控制规律或系统参数的不同，控制系统的动态过程将表现为不同的形式。图 2－5 所示为控制系统在受到外部阶跃扰动后可能出现的四种不同情况。图 2－5(a)为振幅不断增加的发散振荡过程，图 2－5(b)为振幅相同的等幅振荡过程，显然这两种情况均属于不稳定的过程。作为一个实际的控制系统，发散振荡过程是不可接受的；等幅振荡过程在要求不严的场合有一定的应用，如船舶日用水柜的水位控制等。图 2－5(c)为一个振幅不断减少的衰减振荡过程，图 2－5(d)为一个波峰不断减少的非周期过程。虽然这两种情况均属于稳定的过程，但非周期过程往往会出现较大的偏差，或者整个调节过程所经历的时间过长，在实际中也是不可取的。因此，一个实际可用的控制系统，其过渡过程应为衰减振荡。

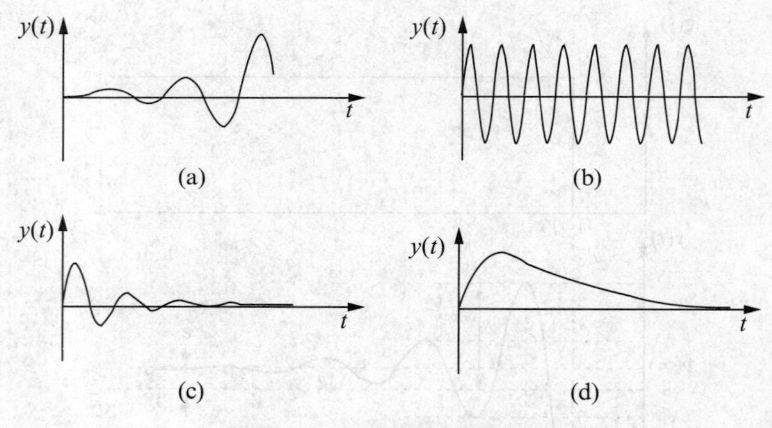

图 2－5 过程曲线基本类型

即便是衰减振荡过程，也存在衰减快慢的问题，并不是所有衰减振荡过程都符合要求。为了便于讨论控制系统的动态过程品质，通常采用一些定量指标加以衡量。在定值控制和随动控制两种情况下，评定动态过程品质的指标大部分相同，但有些也不同。

图 2－3 和图 2－4 分别给出定值控制和随动控制系统在 t_0 时刻给定值阶跃变化和外部扰动阶跃变化的动态过程曲线。归纳起来，评定控制系统动态过程品质的指标包含以下三个方面。

1）稳定性指标：衰减率 φ 和振荡次数 N

衰减率 φ，是指在衰减振荡中，第一个波峰值 $y_1-y_{(\infty)}$ 减去第二个同相波峰值 $y_3-y_{(\infty)}$ 除以第一个波峰值 $y_1-y_{(\infty)}$，即

$$\varphi=\frac{y_1-y_3}{y_1-y_{(\infty)}} \tag{2-2}$$

与衰减率相对应的另一种衡量指标是衰减比。所谓衰减比是第一个波峰值 $y_1-y_{(\infty)}$ 和第二个同相波峰值 $y_3-y_{(\infty)}$ 的比值，即 $(y_1-y_{(\infty)})/(y_3-y_{(\infty)})$。

衰减率 φ 是衡量系统稳定性指标，要求 $\varphi=0.75\sim0.9$。当 $\varphi=0.75$ 时，$y_1-y_{(\infty)}$ 是 $y_3-y_{(\infty)}$ 的 4 倍，此时衰减比为 4∶1。φ 不能小于 0.75，否则系统动态过程的振荡倾向增加，降低了系统稳定性，过渡过程时间也因振荡不息而加长。特别是当 $\varphi=0$ 时，其动态过程是等幅振荡，系统变成不稳定系统。

振荡次数 N，是指在衰减振荡中，被控量的振荡次数。一般要求被控量振荡 2～3 次就应该稳定下来。

对于随动控制系统，通常采用超调量 σ_p 来衡量其稳定性。所谓超调量 σ_p，是指在衰减振荡，第一个波峰值 y_{max} 减去新稳态值 $y_{(\infty)}$ 与新稳态值 $y_{(\infty)}$ 之比的百分数，即

$$\sigma_p=\frac{y_{max}-y_{(\infty)}}{y_{(\infty)}}\times100\% \tag{2-3}$$

图 2-4 所示的随动控制系统的第一个波峰值 $y_{max}-y_{(\infty)}$ 为 y_1。超调量太大，说明被控量偏离规定的状态太远，对于一些要求比较严格的场合，都有限制最大超调量的要求。在实际系统的过渡过程中，一般要求 $\sigma_p<30\%$。

2）精确性指标：最大动态偏差 e_{max} 和静态偏差 ε

最大动态偏差 e_{max}，是指在衰减振荡中第一个波峰与给定值的差值，它是动态精度指标。e_{max} 大，说明动态精度低，要求 e_{max} 小些为好，但不是越小越好，因为 e_{max} 太小，有可能使动态过程的振荡加剧。

静态偏差 ε，是指在动态过程结束后，被控量新稳态值与给定值之间的差值。ε 越小说明控制系统的静态精度越高。在实际控制系统中，由于使用不同作用规律调节器，其存在静态偏差的情况也不相同。有的控制系统受到扰动后，在调节器控制作用下，被控量最终不能稳定在给定值上，只能稳定在给定值附近，存在一个数值较小的静态偏差，称为有差调节。有的控制系统受到扰动后，在调节器的控制作用下，被控量能最终稳定在给定值上，即 $\varepsilon=0$，称为无差调节。

3）快速性指标：包括过渡过程时间 t_s，上升时间 t_r 和峰值时间 t_p

过渡过程时间 t_s，是指从控制系统受到扰动开始到被控量重新稳定下来所需的时间。理论上讲，这个时间是无穷大的。因此，通常这样定义过渡过程时间 t_s：当 $t\geqslant t_s$，时，满足

$$\frac{|y(t)-y(\infty)|}{y(\infty)}\leqslant\Delta \tag{2-4}$$

式中：$y(t)$ 是系统受到扰动后，在时间为 t 时的被控量值；$y(\infty)$ 是被控量的最终稳态值；Δ 是选定的任意小的值，一般取 $\Delta=0.02$ 或 $\Delta=0.05$。上式的物理意义是，当 $t\geqslant t_s$ 的所有时间内，被控量 $y(t)$ 的波动值 $|y(t)-y(\infty)|$ 均小于或等于最终稳态 $y(\infty)$ 的 2% 或 5%。

讨论随动控制系统时，通常还用到上升时间 t_r 和峰值时间 t_p。所谓上升时间 t_r，是指在衰减振荡中，被控量从初始平衡状态第一次达到新稳态值 $y(\infty)$ 所需时间。在图 2-3 中，$t_r=t_1-t_0$。

所谓峰值时间 t_p，是指在衰减振荡中，被控量从初始平衡状态达到第一个波峰峰值所需要的时间。在图 2-3 中，$t_p=t_2-t_0$。

t_r 和 t_p 都是反映动态过程进行快慢的指标。t_r 和 t_p 越小，说明系统惯性越小，动态过程进行得越快。

第二节　自动化仪表简介

在船舶机舱中，自动化仪表的应用是相当广泛的。在反馈控制系统中，自动化仪表对运行参数进行自动控制，同时也能对运行参数进行测量和显示。

自动化仪表按用途分类有测量仪表、显示仪表、调节器和执行器；按使用能源分类有气动仪表和电动仪表；按结构形式分类有基地式仪表和单元组合仪表。所谓单元组合仪表是指，用一台独立的仪表实现控制系统的各种功能，它包括测量仪表、显示仪表、调节器等，各仪表之间用统一的标准信号联系起来。气动仪表的统一信号是 0.02～0.1 MPa；电动仪表的统一信号是 0～10 mA 或 4～20 mA。所谓基地式仪表是指，把测量仪表、显示仪表和调节器组装在一个壳体内，成为不可分的整体，且它们之间不用统一信号联系。总线式智能测控仪表是指，现场仪表采用微机测控技术，通过总线与其他控制或显示等智能仪表进行数字信息交换，各仪表均挂在网络总线上，不需另外再单独铺设信号电缆。

一、自动化仪表的主要品质指标

在自动控制和监测系统中，仪表所检测的参数值必须完全反映出该参数的实际值，但是，不论品质多好的仪表，所测结果与参数的真值之间总有一定的差别，习惯上称为“误差”。对自动化仪表品质的要求，主要是看它能以多高的准确度来反映被测量参数的真值。测量值与真值越接近，仪表的误差就越小，测量精度也就越高。但仅用误差来描述仪表的好坏是不够的，还必须从多方面来鉴别仪表的品质。

1. 绝对误差

绝对误差又称指示误差，若仪表表示的被测参数值为 A，而被测参数的真值为 A_0，则绝对误差 $\Delta=A-A_0$，被测参数的绝对真值是很难得到的，一般是用精度高的标准仪表所测得的平均值作为被测参数的真值 A，绝对误差是不能完全反映仪表的精度的，比如，$\Delta=0.01$ MPa，若测量范围为 10 MPa，则该误差可忽略不计。若测量范围是 0.02～0.1 MPa，则这个误差太大，说明该仪表已不能再使用。

2. 相对误差

相对误差(δ)是指，仪表的绝对误差所占该仪表指示值的百分数，即

$$\delta=\frac{\Delta}{A}\times 100\% \tag{2-5}$$

相对误差是能反映测量仪表的精确度的。

3. 基本误差与附加误差

基本误差是由于仪表结构中的间隙、摩擦、刻度不均或分度不准等原因所造成的误差，为仪表本身缺陷所造成的误差。因此，一台好的仪表在加工制造时，就应制作得很精密，其基本误差必然较小。

附加误差是指，仪表在使用中，由于外界条件的影响，如环境温度、湿度、振动等所引起的误差。一般在仪表设计中预先都采取一些补偿措施来减小附加误差，但不可能彻底消除。在仪表的说明书中，规定了使用方法和使用条件，以免带来过大的附加误差。

基本误差 δ_0 是指仪表的最大绝对误差（最大指示误差）与仪表的测量范围（量程）A' 之比的百分数，即

$$\delta_0=\frac{\Delta_{max}}{A'}\times 100\% \tag{2-6}$$

基本误差是衡量仪表好坏的一个重要指标，它是在校验仪表时，用精度很高的测试仪器测定出来的。

4. 精度

仪表的精度就是仪表盘或说明书中所写的精度等级，常见的等级有 0.1 级、0.2 级、0.35 级、0.5 级、1.0 级、1.5；级、2.0 级、2.5 级等，其中 0.1 级、0.2 级和 0.35 级多用于标准仪表。

仪表的精度是指测量中的最大指示误差 Δ_{max} 占仪表的最大测量范围（量程）A' 的百分数 δ_0，即通常用基本误差去掉百分号的数字表示仪表精度的等级。

5. 灵敏度

灵敏度是指仪表对输入信号开始有反映的灵敏程度，若仪表的输入量变化 Δ_x，相对应的输出量变化 Δ_y，则仪表的灵敏度

$$S=\frac{\Delta_y}{\Delta_x} \tag{2-7}$$

可见，仪表的灵敏度越高，越能测出微小的输入变化。一般小量程仪表的灵敏度比大量程的灵敏度高。

6. 仪表的不灵敏区、灵敏限、变差

由于仪表活动部件存在摩擦、间隙、弹性元件滞后的现象，当输入信号有微小变化时，仪表输出仍然不变，这就是不灵敏区。

灵敏限是指，当仪表输出有微小变化时，所需输入量的最小变化值。一般认为不灵敏限等于 1/2 不灵敏区。

变差是指，在外界条件不变的情况下，当多次由不同方向使仪表输入为同一真值时，仪表指示值之间的最大误差。即仪表在同一测量点，其正行程和反行程指示值之差。可见，仪表的不灵敏区是由输入量的变化来表示的，而变差是以输出量的指示变化来表示的，它们都是仪表结构完善程度不够的标志。

二、仪表的常用信号和结构组成

在系统中，仪表之间的 I/O 相互连接，所以需要有统一的标准联络信号，才能方便地把各个仪表组合起来，构成各种系统。

1. 信号制

信号制是指，在成套系列仪表中，各个仪表的输入、输出信号采用统一的联络信号，使各个仪表间的任意连接方便、灵活。

气动调节仪表的输入、输出信号，现统一使用 0.02～0.1 MPa 的气压信号。电信号种类较多，主要有模拟信号、数字信号、频率信号和脉宽信号等四大类。模拟式仪表及装置结构简单、历史长，目前应用得最多。大部分变送器和执行器是模拟式仪表。从信号范围看，下限可以从零开始，也可以不从零开始（即有一个活零点），上限也可高可低。当以直流电流信号传输时，发送仪表的输出阻抗很高，相当于一个恒流。当接收仪表输入电阻足够小时，传输导线长度在一定范围内变化仍能保证精度，而输入电阻的接收仪表具有较高的抗干扰能力。因此直流电流信号适用于远距离传输。用电流作为传输信号时，几台接收仪表是相互串联的。电流信号上限大，产生的电磁平衡力大，有利于力平衡变送器的设计和制造。从减小直流电流信号在传输线中的功率损失，减小仪表体积，以及提高仪表的防爆性能等方面看，电流信号上限小些好。信号下限从零开始，便于进行模拟量的加、减、乘、除、开方等数学运算和使用通用刻度的指示、记录仪表。信号下限不从零开始，即有一个活零点，电气零点与机械零点分开，便于检验信号传输线是否断线及仪表是否断电；使半导体器件工作在较好的工作段；使制作具有本质安全防爆性能和节约传输线的两线制变送器成为可能。1973 年 4 月国际电工委员会（IEC）规定了国际统一信号，过程控制系统的模拟电流信号为 4～20 mA DC，模拟电压信号为 1～5 V DC。

19 世纪 80 年代，微电子技术发展到使微处理器的功能、体积、功耗等足以适应现场仪表的要求，出现了智能现场仪表，为将双向数字通信一直延伸到现场仪表创造了条件。与模拟信号通信方式相比，数字通信方式有以下优点：

（1）简化控制仪表与装置的硬件结构，提高装置的精度。由于省去 I/O 通道中的模/数及数/模转换器，所以不仅减少装置的结构复杂性和体积，还大大降低成本，提高装置精度。在 I/O 通道较多时，效果尤为明显。

（2）提高信号传输精度。数字信号抗干扰能力强，它能传输分辨率高的信息，并能对被传输数据的正确性进行检验、纠错，在传输中基本不降低精度。

（3）传输的信息更加丰富。不但能传输测量值，还能传输状态信息和控制信息。

（4）大大减少布线的复杂性和费用。当模拟信号传输时，一对电缆上只能传输单一信息。当数字通信构成较复杂的系统时，现场布线复杂、电缆使用量大。数字通信可使许多现场仪表和控制室装置间在同一总线上进行双向多信息的串行数字通信。

2. 仪表的结构组成

仪表都是由三个基本环节，即比较环节、反馈环节和放大环节组成的，如图 2-6 所示。比较环节是将输入信号经过输入环节转换后与反馈信号进行比较，比较后的偏差经过放大环节，使得输出既具有较高的灵敏性又具有足够大的输出功率。反馈环节具有信号的负反馈作用，它使得仪表处于稳定工作状态，同时与输入进行比较，实现输出与输入满足该仪表所需要的功能。如果放大环节的放大倍数足够大，则整台仪表的特性只取决于反馈环节的特性。这样，可消除放大环节各种非线性因素的影响，提高仪表的精度。同时，在调节器中，采用不同的反馈回路，可实现不同的调节作用规律。

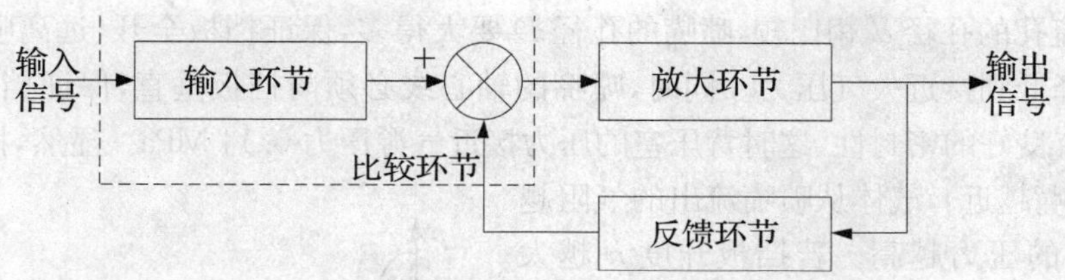

图 2-6 自动化仪表的结构组成

三、气动仪表的主要元部件

气动仪表的种类繁多，功能相同的仪表的结构也是千差万别的。构成这些仪表的元部件为数不多，主要有弹性元件、节流元件、气体容室、喷嘴挡板机构和气动功率放大器等。

1. 弹性元件

弹性元件有弹性支承元件和弹性敏感元件两类。螺旋弹簧和片簧属于弹性支承元件，用于支承、平衡或增强弹性敏感元件的刚度；弹性敏感元件的作用是将承受的压力或轴向推力转变成位移信号。弹性敏感元件的刚度较小、灵敏度 δ（刚度的倒数）较大，当对弹性敏感元件施加一定的轴向推力时，其变形位移量较大，对轴向推力的变化反应敏感。螺旋弹簧刚度较大，通常与弹性敏感元件组合使用，以增加其刚度，也多用于调整弹性敏感元件的初始位置。

2. 节流元件

在气动仪表中，节流元件起着阻碍气体流动的作用，它能产生压降和改变气体的流量。节流元件按其工作特点可分为恒节流孔和变节流孔两种类型。

常用的恒节流孔节流元件有毛细管式和小孔式两种。毛细管式节流孔可用不锈钢或玻璃管制成，直径为 0.18～0.3 mm。小孔式恒节流孔的内径有 0.25～0.50 mm 几种不同规格。显然，节流孔内径越小，节流流量越小，产生的压降就越大。由于恒节流孔内径不能改变，气阻不能调整，所以常称为恒气阻或固定气阻。

变节流孔是指，气体经过节流孔时的流通面积是可以调整和改变的，其底座为圆锥形，可调部分有圆锥形（锥阀）、圆柱形（柱阀）、圆球形（球阀）等。由于变节流孔的流通面积是可调的，所以变节流孔的气阻被称为可调气阻。常用变节流孔组成变节流阀，用于调整自动控制系统中的有关参数。

3. 气体容室

气体容室简称气容，在气动仪表或气路中，能储存或放出气体，对压力变化起惯性作用。目前，所采用的气容有定容气室和弹性气室，其中：定容气室的体积是不变的；弹性气室是在空腔中加装一个波纹管，其容室的体积（空腔与波纹管之间的体积）是随波纹管内压力 p 的变化而变化的。因此，弹性气室在充、放气过程中，气容是变化的。

4. 喷嘴挡板机构

喷嘴挡板机构是气动仪表最基本的精密元件，它的作用是把挡板微小的位移转换成相应的气压信号。喷嘴挡板机构由恒节流孔 1、喷嘴 3、挡板 4 及背压室 2（恒节流孔与喷嘴之间的气室）所组成，如图 2-7 所示。

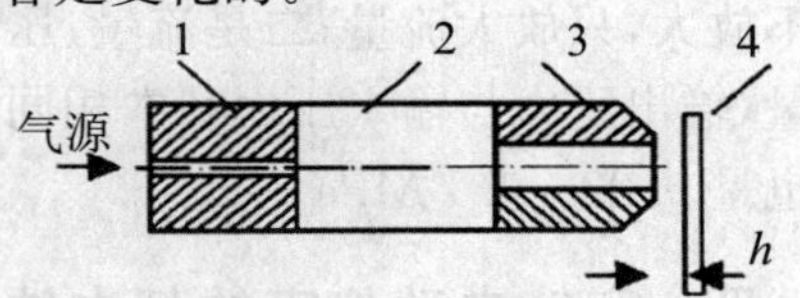

1—恒节流孔；2—背压室；3—喷嘴；4—挡板

图 2-7 喷嘴挡板机构示意图

与恒节流孔的孔径 d 相比较，喷嘴的孔径 D 要大得多，保证挡板全开（远离喷嘴）时，背压室的压力能降低到接近大气压力。同时，喷嘴的轴心线必须与挡板垂直，保证挡板全关（靠上喷嘴）时，具有良好的密封性，这时背压室的压力接近气源压力 0.14 MPa。显然，挡板开度 h 越小（挡板离喷嘴越近），气体从喷嘴流出的气阻越大，背压室中的压力越高。若挡板开度 h 越大（挡板离喷嘴远），气体从喷嘴流出的气阻越小，背压室中的压力越低。实际上，喷嘴挡板具有变气阻的作用。不同的挡板开度——对应不同的背压室压力，在稳定工况下（恒节流孔与喷嘴流量相等），背压室中压力不变，即背压室压力 p（输出量）与挡板开度 h（输入量）之间的一一对应关系称为喷嘴挡板机构的静特性。其喷嘴挡板机构的静态特性曲线如图 2－8 所示。

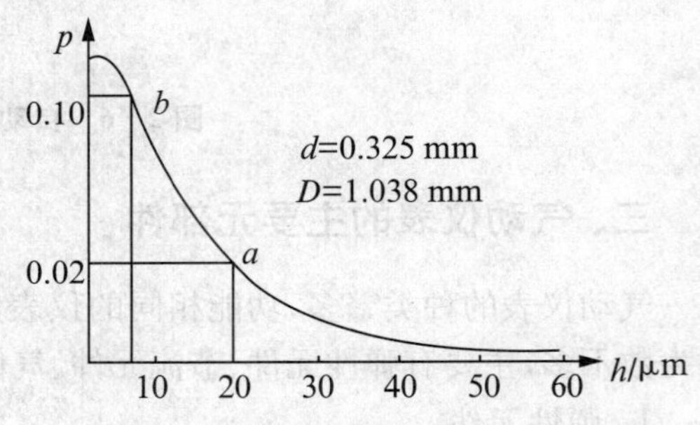

图 2－8　喷嘴挡板机构的静态特性曲线

当挡板处于全关（$h=0$）状态时，由于喷嘴挡板的加工和装配精度所限，难免有点漏气，这样背压室的压力不能等于气源压力，而只能接近于气源压力 0.14 MPa。在挡板全开时，由于喷嘴孔径远大于恒节流孔的孔径，使背压室压力接近大气压力。挡板从全关逐渐移到全开时，背压室中压力 p 将从接近气源压力逐渐降低到接近大气压力。从喷嘴挡板机构的静态特性曲线图上可看到，各点的斜率是不相同的。换言之，背压室压力与挡板开度之间不符合严格的线性关系，特别是静特性曲线上、下两头，是明显的非线性关系。但是，在 a，b 两点之间，随挡板开度 h 的变化，背压室压力变化很快，静特性曲线很陡。这时用 a，b 两点间的直线来代替 a，b 两点间的曲线，其误差不大。这样，在喷嘴挡板机构的工作范围（背压室压力为0.02～0.1 MPa）内，可把它看成是线性元件。这样，喷嘴挡板机构背压室中压力的变化量 ΔP 与挡板开度之间的变化量可表示为

$$\Delta P = K_1 \cdot \Delta h \tag{2-8}$$

式中：K_1 是比例系数，实际上它是 a，b 两点间的平均斜率。喷嘴挡板机构通常工作在 a，b 段上，称之为工作段，由于工作段线性度好，能保证仪表的精度和灵敏度。

5. 气动功率放大器

由于喷嘴挡板机构中的恒节流孔的流通面积很小，工作时输出的空气量很少，很难直接推动执行器。甚至传送距离远一点，其压力信号也会有较大的衰减。为此，几乎所有的气动仪表都在喷嘴挡板机构的输出端串联一个气动功率放大器，对喷嘴挡板机构输出的压力信号进行流量或压力放大，即功率放大。

气动功率放大器结构形式很多，但基本上有两种：一是对喷嘴挡板机构输出的气压信号不放大，只放大流量；二是流量、压力都放大。使用较多的耗气型气动功率放大器只放大流量，输出压力与输入压力基本相同，即输出气压为标准信号时，对应的喷嘴挡板机构的背压也是 0.02～0.1 MPa。

四、智能电动仪表的基本结构

智能仪表是计算机技术与测量仪器相结合的产物，是含有微机或微处理器的测量仪器，

由于它拥有对数据的存储、运算、逻辑判断及自动化操作等功能，具有一定的智能表现(表现为智能的延伸或加强等)。其常用的结构形式如图 2-9 所示，其中微处理器电路含有 CPU，RAM，EEPROM，ROM，时钟，WatchDog 等电路。

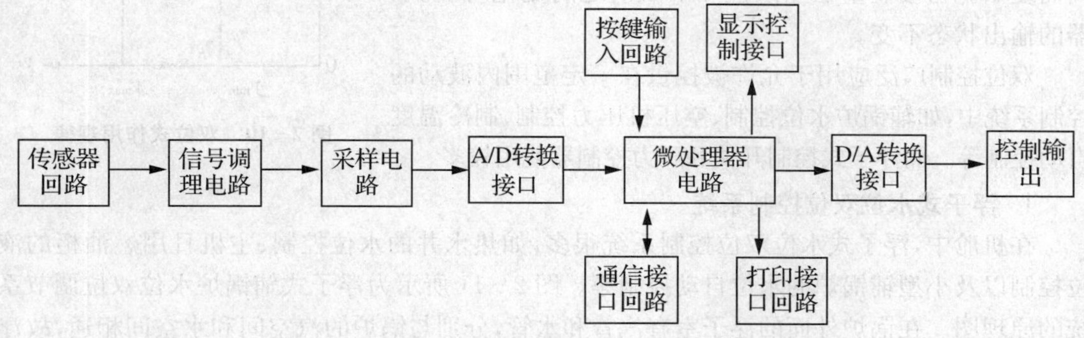

图 2-9 智能电动仪表的基本结构示意图

智能仪表工作过程由软件程序控制完成，以程序功能模块取代硬件电路功能，可降低硬件电路的要求，减小硬件对测量带来的非线性影响。但是测量电路仍是仪表的关键，尤其是传感器测量及其输入调理电路。智能仪表将微控制器与传感器集成于一体构成超小型、廉价的测量仪表。

智能仪表常带总线通信功能，常用的 RS485 通信电路使用一个 RS485 的集成电路即可实现，如 MAX485。如果需要信号隔离，则使用光耦合器件，如 6N137 等。其他通信电路也有对应的专用通信模块，可以根据用户需求选择使用。

第三节 调节器

在反馈控制系统中，调节器是最重要的组成单元。当被控对象确定后，反映被控对象特性的各种参数也是既定的，因此调节器对控制系统的动态过程品质起着决定性的影响。调节器的输入是被控量和设定值之间的偏差值 $e(t)$，调节器的输出是控制量，控制执行器的动作。调节器的作用规律是指输出量 $p(t)$ 与输入量 $e(t)$ 之间的函数关系，可以使用阶跃响应来判断，也就是说给调节器施加一个输入阶跃的偏差信号后，其输出量的变化规律。根据调节器输出的变化方向，调节器有两种类型：一是随着测量值的增加，调节器的输出也增加，称为正作用式调节器；另一种是随着测量值的增加，调节器的输出减小，称为反作用式调节器。

在船舶机舱中常用的调节器作用规律有双位作用规律、比例(P)作用规律、比例积分(PI)作用规律、比例微分(PD)作用规律、比例积分微分(PID)作用规律等。

一、双位式调节器

双位式作用规律的特点是，对应被控量的高限 y_{max} 和低限 y_{min}，调节器只有两个输出状态(逻辑“0”和逻辑“1”)，如图 2-10 所示。这种作用规律不能使被控量稳定在某个值上，而是使被控量在上限值和下限值之间上下波动。当被控量下降到下限值时，调节器的输出通过执行器使被控量上升，当到达上限值时，调节器的输出状态改变，被控量下降，如此周而复始。当被控量在上限值和下限值之间变化时，调节器的输出状态不变。

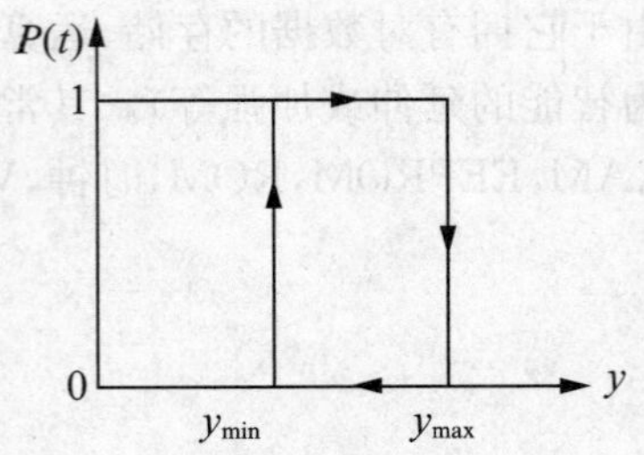

图 2－10　双位式作用规律

双位控制广泛应用于允许被控量在一定范围内波动的控制系统中，如辅锅炉水位控制、空压机压力控制、制冷温度自动控制等。而浮子式控制开关和压力控制器使用较多。

1. 浮子式水位双位控制系统

在机舱中，浮子式水位双位控制系统很多，如热水井的水位控制、主机日用燃油柜的液位控制以及小型辅锅炉的水位自动控制等。图 2－11 所示为浮子式辅锅炉水位双位调节系统的原理图。在锅炉外面的浮子室有汽管和水管，分别与锅炉的汽空间和水空间相通，故浮子室内水位与锅炉水位一致。浮子与水位同步变化，浮子杆绕枢轴 4 转动，通过上、下限销钉 5 带动扇形调节板框架 3 绕枢轴 4 转动，调节板右边的永久磁铁 12 也跟着转动。当水位上升至接近上限值时，浮子杆与上面的销钉相接触，并带动扇形调节板框架 3 和永久磁铁 12 绕枢轴 4 顺时针转动，当永久磁铁 12 转至与它同极性的永久磁铁 6 相同高度时，由于同极性互相排斥，永久磁铁 6 立即被向上弹开，动触点 11 立即与静触点 7 断开，切断电机电源，给水泵停转，停止向锅炉供水。随着外界负荷不断消耗蒸汽，水位不断降低，浮子连同浮子杆绕枢轴 4 逆时针转动，但调节板暂时不动。当水位下降到接近下限水位时，浮子杆与下面的销钉相碰，并带动调节板一起转动。当水位下降到下限值时，两同极性的永久磁铁 12 和 6 正好相遇并互相排斥，动触点 11 立即与静触点 7 相接触，接通电机电源，并带动给水泵向锅炉供水。随着水位的上升，浮子连同浮子杆绕枢轴 4 顺时针转动，重复前面的过程。可见，只有水位处在上、下限值时，调节器的输出状态才发生改变，而水位在上、下限之间变化时，调节器的输出状态不变，例如，当水位从上限值下降时，电机保持断电；当水位从下限值上升时，电机保持通电。

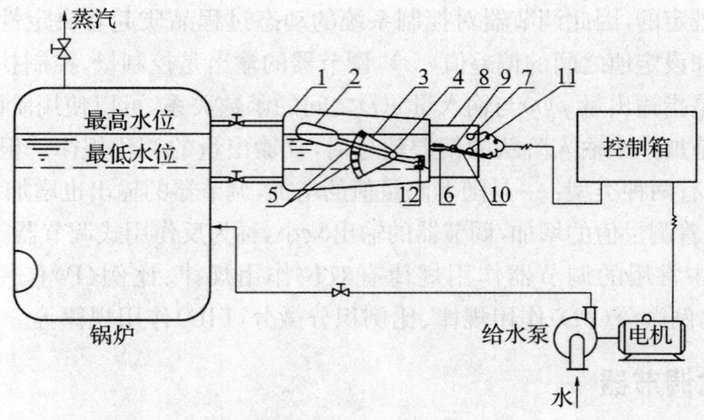

1—浮子室；2—浮子；3—调节板框架；4—枢轴；5—上、下限销钉；
6，12—永久磁铁；7—静触点；8—开关箱；9—转轴；10—转杆；11—动触点

图 2－11　浮子式辅锅炉水位双位调节系统

在调节板上对应浮子杆的上、下限位置各有三个销钉孔，调整上、下限销钉 5 的位置，可调整水位的上、下限值，但如果把上、下限销钉之间的距离调整得太小，虽然可以减小水位的波动范围，但将导致电机起、停频繁。

2. **双位式压力调节器**

双位式压力调节器也叫压力开关。压力开关的种类较多，原理也不尽相同，但其主要的外在功能都是一样的，即根据测量压力的上限值和下限值输出不同的开关量信号，如用于船舶辅锅炉的蒸汽压力和日用海、淡水压力等的双位控制。

YT－1226 型压力调节器的结构原理图如图 2－12 所示，被测量的压力信号 P 接至测量室，通过波纹管转换为力信号作用于比较杠杆，产生测量力矩。此外杠杆上还作用着由给定值弹簧产生的给定力矩和由幅差弹簧产生的幅差力矩。

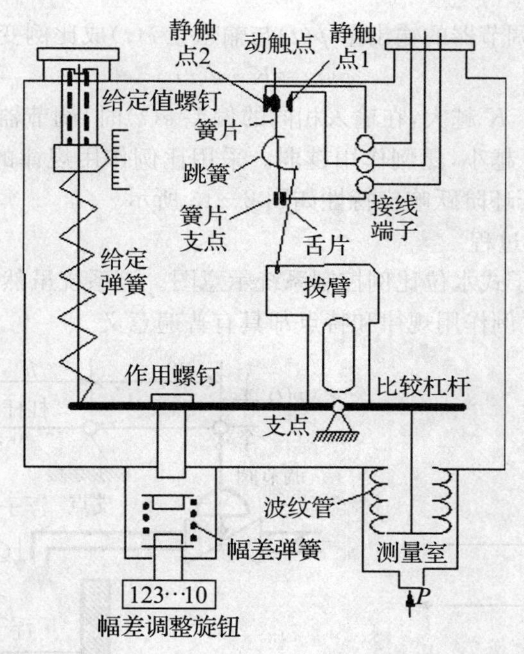

图 2－12　YT－1226 型压力调节器的结构原理图

当 P 处在压力的下限值时，比较杠杆处于水平位置。这时动触点离开静触点 1 闭合于静触点 2。此时，作用螺钉与幅差弹簧之间存在一定的间隙，幅差弹簧对杠杆不起作用。当 P 增大时，杠杆绕支点逆时针转动，通过拨臂使舌簧的下边框左移，通过舌簧舌片使跳簧压缩，储存弹性能。同时，作用螺钉与幅差弹簧的间隙逐渐消失，当杠杆继续转动时，不仅要克服给定力矩，还要克服幅差力矩。当杠杆转过某个角度，即 P 达到上限值时，舌簧舌片正好与舌簧簧片处在同一平面，跳簧有了释放能量的机会，迅速把舌簧簧片弹开，使动触点离开静触点 2 而与静触点 1 闭合。当 P 降低时，杠杆绕支点顺时针转动，当杠杆回到水平位置时，舌簧舌片又与舌簧簧片处在同一平面，跳簧再次把舌簧弹开，使动触点离开静触点 1 合到静触点 2。当 P 在上限值和下限值之间变化时，跳簧保持原状态不变，也就是调节器的输出状态不变。

给定弹簧调整的是压力开关的下限值，用 P_L 表示，幅差调整旋钮用于调整幅差 ΔP，压力开关的上限值 P_H 等于下限值 P_L 加上幅差 ΔP，即 $P_H=P_L+\Delta P$。因此，压力开关的上限值是通过调整幅差来设定的。

YT－1226 型压力开关给定指针的指示范围可以根据实际需要选择合适的范围，但幅差调整旋钮上都标记有 10 个格的刻度挡，对应的幅差范围为 $\Delta P=0.07\sim0.25$ MPa。幅差调整旋钮所调的格数 X 可根据公式进行估算。但由于刻度精度比较低，在实际使用时应进行实验测定或现场调整。

$$\Delta P=P_H-P_L=0.07+(0.25-0.07)\times\frac{X}{10} \tag{2-9}$$

二、比例调节器

比例作用规律是指调节器的输出量 $p(t)$ 与输入量 $e(t)$ 成比例变化，即

$$p(t)=K\cdot e(t) \tag{2-10}$$

式中：K 称为比例系数。K 越大，在输入相同的偏差 $e(t)$ 时，调节器输出量 $p(t)$ 也越大，即比例作用越强。反之，K 越小，比例作用越弱。采用比例作用规律的调节器，称为比例调节器，简称 P 调节器。其开环阶跃响应特性如图 2－13 所示。

1. 比例作用的控制过程

图 2－14 所示为浮子式水位比例控制系统示意图。该系统虽然不能直接用于实际的控制系统，但它所揭示的比例作用规律和特点却具有普遍意义。

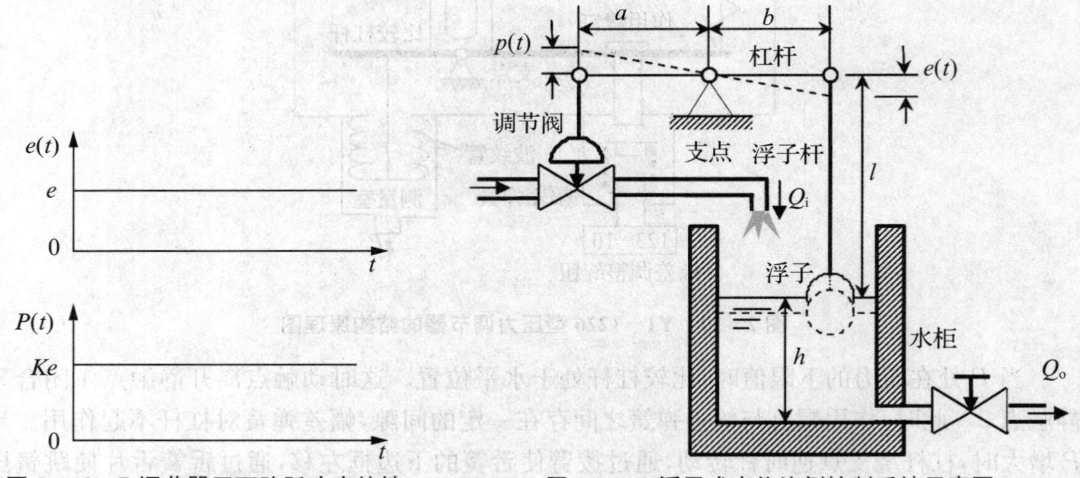

图 2－13　P 调节器开环阶跃响应特性　　图 2－14　浮子式水位比例控制系统示意图

在图 2－14 中，水柜中的实际水位 h 是被控量，其给定值为 h_0。在初始平衡状态下，给水流量 Q_i 与出水流量 Q_o 相等，水位稳定在 h_0 上，偏差 $e(t)=0$。此时，水柜的出水流量 Q_o 对应水柜的额定负荷，其调节阀开度 $p(t)$ 为全开的一半左右。这样，不论负荷怎样变化，调节阀开度都有变化的余地，都能对给水流量加以控制。

如果在初始平衡状态下，突然开大出水阀，出水流量阶跃增大（即增大水柜的负荷）。由于给水流量 Q_i 暂时未变，水位会连同浮子和浮子杆一起下移，带动杠杆绕支点顺时针转动，

开大给水调节阀，增加对水柜的给水流量 Q_i，直到 $Q_i=Q_o$ 为止，水位才会稳定在比给定水位 h_0 略低的值上。相反，若突然关小出水阀，出水流量阶跃减少（即减少水柜的负荷），水位连同浮子和浮子杆一起上移，通过杠杆作用使调节阀关小，减少给水流量 Q_i，直到 $Q_i=Q_o$ 为止，水位又会稳定在比给定值 h_0 略高的值上。当对水柜施加扰动（出水阀开度变化）后，水位的实际值（浮子的位置）h 偏离给定水位 h_0 的数值就是偏差值 e。

对照反馈控制系统的组成，不难看出，在上述水位控制系统中，被控对象为水柜，杠杆起到调节器的作用，浮子是测量单元，而给水调节阀就是执行器，被控量是水位高度 h，被控量的设定值实际上就是浮子杆的长度 l 决定了的原水位平衡值 h。

从图 2－14 可见，$p(t)$ 与 $e(t)$ 的关系是

$$p(t)=\frac{a}{b}\cdot e(t)=K\cdot e(t) \tag{2-11}$$

式中：$K=a/b$，是比例调节器放大倍数。改变杠杆长度比 a/b，可改变 K 值。左移可调支点，a 减小，b 增大，则 K 减小。反之，则 K 增大。K 是衡量比例作用强弱的参数，K 若较大，系统出现一个较小的偏差 $e(t)$，调节器（本例中是杠杆）就能使调节阀开度 $p(t)$ 有一个较大的变化，给水流量的变化量也比较大，克服扰动的能力强，其比例作用强。K 若较小，当被控量出现较大偏差 $e(t)$ 时，调节器指挥调节阀开度变化不大，克服扰动的能力弱，其比例作用就弱。

比例作用规律的优点是，调节阀的开度能较及时地反映被控对象负荷的大小。负荷变化大，偏差 $e(t)$ 就大，调节阀开度能够及时地成比例变化，对被控量控制比较及时。正因为如此，比例调节器的应用比较广泛，它也是其他作用规律的基础。但是，比例作用规律存在的缺点也是明显的，当被控对象受到扰动后，在比例调节器的控制作用下，被控量不能完全回到给定值上，只能恢复到给定值附近。被控量的稳态值与给定值之间必定存在一个较小的静态偏差，这是比例作用存在的固有的、不可克服的缺点。

比例作用之所以存在静态偏差是由于调节器的输出与输入之间存在一一对应的硬性关系，从 $p(t)$ 与 $e(t)$ 的关系式可以清楚地看出，调节器的输出变化将依赖于偏差的存在而存在。结合系统的工作过程，也不难理解这点。设想在初始平衡状态下突然开大出水阀时，由于 $Q_i<Q_o$，水位下降，导致出现偏差 $e(t)$，在调节器的作用下，给水阀开度增大，给水流量 Q_i 增大，限制了水位的降低并使水位逐渐向给定值靠近，直至 $Q_i=Q_o$ 为止，此时的水位必然要比原来略有降低。这是因为假如水位又回到原来的设定值，那么偏差 $e(t)$ 将不再存在，调节器又回到原来的输出，给水阀的开度又将回到原来的开度，最终又将导致 $Q_i<Q_o$，系统无法平衡。

显然比例作用规律中，如果放大倍数 K 较大（比例作用越强），那么稳态时只要有一个较小的静态偏差，调节阀就会有一个较大的开度变化以适用负荷的要求。因此，K 越大，稳态时静态偏差越小，反之亦然。但不可能通过无限制地增加比例系数的方法来达到消除静态偏差的目的，而且当比例系数大到一定程度时将导致系统发生振荡。

比例控制系统虽然存在静态偏差，但这个偏差值是不大的，当自平衡对象受到扰动后，靠自平衡能力使被控量自行稳定在新稳态值上的变化量相比较要小得多，动态过程进行也要快得多。因此，比例调节器广泛应用于对被控量稳态精度要求不是很高的场合。

2. 比例带

比例系数(K)虽然可以衡量比例作用的强弱，但 K 通常是一个带量纲的量。不同控制系统之间，其比例作用的强弱不便于比较。因此，在实际控制系统中，更多地采用一个无量纲的参数来衡量比例作用的强弱，这个无量纲的参数就是 PB，有时也叫比例度(δ)。

$PB(\delta)$，是指调节器的相对输入变化量与相对输出变化量之比的百分数，即

$$\left.\begin{aligned}&PB(\delta)=\frac{\Delta e/\Delta e_{\max}}{\Delta p/\Delta p_{\max}}\times 100\%=\\&\frac{[(x_1-x_0)-(x_2-x_0)]/[(x_{\max}-x_0)-(x_{\min}-x_0)]}{[(p_1-p_0)-(p_2-p_0)]/[(p_{\max}-p_0)-(p_{\min}-p_0)]}\times 100\%=\\&\frac{(x_1-x_2)/(x_{\max}-x_{\min})}{(p_1-p_2)/(p_{\max}-p_{\min})}\times 100\%=\frac{(x_1-x_2)}{(p_1-p_2)}\frac{(p_{\max}-p_{\min})}{(x_{\max}-x_{\min})}\times 100\%=\\&\frac{R}{K}\times 100\%\end{aligned}\right\}\quad(2-12)$$

式中：x_0，$p_{\max}$分别是系统初始平衡状态的 I/O；e 是被控量的变化量(偏差值)；x 是输入的被控量，$x_{\max}$是输入的最大值；$x_{\min}$是输入的最小值；$x_{\max}\sim x_{\min}$是允许变化的最大范围，叫全量程；被控量的变化量与全量程的比值 $e/(X_{i\max}X_{\max})$是调节器的相对输入量；p 是调节器的输出量；$p_{\max}$是输出量的最大值；$p_{\min}$是输出量的最小值；$p_{\max}\sim p_{\min}$是输出量的最大变化范围；$R=\frac{(p_{\max}-p_{\min})}{(x_{\max}-x_{\min})}$称为量程系数。在单元组合仪表中，$R=1$，这样 $PB=1/K\times 100\%$。显然，PB 与放大倍数成反比。

比例带的物理意义可以这样理解，即假定调节器指挥执行器变化全行程(如调节阀从全关到全开或从全开到全关)，需要被控量的变化量占其全量程的百分数就是比例带。例如，$PB=100\%$，说明被控量变化全量程的 100%，调节器将指挥执行器变化全行程的 100%；若 $PB=50\%$，说明只需被控量变化全量程的 50%，调节器就能使调节阀开度变化全行程；若 $PB=200\%$，则说明被控量变化全量程，调节阀的开度只变化了全行程的 50%。可见，PB 越小，在被控量偏差占全量程百分数相同的情况下，调节器的输出变化越大，克服扰动能力越强，比例作用越强；反之，PB 越大，比例作用越弱。比例带是比例作用规律极为重要的参数，当组成控制系统的被控对象确定以后，PB 的大小对控制系统动态过程品质的好坏起着决定性的影响。若 PB 选得太大，比例作用很弱，克服扰动的能力就弱；动态过程虽然很稳定，没有波动，但最大动态偏差 $e_{\max}$较大，过渡过程时间 t_s 或许会很长，稳态时静态偏差 ε 也比较大。若 PB 选得太小，比例作用很强，稍微出现一点偏差就会使执行器的动作大幅度变化，容易造成被控量的大起大落，系统的稳定性变差；同时，也会加长过渡过程时间 t_s。因此，对一个实际控制系统来说，根据被控对象的特性调定合适的 PB，以保证一个控制系统具有最佳的动态过程。在一般情况下，被控对象惯性大的控制系统，可使 PB 小一点，如温度、黏度等控制系统，其被控对象惯性比较大，可选定 $PB=50\%$左右。反之，对于被控对象惯性小的控制系统，PB 可适当选定大一点，如液位控制系统，其被控对象惯性比较小，可选定 $PB=70\%\sim 80\%$。在调节器上都设有比例带调整旋钮，用来设定比例带。比例带的可调范围，对不同类型的调节器不尽相同，一般在 5%～300%之间。

应当注意的是，当调节器接入实际的控制系统中时，测量值一般是不会发生阶跃变化

的，而调节器的输出也随输入的变化而变化。最后调节器的输出将送至执行器作用于被控对象，形成负反馈闭环系统。此时，在调节器的控制作用下，被控量的测量值将朝着偏差减少的方向变化。但调节器的输出量与输入成比例，当系统稳定下来后，输出量的变化为克服偏差而存在，所以系统是有差调节的。

三、比例积分调节器

比例积分作用规律是指，调节器的输出量随输入量做比例积分变化。采用这种作用规律的调节器称为比例积分调节器，简称 PI 调节器。显然，在 PI 调节器中，含有积分作用。

1．积分（I）作用规律

所谓积分作用规律是指调节器的输出与输入的积分成比例，也就是说调节器是一个积分单元，即

$$p(t)=S_0\int e(t)\mathrm{d}t \tag{2-13}$$

式中：S_0 是积分系数。

可以看出，积分输出取决于偏差 $e(t)$ 的大小和偏差存在时间的长短，只要存在偏差，偏差随时间的积累就不能停止，调节器输出 $p(t)$ 就会发生变化，直到偏差等于零为止，执行器才能稳定在某一位置而不再变化。换言之，具有 I 作用规律的调节器也具有消除静态偏差的能力，这是积分作用规律的突出优点。但是，与比例作用规律相比较，积分作用规律对被控量的控制显得不及时。在比例作用规律中，调节器输出的变化和偏差是同步的，或者说是及时的，而在积分作用规律中，即使偏差很大，在刚开始的时候，由于时间很短，调节器的输出也很小，只有随着偏差存在的时间不断增长，积分作用的输出才越来越大，导致调节器对被控量的控制不及时。在偏差减少时，这种控制不及时表现为不能及时减少执行器的动作幅度，从而导致调节过头，造成被控量大起大落，降低控制系统的稳定性。图 2－15 为控制系统在相同扰动情况下，采用比例调节器和积分调节器的控制系统的动态过程曲线。在出现偏差的初期，由于积分作用控制很不及时，所以最大动态偏差 e_{max} 较大。后期由于积分作用越来越强，调节过头，造成被控量振荡，系统稳定性降低。正因为积分作用存在这些缺点，在实际控制系统中，极少采用纯积分作用的调节器，而是将积分作用与比例作用相结合形成比例积分作用规律的调节器，即 PI 调节器。

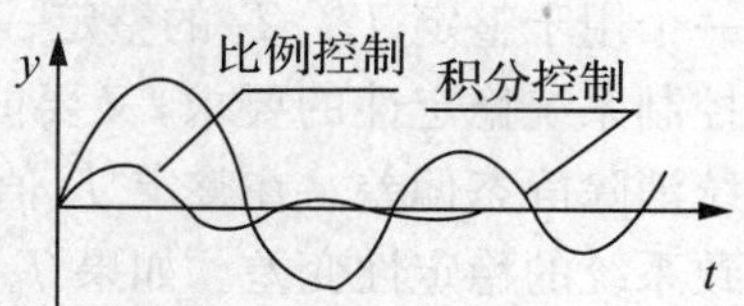

图 2－15　比例控制和积分控制的比较

2．比例积分作用规律

比例积分作用是指在比例作用的基础上加入积分作用而得到的一种作用规律，即

$$p(t)=K\cdot e(t)+S_0\int e(t)\mathrm{d}t=K\left[e(t)+\frac{1}{T_i}\int e(t)\mathrm{d}t\right] \tag{2-14}$$

式中：K 是 PI 调节器的比例系数，$T_i=K/S_0$ 称为积分时间。

在 PI 调节器中，比例作用能使调节器的输出及时响应偏差的变化，起着主导作用；而积分作用是辅助的，只是用它来消除静态偏差。PI 调节器阶跃响应特性如图 2－16 所示。

衡量比例积分作用强弱的参数有两个，即 K 和 T_i。其中，K 是衡量比例作用强弱的参

数,在实际控制系统中,一般不用 K 而用 PB,PB 的大小对比例作用强弱的影响及比例带的物理意义与比例作用规律相同。T_i 是衡量积分作用强弱的参数,它具有时间的量纲(s 或 min)。从比例积分作用规律表达式可以看出,若 T_i 小,则积分输出部分大,即积分作用强;反之,若 T_i 大,则积分输出部分小,积分作用弱。

假定给 PI 调节器施加一个阶跃的输入偏差信号,其阶跃量为常数 e(在实际系统中,偏差信号一般不会发生阶跃变化,但在开环实验中,人为地给 PI 调节器施加一个阶跃的输入信号很容易做到),则

$$p(t) = K\left(e + \frac{1}{T_i}\int e\mathrm{d}t\right) = K\left(e + \frac{e}{T_i}\int \mathrm{d}t\right) = K\left(e + \frac{t}{T_i}e\right) = K \cdot e\left(1 + \frac{t}{T_i}\right) \quad (2-15)$$

式中:第一项为比例输出,在阶跃输入瞬间,比例作用把输入量 e 放大到 K 倍得阶跃输出 $K \cdot e$。由于此时时间 $t=0$,故没有积分输出。第二项 $K \cdot e \cdot t/T_i$ 是积分输出,它与时间 t 保持线性关系,其斜率为 $K \cdot e/T_i$。据此,可画出 PI 调节器阶跃响应特性曲线,如图 2-16 所示。

从图 2-16 可见,在输入阶跃偏差信号的瞬间($t=0$),先有一个阶跃的比例输出 $K \cdot e$。此时不论偏差多大,其积分输出为 0。以后随着时间的增长,积分呈线性关系输出。当时间进行到 $t=T_i$ 时,$p(t)=2K \cdot e$,即调节器的积分输出部分等于比例输出($BC=AB$)。由此得到 PI 调节器中 T_i 的物理意义为:T_i 是在给 PI 调节器输入一个阶跃的偏差信号时,其积分输出达到比例输出所需的时间。在工程上,标定或测定调节器积分时间时,一般规定在 PB 为 100%的条件下进行。

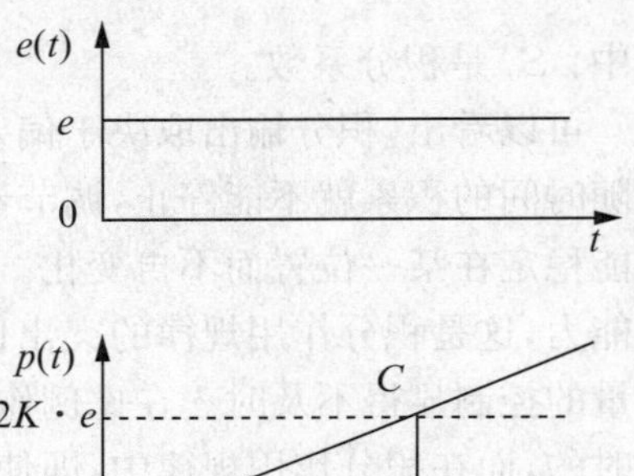

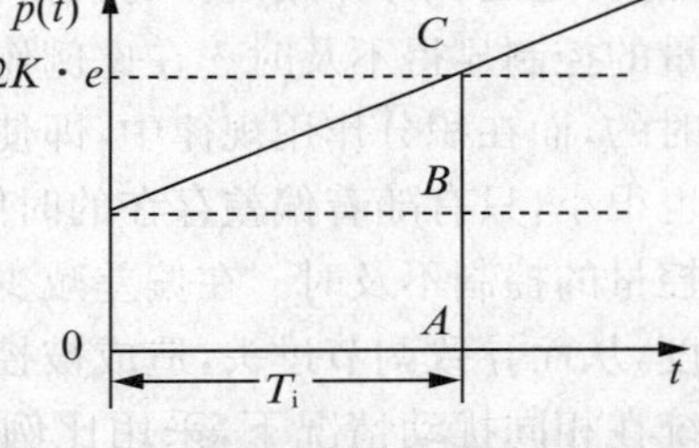

图 2-16 PI 调节器阶跃响应特性曲线

在 PI 调节器上设有两个旋钮,一个用于整定 PB,另一个用于整定 T_i。T_i 的整定一定要合适,既要能保证控制系统稳定性的要求,又要能在较短的时间内使系统消除静态偏差。在整定 T_i 值时,切忌把 T_i 值整定得太小,否则由于积分作用太强,将导致系统的稳定性变差。如果 T_i 值不能进行准确地整定,那么选取 T_i 时,可以采用宁大勿小的策略。这是因为 T_i 略微偏大时,尽管积分作用偏弱,但只会使消除静态偏差的时间稍长而别无它害。T_i 的整定范围一般在 3 s~20 min 之间。控制对象惯性大的控制系统,选取 T_i 值大一些。被控对象惯性小的控制系统,选取 T_i 值小一些。

在 PI 调节器中,如果把 T_i 设定到∞,则相当于切除积分作用,而成为纯 P 调节器。若将积分切除而成为纯 P 调节器,则应将 PB 整定在一个恰当值,以获得控制系统满意的动态过程。若要加入积分作用(T_i 不是∞),则此时的 PB 要比纯比例作用时略大一些,以抵制由于积分作用的加入而产生的系统动态过程振荡倾向。PI 调节器是在实际控制系统中应用最广泛的一种调节器。

根据比例积分调节的工作原理,当调节器的输出不再变化时,闭环控制系统达到平衡状态时,必然有测量值与给定值相等;假如测量值与给定值之间存在偏差,调节器的控制作用就一直存在,直到偏差为零时为止。由此可以描述调节器在实际中是如何消除静态偏差的。

四、比例积分微分调节器

1. 比例积分微分作用规律

把比例、积分和微分作用组合在一起构成比例积分微分作用规律。在比例积分微分作用规律中，仍以比例作用为主，吸收积分作用能消除静态偏差以及微分作用能实现超前控制的优点，其功能最为完善。基于这种作用规律的调节器就叫做比例积分微分调节器，简称PID调节器。比例积分微分作用规律输出与输入之间的关系为

$$P(t)=K\cdot e(t)+S_0\int e(t)\cdot \mathrm{d}t+S_\mathrm{d}\frac{\mathrm{d}e(t)}{\mathrm{d}t}=K\left[e(t)+\frac{1}{T_\mathrm{i}}\int e(t)\mathrm{d}t+T_\mathrm{d}\frac{\mathrm{d}e(t)}{\mathrm{d}t}\right] \tag{2-16}$$

式中：K 为比例系数；T_i 为积分时间；T_d 为微分时间。K，T_i 和 T_d 的大小与相应的作用强度之间的关系与PI和PD调节器相同。

若给PID调节器输入一个阶跃的偏差信号，并记录其输出响应，则可得到PID调节器的开环阶跃响应输出特性曲线，如图2-17所示。输出特性曲线表明，当对PID调节器施加一个阶跃的偏差输入信号后，它首先有一个较大的比例微分的阶跃输出（$OA+AB$），然后微分输出逐渐消失。当微分输出消失到接近比例输出时，积分输出才不断地显现出来，使PID调节器输出不断增加。

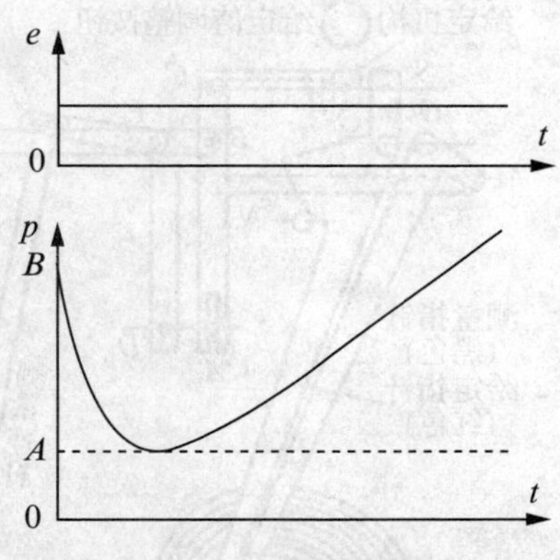

图2-17　PID调节器的开环阶跃响应输出特性曲线

PID调节器综合比例、积分和微分三种作用规律，因此兼有比例作用控制及时、积分作用消除静差和微分作用超前控制的能力。传统的PID调节器都有三个旋钮，分别用于整定 PB，T_i 和 T_d 三个参数，只要把这三个参数整定得合适，控制系统就能获得良好的动态过程品质。

在实际使用中，可根据具体的需要将PID调节器用作P，PI，PD和PID调节器。例如，把积分时间整定为 $T_\mathrm{i}\to\infty$，把微分时间整定为 $T_\mathrm{d}=0$，则相当于切除积分和微分作用，成为纯比例作用调节器；在纯比例作用的基础上，打开积分作用，则成为PI调节器；在纯比例作用的基础上，打开微分作用，则成为PD调节器；在纯比例作用的基础上，同时打开积分和微分作用，则成为PID调节器。若对被控量的稳态精度要求较高，则调节器中应加入积分作用；若控制系统中被控对象惯性较大，则调节器应加入微分作用；若被控对象惯性较大且要求较高的静态指标，则应同时加入积分和微分作用。对于PID调节器，往往把 T_i 整定得比 T_d 长，它们之间的关系大致为 $T_\mathrm{i}=4T_\mathrm{d}\sim5T_\mathrm{d}$。当加进微分作用后，原来整定的 PB 和 T_i 都可以减少一点，这样既能减少最大动态偏差，保证系统的稳定性，又能加快系统的反应速度，使 t_s 进一步缩短。

在船舶机舱中，还应根据被控对象的特点，避免采用微分作用。如机舱的锅炉水位等液位控制系统中，就不宜采用PD调节器或PID调节器。这是因为微分作用对干扰信号比较敏感，随船舶的摇摆，微分作用使给水调节阀的开度忽而大开、忽而大关，造成水位的大起大落，不利于对水位的稳定控制。

2. 气动 PID 调节器

将以上介绍的比例、积分和微分作用的实现方法在同一个气动调节器里进行适当组合便可以实现气动 PID 调节器。其组合形式主要有两类：一是将三种反馈并行地叠加在一起形成调节器内部的综合反馈；二是在 PI 调节器前串联一个微分器来实现。船舶比较常用的气动 PID 调节器是 NAKAKITA 气动 PID 调节器。

NAKAKITA 气动 PID 调节器在船舶机舱中常用于冷却水温度控制系统和燃油黏度控制系统，其三种作用规律通过内部综合反馈实现，其结构如图 2-18 所示。外围接口有三个气管，分别是气源、输入测量信号和输出气压信号，调节器面板上有红色的设定调整指针、手动/自动切换开关、手动调压等控制机构，还有测量显示黑针、气源和输出双针压力表。

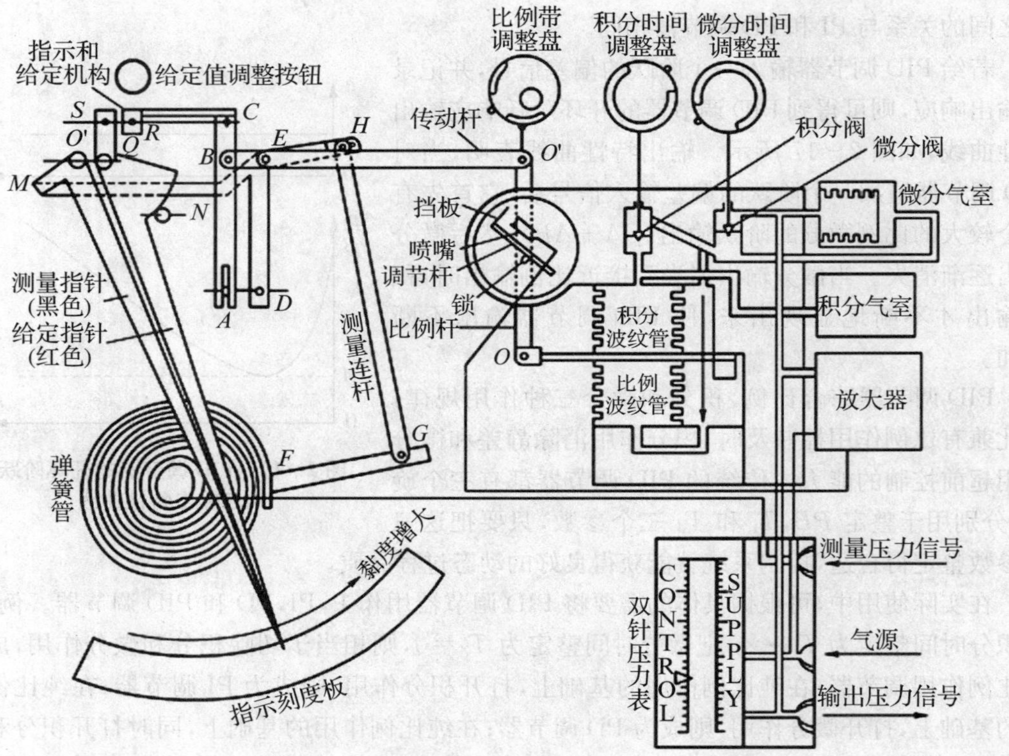

图 2-18　NAKAKITA 气动 PID 调节器结构

在 NAKAKITA 气动 PID 调节器中，比较环节通过位移平衡原理实现。测量值被送至弹簧管，测量压力的大小决定着弹簧管的张度大小，弹簧管张度的变化通过连接杆一方面改变测量指针（黑色）的偏转角度指示当前测量值的大小；另一方面推动比例杆 OO' 绕 O 点左右偏转，通过销钉和拨杆改变挡板和喷嘴之间的距离，引起调节器输出变化。而调节器的输出变化将通过波纹管组合引起比例杆 OO' 上下浮动，影响挡板和喷嘴之间的距离，实现位移反馈。

在初始平衡状态下，被控量测量值与给定值相等，测量指针（黑色）与给定指针（红色）重合。喷嘴挡板之间的开度不变，调节器有一个稳定的输出。比例波纹管、积分波纹管、积分气室及微分气室的压力都相等，并等于调节器的输出压力。

当系统受到扰动时，测量值会离开给定值出现偏差。假设测量值降低，则弹簧管收缩，FG 杆带动测量连杆 GH 下移，$HENM$ 杆和 HED 杆将绕 E 轴顺时针转动。一方面 MN 杆左移使测量指针（黑色）朝测量值刻度减小的方向转动；另一方面，D 点左移使 AC 杆绕 C 点顺时针转动，传动杆 BO' 左移，挡板靠近喷嘴，其背压增大，经放大器使调节器输出压力增大。可见，这是一个输出与输入变化成反方向的调节器，简称反作用式调节器。在调节器输出压力增大的同时，将使微分气室中的弹性波纹管立即伸长，挤压微分气室使其压力略有增大。这一增大的压力分为两路，一路直接送至比例波纹管，另一路经积分阀送至积分气室和积分波纹管。比例波纹管内部压力增大而略有伸长，阻止挡板继续靠近喷嘴，但这一负反馈很弱，挡板会大大靠近喷嘴，调节器的输出会大大增加，这就是调节器的微分输出。由于增大的调节器输出经微分阀不断向微分气室充气，负反馈逐渐增强，输出将逐渐减小，最后微分输出将消失在比例输出上。随着积分气室的不断充气，积分波纹管压力不断升高。这一附加的正反馈，又将使挡板靠近喷嘴，调节器输出增大，这就是调节器的积分输出过程。其测量值增加的情况在原理上完全相同，只是动作过程相反。

在调节器上有三个调整盘，分别用来调整 PB，T_i 和 T_d，改变积分阀和微分阀的开度可分别调整 T_i 和 T_d。开大积分阀，可缩短积分时间，加强积分作用；关小微分阀，可增加微分时间，加强微分作用。反之亦然。比例带调整盘是一个偏心机构，转动比例带调整盘可使喷嘴和挡板一起沿着比例杆上下移动。在上移时，传动杆 BO' 左右移动相同的距离，即在输入偏差相同的情况下，挡板开度变化大，比例作用增强，PB 减小；反之，在下移时，比例作用减弱，PB 将增大。

给定值由给定旋钮确定，给定旋钮的角度变化通过连接杆一方面改变给定指针（红色）的偏转角度，指示当前给定值的大小；另一方面，通过连接杆带动比例杆 OO' 绕 O 点左右偏转，引起调节器输出变化。例如，顺时针旋转给定旋钮将使给定值增大，此时 QS 杆将绕 Q 轴逆时针转动，RC 杆左移。由于测量值暂时未变，A 和 D 点不动，故 BO' 杆左移，挡板靠近喷嘴，调节器输出压力增大，其工作过程与测量值降低的情况相同。

根据实际需要，该调节器还可以工作在正作用方式。此时，喷嘴挡板机构在比例杆 OO' 上的相对位置如图 2－19 所示。与反作用方式相比，区别在于喷嘴背压的变化将与测量值的变化方向一致，而不是相反。例如，当测量值减小时，比例杆 OO' 绕 O 点逆时针偏转，通过销钉和拨杆的作用将使挡板和喷嘴之间的距离增大，喷嘴背压减小，调节器的输出也减小。调节器的工作方式应该根据控制任务的需要来决定，例如，当应用于燃油黏度控制系统时，一般应采用反作用方式。

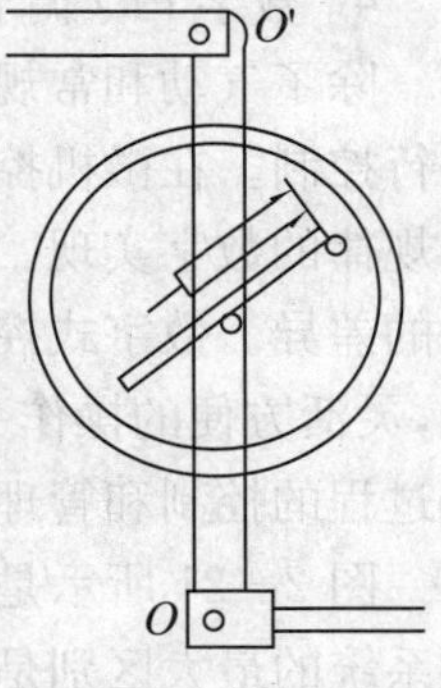

图 2－19　正作用式切换

3. **电动 PID 调节器**

在船舶机舱中，有些控制系统是采用电动的方式实现的。在电动控制系统中，调节器一般做成电路板的形式，其内部电路多数由运算放大器、电阻和电容等元器件组成。图 2－20 为由运算放大器组成的 PID 调节器。

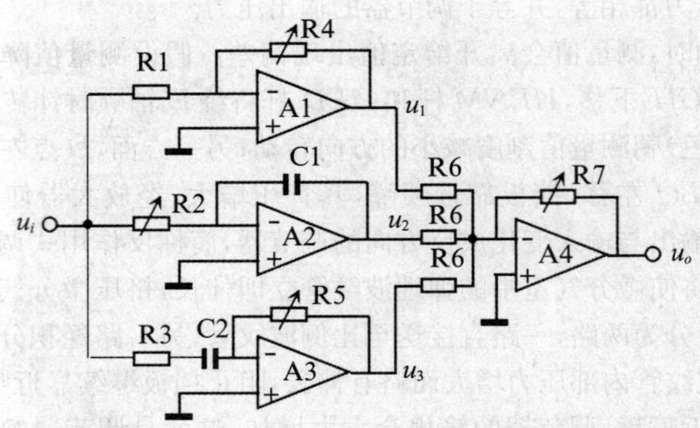

图 2-20　由运算放大器组成的 PID 调节器

图 2-20 中，u_i 为调节器的偏差输入信号，即测量值电压与设定值电压相比较获得的偏差电压。u_o 为调节器的输出电压，一般要经过进一步处理之后才能送至执行器。运算放大器 A1，A2 和 A3 分别实现比例、积分和微分作用，A4 起加法器的作用，并使调节器的输出 u_o 与输入 u_i 在符号上一致。

由于 $u_1(s)=-\frac{R_4}{R_1}u_i(s)$，$u_2(s)=-\frac{1}{R_2\cdot C_1 s}u_i(s)$，$u_3(s)=-\frac{R_5\cdot C_2 s}{R_3\cdot C_2 s+1}u_i(s)$，因此

$$u_o(s)=\frac{R_7}{R_6}\left(\frac{R_4}{R_1}+\frac{1}{R_2\cdot C_1 s}+\frac{R_5\cdot C_2 s}{R_3\cdot C_2 s+1}\right)U_i(s) \tag{2-17}$$

上式表明，调节器的输出在整体上对输入具有比例、积分和微分的作用。调整 R4，R2 和 R5 的阻值可以分别调整比例、积分和微分的作用强度。

在实际中，调节器电路往往会因具体的控制系统而不同。例如，积分环节和微分环节可能分别采用比例积分和比例微分环节代替，作用规律之间也可能是串联关系。此外，从电路设计的角度，往往还会加上一些抗干扰措施。

4. 数字 PID 调节器

除了气动和常规电动控制系统之外，船舶机舱中越来越多的参数控制系统都采用微机进行控制。在微机控制系统中，调节器的作用规律是采用软件编程来实现的，称为调节器作用规律的数字实现。数字式控制仪表在硬件及其构成原理方面，都与模拟式控制仪表有很大的差异。数字式控制仪表是以微处理器为核心，具有丰富的运算控制功能和数字通信功能，灵活方便的操作手段，形象、直观的数字或图形显示，高度的安全可靠性，因而在工业生产过程的控制和管理方面，得到越来越广泛的应用。

图 2-21 所示是一个由单片机组成的数字式反馈控制系统结构框图，与气动或常规电动系统的最大区别是控制单元采用单片机系统。被控对象输出的被控量由测量单元和信号处理电路转换成标准电压信号，再经过单片机系统的模/数(A/D)转换电路转换成数字量。设定值在单片机系统上通过键盘与显示装置进行数字设定。单片机将设定值与测量值比较获得偏差，调用控制算法程序计算控制量，并由数/模(D/A)转换电路转换成模拟量输出，经放大后驱动执行器动作，作用于被控对象，形成闭环控制。

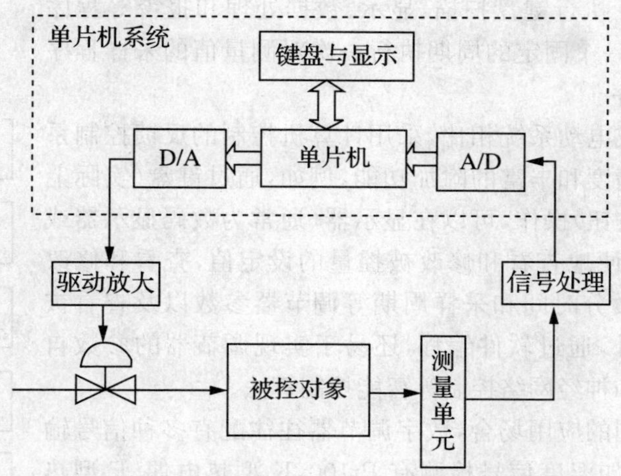

图 2-21 数字式反馈控制系统结构框图

计算机执行上述控制过程并不是像模拟仪表那样连续进行的，而是每隔一定的周期(称为采样周期，用 T 表示)进行一次测量采样和控制量输出计算，称为采样控制。由于计算机只能根据采样时刻的偏差值计算控制量，因此控制规律中的积分项和微分项不能直接地进行准确计算，只能用数值计算的方法逼近。在采样时刻 $t=k\cdot T$(T 为采样周期)，调节器的 PID 控制规律可写成以下形式

$$u_k=K\left[e_k+\frac{T}{T_i}\sum_{j=0}^{k}e_j+\frac{T_d}{T}(e_k-e_{k-1})\right]+u_0 \tag{2-18}$$

式中：u_k 为 k 时刻的控制量输出；e_k 为 k 时刻的偏差；T 为采样周期；K 为比例系数；T_i 为积分时间；T_d 为微分时间；u_0 为控制器的初始输出。只要采样周期 T 选择合适，这种数值逼近所实现的控制过程与连续控制十分接近，称为"准连续控制"。

上式表示的控制量输出 u_k 实际上代表的是执行器的位置(如阀门的开度)，所以称为位置式 PID 控制算法。

若将 $t=k\cdot T$ 时刻的位置式控制量减去 $t=(k-1)T$ 时刻的位置式控制量

$$u_{k-1}=K\left[e_{k-1}+\frac{T}{T_i}\sum_{j=0}^{k-1}e_j+\frac{T_d}{T}(e_{k-1}-e_{k-2})\right]+u_0 \tag{2-19}$$

则得到增量式 PID 控制算法

$$\Delta u_k=u_k-u_{k-1}=K\left[e_k-e_{k-1}+\frac{T}{T_i}e_k+\frac{T_d}{T}(e_k-2e_{k-1}+e_{k-2})\right] \tag{2-20}$$

式(2-20)通常写成

$$\Delta u_k=d_0\cdot e_k+d_1\cdot e_{k-1}+d_2\cdot e_{k-2} \tag{2-21}$$

其中

$$d_0=K\left(1+\frac{T}{T_i}+\frac{T_d}{T}\right),d_1=-K\left(1+\frac{2T_d}{T}\right),d_2=K\frac{T_d}{T} \tag{2-22}$$

综上可以看出，位置式 PID 算法需要保留当前时刻及其之前所有时刻的偏差值，而增量式 PID 算法则只需保留当前时刻及其之前两个时刻的偏差值。因此，增量式算法有利于简化编程和避免累计误差，在实际中应用更为广泛，图 2-22 为增量式 PID 控制算法子程序流

程图。微处理器除了执行键盘扫描、显示、数据处理和报警等程序模块之外，必须每隔一个固定的周期执行一次对测量值的采样程序和 PID 控制算法程序。

与常规的气动或电动系统相比，采用计算机控制的反馈控制系统具有更高的控制精度和丰富的附加功能，例如，通过键盘（实际上往往只是几个功能按钮）操作，可以在显示器（通常为数码显示器或者液晶显示器）上方便地查看和修改被控量的设定值，查看和修改比例带、积分时间、微分时间和采样周期等调节器参数以及查看被控量的测量值。此外，通过软件编程，还易于实现调节器的参数自整定以及模糊控制和神经网络控制等智能控制算法。

为适应各种不同的应用场合，数字调节器往往配有多种信号输入和多种输出信号，如温度信号检测有 Pt100，K 型热电偶、E 型热电偶，4～20 mA 等，输出有 4～20 mA、继电器输出、报警触点输出以及通信信号。有些被控对象往往会有多个被控量和多个执行器，称为多输入多输出系统。计算机为了对各个测量值进行分别采样和对各个控制量分别输出。此类控制系统在控制算法上往往比较复杂，若被控量之间存在耦合现象，则还需采取解耦措施。

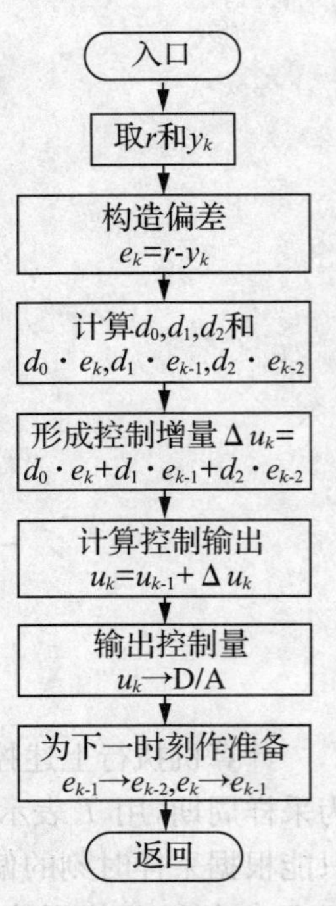

图 2-22　增量式 PID 控制算法子程序流程图

5. 数字调节器实例——智能调节器

1) 数字调节器的特点

数字调节器是数字式控制仪表的重要应用实例之一，其控制规律可以根据需要由用户自己编程，而且可以改写，甚至可以选择使用模糊控制或神经网络控制等智能控制算法。数字调节器有以下主要特点：

(1) 通用性强。数字调节器采用盘装方式和标准尺寸（国际 IEC 标准）。其内部用数字量运算，但输入信号和输出信号可选模拟量，I/O 信号采用统一的标准信号 1～5 V DC 和 4～20 mA DC，与模拟式仪表可以兼容。

调节器的显示和操作方式也沿袭模拟式仪表的人-机联系方式，易于被人们所接受，便于推广使用。

(2) 功能丰富且模块化。数字调节器实质上是一台过程控制专用微机，内部具有数十种运算功能，具有丰富的运算和控制功能。各种功能是靠软件实现的，每一种独立而完整的功能都可由其算式编出子程序，这种子程序就是功能模块。一个功能模块与单元组合仪表的一台仪表作用相当。只要编制相应的软件，就可以调出所需的功能模块，像搭积木样组成各种控制方案。因此，一台数字调节器可以代替多台模拟仪表。

数字调节器大都具有停电恢复处理功能与自诊断功能，以提高控制器的在线利用率。

(3) 采用智能控制技术。数字调节器的调节规律除常用的传统比例积分微分控制规律外，还配有各种智能控制方式。用户可根据实际对象的情况选择不同的控制规律。

(4) 具有自诊断功能。数字调节器可通过软件对自身故障进行逻辑判断，及时发出故障报警信号，并显示相应的代码，指明故障部位。当严重故障时还能够采取相应的保护措施。

(5) 具有通信功能。数字调节器通过一定的接口可以与操作站或中央管理计算机(上位机)进行通信,将自身纳入集散控制系统,以便实现集中监测操作和管理。可以根据系统的需要选择总线控制方式。

(6) 可靠性好。数字调节器的内部结构是完全微机化的。通过硬件和软件两方面采取一系列措施,可以降低调节器的硬件故障率,在软件上可开发自诊断功能、联锁保护功能等,因此数字调节器具有安全可靠、维护方便的优点。

数字调节器作为一种智能化的新型仪表,近几年来得到较快的发展。目前,虽然各国生产的数字调节器型号很多,但由于集散型控制系统对单回路数字式调节器的要求具有一致性,所以各种数字调节器在总体设计上基本类似。图 2 - 23 为典型智能调节器面板。

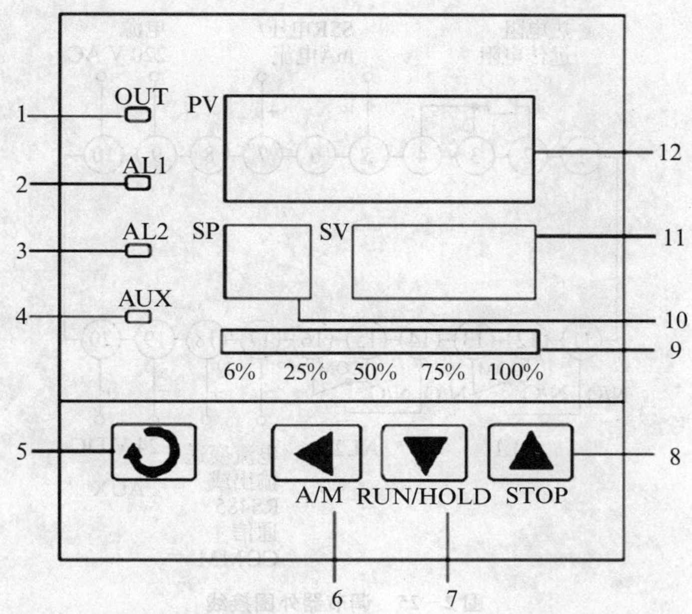

1—OUT输出指示灯；2—AL1报警指示灯；3—AL2报警指示灯；
4—AUX位置动作指示灯；5—操作确认键；6—移位键；7—减键；
8—加键；9—光柱(指示测量/输出/反馈百分比)；10—显示测量/输出/反馈百分比；
11—显示设定值；12—显示测量值

图 2 - 23　典型智能调节器面板

2) 数字调节器的结构组成

智能调节器的内部结构如图 2 - 24 所示。图中,实际值可以选用不同的传感器或标准信号输入,在温度控制系统中,常采用 Pt100 测量温度,并常使用三线制连接;设定值通过按钮修改,有的智能调节器还带有双给定值并能切换的功能。调节器的输出可以是模拟量,也可根据执行环节选用继电器触点输出控制伺服电动机的运动。图 2 - 25 所示为调节器外围接线,选择的传感器是 Pt100,电源采用 220 V AC,输出控制使用 mA 或固态继电器 SSR 的控制信号,另外,还配有 AL1,AL2 报警触点,还向外提供 24 V DC 电源,供其他回路使用,数字调节器可以根据参数选择使用电流信号输出或 RS485 通信。

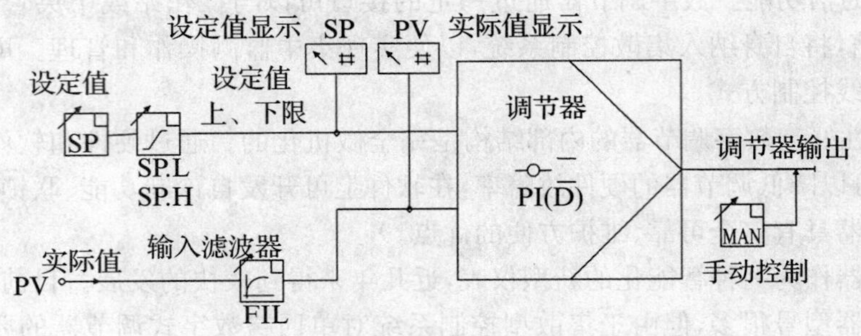

图 2-24　智能调节器的内部结构

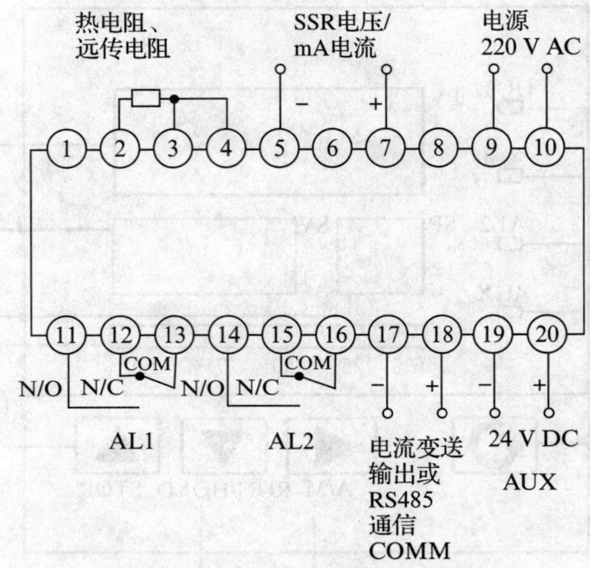

图 2-25　调节器外围接线

3）数字调节器的操作

（1）准备过程。将数字调节器投入运行之前的准备工作有：①根据工艺过程的要求，确定控制系统的类型，选择调节器的型号。②根据控制要求，选择合适的调节规律。由于数字调节器可选的控制规律较多，有的还能由用户进行组态，使用时应仔细分析，灵活组合。有时几种不同的组态都可以达到同一个控制要求，应选择最简方案。③正确连接数字调节器的有关信号线、电源线。④按照编程和各参数设定值，依次填写数据表。若需要调整参数，则调整后应刷新原等级的数据表。⑤检查、校验，确认无误后即可将调节器投入运行。

（2）正常运行方式。正常运行方式分下述几种情况：①手动（MAN）方式。按“A/M”键进入“手动”运行方式，MAN 灯亮，此时调节器的输出值由面板前的“↑↓”键改变。②自动（AUTO）方式。按“A/M”键即进入“自动”运行方式，AUTO 灯亮，此时调节器内 PID 运算单元以面板上设定值按键“▲▼”所设定的值来运算，实现定值控制。但在使用“手动”操作前，需要按照无扰动切换的原则进行切换。③参数自整定。带有模糊 PID 调节的调节器具有自整定功能，在调节中自动学习并使效果最优化，具有无超调、高精度等优点。在刚开始自动调节时,先需要进行参数自整定。当执行自整定时,仪表先执行位式调节,经2～3次振荡后,调节器自动分析其周期、幅度等,再自动计算P,I,dt等参数。但由于自动调节系统对象的复杂性,对一些特殊场合,自整定的参数有时并不是最佳,所以需要人工适当修改参数。大多先修改积分时间(增加或减小50%左右),如效果变好,则继续同方向调节;否则反方向调整,直到效果满意为止。如修改积分参数仍不能满足要求,可依次修改P,dt等参数,直到满意。在一些不允许大幅度变化的场合,如调节阀控制的场合,则应用“手动”操作进行调节,使其基本稳定后,再从“手动”状态下启动自整定。这样使输出变化在0～10%范围内,而不会在0～100%范围内。

在投入运行前,应先将此单元上的“手动/自动”开关选择为“自动”。

(3) 非正常运行方式。此方式为调节器或控制系统故障时的运行状态,包括联锁手动方式和后备方式:①联锁手动方式:当调节器正常运行时,如果自诊断出内部轻故障(如模拟量输入超限、运算溢出、调节器过载等)或从外部输入联锁状态,则切换到联锁手动方式;一般在面板上配有相应的指示灯;当故障解除后应按复位键,变成手动方式,否则不能切换到其他状态上去。调节器初次通电,在内部参数未设置时也进入该联锁手动方式。②后备方式:当自诊断出现内部严重故障(调节器硬件或软件异常)时,不论此时调节器处于何种运行方式,均会切换到后备方式,此时面板上的微处理器故障灯亮。在后备方式下,可用后备手动单元进行手动操作;当故障原因消除后,需再次通电,进入联锁手动方式;当按复位键后,自诊断恢复正常。

第四节　执行器

在自动控制系统中,执行器的输入是调节器输出的控制信号,执行器的输出直接改变流入被控对象的物质或能量的流量,用以克服扰动,消除偏差,使被控量恢复到给定值或给定值附近。执行器按其所使用的能源形式可分为自力、气动、电动和液压。在船舶机舱中,自力控制一般为温度调节,如WALTON恒温阀,内置易汽化的感温液体,利用被控温度的变化,使得感温液体汽化的压力发生相应的变化,从而驱动阀门的动作;液压执行器主要用于变距桨的桨叶角控制和柴油机油门拉杆的位置控制等。对于一般的对象,闭环控制系统常采用气动和电动执行器。

一、气动执行器

气动执行器是将调节器输出的气动控制信号转换为机械位移。在船舶机舱中,气动执行器主要以气动薄膜调节阀为主。

图2-26所示为气动薄膜调节阀结构原理图,它由气动执行部分和调节阀两部分组成。控制信号可接在膜片3的上部空间,这时随着输入控制信号的增大,膜片3向下弯,压缩弹簧6使阀杆5推动阀心一起下移,阀杆5的位移与所输入控制信号的变化成比例,以改变调节阀的开度。控制信号也可以接到膜片3的下面,这时随着输入控制信号的增大,膜片向上弯,阀杆5带动阀心一起上移。气动薄膜调节阀具有结构简单、尺寸小等特点,适用场合比

较广泛。但它的阀杆 5 推力较小,在某些场合使用受到一定的限制。

为使调节阀动作及时,并能准确动作到位,通常需要加装一个阀门定位器,图 2-27 所示是一个带阀门定位器的气动执行器。从控制器输出的压力信号送到定位器的输入端 E,并作用在测量气室 9 的膜片 10 上。若这个信号增大,挡板 11 靠近喷嘴 12 并远离喷嘴 13,引起喷嘴 12 背压升高,喷嘴 13 背压降低。这两个背压信号送入比较气室 16,分别作用于膜片 17 的上、下两面,使膜片 17 连同可动放气阀 20 一起下移,推动球阀 19 离开固定球阀座 21,使压缩空气经 C 室进入 D 室。这时因为放气阀 18 处于关闭状态,故 D 室压力升高并由输出端输出升高的压力信号 p_O。这个信号送入调节阀的阀座体 4,由膜片 5 推动阀杆 2 下移,关小给水阀,减少给水量。当调节阀杆 2 向下移动时,反馈弹簧 23 被拉长,使杠杆 24 绕支点 F 逆时针转动。通过圆球支点使挡板往回移动,并停在一个新的位置上,这时阀门定位器有一个稳定的输出。这个输出信号与给水调节阀的阀位相对应。阀门定位器的作用是消除由膜片阀内的阀杆所引起的滞后现象。这种滞后现象的产生是由于填料太紧或流动阻力太大而使其摩擦力过大所造成的。阀门定位器适用于调节阀与调节器或计算器之间距离较远的场合以及波纹管容量较小的系统中。另外,通过调整比例范围旋钮 25 可以改变阀门定位器输入与输出信号变化关系的比值。在气源中断或控制系统失灵时,可手动调节 8 对调节阀的开度进行手动控制。

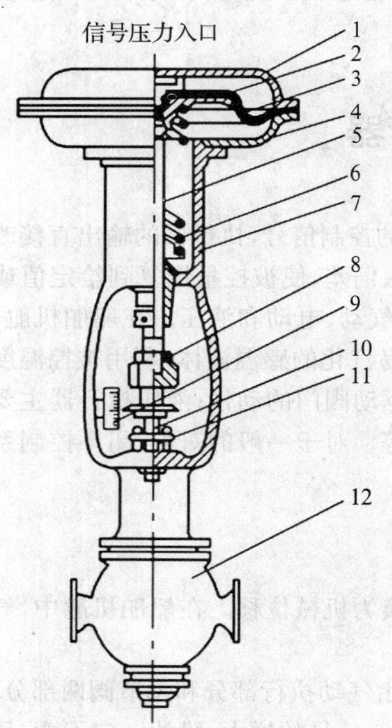

1—阀上盖;2—膜片硬芯;3—膜片;4—阀下盖;
5—阀杆;6—压缩弹簧;7—阀盖支撑;8—阀杆调节;
9—阀位指示;10—阀杆密封;11—密封固定;12—阀体

图 2-26 气动薄膜调节阀结构原理图

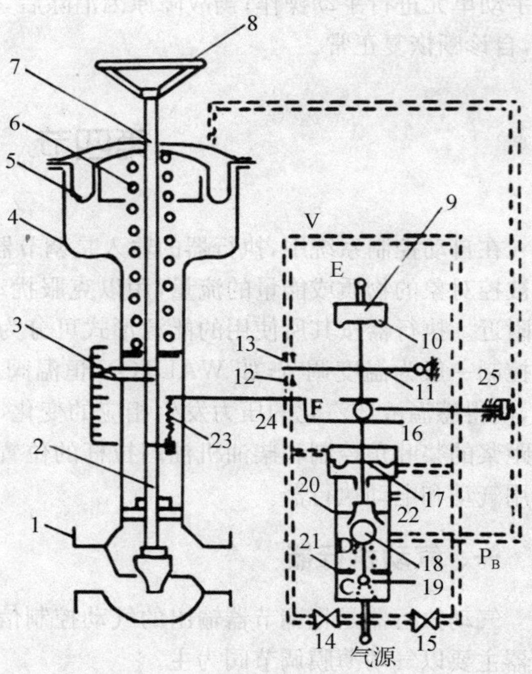

1—阀体;2—阀杆;3—指示;4—阀座体;
5—膜片;6—压缩弹簧;7—阀杆;8—手动调节;
9—测量气室;10—测量膜片;11—挡板;
12,13—喷嘴;14,15—截流阀;16—比较气室;
17—膜片;18,19—球阀;20,21—截流阀;
22—输出压力;23—反馈弹簧;24—反馈杠杆;25—旋钮

图 2-27 带阀门定位器的气动执行器

对于一些需要阀杆推力较大的场合，还可以通过阀门定位器控制一个气缸活塞，由活塞带动阀心动作，称为活塞式气动执行器。

阀门定位器实质上可看作是一个比例调节器，其设定值是来自调节器的阀位信号，而输出则是阀杆的实际位置。因此，通过阀门定位器可以使阀杆控制在希望的位置，具有较高的动作精度。

调节阀具有气开式和气关式之分，如果输入的控制信号增大，调节阀开度也增大，则叫气开式调节阀。反之，若输入控制信号增大，而调节阀开度减小则叫气关式调节阀。例如，图 2－27 所示的调节阀属于气关式调节阀。控制系统采用气开式调节阀还是气关式调节阀，要根据实际需要和调节器的作用形式（正作用式还是反作用式）来决定，最终使得系统实现负反馈闭环调节。

二、电动执行器

电动执行器接受的是调节器输出的（0～10 mA）DC 或（4～20 mA）DC 信号，并将其转换成相应的机械位移，以实现自动调节。

电动执行器主要分为两大类：直行程与角行程式。前者用于操作直行程调节机构，后者用于操作转角式调节机构，两者都是以伺服电动机为动力的位置伺服机构。角行程式执行器又可分为单转式和多转式。单转式输出的角位移一般小于 360°，通常简称为角行程式执行器；多转式输出的角位移超过 360°，可达数圈，故称为多转式电动执行器，它与闸阀等多转式调节阀配套使用。

1. 基本结构和工作原理

电动执行器由伺服放大器和执行单元两大部分组成，其结构原理如图 2－28 所示。伺服放大器将输入信号 I_i 与反馈信号 I_f 相比较，得到偏差信号 ΔI。当偏差信号 $\Delta I>0$ 时，ΔI 经伺服放大器功率放大后，驱动伺服电动机转动，再经机械减速后，使输出转角 θ 增大。输出轴转角位置经位置发送器转换成相应的反馈电流 I_f，反馈到伺服放大器的输入端使 ΔI 减小，直至 $\Delta I=0$ 时，伺服电动机才停止转动，输出轴稳定在与输入信号相对应的位置上。反之，当 $\Delta I<0$ 时，伺服电动机反方向转动，输出轴转角 θ 减少，I_f 也相应减小，直至 $\Delta I=0$ 时，伺服电动机才停止转动，输出轴稳定在另一新的位置上。

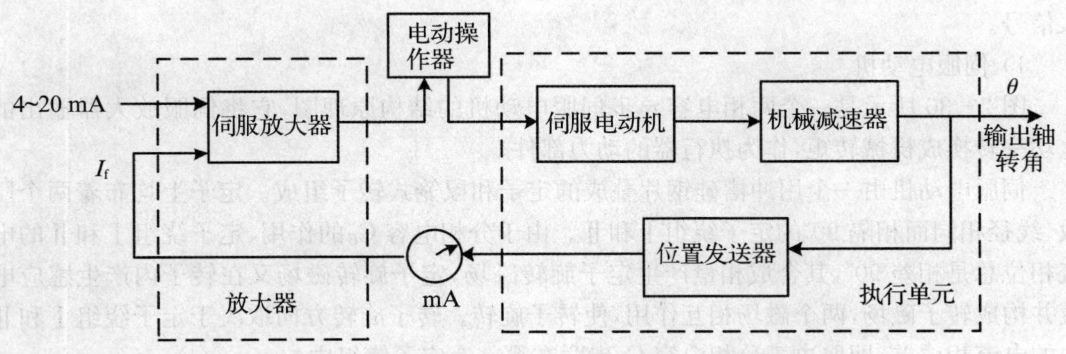

图 2－28　电动执行器的结构原理

2. 伺服放大器

伺服放大器主要由前置磁放大器、触发器和晶闸管交流开关等构成。它与电机配合工作的伺服驱动电路如图 2-29 所示。

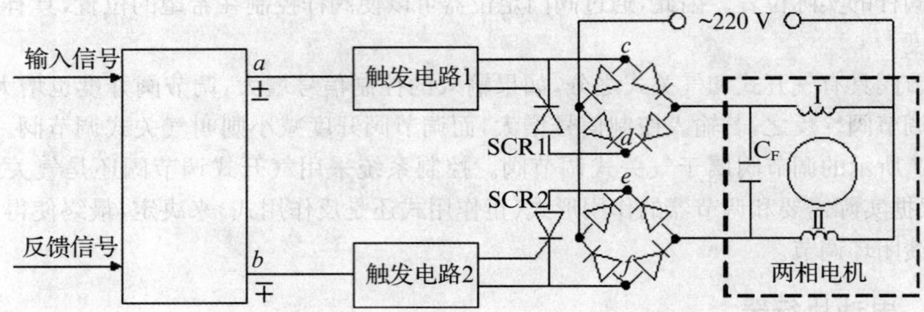

图 2-29 伺服驱动电路

前置放大器是一个增益很高的放大器，根据输入信号与反馈信号相减所得的偏差极性，在 a 和 b 两端输出不同极性的电压。当前置放大器输出电压的极性为 a(+)和 b(−)时，触发电路 1 使晶闸管 SCR1 导通，桥式整流器的 c 和 d 两端接通，220 V 的交流电压直接接到伺服电动机的绕组Ⅰ，并经分相电容 C_F 加到绕组Ⅱ上。这样，绕组Ⅱ中的电流相位比绕组Ⅰ超前 90°，形成旋转磁场，使伺服电动机朝一个方向转动。若前置放大器的输出电压极性与上述相反，即 a(−)和 b(+)时，则触发电路 2 使晶闸管 SCR2 导通，使另一桥式整流器的两端 e 和 f 接通，电源电压直接加于绕组Ⅱ，并经分相电容 C_F 供电给绕组Ⅰ，伺服电动机朝相反的方向转动。由于前置放大器的增益很高，只要偏差信号大于不灵敏区，触发电路便可使晶闸管导通，电机以全速转动，这里晶闸管具有无触点开关的作用。当 SCR1 和 SCR2 都不导通时，伺服电动机停止转动。

3. 执行单元

执行单元由伺服电动机、机械减速器和位置发送器三部分组成。执行单元接受伺服放大器或电动操作器的输出信号，控制伺服电动机的正、反转，经机械减速器减速后输出力矩，推动调节机构动作。与此同时，位置发送器将调节机构的角位移转换成相对应的 0～10 mA DC信号，作为阀位指示，并反馈到前置放大器的输入端作为位置反馈信号以平衡输入信号。

1) 伺服电动机

图 2-30 所示是一个两相电容异步伺服电动机的结构原理图，它将伺服放大器输出的电功率转换成机械转矩，作为执行器的动力部件。

伺服电动机由一个用冲槽硅钢片叠成的定子和鼠笼式转子组成。定子上均布着两个匝数、线径相同而相隔 90°的定子绕组Ⅰ和Ⅱ。由于分相电容 C_F 的作用，定子绕组Ⅰ和Ⅱ的电流相位总是相差 90°，其合成相量产生定子旋转磁场，定子旋转磁场又在转子内产生感应电流并构成转子磁场，两个磁场相互作用，使转子旋转。转子旋转方向取决于定子绕组Ⅰ和Ⅱ中的电流相位差，即取决于分相电容 C_F 串联在哪一个定子绕组中。

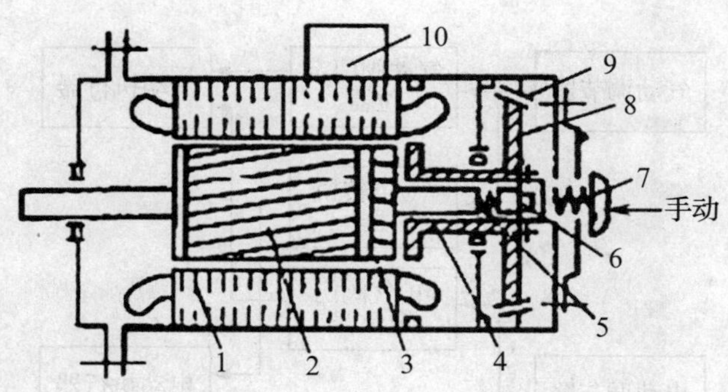

1—定子；2—转子；3—衔铁；4—套轴；5—压缩弹簧；
6—调节螺钉；7—手动按钮；8—制动轮；9—制动盘；10—出线盒

图 2－30 伺服电动机的结构原理图

2）减速器

由于交流伺服电动机的转速高、力矩小，必须经过减速才能获得较大的推动力矩。常用的减速器有行星齿轮和蜗轮蜗杆两种，其中行星齿轮减速器由于体积小、传动效率高、承载能力大、单级速比可达 100 倍以上，获得广泛的应用。

3）位置发送器

位置发送器的作用是将电动执行器输出轴的位移转变为 0～10 mA DC 反馈信号的装置，其主要部分是差动变压器，如图 2－31 所示。

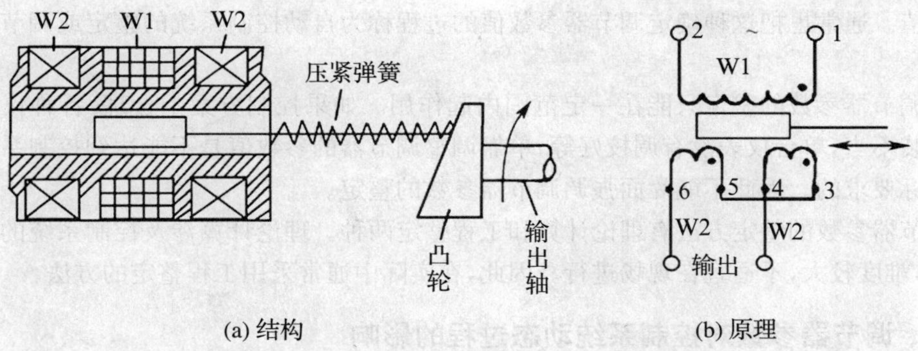

(a) 结构　　(b) 原理

图 2－31 执行器的位置反馈原理图

差动变压器的铁心与凸轮斜面靠弹簧相互压紧，当输出轴转动时带动凸轮使铁心左右移动，凸轮斜面在设计上能保证铁心位置与输出轴之转角成线性关系，因此，变压器负边的输出电压将与输出轴的转角成线性关系。这一交流信号经进一步处理获得 0～10 mA DC 信号。

以上分别介绍气动和电动执行器的结构和工作原理。一般来说，气动和电动执行器分别与气动和电动调节器相匹配，但控制系统的设计是非常灵活的，在船舶机舱中往往会出现电动和气动仪表相混合的形式。图 2－32 为较为复杂的组合方式。

电动调节器-电动执行器是一种最为常见的电动控制系统的组合方式。电动调节器的输出直接送到电动执行器的伺服放大器驱动伺服电动机动作。为确保执行阀件动作与调节器输出一致，需要检测阀门位置，常使用电位器等位置检测传感器来检测。

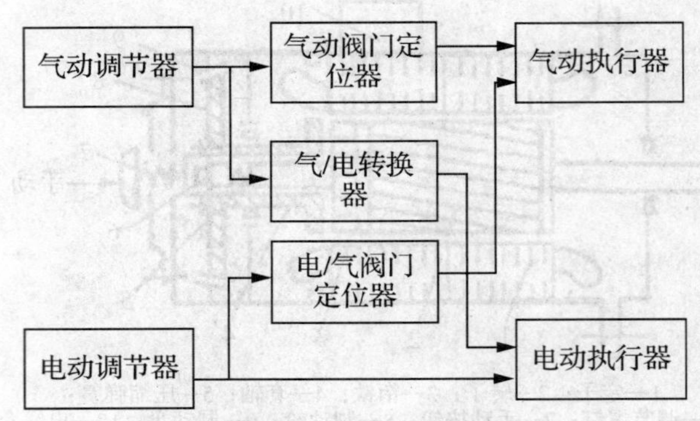

图 2-32 电/气动执行器的组合方式

第五节 闭环自动控制系统的调节器参数调整

在反馈控制系统中,一旦各个组成环节安装完成,并且测量单元和执行器调试完毕,唯一可调的只有调节器参数。为了获得理想的控制效果,只能调整调节器的参数值,即调节器的比例带、积分时间和微分时间。因此,在对调节器进行更换或维修之后,或由于长期运行导致系统性能降低时,都需要对调节器的参数进行调整,以确定能获得符合控制效果的调节器参数值。通常也把这种确定调节器参数值的过程称为自动控制系统的整定或调节器参数的整定。

但调节器参数的整定只能在一定范围内起作用。如果控制方案不合理,各种仪表的选型和安装不当,单台仪表没有调校好等,单靠调整调节器的参数值是不能达到控制系统动态品质指标要求的。因此不能片面强调调节器参数的整定。

调节器参数的整定方法有理论计算和工程整定两种。理论计算涉及控制系统的模型辨识问题,难度较大,不适宜在现场进行。因此,在实际中通常采用工程整定的方法。

一、调节器参数对控制系统动态过程的影响

在反馈控制系统的控制方案已经确定,组成该控制系统的仪表已经安装并调校后,为了能使控制系统符合动态过程品质指标的要求,需要对调节器参数值进行整定,即调整调节器的 PB,T_i 和 T_d。

调节器的 PB,T_i 和 T_d 都对控制过程有重要的影响,但在实际使用中,往往是两个或两个以上参数的联合作用。在这种情况下,调节器参数对控制系统的动态过程的影响较复杂。由于 PI 调节器应用比较广泛,以 PB 和 T_i 联合运用时对控制过程的影响,来分析总结参数整定的一般原则。

图 2-33 表示在一个实际控制系统中,通过改变 PB 和 T_i 所得到的控制过程曲线图谱。图中曲线(5)表示 PB 和 T_i 在已经整定合适时,其动态过程进行的情况,其他曲线表示 PB 和 T_i 这两个参数在最佳 PB_0 和 T_{i0} 附近改变之后控制过程的变化情况。图中,从右到左 PB

逐渐增大，从上到下 T_i 值逐渐增大。比较这些曲线，可得出如下结论：

(1) PB 和 T_i 增大都意味着控制作用弱，控制过程更加稳定，被控量的最大动态偏差增大。在这方面 PB 要比 T_i 的影响强烈得多，T_i 偏大。在控制作用开始阶段，积分作用几乎不起作用，只有在比例作用基本结束时，才慢慢显出消除静态偏差的作用，整个动态过程拖得很长，如图 2－33 中曲线(7)～(9)所示。

(2) PB 和 T_i 小意味着控制作用强。减小 PB 可显著减小最大动态偏差，而减小 T_i 对减小最大动态偏差不明显。

(3) 由于 PB 的影响比 T_i 大，因此要求对 PB 整定得要准确一些，而 T_i 值的准确度可稍差一点。其中，T_i 值宁可偏大一点，不允许偏小，因为 T_i 小对减小最大动态偏差的作用不大，且动态过程的稳性会明显降低。T_i 偏大一点，可达到对动态稳定性的要求，只是消除静态偏差所花时间稍长一点。

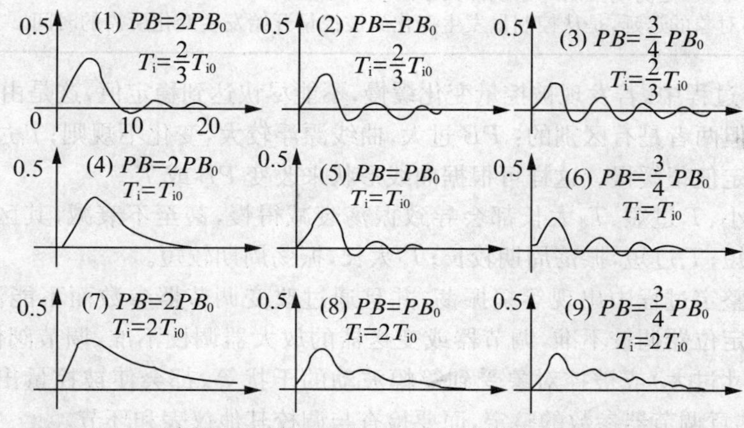

图 2－33　PB 和 T_i 改变时控制过程曲线图谱(控制对象 $\tau/T=0.22$)

二、PID 调节器参数的工程整定方法

所谓整定方法就是确定调节器 PB，T_i 和 T_d 的方法。它可以通过理论计算来确定，但误差太大。目前，应用最多的还是工程整定法，如经验法、衰减曲线法、临界比例带法和反应曲线法。

1. 经验法

经验法又叫现场试凑法，即先确定一个调节器的参数值 PB 和 T_i，通过改变给定值对控制系统施加一个扰动，现场观察判断控制曲线形状。若曲线不够理想，可改变 PB 或 T_i，再画控制过程曲线，经反复试凑直到控制系统符合动态过程品质要求为止，这时 PB 和 T_i 就是最佳值。如果调节器是比例积分微分作用式的，那么要在整定 PB 和 T_i 的基础上加进微分作用。由于微分作用有抵制偏差变化的能力，所以确定一个 T_d 后，可把整定好的 PB 和 T_i 减小一点再进行现场凑时，直到 PB，T_i 和 T_d 取得最佳值为止。显然用经验法整定的参数是准确的。但花时间较多。为缩短整定时间，应注意以下几点：

(1)根据被控对象特性确定好初始参数值 PB,T_i和 T_d。可参照在实际运行中的同类控制系统的参数值,或参照表 2-1 所给的参数值,使确定的初始参数尽量接近整定的理想值。这样可大大减少现场试凑的次数。

表 2-1　经验法经验参数

被控量	控制对象特点及比例积分微分使用要点	PB/%	T_i/min	T_d/min
流量	控制对象 T 小,PB 应较大,T_i 较短,不用比例	40～100	0.1～1.0	
温度	控制对象 T 大,τ 不太大,通常可用比例	20～60	3.0～10	0.5～3
压力	控制对象 T,τ 都不大,不用比例	30～70	0.4～3.0	
液位	在允许有静差时,不用积分和比例	20～80		

注:(1)T 为时间常数,是衡量控制对象惯性大小的一个参数。
(2)τ 为控制对象的迟延,是从控制量发生变化到被控量开始发生变化所需的时间。

(2) 在试凑过程中,若发现被控量变化缓慢,不能尽快达到稳定值,这是由于 PB 过大或 T_i过长引起的,但两者是有区别的: PB 过大,曲线漂浮较大,变化不规则;T_i过长,曲线有振荡分量,接近给定值很缓慢。这样可根据曲线形状来改变 PB 或 T_i。

(3) PB 过小、T_i过短、T_d 太长都会导致振荡衰减得慢,甚至不衰减,其区别是: PB 过小,振荡周期较短;T_i过短,振荡周期较长;T_d太长,振荡周期较短。

(4)如果在整定过程中出现等幅振荡,并且通过改变调节器参数而不能消除这一现象时,可能是阀门定位器调校不准,调节器或变送器的放大器调校不准,调节阀传动部分有间隙(或调节阀尺寸过大)或被控对象受到等幅波动的干扰等,都会使被控量出现等幅振荡。这时就不能只注意调节器参数的整定,而要检查与调校其他仪表和环节。

2. 衰减曲线法

衰减曲线法是以 4∶1 衰减比作为整定要求的,先切除调节器的积分和微发作用,用经验法整定纯比例控制作用的 PB(比同时试凑两个或三个参数要简单得多),使之符合 4∶1 衰减比的要求,记下此时的比例带 PB_S 和振荡周期 T_S。如果加进积分和微分作用,可按表 2-2给出的经验公式进行计算。若按这种方式整定的参数在运行过程中,其动态过程曲线还不够理想,再根据曲线形状,对整定的参数作适当的调整。对有些被控对象,控制过程进行较快,难以从记录曲线上找出衰减比。这时,只要被控量波动两次就能达到稳定状态,可近似认为是 4∶1 的衰减过程,其波动一次时间即为 T_S。

表 2-2　衰减曲线法经验公式

控制规律	PB/%	T_i/min	T_d/min
比例	PB_S		
比例积分	$1.2PB_S$	$0.5T_S$	
比例积分微分	$0.8PB_S$	$0.3T_S$	$0.1T_S$

3．临界比例带法

用临界比例带法整定调节器参数时，先要切除积分和微分作用，让控制系统以较大的比例带，在纯比例控制作用下运行，然后逐渐减小 PB，每减小一次都要认真观察过程曲线，直到达到等幅振荡时，记下此时的 PB_K（称为临界比例带）和波动周期 T_K，然后按表 2-3 给出的经验公式求出调节器的参数值。按该表算出参数值后，要把比例带放在比计算值稍大一点的值上，把 T_i 和 T_d 放在计算值上，进行现场运行观察，如果比例带可以减小，再将 PB 放在计算值上。

这种方法简单，应用比较广泛。但对 PB_K 很小的控制系统不适用，对被控参数不允许振荡的系统也不适用。

表 2-3　临界比例带法经验公式

控制规律	$PB/\%$	T_i/min	T_d/min
比例	$2PB_K$		
比例积分	$2.2PB_K$	$0.85T_K$	
比例积分微分	$1.7PB_K$	$0.5T_K$	$0.125T_K$

4．反应曲线法

前三种整定调节器参数的方法，都是在预先不知道被控对象特性的情况下进行的。如果知道被控对象的特性参数，即时间常数 T、时间迟延 τ 和放大系数 K，则可按表 2-4 给出的经验公式计算调节器的参数。利用这种方法整定的结果可达到衰减率 $\varphi=0.75$ 的要求。

表 2-4　反应曲线法经验公式

控制规律	$PB/\%$	T_i/min	T_d/min
比例	$\frac{K\cdot\tau}{T}\times100\%$		
比例积分	$1.1\frac{K\cdot\tau}{T}\times100\%$	3.5τ	
比例积分微分	$0.85\frac{K\cdot\tau}{T}\times100\%$	2τ	0.5τ

在船舶机舱中，被控对象种类是很多的，如柴油机、锅炉、加热器、冷却器、空气瓶、水柜、油柜等。被控对象动态特性是指被控对象在基本扰动下被控量随时间的变化规律，所谓被控对象静态特性是指被控对象在基本扰动下被控量达到新稳态值的变化量。

任何被控对象的特性，都可用 K,T,τ 三个参数来描述：放大系数 K 是指被控对象受到阶跃扰动后，被控量从初始平衡状态达到新稳态值的变化量，即对象把扰动量所放大的倍数，反映被控对象对扰动的敏感程度；时间常数 T 是被控对象受到阶跃扰动后，被控量变化到新稳态值的 63.2%所需要的时间，反映被控对象惯性的大小，显然时间常数 T 越大，对象的惯性越大；迟延 τ_0 反映被控量变化的延迟时间。表 2-4 中的公式只适用于有自平衡能力的被控对象。所谓被控对象的自平衡能力是指被控对象在受到扰动后不需要人为干预，经过足够长时间后能够自动恢复到平衡状态的能力。在船舶机舱中，大多数被控对象是有自平衡能力的，但是以水位为被控量的锅炉是没有自平衡能力的，锅炉是由给水泵供水的，水位的变化既不会影响流出的蒸汽流量，也不会直接影响给水泵的工作。

复习思考题

1. 一个反馈控制系统的基本组成有哪些部分？各有何作用？试用方框图表示其 I/O 之间的关系。
2. 衡量一个反馈控制系统的指标有哪些？这些指标在正常情况下的数值大致是多少？
3. 比例积分微分控制规律如何表示？在阶跃输入情况下的输出如何变化？
4. 根据图 2－20 所示的电动 PID 调节器，简述各运放电路的作用分别是什么？
5. PID 调节器参数的工程整定方法有哪几种？试举一例具体说明其整定过程。
6. 气动薄膜调节阀有哪两种工作方式？如何选择其工作方式？
7. 带定位器的调节阀的阀门开度与输入是如何确保成线性关系的？
8. 简述如图 2－29 所示的伺服驱动电路工作原理。
9. 简述浮子开关的调节方法。
10. 智能仪表有哪些功能？

第三章　传感器与测量技术

测量单元是反馈控制系统的重要组成部分，它对被控量的实际值进行测量，并输出测量信号至调节器和显示仪表。测量单元通常由各种各样的测量传感器和信号变送器组成，传感器的作用是将被测量的物理量变化转化为位移变化，压力变化或电阻、电容、电感和电压等参数的变化，而变送器则把这些微小变化放大处理后转换为标准的信号输出。

第一节　传感器概述

一、传感器的分类

根据中华人民共和国国家标准（GB 7665—1987），传感器是指能感受规定的被测量并按照一定的规律转换成可用输出信号的器件或装置，一般由敏感元件、转换元件、转换电路三部分组成。

敏感元件是指传感器中能直接感受（或响应）被测量的部分，如应变式压力传感器的弹性膜片，其作用是将压力转换成弹性膜片的变形。转换元件是将敏感元件直接感受到的被测量转换成适于传输的信号部分，如应变式压力传感器中的应变片，其作用是将弹性膜片的变形转换成电阻值的变化。值得注意的是，并不是所有的传感器都必须含有敏感元件和转换元件。有的敏感元件直接输出的是电信号，即同时兼有转换元件。敏感元件和转换元件合二为一的传感器很多，如压电传感器、热电偶、热敏电阻和光电器件等。

传感器的种类繁多，千差万别。一种传感器可用来测量多种被测量，例如，热电阻传感器的电阻值随着温度变化而变化，因而可以用它来测量温度；气体压力和流速会影响散热效果，进而影响温度，因此热电阻传感器还可用来测量气体压力、流量乃至气体含量等。一种被测量也可用多种不同的传感器来测量，例如，温度可以用热电阻传感器、热电偶传感器、温包等方法测量。因此对传感器的分类也有多种方法，通常按工作原理和按被测物理量来分类。

1. 按工作原理分类

这种分类法以传感器的工作原理作为分类依据，见表 3－1。在选择传感器时比较容易判断传感器所采用的原理，这有利于传感器专业技术人员从原理和设计上作归纳性的分析和研究，使得传感器的使用更具有专业性。这种分类方法也是目前绝大多数传感器技术或检测与传感技术类书籍在介绍传感器时采用的方法。

表 3-1 按工作原理分类

序号	工作原理	序号	工作原理
1	电阻式	8	光电式(包括红外式、光纤式)
2	电感式	9	谐振式
3	电容式	10	超声式
4	阻抗式(电涡流式)	11	霍尔式(电磁式)
5	磁电式	12	同位素式
6	热电式	13	电化学式
7	压电式	14	微波式

例如,电阻式传感器是将非电量(如力、位移、形变速度等)的变化,变换成与之有一定关系的电阻值的变化,通过对电阻值的测量达到对上述非电量的测量,常见的有电位器式、应变式电阻传感器;电感式传感器是根据电磁感应原理将被测量(如位移,压力、振动、流量等)的变化转换成线圈自感系数 L 或互感系数 M 的变化,再经测量电路转换为相应电压或电流的变化量输出,从而实现非电量到电量的转换和测量,根据转换原理,电感式传感器可以分为自感式、互感式和涡流式三大类。

2. 按被测物理量分类

这种分类方法实际上是按传感器的用途分类,即将原理互不相同但作用相同的传感器归为一类。对于使用者及生产单位来说,这种方法很方便,也是常用的分类方法,见表 3-2。

表 3-2 按被测物理量分类

传感器	种类	工作原理
光传感器	接收光元件	光电导效应、光电效应、光电发射效应、热释电效应
	组合元件	光耦合器、光电断路器
	光纤传感器	光纤压力传感器、光纤温度传感器、光纤电流传感器、光纤血流传感器
温度传感器	电阻式	半导体陶瓷热敏电阻、铂电阻、铜电阻等
	p-n结	温敏二极管、温敏晶体管、集成温度传感器、温敏闸流管
	热电式	热电偶
	辐射式	全辐射高温计、光学高温计、光电高温计、比色高温计
	其他	电容式、频率式、表面波式、超声波式
磁敏传感器	霍尔元件	Si 霍尔元件、Ge 霍尔元件、InAs 霍尔元件、GaSb 霍尔元件
	磁阻元件	长方形磁阻元件、橱格结构磁阻元件、科尔宾元件、曲折形元件
	磁敏晶体管	磁敏二极管、磁敏晶体管、霍尔 MOS 场效应晶体管
	磁敏集成电路	双极型霍尔开关集成电路、双极型霍尔线性集成电路、霍尔 MOS 集成电路

（续表）

传感器	种类	工作原理
力学量传感器	加速度传感器	压阻式加速度传感器、压电式加速度传感器
	荷重传感器	柱式荷重传感器、压电式荷重传感器
	扭矩传感器	应变式扭矩传感器
	位移传感器	应变式位移传感器、光电式位移传感器
流体量传感器	压力传感	压阻式压力传感器、集成式压力传感器、电容式压力传感器
	流量传感器	节流式流量传感器、热流式流量传感器、位移式流量传感器

二、检测单元的组成

一个广义的检测单元一般由激励信号、控制对象、敏感元件、信号调理电路与输出单元所组成。图 3－1 是检测单元的组成框图，其各部分的特点如下：

(1) 有时为便于有效测量，需要给被测对象施加激励信号，这样可使被测对象处于预定状态，并将其有关方向的内在联系充分显示出来。

(2) 被测对象的特性均以信号的形式给出，而被测信号一般都是随时间变化的动态量，即使在检测不随时间变化的静态量时，由于混有动态的干扰噪声，所以，通常也按动态量进行检测。

(3) 敏感元件将感知的被测量按一定规律转化为某一种量值输出，通常是电信号。如果不是电信号，就需经变换电路将其变成电信号。

(4) 信号调理电路一般有两个作用：一是信号转换和放大；二是信号处理，即滤波、调制和解调、衰减运算、数字化处理等。

(5) 输出装置的种类很多，可根据需要进行配置。现代检测采用计算机和网络技术将调理电路输出的信号直接送到信号分析设备中，进行在线处理。

为保证测量结果的准确性、稳定性，上述环节的输出量与输入量之间应保持一一对应关系，并尽量不失真。

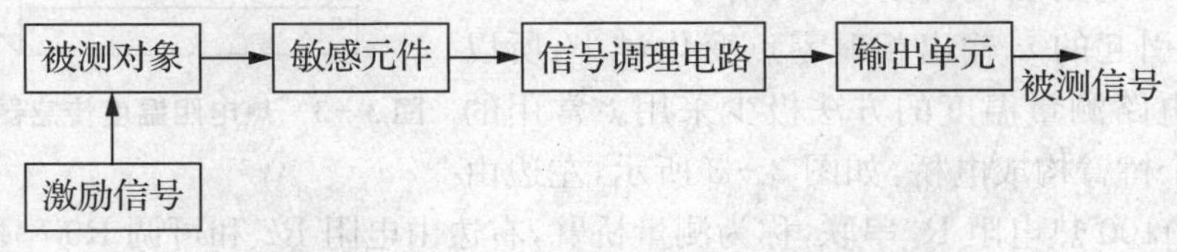

图 3－1 检测单元的组成框图

第二节 船舶常用传感器

传感器在船舶上的应用十分广泛，船舶设备的正常运行、船舶航行等都离不开传感器，如船舶机舱内各种设备运行的温度、压力、位移、流量、液位、速度等信号都是通过不同的传感器获得的。

一、温度传感器

温度传感器主要用于检测船舶机舱中的各种温度信号，如各种水温、油温和排气温度等。常用的温度传感器有热电阻式、热电偶式及热敏电阻式三种。

1. 热电阻式温度传感器

热电阻式温度传感器是根据热电阻材料的电阻率随温度的增加而增加的原理工作的。热电阻由电阻体、绝缘体、保护套管和接线盒四部分组成。常用铜丝或铂丝双线并绕在绝缘骨架上，再插入保护套管内，装在要检测的管路或设备中。船上常用热电阻结构如图 3－2 所示。

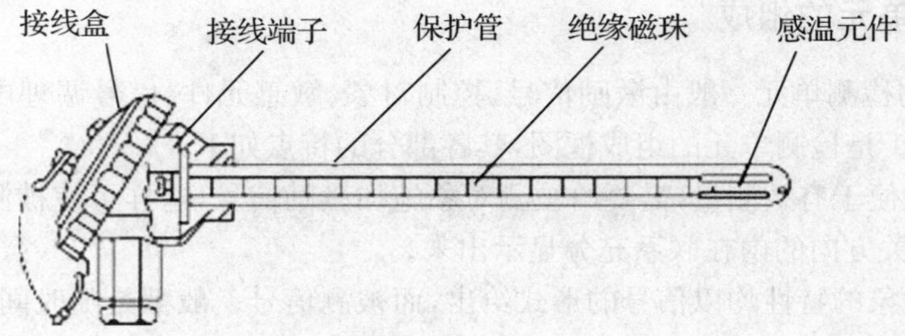

图 3－2　常用热电阻结构

常见的热电阻有铜热电阻和铂热电阻两种，其电阻值与测量温度一一对应，且具有较好的线性关系。例如，Pt100 是船舶机舱常用的铂热电阻，当测量温度为 0 ℃时，电阻值为 100 Ω，而在 100 ℃时，电阻值为 138.51 Ω。详细的对应关系可通过公式计算或查阅热电阻分度表，若忽略非线性，则其大致关系为 $R_t=100+\alpha\cdot t$。

如果仅用电阻 R1 和 Pt100 热电阻 R_t 串联电路中的 R_t 上的分压 u_a 来测量温度，由于温度与 R_t 成线性关系，所以 u_a 的大小可以反应温度变化。但是温度为 0 ℃时，电阻为 100 Ω，输出电压不为零。另外，由于温度变化后，电阻变化较小，所以相对 0 ℃时的 u_a 值，温度变化引起的 u_a 输出相对零点变化过小，所以热电阻串联电路测量温度的方法极少采用。常用的电路采用两个桥臂构成电桥，如图 3－3 所示，左边由电阻 R1 和 Pt100 热电阻 R_t 串联，称为测量桥臂，右边由电阻 R2 和可调 R0 串联，称为调零桥臂。两个桥臂的中间分压 u_a 和 u_b 引出得到输出差分电压 u_{ab}。在电路设计中，R1 和 R2 的值一样，比 R_t 和 R0 大两个数量级以上，所以两个桥臂的电流基本上不变，可以认为不受 R_t 和 R0 变化的影响。假设两个桥臂的电流为 I，则当 R0＝100 Ω 时，可以得到

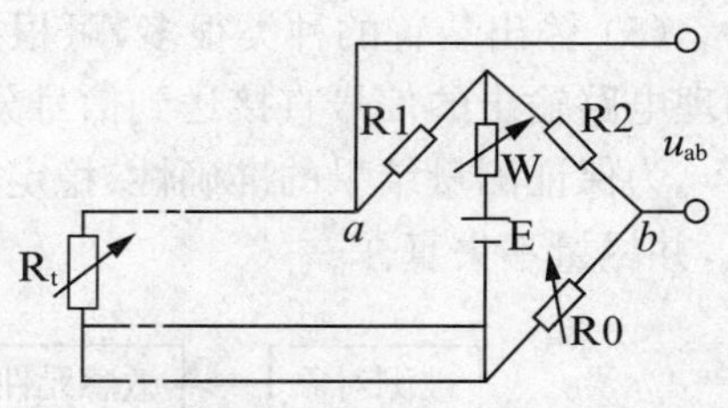

图 3－3　热电阻温度传感器接线原理图

$$u_{ab}=u_a-u_b=I\cdot R_t-I\cdot R_0=I(100+\alpha\cdot t-R_0)\overset{R_0=100}{=}I\cdot\alpha\cdot t \tag{3-1}$$

可见，电桥的输出电压 u_{ab} 与温度成比例，且温度为 0 ℃时的 u_{ab} 为 0。如果实际电路受环境等影响，可以通过 R0 调整得到零点。

如图 3－3 所示，热电阻式温度传感器常采用电桥电路将被测温度的变化转换成相应的电压输出。热电阻安装在所要检测的管路或设备中，若与转换电桥之间有一定的距离，则由于连接导线的电阻值会随环境温度的变化而变化，而引起一定的测量误差。为此，热电阻通常采用图示"三线制"接法来实现对环境温度变化的补偿，"三线制"的接法采用两根材料、长度和截面积相同的导线分别接在测量桥臂和调零桥臂，以保证导线的电阻值相等。当环境温度变化时，两根导线阻值的变化量相等而抵消，使电桥输出 u_{ab} 保持不变。热电阻式传感器在船上常用于测量冷却水温度和轴承温度等。

2. 热电偶式温度传感器

热电偶是将两种不同金属导体的一个端点焊接在一起，并插入护套制成的。焊接端称为热端，与导线连接端称为冷端。热端插入需要测温的测量点，冷端置于环境温度中，若热、冷两端温度不同，则在热电偶回路中产生热电动势 e。当冷端温度不变时，其热电动势随热端温度的升高而增大。冷端温度是随室温变化的，若热端测量温度不变而环境温度升高，则因热、冷端之间的温差减小使热电动势 e 也减小，影响测量精度。为了消除冷端温度变化对测量精度的影响，可采用冷端温度补偿。冷端温度补偿的方法很多，图3－4所示为电桥补偿法。图中 R0，R1 和 R2 是锰铜丝绕制的电阻，其电阻值基本不随温度变化。R_{cu} 是铜丝绕制的补偿电阻，其电阻值随温度升高而增大。温度补偿电桥的输出 u_{ab} 与热电偶输出电动势 e 串联，当热端测量温度不变，环境温度升高时，热电偶电动势 e 减小，温度补偿电桥的输出 u_{ab} 升高，只要补偿电阻和电路参数调整合适，补偿电桥的输出正好可以抵消由于冷端温度变化而引起的测量误差。

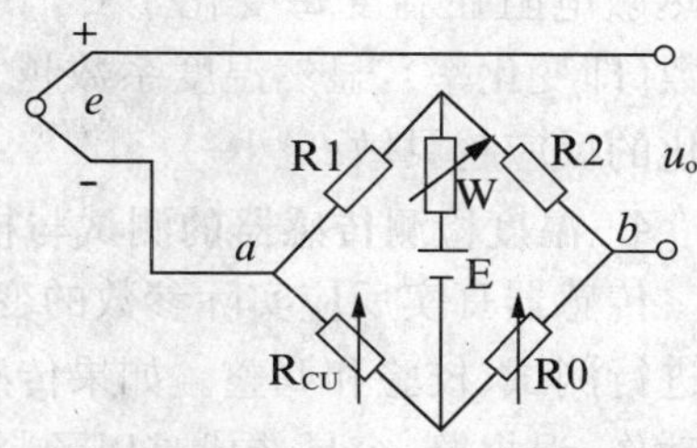

图 3－4　热电偶的冷端补偿原理图

热电偶式传感器适用于检测高温的场合，如应用于主机排气温度的测量等。热电偶的主要种类区别在其热电偶芯（两根偶丝）的材质不同而不同，它所输出的电动势也不同，测量的范围和精度略有不同，热电偶主要有铂铑 10－铂 S 型、镍铬－镍硅 K 型、镍铬－铜镍 E 型等。由于测量点为高温，所以热电偶设计得较长，以确保接线端为冷端，不受被测高温的影响。

3. 热敏电阻温度传感器

热敏电阻是利用半导体的电阻随温度变化的特性制成的，一般适用于－100～＋300 ℃的温度及相关参量的测量，也被广泛地应用在控制和电子线路热补偿电路中，如电子温度继电器、电动机、发电机的过热保护等。

半导体热敏电阻种类繁多，按阻值温度系数分有正温度系热敏电阻（Positive Temperature Coefficient，PTC）、负温度系数热敏电阻（Negative Temperature Coefficient，NTC）和临界温度系数热敏电阻（Critical Temperature Resistor，CTR）。其共同的特性是电阻变化大，且变化为非线性，电阻变化快的温度范围小。

PTC 是电阻值随温度升高而增大的热敏电阻，常用作小功率的加热元件，具有自动恒温、限流、只发热不发火等特殊功能，日常生活中如电热毯、电蚊香加热盘就可用 PTC 元件制成。而 NTC 是电阻随温度升高而变小的热敏电阻。CTR 具有开关特性和一个温度突变点。热敏电阻的电阻温度特性如图 3－5 所示，使用中需要选择电阻变化灵敏的区域作为被测参数的工作区域。

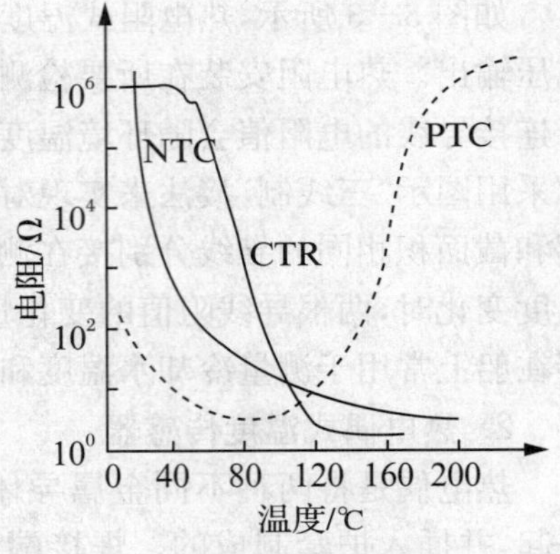

图 3-5　热敏电阻的电阻温度特性

热敏电阻有很多良好特性，如电阻温度系数大、灵敏度高，因此引线电阻对它的影响小，它与简单的二次仪表结合就能检测出 0.000 1 ℃的温度变化，与电子仪表组成的测温计可精确地完成温度测量；热敏电阻的结构简单、体积小、热惯性小、稳定性好、寿命长。

热敏电阻的主要特殊参数有：标称阻值是测量温度为 25 ℃时测得的电阻值；电阻温度系数 α(%/℃)表示热敏电阻在温度每变化 1 ℃，其电阻值变化程度的系数(即变化率)，显然温度系数越大，热敏电阻对温度变化的反应越灵敏。

4. 温度检测传感器的测试与校验

传感器真实反应实际参数的变化，是监控系统的一个基本条件，因而，必须定期对传感器进行测试、校验和调整。如果传感器的测量误差不断扩大，可能会使得监控系统频繁出现误动作、误报警，容易造成难以预料的严重事故。

传感器的校验要有一套切合实际的测试方法，配备一些必需的测试工具和仪器设备，具体方法如下：

1) 实效测试法

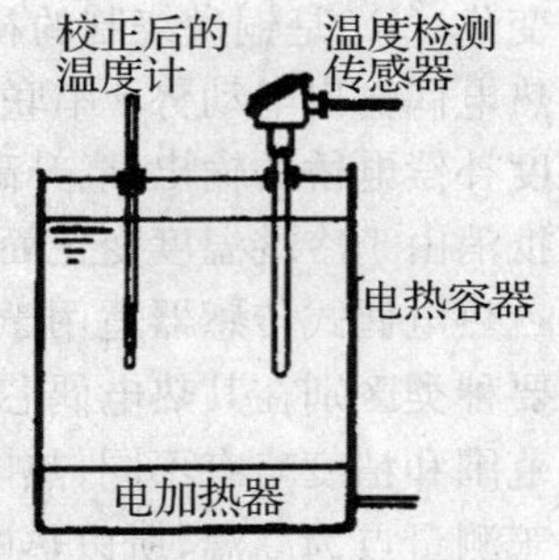

图 3-6　实效测试法示意图

实效测试法检测温度也是实验室常用的一种检测方法。如图 3-6 所示，配置一套加热容器和温度校验的检测设备，如电热容器(俗称电热槽)、标准温度计等。在电热槽中盛以水或油，把温度计及被拆卸的温度检测传感器安装在电热槽内，逐步加温，并使电热槽内的温度比较均匀。对加温过程中的各点温度进行记录和对比，可得出温度传感器检验的结论。

在测试过程中，应特别注意电热容器内的温度应平稳、均匀，如果加热过快，则需要控制加热速度，同时适当加以搅拌，使得容器内部温度均衡。

2) 直接测试法

对于热电偶温度传感器，其输出信号为毫伏级电压信号。由于被测温度高，难以实现高温模拟，因此可直接用直流电位差计测量其在各种实际温度下的输出电压，然后再与该型传感器的“温度-毫伏”特性曲线进行比较，进而判断该传感器的测量是否准确。

3) 可变电阻或电位器的取代测试法

对于 Pt100 温度传感器或热敏电阻温度传感器，可以采用替代的办法，即以可调电阻器替代温度传感器，把原先接在 Pt100 温度传感器的接线连到可调电阻器上，然后根据电阻值与温度之间的对应关系作出记录，据此查看该通道的温度显示值，记录对应的电阻值。最后通过查分度表做出测试结论。

这种测试方法需要知道传感器的类型，需要查到对应的分度表。另外，该方法对传感器的后续处理电路进行校验，对传感器本身无法进行检测。

二、压力传感器

压力传感器用于将压力信号转换为监测与报警系统能够接收的电信号。船舶机舱需要检测的压力信号很多，如控制空气压力、起动空气压力、主机各缸冷却水入口压力、主机燃油、滑油入口压力以及各种泵浦的出口压力等。

1. 压力传感器的种类

压力传感器的种类较多，如常见的压力传感器有滑动电阻式压力传感器、金属应变片式压力传感器、扩散硅压力传感器和电磁感应式压力检测器等。

1）滑动电阻式压力传感器

滑动电阻式压力传感器是由弹簧管、传动机构、电位器及测量电桥组成的，它的结构和工作原理如图 3－7 所示。滑针把电位器电阻分成两部分，一部分串联在 R4 的桥臂上，另一部分串联在 R3 的桥臂上。当所测量的压力变化时，通过弹簧管和位移传动机构使滑针绕轴转动，改变两个相邻桥臂的电阻值，使测量电桥输出的电压信号 u_{ab} 与输入压力变化成比例。

2）金属应变片式压力传感器

金属应变片是用铜镍或镍铬等金属丝绕成栅状，并用粘结剂贴在基板上，两端焊接镀银或镀锡铜线作为引出线而制成的。应变片粘贴在压力感受器的测压部分，当压力发生变化时，应变片随同感受器一起发生形变。应变片具有一定的电阻值，它作为测量电桥的一个桥臂，如图 3－8 所示。在测量压力为零时，调整 R 的电阻值使电桥处于平衡状态，输出电压为零。当测量压力增大时，应变片弯曲变形，栅状金属丝被拉长，使其电阻值增大。电桥失去平衡并输出一个与测量压力成比例的电压信号。

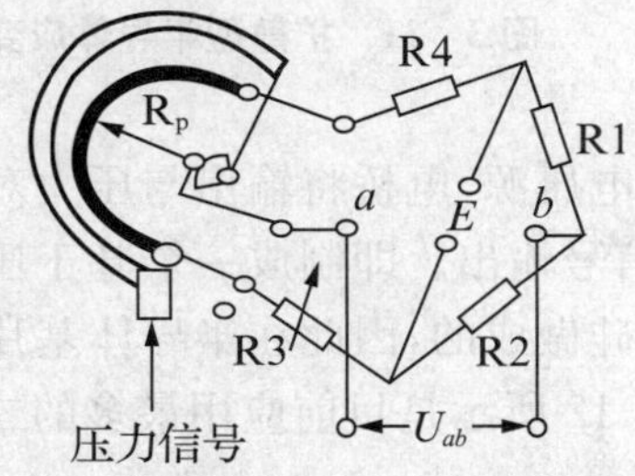

图 3－7　滑动电阻式压力传感器结构和工作原理图

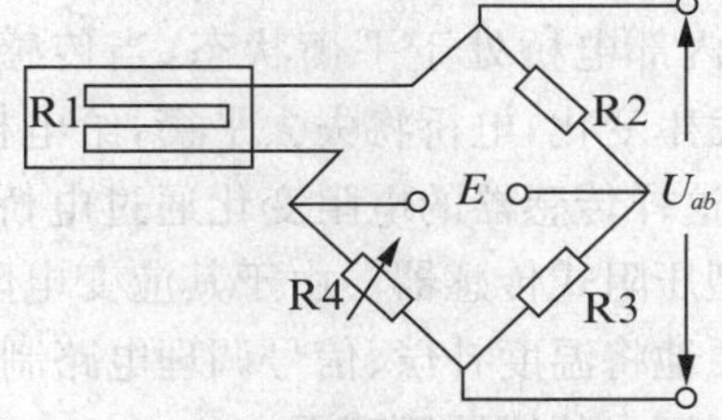

图 3－8　金属应变片式压力传感器结构和工作原理图

应变式压力传感器通常采用桥式测量电路，如图 3－9 所示。为了提高电压灵敏度，通常采用全桥式测量电路，即电桥中四个电阻均为应变电阻。而且应变电阻粘贴在不同部位，使得弹性元件受力时，分别感受横向和纵向的应变形成差动输出。

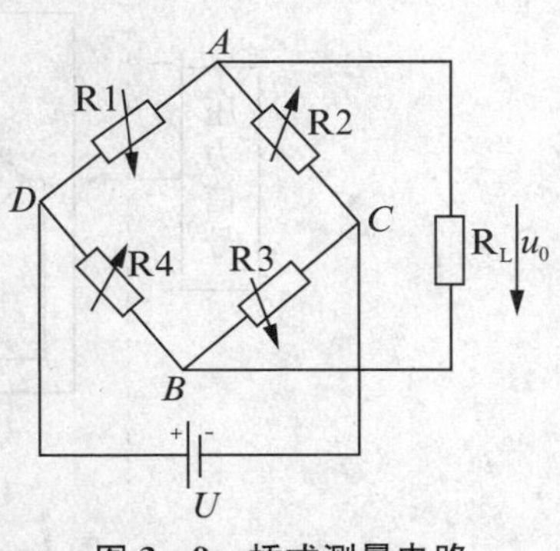

图 3－9　桥式测量电路

应变片式压力传感器的优点是：结构简单、使用方便、工艺成熟、价格便宜、性能稳定、可靠性高、测量速度快，适合动态和静态测量。但应变电阻易受温度影响，测量时需加以补偿修正。另外，应变片需粘贴在弹性元件上，因为应变片存在敏感层与基片形变传递问题、零点漂移、机械滞后、蠕变等问题。

3）扩散硅压力传感器

与应变片式压力传感器类似，可用半导体应变片做成压力传感器。半导体应变片有体型、扩散型和薄膜型三种，其中因硅的压阻效应较大、又多采用硅材料，故通常又称半导体应变片为硅压力传感器。薄膜型半导体应变片是利用真空沉积技术将半导体材料沉积在带有绝缘层的试件上而制成。薄膜压力传感器的敏感元件直接镀在弹性基片上，如图 3－10 所示，相对粘贴式而言，应变传递性能得到改善，几乎没有蠕变，具有稳定性好、可靠性高、成本低等优点。

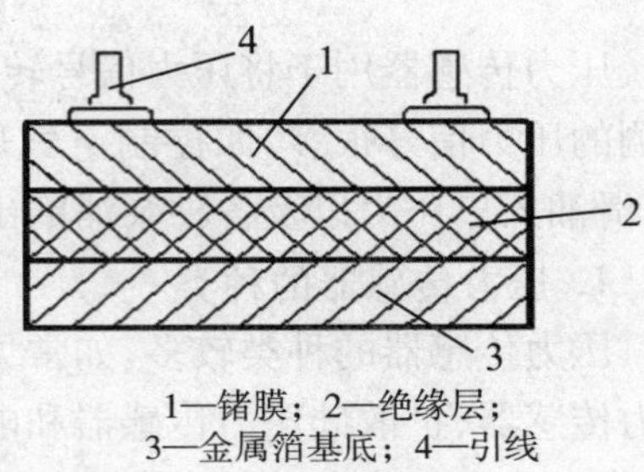

1—锗膜；2—绝缘层；
3—金属箔基底；4—引线

图 3－10　薄膜型半导体应变片

扩散型半导体应变片是将 P 型杂质扩散到 N 型硅单晶体基底上，形成一层极薄的 P 形导电层，再通过超声波和热压焊接法引出线就形成扩散型半导体应变片，如图 3－11 所示。

硅单晶材料在受到外力作用产生极微小应变时，其内部原子结构的电子能级状态发生变化，从而导致其电阻率剧烈变化。用此材料制成的电阻也就出现极大变化，这种物理效应称为压阻效应。利用半导体的工艺和技术将敏感元件和应变材料合二为一，采用集成工艺技术，经过掺杂、扩散形成四个阻值相等的电阻条，并将它们连接成惠斯通电桥。电桥电源端和输出端引出用制造集成电路的方法封装起来，制成扩散硅压阻式压力传感器。平时敏感芯片没有外加压力作用，内部电桥处于平衡状态，当传感器受压后芯片电阻发生变化，电桥将失去平衡，给电桥加一个恒定电压源，电桥将输出与压力对应的电压信号，这样传感器的电阻变化通过电桥转换成压力信号输出。即制成一个基于压阻效应的扩散型压阻式传感器。由于其应变电阻和基底都是硅做成的，因此在半导体基片上还可以很方便地将温度补偿、信号调理电路制成一体，图 3－12 所示是目前应用最多的二线制电流输出型压力传感器原理图。

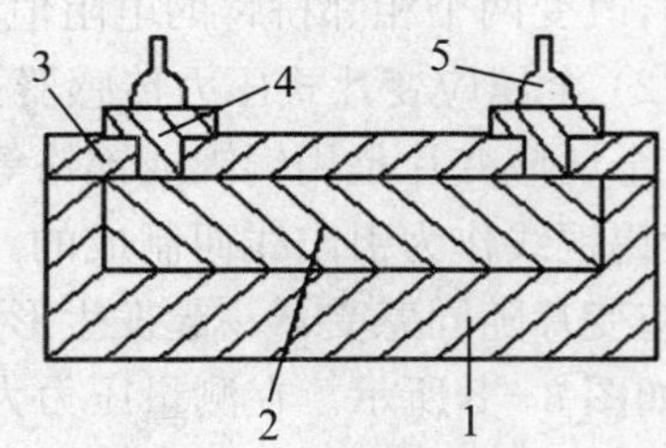

1—N型硅；2—P型硅扩散层；
3—二氧化硅绝缘层；4—铝电极；5—引线

图 3－11　扩散型半导体应变片

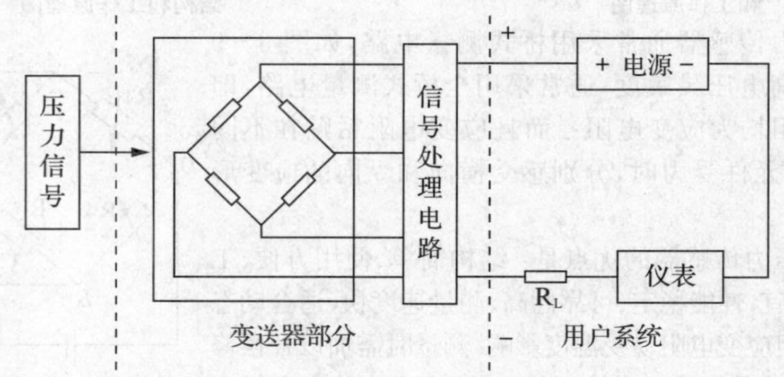

图 3－12　二线制电流输出型压力传感器原理图

4) 霍尔效应(Hall Effect)及霍尔式压力传感器

(1) 霍尔效应是1879年由霍尔首先发现的。如图3-13所示,在一个半导体相对两侧通以控制电流I,在薄片的垂直方向加以磁场B,则在半导体的另外两侧面就会产生一个大小与控制电流I和磁场B的乘积成正比的电动势u_H,这一现象叫霍尔效应,所产生的电动势叫霍尔电动势,所用的薄片叫霍尔元件。半导体材料锗、硅、锑化铟(InSb)、砷化铟(InAs)、砷化镓(GaAs)等都可用来制作霍尔元件。

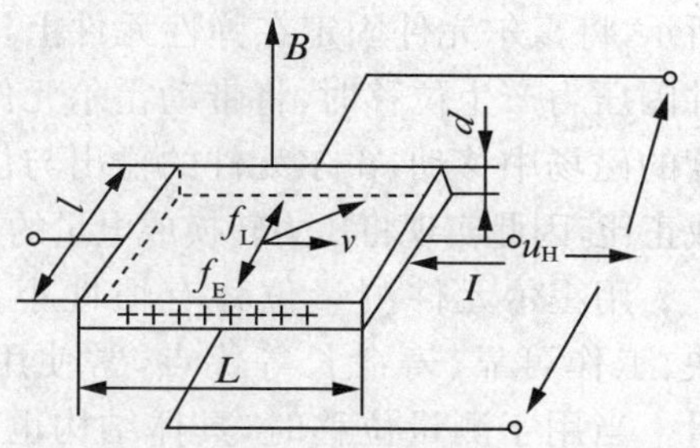

图3-13　霍尔式压力传感器原理图

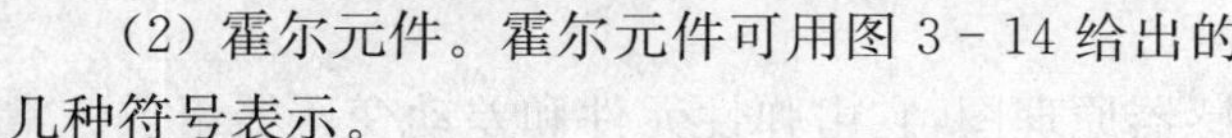

(2) 霍尔元件。霍尔元件可用图3-14给出的几种符号表示。

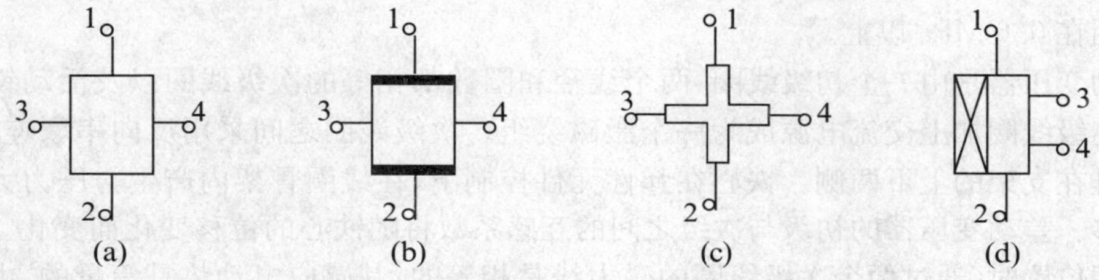

图3-14　霍尔元件符号

霍尔元件外形很多,但结构类似,一般由霍尔片、4根引线(也可接成3根和5根的)和壳体组成。在它的长度方向两端面上焊有1,2输出引线,称为控制电流端引线,通常用红色导线。其焊接处称为控制电流极(或称激励电极),要求焊接处接触电阻很小,并呈纯电阻,即欧姆接触(无PN结特性)。在薄片的另两侧端面的中间以点的形式对称地焊有3,4输出引线,通常用绿色导线。其焊接处称为霍尔电极,其宽度与基片长度之比小于0.1,否则影响输出。霍尔元件的壳体是用非导磁金属、陶瓷或环氧树脂封装。

霍尔元件因为半导体本身特性和制造时存在不可避免的缺陷,使其在实际使用时,存在温差电动势和不等位电动势,这是影响霍尔元件的转换精度的主要原因,因此必须对其加以补偿。目前通常将霍尔元件与相关的电源、补偿、放大、整形等电路集成在一起,形成霍尔集成电路,有线性霍尔集成电路、开关型霍尔传感器两种。

(3) 霍尔传感器的应用及霍尔式压力传感器。霍尔元件结构简单、工艺成熟、体积小、寿命长、频带宽(霍尔效应建立的时间为10^{-14}～10^{-12}s),因而得到广泛的应用。根据$U_H=K_H\cdot I\cdot B$,霍尔传感器主要有以下3个方面的应用:①当控制电流不变,使传感器处于磁场中,霍尔传感器输出与磁感应强度成正比的电压。这方面的应用主要有磁场测量,及与磁场相关的量如电流测量、位置开关、微位移、霍尔开关按键等。②当控制电流与磁感应强度都为变量时,传感器的输出为两者的乘积,这方面的应用主要有乘法器,功率计及乘、除、平方、开方等计算元件。③保持磁感应强度不变,利用霍尔电压与控制电流的关系,组成微波电路中的环行器和隔离器等。

如果在经过两次或多次转换,用于非磁量的测量,霍尔元件的应用领域就更广泛了,如转速、加速度、压力、振动、流量、液位等。如图 3-15 所示,将霍尔元件固定在弹性元件上。当弹性元件因压力产生位移时,将带动霍尔元件在均匀梯度的磁场中移动,霍尔元件的输出与位移量大小成正比,因此实现将压力转换成电量的目的。

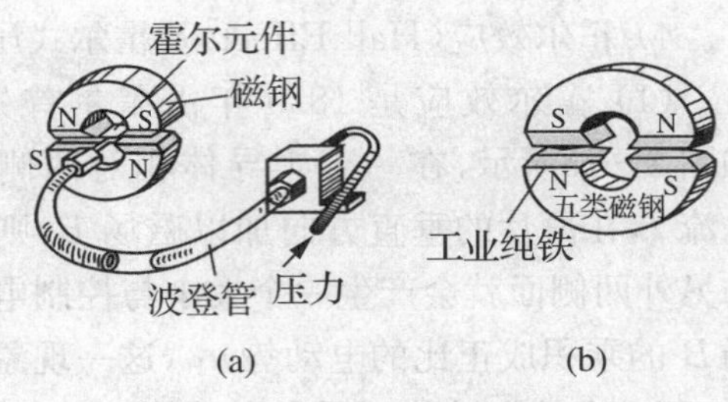

图 3-15 霍尔压力传感器

用霍尔元件测量位移有惯性小、频率响应快、工作可靠、寿命长等优点,常使用非接触测量。当用于测量位移时,具体结构也有多种,弹性测压元件有膜片、膜盒、弹簧管、波纹管等。

5）电磁感应式压力传感器

图 3-16 所示是电磁感应式压力传感器原理图,它由弹性元件和差动变压器组成。常用的弹性元件有波纹管和弹簧管,其中,波纹管适用于测量范围在 0～0.3 MPa,弹簧管检测压力适用在 0.6 MPa 以上。

差动变压器是由一个初级线圈、两个线径和圈数都相等的次级线圈以及活动铁心等组成的。初级线圈加上交流电源成为一个激磁绕组。次级线圈之间采用反向串联连接,它们分别安排在支架的上下两侧。铁心在弹性元件控制下,在线圈骨架内产生与压力大小成正比的位移。差动变压器的初级与次级之间的互感系数将随铁心的位移变化而变化。当铁心处于中间位置时,通过两个次级线圈的磁力线是相等的,其感应电动势是等量的,由于两个次级线圈采用反相连接,因此差动变压器的输出电动势 U_O 为零。如果铁心离开中间位置,它可以使一个次级线圈的互感系数增大,另一个互感系数减少,致使它们的感应电动势一个加大,另一个减小。于是差动变压器输出电动势 U_O 随之按比例增大。

在理想情况下,当铁心位于中间位置(零点)时,输出电压应为零。实际上差动变压器在零点的输出并不为零,这主要是因为两次级线圈不能做到结构上完全对称。差动变压器输出特性如图3-17所示。理想的差动变压器次级输出电压与铁心位移成线性关系,实际上铁心的直径、长度、材质和线圈骨架的形状、大小的不同等均对线性有直接影响,这使差动变压器的一半线性范围约为线圈骨架长度的 1/10～1/4。由于差动变压器的中间部分磁场是均匀的且较强,所以只是中间这部分线性较好。

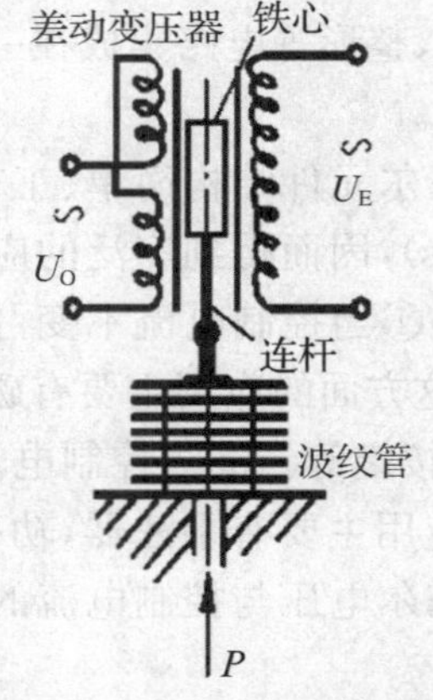

图 3-16 电磁感应式压力传感器原理图

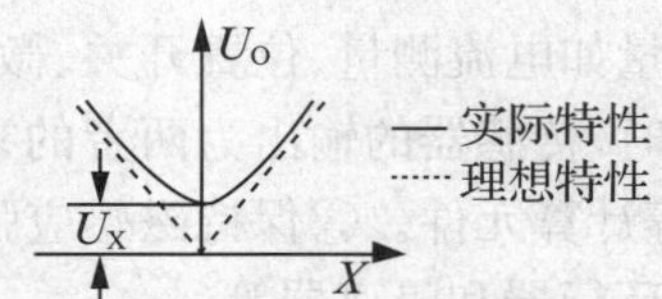

图 3-17 差动变压器输出特性

差动变压器的激磁频率一般从 10 kHz 到 50 kHz 为适当。频率太低，则灵敏度也显著降低，温度误差和频率误差增加。频率太高则铁损和耦合电容的影响增加。激磁频率只有在某频率附近时才能使其输出电压最大且灵敏度变化最小。

需要说明的是，差动变压器的输出是交流信号，其幅值大小与铁心位移成正比，相位与位移方向相关。因此要获得反映位移的直流信号，需经过相敏整流电路。

6）电容式压力传感器

电容式压力传感器有三种基本类型，即变极距型、变面积型、变介电常数型。用空气作为电介质，其在极宽的频率范围内介电常数几乎不变，温度稳定性好，损耗极小，因而压力传感器中多用变极距型、变面积型。电极形状通常有平板、圆柱和球面性三种。

用电容做压力传感器具有需要的能量低、测量范围大、能在恶劣条件下工作、可靠耐用、发热小、动态响应快、灵敏度高、测量精度高、抗震性好等优点，但也有输出特性非线性、分散电容的影响等缺点。

(1) 变极距电容式压力传感器。图 3-18 所示为单极板电容式压力传感器，其平板电容由圆形固定电极和弹性膜片组成。弹性膜片在均匀压力 P 的作用下产生位移，此时固定极板与膜片即构成变极距式电容测压器。

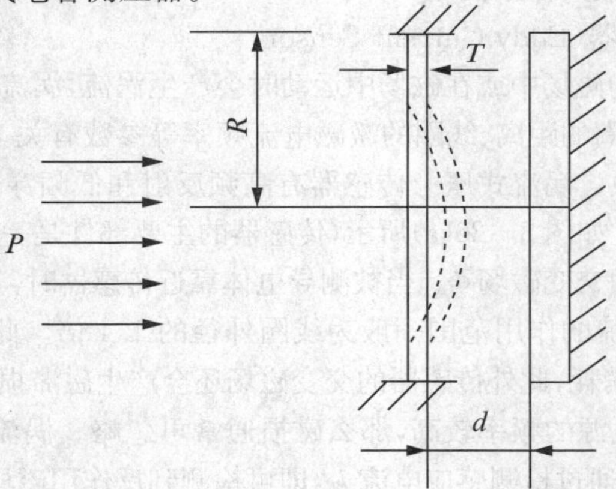

图 3-18 单极板电容式压力传感器

由此可见当极板面积和介电常数一定时，极距的变化量可通过检测电容的变化量获得。但电容的变化量与极距的变化量之间是非线性的，且极板间距越小，灵敏度越高。为了提高灵敏度，改善非线性，减少电源电压、环境温度等外界影响，一般采用差动形式。

(2) 差动式电容压力传感器。差动式电容压力传感器结构如图 3-19 所示。对称的不锈钢基座左右两边外侧焊上波纹密封隔离膜片，不锈钢基座内有玻璃绝缘层，不锈钢基座和玻璃绝缘层中心开有小孔。玻璃绝缘层内侧的凹形球面上除边缘部分外镀有金属膜作为固定电极，中间被夹紧的弹性膜片作为可动测量电极，左右固定电极和测量电极组成两个电容器，其信号经引线引出。

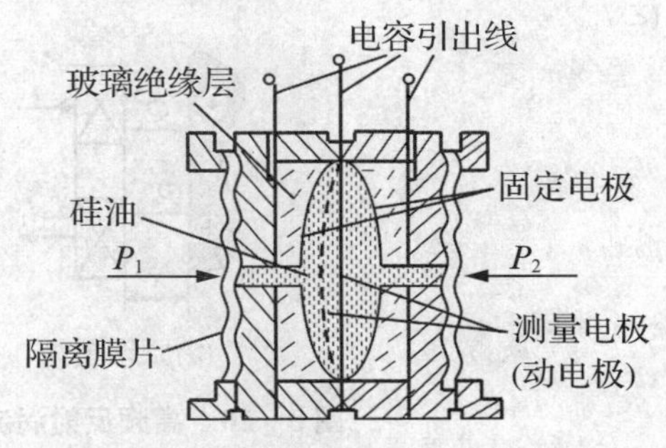

图 3-19 差动式电容压力传感器结构

测量电极将空间分隔成左右两个腔室，其中充满硅油。当隔离膜片感受两侧压力的作用时，通过具有不可压缩性和流动性的硅油将差压传递到弹性测量膜片的两侧，从而使膜片产生位移 d，如图 3－19 中的虚线所示，此时，$P_2>P_1$。因此一个电容的极距变小，电容量增大；而另一个电容的极距变大，电容量则减小，故差动电容的变化量为单个电容变化的 2 倍，与单极板电容器相比，差动式电容压力传感器的非线性得到很大改善，灵敏度也提高近 1 倍，并且减少了介电常数受温度影响的不稳定性。这种传感器不仅可测量压差，还可测真空度和微小绝对压力。采用这种原理制成的压力传感器，其最大检测位移可达到 0.1 mm。

（3）使用电容式压力传感器时应了解下面几个问题：① 云母片提高灵敏度。从电容容量的表达式中可以看出，当极板距离 d 减小可以使电容量加大，灵敏度增加，但 d 过小容易引起电容击穿，一般可以在极板间放置云母片来改善，由于云母的介电系数为空气的 7 倍，云母的击穿电压又比空气大，达 10^3 kV/mm(空气的仅为 3 kV/mm)，因此有了云母片，极板的起始距离可大大减少，电容值可大幅提高，因而还可使得电容的输出特性得到改善。② 电容式压力传感器受分布电容影响大，必须采取相应措施减少影响。③ 电容值的测量有很多种方法，如电桥法、振荡器法、移相器法、谐振法等。也有检测电容的专用集成电路，如CAV414，应结合被测参数具体来确定。

7）涡流式压力传感器(Eddy Current Sensor)

成块的金属在变化的磁场中或在磁场中运动时会产生涡流，涡流的大小与金属的电阻率、导磁率、厚度及金属与线圈的距离、线圈的激磁电流频率等参数有关。使用中固定其中若干参数就可以测量另外的参数。涡流式压力传感器有高频反射和低频穿透两类，检测位移用高频反射涡流式压力传感器。如图 3－20(a)所示，传感器的主要部件是一只扁平线圈，通入高频交流电流 i，线圈就产生高频交变磁场 Φ。当被测导电体靠近传感器时，其表面就感应产生了与交变磁场相交链的涡流，涡流的作用范围一般为线圈外径的 1.4 倍。此涡流又将产生反作用磁场 Φ_e。涡流效应产生热消耗，此外传感器的交变磁场还会产生磁滞损耗，这两部分是交变磁场的能量损失。如果激磁电源的频率较高，那么磁损通常可忽略。涡流式压力传感器的等效电路图如图 3－20(b)所示，通过检测感应电流 i_1，即可检测到反作用磁场 Φ_e。

当传感器与被测导体靠近时，反作用磁场 Φ_e 变化。其变化与被测物体材料的电阻率 ρ、导磁率 μ、激磁频率 f、传感器与被测导体距离 x 相关，当其他参量固定时，感应电流 i_1 将取决于距离 x，因此可用于测量位移。

涡流式压力传感器的最大特点是可进行非接触式测量，灵敏度高，因而工业中应用广泛。

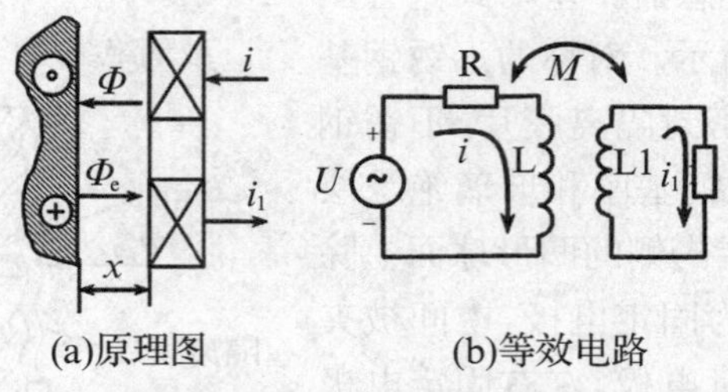

图 3－20　高频反射涡流式压力传感器原理图及等效电路

2. 压力传感器的测试与校验

压力传感器的效能好坏,可以依据其工作原理、输出信号的类型和测试时的实际情况综合决定,一般对压力传感器或其相关环节可以采取如下方法进行校验:

1) 实效测试法

实效测试法要求设有一次压力仪表(标准压力表)作为基准,这种测试方法是指,以逐渐给被监测对象实施加压或减压,压力传感器感受压力变化而使输出信号有相应变化,直到该传感器最大量程为止。这时,一方面记下系统给出校正的压力指示值;另一方面读取一次仪表的显示值。把这两个压力值进行比较,从而判断该压力传感器是否准确。

标准压力表必须定期送交国家计量单位进行鉴定,以保证实效测试的可靠和准确。实效测试法的特点是:它对所有压力传感器均适用,除了标准压力表以外,几乎无需其他测试工具。当测试时,压力检测通道上相关功能环节都得到测试。但是其适用性受到很大限制,因为改变被测设备的压力工况,这不仅不便于实现,而且有些设备不允许这样做。

2) 泵压(压缩空气)测试法

这是一种常见的实验室测试方法,它要求依照图 3-21 对被测压力传感器进行安装,用装有标准压力表的手摇泵,通过系统设备上原先配置的三通阀,给压力传感器逐渐泵压,直到检测到最大值为止。如果原先没有三通阀,则必须自行进行改装。

该方法的特点是对模拟量和开关量传感器均适用,当测试时,只要保证不漏气,其测量结果肯定是准确可靠的。同样,在该检测通道上各相关功能环节都能进行有效测试。

3) 差压信号的泵压测试法

从图 3-22 可以看到,差压信号的泵压测试法的工作原理与泵压测试法大体相同。在进行差压测试时,首先打开平衡阀,向压力传感器泵压至正常压力,这时的差压为零。然后关闭平衡阀,再逐渐泵压,使传感器获得差压,直到差压传感器最大工作差压。

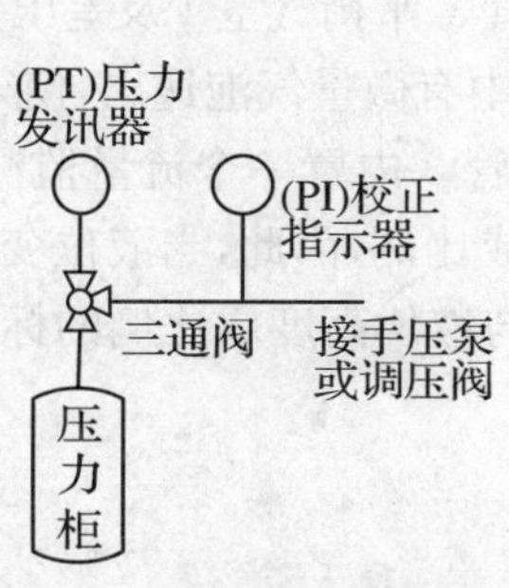

图 3-21 泵压测试法的检测安装

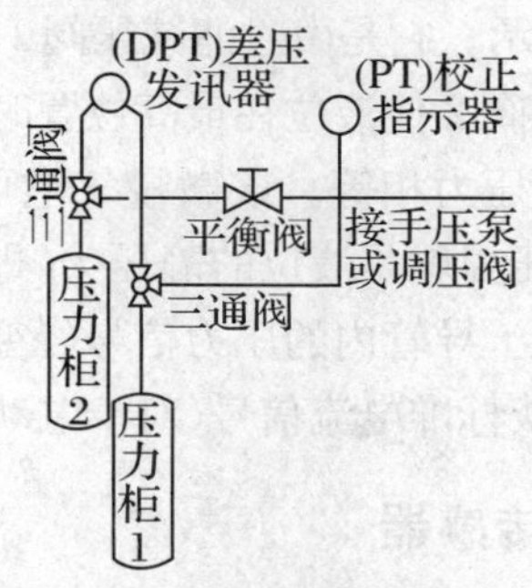

图 3-22 差压信号的泵压测试法

这种测试方法对模拟量和开关量传感器均适用,同样,在该检测通道上各相关功能环节均可以得到测试,其测试结果是准确可靠的。

4) 校验

效验传感器的过程中,还需要注意以下问题:

(1) 在对模拟量压力传感器的测试过程中,有时会发现其检测值不甚准确,这时经初步判定后,必须对传感器进行调试。当调试时,可以参照图 3-23 所示模拟量输入-输出特性曲线进行。

(2) 有的传感器还提供工作电流的调节，在进行调节时，应先调整好空载工作电流，然后进行零点和量程调节。由于调零和调量程之间会互有影响，因此零点和量程的调整工作必须交叉地反复进行。

(3) 传感器对工作电压的要求比较严格，当工作电压发生较大变化时，将引起传感器的输出发生变化，而且这种变化呈非线性。

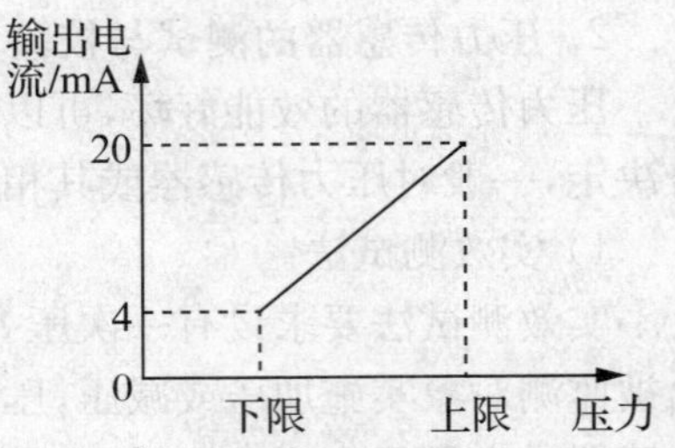

图 3-23　模拟量输入-输出特性曲线

三、液位传感器

船上有很多液位参数需要进行测量和监测，最常用的是浮子开关，需要连续监测液位的液位检测方法有浮力式、静压式、电极式、电阻式、电容式及超声波式等。

1. 变浮力式液位传感器

图 3-24 为根据变浮力作用原理构成液位检测工作的原理图，其主体由浮筒、平衡弹簧和差动变压器组成。浮筒的浮力、平衡弹簧的弹力和浮筒自身重力形成力的平衡关系。当液位发生变化时，浮力的变化必然导致浮筒位移的变化，带动差动变压器的铁心产生位移，差动变压器的输出电压 U_{OUT} 发生改变，经过整流，输出与液位变化成比例的直流信号。

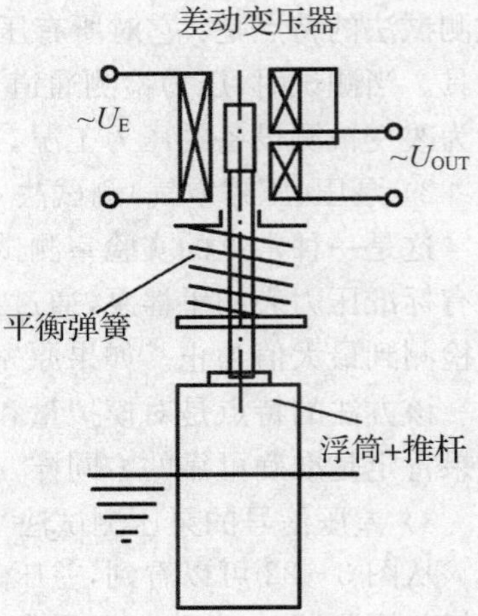

差动变压器
$\sim U_E$
$\sim U_{OUT}$
平衡弹簧
浮筒+推杆

图 3-24　变浮力液位传感器原理图

2. 吹气式液位传感器

吹气式液位传感器属于静压式液位传感器，其结构原理如图 3-25 所示。它是由过滤减压阀 1、节流阀 2、导管 3、平衡气室 4 及差压变送器 5 等元件组成。调整节流阀 2 使液位在最高位置时，从平衡气室中有微量气泡逸出，使得导管 3 中压力始终与平衡气室压力相等。该微量气泡可以通过在导管 3 内置一个流量监测球来观察和测量，平衡气室的压力就是液位的静压力，即与液位高度成比例，因此，当液位变化时，导管内的压力也随之变化。导管内的压力信号经变送器转换为与液位高度成比例的标准压力信号(对于气动变送器)或标准电流信号(对于电动变送器)。

四、流量传感器

流量传感器有容积式、电磁式和差压式等。

1. 容积式流量传感器

容积式流量传感器在船上主要用来检测油流体的流量。它由检测齿轮 1、转轴 2、永久磁铁 3 和干簧继电器 4 组成，如图 3-26 所示。当流体自下向上流过时，检测齿轮被带动旋转，通过的流量越大，齿轮转速越快。齿轮转动经转轴 2 上端的永久磁铁 3 驱动干簧继电器 4，使其触点闭合或断开，其电脉冲通断的频率反映出流量大小。

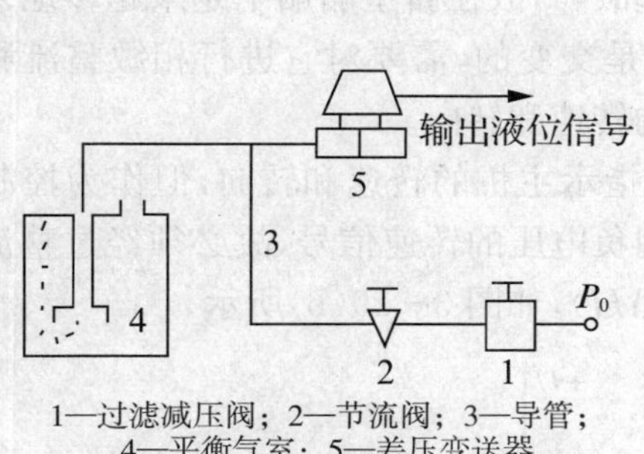

1—过滤减压阀；2—节流阀；3—导管；4—平衡气室；5—差压变送器

图 3-25　吹气式液位传感器结构原理图

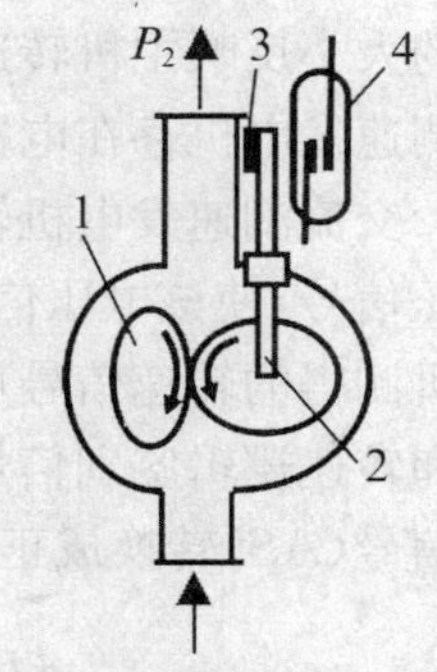

1—检测齿轮；2—转轴；3—永久磁铁；4—干簧继电器

图 3-26　容积式流量传感器原理图

2. 电磁式流量传感器

电磁式流量传感器是根据电磁感应原理来检测流量的，所以只适用于测量导电液体的流量。它主要由一对磁极、一对电极和检测放大电路组成，如图 3-27 所示。一对磁极置于管道两侧，以产生一磁场，导电液体在磁场中垂直于磁通方向流动时，切割磁力线，于是在两个电极上产生感应电动势，其电动势的大小与液体的体积流量成比例。感应电动势经检测放大电路处理和放大后输出。

3. 差压式流量传感器

差压式流量传感器原理图如图 3-28 所示。它是利用流体通过孔板等节流装置时产生压力差来反应流量变化。膜片两侧承受压力差信号 $\Delta p = p_1 - p_2$，通过膜片硬芯使差动变压器铁心偏离中间位置向左移动，差动变压器输出的电信号就与流量成比例。

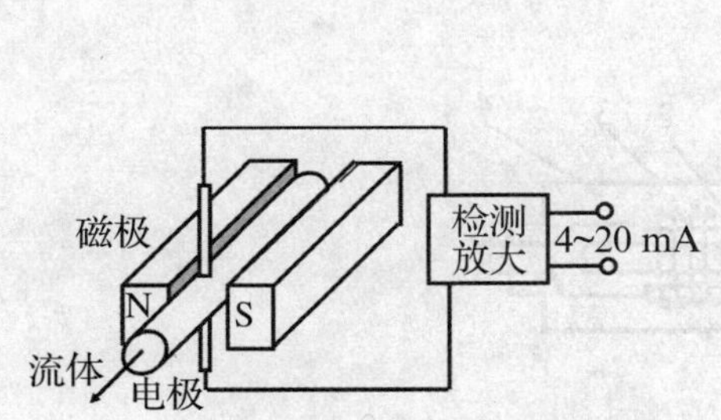

图 3-27　电磁式流量传感器原理图

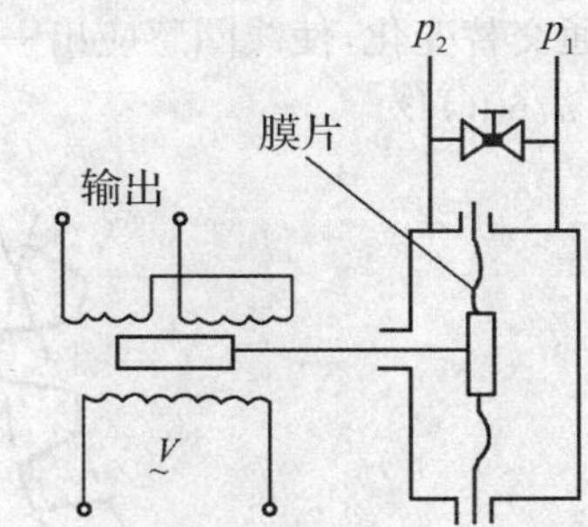

图 3-28　差压式流量传感器原理图

五、转速传感器

转速传感器主要用来检测主机的转速和转向、发电机转速和透平转速等。常用的转速传感器有测速发电机和磁脉冲式转速传感器。

1. 测速发电机

测速发电机利用导体切割磁力线所产生的感应电动势与转速成比例的原理，把转速变换成相应的感应电动势。测速发电机有直流和交流两种形式。

直流测速发电机输出的是直流电压，其电压大小与转速成正比，即 $U = k \cdot n$，式中：k 为比例系数。U 的大小反映主机转速的高低，U 的极性反映主机的转向，如图 3－29(a)所示。

由于直流测速发电机存在电刷等部件，易引起故障，故在新型船舶中越来越多地采用交流测速发电机。交流测速发电机输出的电压信号是交变的，需要对它进行相敏整流和滤波后变成直流电压信号，使该电压信号可反映主机的转速和转向。

测速发电机测得的转速信号可送至转速表来指示主机的转速和转向，但作为控制系统中的转速反馈和转速逻辑鉴别信号，因不需要使用负电压的转速信号，故必须经过整流把倒车负极性电压信号(AS)转换成正极性电压信号(AH)，如图 3－29(b)所示。

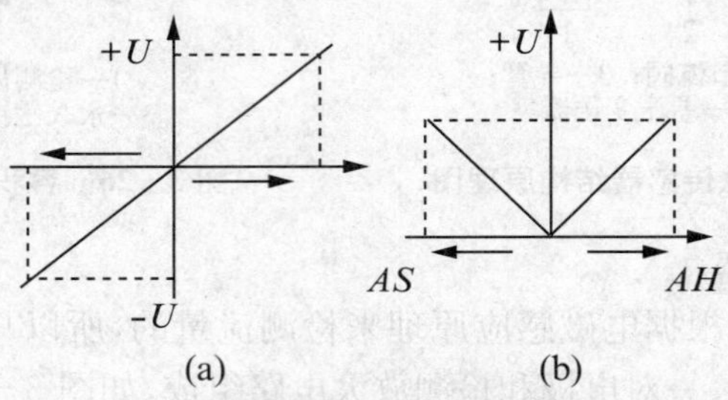

图 3－29　整流后正、倒车转速对应的电压值

2. 磁脉冲式转速传感器

磁脉冲式转速传感器属于非接触式测速装置，没有运动部件，不会发生磨损，具有使用寿命长、检测精度高的特点。它由永久磁铁 1、软磁心 2、线圈 3 及非导磁性外壳 4 组成，如图 3－30 所示。

图 3－30 中 5 是一个安装在主机主轴上的铁磁材料齿轮(通常是柴油机飞轮)。传感器靠近齿轮安装，齿顶之间保持一个较小的间隙。主机转动时，齿顶和齿谷交替经过，引起线圈内的磁通交替变化，使线圈感应出一系列脉冲信号。脉冲频率 f 取决于齿数 Z 和转速 n，即 $f=Z\cdot n/60(\mathrm{Hz})$。

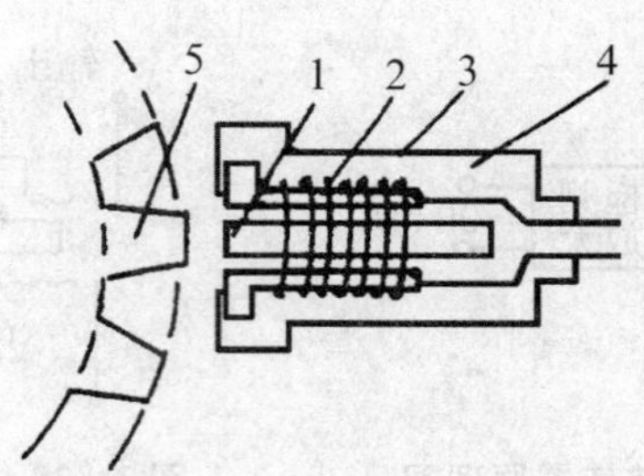

1—永久磁铁；2—软磁心；3—线圈；
4—非导磁性外壳；5—铁磁材料齿轮

图 3－30　磁脉冲转速传感器结构原理图

传感器输出的感应电动势脉冲信号较弱，其波形也不理想，所以要把脉冲信号送入整形放大电路，使其转换成同频率的有较大幅值的矩形波。然后，再把该矩形波送到如图 3－31 所示的频率-电压转换器电路中，把它转换成与矩形波频率成比例的直流电压信号来表示主机的转速。

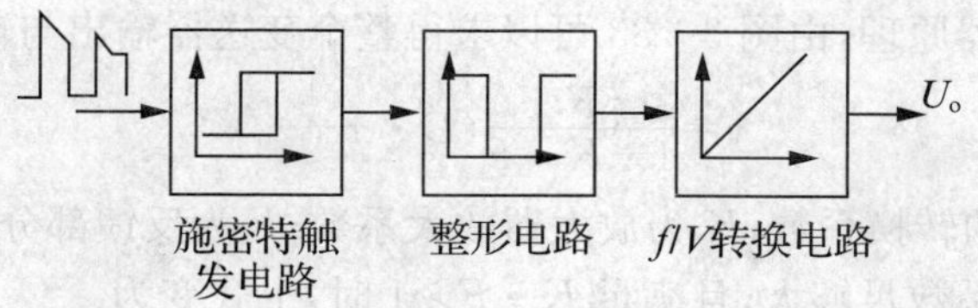

图 3－31　脉冲整形转换电路

为了检测主机的转向，需安装两个磁头，且它们之间错位 1/4 齿距，使两个磁头所产生的脉冲信号在相位上相差 1/4 周期。这两个磁头输出的脉冲信号经整形放大后分别送至 D 触发器的 D 端和 CP 端，由其输出端 Q 是 1 或 0 来判别主机是正转或反转，其原理如图3－32所示。

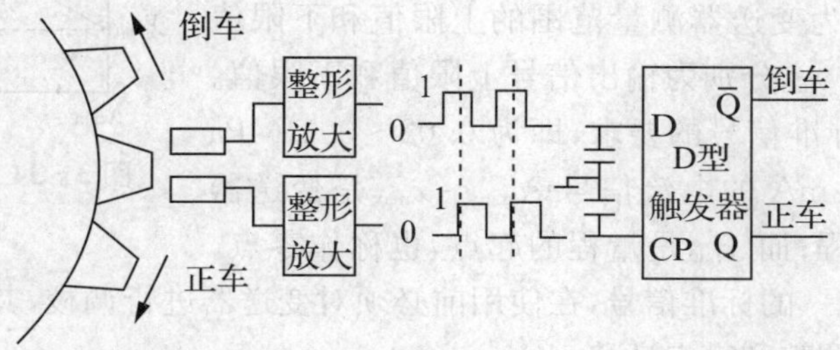

图 3－32　磁脉冲传感器检测主机转向的原理图

当齿轮沿正车方向转动时，D 触发器 D 端的正脉冲总比 CP 端超前 1/4 周期，即 CP 端在脉冲上升沿时，D 端总是 1 信号，所以输出端 Q 保持 1 信号，表示主机在正车方向运转。当齿轮倒车方向转动时，D 触发器 CP 端的正脉冲总比 D 端超前 1/4 周期，即 CP 端在脉冲上升沿时，D 端总是 0 信号，所以输出端 Q 保持 0 信号，表示主机在倒车运转。

第三节　变送器

一、变送器的基本原理

1. 变送器的构成原理

变送器的构成原理如图 3－33 所示，主要由测量部分、放大器和反馈部分组成。测量部分的作用是检测被控量 x，并把变量 x 转换成电压、电流、位移、作用力或力矩等物理量，作为放大器的输入信号 z_i。反馈部分则把变送器的输出信号 y 转换成反馈信号 z_f，输入信号 z_i 与调零信号 z_0 的代数和同反馈信号进行比较，其差值 ε 送给放大器进行放大，并转换成标准的气压或直流电流输出信号 y。

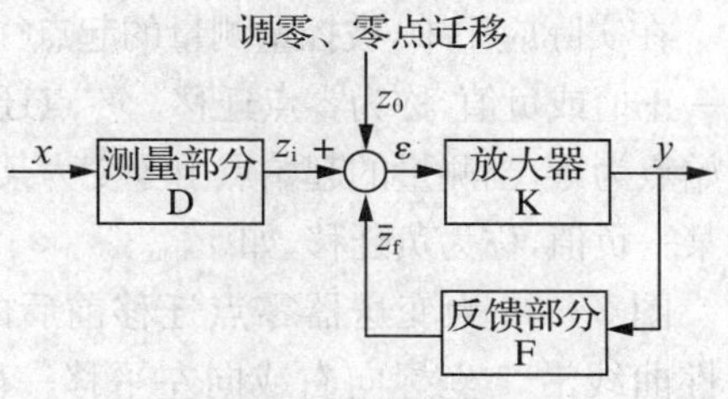

图 3－33　变送器的构成原理

根据负反馈放大器原理，由图 3-33 可以求得整个变送器输出与输入关系为

$$y=\frac{K}{1+K\cdot F}(D\cdot x+z_0) \tag{3-2}$$

式中：D 为测量部分的转换系数；K 为放大器放大系数；F 为反馈部分的反馈系数。

当放大器的放大系数足够大，且满足 $K\cdot F\gg 1$ 时，上式变为

$$y=\frac{1}{F}(D\cdot x+z_0) \tag{3-3}$$

由此可知，在满足 $K\cdot F\gg 1$ 的条件下，变送器的输出与输入关系仅取决于测量部分和反馈部分的特性，而与放大器的特性几乎无关。只要测量部分转换系数 D 和反馈系数 F 确定，变送器的输出与输入就为线性关系，如图 3-34 所示。x_{max}，x_{min} 分别为变送器测量范围的上限值和下限值（图中 $x_{min}=0$）；y_{max}，y_{min} 分别为输出信号上限值和下限值。$y_{min}\sim y_{max}$ 必须符合标准信号的要求，即为 0.02～0.1 MPa 的气压信号或 4～20 mA 的电流信号；$x_{min}\sim x_{max}$ 是变送器的测量范围，称为量程；而 x_{min} 是量程的起点，也称作零点。为了将信号变换成统一的标准信号，在使用前必须对变送器进行调校，其主要内容包括变送器的零点调整、量程调整和零点迁移。

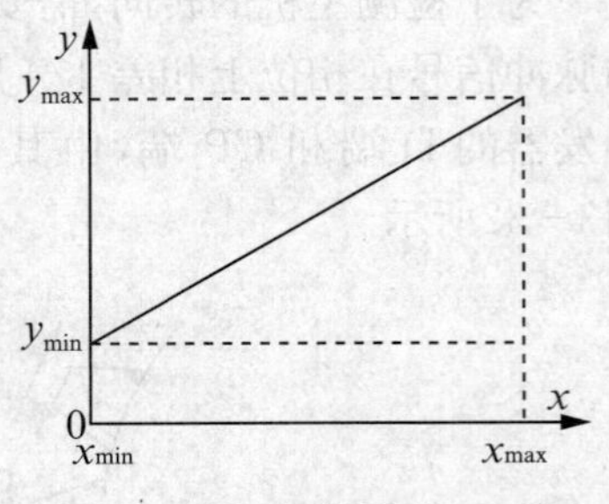

图 3-34　变送器 I/O 特性

2. 变送器的零点调整、量程调整和零点迁移

1）零点调整

零点调整的目的是使变送器输出信号为下限值 y_{min} 时的测量信号的下限值 x_{min} 与要求的零点一致。零点调整的方法是在负反馈放大器的输入端加上一个零点调整信号 z_0，如图 3-34所示。只要调整 z_0 的大小就可以使得当 $x=x_{min}$ 时，$y=y_{min}$。

2）量程调整

量程调整的目的是使变送器的输出为 $y_{max}-y_{min}$ 时测量范围 $x_{max}-x_{min}$ 与要求一致。量程调整的方法，通常是改变反馈部分的反馈系数 F。F 越大，量程就越大；F 越小，量程就越小。有些变送器也可以用改变测量转换部分的转换系数 D 来调整量程。

图 3-35 为变送器量程调整前后的 I/O 特性。由图可见，量程调整相当于改变 I/O 特性曲线的斜率，也就是改变变送器输出信号 y 与输入信号 x 之间的比例系数。

3）零点迁移

在实际应用中，被控量测量的起点往往不是零，即 $x_{min}\neq 0$。此时需要将测量的起始点迁移到某一正值或负值，称为零点迁移。零点迁移的方法和零点的调整方法相同。在未加迁移时，测量起始点为零；当测量的起始点由零变为某一正值，称为正迁移，如 x''_{min}；反之，当测量起始点由零变为某一负值，称为负迁移，如 x'_{min}。

图 3-36 为变送器零点迁移前后的 I/O 特性。由图可见，当零点迁移后，变送器的 I/O 特性曲线沿 x 坐标向右或向左平移一段距离，其斜率并没有改变，即变送器的量程不变，若采用零点迁移后，再辅以量程调整，可以提高仪表的测量精度和灵敏度。

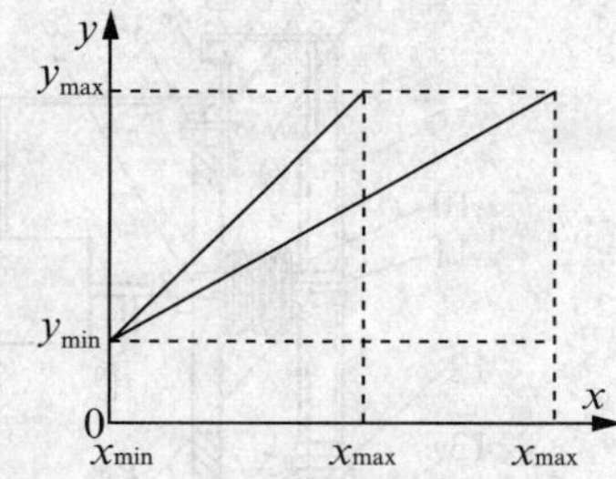

图 3-35　变送器量程调整前后的 I/O 特性

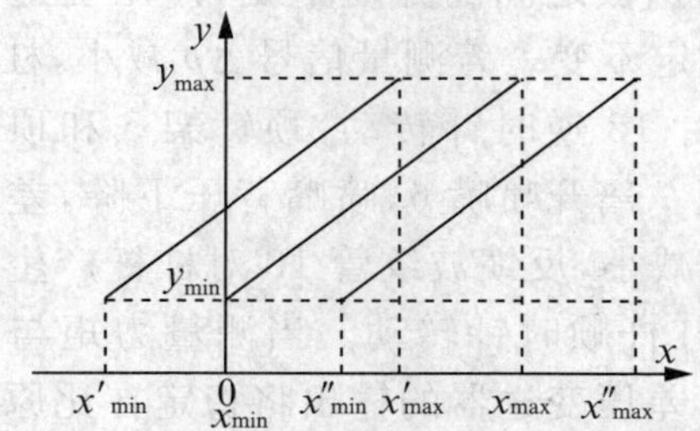

图 3-36　变送器零点迁移前后的 I/O 特性

从式(3-3)也可看出，零点的调整与迁移不会影响变送器的量程。但如果通过调整反馈系数 F 而使量程发生变化之后，则零点还需要重新调整。因此，变送器零点和量程的调整往往是一个反复调整的过程。

根据被测量物理量的不同，变送器包括温度变送器、压力变送器和差压变送器等，但差压变送器是船舶机舱中最常见的变送器。差压变送器是专门用于测量各种差压信号的一种测量仪表，用它可以间接地测量温度、压力、液位、流量和黏度等物理量，并按比例转变成统一的标准信号输出。

二、气动差压变送器

气动差压变送器将被测量的物理量转化为 0.02～0.1 MPa 的标准气压输出信号。

1. 气动差压变送器的结构和工作原理

气动差压变送器的结构形式有多种，图 3-37 所示为采用力矩平衡原理的单杠杠杆式气动差压变送器结构，它包含测量和气动转换两个部分。

测量部分由杠杆 9、密封簧片 13、测量膜盒 16 和基体等组成。其中，测量膜盒 16 把测量室分成正压室 15 和负压室 17，并分别承受 P_+ 和 P_- 压力信号；密封簧片 13 一方面对测量室的工作介质起到密封作用，另一方面也兼作杠杆的支点，使得杠杆能绕之转动，称为弹性支点；杠杆下端与测量膜盒通过弹性连接件连接。

压差 $\Delta p = P_+ - P_-$ 作用于测量膜盒产生的轴向测量推力通过连接件作用到杠杆下端，形成以密封簧片为弹性支点的测量力矩，测量力矩与 Δp 成正比例。如无与之相反的力矩用来平衡，将带动杠杆产生偏转，使其上端挡板与喷嘴间出现偏移。

气动转换部分主要由喷嘴挡板机构、气动放大器、反馈波纹管和调零弹簧等组成，其功能是把测量部分产生的位移信号转换为标准的气压信号作为差压变送器的输出。例如，当作用在测量膜盒上的差压信号 Δp 增大时，测量膜盒连同主杠杆的下端一起左移，主杠杆绕密封簧片 13 顺时针转动，顶针架 5 和顶针 4 右移，挡板 7 靠本身弹性靠近喷嘴 6，喷嘴背压升高，经气动功率放大器 1 放大，差压变送器的输出压力信号 $p_{出}$ 增大。在将该信号送至显示仪表和调节器的同时，还直接送入反馈波纹管 10，$p_{出}$ 与反馈波纹管 10 的有效面积相乘就等于波纹管对主杠杆产生的推力。当这个推力对密封簧片 13 产生的反馈力矩与测量膜盒对弹性支点产生的测量力矩相等时，主杠杆不再移动，喷嘴与挡板之间的开度不变，差压变送器输出信号 $p_{出}$ 稳定不变。若测量信号 Δp 减小，杠杆 9 将绕密封簧片 13 逆时针转动，顶针架 5 和顶针 4 左移，使挡板 7 离开喷嘴 6，喷嘴背压下降，差压变送器输出 $p_{出}$ 减小，反馈波纹管 10 对杠杆产生的反馈力矩将使杠杆顺时针转动。当测量力矩与反馈力矩相等时，差压变送器的输出将稳定在比原来低的值上。

在上述描述中，测量力矩仅可通过改变膜盒的受力面积来改变，显然，不同等级的测量范围需要采用不同的膜盒来配合。但是膜盒选定后，只可通过改变反馈波纹管位置进行量程的适当调整。向上移动反馈波纹管将使反馈力矩增大，意谓着需要有较大的 Δp（即被测量的差压信号要变化较大的范围）才能使杠杆平衡，亦即增大变送器的量程；反之，向下移动反馈波纹管将使反馈力矩减小，变送器的量程减小。在需要大量程调整的场合，需要增加反馈力矩，可以采用双杠杆差压变送器。

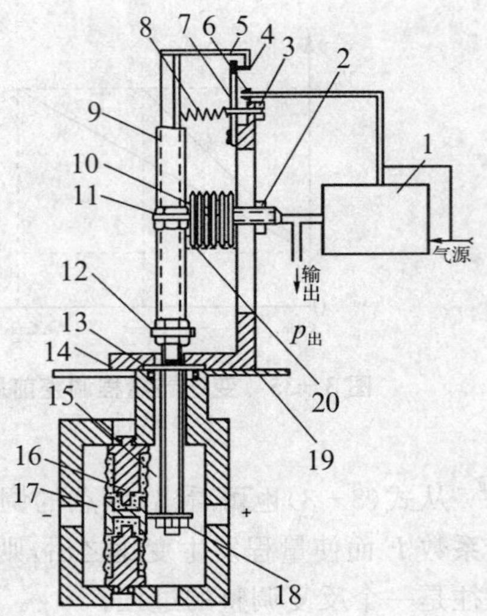

1—气动功率放大器；2，11—锁紧螺母；3—调零螺钉；4—顶针；5—顶针架；6—喷嘴；7—挡板；8—调零、迁移弹簧；9—杠杆；10—反馈波纹管；12—静压误差调整螺母；13—密封簧片；14—支架；15—正压室；16—测量膜盒；17—负压室；18—锁紧螺母；19—底板；20—反馈波纹管

图 3－37　单杠杆气动差压变送器结构

图 3－38 为双杠杆差压变送器的工作原理图，其工作原理与单杠杆相仿，不过由于多了一个副杠杆 5，使力的传递过程略有不同。当主杠杆 7 顺时针转动时，通过连接杆 10 使副杠杆 5 绕量程支点 8 顺时针转动，挡板 12 靠近喷嘴 11，变送器输出压力信号 $p_{出}$ 增大。这个信号，一路作为变送器输出送至调节器和/或显示仪表，另一路送入反馈波纹管 14，使副杠杆 5 对量程支点 8 产生一个与测量力矩方向相反的反馈力矩。当这两个力矩平衡时，差压变送器的输出就稳定在某个值上。

在双杠杆差压变送器中，副杠杆的作用实质上是对主杠杆顶端的位移进行二次放大，改变量程支点 8 的上下位置，可以改变副杠杆的放大系数。当量程支点处于副杠杆中间时，量程等于单杠杆差压变送器的最大量程。若把量程支点 8 向上移，放大系数减小，这时双杠杆差压变送器的量程比单杠杆最大量程还要大。

2. 气动差压变送器零点和量程的调整

差压变送器在正常工作时，应该确保测量信号 Δp 在最大变化范围内变化时其输出能在标准信号范围，即 0.02～0.1 MPa 内变化。因此在投入工作以前，要根据测量信号 Δp 的最大变化范围调整好零点和量程。具体气动差压变送器的零点和量程的调整方法如下：

(1) 零点调整。当测量信号 $\Delta p=0$ 时，确保差压变送器的输出 $p_{出}=0.02$ MPa。调整方法是通过调整调零弹簧的预紧力，强制改变挡板与喷嘴之间的初始开度，使得 $\Delta p=0$ 时，$p_{出}=0.02$ MPa。

(2) 量程调整。当测量信号 Δp 达到最大值时，调整量程支点的上下位置，使得 $p_{出}=0.1$ MPa。若 $p_{出}=0.08$ MPa，说明量程偏大，则可拧动量程支点螺母，使之沿着副杠杆上的螺纹下移，反之亦然。

由于量程的调整会影响零点，因此当量程调整后，需重新调零，然后再看量程是否合适，重复上述操作，直到零点与量程准确为止。有经验者经 2～3 次调整，即可把零点和量程调准。变送器的支架上贴有量程刻度表，刻度表上的量程值可以作为量程的粗调依据。

3. 气动差压变送器的实例

为便于实际操作和管理，下面给出一个气动差压变送器实例。图 3－39 所示是某公司生产的 P10 系列差压变送器，常用于船舶锅炉水位测量和燃油黏度测量等场合。图 3－39(a)为 P10 系列气动差压变送器实物图；图 3－39(b)为 P10 系列气动差压变送器原理图，图上标明变送器各个组成部分的名称。

从图 3－39(b)可以看出，这是一个双杠杆差压变送器，其工作原理与前面所述的双杠杆差压变送器类似。

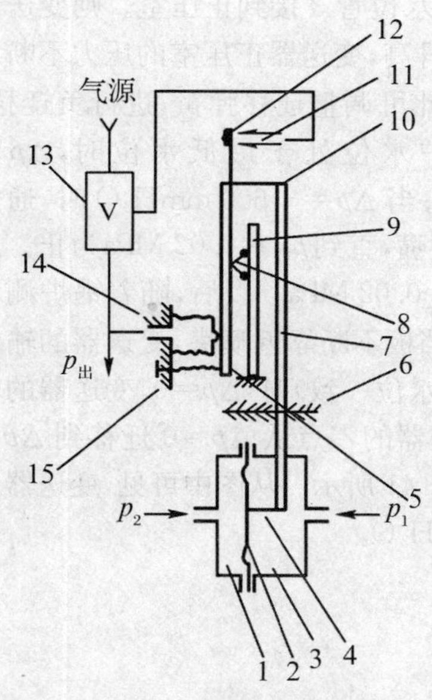

1—负压室；2—膜盒；3—正压室；
4—弹簧片；5—副杠杆；6—弹性支点；
7—主杠杆；8—量程支点；9—支架；
10—连接杆；11—喷嘴；12—挡板；
13—放大器；14—反馈波纹管；15—弹簧

图 3－38　双杠杆差压变送器的工作原理图

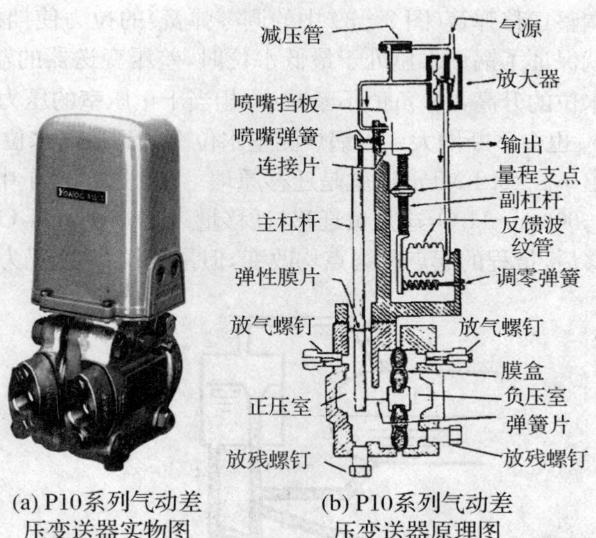

(a) P10系列气动差压变送器实物图　　(b) P10系列气动差压变送器原理图

图 3－39　P10 系列差压变送器实例

4. 船舶差压变送器的应用

检测锅炉水位普遍采用参考水位罐，如图 3－40 所示。参考水位罐上端与锅炉的蒸汽空间相通，下端有测量水位管 3 和参考水位管 4 分别接在差压变送器的正、负压室。其中，测量水位管 3 还与锅炉的水空间相通，其管伸进参考水位罐里面，管口的位置调整到与锅炉的最高水位一致。由于蒸汽的不断冷凝，使参考水位罐中水位不断升高，当水位升至测量水位管的管口位置时，蒸汽再冷凝成的水，会经测量水位管的管口流回锅炉的水空间，因此，参考水位罐将保持一个与锅炉最高水位一致，且固定不变的水位，称为参考水位。而测量水位管中的液面与锅炉的实际水位一致，叫测量水位。参考水位管4接到差压变送器的压力是蒸汽压力加上参考水位的水柱高度，测量水位管3接到差压变送器的压力是蒸汽压力加上测量水位的水柱高度。因此，差压变送器正、负压室所承受的差压信号 Δp 将是参考水位与测量水位之间的水柱高度 H。因参考水位不变，所以随着测量水位(即锅炉的实际水位)的升高，H 减小，即 Δp 减小。反之，测量水位降低，H 增大，Δp 增大。但是，由于此时 Δp 是负值，差压变送器不能正常工作。

如果把参考水位管4接正压室，测量水位管3接负压室，这时差压变送器输入的差压信号 Δp 为正值，差压变送器是能正常工作的。但是，随着锅炉测量水位的上升，Δp 减小，变送器的输出信号也随之减小。这样，变送器的输出与锅炉测量水位的变化方向正好相反，显示仪表指示锅炉的水位方向也必然相反。这不符合人们的习惯，容易造成错觉。所以还是要回到前述连接方法，把参考水位管4接到差压变送器的负压室，把测量水位管3接到正压室。则变送器的输出与锅炉测量水位的变化方向一致，即随着测量水位的升高，变送器正压室的压力不断增加。但是，由于 Δp 是负值，差压变送器是不会有输出的，为此可调整迁移弹簧，进行负迁移。例如，锅炉水位的最大变化范围是 600 mmH_2O，当锅炉水位处于最低水位时，$\Delta p=-600$ mmH_2O。当 $\Delta p=0$ 时，差压变送器的 $p_{出}=0.02$ MPa；当 $\Delta p=-600$ mmH_2O 时，通过调整迁移弹簧(图3-39中的调零弹簧)的拉力使挡板靠近喷嘴，直到 $p_{出}=0.02$ MPa为止。这就保证了锅炉水位处于最低水位时，差压变送器的输出 $p_{出}=0.02$ MPa。以后，随着锅炉测量水位的升高，Δp 负值不断减小(相当于正压室的压力增加)，挡板不断靠近喷嘴，变送器的输出 $p_{出}$ 也会不断增大。当锅炉测量水位上升到最高水位(与参考水位一致)时，$\Delta p=0$，变送器的输出 $p_{出}=0.1$ MPa，这就是迁移原理。在上述的例子中，把变送器的零点从 $\Delta p=0$ 迁移到 $\Delta p=-600$ mmH_2O，这是负迁移，迁移量为 -600 mmH_2O，如图3-41所示。从图中可见，变送器迁移后，量程的起点和终点均改变，但量程没有变，仍为 600 mmH_2O。

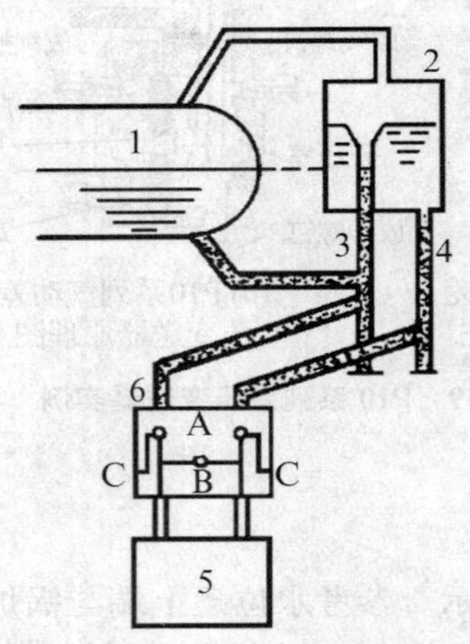

1—锅炉；2—参考水位罐；3—测量水位管；
4—参考水位管；5—差压变送器；6—阀箱；
A—截止阀；B—平衡阀；C—泄放阀

图3-40　用参考水位罐检测锅炉水位装置

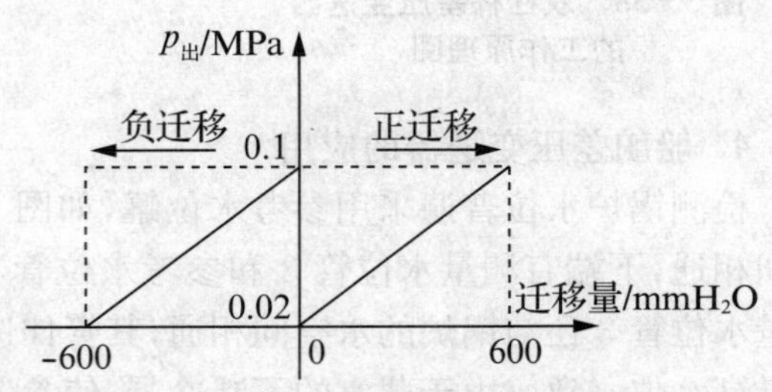

图3-41　差压变送器的负迁移特性

实际上，不仅差压变送器可以迁移，压力、温度等变送器也可以迁移，都可以负迁移或正迁移。如锅炉的蒸汽压力最大变化范围是 0.6～1.0 MPa，若不使用迁移，必须选用量程为 0～1.0 MPa 的压力变送器。若采用迁移，需在迁移前，先把压力变送器的量程减小为 0～0.4 MPa，再把压力变送器的零点由 $p_{入}=0$，正迁移至 $p_{入}=0.6$ MPa。这时，压力变送器的 $p_{入}$ 为 0.6～1.0 MPa，所对应的 $p_{出}$ 为 0.02～0.1 MPa。即迁移后，量程的起点和终点都改变了，但 0.4 MPa 的量程未变。通过迁移不仅能使变送器适应不同测量范围的要求，还能提高仪表的精度和灵敏度。例如，选用 1 级精度的变送器，不用迁移时，其仪表的绝对误差为 $(1.0-0)\times1\%=0.01$ MPa；当采用迁移后，其绝对误差为 $(1.0-0.6)\times1\%=0.004$ MPa，可见仪表的测量精度提高了 2.5 倍。因为灵敏度 $S=\Delta y/\Delta x$，Δy 不变，而 Δx 由 1 MPa 变为 0.4 MPa，所以仪表的灵敏度也提高了 2.5 倍。

5. **差压变送器的使用保护和常见故障分析**

1) 差压变送器的使用保护

差压变送器在投入工作或退出工作时，如果正压(p_+)和负压(p_-)不能同时作用在测量膜盒上，就会在测量膜盒的一侧突然受到一个很大的作用力，有可能使膜盒和挡板等元件损坏。为了防止差压变送器发生单向过载而损坏，除了在测量膜盒的结构上采取抗单向过载的保护措施外，还必须在差压变送器的测量管路上安装三通平衡阀(或称三通导压阀)，三通平衡阀是由截止阀(导压阀)1,3 和平衡阀 2 所构成，如图 3-42 所示。为了达到保护变送器的目的，三通平衡阀必须按如下步骤进行正确的操作：当变送器在投入工作时，即接入信号时，应先开平衡阀 2，后开截止阀 1 和 3。这样无论是先开截止阀 1 或 3，测量水位管中的高压经平衡阀将同时作用于测量膜盒两侧，使测量膜盒两侧的压力相等，不会产生单向受力情况。当截止阀 1 和 3 都打开后，再关闭平衡阀 2，使 p_+ 和 p_- 同时接入正、负压室，变送器开始正常工作。当变送器退出工作时，也须先开平衡阀 2，后关截止阀 1 和 3，使 p_+ 和 p_- 同时切除。图中 4 和 5 是测量管路冲洗阀。当冲洗时，也要注意先开平衡阀 2。在锅炉参考水位罐式差压变送器的应用中，注意平衡阀的打开将引起测量的变化。打开平衡阀后，使得输出信号变成最大 0.1 MPa，；当关掉平衡阀后，参考水位罐的参考水位需要长时间才能达到其固定值，在该过程中，实际水位未变，但输出会逐渐减小。所以在调试中，需要注意参考水位罐的参考水位，在确认满了以后才能调试其零点和量程。

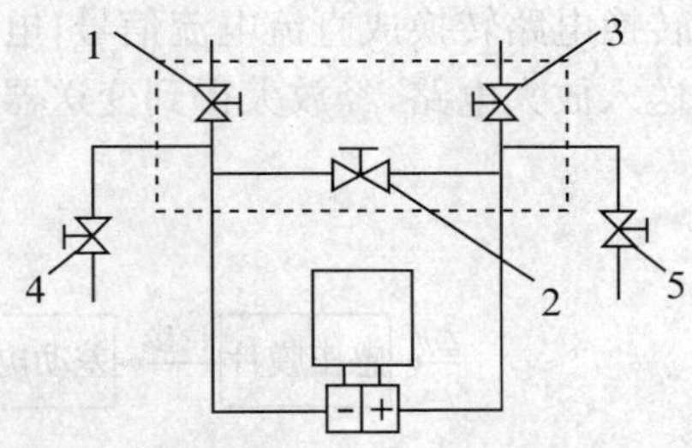

1，3—截止阀；2—平衡阀；4，5—冲洗阀

图 3-42 差压变送器的阀组

2) 常见故障分析及排除

(1) 变送器有输入，但无输出。这种故障现象可能是气源管路漏气或堵塞、减压阀过滤器堵塞、恒节流孔堵塞、输出管路漏气、输出管接头漏气或堵塞、迁移不正确等原因造成的。排除方法有清堵、堵漏、重新调整迁移等。

(2) 变送器没有输入，但有输出或输出压力达到最大值。这种故障现象可能是喷嘴堵塞、气源压力过大、反馈波纹管有些漏气、放大器中球阀有污物、测量膜盒上的弹簧拉片变形等原因造成的。排除方法有清堵、调整气源压力、更换反馈波纹管、清洗喷嘴等。

(3) 零点漂移。这种故障现象可能是喷嘴挡板沾污、顶针螺钉松动、输出管路漏气、测量膜盒漏油等原因造成的。排除方法有清洗、重新上紧顶针螺钉、堵漏或换新、更换测量膜盒等。

(4) 输出压力波动。这种故障现象可能是输出管路漏气、反馈气路漏气、放大器或喷嘴沾污等原因造成的,其排除方法有堵漏或换新、清洗等。

三、电动差压变送器

电动差压变送器将被测量的物理量转化为 4～20 mA 的标准电流输出信号,目前在船舶机舱中主要以电容式电动差压变送器为主。

电容式差压变送器的基本组成可用方框图 3-43 表示,它分成测量部件和转换放大电路两部分。输入差压 Δp 作用于测量部件的感压膜片,使其产生位移,从而使感压膜片(即可动电极)与两固定电极所组成的差动电容器之电容量发生变化。此电容变化量由电容-电流转换电路转换成直流电流信号,电流信号与调零信号的代数和同反馈信号进行比较,其差值送入放大电路,经放大得到变送器的输出电流 I_o。

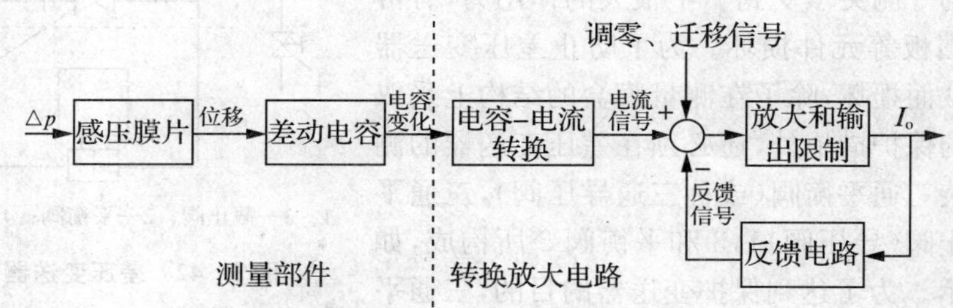

图 3-43 电容式差压变送器基本组成方框图

电容式差压变送器的整个结构无机械传动与调整装置。它采用差动电容作为检测元件,并用全封闭焊接的方式将测量部件部分进行固体化。因此仪表结构简单,整机性能稳定、可靠,且具有较高的精度。

1. 测量部件

测量部件的作用是把被测差压 Δp 转换成电容量的变化,其核心是差动电容敏感元件。差动电容敏感元件包括中心感压膜片(可动电极),正、负压侧弧形电极(固定电极),电极引线,正压侧、负压侧隔离膜片和基体等,如图 3-19 所示。在差动电容敏感元件的空腔内充有硅油,用以传递压力。中心感压膜片及其两边的正、负压侧弧形电极形成电容 C_H 和 C_L,当作用在正、负压侧隔离膜片上的压力相等时,$C_H=C_L$。

当正、负压室引入的被侧压力 p_+ 和 p_- 作用于正、负压侧隔离膜片上时,p_+ 和 p_- 之差即 Δp 使中心感压膜片产生位移,从而使中心感压膜片与其两边弧形电极的间距不相等,结果使一个电容的容量减小,另一个电容的容量增加。

2. 转换放大电路

转换放大电路的作用是将上述差动电容的相对变化值转换成标准的电流输出信号。此外,还具有零点调整、量程调整、正负迁移和阻尼调整等功能。其原理图如图 3-44 所示。

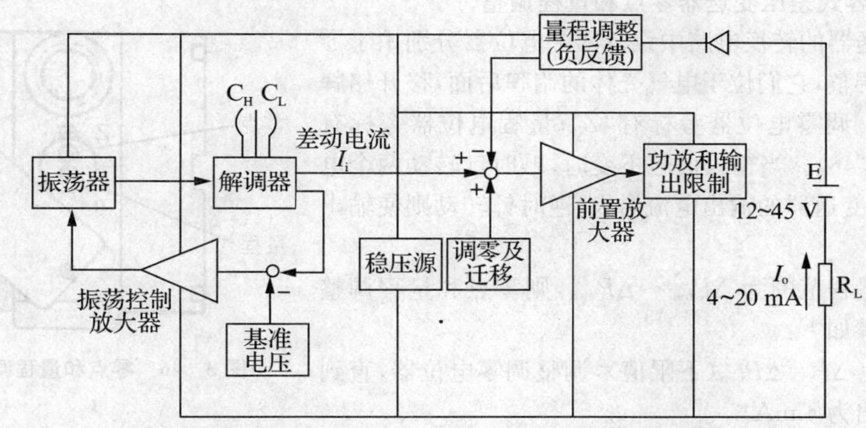

图 3-44　电容式差压变送器转换放大电路原理图

该电路包括电容-电流转换电路及放大电路两部分。电容-电流转换部分主要有振荡器、解调器、振荡控制放大器，它的作用是将与差压 Δp 成正比的差动电容的相对变化值 $(C_H-C_L)/(C_H+C_L)$ 成比例地转换成差动电流信号 I_i，并实现非线性补偿功能。放大电路部分主要由前置放大器、调零与零点迁移电路、量程调整电路、功放与输出限制电路等组成，该部分电路的作用是将差动电流 I_i 进行放大，并输出 4～20 mA 的直流电流。

3. 数字式转换电路

数字式转换电路工作原理如图 3-45 所示，其核心部件是微处理器回路，其作用是将 A/D 转换采集到的数据进行滤波和线性化处理，再经过量程和零点的调整实现信号与输入成比例关系，并通过 D/A 转换输出需要的 4～20 mA 信号。在需要的场合，还可配合数字通信器将信号以数字通信方式向外传递。由于采用单片机技术，该仪表具备的特点有：功能强、灵活性好、稳定性好、零点和量程可在外部调节、正负迁移范围广、具备自诊断能力、带 HART 通信规约的通信接口。

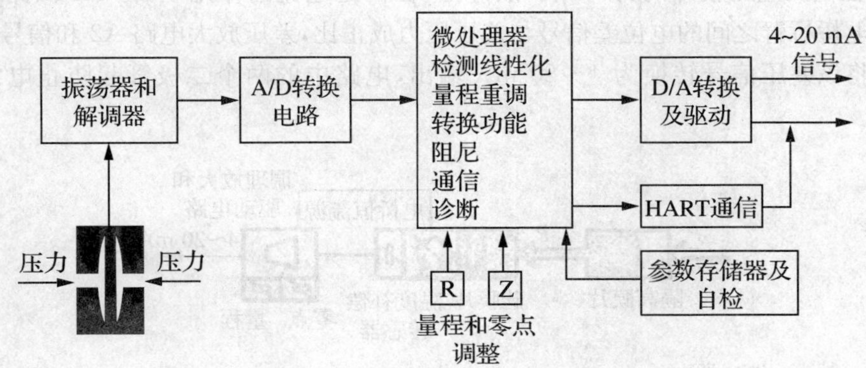

图 3-45　数字式转换电路工作原理

4. 电容式差压变送器零点和量程调整

在变送器的转换电路中设有两个电位器分别用于零点和量程调整，它们位于电气壳体的铭牌后面，移开铭牌即可调整。调零电位器旁标有“Z”；量程电位器旁标有“R”(图 3-46)。当输入信号不变时，顺时针转动两个电位器，均使变送器的输出电流增大，逆时针转动则使输出减少。

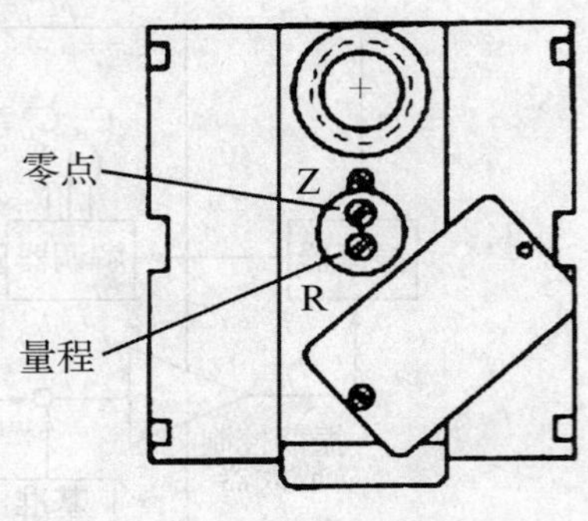

图 3-46　零点和量程调整

假设量程范围为 $\Delta P_{min} \sim \Delta P_{max}$，则零点和量程调整方法的步骤如下：

(1) 使 $\Delta P = \Delta P_{min}$(下限值)，调整调零电位器，直到变送器输出为 4 mA。

(2) 使 $\Delta P = \Delta P_{max}$，调整量程电位器，直到变送器输出为 20 mA。

(3) 重复步骤(1)和(2)，直到 $\Delta P_{min} \sim \Delta P_{max}$ 测量范围与 4～20 mA 标准输出相对应。

除零点和量程调整外，放大器板的焊接面还有一个线性调整电位器和阻尼调整电位器。线性调整电位器已在出厂时调到了最佳状态，一般不在现场调整。阻尼调整电位器用来抑制由被测压力的高频变化而引起的输出快速波动，其时间常数在 0.2～1.67 s 之间。出厂时，阻尼调整电位器调整到逆时针极限的位置上，时间常数为 0.2 s。最好选择最短的时间常数，当时间常数调节不影响变送器的零点和量程时，可在现场进行阻尼调整。

四、扩散硅压力变送器

如图 3-47 所示，变送器由隔离膜片、硅膜片构建的压阻式传感器和信号转换电路组成，传感器的核心是单晶硅片。当单晶硅片受压时，其电阻率发生变化，通过半导体工艺在单晶硅片平面上扩散为 4 个等值电阻，连接成惠斯通电桥；当单晶硅片不受压力作用时，电桥处于平衡状态，当收到压力(或差压)时，电桥的一对桥臂电阻变大，另一对变小，电桥失去平衡。其具体测量电路如图 3-48 所示，其中 R1 和 R4 在检测差压膜片的一侧扩散硅上，R2 和 R3 在检测差压膜片的另一侧扩散硅上，在恒定电流的作用下(由 A1 回路提供恒流源)，输出电桥桥臂之间的电位差信号与差压压力成正比，差压放大电路 A2 和信号转换模块的作用是将该差压信号转换为 4～20 mA 输出，电路中的两个二极管起防止电源反接的作用。

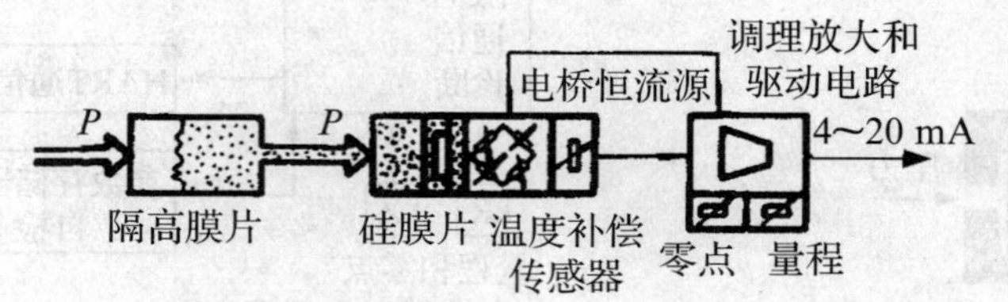

图 3-47　扩散硅压力变送器检测原理图

该扩散硅压力变送器具有体积小、重量轻、精度高，配合外围封装可以达到 IP65 以上，可用于工业环境要求较高的场合，可实现本安和隔爆，具有良好的机械特性。由于可以实现金属的密闭，其电磁抗干扰能力强。外围接法可以是电流二线制，也可以是三线制或其他需要的信号。具体技术指标和选型可以参考各种传感器的技术说明书和选型样本。

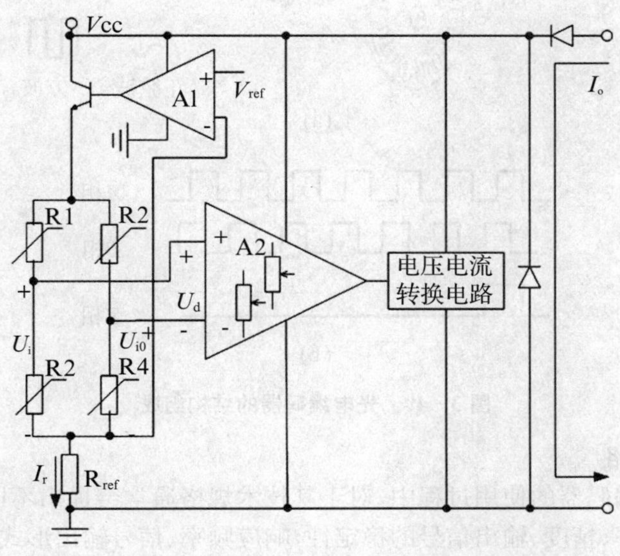

图 3 - 48　扩散硅压力变送器具体测量电路

第四节　光电编码器

根据检测原理，光电编码器可分为光学式、磁式、感应式和电容式。根据刻度方法及信号输出形式，光电编码器可分为增量式、绝对值式以及混合式三种。

一、增量式光电编码器

1. 结构组成

增量式光电编码器主要由光源、码盘、检测光栅、光电检测器件和转换电路组成，如图 3 - 49(a)所示。码盘上刻有节距相等的辐射状透光缝隙，相邻两个透光缝隙之间代表一个增量周期；检测光栅上刻有 A，B 两组与码盘相对应的透光缝隙，用以通过或阻挡光源和光电检测器件之间的光线。A，B 两组的节距和码盘上的节距相等，并且两组透光缝隙错开1/4节距，使得光电检测器件输出的信号在相位上相差 90°。当码盘随着被测转轴转动时，检测光栅不动，光线透过码盘和检测光栅上的透过缝隙照射到光电检测器件上，光电检测器件输出两组相位相差 90°的近似于正弦波的电信号，电信号经过转换电路的信号处理，得到被测轴的转角或速度信息。增量式光电编码器输出信号波形如图 3 - 49(b)所示。

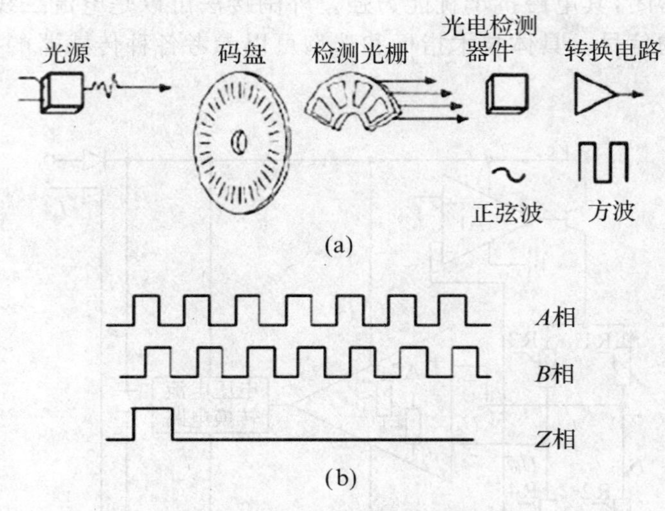

图 3-49　光电编码器的结构组成

2. 基本技术规格

在增量式光电编码器的使用过程中，对于其技术规格通常会提出不同的要求，其中最关键的就是它的分辨率、精度、输出信号的稳定性、响应频率、信号输出形式。

(1) 分辨率。光电编码器的分辨率是以编码器轴转动一周所产生的输出信号基本周期数来表示的，即脉冲数/转(PPR)。码盘上的透光缝隙的数目等于编码器的分辨率，码盘上刻的缝隙越多，编码器的分辨率就越高。在工业电气传动中，根据不同的应用对象，可选择分辨率通常在 500～6 000 PPR 的增量式光电编码器，最高可以达到几万 PPR。交流伺服电动机控制系统中通常选用分辨率为 2 500 PPR 的编码器。此外，对光电转换信号进行逻辑处理，可以得到 2 倍频或 4 倍频的脉冲信号，从而进一步提高分辨率。

(2) 精度。增量式光电编码器的精度与分辨率完全无关，这是两个不同的概念。精度是一种度量在所选定的分辨率范围内，确定任一脉冲相对另一脉冲位置的能力。精度通常用角度、角分或角秒来表示。编码器的精度与码盘透光缝隙的加工质量、码盘的机械旋转情况的制造精度因素有关，也与安装技术有关。

(3) 响应频率。编码器输出的响应频率取决于光电检测器件、电子处理线路的响应速度。当编码器高速旋转时，如果其分辨率很高，那么编码器输出的信号频率也会很高。如果光电检测器件和电子线路元器件的工作速度与之不能相适应，就有可能使输出波形严重畸变，甚至产生丢失脉冲的现象。这样输出信号就不能准确反映轴的位置信息。所以，每一种编码器在其分辨率一定的情况下，最高转速也是一定的，即编码器的响应频率是受限制的。

(4) 输出信号的稳定性。编码器输出信号的稳定性是指在实际运行条件下保持规定精度的能力。影响编码器输出信号稳定性的主要因素是温度对电子器件造成的漂移、外界加于编码器的变形力以及光源特性的变化。由于受到温度和电源变化的影响，编码器的电子电路不能保持规定的输出特性，在设计和使用中都要给予充分考虑。

（5）信号输出形式。在大多数情况下，直接从编码器的光电检测器件获取的信号电平较低，波形也不规则，还不能适应于控制、信号处理和远距离传输的要求。所以，在编码器内还必须将此信号放大、整形。经过处理的输出信号一般近似于正弦波或矩形波。由于矩形波输出信号容易进行数字处理，所以这种输出信号在定位控制中得到广泛的应用。采用正弦波输出信号时，基本消除定位停止时的振荡现象，并且容易通过电子内插方法，以较低的成本得到较高的分辨率。增量式光电编码器的信号输出形式常用的有集电极开路输出和电压输出，其输出电路如图 3－50 所示。晶体管使用 NPN 和 PNP。

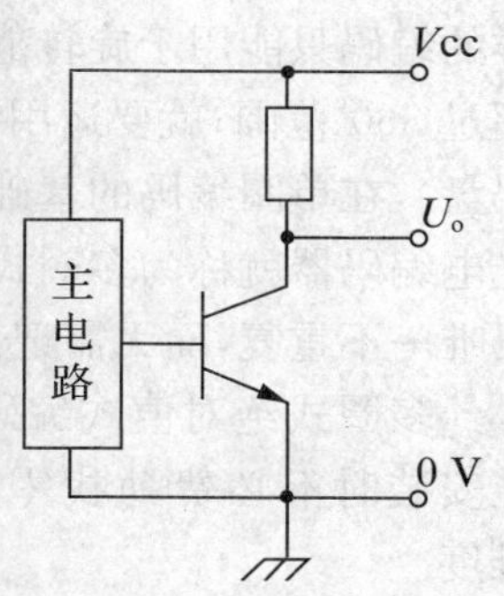

图 3－50　增量式光电编码器输出电路

二、绝对值式光电编码器

旋转增量值光电编码器以转动时输出脉冲，通过计数设备计算其位置，当编码器不动或停电时，依靠计数设备的内部记忆来记住位置。这样，当停电后，光电编码器不能有任何的移动，当来电工作时，光电编码器输出脉冲过程中，也不能有干扰而丢失脉冲，不然，计数设备计算并记忆的零点就会偏移，而且这种偏移的量是无从知道的，只有错误的生产结果出现后才能知道。

解决的方法是增加参考点，编码器每经过参考点，将参考位置修正进计数设备的记忆位置。在参考点以前，是不能保证位置的准确性的。为此，在工业控制中就有每次操作先找参考点，开机找零等方法。这样的方法对有些工业控制项目比较麻烦，甚至不允许开机找零（开机后就要知道准确位置），于是就有了绝对值式光电编码器。

1. 工作原理

如图 3－51 所示，绝对值式光电编码器光码盘上有许多道光通道刻线，每道刻线依次以 2 线、4 线、8 线、16 线……编排，这样，在编码器的每一个位置，通过读取每道刻线的通、暗，获得一组从 2^0 到 2^{n-1} 的唯一的 2 进制编码（格雷码），这就称为 n 位绝对值式光电编码器。这样的编码器是由光电码盘的机械位置决定的，其信号不受停电干扰的影响。

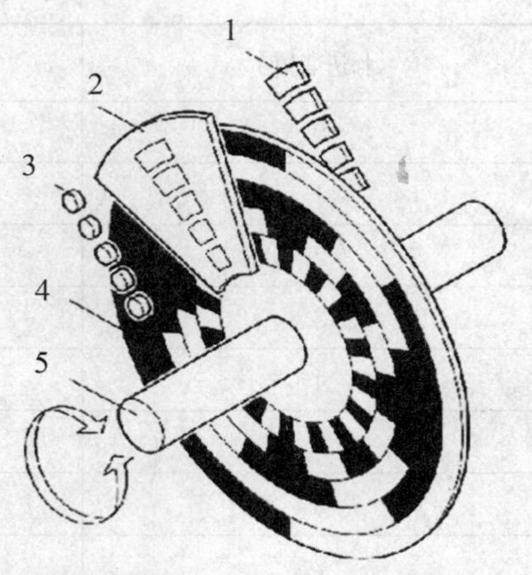

1—光电接收；2—扫描盘；3—发光管；4—光电码盘；5—转轴

图 3－51　绝对值式光电编码器工作原理

绝对值式光电编码器由机械位置决定的每个位置是唯一的，无需记忆，无需找参考点，而且不用一直计数，什么时候需要知道位置，什么时候就读取它的位置。这样，绝对值式编码器的抗干扰特性、数据的可靠性就大大提高了。

旋转单圈绝对值式编码器，以转动中测量光电码盘各道刻线，以获取唯一的编码，当转动超过 360°时，编码又回到原点，这样就不符合绝对编码唯一的原则，而这样的编码只能用于旋转范围360°以内的测量，称为单圈绝对值式编码器。如果要测量旋转超过360°范围，就要运用钟表齿轮机械的原理，通过齿轮传动另一组码盘（或多组齿轮、多组码盘），在单圈编码的基础上再增加圈数的编码，以扩大编码器的测量范围，这样的绝对值式光电编码器就称为多圈式绝对值式光电编码器，同样是由机械位置确定编码，但每个位置编码唯一不重复，而无需记忆。

多圈式绝对值式编码器另一个优点是由于测量范围大，实际使用往往富裕较多，这样在安装时不必费劲找零点，将某一中间位置作为起始点就可以，而大大简化安装调试难度。

2. 绝对值代码

绝对值式光电编码器输出的二进制数字与对应位置具备一一对应的关系。按常理应选用二进制码，因为编码器可以很容易被外部设备所处理。但是，二进制码是直接从旋转码盘上取得的，由于同时改变的编码状态位数超过一位，而要求多位变化同步输出非常困难，难免出现干扰。

例如，两个连续的二进制码编码7(0111)变到8(1000)，可以注意到所有位的状态都发生了变化。因此，如果试着读在特定时刻的编码，要保证读数的正确性是很困难的，因为在数据改变的一瞬间同时就有超过一位的状态发生变化，所以，出现在两个连续编码之间（甚至于从最后一个到第一个）只有一位二进码状态变化的编码方法，即格雷码。

格雷码通过一个简单的组合电路就可以很容易被转换为二进制码。表3-3是一个十进制0～8对应的二进制与格雷码的对应关系，从表中可见，任一数字增加或减小一位，格雷码只有一位发生变化，这对后续数据处理提供可靠的输出。具体格雷码与二进制的转换关系可以参考相关文献。

表3-3　格雷码与二进制的对应关系

十进制码	二进制码	格雷码
0	0000	0000
1	0001	0001
2	0010	0011
3	0011	0010
4	0100	0110
5	0101	0111
6	0110	0101
7	0111	0100

复习思考题

1. 温度传感器有哪些？各有何特性？
2. 压力传感器有哪些？分别描述其工作特性。

3. 简述气动差压变送器的工作原理。

4. 气动差压变送器在锅炉水位检测时，具体管路如何连接，零点、量程如何调节？

5. 简述电容式差压变送器的组成及其各环节的作用。

6. 数字变送器有哪些附加功能？

7. 简述光电编码器的基本工作原理。

第四章　船舶机舱重要参数监测

第一节　曲轴箱油雾浓度监测报警装置

曲轴箱油雾浓度监测报警装置是保证柴油机安全运行的重要装置之一。曲轴箱故障初期的轴承表面可产生高于 200 ℃的高温，导致快速产生高温油汽，高温油汽遇到曲轴箱内相对低温的空气凝结成细雾，细雾直径的典型值为 0.5～5 μm。当其密度达到 30～50 mg/L（取决于油的品种）时就有爆炸的危险。采用光学测量技术，油雾浓度可以测量小到 0.05 mg/L的浓度。油雾浓度探测技术已经用于监测曲轴箱的工作状态，系统从曲轴箱各部位通过管路将油雾样品抽取出送到传感器进行光学密度分析。曲轴箱油雾浓度监测报警装置的作用就是在油雾浓度超过正常标准时，能及时发出声光报警，同时通过主机安全保护系统使主机自动降速或停车。

船上所采用的油雾浓度监测报警装置种类繁多，典型的是以单片机为核心的油雾浓度探测装置，由于其体积减小，取消了许多机械旋转部件，同时，由于其采样准确、执行速度快，并有较强的自检功能，所以大大提高了监测报警装置工作的可靠性。随着网络技术的发展及传感器技术的不断进步，新一代网络型油雾浓度监测报警装置采用现场总线把传感器及监测单元连接起来，从而可以使系统中的检测点数目增加，甚至一台油雾浓度探测装置可以监测多台柴油机。

一、单片机型曲轴箱油雾浓度检测原理

以 Graviner Mark 5 型油雾浓度探测装置为例，其油雾浓度检测原理如图 4－1 所示，装置共有 11 个二位三通电磁阀，其中有 10 个电磁阀分别采集各曲轴箱的气样，该系统最多可检测 10 个缸的气样。另外，1 个是清洗测量管电磁阀，利用压缩空气通过该电磁阀来清洗测量装置。如果柴油机是 6 缸，则电磁阀 6 个，其中 4 个不用。系统在正常运行期间，单片机轮流控制各采样点电磁阀通电，通电的电磁阀（如图 4－1 所示采样点 1 的电磁阀）左位通，该缸曲轴箱油雾气样在抽风机作用下流经测量室，其他点的采样电磁阀断电右位通，曲轴箱气样在抽风机作用下经旁通管路直接排出而不经测量室。

测量部分由测量室、光源和光电池组成。光源接通电源以后将发射一束光强不变的平行光并照射在光电池上，当流经测量室的待测气样油雾浓度变化时，其气样的透光程度发生变化，即照射到光电池的光强也发生变化，光电池输出的电流大小与接收到的光强成一定的函数关系，该电流信号经电流/电压转换并经变增益放大后送至 A/D，把与油雾浓度相对应的电压信号转换成数字量送入单片机。单片机先把所测量到的各缸曲轴箱气样油雾浓度值加在一起除以缸数，得到一个平均浓度值并存入 RAM 中。以后每检测一个缸的曲轴箱气样油雾浓度值，就与平均浓度相比较得到一个偏差浓度值，并用新的浓度值取代原先所检测

到的该缸气样油雾浓度值,算出一个新的平均油雾浓度。这样每检测一个缸的曲轴箱气样,就能得到两个值,即偏差浓度值和平均浓度值,单片机再把这两个值与报警设定值相比较,不管平均浓度值达到平均浓度报警值,还是偏差浓度值达到偏差浓度报警值,都将在液晶显示器上显示(显示值为100%),并发出声光报警,同时向主机的安全保护系统送一个故障降速或故障停车信号。

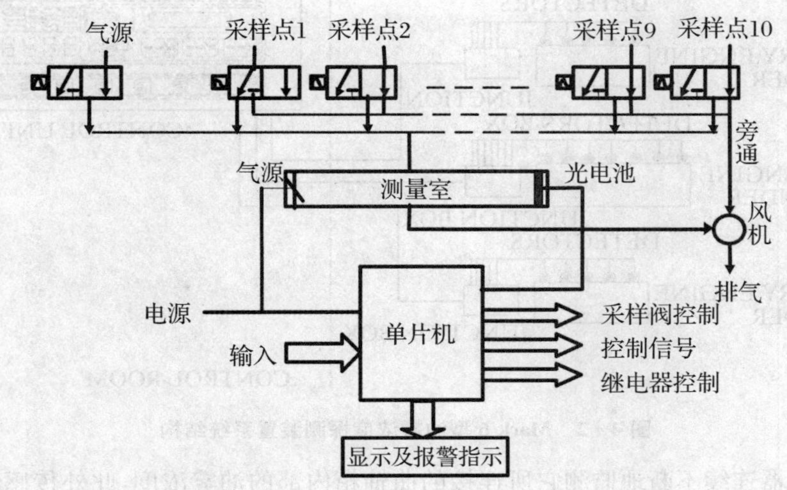

图 4-1　油雾浓度检测原理

在正常运行中,单片机定时使清洗空气电磁阀通一次电,如图 4-1 所示,电磁阀通电后左位通,来自气源的压缩空气经该阀左位进入测量室。该压缩空气一方面对光源、光电池及测量室进行清洗,防止光源和光电池被油雾污染而影响测量精度;另一方面,压缩空气对测量单元还能起到冷却作用,提高光源和光电池的使用寿命,防止光电池因温度升高而产生特性漂移。除此之外,测量单元要检测一次空气的油雾浓度,该值此时应该为零,如果不是零,则看一下与原零点偏差有多大,若偏差不大,则以新得到的浓度值为相对零点并取代原零点,若偏差较大,系统则认为光源或光电池污染严重,清洗无效,OPTICAL FAULT 灯亮,发出报警并终止采样。

二、网络型曲轴箱油雾浓度监测报警装置组成

以 Mark 6 型油雾浓度探测装置为例,其最主要的改进设计是取消了采样管路,每个检测点用一个传感器单独进行检测,并通过通信总线将信号送到控制装置,由于一个传感器一个测量回路,所以不需要油雾浓度探测装置对每个测量点用采样管路进行扫描测量,提高了检测速度。该探测装置仍然使用光学传感测量方法,但用散射光测量取代透明度的测量,从而实现传感器的小型化,通过标准的接口安装并固定在机器上,各个采样点独立且不用采样管路,传感器内部多光源的设计使得当一个光源损坏时传感器仍能正常使用。模块化设计使得在很短的时间内就能完成故障探头的更换。

Mark 6 型油雾浓度探测装置可以安装多达 64 个分布于 8 台柴油机上的探头。在没有报警的正常情况下全系统扫描时间为 1.2 s。

传感器电缆直接连接安装于柴油机上的接线盒,然后通过两根电缆(通信电缆和电源

线)分别连接到位于集控室的控制单元及显示单元或其他合适的地方。该探测装置采用数字传输技术,这意味着显示及控制部分可以安装在位于集控室的控制单元内,在有报警发生时没有必要到现场进行操作。Mark 6 型油雾浓度探测装置由三部分组成:传感器(探头)、接线箱及控制单元,其系统结构如图 4-2 所示。

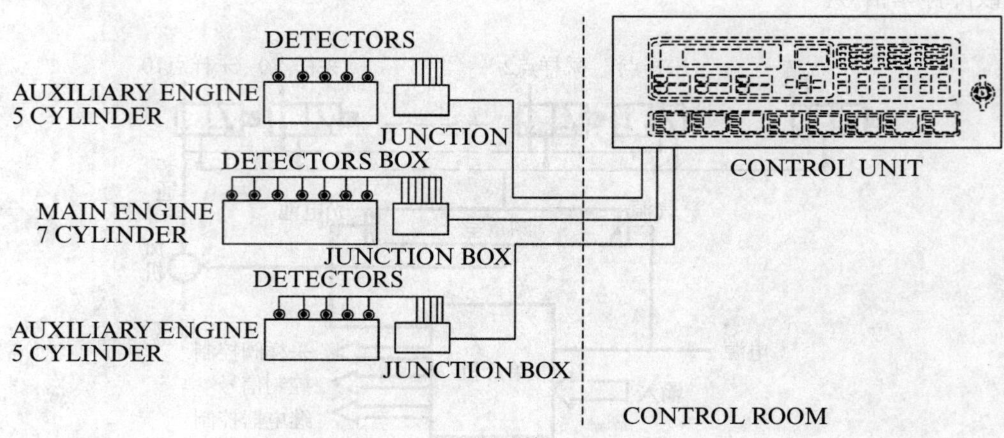

图 4-2　Mark 6 型油雾浓度探测装置系统结构

每个传感器连续不断地监测它所连接的曲轴箱内部的油雾浓度,此外传感器本身要进行自检。控制单元将按顺序扫描传感器内以数字量形式存储的各种信息,包括传感器的地址码。控制单元根据这些信息分别处理每台机器,计算油雾浓度平均值及相对于平均报警值的偏差值,再与预设的平均报警值及偏差报警值进行比较。

控制单元配有 LCD 显示器显示每台机器的平均油雾浓度,在报警状态下根据需要自动显示报警点的油雾浓度值及相应的机器的油雾浓度平均值。

油雾浓度探测装置可以通过软件设置使之适应二冲程机或四冲程机或其组合,软件菜单提供各种功能的实现方法,它有 3 个操作级别:用户、工程师及服务商。

用户级别的操作只能实现查询功能,不能进行报警设定及系统设定。工程师级别的操作受密码保护,输入密码后可以完成很多设置,但不可以对事件及历史记录进行更改及复位。服务商级别的操作受密码保护,但不同于工程师级别的菜单,允许进行所有操作,这种操作必须有厂家的授权或代理授权。

为了安全,所有的系统控制及报警显示与输出都在控制单元实现,每个传感器上装有 3 个指示灯:绿色指示灯(指示电源状态),红色指示灯(指示报警状态),淡黄色指示灯(指示故障状态),探头上还有设置地址码的开关。

任何一个传感器的工作都是独立的,一个传感器出现故障或者保养并不影响其他传感器的工作,一个传感器或者一个柴油机油雾浓度检测系统都可以被隔离,从而便于维护和保养,且不影响其他部分的正常工作,探头之间及控制单元之间采用 CAN 总线连接完成彼此之间的信息交互。

Mark 6 型油雾浓度探测装置系统接线图如图 4-3 所示,图中安装有 14 个传感器,每个传感器有 5 根线,图中符号说明如下:

(1) 每个传感器都有 2 根电源线,0 V 和+24 V。

(2) C+和C-为2根CAN总线通信线，连接到所有传感器。

(3) AL BCK UP为故障信号线。

(4) 所有的传感器都通过接线盒再与控制单元连接，传感器之间通过CAN总线连在一起。

(5) 每台机器配1个接线盒。

(6) 控制单元中每台机器对应1个继电器故障停车信号，NC为常闭触点，NO为常开触点，C为公共触点。

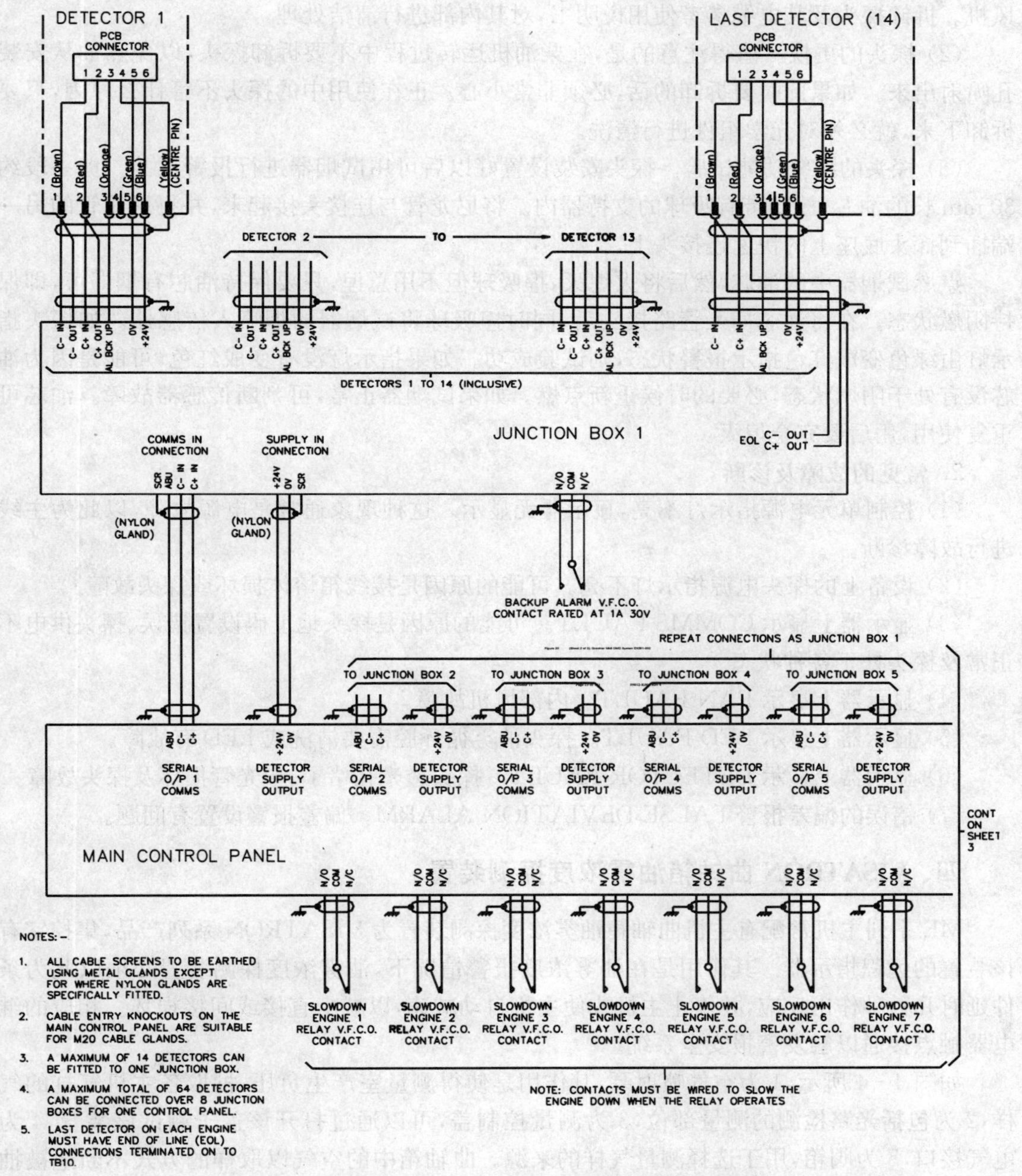

图4-3　**Mark 6**型油雾浓度探测装置系统接线图

三、曲轴箱油雾浓度监测报警装置的保养及故障诊断

以 Mark 6 型曲轴箱油雾浓度检测器为例说明其维护与保养的要求：

1. 维护与保养

(1) 探头的清洗步骤。如果要对某个探头进行维护和保养或对某台机器的全部探头进行保养，需要按照说明书对某个探头或某台机器进行隔离、清洗，其中清洗包括测量回路和风机。拆卸探头及其电缆参考使用说明书，对其内部进行清洁处理。

(2) 探头的更换。值得注意的是，在柴油机运转过程中不要拆卸探头，以免热油从安装孔喷射出来。如果此时要拆卸的话，必须非常小心。正在使用中的探头不管什么原因，只要拆卸下来，就必须对光学组件进行清洗。

(3) 探头的报警功能试验。探头安装设置好以后可用试烟器进行报警试验。剪一段约 30 mm 长的油芯，放到带有吸球的支持器内。将尼龙管与连接头接起来，并将尼龙管的另一端插到探头底座上的快速连接头上。

点燃试烟器中的油芯，然后将火熄灭，捏吸球但不用总捏，只要保持油芯有烟即可，即保持阴燃状态。在将油芯插入管路接头后，同时捏吸球将试烟器的烟喷入传感器。如探头指示灯由绿色变成红色指示报警状态，则试验成功。如果指示灯没有变成红色，可能是因为油芯没有处于阴燃状态，必要的时候重新点燃。如果试烟器正常，可判断传感器故障。油芯可重复使用，用后要完全熄灭。

2. 常见的故障及诊断

(1) 控制单元电源指示灯不亮，显示器无显示。这种现象通常是电源故障，以此为主线进行故障诊断。

(2) 设备上的探头电源指示灯不亮。可能的原因是接线箱熔体损坏或探头故障。

(3) 显示器上显示 COMMS FAULT。可能的原因是探头地址码设置错误、探头供电不正常及探头处于各种状态。

(4) 显示器上显示 FAN FAULT。内部风机故障。

(5) 显示器上显示 LED FAULT。探头油雾循环腔需要清洗或 LED 有故障。

(6) 显示器上显示 DETECTOR FAULT。探头透光孔堵了、导光管损坏及探头故障。

(7) 错误的偏差报警 FALSE DEVIATION ALARM。偏差报警设置有问题。

四、VISATRON 曲轴箱油雾浓度探测装置

ME 系列主机常配有主机曲轴箱油雾浓度探测装置为 VISATRON 系列产品，集控室有该装置的远程指示器。其作用是在油雾浓度报警情况下，油雾浓度探测装置必须以此为条件延时几秒种作出反应，并停止主机或使主机自动减速，以减少直接或间接损坏。相应的继电器触点接通以触发警报安全系统。

如图 4-4 所示，1 为空气喷射泵，其作用是使得测量室产生负压，抽取各主机气缸的气样，2 为包括光路检测的测量部位，3 为测量控制盖，可以通过打开该盖子测试该装置，4 为电气接口，5 为阀箱，用于选择测量气样的来源。曲轴箱中的空气以取样的方式不断地被抽出并直接通过一个光学不透明度测量路径，在这种测量通道内，被抽出的曲轴箱空气的不透

明度(混浊度)由红外线光决定。VISATRON 曲轴箱油雾浓度探测装置的主要构成如下:①为产生必需负压的带有空气喷射泵的基座和主连接插头;②带有电子模块的测量头、显示窗口和检查盖;③取样室连接或支管。

探测装置可以显示一油雾浓度报警,确定在阀箱窗口内单个曲轴箱中已出现故障。设备供电为 24 V DC,消耗电流为 3 A,由 4 A 自恢复熔断器保护,以下几种情况需要轮机员操作:①油雾浓度报警被确认;②油雾浓度探测装置故障被确认;③油雾浓度探测装置需维修。

探测装置的显示如图 4-5 所示,当发生故障时,VISATRON 显示器上显示故障代码和油雾浓度值。正常时,绿色“Ready”灯及最低位置红灯(对应 0%)亮;油雾浓度百分比的变化参照显示于浓度显示上的基本浓度;“Test”“Alarm”熄灭;准备完毕继电器通电;报警继电器关闭;阀箱中的所有阀被开启,可见标识显示于阀箱的检查窗内。当油雾浓度进一步升高到报警值后,报警红灯闪亮;准备完毕继电器通电;报警继电器通电;阀箱的检查窗内有 1 个红色标志表明该取样曲轴箱内油雾浓度高。确认故障后,排除故障,使设备重新回到正常,还需要按下“复位”按钮;如果存在一个装置故障如驱动空气源衰弱,则“Ready”灯熄灭。如果设备自身故障,将会出现:绿色准备指示灯灭,浓度显示中的设定故障指示灯闪亮;“Test”“Alarm”灯熄灭和报警继电器失电,此时按下“复位”按钮将锁定故障指示。在装置故障的情况下,维修过程注意电子模板装有感光元件,防止静电放电。更换器件必须由专业人员操作。不得接触红外镜头或电路!操作者应利用接地带缚住自己的手腕。

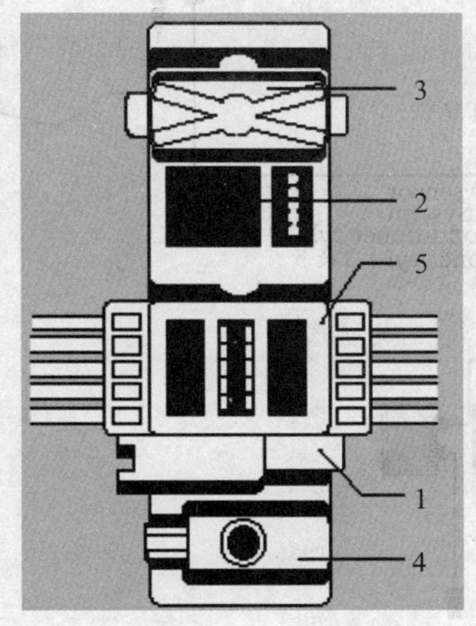

1—空气喷射泵;2—测量部位;
3—测量控制盖;4—电气接口;5—阀箱

图 4-4　VISATRON 曲轴箱油雾浓度探测装置

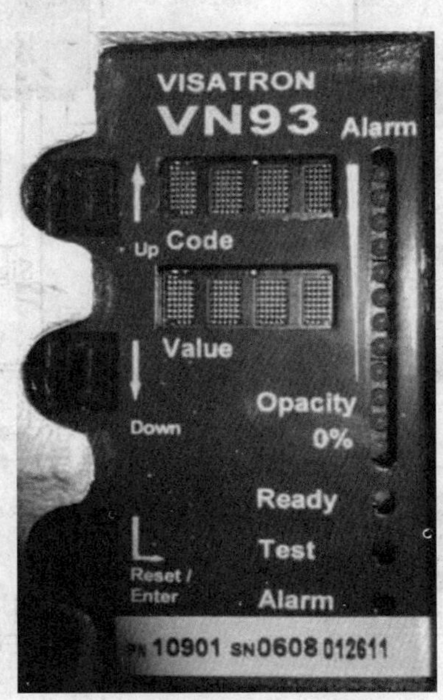

图 4-5　VISATRON 显示器

第二节　主机气缸压力检测系统和柴油机轴承磨损监测系统

一、主机气缸压力检测系统

柴油机向更高的功率、更先进的控制方式、更大更多缸的方向快速发展的同时，也给柴油机生产调试过程和日常维护提出更高的要求。PMI 是目前 ME 电喷机上运用的先进工具，能更深入地分析主机内部燃烧状态，提高调试效率，降低磨合所需的燃油量，同时更精准、更高效的调校柴油机，给调试和维护工作带来便利。PMI 根据实际设备的选择，可做成 OnLine 和 OffLine 两种，并能与柴油机管理系统联系，为管理系统提供数据。如图 4-6 所示，PMI-Online 由数字信号收集箱采集安装在每个气缸上压力传感器信号，实时监测气缸内压力，并通过 PMI 软件，在 MOP B 上显示出来，得以实时观察各缸运转状况及主要参数。同时，根据各缸情况，通过 MOP A 或 MOP B 计算机更改相关参数，可将爆压和压缩压力调整至要求的范围。

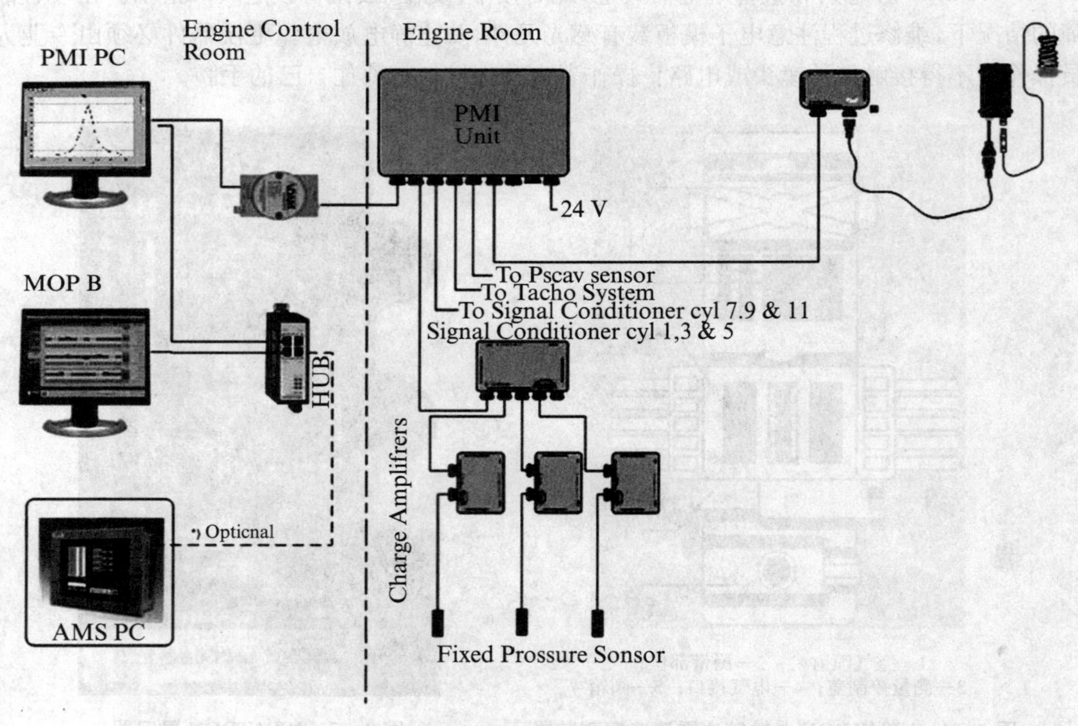

图 4-6　PMI-OnLine 的结构组成

1. PMI-OnLine 的组成

如图 4-6 所示，PMI-OnLine 的传感器有固定在示功器上的气缸压力传感器，还有一个移动的气缸压力传感器。由于传感器的信号微弱，每个传感器(Fixed Prossure Sensor)附近都对应配置一个信号放大器(Charge Amplifier),几个信号放大器的信号送到一个采集转换单元(Signal Conditioner),将气缸传感器的信号转换成标准的模拟信号送到PMI的数据采集箱(PMI Unit)。数字采集箱内计算机对其进行A/D转换,并将转换好的数字信号通过通信接口单元与PMI计算机联系。如果气缸数较多,数据采集箱内计算机的转换工作可由两台设备分担,分为主单元和从单元,且采集单元为对称分布,如主单元采集单号气缸,从单元采集双号气缸。数据采集还需要从扫气压力传感器、主机测速系统、主机各缸的控制和位置信号中读取数据,由PMI计算机根据主机模型计算出各种分析图形,供其他系统使用或提供主机状态显示和分析结论。PMI的计算机为标准配置的个人计算机,其系统采用Windows™软件,除运行PMI应用软件外,该计算机还可同时运行ME柴油机的其他软件,如柴油机诊断软件CoCoS-EDS,PMI软件能将数据直接送给CoCoS-EDS。在图4-6中,PMI将信号通过以太网送到主机操纵面板MOP B中,除用于调整喷油定时和喷油量以控制爆压外,还可以送到AMS供监测。

2. PMI-OnLine的主要功能

(1) 在线监测和观察,可实时看到各缸运转状况以及主要参数。如图4-7所示,主机有12个气缸,图4-7(a)为测得的各缸的PT图,各缸采用不同的颜色区分,其横坐标为曲轴角度,纵坐标为气缸压力。该图可以转化为根据气缸容积(或活塞位移)变化对应气缸内工质压力的变化图(PV图),用于考察柴油机工作过程中缸内介质燃烧情况,反映柴油机的功率、做功能力。另外,还可得到平衡图,使用条形图表示柴油机各缸的燃烧压力,用于衡量各缸内压力的分布情况。

(2) 根据各缸情况,通过电控柴油机的监控面板MOP A或MOP B更改相关参数,可将爆压和压缩压力调整至要求的范围。调整结果如图4-7(b)所示。

(3) 保存数据,随时可以调用、观察并分析历史数据。软件带有智能分析功能,可通过启动"PMI在线分析仪",对PT图、PV图和平衡图等的数据进行分析,得到柴油机当前的工况,并能将数据发给管理软件CoCoS-EDS,为管理人员提供柴油机工况信息,便于设备的维护与保养。

3. 调试中的经济效益分析

除正车工作中使用PMI观察和调整柴油机工况,达到柴油机控制最优化,燃烧最佳外,在柴油机的调试过程中也发挥着节能和提高效益的作用,具体情况如下:

(1) 经验计算。通常使用一般示功器或PMI-OffLine进行调试和性能确认需用9 h,而用PMI-OnLine约需5 h,故每台机调试过程可节约4 h,按照油耗(以6S70MEC-2#CE00189Y为例)170 g/(kW·h),功率以90%负荷16 794 kW计算,那么4 h可节约用油:$\frac{170\times16\,794\times4}{1\,000\times1\,000}=11.42$ t。

(2) 理论计算。在每挡负荷点通常需要调整3次,每次用示功器或PMI-OffLine测量需要15 min,而PMI-OnLine则几乎只需要确认好与不好,通常不过2～3 min,每次调整过程节约耗油可达约10 t。

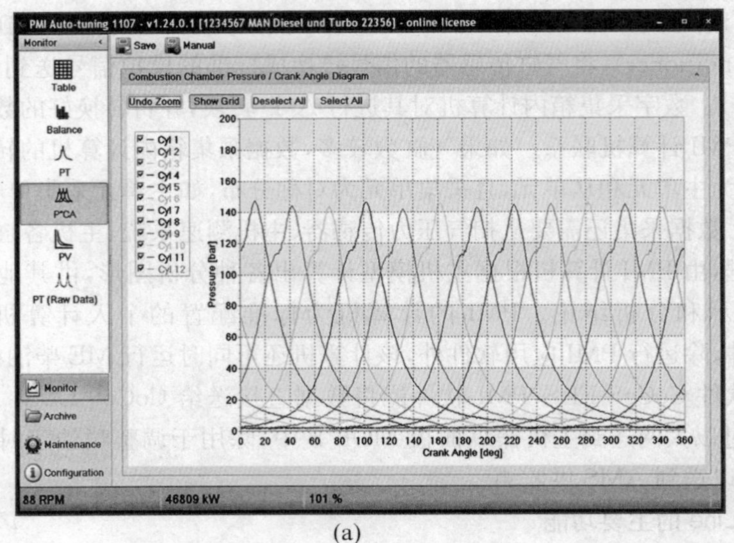

(a)

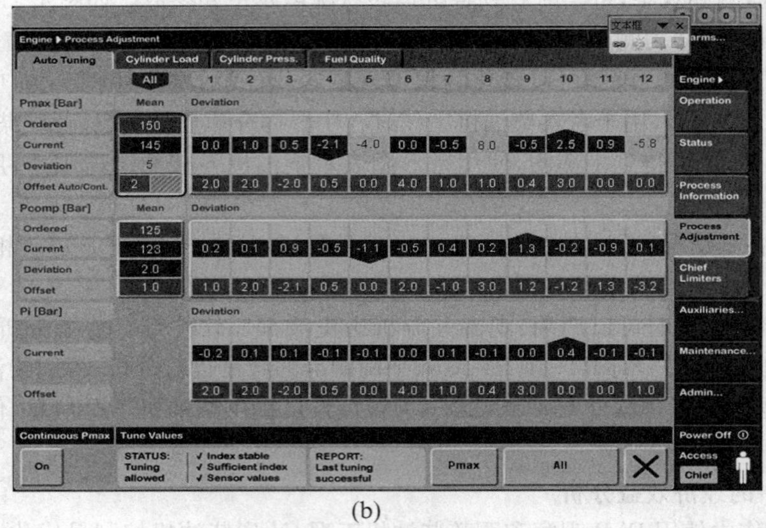

(b)

图 4-7　PT 图和 MOP 调整各缸的油量以及定时后的各缸情况

二、柴油机轴承磨损监测系统

当柴油机轴承磨损增大后，其轴心轨迹发生变化，最小油膜厚度减小，而最小油膜厚度可以反映轴颈与轴承的磨损状态，但连杆轴承处于运动状态，传感器安装不便，不能直接测量出每个轴承的油膜厚度。目前常用的办法是，测量十字头处于下止点时，其相对于机架位移的变化，可以反映此处轴承油膜厚度的变化，根据磨损量的多少可以判断轴承的磨损状态，实现对轴承的状态监控。传感器安装图如图 4-8 所示，8 个缸中，主轴两端各装 1 个温度传感器，用于对位置检测传感器进行校正；中间每个缸安装 2 个接近传感器，用于检测活塞下死点相对主机本体的位置；由于传感器前后对称布置，测得位置即可用于检测对应各缸前后轴承的位置。所以各缸的曲轴的两侧磨损均可以检测，曲轴整个状态可也以通过计算比较得到。

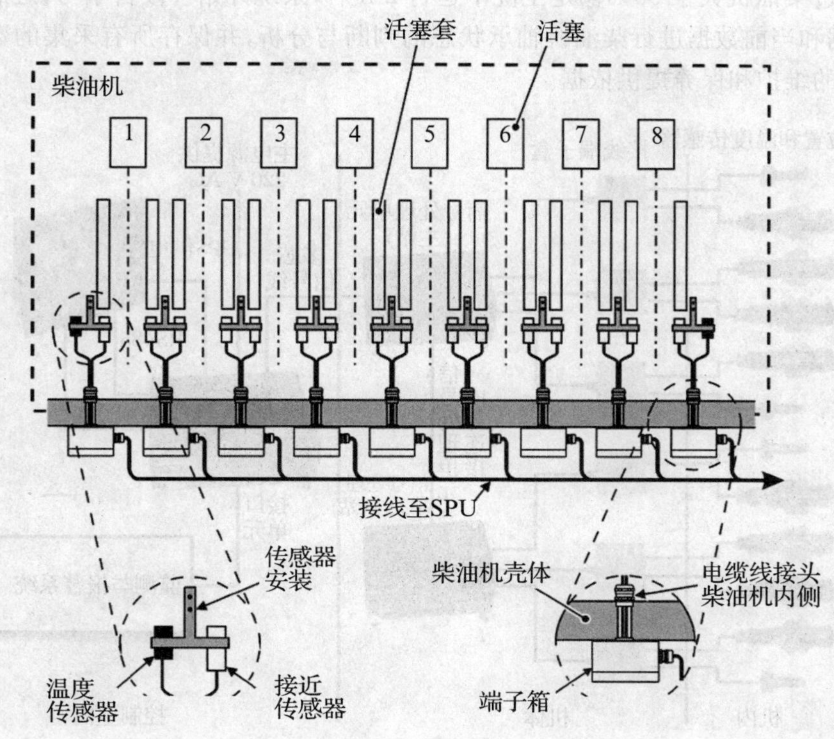

图 4-8　传感器安装图

1. 轴承磨损检测系统的组成

如图 4-9 所示，系统由位置和温度传感器、信号处理单元（SPU）、接口单元（Interface Unit）和计算机等组成。如果主机气缸数较多（7 个以上），则信号处理单元还需要配置 1 个从机，与信号处理单元主机进行信号通信联系。接口单元除向计算机提供 RS485 通信通道实现数据交换外，还可以向机舱报警系统提供报警信息，供柴油机监测使用。

温度传感器采用热电阻 Pt100，位置传感器采用电感式接近传感器，能够持续地测量从十字头下止点到传感器表面之间的距离，测量范围最大 5 mm，精确到 0.01 mm，其输出信号为 4～20 mA，灵敏度为每毫米变化 3.1 mA。信号处理单元的作用是将传感器的信号经微机 A/D 后转换为数字信号，其本身可以保存采集的数据，还可通过多芯数据线，使用 ModBus RTU 协议传送给接口单元，另外，信号处理单元还能得出正常、警告和故障三个状态信息送给接口单元。接口单元内置一个不间断电源 UPS 和一个 18 V 直流电源，18 V DC 用于信号处理单元用电，UPS 为计算机供电。另外一个作用是将信号处理单元送来的 RS485 通信信号和状态信号转接到计算机和报警系统。除观察当前轴承的磨损量状态外，计算机还可根据轴承的模型计算出轴承的变化趋势，为设备的使用和维护提供可靠的数据和信息。

2. 轴承检测系统的软件功能

系统在传感器安装调整好后，配置好的计算机（通信接口、传感器数量、校正时间、额定转速、自动报告间隔时间等配置）先要经过手动传感器调校，确保传感器测出的位置与当前一致，再经过柴油机大于 95％额定工况下运行 2 h 后，系统开始一段自学习，之后系统可根据历史数据和当前数据进行柴油机轴承状态的判断与分析，并保存所有采集的数据及其变化，为轴承的维护和保养提供依据。

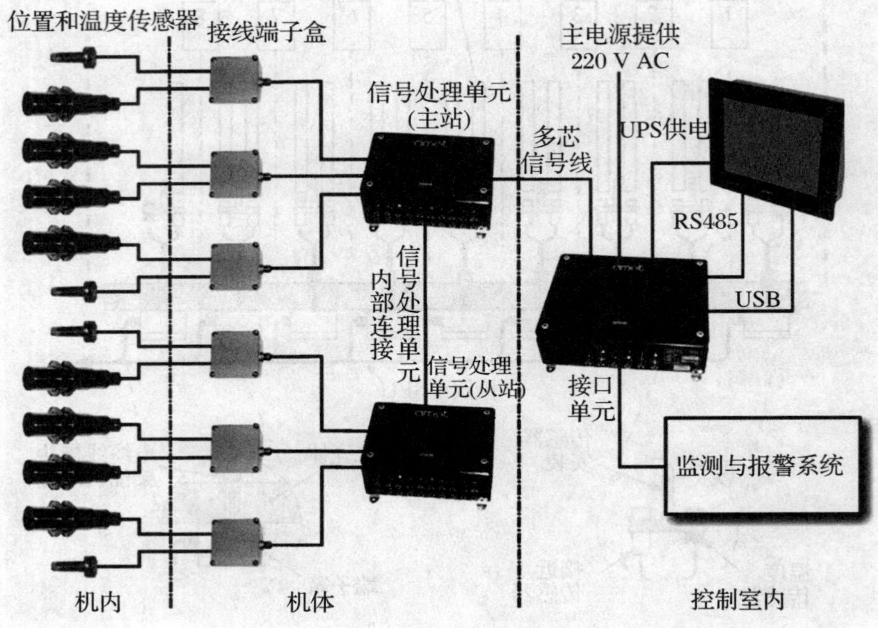

图 4－9　轴承检测系统组成

第三节　油水分离器及其油份浓度检测

一、系统结构组成

油水分离器管系图如图 4－10 所示，A 管为污水进口；B 管为分离出来的污油出口，送污油柜；C 管为排水口的取样水管，用于 PPM 检测；D 管为外围提供冲洗水进口；E 管为小于15 ppm时的舷外排水口；F 管为高于 15 ppm 的污水回到循环水中去。虚线代表控制电缆线，图中油分浓度检测装置 OCM 为分离后排出水的水中含油量检测装置，如果检测的水中含油量小于 15 ppm，则控制电磁阀 VO4 打开；相反，控制 VO4 关闭，VO5 打开，污水不得向船舷外排放。电动机的控制只有一台污水泵的启动/停止控制，其他逻辑控制，如水位检测、电磁阀的控制等由 PLC 控制，PLC 接受传感器和 OCM 的报警信号，控制相应的电磁阀动作。VO1 是第一级分离的排油电磁阀，由第一级油水分离器 T1 的传感器检测油水分界面来控制，VO2 和 VO3 是第二级分离器 T2 和 T3 的排油电磁阀，由 PLC 根据传感器和程序来控制。

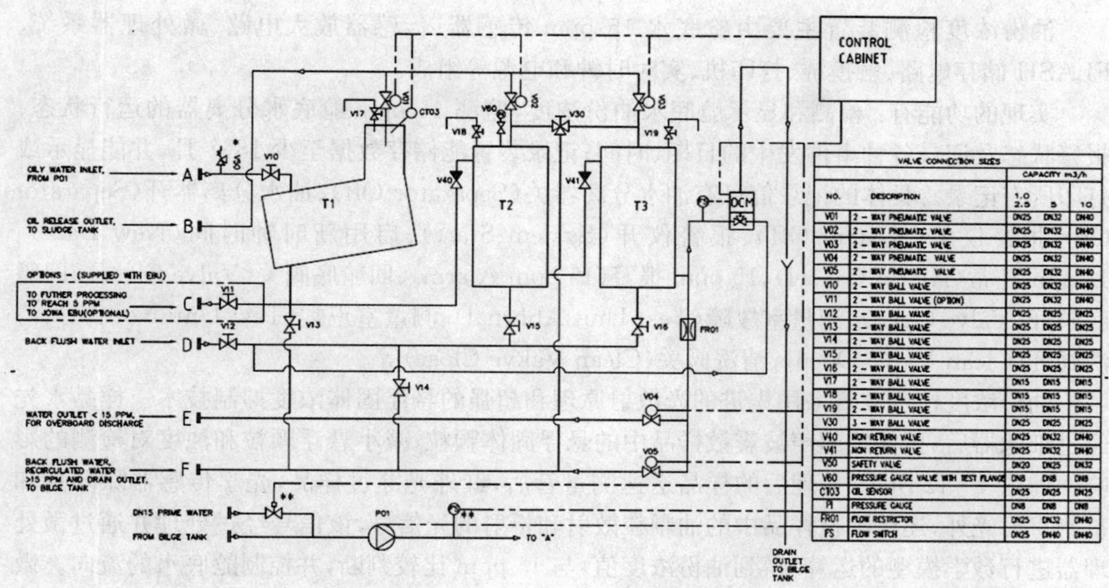

VALVE CONNECTION SIZES				
		CAPACITY m3/h		
NO.	DESCRIPTION	1.0 2.5	5	10
V01	2 - WAY PNEUMATIC VALVE	DN25	DN32	DN40
V02	2 - WAY PNEUMATIC VALVE	DN25	DN32	DN40
V03	2 - WAY PNEUMATIC VALVE	DN25	DN32	DN40
V04	2 - WAY PNEUMATIC VALVE	DN25	DN32	DN40
V05	2 - WAY PNEUMATIC VALVE	DN25	DN32	DN40
V10	2 - WAY BALL VALVE	DN25	DN32	DN40
V11	2 - WAY BALL VALVE (OPTION)	DN25	DN32	DN40
V12	2 - WAY BALL VALVE	DN25	DN25	DN25
V13	2 - WAY BALL VALVE	DN25	DN25	DN25
V14	2 - WAY BALL VALVE	DN25	DN25	DN25
V15	2 - WAY BALL VALVE	DN25	DN25	DN25
V16	2 - WAY BALL VALVE	DN25	DN25	DN25
V17	2 - WAY BALL VALVE	DN15	DN15	DN15
V18	2 - WAY BALL VALVE	DN15	DN15	DN15
V19	2 - WAY BALL VALVE	DN15	DN15	DN15
V30	3 - WAY BALL VALVE	DN25	DN25	DN25
V40	NON RETURN VALVE	DN25	DN32	DN40
V41	NON RETURN VALVE	DN25	DN32	DN40
V50	SAFETY VALVE	DN20	DN25	DN32
V60	PRESSURE GAUGE VALVE WITH TEST FLANGE	DN8	DN8	DN8
CT03	OIL SENSOR	DN25	DN25	DN25
PI	PRESSURE GAUGE	DN8	DN8	DN8
FR01	FLOW RESTRICTOR	DN25	DN32	DN40
FS	FLOW SWITCH	DN25	DN40	DN40

图 4-10 油水分离器管系

二、油份浓度检测装置

油份浓度检测装置结构紧凑、牢固，完全适合于船舶机舱等恶劣环境下长期工作，其电气元件及探测器均安装在一个符合防护措施（IP44）的金属箱体内。油份浓度检测装置结构示意图如图 4-11 所示。

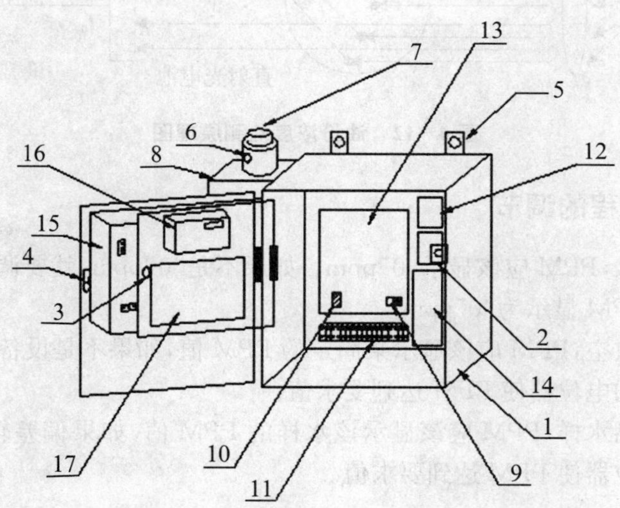

1—箱体；2—内门锁扣；3—内门锁头；4—锁头；
5—安装支架；6—出水口；7—调流板盖；8—测量室；
9—电源开关；10—熔体座；11—接线端子；12—继电器；
13—PK 06放大板；14—开关电源；15—触摸屏；
16—打印机；17—CPU板

图 4-11 油份浓度检测装置结构示意图

油份浓度检测装置主要由舱底水 15 ppm 传感器、传感器放大电路、微处理器系统、FLASH 储存电路、触摸屏、打印机、实时时钟和电源等组成。

实现的功能有：检测和显示舱底水油份浓度，监测 15 ppm 舱底水分离器的运行状态、报警状态及记录各种事件发生的日期、时间；记录装置能储存数据至少 18 个月，并能显示或打印所有记录。具体的记录信息有油水分离器关(Separator Off)、油水分离器开(Separator On)、报警仪关(System Off)、报警仪开(System Start)、启用新时钟时间(New Data)、15 ppm 正常(Alarm Cancel)、15 ppm 报警(15 ppm Alarm)、回舱底阀关(Valve Close)、回舱底阀开(Valve Open)、测量室故障(Test Unit Abnrnal)、测量室正常(Test Unti Normal)、清洗阀开(Clean Valve Open)、清洗阀关(Clean Vakve Close)等。

油份浓度检测装置采用先进的光散射原理和超强的悬浮固体浓度抑制技术。样品水先经过细滤器后，再使用超声波震散样品中的悬浮固体颗粒，减小悬浮颗粒和浊度对检测的影响。如图 4－12 所示，处理后的样品送达测量管后，红外光穿过样品，光学传感器除测量和检测直射光外，还检测被样品中的油颗粒散射和折射的光信号，该信号经过处理并通过微处理器进行数学模型的运算，得到油份浓度值，与 15 ppm 比较判断，并控制舱底水的流向。微处理器连续监测传感器的成分和传感器连接的电子单元的状况，保证校正精度在长时间以及极端恶劣的环境下能正常工作。

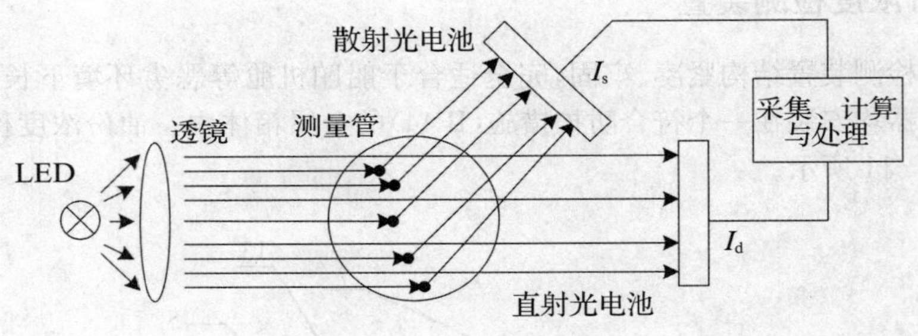

图 4－12　油份浓度检测原理图

三、零位和量程的调节

测量室装满清水，PPM 应该显示“0”ppm。如果不是“0”ppm，就要调节信号放大板内的零位可调电阻，使 PPM 显示为“0”ppm。

测量室内清水放空，PPM 应该显示某固定的 PPM 值，如果不是设备要求的 PPM 值，可调节放大电路板上的电位器使 PPM 达到要求值。

测量室装满样品水样，PPM 应该显示该水样的 PPM 值，如果偏差较大，可调节放大电路板上的对应的电位器使 PPM 达到要求值。

复习思考题

1. 简述图 4－1 曲轴箱油雾浓度检测装置的工作过程，并描述气源的作用。
2. Mark 6 型箱油雾浓度探测装置的探头由哪些部件组成？各有何功能？

3. Mark 6 型油雾浓度探测装置的控制装置有哪些功能？
4. Mark 6 型油雾浓度探测装置的探头接线有哪些？控制装置的接线又有哪些？
5. 简述 VISATRON 曲轴箱油雾浓度探测装置上指示灯的作用。
6. 简述主机气缸压力检测系统的组成和作用。
7. 简述轴承磨损检测系统的组成和作用。
8. 油水分离器中的水中含油量是如何检测的？超过标准系统应有何动作？日常检查中如何进行零点校验？

第五章　船舶机舱监测与报警系统

船舶机舱监测与报警系统是轮机自动化的一个重要组成部分，主要用来监测机舱中所有设备的运行情况，一旦运行设备发生故障，自动发出声响、光报警信号，声响报警用以提醒工作人员注意，报警声要与火警、电话及其他声音有明显的区别，而且在整个工作范围内都能听到。光报警要有一定的亮度，且为闪光，并用颜色来区分不同性质的报警。机舱中常用转灯报警。在机舱人员应答后，撤销声响，同时将故障状态记忆存储，直至故障排除。根据自动化程度的不同，有些系统还具有报警、参数和状态的记录打印，参数的分组显示，趋势分析，延伸报警，数据通过卫星远传等功能。在自动化机舱中，设备的运行状态、运行参数以及故障报警等状态都集中在集控室的监视屏上，轮机管理人员无须到机舱巡视，只要在集控室就能了解，这样不仅可以改善轮机管理人员的工作条件，减轻劳动强度，及时发现设备的运行故障，而且也是实现无人机舱的基本条件。

第一节　船舶机舱监测与报警系统的基础知识

一、参数类型

机舱中需要监测的参数主要分两类：一类是开关量，另一类是模拟量。

开关量是指只有两个状态的量。这两个状态通常表现为开关的断开和闭合，而开关的形式可以是机械开关或继电器触点。在船舶机舱中，开关量可以反映设备的运行状态，例如，设备是处于运行状态还是停止状态、设备是正常工作还是出现故障、主机凸轮轴位置以及阀门位置等。监测与报警系统能对这些开关量进行显示，需要报警时则发出声光报警。一般设备在正常状态下，开关量为闭合状态。在故障状态时，开关量为断开状态。这样，一旦线路出现断线，就可以同样得到报警信号。

模拟量是指连续变化的量，如温度、液位、压力等参数均为模拟量。监测与报警系统应能对这些模拟量进行实时显示，如果参数超过预定的范围，则应发出越限报警。越限报警分为两种情况：有些参数是不允许超过某一上限值的，当超过这一上限值时发出的报警称为上限报警；另一些参数则不允许低于某一下限值，当低于这一下限值时发出的报警称为下限报警。通常，温度参数的报警为上限报警，压力参数的报警为下限报警，而液位参数的报警则既有上限报警也有下限报警。机舱中，模拟量常采用 4～20 mA 的标准信号，有的甚至采用两线制，这样可以通过监测参数是否超标准来判断传感器是否故障。

应当指出的是，对于有些设备，其运行参数虽然为模拟量，但并不是把这些模拟量直接送入监测与报警系统，而是通过电压力继电器、温度继电器或液位开关等转换为开关量信号，再送至监测与报警系统。对于这类参数，监测与报警系统将以开关量的形式进行处理。

二、监测方法

监测与报警系统的种类很多，但所采用的监测方法为两类：一类是采用连续监测方法，另一类是采用扫描监测方法。

1. 连续监测

连续监测是指机舱中所有监测点的信号都送入监测与报警系统，同时对所有监测点的状态及参数进行连续监测。系统中的核心单元是报警控制单元，由各种测量和报警控制电路组合而成。每个监测点需要一个独立的电路进行测量和产生报警信号，测量结果和报警信息送至公共的显示和报警电路。虽然每点的参数是连续监测的，但在设计上通常将多个同类型参数的电路制作在一块电路板上。

连续监测的方法由于每个监测点采用单独的电路，因此各监测点之间的相互影响较小，当某一监测点通道发生故障时，不会影响其他通道的工作，监测点的数量增减在原则上也不受限制。但所需硬件较多，系统接线复杂，维护困难。

2. 扫描监测

扫描监测也称为巡回监测，这种方法是以一定的时间间隔依次对各个监测点的参数和状态进行扫描，将监测点信息逐一送入监测与报警系统进行分时处理。因此无论监测点有多少，仅需要一个测量和报警控制单元。

巡回监测方法可通过常规集成电路和微机来实现，但由于微机具有采样速度快、检测精度高、体积小、数据处理功能强大、显示手段先进等优点，所以大多数船舶均采用基于微机技术的监测与报警系统。此外，计算机网络技术的成熟应用已经使得监测与报警系统朝着分布式网络结构的方向发展。

三、监测与报警系统的组成与功能

一个完善的监测与报警系统由三大部分组成：①分布在机舱各监测点的传感器；②安装在集中控制室（集控室）内的控制柜和监测仪表或监视屏；③安装在驾驶台、公共场所、轮机长和轮机员居室的延伸报警箱。典型监测与报警系统的组成及其分布如图 5－1 所示。

不同的监测与报警系统，由于实现手段不同，在功能上也略有差异，但原则上都应该具有以下几个方面的功能：

1. 声光报警

声光报警是监测与报警系统最根本的功能，只要监测点的状态发生异常或者出现参数越限，系统就应该发出声光报警，以便问题得到及时处理。大多数导致报警发生的原因均无法在报警发生之后自行消失，只有进行相应的处理才能使状态恢复正常，这类报警称为常规报警或长时报警。对于某些具有主/备自动切换功能的设备，当主用设备出现故障并发出报警时，备用将自动运行，往往由于运行参数恢复正常而在短时间内自动消失，这类报警称为短时报警。监测与报警系统对这两种情况一般采用不同的处理方法，图 5－2 为监测点报警处理流程图。

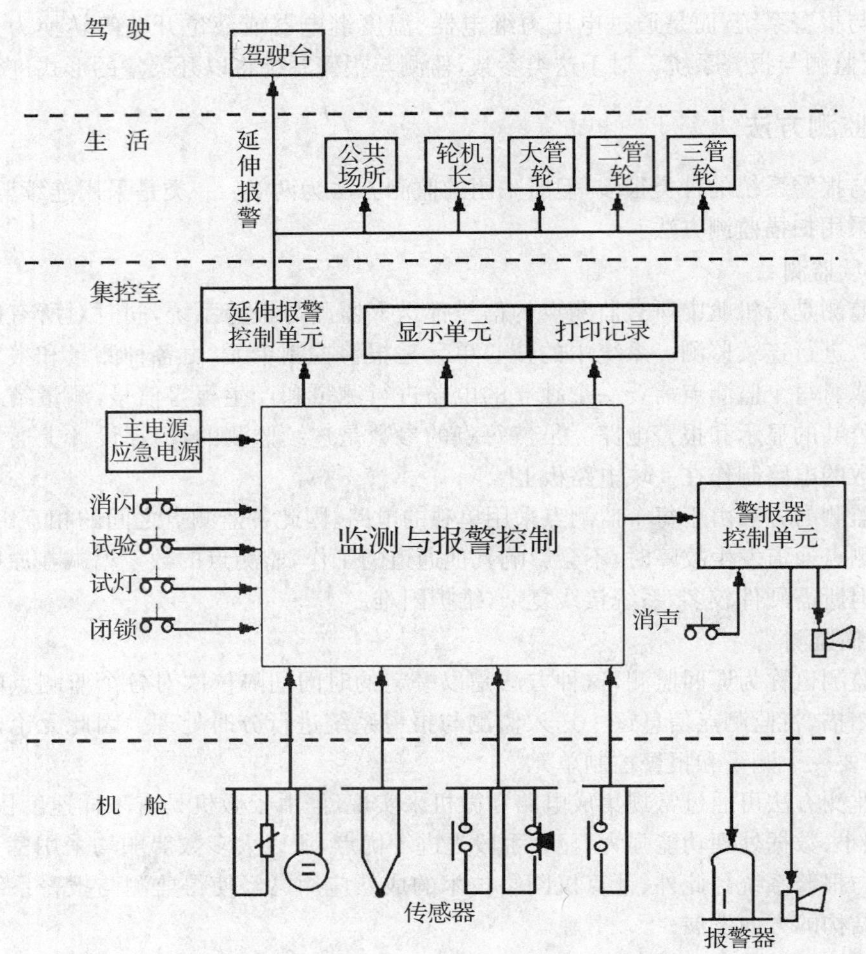

图 5-1 典型监测与报警系统的组成及其分布

在正常运行期间，监测与报警系统不会发出报警指示和声响报警。当被监测点发生异常时，若该监测点未被闭锁，则系统立即发出声响报警，同时相应的报警指示灯(或屏幕文本字块)快速闪烁，指示报警内容。当报警发生后，要求值班人员在集控室按“消声”按钮进行消声(在一般情况下，消声按钮对于所有报警都是共用的)和报警确认(按“确认”按钮或点击闪烁文本)。报警确认后，报警指示灯由闪烁转为平光(或者闪烁文本转为高亮)。当监测点状态或参数恢复正常时，报警指示消失，即报警灯熄灭(或者高亮消失)。当出现短时报警时，系统也会立即发出声光报警，但往往由于监测状态在短时间内自动恢复正常，报警指示保持闪烁状态，同时声响报警还将继续，在按下“消声”按钮消除报警声音后，再按下“消闪”按钮后，原来闪烁的指示灯因参数已恢复正常而变为熄灭。

2. 参数与状态显示

参数显示是指通过模拟仪表、数字仪表或者计算机屏幕对所有监测点的运行参数进行显示，即模拟量显示。状态显示指的是反映设备运行状态的开关量显示，通常采用绿色指示灯(灯泡或 LED)表示系统或设备的正常运行，红色灯指示灯表示报警状态。对于采用计算机屏幕的系统，则还可以采用"ON""OFF""HIGH""LOW""NORMAL"和"FAIL"等文本来进行状态显示。

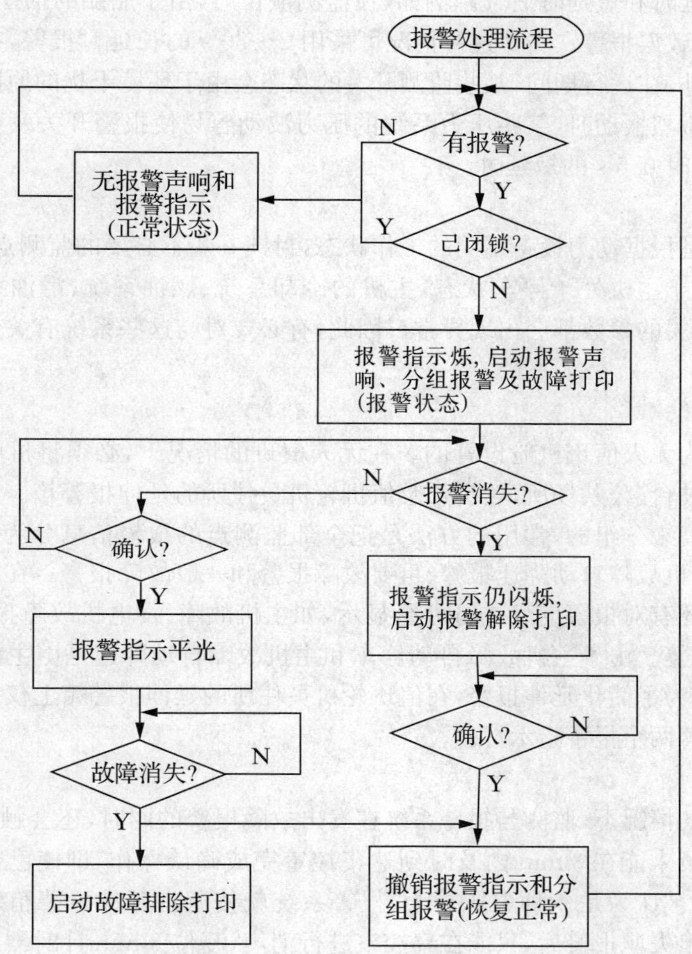

图 5-2　监测点报警处理流程图

3. **打印记录**

打印记录一般有参数打印和报警打印两种。参数打印又分为定时制表打印和召唤打印。定时制表打印是报警系统以设定的时间间隔自动将机舱内需要记录的重要参数按轮机日志的形式打印制表，轮机人员只要将打印纸整理成册，即可作为轮机日志。召唤打印是根据需要，随时打印当时的工况参数，可对监测点参数进行全部或选点打印。报警打印是由系统自动进行的，只要发生报警，系统就会把报警名称、报警内容和报警时间进行自动打印输出。而在报警解除时，则自动打印报警解除时间。

许多监测与报警系统的软件功能还具有"事件"(Event)记录和打印功能。当对系统进行设置，组态或上、下限报警值等参数的修改时，这些操作都会以"事件"的形式在数据库中进行记录或进行打印输出。

4. 报警延时

在报警装置中，一般均设有报警延时环节，以免发生误报警。根据所监测的参数不同，其延时时间有长延时和短延时之分。例如，在监测液位时，由于船舶的摇摆，容易反复造成虚假越限现象，导致误报警。类似这些情况可采用 2～30 s 的长延时报警，在延时时间之内越限不报警。另外，在运行期间，某些监测开关的状态会由于环境干扰的原因而发生瞬间变化，例如，船舶在激烈振动时，某些压力系统的压力波动容易使报警开关发生抖动。为避免误报警，可采用延时 0.5 s 的短延时。

5. 报警闭锁

报警闭锁就是根据动力设备不同的工作状态，封锁一些不必要的监测点报警。例如，船舶在停港期间，由于主机处于停车状态，主机的冷却系统、燃油系统、滑油系统等均停止工作，与这些系统相关的参数都会出现异常。因此，有必要对与这些系统有关的监测点进行报警闭锁。

6. 延伸报警

延伸报警是为无人值班机舱设置的。在无人值班的情况下，必须将机舱故障报警信号分组后传送到驾驶台、公共场所、轮机长及值班轮机员住所的延伸报警箱。延伸报警通常是按故障的严重程度来分组的，常用的方法是把全部监测点的报警信息分为四级：主机故障自动停车报警、主机故障自动降速报警、重要故障报警和一般故障报警。在值班轮机员住所的延伸报警箱上还有对报警信息进行分组显示，如主机故障、发电机故障报警、锅炉故障报警、舱柜液位报警等。由于主机故障自动停车和主机故障自动降速是由主机安全保护系统单独完成的，有时为了简化延伸报警，在值班轮机员住所的延伸报警箱上仅设置重要故障报警和一般故障报警两个报警指示灯。

7. 失职报警

在无人值班的情况下，监测与报警系统在发出故障报警的同时，还会触发 3 min 计时程序。若值班轮机员未能在 3 min 内及时到达集控室完成确认操作，即使已在延伸报警箱上进行确认过，仍将被认为是一种失职行为，报警系统就使所有延伸报警箱发出声光报警信号。报警系统发出失职报警后，只能在集控室进行消声，复位 3 min 计时器后才能撤消失职报警。

8. 值班呼叫

值班呼叫主要用于轮机员交接班时进行信号联络。例如，大管轮与三管轮进行交接班时，大管轮只要在集控室把“值班选择”指向“三管轮”位置即可。这样，系统就会撤消大管轮的值班信号，而向驾驶台、公共场所和三管轮住所的延伸报警发出三管轮值班呼叫声响信号，值班指示灯闪光。应答后，报警声消失，值班指示灯从闪光转为平光，表示三管轮进入值班状态。以后，监测与报警系统把报警信号传送到三管轮住所的延伸报警箱，而不再送到大管轮处。

9. 测试功能

在集控室的控制台上，一般都设有试灯按钮和功能测试按钮。按试灯按钮，所有指示灯都要亮，不亮的指示灯需要换新。按功能测试按钮并确保所有监测点均进入报警延时，延时后出现报警状态，否则，未报警的监测点表示相应监测通道有故障。测试功能可协助进行故障定位。

10. 自检功能

监测与报警系统正常工作的前提是系统本身没有故障。为了确保监测与报警系统本身的工作可靠性，对诸如输入通道、电源电压和熔体、网络通信等重要环节，应具有自动监测功能。当出现异常时，系统将自动发出相应的系统故障报警。

11. 备用电源的自动投入

要使监测与报警系统在全船失电的情况下能正常工作，就必须配备相应的备用电源。在主电源失电压或欠压时，系统能自动启用备用电源，实现不间断供电。

第二节　单元组合式监测与报警系统

一、开关量报警控制单元

开关量报警控制单元是由输入回路、延时环节和逻辑判断环节所组成的，其逻辑原理如图 5－3 所示。其中，输入回路用于接收开关量传感器送来输入信息（即触点是闭合还是断开），并且在输入异常时发出报警信号；同时还可接受“试验”信号，当输入试验信号时同样输出报警信号，以模拟监测点的设备故障。延时环节用于对报警信号产生适当的延时，实现延时报警功能，以避免误报警。逻辑判断环节用来完成逻辑运算、状态记忆和报警控制。

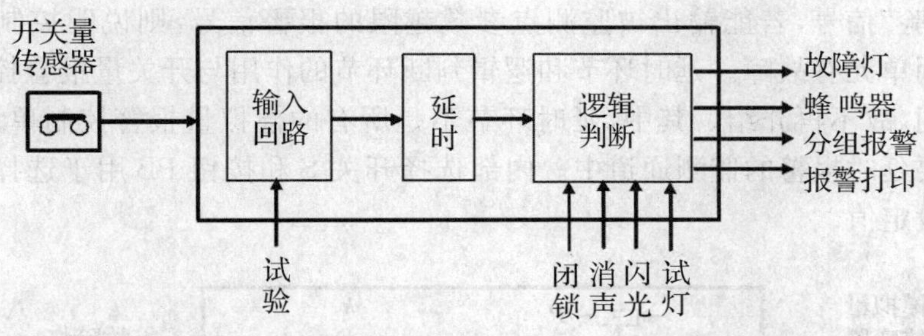

图 5－3　开关量报警控制单元的逻辑原理

在监测点参数处于正常范围时，开关量传感器的触点闭合，输入回路不输出报警信号，因此，报警指示灯处于熄灭状态，也不启动声响报警、分组报警和故障打印。当监测点的运行设备发生故障，或其相关参数越限时，传感器触点断开，输入回路送出报警信号，经延时环节和逻辑判断环节后发出报警。报警内容通常包括：①控制报警指示灯，使之闪亮、常亮或熄灭；②启动公共报警系统，向集控室和机舱发出声光报警；③输出分组报警信号至延伸报警单元，进行归类分组后控制延伸报警箱实现分组报警；④起动报警记录打印机，记录故障发生时间和报警内容。逻辑判断环节除了接收报警信号外，还接收闭锁、消闪、闪光和试灯信号。

在发生报警时，值班轮机员首先应按“确认”（Acknowledgement）按钮（也称“消声”按钮，缩写 ACK.，意即报警已被确认，声响可以停止），以消除声响。然后按“消闪”（Conf.）按钮，若是长时报警，则逻辑判断环节将使报警指示灯从快速闪亮变成常亮，以指示故障状态。此时，轮机员应进行相应的报警处理措施。待故障排除后，监测点参数恢复正常，传感器触点又重新闭合，报警指示灯由常亮变为熄灭。若在尚未按下“确认”按钮时，监测点参数已自行恢复正常，传感器触点已重新闭合，逻辑判断环节将使指示灯仍保持闪烁，这时，先按下“消声”按钮进行消声，再按下“消闪”按钮，指示灯将从闪烁转为熄灭。所以应该在确认故障报警点及其报警内容后，才按“消闪”按钮，避免按下按钮后找不到当前故障报警。有些监测与报警系统还设有失职报警功能，在发出延伸报警的同时起动失职报警计时器，若值班轮机员在 3 min 内到达集控室进行报警确认，则计时器复位，否则计时满后将发出失职报警。

开关量报警设定值是由开关量传感器来实现的。例如，采用压力继电器作为压力传感器时，其上限报警设定值为继电器的下限设定压力与幅差之和，而下限报警的设定值就是其下限设定压力。

二、模拟量报警控制单元

模拟量报警控制单元主要是由测量回路、比较环节、延时环节和逻辑判断环节组成的，其原理如图 5-4 所示。图中测量回路用于把传感器送来的模拟量信息转换成相应的电压信号，以作为监测点参数的测量值 u_i，并在模拟量传感器发生短路或开路时，向自检单元发出传感器故障信号。比较环节用于故障报警鉴别，即将测量值 u_i 与电位器整定的报警设定值 u_L 进行比较，若参数越限则输出报警信号至延时环节。在功能试验时，比较环节接收“试验”信号，若能输出被监测点参数越限的报警信号，则说明控制单元工作正常；否则，说明单元有故障。延时环节和逻辑判断环节的作用与开关量报警控制单元中的环节完全相同，故不再介绍。其中，延时环节不是所有的模拟量报警控制单元都设置，而只适用于需要延时报警的监测通道中。内部选择开关 S 和按钮 PB 用于选择显示测量还是显示报警设定值。

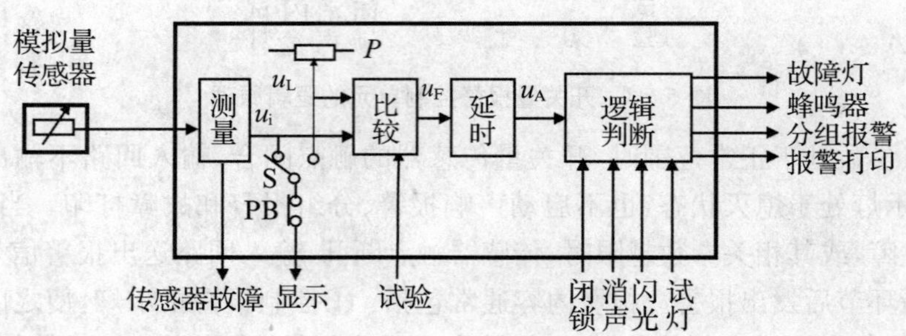

图 5-4　模拟量报警控制单元的原理

三、公共单元

图 5－3 和 5－4 中用到的试验、闭锁、消声、闪光、试灯、报警输出等都是由对应的公共单元实现的，整个系统公共单元一般只设一套。其中，试验一般是按钮，不采用旋转开关，便于试验后自然释放，注意试验按钮需要持续按下，以满足各个报警单元延时的需要。闭锁信号由设备内部自带，与设备的控制系统相关，当控制系统处于停机状态时，一个开关量送来为其自身的报警信号进行闭锁。有的系统闭锁功能可以取消，而监测与报警系统可以实际反应该参数的状态。“消声”“消闪”按钮是分开的两个按钮，操作中应先按下“消声”按钮，再按“消闪”按钮，持续错误将不能起到相应的作用，有的系统消闪布置在对应的控制板上故障指示灯的旁边，每个报警单元设有一个“消闪”按钮，确保每次消闪前确认故障点内容。试灯是所有报警指示灯的试验按钮，与报警系统本身没有关系，按下后所有指示灯均应点亮，以保证发生故障后，必有故障灯闪亮。

第三节　网络型监测与报警系统

船舶机舱监测与报警系统基本上都采用计算机实现。根据计算机监控系统的结构特点，船舶机舱监测与报警系统可分集中型系统、集散型系统和全分布式系统。

集中型系统采用单台计算机的结构形式，可靠性较差，一旦计算机发生故障，则整个系统完全瘫痪。有的系统为提高其可靠性，采用 PLC 进行数据采集与处理，然后通过通信将数据发给一台监控计算机。集散型系统采用集中与分散相结合的系统结构，将监测任务合理地分散成由多台微机进行分别监测的子系统，各个子系统与上层计算机进行通信连接，以便集中管理和信息共享。初期的集散型系统，在各子系统各自独立地采集模拟信号，即在子系统计算机与机旁仪表或模拟量传感器之间使用模拟量进行信号传输，由于子系统管理的设备比较多，所以在设备和子系统之间需敷设大量的电缆。另外，模拟信号长距离传输所引起的干扰也较严重，系统的可靠性变差。

随着计算机和 PLC 控制技术对集散型报警系统的升级改造，即在控制对象附近放置现场处理单元来实现模拟信号的 I/O，而现场处理单元与监控系统计算机之间则通过 ModBus，RS485 等串行通信进行数据交换。有的在现场使用可扩展的 PLC 模式的监控系统来采集参数，根据各参数特性要求进行报警监控，其本身就可以独立实现报警和监测的功能，同时，通过通信接口将信号送给集控室监控计算机。但由于传统控制网络的固有缺陷，未能实现真正意义上的全分布式控制；由于所建控制网络协议的封闭性，不能实现船用现场控制设备间信息互换与互操作。

随着现场总线技术的不断完善，现代船舶多采用现场总线作为现场控制网络，上层网络采用工业以太网构成局域网，形成全分布式的网络型监控系统。本节以 DataChidf C20（简称 DC C20）为例介绍网络型监控系统的结构和功能特点。

一、DC C20 监控系统的结构组成

DC C20 采用 CAN 总线和工业以太网(EtherNet)相结合的网络结构形式,其结构如图 5-5所示。该系统是由远程操作站(ROS)、工业以太网、分布式处理单元(Distributed Processing Unit, DPU)、系统网关(SGW)和双处理通信控制器(Dual Process Segment Controller, dPSC)、现场操作站(LOS)、移动操作站(MOS)和便携式调试工具、延伸报警系统(或称值班呼叫系统)(WCS)等部分组成。

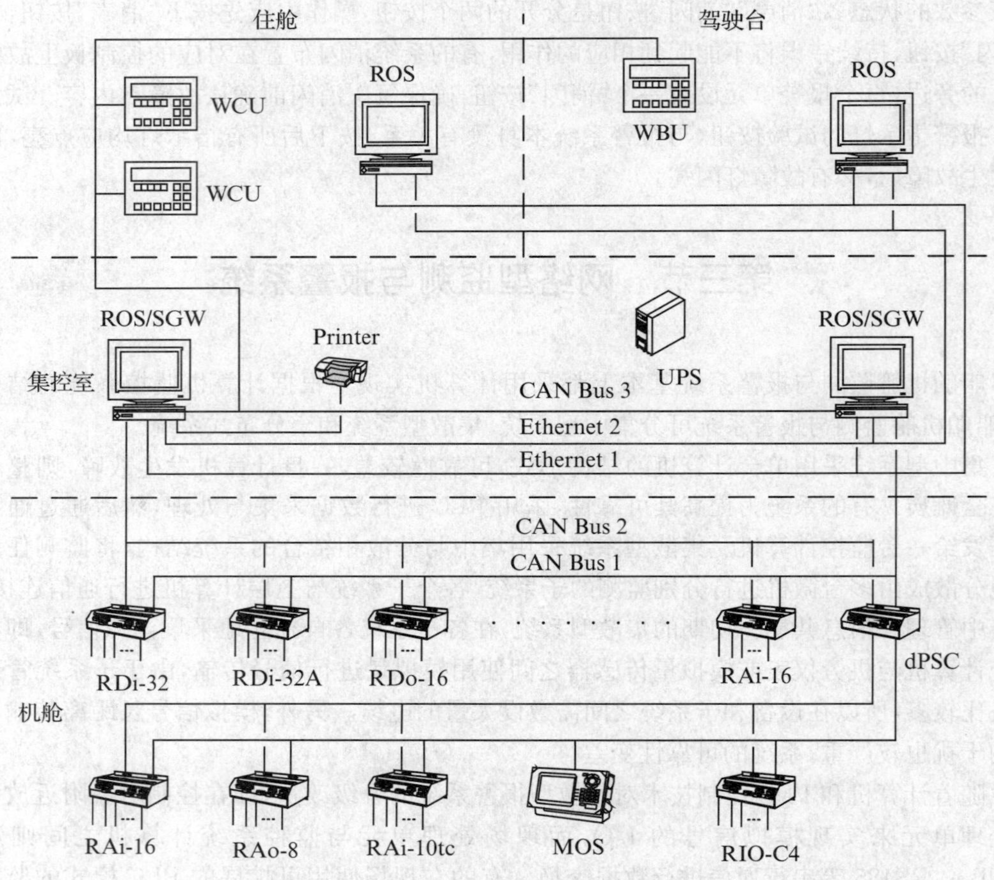

图 5-5 DC C20 监控系统的结构

1. 远程操作站

1) 远程操作站的组成及其任务

DC C20 的操作主要由远程操作站来完成。如图5-6所示,远程操作站由四部分组成:主计算机单元、操作控制面板(Operator Control Pancl, OCP)、彩色显示器和打印机。主计算机单元是一台装有 Intel 奔腾Ⅱ处理器的个人计算机。OCP 是一个专门设计的特殊键盘,可方便地实现各种不同的操作功能。OCP 被划分为几个独立的功能区,通常一个按键可以激活一种功能并且显示一幅画面。该操作面板上还装有一个“消声”按钮。根据船舶所有人的不同要求,还可以配备标准的鼠标和键盘。打印机采用标准打印机,用来报警打印记录和参数打印记录。

图 5-6　远程操作站

(1) OCP 是系统的主要输入设备，由按键、指示灯和轨迹球等组成，如图 5-7 所示。此外，在 OCP 的左下角还设有一个键盘接口，以便需要时连接 PC 机标准键盘。

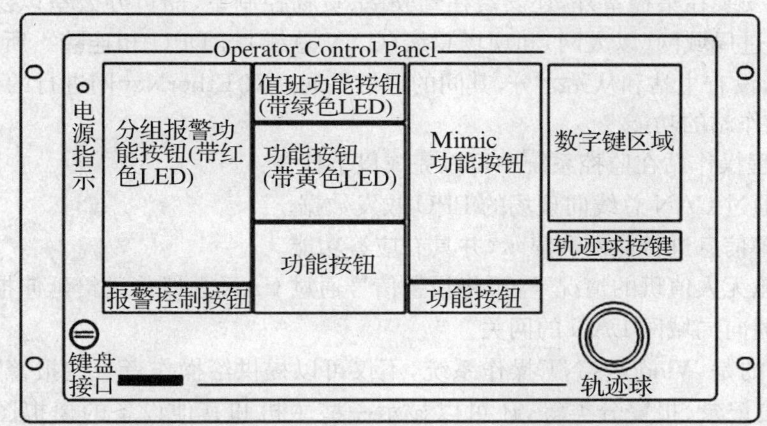

图 5-7　OCP 功能结构

按照功能的不同，OCP 分为不同的功能区，图 5-7 为不同区域的功能划分。分组报警功能按钮用于在发生报警时进行分组报警指示和报警确认；值班功能按钮用于值班状态的指示、值班切换和值班呼叫；Mimic 功能按钮用于各种系统的 Mimic 模拟图的显示和操作；数字键区域用于在需要时输入各种数值，并提供屏幕的翻页和方向键功能；报警控制按钮用于报警确认、消声、报警汇总显示（显示当前存在的所有报警）和历史报警显示（采用分页显示，可显示最后发生的 2 000 个报警，每页 26 个）；轨迹球和轨迹球按键相配合完成光标移动、光标定位和相应的操作功能；其他功能按钮的具体功能依实际情况不同而异。

如果系统没有配置 OCP 硬件，则可在主机上连接标准键盘和鼠标。按“F1”功能键，将在显示屏上调出 OCP 模拟图，可用鼠标进行点击操作。模拟 OCP 的功能与硬件 OPC 类似。

(2) 显示界面是计算机监控系统重要的信息输出手段，DC C20 的软件系统在 ROS 上提供了丰富的显示界面，与 OCP 相配合可以实现各种复杂的人机交互功能。ROS 上的显示见面大致包括以下几种类型：①文本显示界面用于输出报警信息和监测机舱设备运行的实时状态或实时参数，分为报警显示窗口和监测窗口。其中，报警显示窗口分为分组报警窗口、报警汇总窗口和历史报警窗口。监测窗口有分组显示窗口、选点显示窗口、测量点属性窗口。②图形显示界面包括机舱主要系统的 Mimic 模拟窗口、柱状图窗口和设备状态窗口等，如管路系统 Mimic 窗口、柱状图窗口、备用泵汇总显示窗口、控制器和阀位状态汇总窗口、参数曲线趋势图窗口、电站管理窗口和主配电板和发电机窗口。这些窗口实时显示设备的工作状态，如阀门的开闭状态、设备的起停状态、液位或其他参数的高低等。图形显示界面具有可交互的性质，即在图形界面上可以对实际设备进行操作和控制。③访问控制界面。为了安全考虑，系统可以通过访问密码来设置对系统进行操作和控制的权限，包括报警值修改在内的参数调整，以及对系统所进行的其他所有操作，并以事件记录的形式进行保存。

（3）打印设备。ROS 可以配置打印设备进行必要的打印输出。通过设置，打印设备可以按定时或者即时召唤的方式打印各种记录。记录内容包括报警或者事件的名称以及发生的具体时间等。对于报警信息，还包括报警消失的时间。

ROS 除了安装在集控室外，还安装在驾驶室、货物控制室、船员办公室以及船舶的其他部位。ROS 通过局域网（以太网）和现场总线（CAN 总线）与 DPU 相连接。所有的 ROS 都是并行连接的，没有主站和从站之分，其间的通信是通过双 EtherNet 网进行的。

2）远程操作站的功能

集控室远程操作站在监控系统中可以完成以下任务：

（1）可以通过 CAN 总线向现场的 PPU 收发数据。

（2）对报警信息进行监测和显示，并具有应答功能。

（3）在机舱无人值班的情况下，可将报警信号通过 CAN 总线传送给延伸报警系统。

（4）作为通向局域网 LAN 的网关。

ROS 使用的是 Windows NT 操作系统，不仅可以提供给操作者一些报警信息，如报警显示、报警历史记录、报警分类等，还可以显示一些主机和其他设备的模拟图。操作者通过这些模拟图可方便地对运行设备进行监测和控制，以及修改相应参数。若在一台 ROS 中修改报警上、下限设定值或设备参数，系统将自动更新其他 ROS 中的相应数据。所有操作者的动作，例如，泵的起动或停止，报警极限的改变，都将以时间为标记记录在 ROS 中。

ROS 的一些重要功能会根据其所安装的部位不同而不同。例如，安装在船员办公室的 ROS 只能用于监测，而不允许对报警信号进行接收和发出控制命令。所有的模拟图只能查看，而不能对其进行操作。当 DPU 所采集到的数据发生变化时，将通过 CAN 总线自动更新每一个 ROS 中的数据库，因此 ROS 中所显示的数据都是实时的。ROS 用于存放一些处理数据、工程数据和软件等。船员房间的 ROS 还可以与船舶外部通信系统连接，以便与岸上进行数据交换。岸上的计算机通过专用软件，也可以监测主机遥控系统、电力管理系统、火灾探测系统和油量控制系统的运行状况，并且能够显示船舶的实时数据和模拟图、报警汇总内容、报警历史记录、阀门的开或关状态、设备的运行或停止等。

2. 现场操作站 (LOS)

系统的现场操作站如图 5-8 所示。现场操作站实际上是一个人机交互式操作控制面板,包括一个可显示 4 行 40 个字符的液晶显示器(LCD 显示)和一些操作者使用的按钮。其主要功能是使操作者能够在现场对 DPU 的 I/O 模块进行访问,查看 DPU 上所处理的数据,对设备进行现场操作,对 I/O 信号进行仿真、参数调整,以及查看系统内置的自诊断程序。

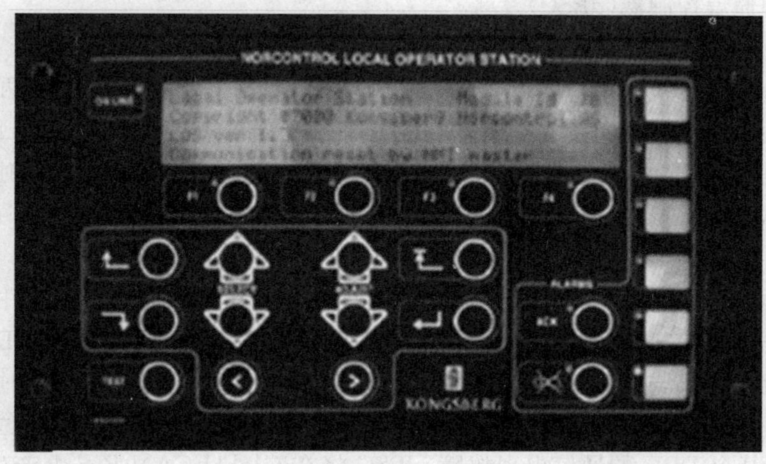

图 5-8　现场操作站

所有的 DPU 模块与 LOS 都连接在同一条 CAN 总线上,对 DPU 模块的访问是通过操作面板上液晶显示屏中的菜单来实现的,面板上所显示的内容会因不同的 DPU 模块而不同。当某个 DPU 模块由于通信线断开而与整个系统失去联系,或者当 ROS 出现故障时,所有的监测和报警功能可以通过 LOS 就地完成。在 LOS 上还可以显示报警信号的详细信息。

3. 局域网

远程操作站与系统网关之间由一条 10 Mbit/s 的双冗余以太局域网连接,两条路径都处于激活状态。以太局域网采用双绞线,也可采用光纤电缆。通信软件遵循 TCP/IP 标准。

4. CAN 总线

双冗余的 CAN 总线用于连接 DPU 的不同单元,通过系统网关与局域网连接。CAN 总线的最高传输速率为 1 Mbit/s。CAN 总线采用普通的船用型双绞线,软件协议遵循开放式 CAN 总线的定义。

5. 网关 (GW)

网关包括系统网关(System Gate Way, SGW)和双处理通信控制器(dPSC)两种类型。网关的主要目的是对不同网段进行隔离以及在大型系统中连接现场总线,通过网关信息可在不同网段中进行传输,也可对挂接在 CAN 总线上的一些设备(如 DPU 模块,LOS,WBU 等)进行保护。如果某个节点的通信失败,网关将产生一个系统失败信息,并确定失败的节点。

1) 系统网关

SGW 有四个通信接口,即 CAN 和 LAN 之间的网关,由集控室的 2 台 ROS 兼 SGW 的功能,使得局域网中的各个 ROS 能够通过 SGW 与 CAN 总线相连。通过 SGW 和 CAN 总线,

ROS一方面可以接受各个DPU单元送出的机舱现场信息，另一方面还能向DPU发送操作指令、控制参数和程序包。SGW的主要功能是从双CAN总线上采集信息，用以实时更新ROS的数据库。同时，通过SGW可以把ROS中的程序命令和参数下载到DPU模块中，实现DPU和ROS之间的双向信息传输。DC C20中所有的软件都安装在集控室ROS中。

SGW还具有电磁隔离的功能，可隔离24 V电源对SGW的CAN总线接口的干扰。

2) 双处理通信控制器(dPSC)

dPSC是一个具有冗余结构的网关，用于主CAN网与子CAN网的连接，其外形如图5-9所示，其网络扩展如图5-10所示。dPSC把CAN网络扩展成上下两层，上层一般叫做全局CAN总线(Global CAN Bus)，下层则称作局部CAN总线(Local CAN Bus)。dPSC包含两个处理器，每个处理器都带有两个CAN接口。两个处理器都有独立的电源，都通过双口RAM共享内存。dPSC的主要功能是处理来自子CAN网的信息，并且将处理后的信息发送到主CAN网，这些信息同样可以被其他的dPSC或SGW所接收。dPSC还处理由系统网关发给子网节点的命令以及由系统网关向子网节点下载参数和软件。dPSC还带有一个双串行通信接口(RS422/485)，用于同其他厂商的设备进行通信。dPSC在电源与CAN接口之间，CAN与CAN之间都设有电磁隔离，因而，一个CAN通道的短路或故障不会影响其他的通道。dPSC具有开放式主控制器的能力，能够管理连接到总线上的所有DPU。如果与某个DPU的通信出现故障，dPSC将在Global CAN Bus上产生系统故障信息。当dPSC的两个处理器控制同一个DPU时，则处于并联运行状态，因而可为CAN总线通信和逻辑控制提供冗余功能。

dPSC的主要任务是：①处理来自于Local CAN Bus的信息并将其送往Global CAN Bus，进而通过系统网关SGW供ROS使用；②管理由系统网关SGW或ROS发送到Local CAN Bus的指令、参数和程序。

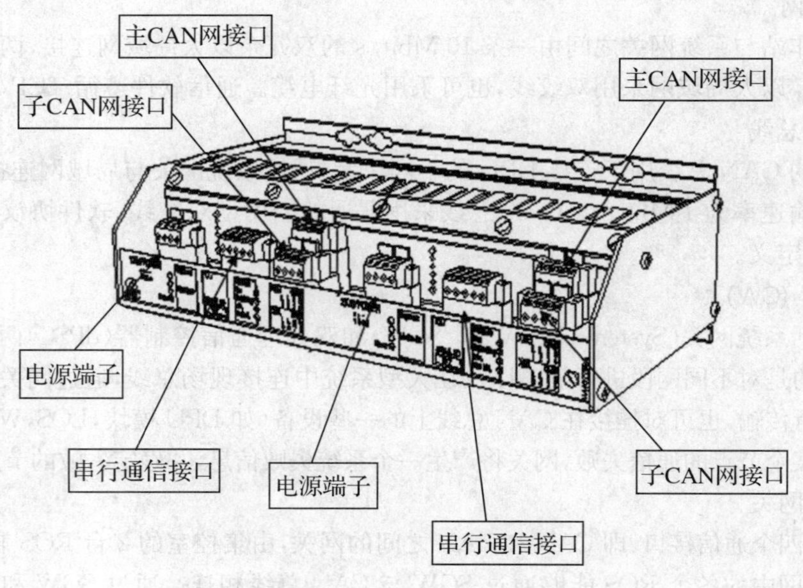

图5-9　dPSC的外形

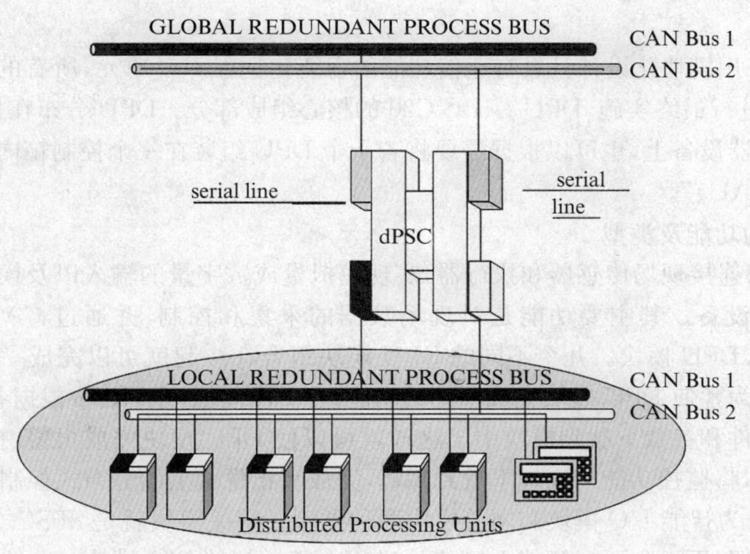

图 5－10　dPSC 网络扩展

6．DPU

图 5－5 中的 RDi－32，RDi－32A，RDo－16，RAi－16，RAo－8，RAi－10tc，RIO－C4 和 dPSC 等都是 DPU。DPU 分布在机舱各处，一方面作为传感器和执行器的 I/O 接口，直接与传感器和执行器相连；另一方面通过 CAN 总线与上层网络相连，从而实现上层网络对机舱设备的监测和控制。连接 DPU 和上层网络的 CAN 总线采用双冗余结构，即具有两套 CAN 总线，在图 5－10 中分别标识为 CAN Bus1 和 CAN Bus2。这两套 CAN 总线总是并联运行，构成互为热备份，当主用网络出现故障时，备用网络自动切入工作，充分保证系统工作的可靠性。

7．值班呼叫系统（WCS）

按照无人机舱的基本设计原则，DC C20 在驾驶室和轮机员舱室及公共场所设有延伸报警装置。驾驶室的延伸报警装置称为 WBU（Watch Bridge Unit），而舱室及公共场所的延伸报警装置则称为 WCU（Watch Cabin Unit）。WBU 和 WCU 通过 CAN 总线（图 5－1 中标识为 CAN Bus 3）与 ROS 进行通信连接形成值班呼叫系统 WCS（Watch Calling System）。

8．其他辅助设备

系统中的其他辅助设备包括 UPS、以太网集线器（Hub）、便携式操作站（Midi Operator Station，MOS）。

UPS 确保在短时间失电的情况下能够继续给系统提供 220 V AC 和 24 V DC 电源。Hub 用于以太网内各个 ROS 联网。

MOS 是一个特殊设计的移动式操作站，通过 MOS 面板可以方便地实现各种操作站功能，可用作 LOS，ROS 或驾驶台值班监测系统的显示单元。

DC C20 是一个全微机的分布式网络型监控系统，其结构在最大程度上保证系统的安全可靠和管理维护上的方便。

二、DPU

DPU 是采用模块化设计且具有通信功能的智能化远程 I/O 单元，所有的监测和自动功能均由 DPU 进行最终实施，DPU 是 DC C20 的核心组成部分。DPU 分布在机舱各处，可以直接安装在机器设备上，也可以根据需要将若干个 DPU 组装在一个控制箱内，并称之为“数据获取单元(SAU)”。

1. DPU 的功能及类型

DPU 用来连接现场传感器和执行器，实现模拟量或数字量的输入以及模拟量或数字量输出驱动外围设备。其主要功能是对现场数据的采集和控制，并通过 CAN 总线传送到 ROS 和其他的 DPU 模块。几个不同的 DPU 模块组合在一起就可以完成一些特殊的控制与监测功能。为了使 DPU 模块完成不同的功能，在 DPU 工作前，ROS 根据各个 DPU 的地址将专门的软件和参数下载到模块中。这样就可以使 DPU 模块完成报警、控制、安全和一些复杂的功能，将监控功能彻底地下放到现场，完成真正意义上的分布式控制。

DPU 可分为智能 I/O 模块和网关模块两种类型。网关模块就是 dPSC。关于 dPSC 前面已经作了介绍，下面主要对智能 I/O 模块进行介绍。智能 I/O 模块又分为模拟量输入模块、模拟量输出模块、数字量输入模块、数字量输出模块、模拟量/数字量 I/O 模块。模拟量模块输入信号为标准信号(如 4～20 mA，0～20 mA，1～5 V，0～5 V，0～10 V，±10 V，±5 V，±20 mA)或热电偶传感器、热电阻传感器信号。模拟量模块输出信号也为标准信号(如 4～20 mA，0～20 mA，1～5 V，0～5 V，0～10 V，±10 V，±5 V，±20 mA)，模拟量输出模块可直接驱动一些设备或连接表头用于显示。数字量模块输入信号为干式触点或交流和直流电压。数字量模块输出信号为两种状态的驱动信号，控制发光二极管、继电器或无触点开关的“通、断”动作。智能 I/O 模块有以下几种型号：

(1) RAi-16：16 通道的模拟量或数字量输入模块。

(2) RAi-10tc：有 10 个热电偶输入通道的模拟量输入模块。

(3) RAo-8：8 通道的模拟量输出模块。

(4) RDi-32(RDi-32A)：32 通道的数字量输入模块。

(5) RDo-16：16 通道的数字量输出模块。

(6) RIO-C1：具有模拟量、开关量的输入、输出和脉冲输入功能，表 5-1 所示为模块所包含的通道类型、通道数量和相应的功能特点。

从表 5-1 可以看出，RIO-C1 的模拟量输入通道可直接测量单相交流电的电压和电流信号，通过测量或计算，可以获得船舶电站系统中发电机和电网电压、发电机输出电流、发电机和电网频率、发电机和电网电压之间的相位差、电网的有功功率和无功功率；2 个计数器输入通道可分别接收来自 2 个磁脉冲传感器的脉冲信号，从而计算出回转设备的转速值；输出通道可分别输出模拟量指示信号和开关量控制信号。因此，RIO-C1 特别适用于对发电机组的监测和控制。同时，也适用于船舶主机或辅机的安全保护系统。

(7) RIO-C2：包含 8 个开关量输入和 8 个开关量输出通道，每个通道均设有 LED 进行 I/O 的状态指示。其输入信号可以是自由触点或 24 V 交直流电压，输出为继电器触点输出，特别适用于泵和阀门的控制。

(8) RIO - C3：专门用于船舶发电机的安全保护，其 I/O 通道设计成可与各种电流、电压变换装置以及配电板设备进行连接，具有短路、过流、逆功率自动脱扣和有功功率、功率因素计算等功能。

表 5 - 1　RIO - C1 的通道类型

通道类型	通道数	功能描述
模拟量输入(AC 电压)	2	单相交流电压输入，Max. 30 Vrms，50/60 Hz
模拟量输入(AC 电流)	1	交流电流输入，Max. 1A，50/60 Hz
模拟量输入	4	同 RAi - 16
计数脉冲输入	2	24 V DC 计数脉冲输入，检测磁脉冲转速探头
开关量输入	4	同 RDi - 32
模拟量输出	2	4～20 mA 电流输出
开关量输出	6	Max. 3A(电阻性负载)，直接驱动电磁阀或继电器

(9) RIO - C4：专门用于船舶电站系统的发电机监控模块，其主要功能包括发电机并车、发电柴油机自动起停、发电柴油机转速定值控制、发电机功率计算、机组间负荷分配、主配电板仪表驱动、柴油机预润滑控制(可选)、燃油选择控制(可选)和发电机电压定值控制(可选)等。RIO - C4 是 RIO - C1 的升级产品。

2. 智能 I/O 模块的结构

所有的智能 I/O 模块都有相同的外部结构并采用相同的电路设计原则，其外形和正面布置如图 5 - 11 所示，模块的正面包括接线端子、状态指示灯和各种说明符号。其中，X10 为两路 24 V 电源端子、X1 为模拟量输入端子、X3 为计数输入端子、X7 为 RS422/RS485 通信端子、X8 和 X9 分别为 CAN 总线 1 和 CAN 总线 2 的接线端子，每个端子上均标有端子号，端子的名称和端子号的编排规则适用于所有 DPU。例如，X1 端子的编号共有 3 位数，其中第一位和第二位为通道号，第三位为端子号(如 011～014 表示第 1 通道的 1～4 号端子，161～164 表示第 16 通道的 1～4 号端子)。状态指示灯包括通道状态指示灯和模块状态指示灯，通道状态指示灯用于指示相应 I/O 通道的工作状态，每个指示灯对应一个通道；模块状态指示灯有“Run”“WatchDog”“Info.”“End Init.”和“Power”等，组合起来可表示模块的不同状态，见表 5 - 2。

智能 I/O 模块在硬件上由三部分组成：微处理器及通信部分、I/O 接口部分、电源部分。微处理器及通信部分负责实现整个智能模块的各项功能和网络通信。模块的微处理器采用 16 位单片机，板上设有静态 RAM，用于存储实时动态数据；Flash ROM 用于存储模块的组态数据；EPROM 用于存储模块的应用程序(通过 ROS 将程序下载到各个 DPU 中)。模块的通信控制器可独立完成 CAN 通信协议中的物理层和数据链路层协议，通信部分与模块之间隔离。I/O 接口部分是根据现场信号的类型来选择相应的模块，能实现对现场信号的采集和控制，对采集的热电阻和热电偶信号进行线性化处理和冷端补偿。模块采用单一的 +24 V DC电源供电，再由电源部分通过 DC/DC 电源模块为智能模块内部供电。

(a)

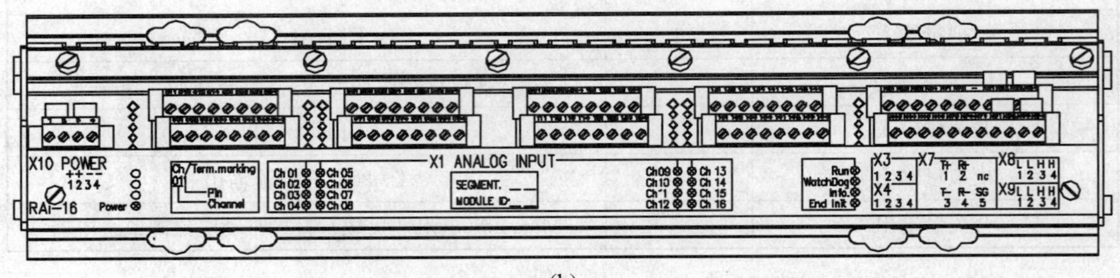

(b)

图 5-11　智能 I/O 模块外形和正面布置

表 5-2　DPU 状态指示灯的组合含义

LED 指示灯名称标识	工作正常	应用程序未加载	未初始化	工作停止	电源极性错误
Run	绿	灭	灭	灭	灭
WatchDog	灭	红	红	红	灭
Info.	黄(闪烁)	灭	灭	灭	灭
End Init.	绿	绿	灭	绿	灭
Power	绿	绿	绿	绿	红

每一个智能 I/O 模块都包含一个微处理器。为了使模块完成不同的功能,可将不同的应用程序下载到模块中。通过系统中的 ROS 可对每一个模块的状态信息进行实时监测,当模块发现某一参数越限时,系统就会给出报警。通过该模块还可实现报警闭锁。

智能 I/O 模块的软件设计借鉴现场总线技术,采用功能块的概念,即将检测、控制、算法等都看作功能块,每种功能块都有接口参数和内含参数,各个功能块可以通过接口参数相互连接,例如,一个模拟量输入功能块、一个模拟量输出功能块和一个 PID 功能块就可以连接成一个单回路闭环调节器等,每个模块是各种功能块的集合。模块软件共提供三大类功能块:接口功能块、I/O 功能块和控制运算功能块。

(1) 接口功能块是一种特殊的功能块,每个智能 I/O 模块中只含有一个接口模块。接口功能块既没有输入参数,也没有输出参数,其作用是为模块提供与硬件的接口,如输入信号的量程范围、单双端输入等。接口功能块在逻辑上提供若干个 I/O 通道给 I/O 功能块。

(2) I/O 功能块的作用是通过指定的通道获取现场的物理信号,然后根据设备组态工具预先组态设定并下装的参数，将物理信号转化为工程值，或者将控制运算功能块转化为物理信号，控制现场设备。此外还具有信号补偿和上下限报警判别的功能。

(3) 控制运算功能块是在智能 I/O 功能块的基础上，进行闭环控制、开环控制、比较运算等控制运算的功能块，并可根据用户的实际需要另外添加特殊的功能块。

智能 I/O 模块使用广播方式实时、周期地向上位 PC 机(即 ROS)报告数据，称之为“实时数据广播”。实时广播的数据是由用户在组态工具的界面中自由选择的。

另外，DPU 通过双芯屏蔽电缆或双绞线等连接到双冗余 CAN 总线，实现 DPU 之间的互联，以及 DPU 与 ROS 和 LOS 之间的数据通信。ROS 通过网络能对 DPU 的工作状态进行连续监测，并可通过网络向各个 DPU 下载相应的软件和参数，使得不同的 DPU 具有相应的不同功能，例如，某些用于监测与报警、某些用于控制、某些用于安全保护或这些功能的混合。与传统系统相比，其组合灵活多变，连接电缆的数量大大减少。实际系统中所包含的模块类型及模块数量应根据实际情况而定。

尽管不同 DPU 的 I/O 类型及其功能不同，但都有共同的特点：所有参数存储于模块中；可以进行远程设置；无调整器或跳线；所有的连接都是可插拔的；适合直接安装于主发动机的上层结构中；机壳上装有模块状态指示灯，用来指示 WatchDog 状态、运行状态、总信息、模块初始化状态和电源极性等信息。其主要特点如下：

(1) 所有 DPU 模块均采用统一的机械和电气设计，其外形如图 5-11(a)所示。

(2) DPU 具有参数储存功能，能够独立完成参数的监测、报警和控制。当 ROS 出故障时，DPU 的工作不受影响。

(3) DPU 具有完备的通信功能，支持双冗余 CAN 高速多主通信网络协议，具备 CAN 网络状态、容错管理功能。DPU 之间通过冗余的 CAN 总线进行通信。很多 DPU 还配备了一个 RS422 或 RS485 串行接口，以便和其他外部设备进行数据通信。

(4) 通过 ROS，可将用于 DPU 硬件组态和编程所需的软件下载到 DPU 中，并在 ROS 上对 DPU 进行遥控组态。在更换 DPU 后，需要给新单元下载参数。在 ROS 和 LOS 上，可以实现对 DPU 的监测、控制和参数调整。

(5) 所有的 DPU 均用 24 V DC 电源供电，DPU 的硬件无需进行设置和调整，所有连接均可即插即用。DPU 的电源、通信、I/O 通道连接都采用光电隔离。

(6) 具有强大的自检功能(检查模块内部温度、存储器性能以及 CAN 总线状态)。若 DPU、过程总线、电缆或传感器有故障，则会产生相应的报警信号。

3. dPSC，PSS 和 MSI

dPSC 是一个具有双处理器的网段控制器，用于 CAN 网络的扩展；PSS 类似以太网的集线器 Hub，全称为 Process Segment Starcoupler，用于 CAN 总线分支，此外还具有分段隔离的作用；MSI 是 Multi Serial Interface 的简称，当系统中的 RS422/485 通信接口不够用时，可采用 MSI 来实现 DC C20 与其他设备的数据连接。

4. MEI，数字调速器单元 (DGU)，ESU 和 RPME

这四个模块是专门用于主机遥控系统的 DPU 模块，分别用作遥控系统和主机的接口单元、数字调速器、安全保护单元和转速检测单元，在 AC C20 主机遥控系统中使用。

三、系统的主要功能

DC C20 主要是为了实现无人值班机舱,为船员提供机舱设备的基本状态和报警信息。除了具有一般机舱监测报警系统的基本功能外,DC C20 还有一些控制功能。具体的功能包括以下六个方面。

1. 人机界面

(1) 操作控制面板：每个远程操作站都有一块操作面板,该操作面板上带有球形鼠标、功能按键或指示灯。标准面板功能包括：报警显示选择和应答功能;监测显示选择和设置功能;记录设置和激活功能;参数调整;对现场控制单元的遥控操作;延伸报警和值班呼叫功能。当只需要监测和报警时,操作面板的控制功能就被闭锁。

(2) 报警和监测数据显示：系统包括几个显示窗口实时显示报警和监测数据。其中报警数据窗口包括：报警组显示窗口(由组报警按钮激活);报警汇总窗口,包括所有目前处于报警状态的报警点的列表;报警历史窗口,包括带有时间标志的报警点的连续列表。监测数据窗口包括：分组显示,包含一个报警组中的所有检测点的列表;选点显示;标签细节显示,给出系统中每个测量点的详细信息。

(3) 模拟图和状态显示：数据库中有几个标准图形,用以显示主机和辅助设备的一般信息,这些图形根据用户需要来显示。标准的模拟图窗口有主机排气温度和平均温度、备用泵状态汇总、执行器和阀的状态汇总、趋势曲线、电力管理、主配电板和发电机。另外,针对每个工程,将根据管路图设计特定的模拟图。这些窗口用来显示设备状态(开关、运行、停机等),并且是交互的,以便对设备进行操作。

(4) 记录/硬拷贝：在特定的时间间隔内或根据实际需要,可以设置不同的记录内容和形式并且自动打印。记录功能包括报警记录(报警和恢复正常的时间标记)、选点记录、完整记录、分组记录、闭锁点记录。如果安装的是彩色打印机,报警点将被打印成红色。硬拷贝单元是用于打印模拟图窗口的。

(5) 自检和诊断：PPU 具有在线内嵌自检功能,可以监测 PPU 的温度、功率以及传感器的扰动。结果可以从远程操作站查看。根据需要,远程操作站的自检和报警功能可以通过按下"报警检测"按钮来初始化。另外,当打开电源时,元器件都被自动检测。

(6) 火灾报警系统：通过 RS422 串行通信方式,可以将火灾报警系统连到 DC C20。只要 DC C20 系统接收到火灾报警系统传来的信息,远程操作站将显示发生火灾区域的甲板平面图。

(7) 操作者跟踪：可以通过 RS422 口串接到 DC C20。只要 DC C20 接收操作者跟踪系统传来的信息,远程操作站就会显示表示操作者当前操作活动的甲板平面图。

(8) 访问控制：本系统采用设置密码方式来限制或开放任何 ROS 对过程的控制。对报警设定值或参数的修改也是通过设置密码方式来进行保护。所有的操作实施时间、对报警设定值的修改均被记录下来,并作上时间标记。

2. 监测与报警功能

监测与报警是 DC C20 最重要的功能之一,这一功能使系统能够对机舱设备的运行状态和参数进行连续监测,并在发生异常时进行报警。

(1) 模拟量报警包括以下功能：设备故障报警；低低限报警，并执行主机停车动作；低限报警；高限报警；高高限报警，并执行主机停车动作；报警解除带有一个死区(回差)，以避免信号波动引起的频繁报警；信号过滤的滤波因子可调，以避免输入信号的波动；延时触发报警，防止误报。

(2) 开关量报警包括以下功能：低限报警；高限报警；报警解除；延时触发报警，恢复正常。

(3) 报警闭锁。某些报警是有条件的，即处于某个特定的条件下报警被闭锁。该功能的实现是通过定义某个信号为一个特定报警或一个特定报警组的闭锁信号。每个闭锁信号的延时时间可调，以便控制闭锁状态。

(4) 接受其他系统的报警信息。许多辅助设备的控制系统都有自带的监测和报警功能，例如，分油机控制系统、曲轴箱油雾浓度监测与报警系统、燃油黏度控制系统等。这些控制系统一般都定义有各种不同的报警状态，当报警发生时，除了在自身控制面板上发出报警之外，还可将报警信号送至 DC C20，并由 DC C20 进行统一的报警处理。

此外，船舶火灾报警系统往往是一个独立的监测与报警系统，但只要火灾报警控制箱设有和其他设备的数据接口，便可以通过 RS422 或 RS485 串行接口与 DC C20 的 CAN 网络相连，并在 ROS 上以 Mimic 窗口的形式显示各层甲板的火灾探头分布及报警情况。

(5) 报警确认。当发生报警时，DC C20 可以在 Mimic 显示、分组显示和汇总显示等各种情况下对屏幕上所出现的单个报警或整个报警分组进行报警确认。

(6) 柴油机排气温度监测。排气温度监测系统除了监测各缸实际排烟温度之外，还将计算各缸排烟温度的平均值和偏差值。其中，偏差值是指单缸排烟温度和平均温度之间的差值，当超过允许范围时将发出排温偏差报警。偏差允许范围是根据柴油机的负荷大小连续计算的，柴油机负荷越大，允许的偏差报警带就越小。由于低负荷时，各缸排温会相差较多，因此当平均温度低于某一设定值时，偏差报警自动封锁。

(7) 趋势监测。趋势监测系统可以提供系统中所有变量的历史数据曲线。该系统可以自动记录所有数字量和模拟量的测量值，将其保存下来以备在趋势系统中使用。该系统是存储在远程操作站的一个集成的软件模块。该系统有两个功能可以在操作控制面板上实现，即“选择趋势”功能和“显示趋势”功能。

“选择趋势”功能是指操作者可以指定系统中哪些变量作为显示的趋势曲线。操作者可以指定 5 个不同的趋势曲线显示画面，每个画面可以包含 8 个变量，即总共可以显示 40 个变量的趋势曲线。

“显示趋势”功能将显示被选定变量趋势的连续曲线。当前值显示在窗口的右边，过去值显示在窗口的左边。同时，可以设定每条曲线的颜色。

画面还显示一些文字信息，如标签名称、标签描述以及同时显示 4 个变量的实际值。

(8) 油耗经济性监测。在 DC C20 中，可通过 DPU 采集燃油流量、燃油温度、柴油机转速、轴输出功率和航速等信息。这些信息通过网络发送至 ROS，由 ROS 进行处理和计算，实现对柴油机的油耗信息进行实时监测，据此可进一步对各种操作的经济性进行评估。

这一功能是通过安装在 ROS 上的专门软件实现的，计算程序输出的性能参数包括：①柴油机瞬时油耗，包括单台主机瞬时油耗和总瞬时油耗(对于多主机船舶)(kg/h)；②船体效率[kg/(n mile)];③柴油机效率[g/(kW·h)];④单机轴功率和总轴功率(对于多主机船舶)(MW);⑤燃油消耗总量和输出功总量按照航次累计,累计信息包括航行时间(h)、航行距离(n mile)、航次总油耗(t)、航次输出总功(MW·h)。

油耗经济性监测窗口通过 OCP 功能键激活,一般在每个航次结束时进行复位清零,复位操作将激活打印机输出一份航次报告。

(9) 设备运转计时监测。为了便于掌握设备的运行时间,DC C20 提供了设备运行计时监测功能,对各种指定的设备,如空压机、泵、风机和发电机等,进行运行状态跟踪计时。轮机员通过 OCP 功能键可随时调出计时统计窗口,或进行打印输出,统计结果可作为制定设备维修计划的重要参考。每当对某个设备进行维修之后,应对其进行计时清零,以便重新计时。

3. 综合控制功能

利用 DPU 模块的 I/O 功能和软件设计,DC C20 除了对机舱设备的状态和参数进行监测与报警之外,还可实现对设备的控制。与设备控制有关的各种数据采集、信号处理和控制功能均由与设备相连的各个 DPU 完成。这一解决方案使得一旦 ROS 出现故障时能够确保进行有效的机旁操纵。归纳起来,DC C20 的控制功能包括以下几个方面:

1) 泵的控制

泵的控制功能包括:

(1) 泵组顺序起动。与某一管系操作相关的两个或几个泵可以按照事先规定的顺序自动起动。

(2) 主备用切换。当主用泵的出口压力低于设定值时,备用泵自动起动。

(3) 失电自动起动。某些重要泵能够在全船失电后恢复供电时进行泵组自动起动,起动顺序由泵的控制逻辑决定。

(4) 起动禁止。有两种情况需要进行起动禁止:一是在泵的出口压力建立期间,二是当主机或发电原动机停机等外部逻辑条件满足时。

(5) 报警功能。当泵的控制系统发生下列情况时,将发出相应的报警:①备用泵自动起动;②泵自动起动失败或跳闸;③备用异常报警,即当某一停止的泵不在备用状态时也发出报警提示。

实现泵自动控制的传感器可以是开关量传感器,也可以是模拟量传感器。若采用模拟量传感器,则泵的起停极限值由 DPU 内部的数据库确定,否则由压力开关进行设定。

泵的逻辑控制程序及其起停极限值数据通过 ROS 下载并存放于各个 DPU 中,其中数据库还可通过 ROS 或 LOS 进行修改。泵的控制可在 ROS 上的 Mimic 图上通过轨迹球或鼠标进行遥控操作,方便、快捷。由于程序和数据存放于 DPU,因此即使 ROS 停止运行,也能保证泵的逻辑控制正常进行。DPU 与泵起动控制箱的逻辑接线原理如图 5-12所示。

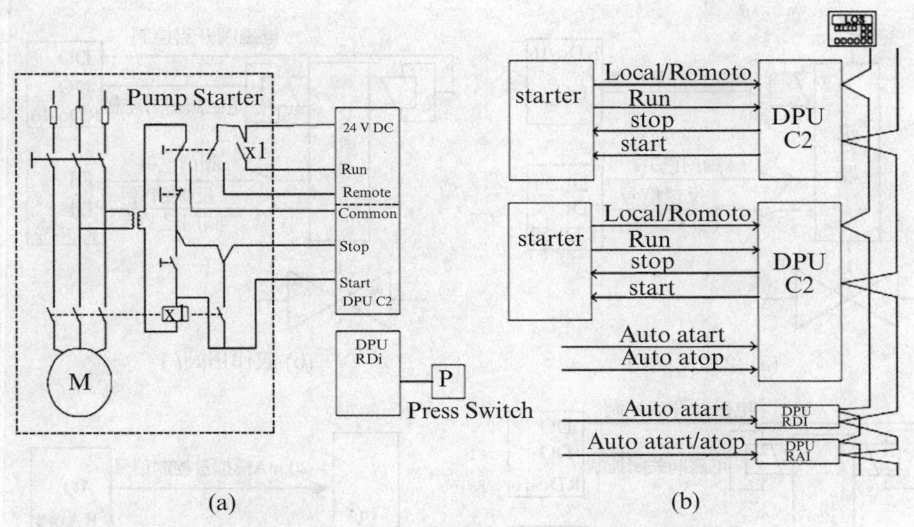

图 5-12　DPU 与泵起动箱的逻辑接线原理

2）阀门遥控

阀门遥控是指对船舶各种管系当中的阀门进行远距离控制，通常是在专门的控制台上根据管路模拟图和具体作业需要通过操纵手柄控制相关阀门的开启或关闭，进行特定的连通路径组态，以实现压载水调驳和燃油驳运等操作任务，对于液货船，则还可以进行装卸货操作。

在 DC C20 中，阀门遥控是通过 DPU 和 ROS 实现的。阀门控制操作程序存放于 DPU 内，DPU 与 ROS 进行通信。在 ROS 的 Mimic 窗口中，可通过 OCP 对管路系统中的相应阀门进行操作，操作命令传送至机舱现场 DPU 模块，并通过执行器指挥阀门动作，同时，反映阀门位置的状态信息则通过传感器送至 DPU 作为反馈信号。DPU 与遥控阀门的逻辑接线原理如图 5-13 所示。

根据阀门的控制原理，系统可包含以下几种阀门类型：

（1）单作用阀门。单作用阀门的控制只需要 1 个开关量输出通道、1 个或 2 个开关量输入通道。开关量输出通道控制阀门的动作（阀门的复位由弹簧动作），开关量输入通道用于检测阀门的位置，如图 5-13(a)所示。

（2）双作用阀门。双作用阀门的控制需要 2 个开关量输出通道分别用于控制阀门的开启和关闭。另外，还需要 2 个开关量输入通道，用于检测阀门的开关状态，如图 5-13(b)所示。

（3）带阀门定位器的双作用阀门。对于带阀门定位器的双作用阀门，需要 2 个开关量输出通道分别用于控制阀门的开启和关闭，开关量输出采用脉冲输出方式。另外，还需要 1 个模拟量输入通道用作阀门开度的连续反馈，如图 5-13(c)所示。这种阀门适用于需要对阀门开度大小进行控制的场合。

（4）带阀门定位器的单作用阀门。带阀门定位器的单作用阀门采用模拟量输出进行控制，并通过模拟量输入来检测阀门的实际位置，因此需要 1 个模拟量输出通道和 1 个模拟量输入通道，如图 5-13(d)所示。这种阀门也适用于需要对阀门开度大小进行控制的场合。

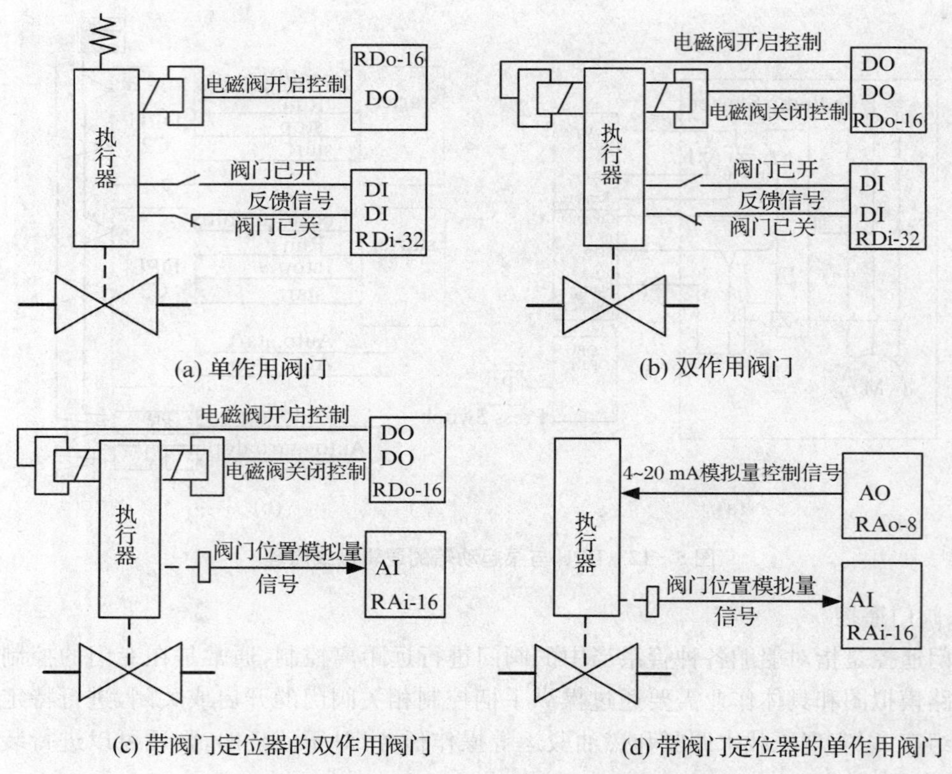

(a) 单作用阀门　　(b) 双作用阀门

(c) 带阀门定位器的双作用阀门　　(d) 带阀门定位器的单作用阀门

图 5－13　DPU 与遥控阀门的逻辑接线原理

3）比例积分微分过程反馈控制

PID 控制器是 ROS 中的一个软件模块，其控制规律通过软件算法实现。PID 软件模块可以下载到与控制回路相关的 DPU 中，这些 DPU 通过模拟量输入通道输入被控量测量值，在 DPU 内部与设定值比较形成偏差，经控制算法计算后，再由模拟量输出通道送至执行器，形成闭合的控制回路。图 5－14 所示为 PID 控制器中 DPU 与调节阀的逻辑接线原理。

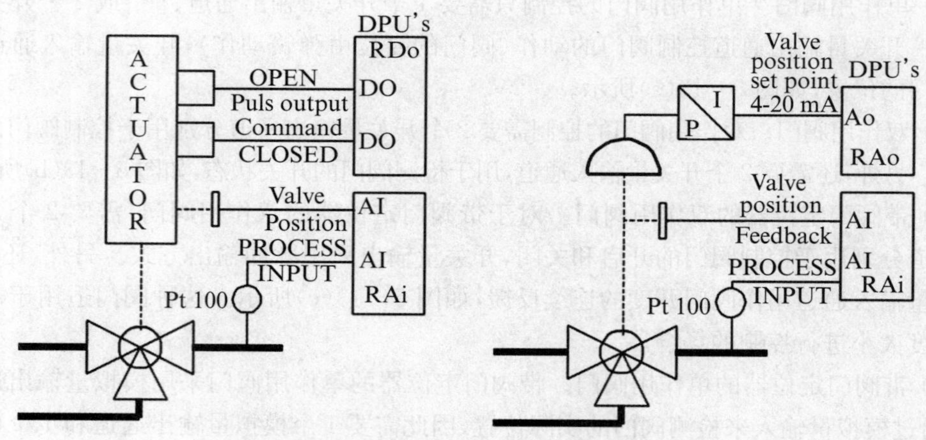

图 5－14　PID 控制器中 DPU 与调节阀的逻辑接线原理

PID 控制器的调试可在 ROS 或者 LOS 上进行，由于控制器以软件模块的形式存在，因此可以方便地对这些模块进行组态，形成各种复杂控制系统，例如，一个控制器的输出送至另一控制器的输入端，形成串级控制。

通过 ROS 的操作面板，可以对控制器软件进行各种设置，主要设置功能如下：

(1) 调节器作用强度参数调整，包括比例带、积分时间和微分时间。

(2) 被控量设定值调整。

(3) 输出模式设定，即自动控制和阀位手动控制设定。

(4) 调节器作用规律类型设定，通过切除积分或者微分作用，可以方便地得到比例、比例积分、比例微分或比例积分微分控制规律。

(5) I/O 信号类型设定，输入可以设定为电流、电压或电阻类型，输出可以是电流或者是电压类型。

4) 辅助设备的控制

若在 CAN 网络上挂接必要的 DPU，并配置相应的软件模块，DC C20 还可以实现对空压机、分油机和辅锅炉等辅助设备进行自动控制。来自设备的各种开关量和模拟量通过 DPU 的输入通道采集，经控制程序处理后，再由输出通道输出开关量信号对设备进行逻辑控制或输出模拟控制量进行参数反馈控制。

(1) 空压机自动控制。空压机自动控制功能包括空压机的自动起停、遥控手动起停、故障停止复位后的自动起动和自动放残等。

(2) 分油机自动控制。DC C20 的分油机控制程序专门针对专用分油机设计，通过 DPU 的输出通道可以控制分油机进油温度、分油机起停和密封水电磁阀和排渣水电磁阀等。在 ROS 上可以显示分油机系统的 Mimic 图，在 Mimic 图上对阀门进行手动操作即可进行管路组态，选择单机运行、串联运行或并联运行等分油模式。当串联运行时，第一台分油机被默认为分水机，而第二台则可设定为分水机或分杂机。

(3) 辅锅炉自动控制。辅锅炉自动控制包括点火时序控制、水位或蒸汽压力反馈控制和报警显示等，所控制的设备包括燃油备用泵、燃烧器电动机、燃油加热器、喷油设备、点火时序、风门挡板和蒸汽泄放阀等，这些设备均与 DPU 相连接并由 DPU 输出的控制信号进行控制。DPU 通过网络与 ROS 通信，将锅炉控制系统的各种状态参数送往 ROS，分别为监测与报警系统和辅锅炉控制系统 Mimic 软件提供数据。

4. 电力管理系统

DC C20 的电力管理系统(Power Management System，PMS)涵盖电站自动控制的所有功能，包括全船电力的生产、配送和安全保护等。

对于基本型电力管理系统，每台发电机组配置一个 DPU，用于单台发电机组的自动控制。DPU 与 ROS 相连，在 ROS 上可以对各个 DPU 的监控功能进行初始化设置。控制系统适用于不同类型的发电机组，如柴油发电机组、透平发电机组和轴带发电机组等，但根据发电原动机类型的不同，DPU 的配置和控制策略也不同。

对于复杂的电力管理系统，一般通过 dPSC 将 PMS 扩展为一个独立的 Local CAN Bus。Local CAN Bus 再通过 Global CAN Bus 与 ROS 通信。图 5-15 所示为 PMS 的典型结构，电站包含三台柴油发电机组，每台机组分别配置两个 RIO-C1 模块，其中 DSS(Diesel

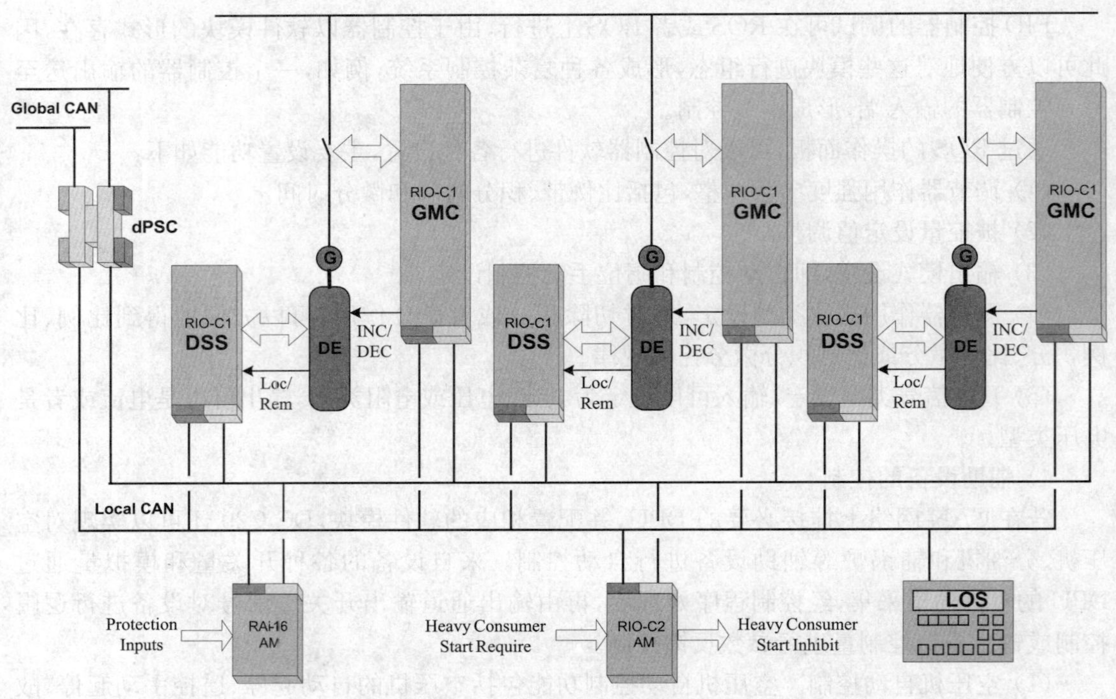

图 5-15　PMS 的典型结构

engine Start，stop & Safety）为柴油机起停控制和安全保护模块，GMC（Generator Monitoring & Control）为发电机监控模块，根据发电机和电网信息控制主开关动作并通过向柴油机发送 INC/DEC（增加/减少）指令进行调频调载。RAi-16 模块用于检测发电柴油机是否具备遥控条件。若发电柴油机不具备遥控条件，则将发出相应的报警指示并禁止 Loc/Rem（机旁/遥控）切换。RIO-C2 则用于重载起动管理，当电站总功率不足时将禁止重载设备起动。由于 RIO-C1 模块本身具有发电机组的综合管理能力，因此可以将 DSS 和 GMC 合并为由一个 RIO-C1 实现，并把这一 RIO-C1 模块称为 DGC（Diesel Generator Monitoring & Control）。此时，RIO-C1 与发电机组的逻辑连接如图 5-16 所示。

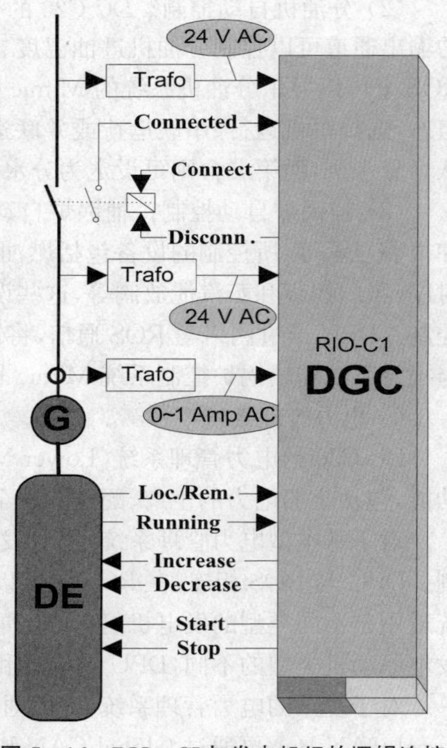

图 5-16　RIO-CI 与发电机组的逻辑连接

5. 货物和压载

船舶液位测量系统通过 DPU、串行口或者局域网与传感器相连。该系统可以连接的传感器范围很广。对于压载水舱、燃油舱、淡水舱液位以及吃水的测量一般采用电动式传感器或者采用可以浸在水中的压力传感器，对货舱若采用雷达传感器或者特殊设计的压力传感器测量的液位将更精确。

在装卸货物时，这套系统根据船舶的纵倾、横倾以及各舱液体的密度对现场传感器测得的信号进行修正，计算出各舱液位和吃水，并且将结果以图形和文字形式传送到远程操作站上显示，从而为操作者提供船舶安全必需的参数。

容量和吃水表存储于系统中，计算结果被传送到远程操作站并用模拟图显示。

6. **船队管理系统**

船队管理系统是DC C20的一个延伸系统，是指在船上以及船舶所有人办公室进行信息管理。通常包括以下功能：

(1) 在船上：记录来自船长房间、监测报警及控制系统(AMCS)以及货物控制系统的数据；对船上的数据进行组织与存储；数据的显示以及打印报表；通过电子邮件或者FTP向船舶所有人或者其他相关人员传输数据。

(2) 在船舶所有人办公室：组织和存储船队发来的数据；显示和打印来自船队的数据；船队数据的趋势评估；传输数据给外界相关人员，如船级社、租船人等。

(3) 船队管理系统设置在船上的设备包括船队管理系统的网关，船队管理系统的船舶浏览器，船队管理系统e-mail，FAX(传真机)和Telex(电传)，船队管理系统的船舶数据管理。

(4) 供应商的远程支持：岸基计算机通过专用软件与船舶检测与报警系统连接，有关信息可以通过一台类似的船舶浏览器提供给制造厂商。

在实际中，不同船舶可根据需要对上述主要功能进行选配。例如，有些船舶采用其他厂家的电力管理系统，则在DC C20系统中就没有PMS方面的内容，而对于液货船，还可以包含液货装卸系统等。

四、监测呼叫系统WCS

监测呼叫系统(或称延伸报警系统)包含延伸报警和值班呼叫的功能，是实现无人值班机舱的一个必要条件。监测呼叫系统的组成如图5-17所示，包括硬件部分、软件部分以及用于通信的CAN总线。硬件部分包括驾驶室监测单元(WBU)、舱室监测单元(WCU)和一台服务器/计算机。该服务器由一台主计算机(MCU)和操作控制板(OCP)组成，或者是一台标准的带键盘和显示器的个人计算机。该服务器/计算机除了可以通过CAN总线传递给WCS面板外，还接收来自监测呼叫系统的应答信号。WBU，WCU也称延伸报警单元，延伸报警面板用于显示报警信息，并可发出声光报警。同时还能提供当班高级船员的值班信息。软件部分是装载在ROS中的WCS软件程序。

监测呼叫系统的组成如图5-18所示。通常监测呼叫系统的监测责任设置就是集控室和驾驶室两个主要区域，集控室一般作为默认的“监测责任”区域。有时也可以选择货控室作为“监测责任区域”。安装在服务器上的WCS软件程序允许轮机员定义哪个操作位置将负有监测责任，哪个轮机员值班，哪几块面板被定义给不同的“值班高级船员”。

驾驶室监测单元用于将远程操作站的报警信息传达给驾驶室的人员，主要功能包括：显示谁有监测责任；表示谁正在值班；当前报警状态；每当出现新报警并且有人值班时以声光报警；允许驾驶室联系（呼叫）值班人员。

舱室监测单元放置在船上不同位置，如高级船员住舱和公共区域。主要功能包括：表示谁正在值班；呼叫值班高级船员的时间以及谁正在呼叫；当前报警状态；当发生新报警时进行声光报警。对于安装在高级船员舱室的 WCU，只有当该高级船员被定义为值班高级船员时才报警，而对于安装在公共区域的 WCU，只有当有人被定义为值班高级船员时才报警。

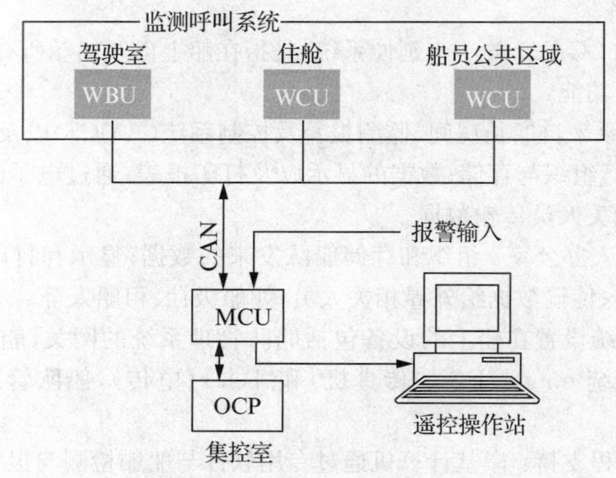

图 5－17　监测呼叫系统的组成

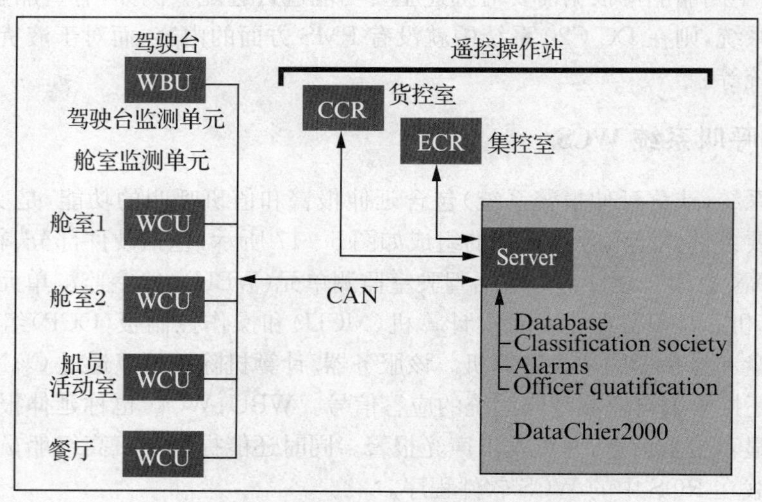

图 5－18　监测呼叫系统的分布

五、K－Chief 500 监测与报警系统

K－Chief 500 监测与报警系统是 DC C20 的升级产品，其结构组成和系统功能与 DC C20基本相同，只是在操作站和人机接口上作了改进。

1. K－Chief 500 的结构组成

K－Chief 500 主要由操作站（Operator Station，OS）、便携式操作站（Midi Operator Station，MOS）、集控室操纵面板（Control Room Panel，CRP）、值班呼叫系统（Watch Calling System，WCS）和 DPU 等组成。K－Chief 500 结构如图 5－19 所示，OS 起 CAN 与 LAN 总线联通的网关作用，系统由各个分系统组成，有主机控制系统、电站系统、液货舱温度监测系统、危险区域远程 I/O 监测系统和机舱监测与报警系统等，使用 dPSC 将各系统两条全局 CAN 总线上。船舶内部以太网总线通过主管信息管理系统与管理层，或与岸上以太网，或通过卫星通信与公司互联，实现远程监测。

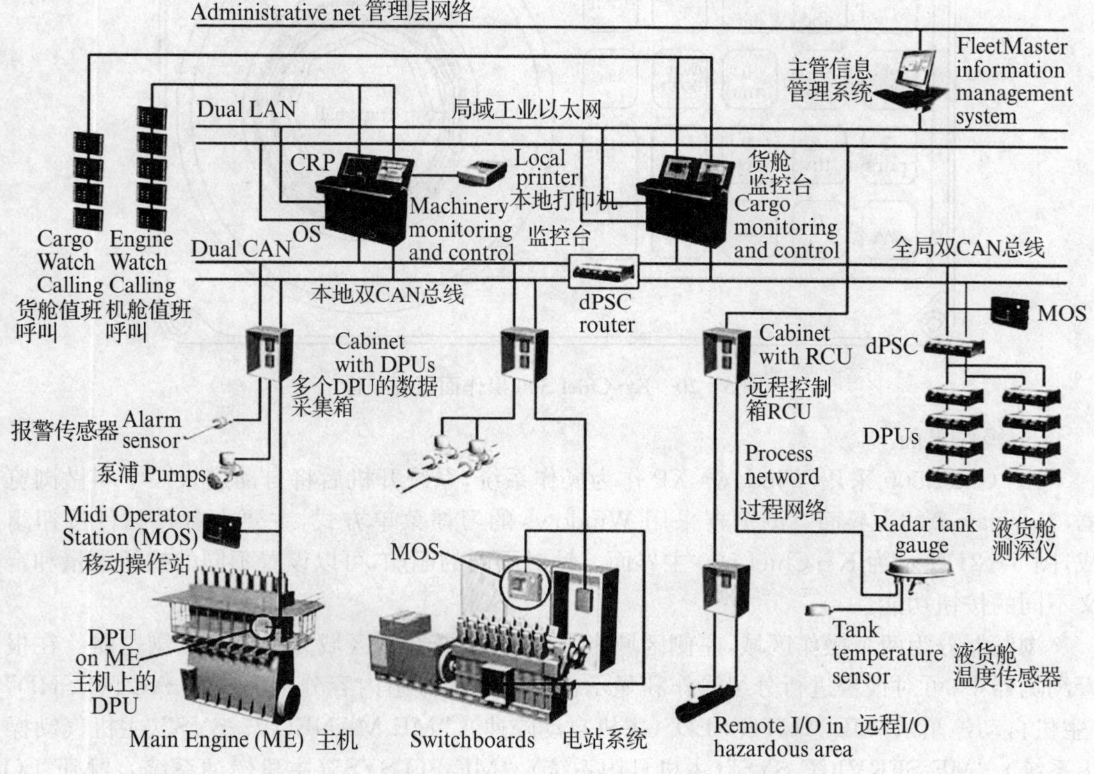

图 5－19　K－Chief 500 结构

K－Chief 500 的操作站在 DC C20 的 ROS 基础上进行改进，其操作键盘和操作界面更加简介和方便，而其他与 DC C20 类似。

1）操作面板

K－Chief 500 的操作面板上省去了分组报警功能、值班功能和 Mimic 图形等大量的功能按钮，而是把这些操作功能设计成显示窗口的菜单健。在硬件上只保留报警控制按钮、操作权控制按钮、数字/字母小键盘和轨迹球等基本部件。操作面板的结构如图 5－20 所示，图中标明各个按键的名称和功能。

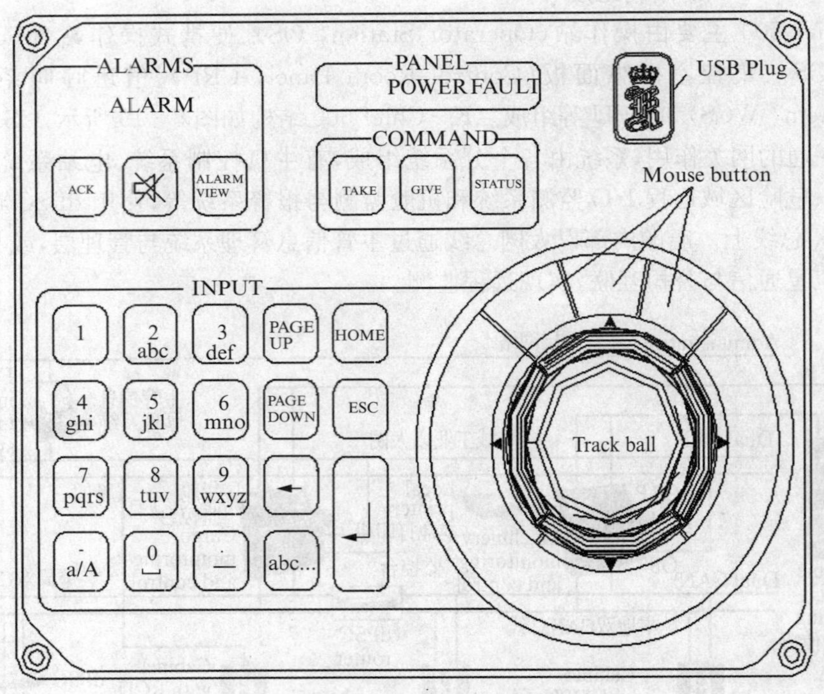

图 5-20　K-Chief 500 操作面板的结构

2）操作界面

K-Chief 500 采用 Windows XP 作为操作系统，系统开机后将自动进入一个叫做浏览器(Navigator)的主界面。浏览器采用 Windows 的习惯菜单方式，主要由各种软件按钮组成，图 5-21 所示为 K-Chief 500 主界面。针对不同的船舶，可以设置不同的按钮数量和定义不同的按钮功能。

浏览器分为两个操作区域，左侧区域为报警浏览器，右侧区域为图形显示浏览器。在报警浏览器中，可对报警进行分组操作和显示。图中当前分组内容分别为“ME AUTO SHD”（主机自动停车）、“ME AUTO SLD”（主机自动降速）、“ME MANEUV. SYS”（主机气动操纵系统）、“ME SERVICE SYS”（主机日用系统）、“ME FO SYS”（主机燃油系统）、“ME LO SYS”（主机滑油系统）、“ME COOL. SYS”（主机冷却水系统）、“ME EXH & AIR SYS”（主机排气和空气系统）、“GEAR SHAFT CPP”（轴系和调距桨）、“NO. 1 GEN.”（1 号发电机组）、“NO. 2GEN.”（2 号发电机组）、“NO. 3 GEN.”（3 号发电机组）、“EMERG. GEN.”（应急发电机组）、“COMBIN. BOILER”（组合锅炉）、“OIL FIR. BOILER”（燃油锅炉）、“BILGE & TANK”（污水柜和液舱）、“ELEC. PWR PLANT”（应急电源装置）以及“STEER GEAR”（舵机系统），按钮右侧的数字显示各个分组的报警总数（当前的报警数均为 0）。点击每个分组按钮即可显示相应分组的参数和报警状态，例如，点击“ME AUTO SHD”将显示与主机自动停车有关的各个参数名称、参数值、报警设定值和当前报警状态等信息。

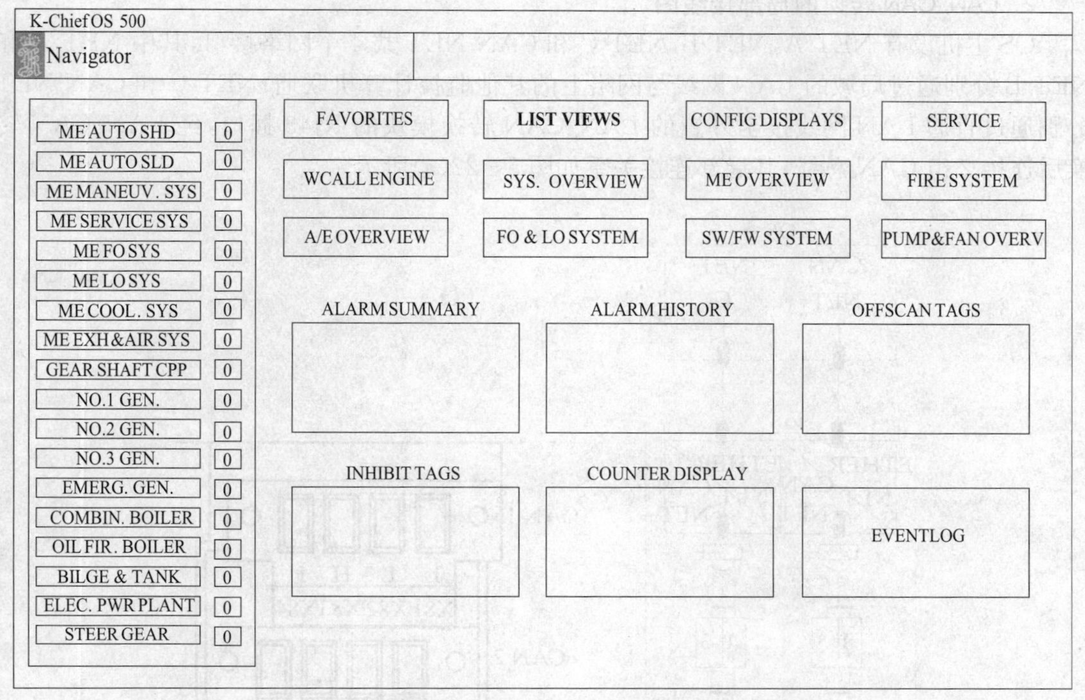

图 5-21　K-Chief 500 主界面

图中右侧上方小按钮为主按钮组，下方大按钮为二级按钮组。在主按钮组中，点击"FAVORITES"(收藏夹)可进行值班轮机员的个性显示及其管理，点击"LIST VIEWS"(列表查看)可以列表的形式查看监测参数，点击"CONFIG DISPLAYS"(显示配置)可对各种显示进行自定义配置，进入"SERVICE"(服务)菜单可显示系统信息、说明书查阅、背景亮度调节和报警测试等，进入"WCALL ENGINE"(值班)菜单可操作对值班呼叫系统，进入"SYS. OVERVIEW"(系统总览)可查看整个系统的网络布局及网络工作状态(若采用 AC C20 主机遥控系统，则在这里还将显示 AC C20 的网络结构，并可对主机遥控系统的参数进行设置)，"ME OVERVIEW"(主机总览)、"FIRE SYSTEM"(火警系统)、"A/E OVERVIEW"(发电机总览)、"FO & LO SYSTEM"(燃滑油系统)、"SW/FW SYSTEM"(海淡水系统)和"PUMP & FAN OVERV"(泵与风机总览)等则以 Mimic 图的形式显示相应系统的工作状态。

二级按钮组的内容与当前激活的主按钮相对应，若二级按钮指向的目标为列表或 Mimic 图，则该二级按钮将以所指向的列表或 Mimic 图的缩略图形式显示。图 5-21 中当前激活的主按钮为"LIST VIEWS"，其对应的二级按钮包括"ALARM SUMMARY"(报警汇总)、"ALARM HISTORY"(报警历史)、"OFFSCAN TAGS"(离线测量点标签)、"INHIBIT TAGS"(报警抑制标签)、"COUNTER DISPLAY"(计时/计数显示)和"EVENTLOG"(事件记录)等。点击任意一个二级按钮，都将进入相应的显示页面，例如，点击"ALARM SUMMARY"将显示当前报警的汇总列表。

2. LAN/CAN 转换的局部接线图

OS 主机设有 NET A,NET B,NET C 和 CAN NET 共 4 个网络接口,其中 NET A 和 NET B 分别通过局域的 LAN 网线与网络上的其他监控计算机联通;NET C 和 CAN NET 分别通过直通 LAN 网线接至外置的 LAN/CAN 转换模块的 RJ45 插口,经 LAN/CAN 转换后连接 2 组 CAN 总线,其局部连接关系如图 5-22(a)所示。

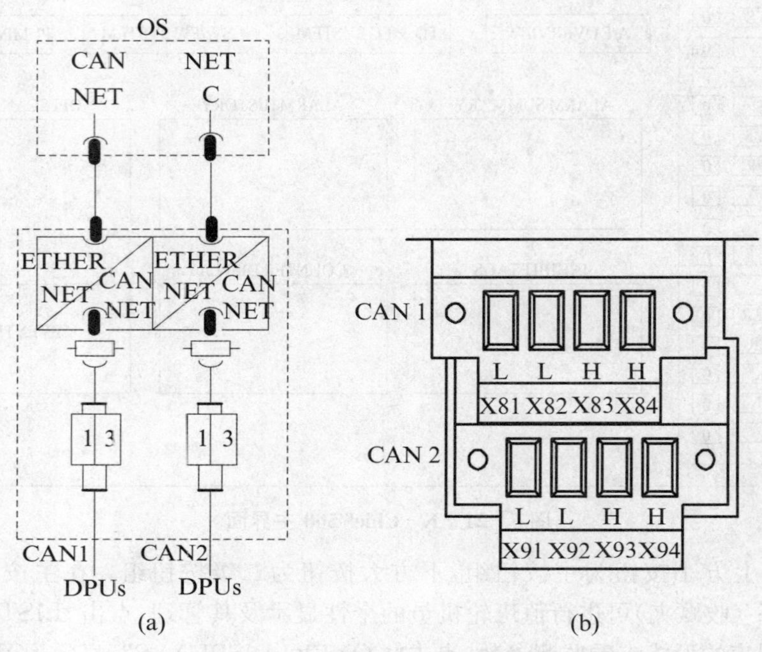

图 5-22 LAN/CAN 转换的局部接线

值班报警系统的总线单独设置,一般采用 CAN 网络通信,与具体设备的 CAN 总线分开。

每个 DPU 都至少有 2 个 CAN 接口(即 CAN 1 和 CAN 2),如图 5-22(b)所示。每个接口设置 4 个接线端子,CAN 1 的端子名称为 X8,编号为 X81～X84,X81 和 X83 连接网络中相邻的上一个模块,X82 和 X84 连接相邻的下一个模块,若模块为网络中的最后一个模块,则必须在 X82 与 X84 之间接入一个 120Ω 的终端电阻;CAN 2 的端子名称为 X9,编号为 X91～X94,用法与 CAN 1 类同。

3. DPU 与 I/O 设备的连接

根据模块种类的不同,DPU 与 I/O 设备的连接也各不相同。但从总体来看,开关量的 I/O 和模拟量的 I/O 占绝大多数。

1) RDi-32 和 RDo-16 与外部设备的连接

RDi-32 和 RDo-16 是典型的开关量 I/O 模块,图 5-23(a)和图 5-23(b)分别给出 RDi-32 与输入开关的连接和 RDo-16 的开关量输出接线方法。

RDi-32 共有 32 个开关量输入通道,每个通道对应 2 个接线端子。端子编号为 3 位数,个位为端子号,十位和百位为通道号,如 011 和 012 为第 1 通道的 1 号和 2 号端子。这种端子编号规律适用于其他所有 DPU 模块。

RDo－16 共有 16 个开关量输出通道，均为继电器触点输出，可对外部设备进行开关控制或输出脉冲信号。每个通道对应 3 个接线端，其中端子 1 与端子 2 之间为常开(Normally Open，NO)触点，端子 1 和端子 3 之间为常闭(Normally Closed，NC)触点。具体使用常开触点还是常闭触点需要根据实际应用情况确定。

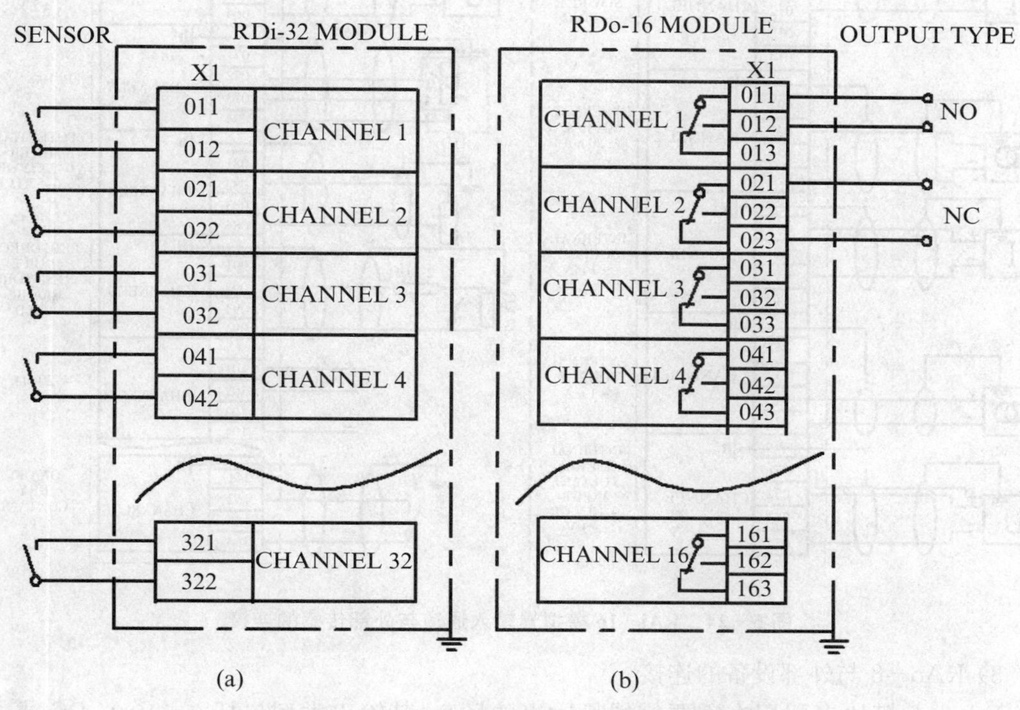

图 5－23　RDi－32 和 RDo－16 的外部连接

2) RAi－16 与传感器的连接

RAi－16 是典型的模拟量输入模块，共有 16 个模拟量输入通道和 1 个计数器输入通道。图 5－24 为 RAi－16 模拟量输入通道与外部传感器的连接。1 个模拟量输入通道包括 4 个接线端子，端子号用 3 位表示，个位表示端子号，十位、百位用于表示通道号，每个通道的端子 1 可为外部传感器或变送器提供工作电源，端子 2 和端子 3 用作测量输入，端子 4 为信号地。通过在操作系统上对不同的通道进行软件设置，每个通道都适用于输入各种类型的模拟量，但对于不同的输入信号类型，其连接方法不同。在图 5－24 中，通道 1 和通道 2 所示分别为采用内部电源和外部电源的±20 mA 电流输入，通道 3 和通道 4 所示分别为采用内部电源和外部电源的±1 mA 电流输入，通道 5 和通道 6 所示分别为采用内部电源和外部电源的±10 V 或±1 V 电压输入，通道 7 为热电阻输入，通道 8 为电位器输入，通道 9 为带断线检测功能的开关量输入，通道 10 为 4～20 mA 电流输入，通道 16 为干触点开关量输入。其中，通道 9 和通道 16 输入的虽然是开关量，但其开关状态是通过检测在开关的不同状态下所输入的模拟量大小来判断的。应当指出的是，图 5－24 的接线方法只是一个示例，各个通道接入的信号类型可根据实际需要确定。另外，模拟量信号容易受到电磁环境的干扰，因此信号电缆必须采用屏蔽电缆，并确保电缆屏蔽层与机壳的可靠连接。

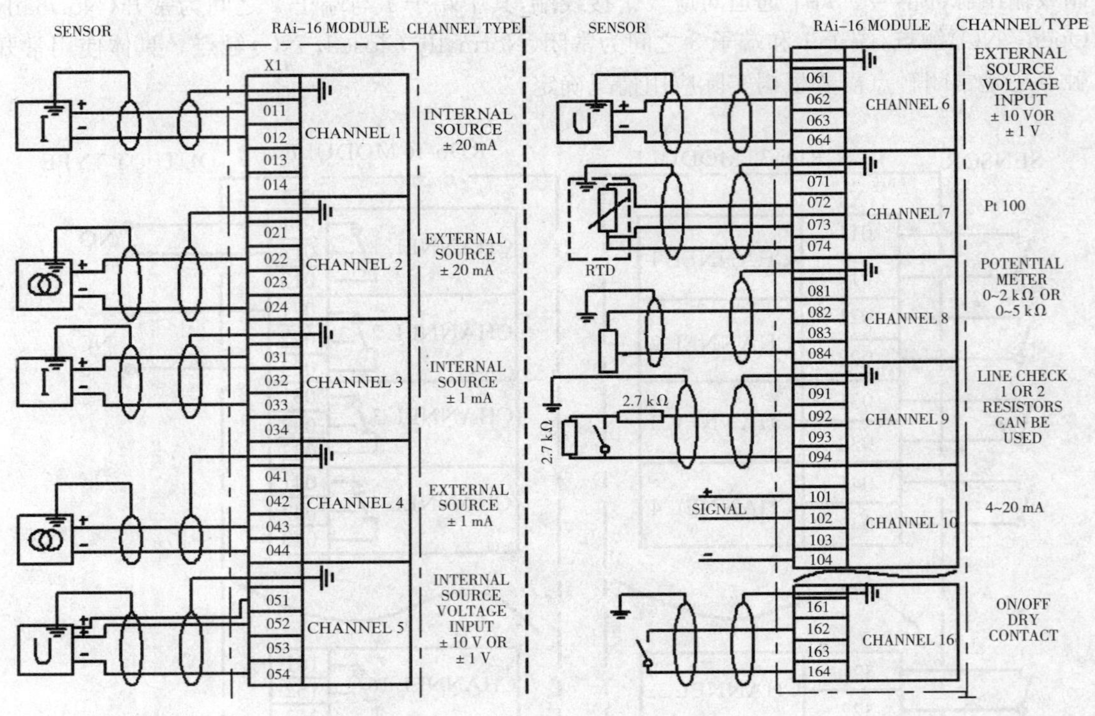

图 5-24　RAi-16 模拟量输入通道与外部传感的连接

3) RAo-8 与外部设备的连接

RAo-8 模块专门用在需要模拟量输出的场合，其输出类型包括 0～10 V DC 或 2～10 V DC 的电压信号和 0～20 mA 或 4～20 mA 的电流信号。RAo-8 共有 8 个模拟量输出通道，1 个通道包括 3 个接线端子，其中端子 1 输出电压信号，端子 2 输出电流信号，端子 3 为信号地。图 5-25 中的通道 3 和通道 5 所示分别为电流输出和电压输出直接驱动外部设备的例子，通道 1 所示为经过电压隔离器进行的电压输出，通道 7 和通道 8 为经过隔离器的电流输出。

对于一些混合模块或专用模块(如 RIO-C1,C2,C3,C4,DGU 和 ESU 等)，在单个模块上同时设有不同的 I/O 通道，其接线方法和通用模块相应的 I/O 通道类型相同。

六、网络型监控系统的管理维护要点

网络型监控系统是一个集监测与报警和控制功能于一体的全微机式系统，不论是进行日常的操作还是进行管理维护，都需要有一定的计算机基础知识和操作经验，而且还要熟悉控制对象的控制原理，尤其是 ROS 和 DPU。

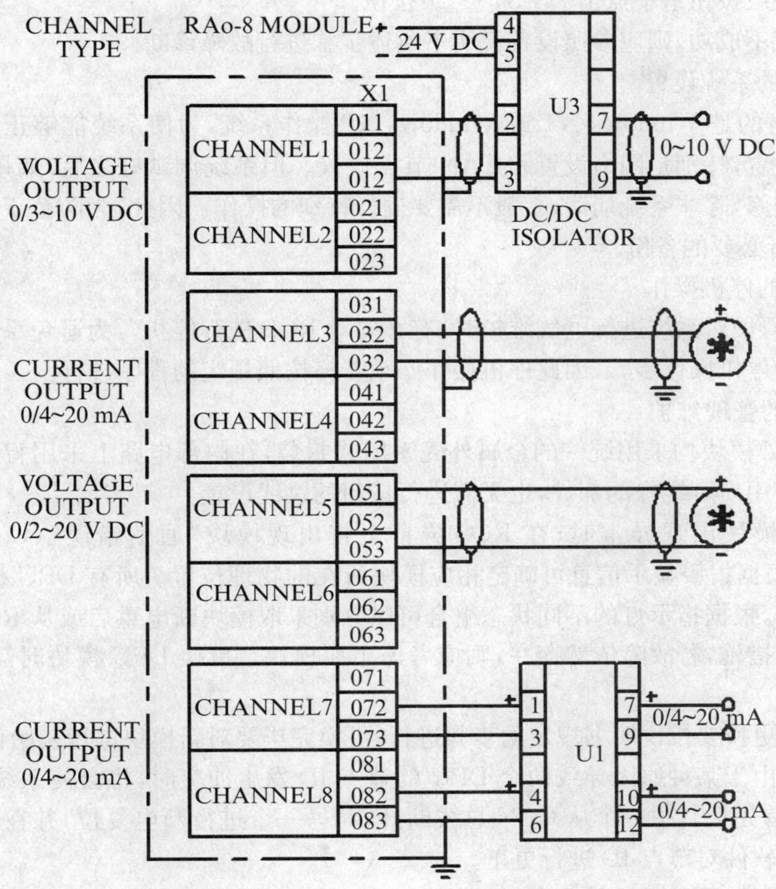

图 5－25　RAo－8 的外部连接

1. ROS 的管理维护

1）熟悉系统

ROS 的软件系统具有内建的在线测试和程序自诊断功能，只要与 ROS 相连的内部或外部设备出现故障，多数情况都可以在屏幕上显示出故障代码。因此，必须充分熟悉说明书，以便在需要时能够快速查阅故障代码所对应的可能的故障原因及其排除方法。

2）定期进行系统测试

说明书推荐每周进行一次系统测试，以确定系统本身是否工作正常。对于 DC C20，测试方法如下：

(1) 按下 OCP 上的“Alarm Test”（报警测试）按钮，“System Failure”（系统故障）指示灯闪光，蜂鸣器响。

(2) 按下“Alarm Acknowledgment”（报警确认），“System Failure”（系统故障）指示灯变为平光，蜂鸣器停响。

(3) 再次按下“Alarm Test”（报警测试）按钮，“System Failure”（系统故障）指示灯熄灭。

对于 K－Chief 500，则可在系统的主界面上进行。方法是点击“SERVICE”主按钮，在随后出现的二级按钮组中点击“TEST”二级按钮。

如果测试不成功，则应参照设备说明书所述步骤进行故障诊断。

3）ROS 的系统设置

ROS 运行的是 Windows NT 或 Windows XP 操作系统，为使系统能够正常工作，要进行各种系统设置，特别是网络设置和 CAN 节点设置。但系统调试好之后，如果没有进行设备的更换和维修，除非系统崩溃，一般不需要进行特别的操作。因此，为防范于未然，必须对 ROS 软件进行必要的备份。

4）ROS 的停机操作

某些时候，如对系统进行电气维护时，有必要对 ROS 进行停机。为避免系统故障，说明书规定严格的停机操作步骤，因此停机操作必须严格按照规定的程序进行。

2. DPU 的管理维护

所有 DPU 模块均采用统一的金属外壳密闭式封装，在内部电路上采用智能化设计，因此不存在任何用户可维修的部件，也无需进行任何的跳线设置。

当 DPU 模块出现异常时，在 ROS 屏幕上将出现模块“通信错误”（Communication Error）报警，根据报警显示信息可确定相应模块所在的物理位置。所有 DPU 模块均设有 5 个状态指示灯，根据指示灯的不同状态组合可以分别采取模块断电重启或从 ROS 对模块进行重新加载等措施，若故障依然存在，则应考虑更换模块。更换 DPU 模块时需要考虑以下问题：

（1）模块更换要按说明书规定的步骤进行，更换完毕要对新模块进行初始化设置。

（2）一旦由于某种原因导致两个 DPU 的节点 ID 发生冲突时，将会使系统出现严重问题。此时，应首先把其中一个从 CAN 总线断开，对另一个进行断电复位，并在 ROS 上利用 RioLoad 工具软件对节点 ID 进行更正。

（3）若诊断结果显示只是 DPU 模块中个别通道出现故障，则可考虑启用同一模块的空闲通道，而不必更换整个模块。如果同一模块内的空闲通道不足，则还可以考虑采用其他模块的空闲通道。但无论哪种情况，都需要对所涉及的模块进行重新设置。

第四节　船舶火灾自动报警系统

一、火灾自动报警系统的基本类别及功能

某个火警探测器检测到发生火警时，除信号送到火警报警单元外，其本身自带红色指示灯也被点亮，提示本探测器发出火警信号。火警确认并消除后，才能复位该报警。控制板上复位按钮的作用是除复位控制板外，还对所有探测器进行一次断电操作，使探测器复位。如果火警仍然存在时，即使按下复位按钮，由于探测器还会发出火警报警，所以延时后，仍有火警产生。当有火警发生，应首先查看报警环路，查找火警探测器，找到火警发生地，及时采取措施，消灭火灾。之后确认没有火警后再去复位。

火灾自动报警系统的型号很多，按火灾探测器的分布形式可将火灾自动报警系统分为

分路式和环路式两种。

1. 分路式火灾自动报警系统

分路式火灾自动报警系统主要由火灾报警中央装置和火灾探测器两部分组成，如图5-26所示。

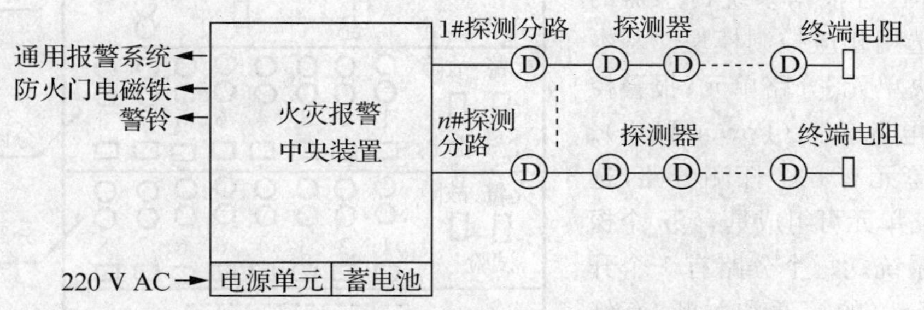

图5-26　舱室火灾自动报警系统示意图

1）基本功能

探测器监测周围环境的情况，并将信号传输给中央装置。火灾报警中央装置的基本功能是：当接收到探测器传来的火警信号后，火灾报警中央装置就发出声光报警信号，并指示出火源部位，起动外部报警控制设备；当系统本身发生故障时发出故障声光信号，指示出故障类型；当传感器回路发生断线等故障时也发出故障声光信号，指示断线回路。设备故障发出的声光报警信号与火警声光信号是有明显区别的。火警与故障信号都有记忆功能，只有在火警和故障已消除，并经人工复位后方能恢复正常。

另外，火警系统应具备手动模拟测试功能，以检测设备是否正常。如果某通道一直误报警，则可切断该回路，切断后有相应的灯光指示。主、副电源可以自动转换，保持不间断对系统供电。

2）工作原理

分路式火灾自动报警系统的探测器为开关量型，探测器在非报警状态时工作电流很小（微安级），多个探测器并联在检测回路上，包括终端电阻（一般为10 kΩ左右），正常回路的电流很小。当发生火灾、探测器动作时，内部机械或电子开关闭合，流经探测器的电流迅速上升（几十毫安），同时该探测器报警灯点亮，火灾自动报警系统即刻检测到火警信号。探测器的连接电缆多为二芯线，所有同一分路上的探测器均并联在一起，为了监测探测分路的正常工作，系统采用如图5-27所示的方式。

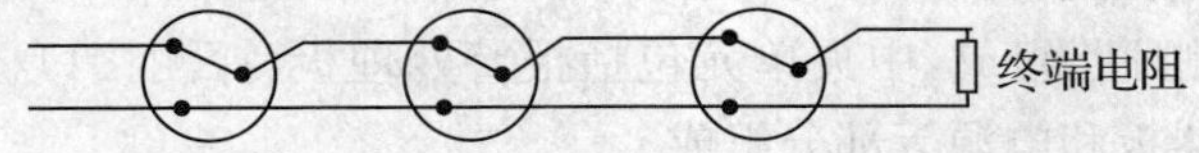

图5-27　火灾自动报警系统探测分路结构

每个探测器内都有一根短接线，分路最末一个探测器内接一个终端电阻R，分路正常工作时有监测电流流经终端电阻，当任意一个探头从底座上脱落或电缆断线时，分路中不再有监测电流，火灾自动报警系统即可判断回路故障。所以，火灾自动报警系统中央装置根据探测分路上流经电流的大小可检测出其处于正常、报警或故障状态。

分路式火灾自动报警系统的主机面板如图 5－28 所示。其主机为模块式结构，可根据系统传感器的不同需要选用相应控制模块。基本模块有中央单元、分路单元、报警控制单元和电源单元（Power Unit）。每个分路单元有 8 个探测分路，选用 n 块分路单元可组成具有 $8n$ 个探测分路的系统。每个分路有 1 个开关控制此分路的接通和关断，有红黄 2 个指示灯分别指示其处于火警或分路断开的状态。每个分路单元上有 2 个开关用于此单元上 8 个分路式火灾自动报警和故障的模拟试验功能。主机与探测器的连线为二芯线，探测器工作电压为 24 V DC。每个探测分路的最末一个探测器内接一个终端电阻。分路单元内还设有自恢复熔断器，当探测分路发生短路现象时，熔断器动作，断开检测回路，以避免电流过大。当短路现象消除后，自恢复熔断器可延时自动复原。

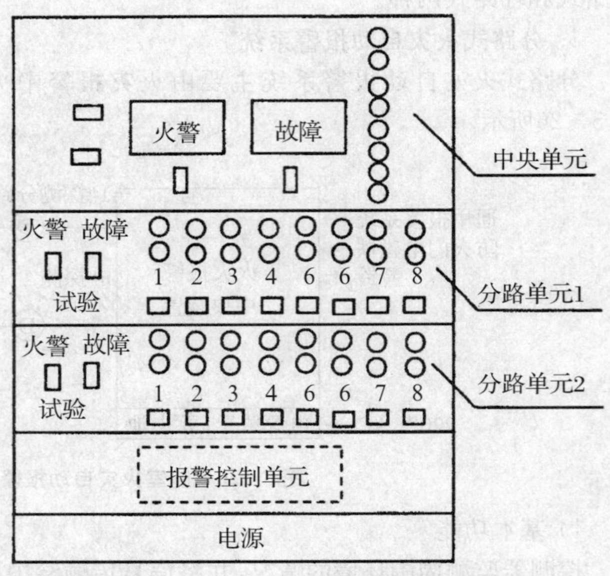

图 5－28　分路式火灾自动报警系统的主机面板

当系统发生火灾自动报警或故障时，中央单元上发出相应的声光报警信号。因为火灾自动报警系统是一个安全系统，所以必须保证其本身系统处于正常的工作状态，为此主机内有各种故障自检功能。中央单元右侧有一排指示灯，分别指示分路开路故障、警铃回路故障、接地故障、电瓶故障、熔体故障、电网故障、分路关断和主机门开。分路关断和门开指示灯提醒操作者在正常的工作状态时应将所有分路接通，并关上主机门。报警、控制单元用以连接外部各种报警、控制设施，如全船通用报警系统、各种报警灯、报警铃和防火门电磁铁等。输出信号种类各异，有源或无源，延时或不延时，连续或断续，常开或常闭，以满足各种不同要求。主机上有“报警关断”“外控关断”和“延时关断”开关，用以控制对外报警、控制信号。

2. 环路式火灾自动报警系统

环路式火灾自动报警系统框图如图 5－29 所示。该系统采用单片计算机技术，由中央单元、操纵单元和探测环路组成，中央单元包括报警处理板、探测接口板、通信接口板、开关量 I/O 接口板、继电器板和电源等部分组成。

在火灾探测器内装有微机模块，构成智能探测器。内有微处理器、ADC 及串行口。由于在探测器内已将模拟量的烟雾浓度或温度转换为数字量，所以可根据探测器安装场所的不同来设定不同的报警阈值，以取得最佳的效果。

如图 5－29 所示，环路中除智能探测器 D 外，在环路中装有地址单元 A，通过地址单元可产生分支回路，用来连接普通开关量型的火灾探测器 DK，在这分路上的火灾探测器

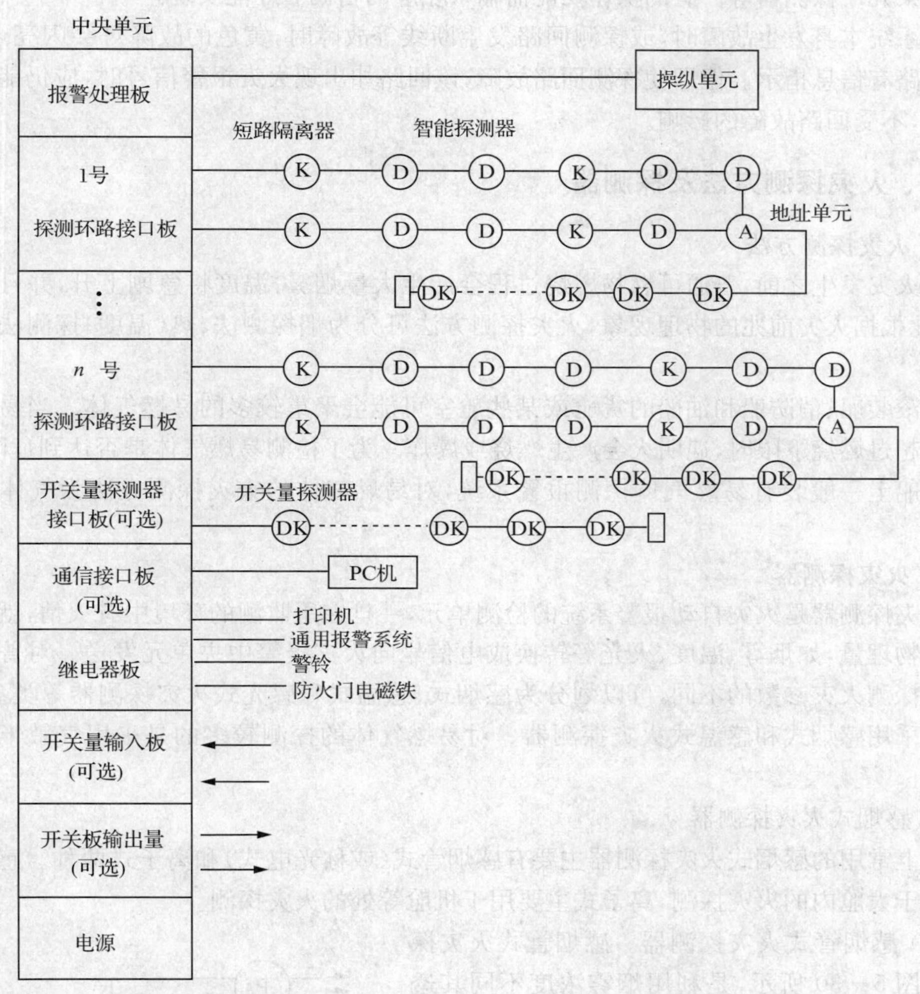

图 5－29　环路式火灾自动报警系统框图

则具有与地址单元 A 相同的地址。中央单元上的串行口可以与上位监控计算机通信，利用监控计算机上的配套软件，经过配置后可在监控机的屏幕上显示各层甲板上探测器、按钮的安装位置。但是地址分路中的 DK 只能当成一个区域来处理，不能像智能探测器一样可以得到具体的位置。当发生火警时，火灾自动报警系统将指示出报警点的具体位置，并通过打印机记录各种事件的发生。由于中央单元上输出的报警、控制信号是可编程的，因此可以设定较为复杂的报警控制功能，如某几个探测器动作触发某扇防火门经某段时间的延时后关闭等。另外，火警系统还会将报警信号送到航行数据记录仪 VDR 中，用于事件记录保存。

操纵单元是操作者与系统进行人机对话的装置，当系统发生火警时，红色火警灯闪亮，同时显示单元分别显示报警的环路号、探测器号和报警发生的时间。操纵单元配有的键盘用以输入操作者的各种控制命令，如设置日期、时间，设置某个探测器的灵敏度，在某段时间内关断某几个探测器等。有的操作功能需输入相应的密码后才能实现。

当系统本身发生故障时，或探测回路发生断线等故障时，黄色的故障灯会闪亮，相应的故障回路有信息指示。但即使探测回路故障，该回路如出现火灾报警信号时，应仍能发出火灾报警，不受回路故障的影响。

二、火灾探测方法及探测器

1. 火灾探测方法

在火灾发生之前，普通可燃物燃烧过程会产生大量烟雾，温度将急剧上升，并且出现火光，因此根据火灾前兆的物理现象，火灾探测方法可分为烟探测法、热（温度）探测法和光探测法。

在滚装船、消防船和油船的货舱或某些舱室可能会聚集较多的易燃气体。当易燃气体的浓度超过燃烧下限时，遇明火会产生燃烧或爆炸。为了检测易燃气体是否达到危险浓度，在这些船上一般装有易燃气体探测报警系统，对易燃气体的火灾探测方法为气体浓度探测法。

2. 火灾探测器

火灾探测器是火灾自动报警系统的检测单元，一旦在所监测的环境中有火情，就将火灾的特征物理量，如烟雾、温度、火光等转换成电信号向火灾报警中央单元发送。对普通可燃物按其探测火灾参数的不同，可以划分为感烟式、感温式和感光式火灾探测器等类型，而船上主要采用感烟式和感温式火灾探测器。对易燃气体的探测较多的是采用气敏半导体探测器。

1）感烟式火灾探测器

船上常用的感烟式火灾探测器主要有感烟管式（或称光电式）和离子式两种。感烟管式主要用于大舱内的火灾探测，离子式主要用于机舱等处的火灾探测。

（1）感烟管式火灾探测器。感烟管式火灾探测器如图 5－30 所示，是利用烟雾浓度不同其透光程度不同的原理来探测的。抽风机 2 把所监测大舱内的气体通过集烟管 1 抽出，光源 3 经透镜变成平行光分别照射在测量光电池 4 和基准光电池 5 上。当气体中的烟雾浓度增大时，使测量光电池 4 产生的电信号减小，而基准光电池 5 产生的电信号不变。把这两个电压信号送至检测电路 6，当两个电压差达到设定值时，发出火灾探测信号。

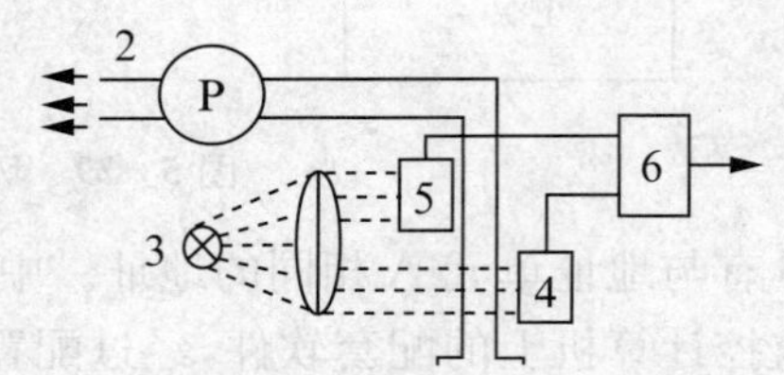

1—集烟管；2—抽风机；3—光源；4—测量光电池；5—基准光电池；6—检测电路

图 5－30　感烟管式火灾探测器

（2）离子式火灾探测器。离子式火灾探测器如图 5－31 所示。由内外电离室和检测电路组成，内电离室 FSY1 是封闭气室，充有标准气体，外电离室 FSY2 开有小孔与所监测的舱室相通，每个电离室中放一块同位素镅 241 和一个电极。同位素镅 241 能发射 α 射线使空气电离，并在电场作用下产生离子电流。当有烟雾的气体进入外电离室时，烟雾颗粒能吸附一部分离子，使其离子电流减少，相当于等效电阻值增大，而内电离室的等效电阻不变。随着外电离室的烟雾浓度增大，A 点电位 U_A 要提高，经场效应管 BG1 源极耦合到晶体管 BG2 的基极放大后输出。当烟雾浓度达到一定值时，探测器使输出电压相应提高到某一动作电压，通过起门槛作用的稳压管 DW1 去触发晶闸管 SCR1，并使之导通，继电器通电发出火灾探测信号。所以离子式火灾探测器是利用烟雾颗粒能吸附离子的原理来探测的。

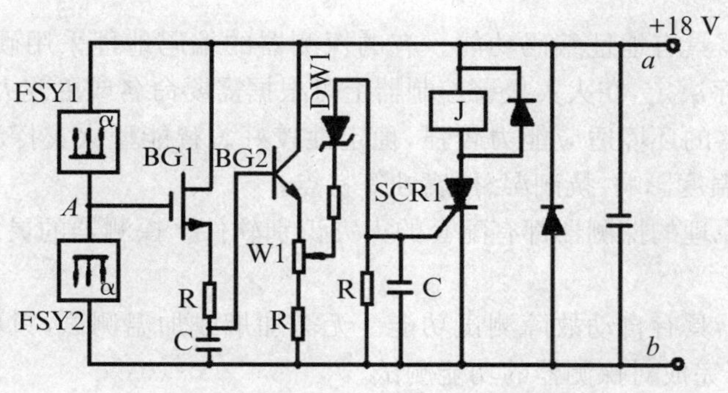

图 5-31　离子式火灾探测器

2）感温式火灾探测器

船上常用的感温式火灾探测器有定温式、差温式（或称温开式）和差定温式三种。感温式火灾探测器主要用于住室、走廊、控制室和舱室容积较小场所的火灾探测。

（1）定温式火灾探测器。定温式（或称恒温式）火灾探测器是根据监测点温度达到某个设定值来探测的。常用的定温式火灾探测器有低熔点金属丝和双金属片，如图 5-32(a)和图 5-32(b)所示。

当监测点温度达到设定值时，低熔点金属丝被熔断；或利用膨胀系数不同的双金属片，受热弯曲使触点断开，即发出火灾探测信号。

（2）差温式火灾探测器。差温式火灾探测器是根据监测点温度升高变化率来探测的。如图 5-32(c)所示。在火灾前期温度上升较快，如温度升高变化率每分钟超过 5.5 ℃时，使得气室内的气体快速膨胀，由于小孔放气量很小，气体来不及从小孔泄放，其压力升高，波纹膜片下弯使触点闭合发出火灾探测信号。

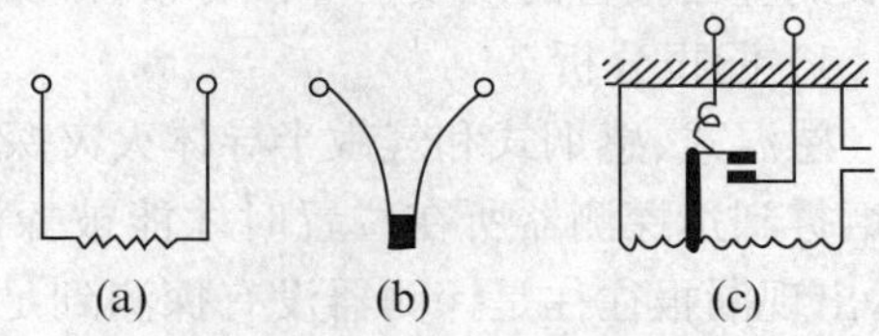

图 5-32　感温式火灾探测器

差温式火灾探测器也可以是采用热敏电阻及电子电路制成的。

（3）差定温式火灾探测器。差定温式火灾探测器是将定温式和差温式组合在一起，兼有两者的功能，扩大使用范围，提高可靠性。差定温式火灾探测器一般多是膜盒式或热敏电阻式等点型结构的组合式火灾探测器。差定温式火灾探测器按其工作原理又可分为机械式和电子式两种。

3）智能型火灾探测器

智能型火灾探测器能对火灾特征信号进行直接分析和处理，从而大大减轻中央单元的信息处理负担，提高整个火灾报警系统的响应速度。智能型火灾探测器一般具有以下特点：

(1) 火灾探测器的输出信号与火灾状况(烟雾浓度变化、温度变化等)成线性变化。探测器能够按预报警、火灾报警、联动警报三个阶段来传送信号。探测器变脏、老化、脱落等故障状态信息也传送到中央单元，以进行检测识别并发出故障警报信号。

(2) 火灾探测器内配置高集成度的微型智能模块(内含 CPU，ADC，串行通信接口)，并具备通信功能。

(3) 火灾探测器具有地址编码功能。有的探测器的编码地址采用硬件拨码开关设定，有的由系统软件程序决定，在火灾报警控制器上可根据需要命名或更改火灾探测器的地址。

(4) 火灾探测器的环境适应能力较强，稳定性较好。智能型火灾探测器具有抗灰尘附着、抗电磁干扰、抗温度影响、抗潮湿、抗腐蚀等特点。

(5) 各种工作原理的探测器都有配套的火灾识别软件。探测器的灵敏度和警戒值可以灵活设定。

(6) 火灾探测器具有自动故障测试功能。无需加烟或加温测试，只要利用报警控制器键盘上的按键，即可完成对探测器的功能测试。

4) 气敏半导体火灾探测器

目前在易燃气体探测的实际应用中，采用的气敏半导体(或称金属氧化物元件)是在铂金丝上涂以金属氧化物，在高温中焙烧而成。气敏半导体品种很多，主要有氧化锡、氧化锌、氧化钴、氧化铁和氧化镍等，其中氧化锡使用较广。用这些氧化物制成的气敏半导体，按其性质可分为 N 型和 P 型两大类。N 型气敏半导体元件在遇到敏感气体时，其电阻值减小；而 P 型气敏半导体元件在遇到敏感气体时，其电阻值增大。

3. 火灾探测器的故障分析

在火灾自动报警系统的实际运行过程中，中央单元本身很少出现故障，火灾探测器以及外围接线出现故障最多。火灾探测器故障主要有漏报或误报两种情况：漏报指的是火灾已发展到应当报警的规模但却没有报警；误报指的是没有发生火灾却发出报警信号。

1) 漏报分析

感温式、感烟式和气敏半导体火灾探测器都是接触式探测器，只有当足够浓度或足够热的烟雾到达探测器所在位置时才能被探测到并做出反应。假定探测器本身及线路没有故障，出现漏报往往是探测器没有探测到足够多的烟雾。例如，目前常用的感烟式探测器，其监测舱室顶棚的高度一般不超过 10 m，保护的面积一般为 60～80 mm^2。如果舱室的内部空间较大、较高，烟气到达顶棚的时间必将延长，而且由于卷吸空气的稀释，烟雾的浓度有所降低，等达到探测器的报警浓度时，火灾已经发展到相当大的规模，即探测器漏报火警；若探测器离顶棚过近也会漏报警，例如，在夏季，环境温度较高时，可造成室内顶棚下的空气温度较高，可导致燃烧刚产生的烟雾无法到达顶棚，这通常称为烟雾的热降。为避免热降，感烟式探测器应与顶棚保持一段距离。又如，当室内有通风换气装置时，形成的强制空气流动使烟雾偏斜，以致烟雾到达不了探测器位置。

2) 误报分析

造成探测器误报有结构方面的原因，也有使用方面的原因。结构方面主要与探测器的灵敏度有关，探测器的灵敏度过低会造成报警延迟，灵敏度太高又容易发生误报，所以应当选择合适的报警范围。现在通用的探测器大都将灵敏度设为若干级，如定温探测器的一级灵敏度的动作温度为 62 ℃，二级灵敏度的动作温度为 70 ℃，三级灵敏度的动作温度为 78 ℃。感烟式探测器的一级灵敏度表示单位长度的烟雾减光率达到 10％报警，二级灵敏度表示该减光率达到 20％报警，三级灵敏度表示该减光率达到 30％报警等。

根据实际使用统计，由于使用不当引起火灾误报主要有以下因素：

(1) 吸烟。尤其是当房间顶棚较低，而探测器的灵敏度较高时更容易发生。由于吸烟过程多为阴燃，生成的烟雾颗粒较大，故更容易使感烟式探测器误报。

(2) 电气焊。在使用电气焊作业时产生的大量烟雾，很容易使火灾探测器发出火警信号。在机舱工作间以及修船厂修船时，船舶管理人员应特别注意。

(3) 水蒸气。当室内的湿度较大时，水蒸气可进入探测器内，干扰探测器的工作。若水蒸气凝结在有关元件上，也会影响光线的发出和接收。造成室内水分过多主要有两种情况：一是室内存在水源或汽源，如厨房、洗衣间、房间漏水等；二是季节影响，如夏季，尤其是梅雨时节，容易出现室内湿度很大的情况。现在所用的大多数探测器适用于相对湿度低于 85％的环境。

(4) 小昆虫和蜘蛛网。为了让烟雾进入探测器内腔，通常设置一些进烟孔，并在孔口加上丝网，其主要目的是阻挡昆虫进入。但孔口过小又会影响烟雾进入。出于综合考虑，目前常用的丝网孔径为 1.25 mm，可挡住大昆虫，但小昆虫和小蜘蛛难免进入。

(5) 炊事。做饭时常产生大量的烟雾，尤其是炒、蒸、熏时产生的烟雾量更大。这种烟雾中往往掺杂着油蒸气，对探测器的影响很严重。

(6) 缺乏清洁。这一因素对探测器的影响是逐渐积累的。探测器的使用较长时间，其内部总会积聚污染物，因此必须定期清洁。然而船舶管理人员并未重视这一问题，火灾探测器往往几年不保养，这就难免经常发生误报。

(7) 若火灾自动报警系统显示某区域报警，但该区域并无火情。则可能是探测器本身的故障，如场效应管输入阻抗降低、镅 241 片剂量较低、晶闸管击穿等。

三、火灾探测系统实例介绍

CS4000 火灾探测系统是一种带地址编码式的火灾探测系统，每个回路单元均有内置的智能控制单元，并可独立自动启动火灾报警。由于采用模拟量信号分析，因而具有预警功能，能够在烟气浓度缓慢上升时，第一时间发出报警。每个回路可连接多达 254 个单元，回路长度可达 2 000 m。

1. CS4000 控制面板

控制面板是基于菜单操作，用来监测和控制火警探测系统的状态。CS4000 控制面板如图 5－33 所示，另外还配有复视面板，与主面板类似，少了许多操作按钮，在发生故障或火警时，复视面板只能观察，不能对其进行复位，复位需要到控制面板上才能执行。

(1) FIRE 指示灯。当指示灯为闪烁的红灯时，表明系统中有一个没有消声的火警。当所有的火警被消声以后，这个指示灯将会转变为稳定状态的灯。

(2) DISC. 指示灯。这是一个通用的指示灯，表明至少切断系统的一个功能，例如，切断一个区域、探测器、外部的控制或报警设备。

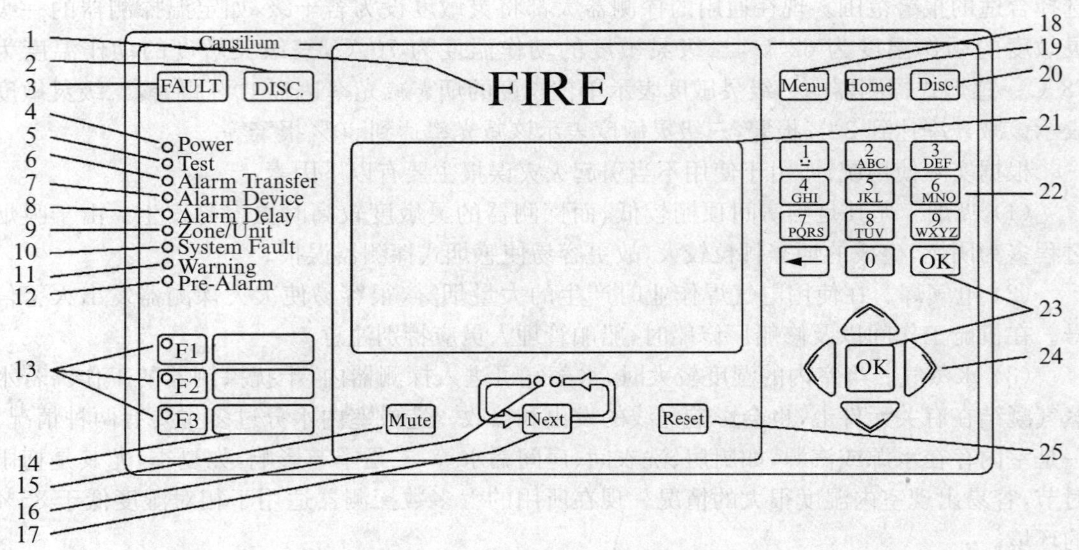

图 5-33　CS4000 控制面板

(3) FAULT 指示灯。当指示灯为闪烁的黄灯时,表明系统中有一个没有消声的故障报警。当所有的故障报警被消声以后,这个指示灯将会转变为稳定状态的灯。

(4) Power 指示灯。当指示灯为稳定的绿灯时,表明控制面板的电源供给正常。

(5) Test 指示灯。当指示灯为稳定的黄灯时,表明至少有一个区域正处于测试模式。如果系统启动时这个指示灯正在闪烁,表明控制面板还没有完成初始化。

(6) Alarm Transfer 指示灯。当指示灯为稳定的黄灯时,表明切断报警设备(警铃等)的输出。当指示灯闪烁时,表明报警设备在输出时存在故障。

(7) Alarm Device 指示灯。当指示灯为稳定的黄灯时,表明切断报警设备(警铃等)的输出。当指示灯闪烁时,表明报警设备在输出时存在故障。

(8) Alarm Delay 指示灯。当指示灯为稳定的黄灯时,表明信号输出到报警设备(警铃)或者报警转移(工业应用)存在时间延迟。

(9) Zone/Unit 指示灯。当指示灯为稳定的黄灯时,表明系统有火警探测器或者探测区域被切断联系。而当指示灯为闪烁的黄灯时,表明至少有一个火警探测器或者是区域处在故障状态。

(10) System Fault 指示灯。当指示灯为闪烁的黄灯时,表明控制面板存在内部故障或者存在"no poll"类型的系统通信故障。参看设备说明书的"故障代码"获取更多的信息。

(11) Warning 指示灯。当指示灯为稳定的黄灯时,表明系统存在警告,如探测器脏了。

(12) Pre-Alarm 指示灯。当指示灯为闪烁的红灯时,表明系统中存在没有消声的预报警。而当所有的预报警消声以后,指示灯将会转变为稳定状态的灯。

(13) 用户键和指示灯(F1,F2,F3)。三个带有黄色指示灯的用户键在编程以后,可以激活用户定义的功能或者显示用户指定的菜单。这些按钮和指示灯的功能是通过定义程序完成编程的。

(14) 用户文字说明区域。用户可以将自己定义说明文字的嵌入物插入到面板的相应的文字区域的插槽内，以此来描述每个用户键的功能。

(15)“Mute”按钮。这个按钮用于确认和消除报警声音。

(16) 更多报警。当指示灯闪烁的红灯时，表明系统中存在不止一个火警。

(17)“Next”按钮。按这个键可以查看不同的报警。如果在 20 s 内没有按动任何键，列表将会自动返回到第一条火警。

(18)“Menu”按钮。按这个键可以直接进入到系统的主菜单，而在主菜单内用户可以进入 CS4000 系统的所有功能。

(19)“Home 快捷键”按钮。按这个键可以直接返回到系统最初的显示界面。

(20)“Disc. 快捷键”按钮。按这个键可以直接进入到切断联系菜单，在此菜单内可以执行切断联系的相关操作。

(21) 字符显示屏。在这个蓝色的字符显示屏上可以显示 14×40 个字符。

(22) 数字键盘。数字键盘用于系统信息的输入。[←]键每次可以删除 1 个字符。

(23)“OK”按钮。该按钮用于选择多选菜单或者功能接受。

(24) 方向键。该键用于菜单的操作和多选菜单的选择。上箭头可显示列表中上一条内容。如果当前显示的是第一条，按此键头将会转到最后一条。左箭头用于转到上一个菜单。右箭头用于选择进入多选菜单。下箭头可显示列表中下一条内容。如果当前显示的是最后一条，按此键头将会转到第一条。

(25)“Reset”按钮。该按钮用于复位系统中的不同报警。

2. 操作等级

为了阻止未经授权的人员操作系统，CS4000 设有操作密码等级以保护系统的不同功能。在任何重要操作可以执行之前，用户必须要登录系统或者解除锁定状态（主要是工业应用）。如果没有一个授权的操作密码或者钥匙，用户只能是查看火警和故障报警，以及本地蜂鸣器的消声。

系统共有 5 个不同的操作等级：

(1) 等级 1。没有密码，柜门关上或门锁锁上，普通人员可操作。这个级别的操作只能查看火警或故障报警，也可以对本地蜂鸣器消声。火警比故障报警拥有更高的优先级。

(2) 等级 2。打开柜门或者打开门锁，可进行此级别的操作。如果系统有火警或需要维护时，经过培训的或授权的人员可以操作系统，但不可以设定设备切断联系。作为 level 1+等级进入系统菜单，用户可以对状态列表，复位和报警消声。

(3) 等级 2B。打开柜门并通过 Menu/login 输入等级 2B 的接入密码。如果系统有火警或需要维护时，经过培训的或授权的人员可以操作系统。作为 level 2+等级进入系统菜单，用户可以对设备切断联系设定。

(4) 等级 3。打开柜门并通过 Menu/login 输入等级 3 的接入密码。经过培训或授权的人员可以更改系统的配置。作为 level 2B+等级进入系统菜单，用户可以更改系统配置。

(5) 等级 4。打开门并通过 Menu/Login 输入等级 4 的接入密码。只针对经过 Consilium 培训并拥有授权的服务人员。用户可以操作系统所有功能,包括高级的服务选项。

在 level 1 等级中按"Menu"键或按此程序 Menu/4login/1login 进入,输入 4 位数字密码进入希望达到的等级。如果输入的密码正确就可以进入系统。使用指定的密码进入系统 level 2 等级。

缺省的接入密码: Level 2B　　2222; Level 3　　3333。

3. 切断联系

用户切断系统中不同部分的联系是很重要的,如区域、探测器、手动报警点、分支单元、报警设备,外部控制设备和环路。所有的被切断联系设备都记录在切断联系的设备列表当中。当定义系统中的第一个切断联系设备后,控制面板上的 DISC. 黄色指示灯就会点亮。并且只有当所有的设备都重新接入到系统之后,黄灯才会熄灭。

用户只有处于 level 2B 或更高接入等级时,才可以执行切断设备联系的操作。当切断火警探测器或区域联系之后,火警探测系统将不会检测到处在那个区域的所有火警。因此在切断联系设备的数量和持续时间方面应该尽可能的少,这一点是非常重要的。

例如,如果安装的是感温/感热双功能探测器,用户可以只切断探测器的感烟探测功能,而保持感温探测器部分继续工作,反之亦然。

4. 测试状态

在 CS4000 火警探测系统完成安装以后,应该对系统的不同部分进行检测以确定功能正常。CS4000 有一个专用的检测模式,在这个模式下可以更加容易的对探测器区域测试。当一个区域处在测试模式下,模拟或真实火警发生时,系统出现火警报警,但是无法激活任何外部报警或者外部控制。此时,每一个被测试的探测器和手动报警点上的红色的 LED 指示灯被点亮,表明此单元已经激活。如果温度或者烟雾浓度降到报警值以下,或者手动报警点已经做过复位,这时处在报警状态的单元将会自动复位,取消报警,而在其他的没有处在测试模式下的区域中,火警是不会被禁止的。在测试期间,处在测试模式区域中的探测器和手动报警点上的 LED 指示灯会闪烁。测试后,被测试的区域将会自动返回到正常操作模式。

在完成测试以后,一定要将测试区域从测试模式状态转换到正常工作模式状态,这是非常重要的。在退出测试模式之前,一定要确定没有任何探测器或手动报警点仍处在报警状态。

5. 故障代码

故障代码指示故障产生的原因和提示对系统有一定了解的操作者如何解决问题有很大帮助,而故障代码是设备出现故障时自动提供的。例如,故障代码 129 是 SENSOR FAULT,故障原因是探测器中元件有故障或感烟探测器暴露在风中,解决办法是更换探测器或处理风的问题。具体可在手册中查找各种代码的详细说明。

四、干货舱自动探火及报警系统

在船舶航行途中,货舱已构成一个独立的密闭舱室,货舱自动探火及报警系统较多采用抽烟式。

干货舱自动探火及报警系统示意图如图 5－34 所示，由抽风机、管道、烟雾探测器和报警指示设备等部分组成。抽风机一般配置两套，实现互为备用，报警控制装置自动按序控制各管道的电磁阀动作，将各舱的气样轮流抽取到测量室。如货舱发生火情，烟雾通过管道被抽吸到安装在驾驶室的烟雾探测器，则报警指示设备发出声光火警信号。此时，驾驶台值班人员便可根据控制箱屏上的相应指示，判断失火货舱，采取相应消防措施。此外，被抽吸的烟雾可以通过旁路控制开关，直接排放到驾驶室，以便值班人员可以嗅闻，证实是否属于火灾的烟雾。

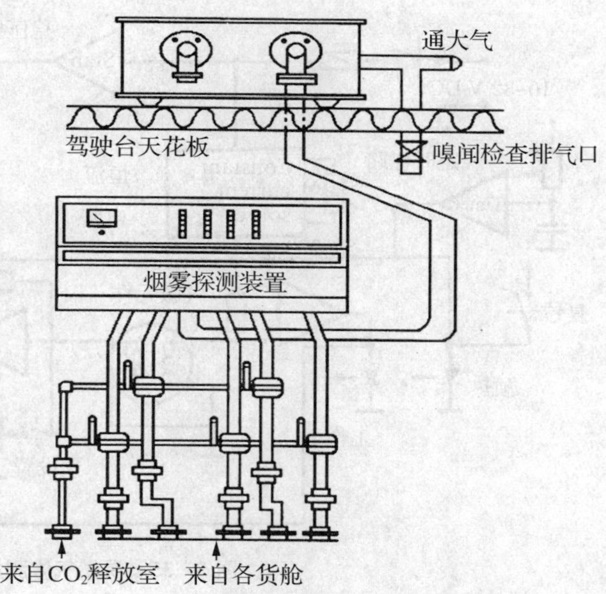

图 5－34　干货舱自动探火及报警系统示意图

系统控制柜共分为四层：第一层主要有舱位选通电机、舱位指示器、各种操作开关、指示灯、火警继电器、电源变压器等；第二层是观察窗，内有照明灯，安装有检测各舱是否堵塞的小旋转风叶；第三层安装有控制电路、光电检测装置、模拟试验烟雾吹入口以及风压检测开关等；第四层装有各选通电磁阀以及各舱气体吸入管。

由于系统具有较强的自检功能，一旦发生设备故障，管理人员需要根据线路原理查找相应故障点，排查故障。

五、易燃气体探测报警系统

1. 易燃气体

通常油船的货品即原油和普通石油产品，主要成份都是多种烃化合物掺在一起的混合物(由氢元素和碳元素组成)，其沸点范围可从－162 ℃到超过 400 ℃。就多种烃化合物组成的任一具体的混合物而言，其挥发性主要决定于其挥发成份(具有低沸点的特征成份)的含量，含量愈多，挥发性愈大。在油船货品正常营运循环中，即在洗舱、装油、装载航行、卸油、压载航运的全过程中，在液面上的空间形成一定数量的均匀分布的石油气，即各种烃气混合物。

当石油气的浓度达到一定范围，在一定条件下就会产生燃烧或爆炸的危险，这个范围的下限即燃烧下限(LEL)，就是指烃气浓度已低到不足以维持和蔓延燃烧的程度。该范围的上限即易燃上限(UEL)，是指烃气浓度已很高，致使空气严重不足，达到不再能维持和蔓延燃烧、引爆的程度。

2. 系统的工作原理

易燃气体探测报警系统主要包括测量单元和控制单元。控制单元的作用是根据测量单元送来的报警信号予以处理，包括显示、报警、输出保护动作。其测量单元电路如图5－35所示，测量单元的信号处理电路分析如下：

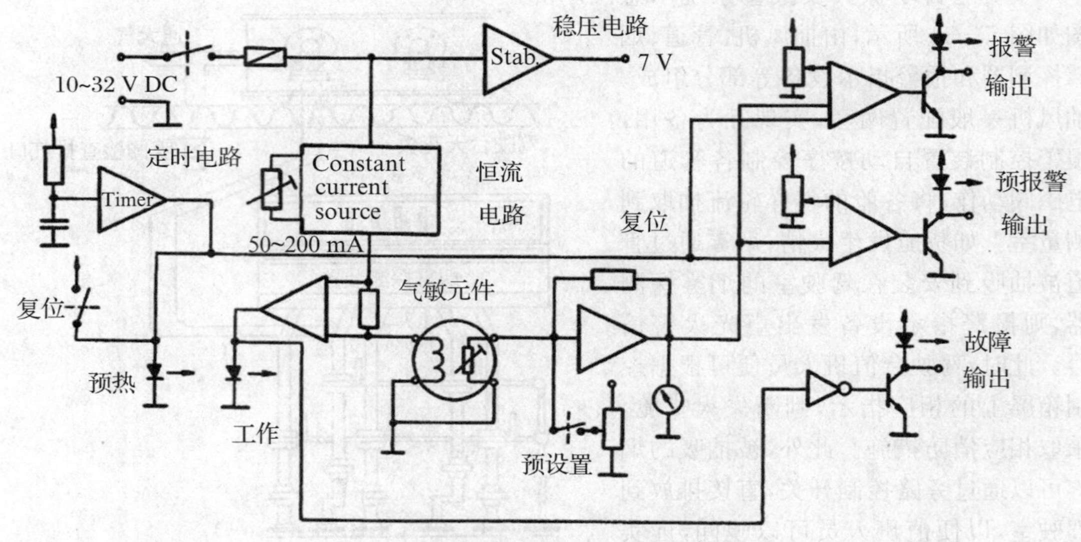

图 5－35　易燃气体测量单元电路

（1）气敏半导体元件需要在加热电阻丝通电加热下，保持测量室温度恒定，则气敏半导体的氧吸附量保持不变，从而在清洁的空气中，半导体的电阻值不变。若周围空气中有敏感气体存在，由于气体分子把阳离子吸附在半导体表面上，半导体的电阻值就随气体浓度增高而变小。因此在正常状况下，加热电阻丝的工作条件决定了基准的半导体电阻值。气敏元件中加热线圈工作电压定为 5 V，因而测量单元的电路中通过采用恒流源的办法给加热电阻丝供电，这样不管气敏元件探测点距离测量单元的联接线路有多长，总可保证在加热电阻丝上设定 5 V 电压，从而确保测量的稳定、精确。

（2）由于气敏半导体的反应并非线性变化而是指数变化，因此测量单元电路中运用运算电路进行校正补偿，从而达到显示度数与气体浓度成线性关系。

（3）定时电路。当测量单元长期关闭后再通电工作时，由于加热电阻丝刚开始工作，还未建立起正常工作环境温度，因此最初几分钟内半导体的阻值不正常，测量单元会显示报警状态。因而设计定时电路时，在预热阶段（一般为 2 min左右）切断输出信号，防止误报警，当加热到正常工作温度时，则自动恢复正常功能。

（4）测量单元设定报警动作值和校正。当选定某种易燃气体作为监测气体后，就可根据其 LEL 的数值，设定需要报警的动作值，通常为 LEL 的低百分比值。一般采用静态配合法，即准备一只清洁密封的容器如气袋，确定其准确容积，用排气法保证密器内的空气纯正清洁，然后按照报警动作值和容器的体积，计算应注入选定的监测气体的体积，用专用注射器抽取已确定体积的该气体，然后全部注入清洁空气的密闭容器内，经过充分混合后，便配成所需浓度的样气，供设定动作值和校正使用。当气敏元件置于已配制的样气中，测量单元会接收到相应的阻值变化信号，并显示相应的 LEL 的百分比浓度读数，如读数有偏差可通过校正电路调节得到满足，从而保证完成正确的报警动作。

复习思考题

1. 简述监测与报警系统的基本功能。
2. 开关量监测与报警系统的报警回差在何处设定？如何设定？
3. 单元组合式监测与报警系统与微机控制型监测系统有何区别？
4. 在单元组合式机舱集中监测与报警系统中，模拟量报警控制单元包含哪些主要环节？
5. 网络型监测与报警系统的结构组成有哪些？各有何主要功能？
6. DC C20/K－Chief 500 的监测与报警系统的维护管理包含哪些方面内容？
7. DC C20/K－Chief 500 系统中更换 DPU 模块时要注意哪些事项？
8. K－Chief 500 监测与报警系统的结构组成有哪几部分？DPU 的典型模块中哪些是混合模块？
9. K－Chief 500 监测与报警系统有哪些控制功能？
10. 火警报警传感器有哪些类型？各有何特点？
11. 火警报警系统出现误报警的原因有哪些？如何处理？

第六章　船舶蒸汽锅炉自动控制系统

锅炉是船舶动力装置最早实现自动控制的设备之一。它包括水位的自动控制、蒸汽压力的自动控制、锅炉点火及燃烧的时序控制和安全保护控制等。

在蒸汽动力装置中，船用锅炉称为主锅炉，所产生的蒸汽用来驱动汽轮机。由于蒸汽蒸发量较大，蒸汽压力较高，对水位和蒸汽压力要求比较严格，因此水位和蒸汽压力不准有较大的波动。一般采用带有积分作用的调节器实现定值控制。在内燃机动力装置中所使用的锅炉称为辅锅炉，其中：大型油船辅锅炉所产生的蒸汽要加热货油；驱动货油泵及其他甲板机械，其蒸发量和蒸汽压力都比较大，其工作特点接近主锅炉。柴油机货船辅锅炉所产生的蒸发量小（一般小于 5 t/h），蒸汽压力低（一般低于 1.0 MPa），对水位和蒸汽压力的波动要求不严格，一般多采用双位控制。可见，货船辅锅炉和油船辅锅炉的工作特点是很不相同的。无论是哪种辅锅炉，其控制大多是全自动的。

如图 6－1 所示，船用辅锅炉为立式针形管燃油锅炉，用于生产饱和蒸汽，主要用作各种船舶上的重油、主机缸套水、油舱、生活用水、空调等的加热介质；亦用于油船上驱动货油泵、洗舱加温、生产 CO_2 和惰性气体等用途。锅炉在加热过程中，燃烧器将燃油雾化送入炉膛，同时将空气送入，控制点火后稳定燃烧，使炉膛水冷壁和对流换热针形管组吸收燃烧的热量并传递给炉水，使之蒸发形成蒸汽。主蒸汽阀设在锅炉顶部，可将锅内蒸汽输送到蒸汽总管。安全阀也设在锅炉顶部，在锅炉超压时，可排出满负荷下产生的全部蒸汽。水位表及水位检测设在汽水分界面上下，水位表指示出锅炉内水位，供锅炉管理人员监察；水位检测将水位信号送给控制箱，控制给水泵的运行和停止、水位过低时紧急切断燃烧。压力开关装于锅炉的中下部，通过铜管接到锅炉的顶部蒸汽空间，控制锅炉的起动和停止。

图 6－1　船用辅锅炉外形

第一节　锅炉水位的自动控制

一、船舶辅锅炉水位自动控制

1. 货船辅锅炉水位控制的特点

干货船辅锅炉由于蒸发量小、蒸汽压力低，为简化其控制系统，一般对水位进行双位控制。当水位下降到允许的下限水位时，自动起动给水泵向锅炉供水。锅炉水位会逐渐升高。当锅炉水位达到允许上限水位时，自动停止给水泵的工作，停止向锅炉供水。因此，锅炉在工作期间，其水位是在允许的上、下限之间波动，不会稳定在某一个水位上。这种双位控制水位的检测元件常用浮子式和电极式。电极式双位水位自动控制系统原理图如图6－2所示。

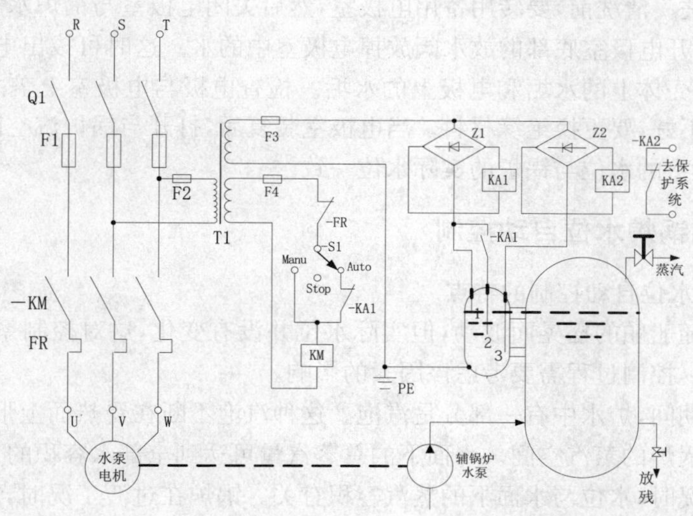

图 6－2　电极式双位水位自动控制系统原理图

电极式双位水位自动控制系统是在锅炉的外面装设一个电极室，分别与锅炉的水空间和蒸汽空间相通，故电极室中的水位与锅炉水位一致。由于锅炉水有一定的盐分，所以炉水是导电的，电极室中插有三根电极棒，其中：电极 1 和电极 2 分别控制允许的上、下限水位；电极 3 用于危险低水位报警。Z1 和 Z2 是二极管桥式整流电路。由变压器二次绕组输出的 24 V AC 电压经 Z1，Z2，电极 1，2，3，锅炉水及电极室接地的壳体，构成交流通路，经 Z1 和 Z2 整流成直流电作为直流继电器 KA1 和 KA2 的电源。当水位下降到允许的下限水位时，电极 1 和电极 2 均露出水面，切断了 Z1 的交流通路，继电器 KA1 断电，其常闭触点闭合，接触器 KM 通电动作，其主触点闭合，起动电机并带动给水泵向锅炉供水，水位会不断升高。由于继电器 KA1 的常开触点因 KA1 失电仍保持断开，所以当水位超过电极 2 时，Z1 的交流通路仍然是断开的，KA1 保持断电，水泵继续向锅炉供水。当水位达到上限允许水位时，电极 1 和电极 2 均浸在水里，使二极管桥式整流电路 Z1 构成交流通路，继电器 KA1 通电，KA1 常闭触点断开，接触器 KM 断电，其主触点断开，电机断电停转，停止向锅炉供水，水位逐渐下降。由于继电器 KA1 的常开触点已经闭合，故继电器 KA1 因电极 2 仍在水中保持通电，不会因电极 1 露出水面而断电，即不会马上起动给水泵向锅炉供水。只有水位下降到下限允许水位，当电极 2 露出水面时，继电器 KA1 断电，给水泵向锅炉供水。显然，调整电极 1 和电极 2 的位置可调整锅炉的上、下限水位。一般地说，在允许波动的范围内，电极 1 和电极 2 之间的距离不要调整得太小，否则给水泵电机起停频繁，影响使用寿命。如果给水泵有故障，当水位下降到下限水位，电极 2 露出水面时，给水泵不能向锅炉供水，水位继续降低。当水位降低到危险低水位时，电极 3 露出水面，切断 Z2 的交流电通路，使继电器 KA2 断电，保护电路动作，发出声光报警，同时自动停炉。

2. 管理要点及常见故障的分析方法

一般辅锅炉都装有两个电极室，一个工作，另一个备用。电极室由于长期使用，其中水的纯度提高，电极及电极室壳体会结水垢，使电极及电极室的导电性能降低。因此，电极室要定期放水和清洗。清洗前，要转用备用电极室，然后关闭电极室与锅炉水空间和汽空间相通的截止阀，再打开电极室底部的放水阀放掉电极室中的水。这时可拔出电极，打开电极室上盖，清洗电极室壳体上的水垢和电极上的水垢。检查电极与电极室上盖之间的绝缘是否良好。如果绝缘不好，要更换绝缘材料。当电极室装复后，打开与锅炉汽空间和水空间相通的截止阀，使电极室的水位与锅炉的实际水位一致。

二、油船辅锅炉水位自动控制

1. 油船锅炉水位自动控制的特点

锅炉水位会随船舶的摇晃而波动，但实际水位并没有变化，这对控制系统而言，是一个周期性的干扰源。控制过程需要考虑该因素的影响。

锅炉在运行期间，炉水中有一部分是汽泡。这种汽泡不断在受热面上形成，随后脱离受热面升起并进入锅炉的蒸汽空间。水面下的总蒸汽量可达到全部水容积的 15%～20%。因此锅炉在稳定工况时，水位与水面下的蒸汽容积有关。锅炉在过渡工况时，水位不仅受蒸发量和给水量的影响，而且还受水面下蒸汽容积变化的影响。特别是在负荷突然变化的短时间内，水位的变动主要取决于水面下蒸汽容积的变化，而实际锅炉内的水量没有变化。假如蒸汽流量突然增大，而炉膛中的燃烧情况还未来得及随之变化，锅炉气压降低，蒸汽的饱和温度也随之下降，这样会使水面下蒸汽比容增大，造成水面下蒸汽总容积增大；另外，由于炉水变成过热水，将产生更多汽泡使水面下蒸汽容积增大。由于这种自蒸发现象，尽管在蒸汽流量大于给水量的情况下，水位却虚假地上升。反之，当锅炉负荷突然减小时，尽管给水量大于蒸汽流量，水位会虚假地下降。

所以，船舶锅炉水位自动控制需要考虑蒸汽流量和船舶摇晃的影响，并且不能使用微分作用。

2. 锅炉水位的双冲量控制

仅仅根据锅炉水位来控制给水阀开度的控制系统称为单冲量水位控制系统。它是连续给水自动控制中最简单、最基本的一种形式。在蒸汽压力较高、负荷变动较大、炉水容积相对小的情况下，只用单冲量水位控制会在短时间内加大蒸汽流量与给水量之间的差值。这时采用双冲量的水位控制对克服虚假水位能取得良好效果，其控制原理如图6－3所示。它的检测装置有两个冲量信号：一个是检测水位变化的水位冲量信号 1；另一个是检测蒸汽流量变化的蒸汽流量冲量信号 2。这两个冲量信号都送到双冲量调节器 3。蒸汽流量信号是前馈信号，它与扰动变化大小成比例，控制作用在扰动发生的同时产生，而不是等到扰动引起被控量发生波动后才产生，因此采用前馈控制可以改善控制的质量。对于双冲量给水自动控制系统，当蒸汽流量发生变化时，就给调节器发去一个信号，使给水量和蒸汽量同方向变化，因此可以减小或抵消由于虚假水位现象而使给水量与蒸汽流量相反方向变化的误动作，使调节阀一开始就向正确的方向移动，从而减小给水量和水位的波动，缩短调节时间，改善水位的控制品质。

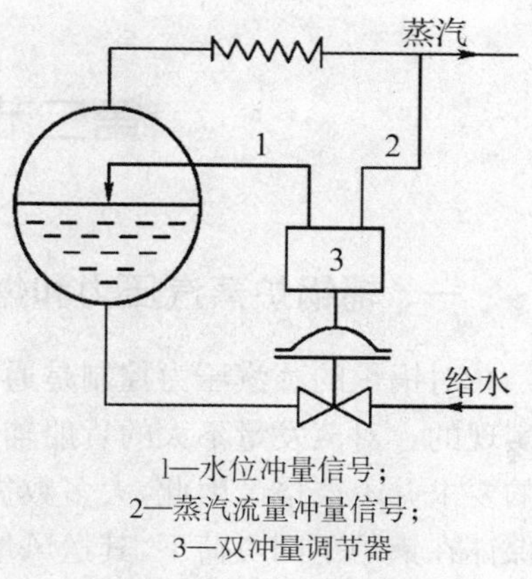

1—水位冲量信号；
2—蒸汽流量冲量信号；
3—双冲量调节器

图 6－3　双冲量给水控制

船用水管主锅炉常采用双冲量，甚至是三冲量（水位、蒸汽流量和给水量作为调节器的输入量）的给水调节器。而船用辅锅炉大多数采用单冲量或双冲量水位控制系统。

3. 水位自动控制中的双回路给水

油船锅炉给水系统通常由汽轮机给水泵从热水井把水抽出来，经给水调节阀向锅炉里供水。控制给水量可通过改变给水阀的开度来实现。通过给水阀的给水流量 G 与给水阀的流通面积 F 与给水阀前后压差 Δp 有关，关系为 $G=\mu F\sqrt{\Delta p}$，其中 μ 称为流量系数，当给水系统选定后，μ 是一个常数。改变给水阀的开度实际上就是改变给水阀的流通面积 F。可见，只有在给水阀前后压差 Δp 基本不变的情况下，给水流量 G 才能与给水阀的流通面积 F 成比例。但对汽轮机给水泵来说，如果其蒸汽调节阀开度不变，则给水泵浦的排量基本不变，不管开大或关小给水阀，进入锅炉的给水量基本上是不变的，因此仅仅改变水阀的开度往往达不到控制给水量的目的。这样，锅炉水位连续自动控制系统除了具有根据水位偏差来控制给水阀开度的水位控制回路外，还应设有维持给水阀前后压差恒定的给水差压控制回路。这样，给水量就直接与给水阀的开度成比例。其控制原理如图 6－4 所示。

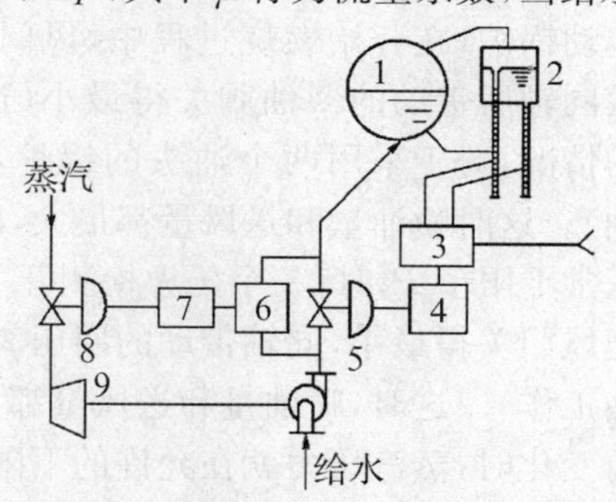

1—锅炉；2—参考水位罐；3—差压变送器；
4—水位PI调节器；5—给水调节阀；
6—差压变送器；7—PI调节器；
8—蒸汽调节阀；9—透平给水泵机组

图 6－4　双回路水位控制系统控制原理

若锅炉水位低于给定值，水位调节器 1 输出的控制信号开大给水阀 3。由于给水阀开大使其前后压差减小，给水差压调节器输出的控制信号开大蒸汽调节阀 4，提高汽轮机给水泵的转速，使给水阀前后压差保持恒定，确保给水量得到提高。

有的锅炉还有给水温度控制，如果给水系统用除氧器代替给水加热器，则还要有除氧器压力和水位控制。

第二节　蒸汽压力的自动控制

一、辅锅炉蒸汽压力和燃烧的双位自动控制

对锅炉的蒸汽压力控制是通过改变向炉膛的喷油量和送风量，控制锅炉的燃烧强度来实现的。对蒸发量不大的货船辅锅炉蒸汽压力自动控制系统的要求是简单、可靠，对经济性的要求并不严格。因此，大多数货船辅锅炉均采用气压的双位控制，少数采用比例控制。并保证在锅炉不同负荷下，其送风量基本上适应喷油量的要求。

在燃烧的双位控制系统中，锅炉的蒸汽压力不能稳定在某一值上，而是在允许的范围内波动。其中，最简单的方案是，在蒸汽管路上装一个压力检测开关。当气压上升到允许的上限值时，压力检测开关断开，切除液压泵的工作，停止向炉膛喷油，即自动停炉。当气压下降到允许的下限值时，压力检测开关闭合，自动起动液压泵和风机，即自动起动锅炉进行点火燃烧，实现锅炉蒸汽压力的双位控制。

上述控制方案虽然简单，但由于锅炉起停频繁，对锅炉运行不利，所以很少采用，大多数是在上述情况下，再增加燃烧双位控制。在蒸汽管路上装两个压力检测开关，它们动作的整定值不同。如图 6－5 所示，当蒸汽压力下降到允许下限值 P_1时，两个压力检测开关都闭合，控制系统自动起动锅炉，在开始燃烧过程中，风门电机使风门开得最大，其同轴所带动的回油阀关得最小(这是采用一个油头工作的情况，对于采用两个油头的锅炉，其控制是打开两个供油电磁阀，使两个油头同时喷油)。这时喷油量和送风量都最大，即对锅炉进行所谓的“高火燃烧”。当蒸汽压力上升到正常上限值 P_3时，一个压力检测开关仍闭合，但另一个压力检测开关断开，控制风门电机把风门关得最小，同轴带动的回压阀则开得最大(或关闭一个燃油电磁阀，使一个油头喷油工作)。这时，喷油量和送风量都是最小的，即锅炉进行所谓的“低火燃烧”。当锅炉负荷变化时，蒸汽压力就在允许的下限值 P_2和正常的上限值 P_4之间波动，但是锅炉燃烧过程保持低火稳定燃烧。如锅炉负载增加，使气压下降，当气压下降到低于设定压力 P_2时，高火压力检测开关闭合，自动再次进入高火燃烧。当锅炉负荷很小时，即使在“低火燃烧”的情况下，蒸汽压力仍然会继续升高，此时当气压升高到高压设定压力 P_4时，两个压力检测开关均断开，自动停炉。而停炉后，当蒸汽压力下降到允许的下限值 P_1时，两个压力检测开关均闭合，控制系统重新启动锅炉。

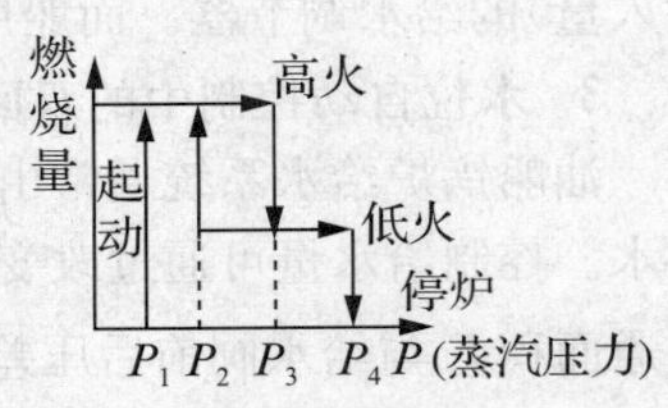

图 6－5　燃烧双位控制过程

二、油船辅锅炉蒸汽压力自动控制

锅炉蒸汽压力自动控制也就是燃烧自动控制，即根据气压的高低自动改变进入炉膛的喷油量和送风量，维持锅炉气压恒定或在允许的范围内波动。蒸发量大、气压较高的辅锅炉都采用该定值控制方案，如船用主锅炉和大型油船辅锅炉等。

1. 蒸汽压力控制的特点

由于燃烧自动控制系统中的被控量是气压，所以首先要有蒸汽压力调节器，又称主调节器。在锅炉不同负荷下，主调节器接受气压的偏差信号并输出一个控制信号，通过伺服器控制进入炉膛的燃油量和空气量，即控制炉膛内的燃烧强度，以便保持气压为恒定值。主调节器一般采用比例积分调节器。

对于供应饱和蒸汽的锅炉，主调节器的输入信号管路都接在与锅筒相连的蒸汽管路上。如果主调节器采用P调节器，在零负荷时，调节器使锅筒内保持额定气压；在满负荷时，因P调节器有静差，故锅筒内的压力要比额定气压低10%左右，但这对用汽设备不会有什么影响。对于供应过热蒸汽的锅炉，主调节器的输入信号管路应接在过热器后面。如果输入信号管路仍接在与锅筒相连的蒸汽管路上，则在满负荷时，除由于调节器静差使气压降低10%左右外，蒸汽流经过热器管道后，气压又会降低10%左右，这对用汽设备的工作是不利的。

要保证燃油的完全燃烧，在喷油量改变的同时，必须相应地改变进入炉膛的空气量。从锅炉的热计算和热工实验中可以预先知道，在每一个喷油量下，喷油器前应保持对应的风压。因此，燃烧自动控制系统还需设有空气压力或空气量调节器，严格地根据喷油量的变动来控制进入炉膛的空气量。这时空气量调节器得到来自蒸汽压力调节器的一个反映供油量大小的信号，即空气量调节器的给定值要根据不同的喷油量，按预先规定好的喷油量与空气量的配比关系来变化。这种控制关系与保持恒定的被控参数的定值控制不同，在控制系统分类中，称为随动控制。

主调节器也可以直接控制进入炉膛的空气量，或同时直接控制进入炉膛的燃油量和空气量。但是，燃油量与空气量的关系应满足需要，图6-6为由实验测定的空气压力与喷油量之间的关系曲线。图中横坐标F_0为喷油量，纵坐标P_B表示在每一个喷油量下所需要的空气压力。如果空气量调节器采用P调节器，每一个喷油量所对应的实际供气压力如图6-6中虚线所示，虚线与实线之间的距离就是调节器的静差。

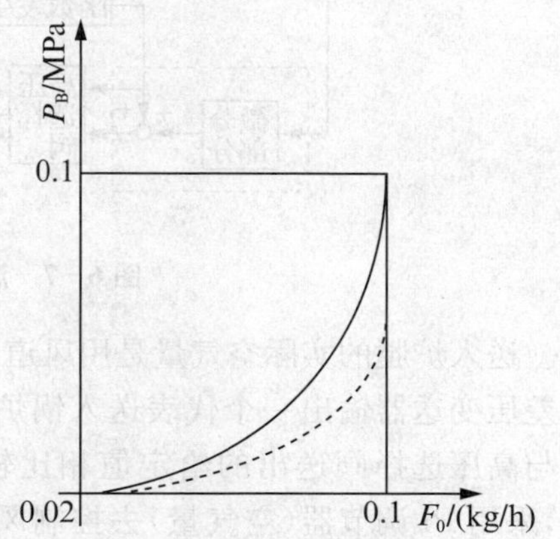

图6-6　空气压力与喷油量之间的关系曲线

空气量调节器控制风门挡板或鼓风机需要相当大的作用力，一般采用专用的风门控制机构。

燃油能否完全燃烧，还取决于燃油雾化的情况。燃油压力和温度是影响燃油雾化的两个因素。为此，在燃烧控制中，还应装有燃油温度和燃油压力调节装置和相应的报警保护。

2. 蒸汽压力自动控制系统的组成及工作原理

以蒸汽压力为被控量的蒸汽压力自动控制系统，要求满足锅炉在不同负荷下，气压都能稳定在给定值上。其控制系统框图如图6-7所示，由图可见，油船锅炉蒸汽压力自动控制系统是由两个控制回路组成的。其中一个回路是根据蒸汽压力的偏差值经比例积分的蒸汽压力调节器来控制燃油调节阀的开度，即改变向炉膛的喷油量。喷油量的改变必须同时改变向炉膛的送风量（空气量可用风道与炉内之间的压差来表示），为了保证燃油完全燃烧并得到较高的经济性，对应某一喷油量要有一个最佳的送风量（最佳的空气压力）与之相匹配，即在某一喷油量下要求有一个最佳的风油比。经实验已测定空气压力与喷油量之间近似平方关系(如图 6-6 所示曲线)。这样,燃烧控制系统的另一个控制回路是根据喷油量对空气压力进行控制的回路。在这个回路中,空气压力的给定值是随喷油量而变化的。燃油量变送器输出的气压信号代表喷油量,函数发生器输出与喷油量平方成比例的信号,这一信号是代表该喷油量下最佳空气量的气压信号。该信号一路直接送到高压选择阀,另一路与微分控制阀的微分部分输出信号相加后再送入高压选择阀。因此,当锅炉负荷从一个平衡位置突然增加时,燃油控制阀的输入信号也随之增加,此时微分部分也将随增加的燃油控制阀输入信号而有一个较大的输出信号,然后与函数发生器的输出信号相加(由于函数发生器具有一阶延迟特性,此时输出的变化量是较小的)后送入高压选择阀,高压选择阀的作用是自动地选择这两个信号中的较大者作为输出,从而使空气压力控制回路有一个突然增加的设定空气量信号。由于设定空气量信号及时调到函数发生器延迟后对应输出的信号,使过量空气优先于喷油量增加而进入炉内,从而维持稳定的燃烧。当锅炉负荷突然减小时,送到燃油控制阀的信号也突然减小,这时,用高压选择阀切除微分控制阀和函数发生器输出相加一路信号,并选用函数发生器输出信号,使得空气量随油量的下降而下降。总之,使炉内处于空气过剩状态。

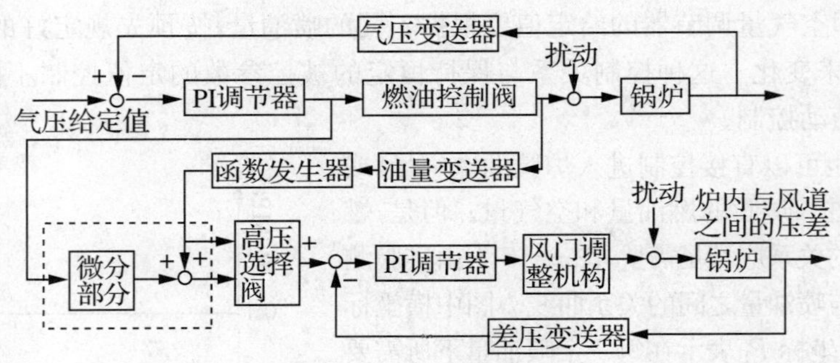

图 6-7　油船辅锅炉燃烧控制系统框图

送入炉膛的实际空气量是用风道与炉内的压差来反映的,经差压变送器输出一个代表送入锅炉空气量实际值的气压信号与高压选择阀送出的给定值相比较,得到空气量的偏差信号,采用 PI 调节器(空气量)去控制风门调整机构以改变向炉膛的送风量。

该系统中使用的蒸汽压力调节器和空气量调节器的类型与水位控制系统中的调节器完全相同。蒸汽压力变送器、油量变送器及风压差变送器的工作原理、调零、调量程的方法与测量水位用的差压变送器是相同的,只是在结构上略有差异,故不再重述。

3. 燃油控制阀

气动燃油控制阀的结构和工作原理图如图 6-8 所示。P_1 是由蒸汽压力调节器输出的控制信号,作为燃油控制阀的输入

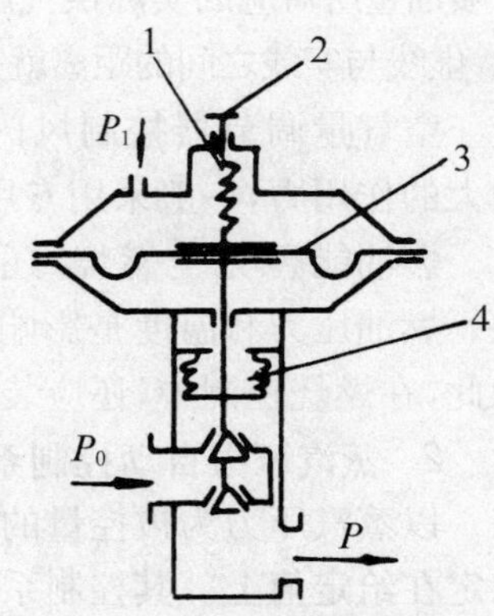

1—预紧弹簧;2—调整旋钮;3—膜片;4—反馈波纹管

图 6-8　气动燃油控制阀的结构和工作原理图

信号。P 是燃油控制阀输出的燃油压力，它与燃油量成比例。P_0 是燃油控制阀前的压力。假定，膜片 3 的有效面积为 F；反馈波纹管 4 的有效面积为 f；顶紧弹簧 1 的预紧力为 N。在稳态时，燃油控制阀的输入信号压力 P_1 与输出的燃油压力 P 之间的关系为：$P_1\times F+N=P\times f$。在工作中，F,N,f 是不变的，因此燃油控制阀输出的燃油压力 P（即燃油量）只取决于信号压力 P_1。所以燃油输出压力 P 与控制信号 P_1 保持良好的线性关系，而不受阀心摩擦力、阀前油压变化等因素的影响。

三、燃烧器

自动控制燃烧器可分为供风系统、燃料供给系统、控制系统、燃烧系统。燃料要完全燃烧须提供足够的氧气，不同的燃料有不同的风量要求，如 0 号柴油热值为10 200 kcal/kg在标准气压状态下每千克油要完全燃烧须配送 15 m^3 的助燃空气。供风系统用来满足完全燃烧的助燃空气要求，其主要部件有壳体、风机马达、风机叶轮、风枪火管、风门控制器、风门档板、扩散盘。燃料要完全燃烧须有合理的燃烧空间和混合空间。燃料的输送方式可分为高压输送和低压输送。压力式雾化燃烧器采用高压输送方式，压力要求为 15～28 bar。介质雾化燃烧器采用低压输送方式，压力要求为 5～8 bar。控制系统包括点火系统、风门（油量）的调节和检测系统。点火系统的功能在于点燃空气与燃料的混合物，其主要部件有点火变压器、点火电极、点火高压电缆。点火变压器是一种产生高压输出的转换元件，其输出电压一般为 2～5 kV，2～6 kV，2～7 kV；输出电流一般为15～30 mA。风门（油量）的调节有单段火式手动调节风门、双段式液压缸或伺服电动机控制、比例调节式燃烧器使用伺服电动机控制风门。监测系统的功能在于保证燃烧器安全的运行，其主要部件有火焰监测器、压力监测器、温度监测器等。燃烧火焰的形状、燃烧的完全基本取决于燃烧系统。燃烧器火焰一般可根据用户要求来定制，火焰要求大概直径一般要求不大于炉膛的 1/2，长度是炉膛的 1/3，具体根据加热炉的要求来调节匹配。火焰直径太大时会造成炉筒上形成严重积炭，烧坏耐火砖或炉壁。以下以单体转杯燃烧器为例说明。

单体转杯燃烧器适用于燃烧重油，即使采用高黏度燃油时仍能保证优质燃烧。该燃烧器在起动和停机时也可以用轻油。该燃烧器采用旋转雾化原理。雾化器逆时针旋转，而燃烧器可由右侧摆出（两者均向着火焰方向看）。

1. 燃烧器的整体组成

如图 6－9 所示为单体转杯式燃烧器，主要有调节风量和油量用的复合调节器、带吸声肘管的燃烧空气风机、紫外线火焰监控单元、带点火燃气电磁阀的电点火器、燃油供给系统（如泵和加热器）、燃烧器监控设备、重油注水设备（主要用于减少烟气中的粉尘量，也用于减少锅炉污垢）。

2. 燃烧器工作原理

1）重油供给、流量设定和雾化

所需的燃油储存在油柜中，储油柜及其燃烧器之间的燃油管路应设有加热设施，加热温度的设定值应确保重油具有相应的黏度，从而：

（1）储油柜中的油可以输送。

（2）燃烧器前（加热器后）的供油管路确保燃油可以被雾化。

(3) 供油管路所需的压力可用压力控制器设定。

2) 燃烧器中燃油的流动路径

燃油经燃油铰链 18 进入燃烧器的加热管路,燃油流经复合调节器的旋转油阀6、流量计、两只电磁阀、燃油分配器和旋转雾化杯。

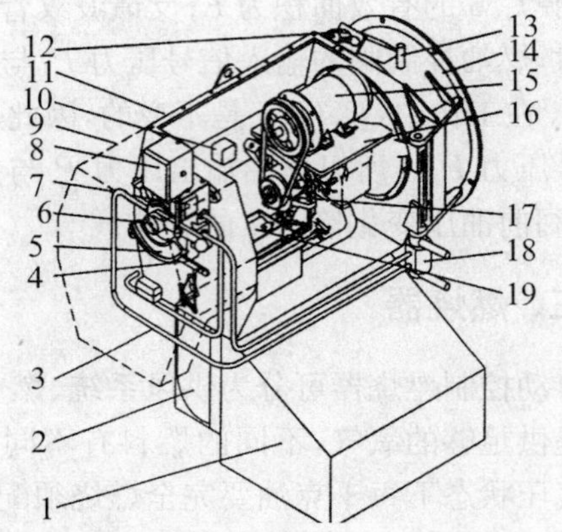

1—空气肘管;2—燃烧空气风机;3—带阀和附件的管路;4—控制杆支承;5—控制盘单元;6—旋转油阀;7—复合调节器;8—伺服电动机;9—保护罩;10—点火变压器;11—燃烧器外壳;12—点火器;13—紫外线火焰探测器;14—外调风器环;15—旋转雾化器驱动装置;16—铰链平台;17—轴装皮带;18—燃油铰链;19—二次空气风门

图 6-9 单体转杯式燃烧器结构图

由于雾化杯高速旋转产生的离心力及杯的特殊形状,重油形成一层均匀的薄膜。然后重油从杯的边缘径向扩散。沿中心导入的一次空气确定油滴尺寸和雾化角。

一定量的热重油循环流经复合调节器和回油管路,有助于使系统保持一定的温度。循环油经燃油铰链离开燃烧器而进入燃油主回路。加热系统用于加热燃油,燃油分配器只有在扫风阶段才被加热。

3) 燃烧空气

燃烧空气由风机从锅炉房中吸入,并流经空气肘管 1 和燃烧空气风机 2。燃烧空气的主要部分,即二次空气和三次空气,经过二次空气风门 19 和燃烧器外壳 11。二次空气通过空气内环来支持燃烧,而三次空气通过轴向导口流入燃烧器。

4) 油和空气量的配比

复合调节器 7 在重油和燃烧空气量之间提供最佳的比值。在刻度位置"1",燃烧器烧"小火",而在刻度位置"10"为全负荷。负荷控制器作用于伺服电动机 8,后者使复合调节器处于所要求的负荷位置。

油量由旋转油阀 6 的位置控制,而空气流量由风门控制。风油比调节机构由燃烧复合调节器通过该伺服电动机 8 来执行,另外设备还配有燃油电磁阀、燃油压力监测器、燃油温度控制器、燃烧空气压力监测器、温度监测器等。

3. 安全和监控系统

燃烧器配有安全装置,从而保证连续监控所有重要的操作并避免操作失误。

(1) 紫外线火焰探测器 13 用于监控火焰。在火焰力度不够时,它将燃烧器关断。

(2) 压力监控器用于监控风机工作是否正常。当压力降到设定值以下时,它将燃烧器关断。

(3) 压差监控器用于监控一次空气风机和转杯雾化器的旋转。当压力降到设定值以下时,它将燃烧器关断。

(4) 摆出开关。当燃烧器外壳摆出时,它将燃烧器关断。

4. 燃烧器常见故障现象及排除方法

1) 能够正常点火但着火几十秒钟后自行熄灭

典型原因是燃烧器内的火焰传感器脏污。火焰传感器探头位于燃烧器的风道内,由于冒黑烟、回火、送风尘土等原因，其表面很容易脏污从而失去感光功能。故障后应检查传感器探头，必要时用酒精或清洗剂清洁其表面。

2）着火正常但排气烟色不正常

喷入燃烧器的燃油是一边混合一边燃烧的，当送风量合适时雾化的 CO_2 和水蒸气排气是无色的；当送风量不足时会造成柴油不完全燃烧生成 CO 和碳粒从而出现排气冒黑烟现象。但如果进风量过大，强大的风力可能会把来不及燃烧的油雾吹走，形成白色烟雾排出。

排气冒黑烟的常见原因是燃烧的进风门开度过小，冒白烟的常见原因是进风门开度过大，这两种情况均应重新调整进风门。调整时可一边观察排气烟色一边调节风门的开度直到排气烟色接近于无色。

排气冒黑烟还有一种原因是燃油雾化不良，油雾中含有较大的液滴，不能与空气充分混合，由于局部燃烧不完全而产生黑烟。造成燃油雾化不良的原因有：

(1) 喷嘴老化或堵塞使其雾化量能力严重下降。

(2) 液压泵的出油压力过高或过低。液压泵压力过低则喷嘴出油压力低，雾化效果差，但液压泵出油压力过高，也会造成喷油压力低。这是因为，液压泵的输油量与输油压力是成反比的，油压过高，出油量必然降低。由于喷嘴的喷孔是不变的，所以喷嘴两端的压力差减小，造成供油雾化不良，伴有冒黑烟现象。可根据排气烟色对液压泵的出油压力进行调节，顺时针拧动调压螺钉，压力升高，出油量下降；反之压力下降，出油量上升。液压泵压力的正常范围是 0.98～1.18 MPa，使用中不可随意调节。

(3) 火焰不稳定常常灭火后又自动重燃。这种现象一般是燃料供应不足造成的。燃烧器工作时若燃油供给不及时，断油后必然导致灭火。火焰传感器检测到灭火后，由控制器指令停止喷油，并进行后扫风约 10 s，再次进入点火燃烧，若能正常燃烧则重新正常运行。若不能正常点火则延时约 10 s 后控制器自动采取措施停止喷油和点火，并点亮红色报警灯，发出报警。等待 1～2 min 后，热延时结束，可人工复位，自动开始下一次点火过程。

当燃油供给不足时，随着火焰的忽强忽弱，燃烧器中常伴有“呼哧、呼哧”声音。这时供油管道内可能伴有气泡使喷油压力不稳，燃烧也就不稳定。另外，当油管内有气泡存在时，液压泵的运转阻力会随之忽大忽小，使燃油雾化不好，不能完全燃烧。造成上述着火不稳的常见原因有：①吸油管漏气吸油时外部空气随之进入油管内形成气泡；②吸油管狭窄、堵塞、压瘪，使油路不畅，柴油供应不足；③供油系统滤网(包括吸油管进口滤网、滤芯、液压泵滤网等)堵塞。

冬季经常出现的情况是供油系统堵塞，因为气温低时燃油的流动性差，易析出蜡质，堵塞管道、滤芯、液压泵滤网、喷嘴滤网等，使供油系统不畅通，造成着火不稳或灭火。

(4) 燃烧器点不着火。燃烧器的点火与内燃机的点火类似，有两个最基本的条件：一是要有雾化良好的燃油；二是要有高压火花。前者要求柴油泵供油量充足，喷油嘴前后能建立起稳定的喷油压力差，形成精细的油雾，点火期间送风量宜小，防止吹散火花和油雾。后者要求高压火花有足够的点火能量，两点火电极间隙在 3～5 mm，且两电极间绝缘良好，火花能顺利跳过电极间隙点燃柴油油雾。燃烧器点不着火一般有以下几种原因：①燃烧器喷油嘴不喷油。可能的原因有供油管道堵塞、液压泵不泵油、供油管道真空泄漏、断油电磁阀没通电等。②没有点火高压。点火变压器通电后，产生约 8 kV 的高压，该电压击穿电极间隙，产生强烈的火花，点燃柴油油雾。当火焰稳定燃烧后，不再需要电火花点火，火焰传感器将火焰状态信息送至控制器，停止点火变压器的工作。不产生高压火的原因：一是点火变压器没有通电（可能是供电线路或控制器内的继电器接触不良）；二是两点火电极间由于积炭而绝缘不良，高压被泄漏，没有产生放电火花。一般要求点火电极间的距离应为 3 mm 左右，点火电极距喷嘴前端面的距离为 5～7 mm，两电极间必须绝缘良好。

第三节　燃烧时序控制

辅锅炉燃烧时序控制是指，给锅炉控制系统一个启动信号后，能按时序的先后，自动进行预扫风、预点火和喷油点火，点火成功后对锅炉进行预热，接着转入正常燃烧的负荷控制阶段。同时对锅炉的运行进行一系列的安全保护。

一、辅锅炉燃烧时序控制系统的功能以及常用部件

辅锅炉燃烧时序控制功能如图 6-10 所示。按下锅炉起动按钮后，自动起动燃油泵和鼓风机，关闭燃油电磁阀使燃油在锅炉外面进行循环。此时风门开得最大，以大风量进行预扫风，以防止锅炉内残存的油气在点火时发生“冷爆”。预扫风的时间根据锅炉的结构形式而异，一般是 20～60 s。首先，预扫风时间达到后自动关小风门，同时点火变压器打出电火花，进行预点火，时间为 3 s 左右。其次，打开燃油电磁阀，开大回油阀，以小风量和少喷油量进行点火。点火成功后维持一段“低火燃烧”对锅炉进行预热。最后，开大风门关小回油阀使锅炉转入“高火燃烧”，即进入正常燃烧的负荷控制阶段。在预定的时间内若点火不成功，或风机失灵。或中间熄火等故障现象发生时，会自动停炉，待故障排除后按复位按钮方能重新起动锅炉。

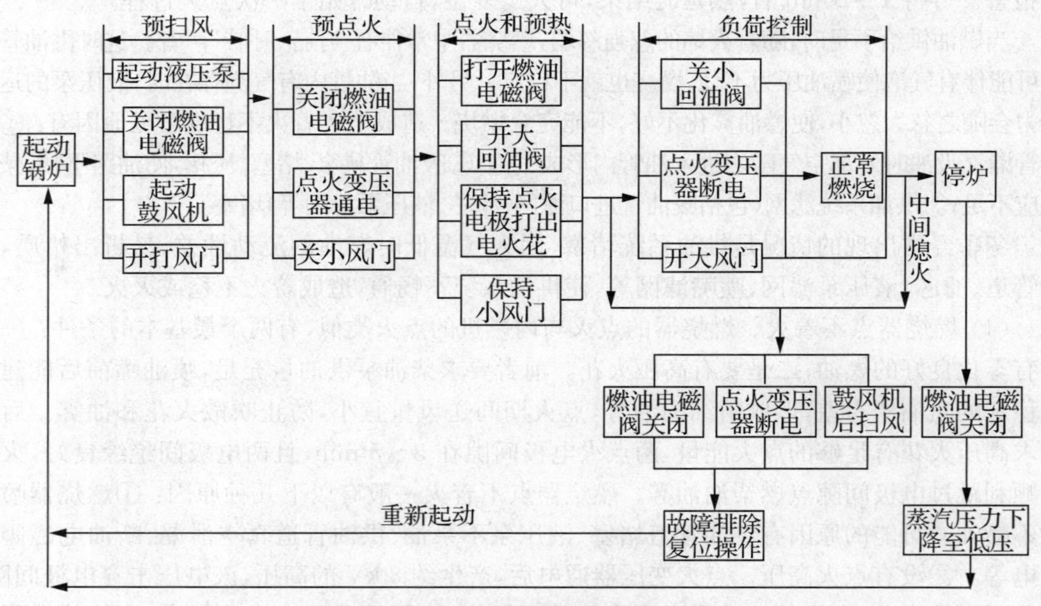

图 6-10　辅锅炉燃烧时序控制功能

锅炉的控制元件主要有程序控制器、水位传感器、蒸汽压力传感器、蒸汽比例调节器、风门控制器、数只监控用的温度及压力传感器、PLC 控制系统等。为了实现辅锅炉的时序控制，常用的主要元部件有如下几种。

1. 信号发讯器

信号发讯器是发送各种控制信号的元件，其中包括手动信号发讯器和自动信号发送器。手动信号发讯器包括起动和停炉按钮、转换或选择开关等；自动信号发讯器包括压力开关、限位开关、温度开关、检测水位的差压变送器、检测锅炉气压和风压的压力变送器等。

2. 程序控制器

程序控制器是辅锅炉燃烧时序控制的核心部分，是根据启动信号发讯器送来的电信号，接通或切断电路，或者根据规定的时间来接通或断开电路，用以实现预扫风、预点火、点火及转入正常燃烧等一系列时序动作，传统的方法采用凸轮式程序控制器，也有内置多个时间继电器控制电路板的专用燃烧程序控制器，而现代多使用 PLC 实现各种程序控制。

图 6-11 为凸轮式程序控制器结构，程序凸轮马达经类似钟表机构的减速装置带动一根凸轮轴转动，在凸轮轴上通常安装有若干组凸轮，每一组凸轮控制一个微动开关。每组凸轮由两个凸轮组合构成凸轮可调，用来控制开关触点的闭合或断开。改变两个凸轮的相对位置即可以调整开关闭合或断开的时间。

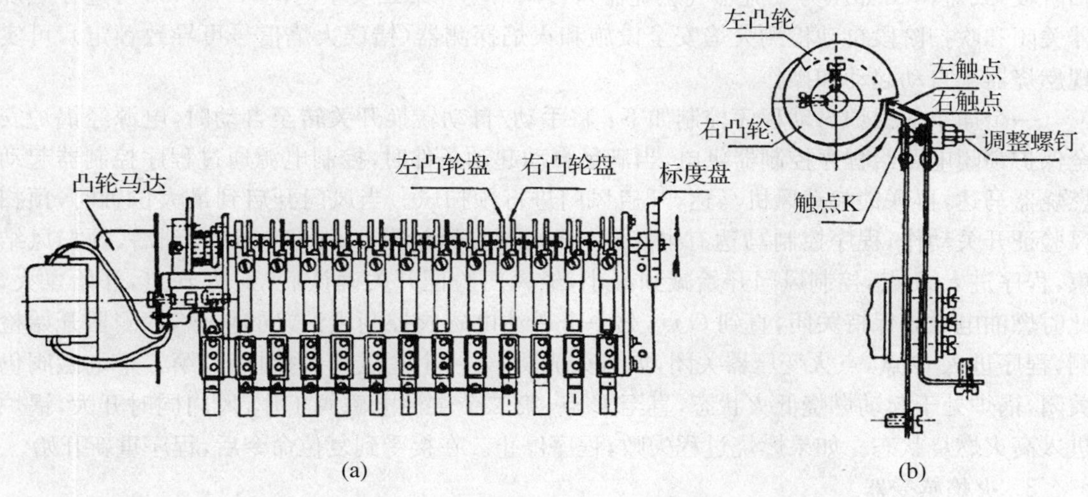

图 6-11　凸轮式程序控制器结构

船舶辅锅炉常用程序控制器 LEC1 作为自动点火的时序控制装置。如图 6-12 所示，程序控制器内置 13 只凸轮，从程序凸轮马达端起分别为 Ⅰ，Ⅱ，Ⅲ，…，Ⅻ，ⅩⅢ，每一开关又分为一组上层常闭和一组下层常开触点，如凸轮 8 为预扫风时间。调试完成后，不建议对凸轮进行调节。程序凸轮马达在控制开关的控制下运行一个周期为 120 s，右边的程序显示器连续显示燃烧器

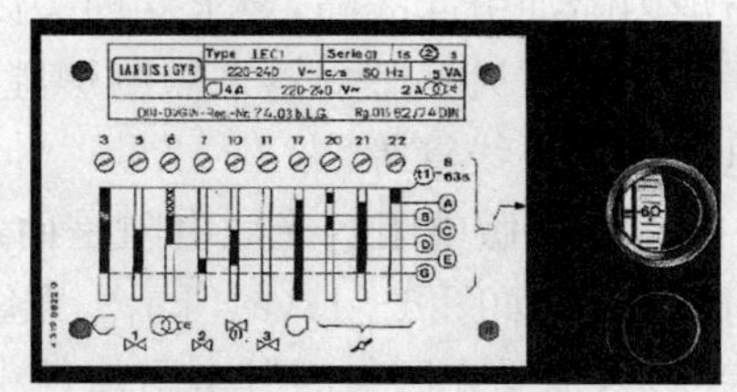

图 6-12　LEC1 程序控制器接线示意图

各阶段的时序。显示为字母对应于时序图位置，数字显示为保留的预吹扫时间。如果锁定发生，机械开关和程序显示器停止，即可观察到具体哪个阶段发生了锁定。图 6-12 为一个最简单的时序应用，图中各端子动作控制相应的器件动作，从左到右依次为：

(1) 端子 3：风机马达控制。

(2) 端子 5：第一个燃油电磁阀控制。

(3) 端子 6：点火变压器控制点火。

(4) 端子 7：第二个燃油电磁阀控制。

(5) 端子 10：点燃引火燃油电磁阀控制(如果选用点火引燃方式)。

(6) 端子 11：第三个燃油电磁阀控制。

(7) 端子 17：燃烧器及后扫风的控制。

(8) 端子 20,21,22：配合实现风门大小的控制。t_1(8～63 s)时间，端子 22 接通，风门开到最大，预扫风；端子 21 和端子 20 配合风门验证限位开关信号实现风门最大和最小的控制。

通过外围电路的连接，该控制器的应用还有多个实现方式，常见的应用情况为：可调预吹扫时间(8～63 s)，可选择有无快速吹扫，可选择全自动控制风门挡板运行时间，可选空气压力监测器，可选直接点火、引火燃烧器、有无火花监测器方式，可调预点火时间长(在预吹扫阶段)或短(3 s，如压力气流燃气燃烧器)，可调第一和第二安全时间(0～9 s)，可选在燃烧器关闭和吹扫阶段自动检测火焰安全设施和火焰探测器(错误火焰信号可导致锁定)，可实现燃烧器半自动起动和操作。

一个简单的锅炉自动程序控制如下：将手动/自动转换开关转至自动时，电源经锅炉安全保护锁闭电路给程序控制器供电，当满足自动起动条件时，控制电源通过程序控制器起动燃烧器马达，再联锁起动风机马达，开启风门进行预扫风。当风门开启到最大位置时，预扫风验证开关动作，程序控制马达有电工作，开始预扫风计时。t_1(63 s)计时到后，预扫风结束，程序进入 A 点，控制风门开始减到最小，经风门验证开关确认后，到达 B 点，开始点火，此时燃油电磁阀保持关闭，直到 C 点，第一个燃油电磁阀控制供油，同时火焰探测器开始检测，程序进入 D 点，点火变压器关闭，如点火成功，第一个电磁阀保持打开，第二个电磁阀仍关闭，锅炉处于起动燃烧低火状态，直至 E 点，第二个供油电磁阀工作，风门同时开大，锅炉进入高火燃烧状态。如果燃烧过程失败，程序停止。在接受到复位命令后，程序重新开始。

3. 火焰感受器

火焰感受器用来监测炉膛有无火焰。当点火失败或在持续燃烧期间熄火时，为避免再向炉内喷油引起故障，要求立即关闭燃油电磁阀停止喷油，并发出声光报警。因此，自动化锅炉都装有火焰感受器来监测炉膛内的火焰。辅锅炉上常用的火焰感受器有光敏电阻、光电池和紫外线管等。

(1) 光敏电阻。光敏电阻是由涂在透明底板上的一片光敏层，经金属电极和导线引出而制成的，如图 6-13(a)所示。光敏层由铊、镉、铅的硫化物或硒化物制成，光敏电阻的主要特性是，接受光照射时其电阻值很小，无光照射时，其电阻值较大。因此，在光敏电阻两端所加电压不变的情况下，有光照射和无光照射时流过光敏电阻的电流相差很大，其伏安特性如图 6-13(b)所示。光敏电阻光焰感受器如图 6-14 所示。为了防止光敏电阻接受高温炉墙所辐射的可见光和红外光使光敏电阻动作延迟或误动作，在安装时要避免高温炉墙辐射线直接照射在光敏电阻上。此外，光敏电阻不能承受高温，否则会影响使用寿命。因此，光敏电阻火焰感受器装有散热片并用空气冷却，磨砂玻璃可阻挡红外线的透入。

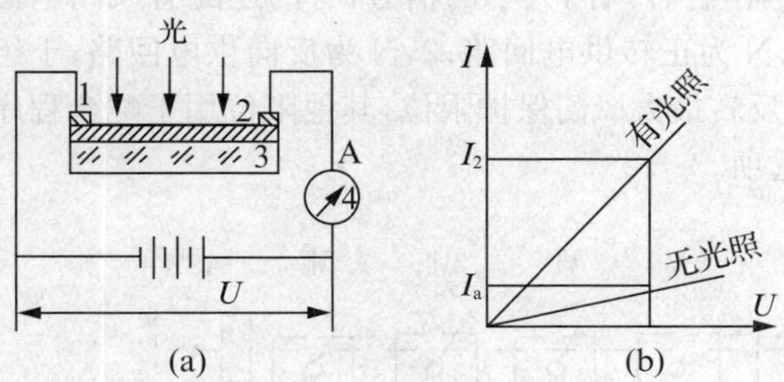

1—金属电极；2—光敏层；3—透明底板海；4—电流表

图 6-13 光敏电阻及其特性

冷却空气
1
2
3
火焰
光照
接控制电路

1—光敏电阻；2—磨砂玻璃；3—耐热玻璃

图 6-14 光敏电阻火焰感受器

(2) 光电池。光电池是一种半导体材料，是利用有光照射后在两极间产生电压的原理工作的。图 6-15 为光电池控制电路原理图。其中，图 6-15(a)采用 RAR 型硒光电池作为光敏元件，当接受光照射时，正负两极之间将会产生小于 1 V 的电压，经磁放大器 MV 放大后足以激励继电器 FR 动作；图 6-15(b)采用 $2CR_{11}$ 型光电池，当接受光照射时，光电池两极间能产生 0.5 V 的电压，经晶体管放大器放大后，可使继电器 J 通电动作。光电池使用寿命长，而且它的光谱敏感范围仅限于可见光，而不包括红外线。这对监测炉膛内火焰是非常合适的。

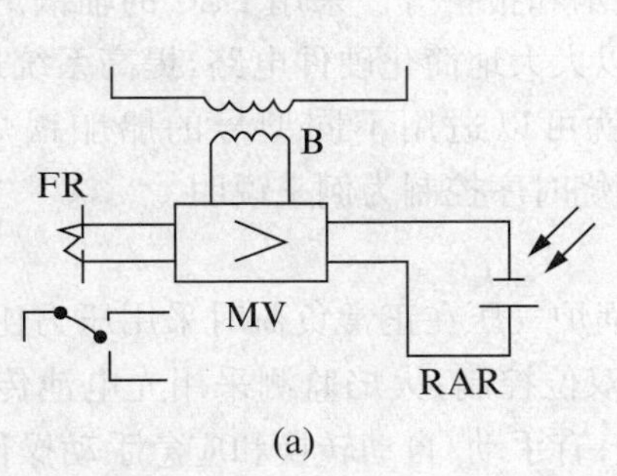

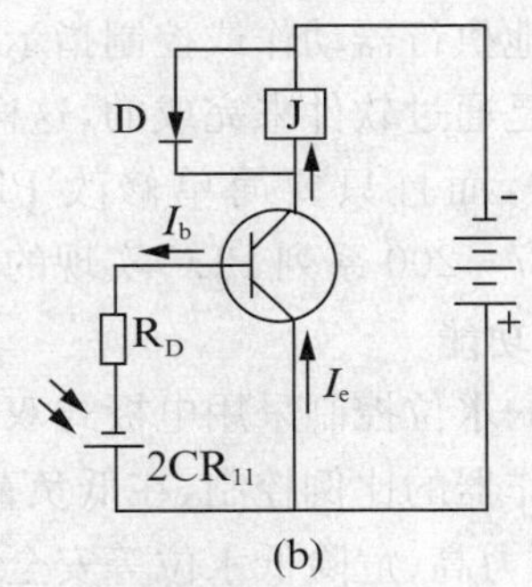

图 6-15 光电池控制电路原理

(3) 紫外线管。紫外线管的外形及结构示意图如图 6-16所示。管泡是用能透过紫外线的石英玻璃制成的，泡内充以惰性气体，两个电极对称放置。当阴极接受足够数量的紫外线时会发射出光电子。在外电场的作用下，光电子加速运动使惰性气体电离，管子导通；若无光照射，紫外线管截止。紫外线管的优点是不受高温炉壁辐射的影响，它的特性较光敏电阻好，且在交、直流控制回路中均可使用，但使用中需提供 100～220 V 的工作电源以产生外电场。

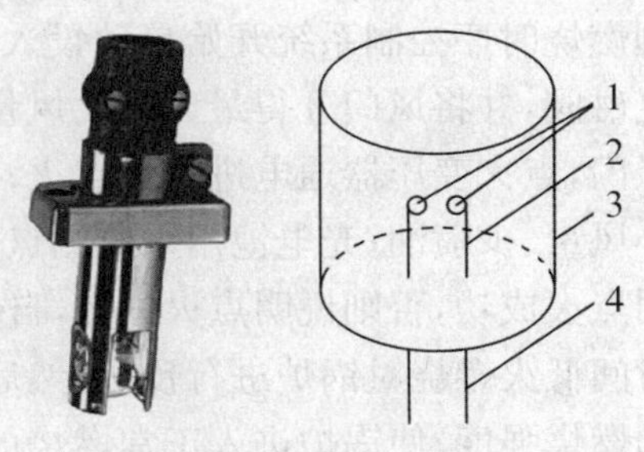

1—电极；2—引脚；
3—石英玻璃外壳；4—管脚

图 6-16 紫外线管的外形及结构示意图

4．执行器

锅炉的执行器包括液压泵、风机、供油电磁阀、回油可调阀、风门(油量)控制器、点火变压器、点火电极等。一般大中型燃烧器风门执行器采用电动执行器，其电动机采用单相伺服电动机，通过减速机构带动凸轮限位开关，输出各种风门大小的信号，有的还配有风门电位器检测风门位置。如图 6－17 所示，接线 1，N 为正转供电回路；2，N 为反向供电回路；Ⅰ组凸轮为正转最大风门保护限位；Ⅱ组凸轮为反转最大风门保护限位，其他限位用于配合程序控制，电位器 ASZ 用虚线表示该电位器为选项。

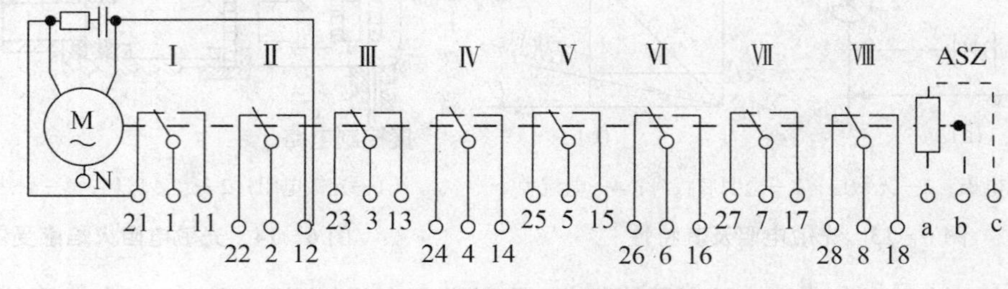

图 6－17　电动执行器接线原理图

二、PLC 控制的燃烧时序控制系统的工作原理

在 PLC 控制的辅锅炉控制系统中，各种现场信息，如气压的高/低、水位的高/低、燃油加热的通/断、炉膛火焰的有/无、系统的手动/自动控制方式等信号，通过输入单元输入到 PLC；PLC 扫描执行用户程序，并根据程序运行结果，通过输出单元输出各种控制信息指挥继电器和其他执行器动作或控制指示灯进行显示和报警等。采用 PLC 的辅锅炉控制系统，其控制功能是通过软件来完成的，这样不仅可以大大地简化硬件电路，提高系统运行的可靠性，方便维护，而且只要简单修改 PLC 程序就可以适用不同型号的船舶锅炉。下面以 SIEMENS S7－200 系列 PLC 实现的辅锅炉燃烧时序控制为例来说明。

1．系统功能

辅锅炉的水位控制采用电极式双位控制；锅炉气压在正常负荷时采用压力比例调节器-电动比例操作器的比例控制，在低负荷时采用双位控制；火焰监测采用光电池传感器；有风压低、蒸汽压力高、危险低水位等安全保护装置；有手动/自动转换和应急手动操作功能。

在准备好锅炉的油、水、气、电等准备条件后，选择自动控制方式，可按动锅炉起动按钮，则燃烧时序控制系统开始自动投入工作。这时控制系统自动起动液压泵和风机，关闭燃油电磁阀，并将风门开得最大以大风量进行预扫风；预扫风过程结束后，控制系统会自动关小风门，点火变压器通电进行预点火；然后打开燃油电磁阀进行供油点火，在点火时间内要求小风量、少喷油；光电池用来监测点火是否成功，在设定的点火时间内，如果炉膛内有火焰说明点火成功，否则说明点火失败，自动停炉，待故障修复后再重新起动；点火成功后维持一段时间低火燃烧对锅炉进行预热，然后开大风门，关小回油阀，以大风量多喷油来增强炉膛内的燃烧强度，使锅炉进入正常燃烧的负荷控制阶段。如果发生风机失压、水位太低、中间熄火、点火失败等现象，会自动停炉对锅炉进行安全保护，待故障排除后按复位按钮才能重新起动锅炉。

2. PLC 的 I/O

1）PLC 的 CPU 型号及其 I/O 通道分配

选用的 S7－200 PLC 的 CPU 型号为 226。CPU 226 模块本身具有 24 路开关量输入和 16 路开关量输出和丰富的定时器资源。I/O 通道和定时器的符号定义及其地址分配见表 6－1。

表 6－1　I/O 点和定时器的符号、地址

序号	符号定义	地址	注释	序号	符号定义	地址	注释
1	水泵停止	I0.0		23	点火手动	I2.6	按钮
2	水泵自动	I0.1	转换开关	24	光电池	I2.7	控制触点
3	水泵手动	I0.2		25	水泵	Q0.0	输出继电器
4	停炉	I0.3	按钮	26	风机	Q0.1	输出继电器
5	起动	I0.4	按钮	27	液压泵	Q0.2	输出继电器
6	燃烧停止	I0.5		28	点火变压器	Q0.3	输出继电器
7	燃烧自动	I0.6	转换开关	29	回油风量调节	Q0.4	输出继电器
8	燃烧手动	I0.7		30	压力比例调节	Q0.5	输出继电器
9	风压低保护	I1.0	输入触点	31	燃油电磁阀	Q0.6	输出继电器
10	蒸汽超压保护	I1.1	输入触点	32	熄火保护手动复位	Q0.7	输出继电器
11	危险低水位保护	I1.2	输入触点	33	水泵运行指示	Q1.0	输出继电器
12	高水位	I1.3	输入触点	34	风机运行指示	Q1.1	输出继电器
13	低水位	I1.4	输入触点	35	液压泵运行指示	Q1.2	输出继电器
14	水泵热保护	I1.5	输入触点	36	熄火指示	Q1.3	输出继电器
15	风机热保护	I1.6	输入触点	37	危险低水位指示	Q1.4	输出继电器
16	液压泵热保护	I1.7	输入触点	38	报警器	Q1.5	输出继电器
17	风机停止	I2.0		39	定时器 1	T33	通电延时，7 s
18	风机自动	I2.1	转换开关	40	定时器 2	T34	通电延时，46 s
19	风机手动	I2.2		41	定时器 3	T35	通电延时，40 s
20	液压泵停止	I2.3		42	定时器 4	T36	通电延时，44 s
21	液压泵自动	I2.4	转换开关	43	定时器 5	T97	通电延时，43 s
22	液压泵手动	I2.5		44	定时器 6	T98	通电延时，40 s

2）外部接线及梯形图

由 CPU 226 控制的辅锅炉燃烧时序 PLC 控制系统外部接线如图 6－18 所示。

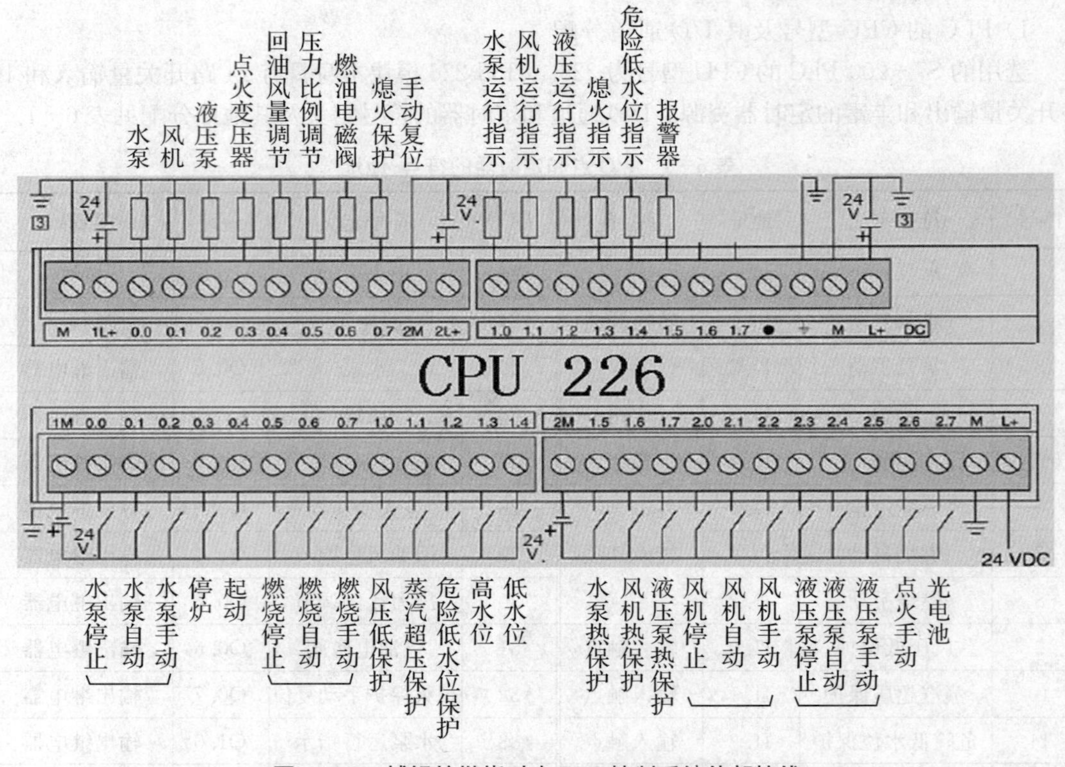

图 6-18　辅锅炉燃烧时序 PLC 控制系统外部接线

3. 辅锅炉燃烧时序的 PLC 控制过程

1）起动前的准备

(1) 合上总电源开关，控制电路接通电源。

(2) 若炉内水位低于危险低水位，I1.2 断开，锅炉无法自动起动。此时应将给水泵旋钮放在“手动”位置，I0.2 闭合，Q0.0 闭合，起动水泵向炉内供水，当水位上升到正常水位后，水泵旋钮放在“停”位置，水泵停止工作。

本控制系统的锅炉水位采用电极式双位控制，当锅炉水位高于设定的高水位值时，I1.3 接通，程序控制 Q0.0 失电，水泵停止运行；当水位回落到高水位值以下时，由于低水位 I1.4 仍保持闭合，程序控制水泵继续停止。当水位低于设定的低水位值后，I1.4 才断开，程序控制 Q0.0 再次得电，水泵开始运行并自保；即使水位上升超过低水位，I1.4 闭合，程序控制水泵仍继续运行。如此反复，锅炉水位在两个水位设定值之间不断变化，实现水位的双位控制。

(3) 将燃烧控制旋钮和风机旋钮转到“手动”位置，I0.7 和 I2.2 闭合；液压泵转换开关转到“停”位置，I2.3 断开；然后按下起动按钮 I0.4，程序控制 Q0.1 得电，起动风机进行预扫风，手动进行预扫风 1 min 后，再按停止按钮 I0.3，使风机停止工作。

(4) 将给水泵开关、燃烧开关、风机开关和液压泵开关都转到“自动”位置，准备自动起动。

2) 燃烧的时序控制

(1) 预扫风。当按下起动按钮I0.4时，由于水位正常，程序检测运行条件均具备后，控制Q0.1得电，风机开始运转；同时Q0.2得电，液压泵开始运转。但此时燃油电磁阀无电关闭，燃油从液压泵排出后在管路中循环，不能进入炉内，风机对炉膛进行预扫风。由于Q0.4，Q0.5得电，此后由压力比例调节器YBD发讯电位器的滑动触点动作，逐渐把风门关小，回油阀开大，为点火做好准备。由于在40 s之前尚未点火，所以光电池感受不到火焰的光照，I2.7断开，为点火变压器Q0.3通电和熄火保护复位作好准备。

(2) 自动点火控制。在预扫风40 s后，程序延时到，使点火变压器Q0.3通电，点火电极之间产生电火花进行预点火；同时开始预点火延时，3 s后，程序控制燃油电磁阀Q0.6有电，打开液压泵到喷油器的供油管路。但因回油阀已开大，故喷油量很少。程序延时7 s后才能将其Q0.7闭合，即点火延时7 s后才对点火进行监测，为熄火保护做好准备。如果在7 s内点火成功，炉内有火焰，光电池受到光照，I2.7闭合，则维持正常运行状态。当程序延时46 s后，风压保护I1.0投入保护有效控制，此时点火时序控制结束。

如果点火时序控制从40 s时开始点火，延时时间超过7 s，光电池仍未感受到炉膛火焰的照射，则由于I2.7为断开状态，程序控制Q0.7得电，其常开触点闭合，将控制回路电源切断，使液压泵停转，电磁阀关闭，发出报警信号，风机经后扫气延时以后自动停止。

在点火失败后，必须在排除故障后进行再次起动。首先将熄火保护继电器触点Q0.7手动复位，使其断开。只有程序被复位后，才能重新起动。

在燃烧过程中，如果中途熄火，光电池失去火焰光照，I2.7即断开。此时程序控制点火变压器Q0.3通电，重新进行补充点火；同时，开始7 s计时，对点火时间进行监测。若在7 s内点火成功，即再转入正常燃烧；若仍未点燃，则同点火失败情况一样，使锅炉停止燃烧，并发出熄火声光报警信号。也就是，在中途熄火后，自动点火一次，如不成功，停炉并发出报警。

3) 气压自动控制

在点火时序控制过程中，点火44 s后，程序控制Q0.4失电，使压力比例调节器YBD的滑动触点和电动比例操作器DBC的滑动触点动作，由于此时辅锅炉是低压起动，所以YBD滑动触点移到低压端，电动比例操作器DBC的滑动点也向低压端跟踪，使风门开大，回油阀关小(喷油量加大)，锅炉进入正常比例燃烧自动控制。

当气压上升到控制气压的下限值时，如果气压再升高，则相应地关小风门和减少喷油量，维持正常负荷的气压比例控制。当锅炉的负荷低于30%，风油量已调到最小程度。气压达到控制气压的上限值时，比例控制失去作用，气压转入双位控制。即达到超压保护继电器的整定上限值，I1.1断开，程序控制风机和液压泵停止工作，此时为正常熄炉，不发出报警信号。当锅炉的气压又降低到控制气压的下限值时，I1.1又重新闭合，程序再次控制风机和液压泵重新起动，开始自动点火控制，使锅炉重新燃烧。因此，锅炉在低负荷运行时，气压的比例控制作用不大，燃烧接近双位控制。

4) 安全保护控制

除上述点火失败和中途熄火故障，发生停炉保护外，该控制系统的安全保护还有危险低水位和风压过低自动熄炉保护。锅炉在运行中，当水位下降到危险低水位时，最低的一根电极脱离水面，I1.2 断开，PLC 程序即切断整个控制程序，使锅炉自动熄火停炉。当风压过低时，风压保护继电器触点 I1.0 断开，程序控制锅炉自动熄火停炉。

5）停炉

停炉时，可手按停止按钮 I0.3，PLC 程序回到停止运行状态，燃烧系统停止工作。当水位降到低于危险低水位时，应把水泵开关放在“手动”位置，向锅炉供水，直到水位达到正常水位时，再把水泵开关放在“停止”位置上。切断总电源开关，并把燃烧开关置于“手动”位置，风机、液压泵开关放在“停止”位置上。

6）手动操作

当锅炉某些自动控制设备出现故障（如多回路时间继电器故障、压力比例调节器或电动比例操作器失灵等），难以立即修复时，可改为手动操作。在手动操作之前，应做好以下准备工作：检查锅炉水、油、电的供给情况是否正常；自动控制箱上的各个转换开关是否处于点火前的准备位置；锅炉水位应高于最低水位；将燃油电磁阀置于常开状态，而手动速关阀置于关闭状态；将燃烧转换开关置于手动位置，风机和液压泵转换开关置于停止位置；将风油配比机构与电动比例操作器 DBC 脱开，把风门和油门调到小火燃烧位置；合上总电源开关。

手动操作具体步骤：

（1）按下起动按钮 I0.4 接通控制电路。

（2）将风机转换开关转到“手动”位置，风机投入运行，进行预扫风。

（3）预扫风后，把液压泵转换开关转到“手动”位置，液压泵起动，建立起油压。

（4）按下点火按钮 I2.6，点火变压器通电，点火电极产生电火花，打开燃油管路上的速关阀，向炉膛内喷油进行点火。

（5）从火焰观察孔看到火焰时，放开按钮 I2.6，终止点火变压器工作。

（6）当点火成功后，调整风油配比机构，使炉内燃烧和锅炉负荷相适应。

（7）如果手动点火失败，应立即关闭速关阀，停止向炉膛内喷油，并进行后扫风，待查明原因并排除故障后，再重新点火。

三、燃烧时序控制系统的管理和维护要点

如果辅锅炉燃烧时序控制系统采用 PLC 控制，由于 PLC 具有很高的可靠性，因此，燃烧时序控制系统的日常管理与维护工作不是太多，主要是对 PLC 控制系统的日常管理与维护。

1. 日常维护检查的注意事项

（1）应注意系统的环境温度、湿度以及是否积尘，由于辅锅炉工作环境温度较高，需要特别注意电器设备的老化问题。

（2）检查系统的供电和 I/O 使用的电源是否在基准范围之内，尽量避免不必要的停电。

（3）检查外部配线螺钉有无松动，外部配线电缆是否有断裂。定期检查 PLC 系统的 I/O(I/O) 的接线情况。特别注意，尽量不要将灰尘、油污弄到接线端子上，以免引起接触不良。

（4）注意输出继电器的寿命，检查控制系统外部电气、继电器触点、滑动接触电器的状况。

（5）在 PLC 产品中，有些使用电池保证在停电时 CPU 模块内存中存储的工作参数等信

息不丢失。要经常注意电池故障灯状况，一旦灯亮，就应在一周之内更换电池。对于SIEMENS S7系列PLC，更换时应保持电源供电，即带电更换电池；而日本的一些PLC产品，如欧姆龙、三菱和富士电机公司的产品，在更换电池时是断电更换的，这是因为在更换的过程中，有一个大电容放电，这类PLC在更换电池时往往要求在数十秒内完成即可。电池的更换周期一般不超过5年。为防止意外，要求船上始终要存有该电池的备件。

(6) 阅读系统的技术资料，接船、交船时对系统进行全面的功能测试，或进行模拟试验。注意与资料对照或记录系统正常工作时的参数，注意系统正常运行时的仪表和指示灯显示，以便在维修或发生故障时进行对照。

2. PLC常见故障分析与排除

燃烧时序控制系统的功能是自动地根据时间顺序与过程状态和控制指令对执行器发出控制信号，对被控制对象锅炉进行控制。在PLC时序控制系统中，各种物理量(如风压、火焰状态、气压和水位等)都是以电气信号的形式输入到PLC，由PLC中预先输入的用户程序进行处理。当系统的功能不符合该系统的规定时，则往往是系统出现了故障。

在故障查找时，一般先看电源是否正常。如果电源正常，再看故障的影响范围，是整个系统(包括PLC设备的显示信息和被控制的设备)都瘫痪，还是局部的故障(此时，PLC模块的RUN LED指示灯仍然亮，PLC设备基本没有问题)。如果是局部故障，则使用提供的技术资料图纸，找到该项出问题的功能所涉及的外部逻辑条件及其所对应的具体I/O通道和具体设备，进行检查测量。

常见的PLC的故障排除方法和注意事项如下：

(1) 在进行故障判断前要熟悉系统的结构、工作原理、功能和操作方法，熟悉操作开关的用途，显示灯的含义，熟悉各种操作方式之间的转换方法和相互关系，系统运行的条件和结果，仔细阅读说明书。充分利用显示灯、LED的信息，尤其是自检显示的信息。当发生故障时，可以首先查看PLC的CPU模块POWER LED显示，判断是否是电源故障。如果POWER LED指示灯亮，再查看RUN LED指示灯是否亮，如果灯灭，表示PLC运行停止，可能是扩展模块或外部通信连接不好所致。

(2) 如果属PLC硬件故障，可通过换用PLC模块备件的方式进行解决。若硬件无故障，而系统的控制功能不符，应根据故障的具体现象，考虑其他原因。例如，锅炉点着火后，但很快又出现火焰故障报警，随后停炉，则可检查火焰监测器前面的隔热玻璃是否脏污。又如，锅炉点火过程中两点火电极间不打火，则应检查点火变压器的输出，或拆下点火电极进行清洁并重新调整两电极间的间隙到合适的距离。

(3) 当经过测试，输出点的LED显示表明系统的I/O信号控制关系正常，而执行器没有随其动作时，应根据电气原理图和接线图检查外部的继电器、电磁阀或者外部电气连接。

(4) 在使用键盘修改系统工作参数或通过印刷板上的微调电位器修改系统工作参数之前，最好记录其原始数据或原始位置，以便在修改无效时，恢复其初始值。

(5) 拔插印刷电路板或模块时，要关闭电源。记住模块或印刷电路板的型号和在插槽的原始位。要将新模块上的可设置的拨动开关、跳线、电位器设置得与原有模块一致。

(6) 还有许多注意事项，如保证系统可靠，正确地接地；避免电磁干扰(如大负载电缆靠近PLC系统)等。

第四节　船舶蒸汽锅炉的安全保护

蒸汽锅炉是船舶机舱重要的辅助设备，其运行情况直接关系到船舶机舱用汽设备的正常工作；另外，锅炉属于压力容器，一旦发生爆炸，将对人身和财产安全造成重大事故。因此，船舶蒸汽锅炉要采取严格的安全保护措施，主要包括以下几个方面。

一、蒸汽压力保护

蒸汽压力保护的目的主要是为了防止蒸汽压力超过锅筒的设计压力，避免爆炸事故。压力保护的手段是在锅炉上安装安全阀，一旦蒸汽压力超过安全阀的设定压力，安全阀能够自动开启，对炉内压力进行泄放。

锅炉一般安装有 2 个安全阀，通过安全阀的调压弹簧可以调整安全阀的开启压力，开启压力的大小为大于实际工作压力的 5%，但应不超过锅炉的设计压力。安全阀在开启状态的泄压能力有相应的规范要求，这要通过设计和制造环节加以保证。从管理的角度来讲，应对其进行定期试验。试验时可关闭主蒸汽阀，对锅炉进行升火，观察压力表，确定是否能够正常开启，若不能，则需调整安全阀的调压弹簧，直到能在希望压力开启为止（此项工作一般船检时进行，并由船级社锁铅封）。

为保证在应急情况下能够手动开启安全阀，必须设有远距离操作装置，必要时可通过远距离手动操作的方式将安全阀强制打开。

二、水位安全保护

在正常情况下，锅炉的水位在控制系统的控制下将保持正常水位，对于水位连续控制的锅炉，水位能稳定在设定水位附近；若是双位控制，则其水位应该在水位的上限和下限之间波动。

但在故障情况下，若出现低水位报警后，水位还继续下降，则会出现锅炉干烧的情况。为此，锅炉必须设有危险水位保护装置。当水位下降到危险低水位时，保护装置应能切断锅炉的燃烧，并发出报警。

锅炉的危险水位报警和保护装置一般独立于水位自动控制系统，包括专门的浮子室、浮子开关和控制电路。

危险低水位保护装置也应该定期检查和试验。对于控制电路，可以通过短接或断开浮子开关输出接线端子，模拟浮子的动作，试验自动停炉功能。对于浮子室及浮子开关，可以关闭浮子室的通汽和通水阀，再打开浮子室泄放阀，让浮子室水位下降，测量浮子开关输出接线端子之间的通断情况。

三、熄火保护

熄火保护的目的是在锅炉非正常熄火时，能及时切断锅炉的燃油系统，并发出声光报警。熄火保护装置是锅炉点火时序控制系统的一部分，主要由火焰探测器及其控制电路组成。不仅在中途非正常熄火时起作用，而且在点火过程中还用于判断点火是否成功。熄火保护装置的试验可以在正常燃烧过程中人为地断开火焰探测器的接线，以试验其熄火停炉功能。

四、风压保护

锅炉燃烧过程中，为保证喷油完全燃烧，应保证有一定的供风流量，即喷油器前应保持一定的风压。一般采用风压开关来检测供风量，实现风压的保护。在燃烧过程中，如果风机的风压过低，压力开关动作，则锅炉应该及时保护，停炉并发出报警信号。

第五节　SAACKE 型辅锅炉控制系统

一、SAACKE 辅锅炉控制系统的组成

SAACKE 辅锅炉是船舶使用较为普遍的一种燃油锅炉，其组成主要有：

(1) 单体转杯式燃烧器。包括双路双位式温度控制器、燃油空气压力控制器、点火电极和点火变压器等。

(2) 供油系统。包括双螺杆泵系统、燃油加热器、直接作用式温度控制器等。

(3) 蒸汽压力控制和风油比调节机构。包括压力变送器、油量复合调节器、风门伺服电动机、燃油电磁阀、燃油压力监测器、压力控制器等。

(4) 自动燃烧系统。包括自动燃油燃烧程序控制系统、带火焰探测器、综合管理系统、可编程序变送器等。

(5) 水位控制系统。包括参考水位罐式差压变送器、水位控制器、带阀门定位的调节阀、危险水位保护等。

(6) 手动控制。包括风机、风门、液压泵、燃油加热、点火、供停油等手动控制。

二、辅锅炉电气系统

如图 6-19 所示，辅锅炉电气系统分为 3 个部分：一个是主控制箱；一个是锅炉上的燃烧器；一个是锅炉本体相关装置，有水泵、液压泵、压力开关、各种传感器等。锅炉点火与燃烧控制的设备主要集中在燃烧器上，如点火变压器、燃油加热器及其控制、负荷调节器伺服电动机及其限位开关、信号传感器、电磁阀、火焰探测器等。

1. 动力回路

从主配电屏接受供电，经过 PLC 控制对应的接触器，实现点火液压泵、空气风机、药剂泵、燃油泵 1/2、给水泵 1/2、低硫柴油输送泵 1/2 的控制，其中双泵的控制具备压力检测和自动切换功能。锅炉在港口工作时要求使用低硫柴油，所以系统还单独配有相应的低硫输送泵。水位的控制可采用双位控制，由锅炉水位传感器将信号送给 PLC，再由 PLC 计算实现，其中包括危险水位的保护控制。但 SAACKE 型辅锅炉常配有电动差压变送器检测锅炉水位，利用专用的水位控制器控制供水阀的开度，实现锅炉水位的定制控制。

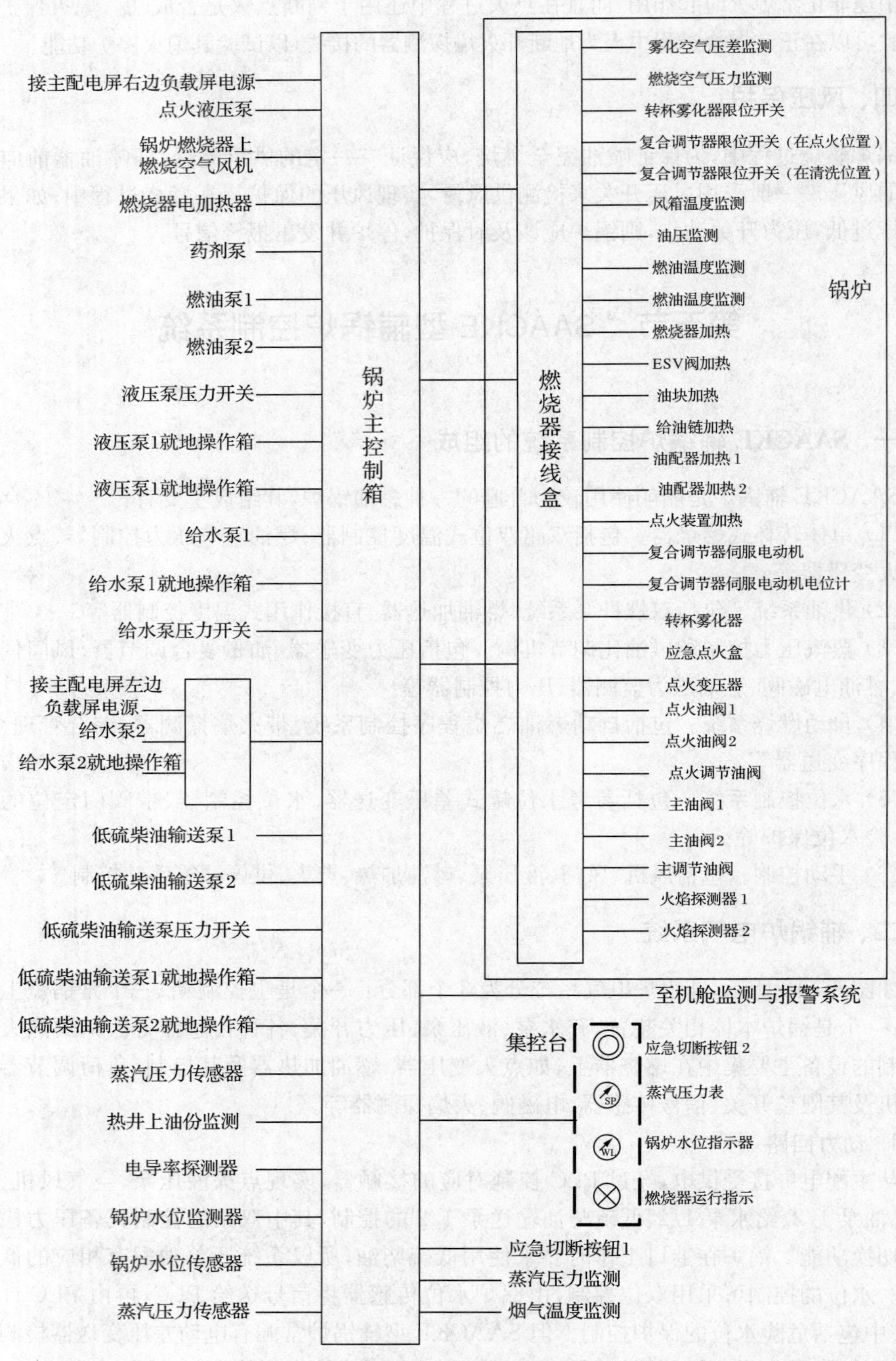

图6-19 辅锅炉电气系统

2．点火控制

点火控制相关设备仅在点火时工作，其中点火用油回路单独由点火液压泵提供，与主油路无关。点火设备有点火变压器、点火装置加热、点火油阀 1/2、点火调节油阀和应急点火盒，整个过程由单独的燃烧程序控制器控制和 PLC 监控。

3．燃烧控制

燃烧控制主要有转杯雾化器、风机马达、主油阀 1/2、主调节油阀、复合调节器伺服电动机、燃油的加热、各种限位开关、温度开关等。燃烧过程根据锅炉蒸汽压力，通过主调节油阀进行调节，同时通过复合调节器伺服电动机调节风门，而主油阀 1/2 仅为供油控制使用，为系统提供两路供油。两个火焰探测器在使用中可选，常做为互备使用。有的锅炉采用专用的负荷控制器，根据蒸汽压力、蒸汽温度、风门位置、燃烧状态来自动调节燃烧量。

4．集控室监测

集控室主要监测锅炉水位、蒸汽压力和燃烧器运行状态，另外配有远程紧急停止按钮。

5．综合管理系统

综合管理系统用于 SAACKE 型辅锅炉，可以对故障迅速作出分析，有效地减少锅炉停工检修的时间。系统采用微处理器控制的开放式拓扑结构，可以作为一个灵活编程的系统去适应特定的任务。LCD 显示器清楚地向用户显示设备当前的状态(如“点火”)，一旦发生故障，立即显示故障信息。故障作为原始值予以记录并在显示器上用文本显示。故障的原因一直保留到对故障进行应答之后。此外，系统用一个串行口将信息送往打印机或 PC 机。记录的信息带有日期和时间标志。系统主要功能包括：①获取微处理器控制的原始值；②LCD显示；③高亮度 LED 用于长时间内的信息识别；④EPROM 中储存信息文本和数据，作为断电的后备措施；⑤易于与打印机相连(打印信息带有日期和时间)；⑥信息可以在 PC 中进行评估分析；⑦可以提供 999 条信息、20 条辅助信息、定时功能以及装置数据；⑧通过操作面板功能键选择故障诊断和服务功能。

三、燃烧装置的基本操作

一个辅锅炉控制箱面板如图 6－20 所示，左边的上边是负荷控制器和水位控制器，采用智能数字控制方式控制水位和蒸汽压力。液晶显示的是锅炉蒸汽压力和水位，左边下部是液压泵、水泵和药剂泵的选择控制和对应的运行状态。控制箱右边的上部是触摸屏，用于监控运行状态和修改相关参数，中间的电流表显示燃烧器风机的工作电流，电流表下边是锅炉运行状态指示灯，指示灯下边是锅炉燃烧控制的各种选择开关控制，有自动/手动模式选择、燃烧器风机控制、点火控制、火焰检测选择等，最下边还有一个紧急停止按钮。

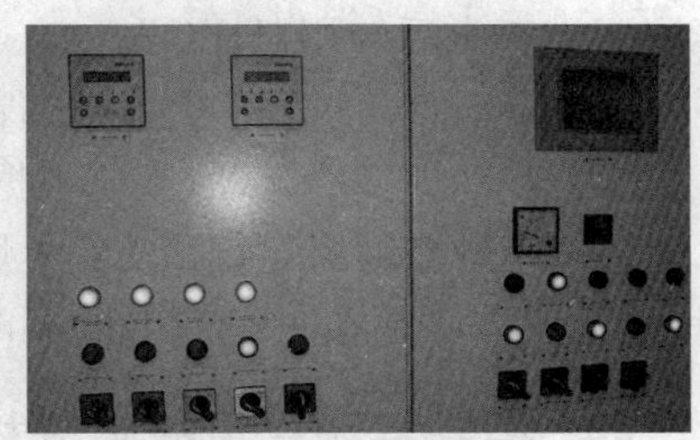

图 6－20　辅锅炉控制箱面板

1．准备

(1) 将主开关置“ON”位。

(2) 检查给水系统各阀处于正常位置,确认热水井及锅炉水位正常,把两台水泵“Feed Water Pump”置于“Auto”位置。

(3) 检查燃油管路各阀处于正常位,把两台液压泵“Fuel Oil Pump”分别置于“Auto”位置(根据需要调节燃油加热器及蒸汽伴行管)。

(4) 将“Flame Scammer”转到 1 或 2 选择火焰探测,将“Control”选择 1。

(5) 检查燃烧器及锅炉四周有无易燃品和油类物品,并予清除。

2. 自动点火及停止

将燃烧方式“Firing & Emergency Mode”转到 1 自动位置,燃烧风机“Combustion Air Fan”转到“Auto”,蒸汽压力小于 5 bar(已经设定,可调)自动起动锅炉,当蒸汽压力大于 7 bar(已经设定,可调)时锅炉自动停炉。

3. 手动点火及停止

(1) 基本与自动点火的过程相同。

(2) 将“Firing & Emergency Mode”转到 2 手动位置,将“Combustion Air Fan”转到“Man”手动位置。

(3) 在负荷控制面板上将风门调制最小(可以观察风门转动至 1)。

(4) 在燃烧器本体上,先按“点火”7 s 后,同时按下“油阀”按钮,观察火焰待燃烧,火焰稳定后松手即可。

(5) 重新将风门调整至燃烧最大位置 10,根据蒸汽压力可以自己调节。

(6) 停止:将“Firing & Emergency Mode”转到 0 停止位置,将“Combustion Air Fan”转 0 停止位置。

(7) 如需长期停炉,则转“DO”将管路残留 FO 烧尽,各选择开关置停止位置,关控制电源。

4. 注意事项

(1) 使用 380 cSt 燃油时,油温保持在 90 ℃左右,如换用其他油种,则视情况调节油温。

(2) 如遇锅炉检修,应使用柴油冲洗管路数分钟。检修完毕,初次点火使用“MDO”,待蒸汽压力正常后转用“HFO”。

(3) 手动点火过程中,注意要保证扫风时间足够长,否则有爆炸的危险。

(4) 若锅炉系冷起动,则应根据操作说明进行预热。

(5) 火焰探测器运行检查:燃烧过程中拔出火焰感应元件,当火焰感应元件窗口被遮挡时,燃油供应必须在 1 s 内切断,同时“故障”信号灯必须亮起。

四、控制系统常见故障分析及管理要点

1. 常见故障分析

(1) 锅炉负荷处于稳定状态,但蒸汽压力出现振荡。其主要原因可能是:燃油控制阀振荡;燃油泵输送压力振荡;蒸汽压力变送器本身振荡或节流不当;主控制器的灵敏度太高等。

(2) 锅炉负荷处于稳定状态,但检测的蒸汽压力与设定值不符。其主要原因可能是主控制器的调整不正确或蒸汽压力变送器调整不当等。

(3) 尽管风道和炉内压力处于稳定状态,但燃烧器前风压振荡。其主要原因可能是:风

门驱动装置振荡；空气差压变送器本身振荡或输出管路节流不当；燃油压力变送器或函数发生器振荡；空气差压变送器的灵敏度太高等。

(4) 锅炉在突然增加负荷时，大量冒黑烟和燃烧不稳定。其原因可能是：当喷油器数增加时，燃油压力降低；空气量控制器灵敏度太高；风门调节机构动作迟缓；微分控制阀灵敏度低；空气量控制器灵敏度低等。

(5) 锅炉燃烧器进口供给空气不足。其原因可能是空气差压变送器的零点偏高或量程偏小等。

2. 管理要点

(1) 在锅炉运行期间，如要对蒸汽压力和水位自动控制系统进行"手动-自动"切换，必须注意工况变换，避免运行中出现冲击过大。

(2) 要经常检查蒸汽压力等变送器的输出信号与输入的实际压力是否相符，并检查其工作是否正常。

(3) 要经常检查燃油控制阀动作和工作是否平稳，燃烧器有没有漏泄，I/O 信号是否正常工作等。

(4) 定期检查蒸汽压力等变送器、传感器和各调节器的放大器、节流部件、执行阀件，定期进行检测管吹通和清洗等保养工作。

复习思考题

1. 比较锅炉和辅锅炉控制系统的区别。
2. 货船辅锅炉电极式水位控制系统如图 6－2 所示，试简述水位控制系统的管理要求，并对锅炉不能自动给水的故障进行分析。
3. 简述压力比例燃烧控制过程。
4. 描述锅炉点火时序控制的流程，并说明每个过程中需要用到的传感器。
5. 辅锅炉的燃烧器由哪些组成？
6. 锅炉控制系统中需要哪些安全保护措施？如何实现？
7. 试根据图 6－18 和表 6－1，对用于锅炉时序控制的 PLC 进行编程。
8. 简述 SAACKE 型辅锅炉控制的特点。

第七章 机舱辅机控制系统

船舶机舱辅助设备有许多,需要对应的控制系统加以控制,有的使用简单的开环控制,有的需要闭环反馈控制,还有的需要使用PLC控制。典型的机舱辅机控制系统包括燃油组合辅锅炉、自动排渣分油机、自清洗滤器、阀门遥控和液货舱的遥测、船舶空调、焚烧炉等控制系统。

第一节 燃油净油单元的自动控制系统

S型分油机是船舶使用较多的燃油净油单元,其特点是待分油在分油设定时间内可连续进油、分油,且在此期间短暂打开排水口排水并保持持续分油。由于出口中的净油主要通过水分传感器检测其含水量,不再使用比重环,在净化不同密度的燃油时,由水分传感器来判断油中水分是否过多,分油机中的油水分界面是否内移,从而判断是否需要一次排水控制。分油期间,如果净油口水分传感器测到的水分超标时,则分油机控制一次排水,其排出时间可设定;如果一次排水后,水分含量仍较高,则可连着再来一次排水操作;最多可连着进行五次排水操作。在设定的分油时间到后,控制系统先用置换水将分离筒内的油全部挤出置换干净后,再通过排渣口的打开进行一次彻底的排渣操作,并准备下次分油;如果是结束操作,则分油机保持无油停机,在下次分油时,分油机将净筒起动运行。另外,正式分油前,控制器可以实现待分油温度定值控制,根据待分油的设定温度进行加热控制,并在温度满足要求后才开始分油程序控制。

一、分油机的组成及基本工作原理

1. S型分油机的组成

S型分油机的分离筒由一台电机通过平皮带动力传输部件和立轴驱动。电机驱动装置配有一个摩擦联轴器,以避免过载。分离筒为盘式,由水力驱动排渣。

S型分油机的结构原理如图7-1所示,分油机进出油管结构由原来的双向心泵(下部一个为净油排出,上部一个将分离出的水排出),改为下部有一个具有向心功能的固定不动的向心泵(Parting Disc)12,它能把分离出来的净油从净油出口2排出。上部使用向心管(Parting Tube)4能把分离出来的水从出水口3排出。向心管是活动的,在支撑臂及弹簧的作用下将其向外张开,使其保持与水腔内的水界面接触,需要时可把水腔内水向外泵出。实际上不管是向心泵还是向心管,都是把高速旋转的液体流动能转变成位能(压力能),这种改进使能耗降至最低。

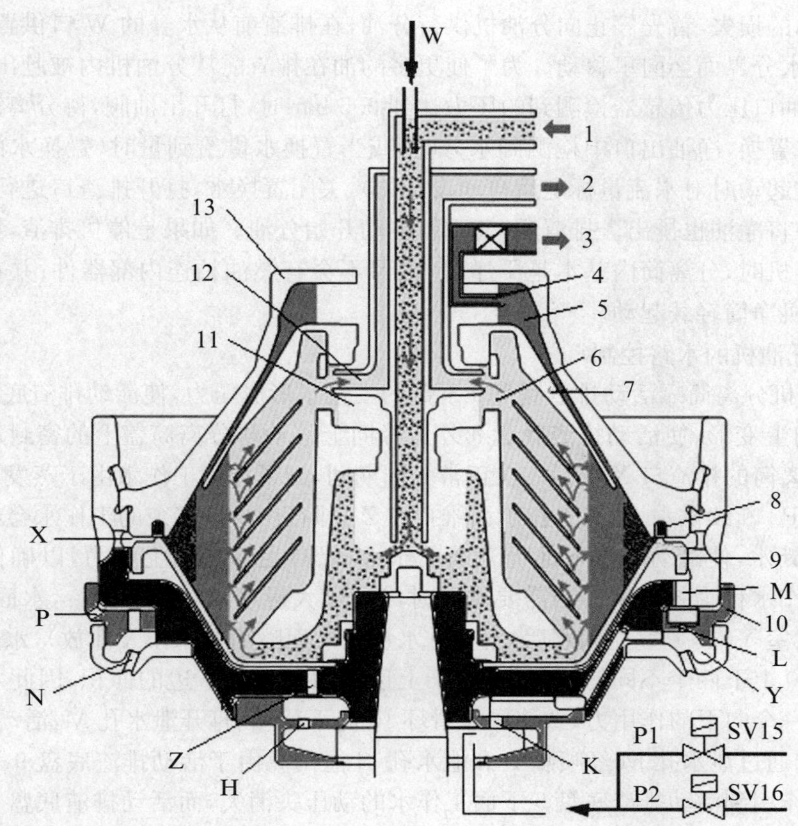

1—进油口；2—净油出口；3—出水口；4—向心管；5—水腔；6—分配器孔；7—顶盘；8—密封环；9—活动排渣底盘；10—操作滑环；11—分离油腔；12—向心泵；13—分离筒盖

图 7-1 S 型分油机的结构原理

2. S 型分油机的分油过程

待分油从进油口 1 连续进分油机，经旋转分离叠片组外边缘上的垂直缺口进入分离叠片组，油经分离叠片之间形成的通道上升，油在上升的过程中继续被分离，水分和渣质被离心力甩向分离叠片的外侧，净油被推向分离叠片的内侧，当净油向内离开分离叠片后，流过分配器油孔进入油腔，通过向心泵 12 扩压，油被泵出油腔，在净油出口 2 所接的管路上装手动背压调节阀和一台 MT50 型水分传感器，它能精确地检测净油中的含水量。当分离出来的水很少时，说明油水分界面在分离叠片外侧较远处，这时装在排水出水口 3 管路上的排水电磁阀关闭，封住出水口 3 不向外排水，这是正常分油过程。随着分离过程的进行，油水分界面不断向里移动，水分传感器感受到净油中含水量的增大。当油水分界面移动到接近分离叠片外边缘时，净油中的含水量会增加到一个触发值。这个触发值将被送到控制装置，由该装置决定是打开排水电磁阀向外排水，还是打开排渣口 X 进行一次排渣。如打开排水电磁阀排水，油水分界面会迅速外移，净油中含水量也会迅速减少，当降低到一定值时停止排水。

3. S 型分油机的排渣控制

从上次排渣算起，运行已达到最大排渣间隔时间，控制装置必须进行一次排渣操作。为减少排渣时油的损失，首先停止向分油机供待分油，在排渣前从水管的 W 口供置换水，并关闭出油阀，油水分界面会向里移动。为了使更多的油在排渣前从分油机内被赶出，以减少油的损失，当出油口压力传感器检测到的压力达到 0.5 bar 时，打开出油阀，待分离筒内的待分油已全部被水置换，净油出口中检测到水分时，或当置换水供给到量时（置换水的体积是根据分油机首次起动时对水流量标定后自动设定的），关闭置换水，打开排渣口进行排渣，以防止排渣操作中将净油也排出。排渣后，又重新自动开始分油。如果是停机排渣，则在排渣后控制分油机停机时，分离筒内基本是干净的，确保不会有燃油粘连内部器件；并在下次起动时，使得分油机净筒轻载起动。

4. S 型分油机的水路控制

S 型分油机分离筒靠活动排渣底盘 9 下部的工作水形成压力，使活动排渣底盘 9 下部平面部分产生向上变形，使活动排渣底盘 9 外边缘向上移动与分离筒盖上的密封环 8 紧密接合，从而使分离筒的排渣口 X 密封。在正常分油期间，为了补偿工作水由于蒸发和漏泄造成的缺失，由管 P2 断续供水，使其工作水面维持在 Z 孔附近（少量多余的工作水会经喷嘴 P 泻出），这时 P1 断水，使滑动底盘下部仍充满工作水，保持足够的向上推力，以确保分离筒密封，此时的工作水称为补偿水。当需要排渣时，管 P1 大量进水，持续约 3 s，水面向里移，经 K 孔进入开启室 Y，在 Y 室充满水后（由于进水量较大而喷嘴 P 来不及泄放），水压分别作用到操作滑环 10 上下两个不同的面积上，由于上边的面积大于下边的面积，因此水压对操作滑环 10 产生一个向下的作用力，致使操作滑环 10 向下移动，打开泄水孔 M，活动排渣底盘 9 下面的工作水通过泄水孔 M 经喷嘴 P 和泄水孔 N 泄出。由于活动排渣底盘 9 下面的工作水泄放出去，作用到活动排渣底盘 9 下面工作水的动压头消失，而活动排渣底盘 9 下部平面部分是由具有记忆功能的特殊材料制成的，因此这时恢复常态使外边缘向下移动，打开排渣口 X 进行排渣。此时的工作水 P1 成为开启水。这样操作滑环 10 上面的水会很快泄完，而作用到操作滑环 10 的下面，孔 N 径向以外的水泄不掉，仍留在开启室 Y，而且会对操作滑环 10 产生一个向上的推力，使操作滑环 10 上移，从而封闭泄水孔 M，然后管 P2 连续进工作水，水经 H 和 Z 孔进入活动排渣底盘 9 下部，工作水形成的压力使活动排渣底盘 9 下部平面部分的向上变形，从而使外边缘上移，活动排渣底盘 9 的外边缘上部与分离筒盖上的密封环 8 再次紧密接合封住排渣口 X。此时的工作水 P2 称为密封水。管 P2 连续进水一段时间后恢复断续进补偿水。

二、EPC-50 分油机的自动控制系统

1. 分油机自动控制系统的组成

分油机自动控制系统的组成原理图如图 7-2 所示，它由 EPC-50 控制箱、电机起动箱、工作水阀组、控制气动执行阀的电磁阀组、分油机和油路等组成。

系统分为燃油回路、工作水回路、气动回路、分油机、电机起动箱和 EPC-50 控制器，如果系统自带电加热器，还会配有电加热控制器。燃油回路中有：加热系统（Heating System）；温度传感器 TT1，TT2；压力传感器 PT1 和待分油控制阀 V1；分油机的出口还配有净油出口阀 V4；排水出口阀 V5。工作水回路包括置换水（有的称冲洗水）电磁阀 SV10，开启水电磁阀 SV15，补偿水或密封水电磁阀 SV16，S 型分油机的 SV15 和 SV16 输出同一

根水管，由于控制水量的不同，实现的作用也不同；在P型分油机中SV15和SV16是两根水管作用在分油机不同的进水部位，实现开启和关闭的作用。气动回路包括控制待分油阀的电磁阀SV1、控制净油出口电磁阀SV4和排水管电磁阀SV5。分油机和待分油循环输送泵可由EPC－50控制箱上的起停按钮控制运转或停止。在分油机全速运行后，控制器EPC－50开始控制分油过程，包括控制待分油控制阀V1、净油出口阀V4和排水阀V5、各工作水电磁阀等，实现密封、分油、排渣、保护停止等控制。根据自动控制的分析方法，将EPC－50构成的控制系统分为如下几个部分：

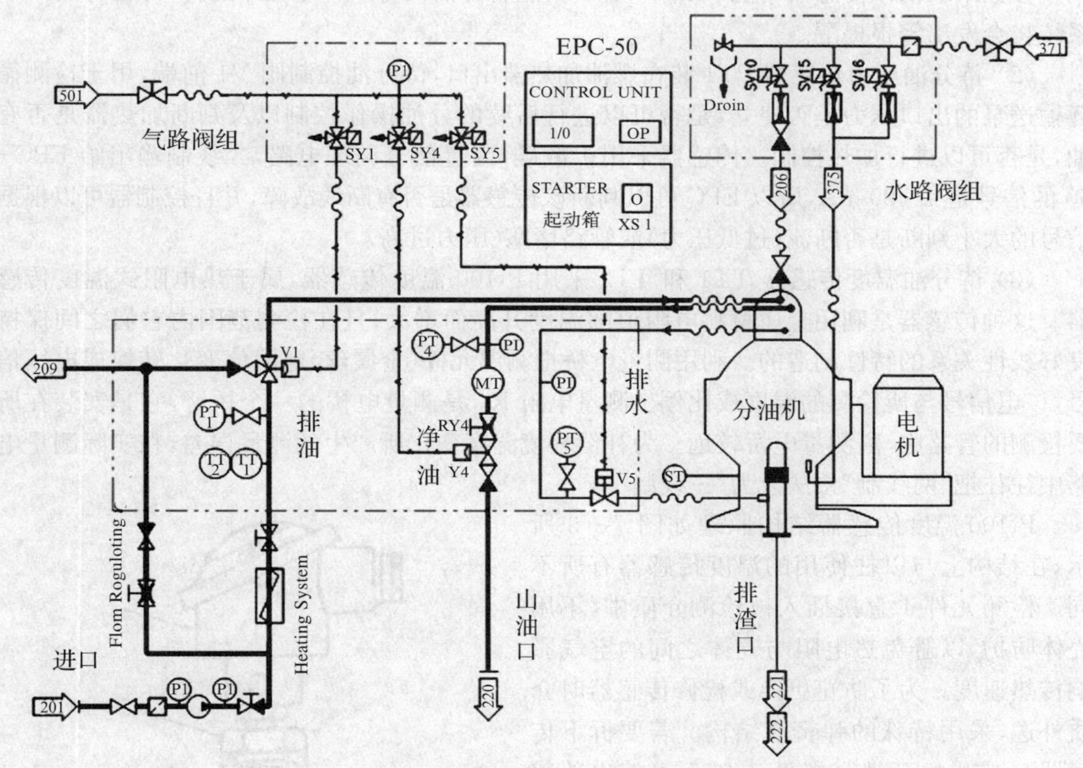

图7－2 分油机自动控制系统的组成原理图

1）输入信号装置

在该控制系统中，输入信号和输出信号是比较多的。这些信号能准确地监测分油机的工作状态，同时也能控制分油机的各种操作。

（1）水分传感器MT50装在净油出口管路上，能随时检测净油中的含水量，EPC－50控制器根据净油中含水量来判断是否超设定值。另外，还可判断MT50是否故障，如信号小于4 mA表示传感器断线。而如果水分过低，可以判断净油出口油中有空气；如果水分过高，可以判断分油机内部油和水的状态，经延时后，由EPC－50决定是打开排渣口还是开启排水电磁阀。因此水分传感器是监控系统中很重要的部件，是由圆筒形电容器和由振荡器电路及信号调理电路组成的电路板两部分所组成。电容器实际上是两个彼此绝缘的同心圆筒，净油全部流过内圆筒，在内外圆筒的电极间电容量与油中的水分成比例。EPC－50控制器为水分变送器提供直流电源，它使水分变送器内部的振荡器工作，产生频率为 1 MHz 的振荡信号源。当振荡器产生固定频率及幅值的交流电信号后，流过电容器中的电流大小就完全取决于电容器的介电常数。纯矿物油的介电常数只有 2～4，而水的介电常数高达 80。因此净油中含水量的增加，由于介电常数的增大使其流过电容器的电流也会增大。MT50 的电路板通过交流电桥检测该电容量变化，并将信号处理后转换为 4～20 mA 的电流信号送给 EPC－50。该水分变送器检测精度是比较高的，一般精度可达±0.05%。同时，EPC－50 可判断该电路板和传感器的好坏，如果故障，则需要更换。在 EPC－50 控制器中可以通过调整参数来取消该传感器功能，取消 MT50 功能后分油机将按特定程序运行，并且每隔 24 h 系统将会发出警报提醒。

(2) 待分油压力传感器 PT1 装在燃油加热器出口，待分油控制阀 V1 前端，用于检测循环输送泵的出口压力是否建立，是否可以进行后续的分油操作控制以及判断加热器是否有油，是否可以进行加热控制。传感器采用扩散硅，内置信号调理电路，二线制输出给 EPC－50 的信号是 4～20 mA，所以 EPC 可以判断该传感器是否有断线故障，并且控制器可以根据信号的大小判断是否断流（过低压力）或管路堵塞（压力过高）。

(3) 待分油温度传感器 TT1 和 TT2 采用 Pt100 温度传感器，属于热电阻式温度传感器。这种传感器是利用金属材料电阻值随温度升高而增大，且在检测范围内它们之间保持良好线性关系的特性制造的。利用测量电桥把测温元件（金属丝）电阻值变化转换成电压信号，该电信号与所检测的温度成比例。测量电阻 R_t，是测量电桥的一个桥臂，它是安装在所要检测的管路中，离测量电桥较远。为补偿环境温度变化所产生的测量误差，在实际测量电路中往往把“两线制”接法改为“三线制”。

Pt100 温度传感器结构原理如图 7－3 所示，在结构上与以往使用的温度传感器有所不同。检测元件 1 直接插入被检测介质中，不用壳体防护，以避免热电阻与壳体之间的空气影响传热速度。为了防止更换或检修传感器时介质外逸，采用特殊的弹簧囊结构。若要拆下传感器 7，应先松开锁紧螺母 5，随后可旋出传感器。与此同时，止回帽 2 在弹簧 3 和燃油压力作用下，将导向管 4 下端口盖住，从而可防止管路 6 中燃油的逸出。这种改进后的温度传感器的热惯性很小，能及时感受温度的变化。

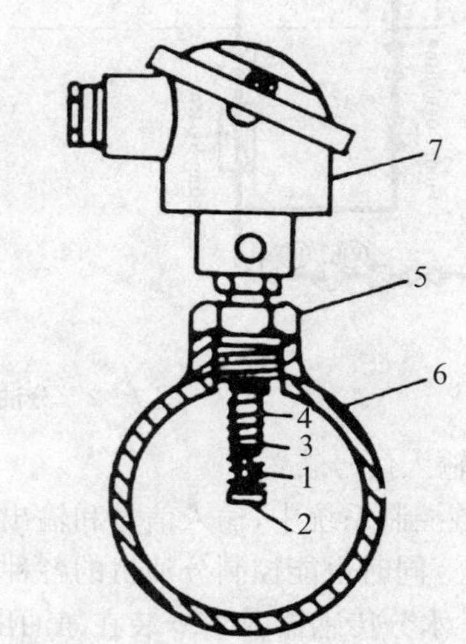

1—检测元件；2—止回幅；3—弹簧；4—导向管；
5—锁紧螺母；6—管路；7—传感器

图 7－3 Pt100 温度传感器结构原理

在正常运行期间，Pt100 热电阻检测燃油温度实际值，当油温超过设定上下限值时，控制器发出油温超限报警。另外，控制器能够检测温度传感器的状态，可以判断传感器是否有短路或断线故障。两个信号各有用途：一是 TT1 送至 EPC－50 控制器作为越限逻辑判断使用，除由数字显示窗显示待分油温度外，当发生油温上下限报警时，还可实现报警和保护控制；二是 TT2 送至 EPC－50，由其中的燃油加热油温控制系统，作为温度偏差 PI 调节器的反馈信号，实现对燃油温度进行 PI 控制，把油温控制在给定值上。

（4）净油出口压力传感器 PT4 检测原理同 PT1，也可检测传感器本身是否发生故障。装于分油机净油出口处，检测出口背压。当出现超限时，需要调整相关分油等状态，甚至需要检测分油机内部。不同时间段出现的超限还需要注意油路或水路的状态。

（5）排水压力传感器 PT5 检测原理同 PT1，也可检测传感器本身是否发生故障。装于分油机排水出口处，检测出口压力。当出现超限时，可以判断分离盘是否正确到位，并用于控制和监测排水阀 V5 的动作。

（6）分油机速度传感器（Speed Transmitter, ST）采用磁脉冲式检测分油机的旋转速度，二线制送到 EPC－50，通过电流检测，EPC－50 可以判断该传感器是否处于故障或断线状态。如果传感器发生故障，且没有备件，可以通过修改 EPC－50 内部参数取消该传感器功能，但是，这时不能实现分油机的全自动模式。该传感器在 P 系列分油机中可以不用。

速度传感器用来检测分油机的转速，安装位置如图 7－4 所示。如转速发生下列情况之一：①转速超过设定的分油机最高转速；②转速低于设定的分油机最低转速；③转速控制系统经常检查速度传感器检测到的脉冲情况，一旦检测异常；④分油机起动时，在设定的时间内，转速达不到设定的转速范围。分油机应按一定的模式自动停止，同时发出相应的警报。

（7）分油机振动传感器（Vibration Transmitter, VT）是一个可选项，该三线制传感器将信号送给 EPC－50。一旦发现振动过大，控制器给出一个故障停止信号，控制分油机停止。另外，由 EPC－50 可以判断传感器的好坏，如果传感器有故障，且没有备件，可以通过修改 EPC－50 内部参数取消该传感器功能，但是，这时不能实现分油机的全自动模式。

安装在分离筒的立轴旁径向位置的振动传感器（可选择）如图 7－4 所示。振动传感器用来监测分油机立轴的原始位置和运行状态，从而可监测分油机任何异常的不平衡状况。振动报警级别设置两个报警级别，如振动超过第一级别应发出警报，振动超过第二级别，分油机按安全停止模式自动停止，因为大量振动会缩短轴承的预期寿命，因此，振动应予以消除后方可起动。

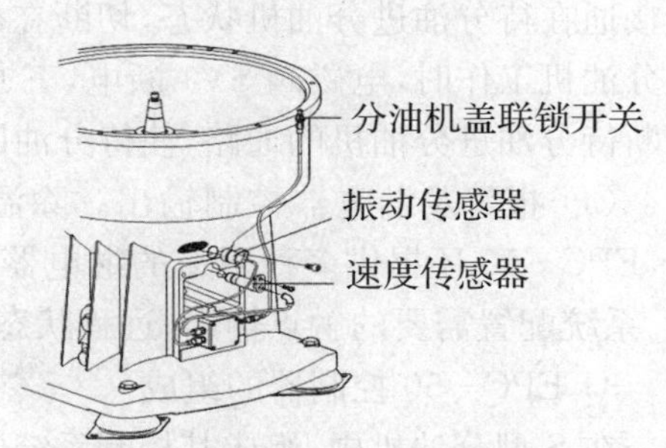

图 7－4　速度传感器、振动传感器和分油机盖联锁开关的安装位置

（8）分油机盖联锁开关（Cover Interlocking Switch）（可选择）用来检测分油机盖安装是否正确，其安装位置如图 7－4 所示。在分油机盖被关闭后给控制系统送出信号，控制系统关闭此联锁回路，这样才允许起动分油机。

2）输出信号装置

在控制系统中，EPC－50 控制器输出的信号有控制对分油机操作的各种电磁阀、显示分油机控制系统状态的指示灯及由显示器所组成的信息显示窗。

（1）工作水阀组。所有的电磁阀均采用 24 V AC 供电，电磁阀 SV16 是用于控制进分油机补偿水和密封水的。在分油机排渣口密封期间，EPC－50 输出的信号将使电磁阀 SV16 断续通电，工作水经管 375 断续进分油机，把滑动底盘托起，并使滑动圈下面的工作水维持在泄水孔附近。电磁阀 SV15 是用于控制开启水的。当需要排渣时，EPC－50 将使电磁阀 SV15 通电打开 3 s，由工作水经管 375 向分油机进开启水，滑动底盘的外边缘向下移动，打开排渣口进行排渣。在排渣口密封期间，电磁阀 SV15 保持断电。电磁阀 SV10 用于控制进分油机置换水，与待分油进入分油机是同一个进口，在需要排渣前，通常先进入冲洗水挤出分离筒内已分离的净油，确保排渣或排水操作时，不会将净油也排出。上述三个水阀组成一个整体阀组，当电磁阀通电时，电磁阀上带有旋转指示表示阀体动作，便于观察。其中进水口一个，电磁阀 SV10 出水口一个，电磁阀 SV16 与 SV15 的出口合在一起。

(2) 气动控制阀组。电磁阀 SV1 是进油电磁阀，当控制该阀动作时，控制空气经节流控制后，送到供油阀 V1，控制供油阀 V1 缓慢打开并供油。电磁阀 SV4 是净油电磁阀，当控制该阀动作时，控制空气控制出油阀 V4 关闭，在该阀断电或没有控制空气时，出油阀保持打开状态。电磁阀 SV5 是排水电磁阀，通电后控制空气经过该阀驱动排水阀 V5。随着分油机正常分油的进行，分油机内油水分界面将不断内移。当需要向外排水时，EPC－50 将使电磁阀 SV5 通电打开，向外排一次水。上述三个电磁阀构成一个整体阀组，控制空气为阀组的进口，三个出口分别接到对应的阀上。

(3) 温度控制输出。EPC－50 对待分油的温度也有控制信号输出，可以根据蒸汽加热、电加热或热油加热方式来输出相应的控制信号，如果是蒸汽加热或热油加热方式，EPC－50 通过伺服机构控制加热介质阀门的开度来调节加热量；如果是配套的电加热，则需加装与电加热配套的电源单元，由 EPC－50 输出相应的控制信号到电源单元实现温度控制。

当待分油温度在正常范围内，且没有发生使分油机停止工作的故障信号时，EPC－50 控制单元一直输出一个信号使电磁阀 SV1 通电，控制空气进入阀 V1 的动作气缸，使三通活塞阀接通在待分油进分油机状态，切断在分油机外面打循环的回路。当分油机发生故障或停止分油机工作时，电磁阀 SV1 断电，三通活塞阀动作气缸的控制空气从电磁阀 SV1 放掉，将切断待分油进分油机的通路，使待分油回沉淀柜。

(4) 报警及继电器控制输出。除温度控制采用继电器控制伺服电动机改变阀门开度外，EPC－50 还提供多种用途的继电器触点输出，包括循环泵电机和分油机电机的停止控制、系统配置需要的触点输出、远程状态显示和报警用的触点输出等。

3) EPC－50 控制器的组成

在 S 型分油机中，组成其控制系统的重要设备是 EPC－50 控制器。EPS－50 控制器主要分为三个部分：一是电源，由滤波装置和多输出变压器实现；二是主控制板，安装在 EPC－50 控制箱内；三是操作面板操作面板，主控制板与显示操作面板通过异步串行通信实现数据交换。主控电路板接收装在分油机待分油管路上和净油出口管路上的各种传感器信号，经分析和处理后，由输出端输出控制各种阀件或电器对分油机进行操作，同时分油机的运行状态也可通过在主控电路板通信接口与操作面板联系，由操作面板上的一系列 LED 及信息显示窗进行指示，实现良好的人机交互。

(1) 操作面板(OP)。如图 7－5 所示，EPC－50 的操作面板继承了其传统的布置特点，其右面有四个按钮和对应的状态指示灯。最上面的是加热器按钮，按此按钮将接通加热器电源，对待分油进行加热，待分油在分油机外面循环。第二个按钮是程序启动/停止按钮，按一次该按钮，EPC－50 运行预定的程序，程序运行(绿色)LED 指示灯亮，它首先监测待分油的温度,当待分油加热温度未到正常时,(绿色)LED闪亮,在显示屏上出现"STANDBY",则需再按一次该按钮,当加热器把待分油加热到正常温度值时,程度运行,(绿色)LED常亮开始对分油机进行分油、排水、排渣等操作的正常程序的运行;此后,再按一下该按钮,则停止分油,停止程序工作,其指示灯(黄色)闪亮。在完成停止程序工作后,指示灯(黄色)常亮。第三个按钮是手动排渣按钮,按一次该按钮对分油机执行一次排渣程序。第四个是报警复位按钮(最下面的按钮),当分油机和控制系统出现故障时,对应的总报警指示(红色)点亮,EPC-50型装置将输出停止分油机工作或停止程序运行信号。待故障排除后,须按此复位按钮才能撤销故障信号,并使程序恢复到启动前的状态。其中,第四个LED指示灯是操作面板激活指示灯,表示当前显示控制器有效工作。

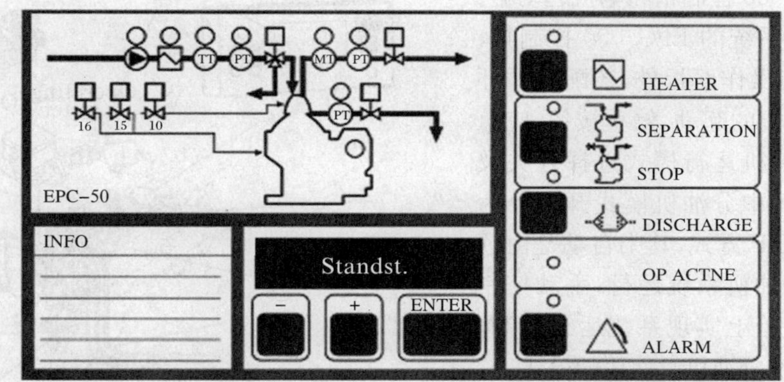

图7-5　EPC-50操作面板布置

正面左上部是分油机基本状态及分油流程模拟图,当前基本状态可以完整显示。具体参数可以通过左侧下方的一条信息显示窗(图示显示"Standst.")来显示,并可通过"+""-"来翻看需要显示的参数值;在发生故障时,立即切换到显示当前最新故障内容;另外,还可用"ENTER"翻看主要参数,配合"+""-"可以实现参数的修改操作。

操作面板采用单片机P80C32实现显示控制,按键输入处理和与主板信息交换等功能。结构上分为两块电路板:一块为单片机主板,包括微处理器、内存、字库存储器、通信接口和显示驱动模块等;一块为专用信息显示控制器,显示需要的LED和字符。

(2) EPC-50控制板位于控制箱内,由主板和扩展继电器输出板组成,主板分为电源、微处理器模块、开关量输入、模拟量输入、开关量输出、通信模块及扩展输出用总线接口。其中,微处理器模块采用金属外壳封装,内部使用5 V单一电源,内含微处理器,RAM,EPROM,晶振及总线接口等器件,实现一个小型化微机控制系统,配以外围接口电路,构成EPC-50的控制核心。开关量输入采用光耦输入,外围电源采用单独隔离的直流电源;主板上配有多路外围开关量输入,继电器输出;模拟量输入配有多路差分输入信号源,其中有两路Pt100温度传感器配以相应的信号处理电路作为其模拟量输入的一部分;主板还配有高速开关量输入电路,并通过微处理器内的高速计数来测量分油机的转速;为实现与外围设备的通信,主板上配有内置双路的专用异步通信模块,其中一路通过MAX232转换为RS232通信,与操作面板进行通信,交换信息。如果主板内参数选择为现场总线,则可选择另一个异步通信通道为 ProfiBus 或 ModiBus，并需要另外配有相应 ProfiBus 扩展板或 ModiBus 扩展板，通信扩展板内含相关通信软件，从而可实现现场总线通信。如果需要，可以根据需要定制工业以太网、Device Net 或 CAN 总线接口。

（3）电源。EPC－50 的工作电源来自分油机起动箱。起动箱通过变压器给出 220 V 交流主电源作为 EPC－50 的工作主电源。电源开关、滤波器、变压器在控制箱内控制板的旁边。要使分油机投入工作，首先要按起动箱上的循环输送泵起动按钮，等压力建立后，再按下分油机电机起动按钮，EPC－50 装置内部变压器输出 24 V，10 V，8 V，12 V×2 和 18 V 交流电，经整流稳压输出需要的直流电源，作为主控电路板和传感器信号处理电路板、信号调理器或变送器的工作电源。接通 EPC－50 装置内部电源开关，就接通了主控制板和 OP 的电源。

（4）EPC－50 控制箱和电机起动箱。作为控制分油系统的 EPC－50 控制箱，除 EPC－50 的操作面板外，还配有循环输送泵和分油机的起动、停止按钮，应急停止按钮，分油机运行模式选择开关及相关指示灯，其中分油机模式开关分为自动、手动和 CIP 方式，其中自动是由远程操作面板分油机系统运行，手动控制是指在本控制箱上实现系统运行控制，CIP 方式是清洗分油机时使用的模式。

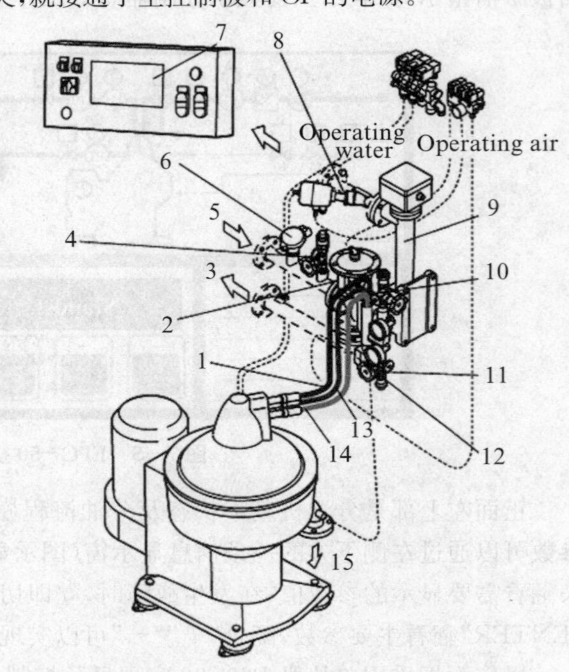

1—进油管；2—燃油转换阀；3—回油管；4—进口压力PT1；5—燃油进口；6—温度传感器；7—EPC–50控制器；8—出口调节阀V4；9—MT50水分传感器；10—压力传感器；11—出水口压力PT5；12—放残阀V5；13—出油管；14—出水口；15—排渣口

图 7－6 分油机元件布置

电机起动箱门上装有一个主电源开关、一只分油机电动机电流表。起动箱内布置的是分油机及供油泵的起动电路。

分油机元件布置如图 7－6 所示，待分燃油从燃油进口 5 到燃油转换阀 2，当分油时，进入分油机；当没有分油时，燃油通过回油管 3 回加热器循环。分好的油通过出油管 13，压力传感器 10，MT50 水分传感器 9 和出口调节阀 V48 送干净油。图中还可看到水阀阀组和气阀阀组，另有控制器对所有电气部件进行控制。

2. EPC－50 分油机控制系统的控制过程

1）待分油的温度控制

为了保证分油机的分离效果，必须对待分油进行加热。加热器可选用电加热器，也可选用蒸汽加热器或热油加热器。在 EPC－50 主板上有个加热器板选件来控制待分油的温度，传感器 TT2 作为温度控制的反馈信号，TT1 作为温度报警和保护的信号；作为反馈控制的传感器配合 EPC－50 实现温度的自动控制，其中 EPC－50 通过加热器板输出“加”或“减”两个继电器触点，去控制伺服电动机调节阀门开度，从而控制加热量；同时可通过电位器检测开度位置；即

Pt100,EPC－50和温度调节阀构成一个温度自动控制系统;其PI调节参数在EPC－50中,可以根据实际情况予以调整。当选用电加热器时,由EPC－50将温度设定信号送给电加热器电源单元控制加热,电加热器电源单元单独配有检测加热待分油温度的Pt100传感器,用于电加热器过热保护,即由Pt100,EPC－50,电源单元和电加热器构成温度控制系统。而EPC－50配有的温度传感器TT1和TT2起到检测温度的作用,确保加热在正常的工作范围内。当待分油温度在正常范围内,且没有发生使分油机停止工作的故障信号时,EPC－50根据时序控制要求,使电磁阀SV1通电,控制气压源(压力为5～7 bar)通过SV1和一个节流阀后控制三通活塞阀V1缓慢打开,使待分油无冲击进油。当分油机发生故障或停止分油机工作时,电磁阀SV1断电,三通活塞阀V1将切断进油通路,使待分油在分油机外面通过循环泵循环并保持加热。

2) 分油机的时序控制

刚开始投入工作时,应先按加热器按钮,将待分油进行加热,同时确认温度自动控制系统投入工作。当确认温度上升后,按一次程序启动/停止按钮,该按钮的绿色LED闪亮;此时,起动分油机电动机,当电机转速和待分油加热温度到正常时,在显示屏上出现“STANDBY”时,需再按一次该按钮,程序运行(绿色)LED常亮,EPC－50从初始化程序开始执行,监测待分油温度,当油温达到正常温度值时,EPC－50将对分油机进行密封排渣口、设备自检、分油、间断排水、排渣等操作。EPC－50增加对设备状态的自检功能,可以根据被控制阀件的动作及相应参数变化的检测,智能地判断设备的故障,或对操作时序自动做适当的调校,以适应工况的变化。操作程序流程如图7－7和图7－8所示。

当程序运行开始时,EPC－50控制器首先确认是否有过拆解、保养或更换器件工作,如果通过OP确认进行修理后,EPC－50会在按下“分油”后进入“校准启动”程序,在确认输送泵运转、分油机电机运转、温度控制、开机一次排渣操作,分油机空筒后,首先自动进行一次置换水的水流量计算,程序是密封操作Ti 58、置换水的水流量校准Ti 59、排渣口打开控制Ti 56、工作水排水时间Ti 57。Ti 59的最大值为170 s,如果在此时间内没有压力响应,则说明有泄漏或无水进入,无法建立压力,系统发出警报;而如果通过建立压力的时间,可计算出置换水(SV10)进水的流量。依据该水流量计算,EPC还计算出Ti 63的设置时间(应小于120 s),以便向分离筒中加注正确的调节水量,以便排渣后,在进行分油前,使分离筒内注满水。当选择分离设备的规格时,与分离筒相关的数据被激活。Ti 63的预设值仅用于启动,在计算后,会自动为Ti 63设置正确的值。该段时间主要为校准置换水量,可称“校准”。水流量校准之后,“校准启动”程序与“不校准启动”的就一样。系统先进行一次“排渣”操作Ti 60,用于防止在断电后,排渣间隔时间中断,引起两次排放之间的时间大于排放间隔设定时间Pr1,并在滑动圈下建立水弹簧,使分离筒内滑动圈向上运动,关闭滑动底盘下腔排水口;接着是工作水排水时间Ti 61,设置时间的长短应确保滑动底盘、工作室和定量室工作水泻放完,其功能同前述的Ti 57。然后开始准备分油。分油设定时间到,排渣后的程序也回到此处。程序先控制滑动底盘下进工作水,进行“密封”操作Ti 62;之后控制SV10加水实施分离筒“注水”操作Ti 63;分离筒注水后,SV1控制供油阀V1开一小段时间Ti 64和Ti 65,SV4配合控制净油出口阀V4在Ti 64(约60 s)关闭,Ti 65打开。Ti 64时有进油,但出口净油关,分油机将分离筒内侧和出油管内原来的注水全部挤到分离筒外侧,所以此时应保证出口压力PT4达到设定值,水分传感器检测的水分小于设定值,说明已置换。Ti 65打开净油出口,同时检测水分仍小于设定值,说明置换完全成功。Ti 64时后,如果由水分传感器MT50检测到水分偏大,说明前次置换水过多,则需要减小一次置换水量的计算值,供下次置换水使用。如果出油口中没有压力PT4的响应,则在Ti 64内将发出警报;如果Ti65时间内水分很大,同样引起故障,系统自动进入排放程序。该段程序可以称为"置换"程序。

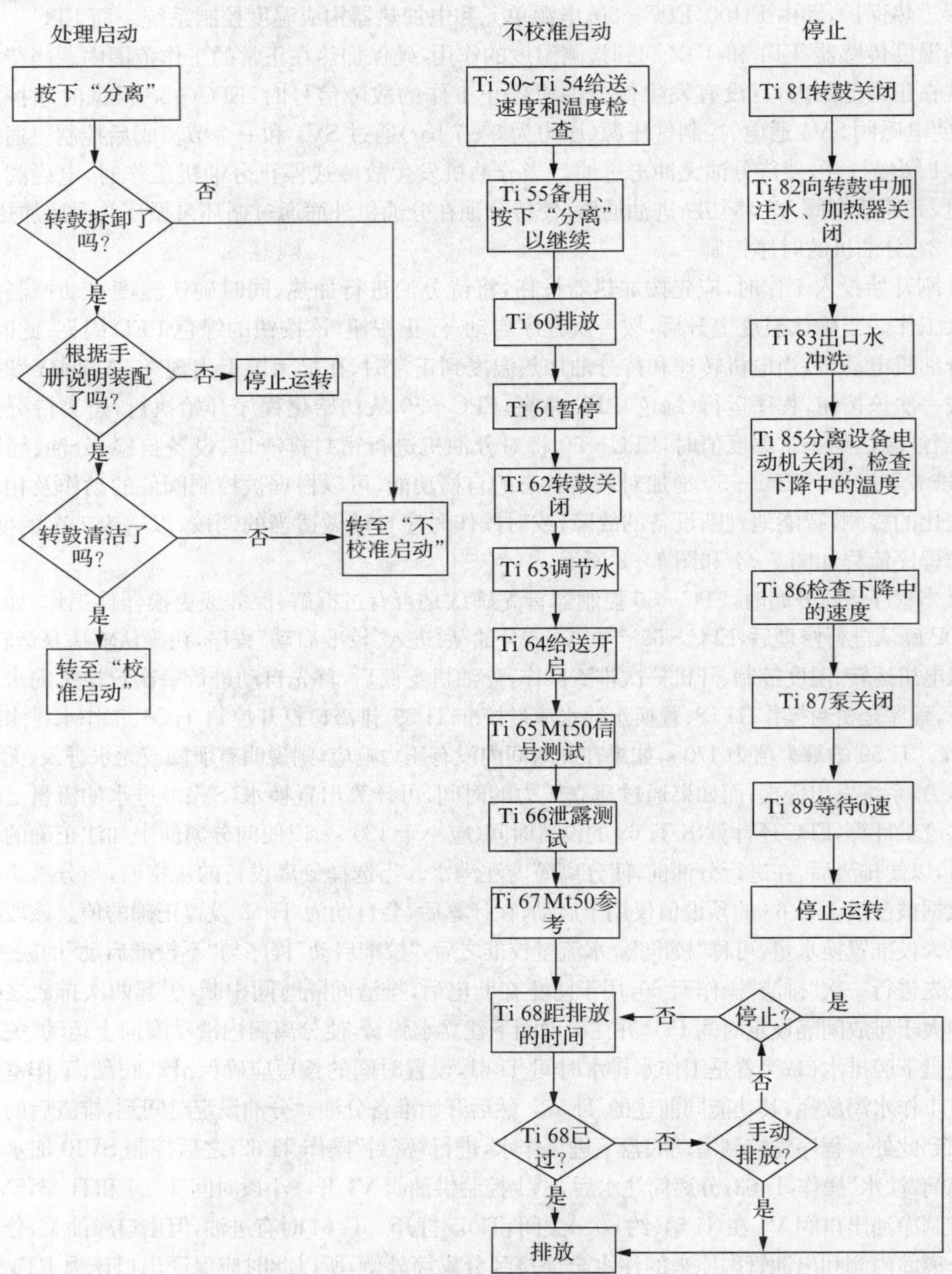

图7-7　处理程序、不校准启动控制程序和停止控制程序

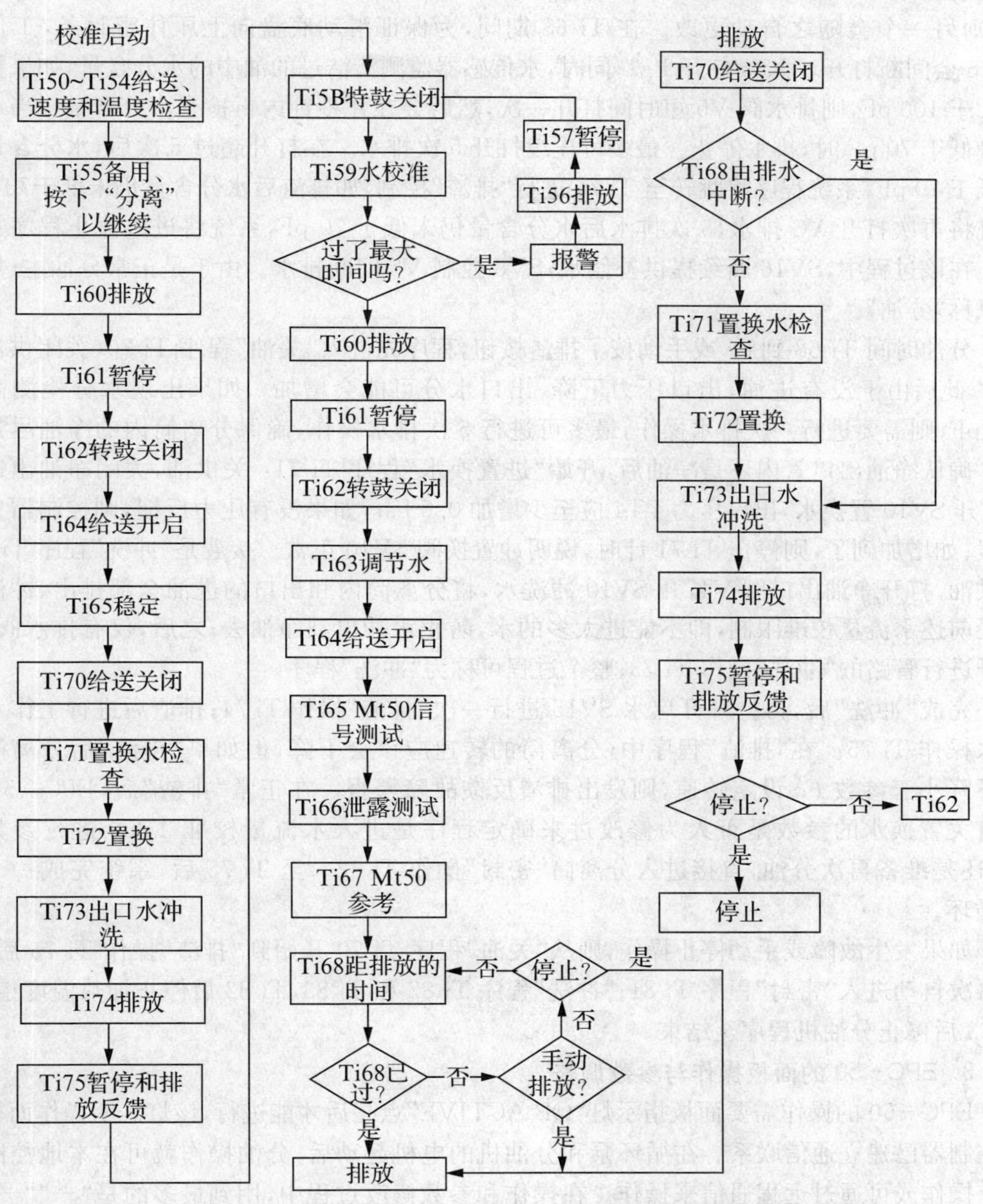

图 7－8　校准启动控制程序和排渣控制程序

为保证系统可靠运行，在分油之前，还要进行一次分离筒是否泄漏的检查程序 Ti 66，在该时间内供油阀 V1 关，净油出口阀 V4 关，PT4 压力应能稳住，波动值不应过大。如压力低于 1.0 bar 以下，系统将会发出警报，说明有泄漏存在。确认没有泄漏后，重新开始供油并打开净油口，进行分油，但是出口流量会突变，水分传感器 MT50 的检测值需要一点时间(Ti 67)稳定，即在该段时间，保持分油，不考虑水分对分油进程的影响。该段程序可称为“检漏”程序。

之后才是正式的分油过程 Ti 68。Ti 68 的时间与 Pr1 相同。如果对其中一个进行更改,则另一个会随之自动更改。在 Ti 68 期间,为保证滑动底盘向上压住密封条,工作水 SV16 会间断打开,每 5 s 打开 1 s。同时,水传感器监测清洁过的油中的水分含量,如果检测值大于 100 pF,则排水阀 V5 短时间打开一次,然后会在几秒钟内再检查水分含量。当水分含量低于 70 pF 时,排水停止。最多可连续打开 5 次排水。在打开超过 5 次后,水分含量仍未低于 70 pF,系统程序将跳转至 Ti 74 进行"排渣"控制,如排渣后水分含量仍未低于70 pF,系统将再次打开 V5 排水,5 次排水后水分含量仍未低于 70 pF,系统将进入停止程序并报警。在该过程中,SV16 断续提供补偿水,SV5 控制 V5 间断排水。由于是正常分油主过程,所以称"分油"。

分油时间 Ti 68 到后,或手动按了排渣按钮,程序先进入"关油"程序 Ti 70(关闭供油阀 V1),此后由于没有进油,出口压力下降,出口水分可能会增加。如果出现水分检测高于 100 pF,则需要进行一次排水操作,最多可进行 5 次排水操作,确保分离筒内的净油尽量排完。确认净油出口管内还是净油后,开始"进置换水"程序 Ti 71:关供油,关闭净油出口阀 V4,开 SV10 置换水,出口压力 PT4 应至少增加 0.5 bar,如果没有压力反馈,则控制器发出警报;如增加到了,则停止 Ti 71 计时,说明冲置换阀 SV10 正常。接着是"冲洗"程序 Ti 72:关供油,打开净油出口阀 V4,开 SV10 冲洗水,将分离筒内和出口的进油全部排出,冲洗时间受前述水流量校准限制,即不能进太多的水,防止水冲出到净油去;之后,仅有排水阀 V5 打开进行管路的"冲洗"操作 Ti 73;整个过程可称为"冲洗"程序。

完成"冲洗"后,再打开开启水 SV15 进行一次"排渣"操作 Ti 74;排渣后进行工作水的排水操作 Ti 75。在"排渣"程序中,分离筒的转速应该会下降,但如果"排渣"后分离筒速度下降小于参数 *Fa* 设定转速,则发出排渣反馈故障警报。在正常"排渣"后,EPC－50 根据有关置换水的参数是否人为修改过来确定程序是进入水流量校准 Ti 59 进行参数校正,还是准备再次分油,直接进入分离筒"密封"操作 Ti 62。至 Ti 75 后,系统完成一个工作循环。

如果发生故障或手动停止操作,则从"关油"程序 Ti 70 开始到"排渣"操作 Ti 75 后,程序再次自动进入"密封"程序 Ti 81;"冲洗"程序 Ti 82 和 Ti 83,Ti 82 后停止加热温度控制;Ti 83 后停止分油机程序至结束。

3. EPC－50 的面板操作与参数调整

EPC－50 的操作需要面板指示灯"OP ACTIVE"点亮后才能进行,该灯表明操作面板与主控制器已建立通信联系。在循环泵和分油机的电机起动后,分油操作就可在本地控制面板上操作或可通过远程通信来操作。在操作和参数修改过程中,用到最多的是"＋""－"和"ENTER"3 个键,其中"ENTER"键用于显示参数序号与内容切换、确认、进入或退出参数表、接受或储存参数值等。"＋""－"用于翻看参数序号或修改参数使用,状态显示时,可以翻看一直需要观察的参数。

在正常运行过程中,显示当前工况和当前工况进行到的时间。当发生报警时,报警信息显示在显示窗口左侧,系统准备排渣,而到下次排渣前的时间将显示在显示窗口右侧。在正常情况下,可通过"＋"键来切换显示内容,如显示"TT198 ℃"。系统中所有模拟量传感器的测量值都可以显示。

系统设有三种参数类型：安装参数(Inxx)、工艺参数(Prxx)和工厂设置参数(Faxx)，分油时序用时间参数(分离开始、排渣、停止)列在工厂设置参数下，但被称为"Tixx"。不同类型参数可以通过同时按"ENTER"和"+"键来切换。安装参数必须在初次启动之前且先于工艺参数进行设置。这些参数极少需要重新调整。如果要存储新的参数值，则需要浏览整个列表，并在列表结尾处确认。工艺参数可以按所需(即使在运行过程中)轻松调整，以满足运行条件的变化(如两次排渣之间的时间、油温以及报警点)。工厂设置参数可以根据实际运行过程中状态的变化来进行调整，尤其是有关分油时序的时间参数，其中："启动"对应的计时器为50～59；"分油"对应的计时器为60～69；"排放"对应的计时器为70～79；"停止"对应的计时器为80～89。参数的修改可通过按"ENTER"键进入。具体面板的操作和参数的修改可参考设备说明书。

水分传感器值受温度变化影响。可以根据待分油的不同使用不同的参数对其进行补偿。具体操作步骤如下：

(1) 记下传感器值，注意：进行此测试，传感器值必须稳定，并确认油中无水，无气。

(2) 在正常稳定运行温度下，将温度降低 10 ℃。

(3) 在稳定的新温度下，读出温度和传感器值。

例如，温度下降了 10 ℃时，传感器测量值变化+1(如从 82.6 到 83.6)，则由于传感器值增大了，实际值未变，必须通过将 *Fa*34(对应 HFO)设置为负数来进行补偿。即 *Fa*34=(1.0×10)/10 ℃=-1.0。

由于控制系统的程序大多依赖水分传感器，所以该传感器非常重要。如果该传感器出现故障，又要分油操作，可以应急设置参数 *Pr*4 从"On"调整为"Stb"，即进入分油备用控制工况，此后水分传感器 MT-50 功能禁用。但程序每 15 min 进行一次"排渣"，而 *Pr*1 分油时间设定无效；并且排渣过程不加冲洗水和置换水，即只实现简单的分油和排渣操作。

4. EPC-50 中的报警控制与功能测试

EPC-50 在运行中如果发生故障报警，相应的总报警 LED 和有关状态指示灯闪亮，同时在显示及操作面板中的信息窗中将会显示出完整的故障名称。故障复位需要消除故障后按"ALARM"键才能复位。如果有多个故障，则当前显示为最新故障，为读取存储的警报列表，可以按"ENTER"键后用"+""-"键翻看，中间可用"ENTER"键查看故障号，发生故障处于当前多长时间之前，故障名称和对应的参数设置值，以及故障发生后的复位时间。最后可再用"ENTER"键回到正常显示。显示窗口中显示的内容及对应的含义如下：

Alarm no. 5	(5 号警报)警报编号；
0:13	此警报在 13 min 前发出；
Feed pressure low	(进油压力低)警报类型；
P1 60	参数 *Pr* 1 设为 60 min；
00:02:13	2 min 13 s 后复位该警报。

有些故障可以通过人为干预或通过设置 EPC-50 中对应的参数进行测试，如传感器断线故障、电源故障、油温过高、分离盘速度过低等。需要注意的是，任何参数为了试验而修改参数后，当测试结束，开始正式工作前，需要恢复该参数原始数据。表 7-1 列出几个报警测试示例，具体其他方面的测试可参考说明书中的"功能测试"。表中出现的 *Pr*16，*Fa*10 等为

EPC－50 的设置参数，即可以通过修改其内部参数，使之偏离正常值，在实际参数正常情况下模拟发生故障报警。

表 7－1　S 型分油机功能试验

警报消息	注释	故障 LED	试验前状态	试验方法	试验结果
POWER FAILURE	电源故障		起动	运行期间关闭/开启电源	
Feed Pressure PT1－HIGH	待分油压力 PT1——高	PT1	起动	减少限制（*Pr*14）	
Feed Pressure PT1－LOW	待分油压力 PT1——低	PT1	起动	增加限制（*Pr*15）	V1 关
Feed Pressure Sensor PT1－ERROR	待分油压力传感器 PT1——错误	PT1	起动	断开传感器的连接	
Oil Feed－TEMPERATURE HIGH	供油——油温较高	TT	起动	减少限制（*Pr*16/*Pr*19）	V1 关　加热关
Oil Feed－TEMPERATURE LOW	供油——油温较低	TT	起动	增加限制（*Pr*17/*Pr*20）或降低 Ti 53	V1 关
Temperature Alarm Sensor－ERROR	温度报警传感器——错误	TT	起动	断开传感器的连接	V1 关　加热关
Bowl Speed－HIGH	分离盘速度——快		分离	减少限制（*Fa*10）	停止程序
Bowl Speed－LOW	分离盘速度——慢		分离	增加限制（*Fa*11）	停止程序
Bowl Speed Sensor－ERROR	分离盘速度传感器——错误		停止	在断开传感器的情况下起动分离设备	

三、分油机控制系统的操作与管理

1. 分油机手动起动与停止

（1）检查分油机的电源是否正常，油底壳的油位是否正常，进出油管路的阀是否处于正常的位置。制动器和止动器是否松开，供水供气管路压力是否正常工作。

（2）若以上都正常，起动分油机燃油供给泵，将蒸汽加热阀打开。从操作面板上开启加热器。

（3）待温度达到要求以后，起动分油机，先按“SEPARATION/STOP”（分离）按钮激活 EPC－50，显示窗口中将滚动出现几个问题，必须先回答这些问题才能起动分离设备。回答问题后起动分油机，待分油机的转速达到全速及油温超过低温报警设定值以后，EPC－50 控制系统将自动进入分油启动程序直到分油机正常分油。

(4) 观察分油机供油以后工作是否正常,有无异常的振动或是噪声。通过 EPC－50 上的显示数据来判断分油机的状态,如果一切都正常,说明分油机开始正常的工作。

(5) 如果中间发生故障或需要停止分油时,可通过按“SEPARATION/STOP”按钮实现停止控制。分离设备停止序列对应的黄色 LED 指示灯将开始闪烁,启动排渣。排渣完成后,停止程序使 LED 指示灯变为稳定的黄色,而分离系统运行对应的绿色 LED 指示灯将熄灭。显示“Stop”(停止)。如果加热器由 EPC 50 控制,它将自动关闭。当供油温度开始下降时,进油泵将自动停止。当分离设备完全停止运转时,将显示“Standst.”(停止运转)。

2. 控制系统在使用中的注意事项

开启分油机前需检查分油机运转方向是否正确。检查有无异常的振动,起动之初,当分油机通过临界转速时会有振动,这都属于正常现象,在使用中要逐渐了解振动的表现和规律。如果分油机在正常的工作中有异常的振动,要立即停止分油机,并查找分油机振动的原因。在未找到故障的原因之前不能开启分油机,若开启,分油机内部高速旋转,严重时会造成分油机部件的损坏甚至伤人。在分油机刚起动时,起动电流会比分油机正常工作时的电流大很多,但是随着分油机转速升高,分油机的电流会逐渐地降低并维持在一个稳定的数值上。如果分油机的工作电流维持在较高的数值上不变,这说明分油机跑油。这种情况在必要时要停止分油机并进行检查。分油机正常工作以后要检查供油流量是否正常,调节出口压力为 2.0 bar。注意:在没有完全停止之前不能进行拆卸工作,因为其内部高速旋转时会有伤人的危险。

在对分油机控制系统的日常使用和巡班检查时,应经常检查电源是否正常,应急操纵是否有效;定期检查各种传感器,检查相关的工作水、控制空气及电磁阀的状况;定期检查分离筒的状况。如果油渣空间中的硬油渣量不十分明显,则排渣间隔可以适当延长。但排渣间隔太长会使油渣不均匀地积聚在分离筒内,引起分油机振动。运行中注意水分传感器的变化规律,注意电机起动时转速变化情况,包括振动情况。特别要注意跑油检测信号是否完好,排渣通道是否淤塞等。对控制板和显示板要定期检查,防止受潮或有关电线脱落等。

3. 故障处理

当分油机系统出现故障时,首先考虑的是故障对整个供油系统的影响。如果到了不能克服的状态,则需要考虑应急措施。故障可以分为传感器故障、参数越限、状态故障设备故障等几类,具体可通过说明书中的“Alarm and Fault Finding”查找原因,并找到解决措施。

如果分油机因故障报警,那么在分油机的 EPC－50 控制单元上,相应的警报指示灯就会发出红光,并不停地闪烁,机舱内同时伴有警报的汽笛声。处理操作首先要确认警报,按“警报确认”按钮,把汽笛和报警灯停掉。然后根据分油机的警报去查找原因,把故障排除以后,再按“警报确认”按钮。若故障已经解除,则分油机可以接着正常工作。分油机的警报有很多种,而每一种警报的原因也有很多,因此解决分油机报警时一定要细心观察,除说明书确认的原因外,有时还需要根据分油机故障时的外在表现来判断故障原因。例如,排渣失败可能是没有工作水或工作水很少,也可能是开启水阀 SV15 的问题,所以首先需要检查供水系统，如果可以确定工作水系统没有问题，那么问题就可能是分油机内部的机械故障。这是因为就一般情况而言，分油机的故障也就无非是控制系统和机械故障两个部分。其中，机械故障一般都是由于分油机长期的工作，没有及时的保养，以致内部脏污，从而导致的故障。分油机最常见的跑油故障(Oil Leaking From Bowl)原因及处理如下：

(1) 补偿水供应系统中的滤网被堵塞，清洁该滤网。

(2) 补偿水系统中没有水，检查补偿水系统并确保任何供应阀均处于开启状态。

(3) 供应阀与分离设备之间的软管安装不正确。

(4) 水分传感器测量误差偏大，造成控制系统频繁进行排渣动作。

(5) 滑动圈中的堵头有缺陷，造成密封不严，应更换堵头。

(6) 开启水管的供应阀 SV15 出现泄漏情况或相应的控制回路故障而造成排渣口打开，应及时校正该泄漏情况或检查该阀的控制回路。

第二节　自清洗滤器的自动控制

目前，在自动化船舶上广泛采用自清洗滤器。自清洗滤器有两种类型：空气反冲式和油反冲式。主机滑油自动反冲洗滤器如图 7－9 所示，滑油系统由滑油泵、冷却器、自动滤器、备用旁通滤器和滑油柜组成，滑液压泵(一台工作，一台备用)通过冷却器后送达滤器。滤器分为自动和手动两个，其中自动滤器采用已过滤的油来对滤器内部的滤筒进行反冲洗，冲洗后的油回到滑油柜。采用空气反冲式的燃油自动滤器，其分析如下。

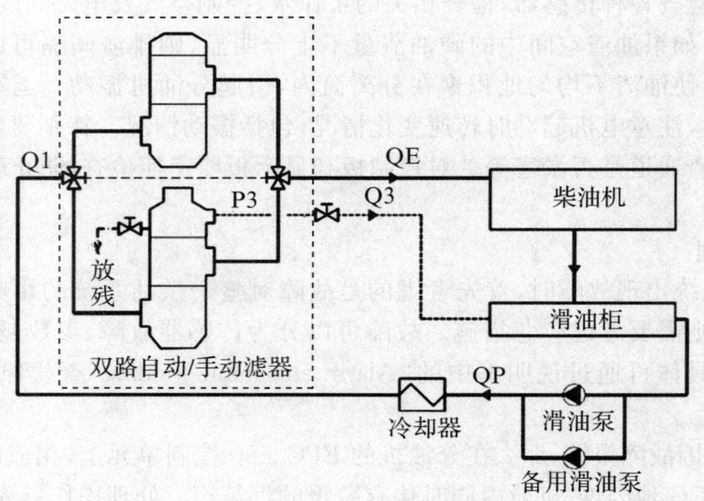

图 7－9　主机滑油自动反冲洗滤器

一、自清洗滤器的组成及工作原理

空气反冲式自清洗滤器的结构原理如图 7－10 所示。该滤器由四个滤筒 1 或 6、一个旋转本体 5 及驱动电机 2 等部分组成，滤筒中装有滤网等滤清元件。在清洗时，由电机驱动旋转本体依次对准每个滤筒。在同一时间只有一个滤筒处于清洗状态，其他三只滤筒进行正常的过滤工作。被清洗的滤筒由旋转本体切断进油通路。此时电磁阀 S1 通电，控制活塞 9 上部空间通大气，下部空间通气源 P0 经减压阀 4 送来的压缩空气抬起控制活塞，打开控制阀 8 和排污阀 7。压缩空气进入冲洗滤筒，并从滤筒内向滤筒外冲洗，这与油的流动路线（从滤筒外向滤筒内）正好相反，故称空气反冲式自清洗滤器。被冲洗下来的污物经打开的排污阀 7 从排污口排出。大约冲洗 1 min，电磁阀 S1 断电，下位通气源 P0 经减压阀 3 送至控制活塞 9 的上部空间。由于活塞上面的受压面积大于下面的受压面积，使活塞向下的作用力大于向上的作用力，压下控制活塞 9，关闭控制阀和排污阀。停止对该滤筒的清洗，然后起动电机 2 带动旋转本体 5 转动并对准下一个滤筒进行清洗。每当滤器进出口压差高于某值（如 0.09 MPa）时开始清洗，当滤器进出口压差低于某值（如 0.03 MPa）时，电磁阀 S1 不再通电，停止对滤筒的清洗。

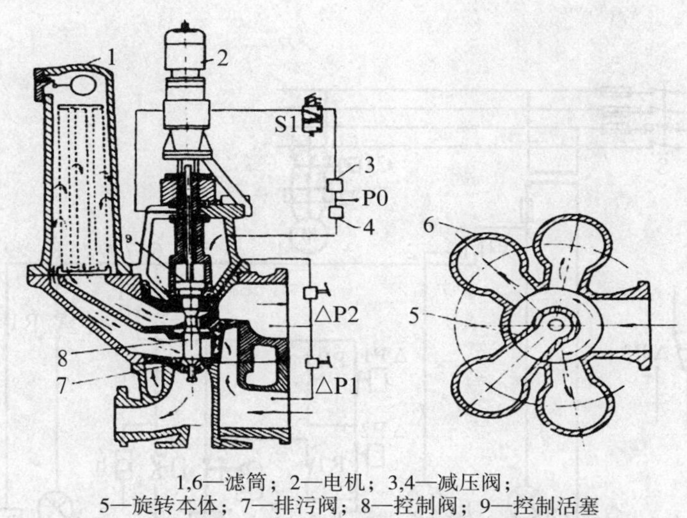

1,6—滤筒；2—电机；3,4—减压阀；
5—旋转本体；7—排污阀；8—控制阀；9—控制活塞

图 7-10　空气反冲式自清洗滤器的结构原理

二、自清洗滤器的自动控制电路

自清洗滤器的自动控制电路如图 7-11 所示。合上电源主开关 S，因延时继电器 RT 还没有动作，其触点 RT(1～2)/7 断开，RT(1～3)/6 闭合，冲洗电磁阀 S1 通电上路通，控制活塞上部空间通大气，控制活塞下面的 0.3～0.4 MPa 的压缩空气抬起控制活塞，打开控制阀和排污阀，对一个滤筒进行清洗。冲洗 1 min 左右时间，继电器 RT 已达到延时时间动作，其触点 RT(1～3)/6 断开，RT(1～2)/7 闭合。电磁阀 S1 断电下位通，控制活塞上部空间通气源经减压阀输出的气压信号，把控制活塞压下，关闭控制阀和排污阀，停止清洗。当滤器进出口压差 ΔP_1 大于某值时，其压力开关 ΔP1/3 闭合。因为 ΔP2 是常闭的，所以接触器 C1/3 通电动作，触点 C1 闭合，电机 M 转动，触点 C1/6 断开，电机 M 转动，电磁阀 S1 不能通电。电机 M 在转动时，凸轮开关 CS/5 闭合，继电器 R1/5 通电动作，其触点 R1/4 闭合使接触器 C1 不会因触点 RT(1～2)/7 断开而断电，即保持电机继续转动。继电器 R1 的触点 R1/9 断开，时间继电器 RT 断电，其触点 RT(1～2)/7 立即断开，RT(1～3)/6 闭合，为冲洗做准备。

当电机驱动旋转本体转到对准下一个滤筒时，凸轮开关 CS/5 断开，继电器 R1/5 断电，其触点 R1/4 断开，接触器 C1/3 断电，触点 C1 断开切断电机 M，电源而停止转动，接触器 C1 的触点 C1/6 闭合。此时因继电器 R1/5 断电，其触点 R1/9 闭合，时间继电器 RT 通电，但它需延时 1 min 左右其触点才能动作，故 RT(1～3)/6 继续保持闭合，所以电磁阀 S1 通电，对滤筒进行清洗。当清洗 1 min 左右时，达到时间继电器 RT 的延时时间，其触点 RT(1～3)/6 从闭合状态断开，RT(1～2)/7 闭合，电磁阀 S1 断电，停止清洗，接触器 C1 通电，再次起动电机 M 驱动旋转本体对准下一个滤筒进行冲洗。以后就重复上述动作，直到滤器进出口压差 ΔP_1 小于某一个值时，其压力开关 ΔP1/3 断开。接触器 C1 断电，电机 M 断电停转，C1/6 闭合为下次冲洗做准备，因电机 M 不转，开关 CS/5 是断开的，继电器 R1/5 断电，触点 R1/4 断开，R1/9 闭合，时间继电器 RT 通电，其触状态是 RT(1～3)/6 断开，RT(1～2)/7 闭合。故滤器进出口压差 ΔP_1 再增大到某个值时，电机 M 转动并带动旋转本体对准下一个滤筒后再进行冲洗。

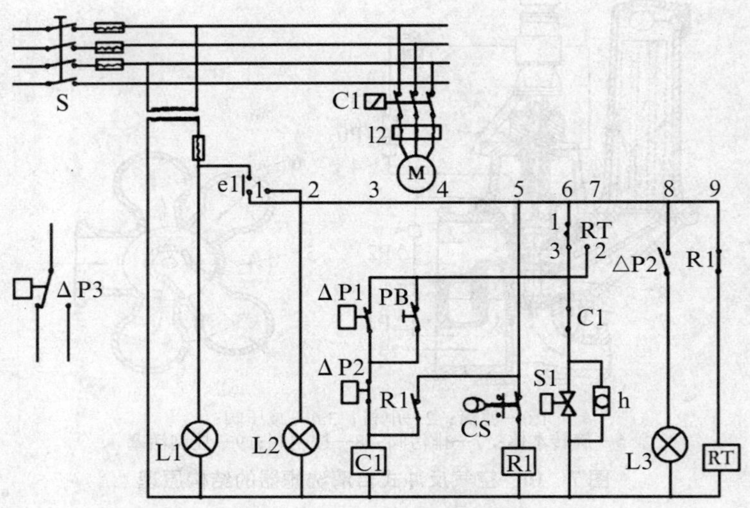

图 7-11　自清洗滤器自动控制电路

如果清洗后无效果，说明滤器有故障，当滤器进出口压差大于 0.12 MPa 时，报警触点 ΔP3 闭合，发报警信号。ΔP2 是冲洗状态指示压力开关。在冲洗时，因冲洗腔室内压力高，使压力开关 ΔP2/8 闭合，冲洗指示灯 L3 亮，而触点 ΔP2/3 是断开的，当达到冲洗时间时，电磁阀 S1 断电，冲洗腔室内压力降低，ΔP2/8 断开，冲洗指示灯灭，表示某个滤筒冲洗完毕，同时，ΔP2/3 闭合，为接触器 C1 通电做准备。图中 PB 是手动冲洗按钮开关，用于手动清洗；h 为计时器；e 为热保护继电器；L2 是故障指示灯。

第三节　阀门遥控与液货舱的遥测

根据国际规范的要求和船舶自动化程度的提高，采用先进自动化技术的船舶阀门遥控及液舱遥测系统已经在各类型新造船舶中得到广泛应用。阀门遥控系统主要用于监控船舶压载水系统、舱底水系统以及货油装卸系统等管路上的遥控阀门状态，而液舱遥测系统则主要用于监测船舶各压载舱、淡水舱液位以及船舶吃水状态。对于新造液货船舶，包括原油船、成品油船、化学品船等，为了达到密闭装卸的要求，液舱遥测系统不仅需要监测液舱内的液位，还要随时监测液舱内的温度、气体压力、液货密度、重量等参数，以确保船舶装卸与航行的安全和液货质量。

阀门遥控系统的阀门驱动方式一般有电动、液压和气动三种。在机舱舱底、管隧等潮湿环境和油船上的危险区域，一般不采用电动方式。气动装置结构简单、造价低，比较适用于中小型船舶，即使泄漏也不污染环境，可以利用船上压缩空气系统的气源。但是由于气源压力有限，驱动器体积较大，气动遥控阀工作时有冲击性，难以保持中间开度，空气中的水分会造成气动元件锈蚀。根据船舶建造规范，油船油舱内不能使用气动驱动器，因此，目前大型船舶阀门遥控系统主要采用液压方式。

液舱遥测系统根据船舶液舱传感器采集到的信号转换为电信号后来测量。目前用于液位测量的方法主要有压力传感器式和雷达式。为了减少安装于液舱中传感器的数量，可以根据需要选用集测量温度、压力以及液位等参数于一体的多功能传感器，构成完整的液舱遥测系统。

一、阀门遥控系统的组成

1. 阀门液压集中控制系统

阀门液压集中控制系统一般由液压泵站、电磁换向阀组、阀门控制箱、液压执行器、阀位指示器等部分组成，如图 7－12 所示。控制系统中所有阀门的开闭均由液压泵站提供的液压油实现，采用集中控制，无论几个阀门需要开闭，都需要起动液压泵。液压原理如图 7－13 所示。在液压泵站中通常装有气囊式蓄能器，与单向阀、压力继电器构成保压回路，以补充系统的内泄漏，并且在液压泵出现故障时作为应急油源。

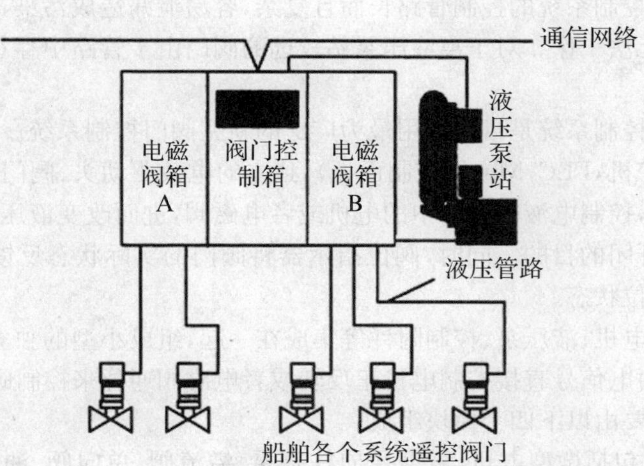

图 7－12　阀门液压集中控制系统组成示意图

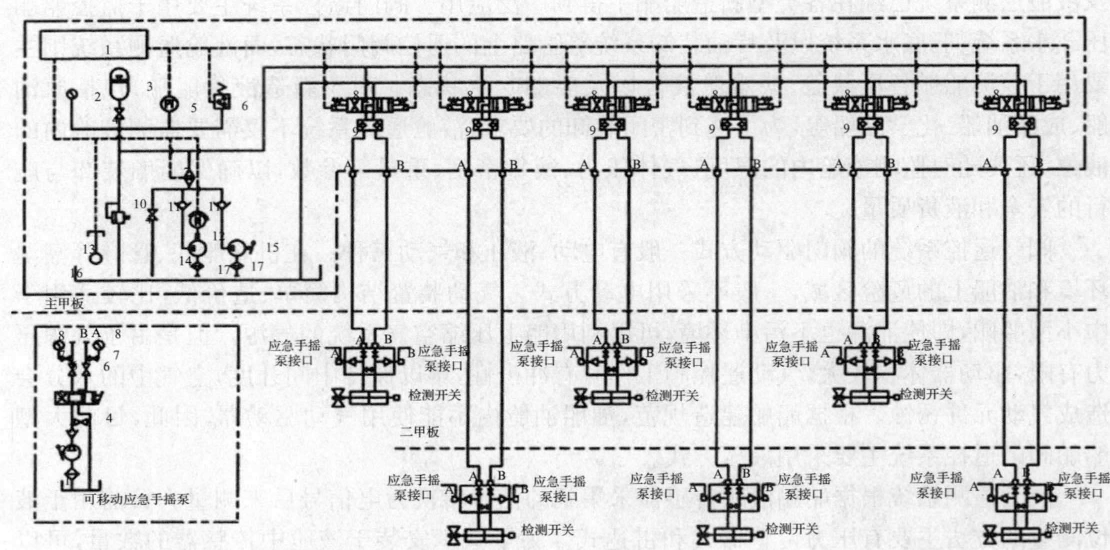

1—控制箱；2—压力表；3—储能器；4—截止阀；5—压力传感器；6—压力继电器；7—滤器；8—电磁阀；9，11—单向阀;10—溢流阀；12—电机；13—液位继电器；14—液压泵；15—应争手播泵；16—油箱；17—滤器

图 7－13　阀门遥控液压原理

操作者通过控制电磁换向阀，进而改变进入液压执行器液压油流动的方向，达到控制阀门开闭的目的。当电磁阀两端电磁铁均断电，当阀心处在中位时，液压锁可将液压执行器两端油路无泄漏封闭，锁住阀门。

在阀位指示器上装有两个微动开关，当阀门处在全开或者全闭位置时，阀位指示器上的摆动杆压合相应的微动开关，使电液控制箱上的阀门状态指示灯亮。阀门控制箱将有关信号通过通信网络送给报警等其他系统。

2. 阀门电液分散控制系统

阀门液压集中控制系统的控制管路长而且复杂，容易泄漏造成污染，如果液压泵站出现故障，整个系统将无法工作。对于离液压泵站较远的阀门由于管路中存在较大的压力损失，不利于阀门的开闭。

阀门电液分散控制系统是目前应用最为广泛的新型阀门控制系统。该系统一般由上层控制设备（包括工控机，PLC，Mimic 控制面板）、独立的电液驱动头、阀门等组成。上层控制设备发出控制指令，控制电液驱动头中的电机或者电磁阀，进而改变液压油流进液压执行器的流向，达到阀门开闭的目的。同时，阀位指示器将阀门的实际状态反馈至上层控制设备，通过指示灯显示阀位状态。

电液驱动头将电机、液压泵、控制附件等集成在一起，组成小型的独立电液驱动头，装在每个遥控阀门上，由电信号直接控制电机正反转或者电磁阀通位来控制阀门的开关。

电液驱动头主要由以下四个模块组成：

(1) 动力模块，包括微型电机、微型径向柱塞泵、溢流阀、单向阀、油箱。微型电机可以选择单向工作或者正反转工作。对于单向工作的电机，在系统中增设换向电磁阀，用于改变液压油流向，正反转工作的电机则可以省去换向阀，而通过改变电机正反转来实现油流向的改变。液压泵主要有径向柱塞式变量泵以及定量泵，变量泵可以调节液压油流量，进而改变阀门启闭的时间。油箱为全封闭式。溢流阀和单向阀组可以保证管路在液压泵停止工作时也充满油液。

(2) 安全保护模块，包括压力开关以及安全阀组。如果阀门卡死，则必然导致开关阀门时压力升高。当压力达到设定压力时，压力开关动作，电机停止运转。安全阀组在压力异常升高时开启，压力油直通油箱达到安全保护作用。

(3) 液压执行器，一种是普通的液压缸，可以产生往复运动，用于直接开关截止阀；另一种是齿轮和齿条的液压缸，可以产生旋转运动，用于开关蝶阀。此模块设有快速接头，用来在电液控制器不能工作的时候，通过快速接头与一个手动液压泵相连，用手动的方式开关阀门。

(4) 阀位指示模块，包括微动开关和电流式阀位指示器。微动开关装在开关阀上，用于在到位时停止液压泵，阀位指示器装在阀的轴上，可以将阀门的实际开度转变为标准的电流信号 4～20 mA，用来指示阀门的开度和控制液压泵。

二、阀门遥控系统的管理

1. 阀门液压集中控制系统的管理

液压元件及其管路是阀门液压集中控制系统最易出现故障的部分。由于控制管路长而且复杂，采用集中控制，若液压泵站出现故障，整个系统将无法正常工作，因此在管理中应该注意以下几点：

(1) 每次起动液压泵前，应该检查油箱中的油位情况，注意油的颜色、黏度是否正常，检查阀门的开启和关闭情况是否正确，防止因阀门的误操作而损坏设备。

(2) 起动液压泵后，注意倾听声音是否正常，检查油压是否正常，系统是否存在漏油，通过观察滤器压差指示来判断滤器是否脏堵。

(3) 对于液压管路中的阀门应该注意操作方法，采用缓慢开、关阀门的方法，尽量减少液压冲击，从而保护液压管路。

(4) 注意控制液压油的污染，定期清洗滤器，补油时应该对新油过滤后再加入油箱。

(5) 对于液压泵站中有蓄能器的，一般每半年检查一次蓄能器的气压，当压力不足时必须及时补气。

(6) 定期检查液压泵站，采用专门的液压泵及清洗油对管路进行清洗。为了提高清洗质量，应该注意以下几个问题：①管路清洗的条件。管路清洗时，应该检查系统的气密性。同时，循环油柜也应该清洗干净，并且检验合格。对有关设备和较精密的元件，可以采用临时跨接管进行串联，使清洗油在管内循环流通。②管路清洗泵及清洗油的选用。尽量不用原系统中的液压泵作为清洗液压泵，选用排量比系统中液压泵大的液压泵进行清洗，使清洗油流速大于工作油流速。③提高管路清洗效果的措施。为了使吸附在管路内壁的机械杂质能迅速脱落，清洗时可以用木手锤对管路间断地进行敲击。此外，清洗油最好能预先加热至 45～60 ℃，从而降低清洗油的黏度，改善流动状态，还可使杂质溶解在清洗油内。如果清洗管路中有换向阀串联工作，则应该经常操作换向阀，不断改变管路中清洗油的流向，使清洗达到更好的效果。

2. 阀门电液分散控制系统的管理

阀门电液分散控制系统因采用分散控制，各控制单元彼此之间互不相连，一个控制单元的损坏不会影响其他控制单元的工作，克服液压集中控制形式彼此互相影响的缺点，提高可靠性。控制单元采用集成制造工艺，不存在管路，系统中油液较少，基本上不存在泄漏，工作时油液形成闭式循环，不与外界接触，有效防止灰尘、污染物、空气、化学物质侵入系统。所以阀门电液分散控制系统中的液压部分基本上不需要日常保养。集成化的模块式结构使得单元互换性强，也使系统可维修性提高。当某一个控制单元发生故障时，可以十分方便地采用备件进行更换。但在管理中需加强电器部分的保养，防止电气设备浸水或者产生过电压而造成损坏。

三、液舱遥测系统

1. 系统的组成及基本工作原理

一般液舱遥测系统由信号处理单元、操纵单元、显示器、打印机、压力/度传感器（或者雷达式加上压力、温度传感器）组成，如图 7 - 14 所示。液货船要把燃油舱的信息传送至机舱集中控制台，并使用仪表显示燃油舱的液位、温度、重量、容积等，便于轮机部门及时了解燃油舱燃油消耗情况。根据要求，系统还可提供安装在甲板上的就地指示器以便装卸时就地读出液位。由于船舶自动化程度日益提高，越来越多的船舶所有人要求在驾驶室配置终端计算机，使当班驾驶员能在驾驶室直接了解船的实时装载、吃水、稳性等各种状态，因此，系统提供计算机网络功能，可随时连接多个终端。在全自动化系统中，需将测量系统作为液货管理和船舶受力及稳性监测计算机子系统，通过网络加入到全船监控系统中。

1）信号处理单元

信号处理单元由不间断电源、接口板及控制器等构成。其硬件和软件均为智能化模块设计，所配输入接口能与不同类型的传感器连接，并输出各种数字和模拟信号。信号处理单元的主要功能是根据操纵单元的指令，依次扫描每个舱的传感器信号，通过接口板进入控制器进行信号判别处理，计算后送入操纵单元。同时，还根据采得的信号，对传感器标定自检，确保送入操纵单元的信号有效。如发现信号异常，则给出传感器或电缆异常的报警信号，以确保系统的安全运行。

2）操纵单元

通常操纵单元为一台特制的船用 PC 兼容机或者工业 PC，配备工业键盘、鼠标和显示器。基于 Windows 操作系统和局域网络协议，安装有液舱遥测系统监控软件，人机界面采用层次化、模块化设计，切换界面可以得到所有监测数据，简单、易懂，利于船上操作者上机操作。另外，操纵单元时刻与信号处理单元通信，对信号处理单元送来的数据信号进行处理、计算，并编制成表格、图像后送至显示器和打印机。打印机用来打印所需的数据、表格，尤其能打印各种配载方案、装卸货报表，以便归档保存。操纵单元还具备网络功能，可以连接其他终端或与全船自动化系统联网。

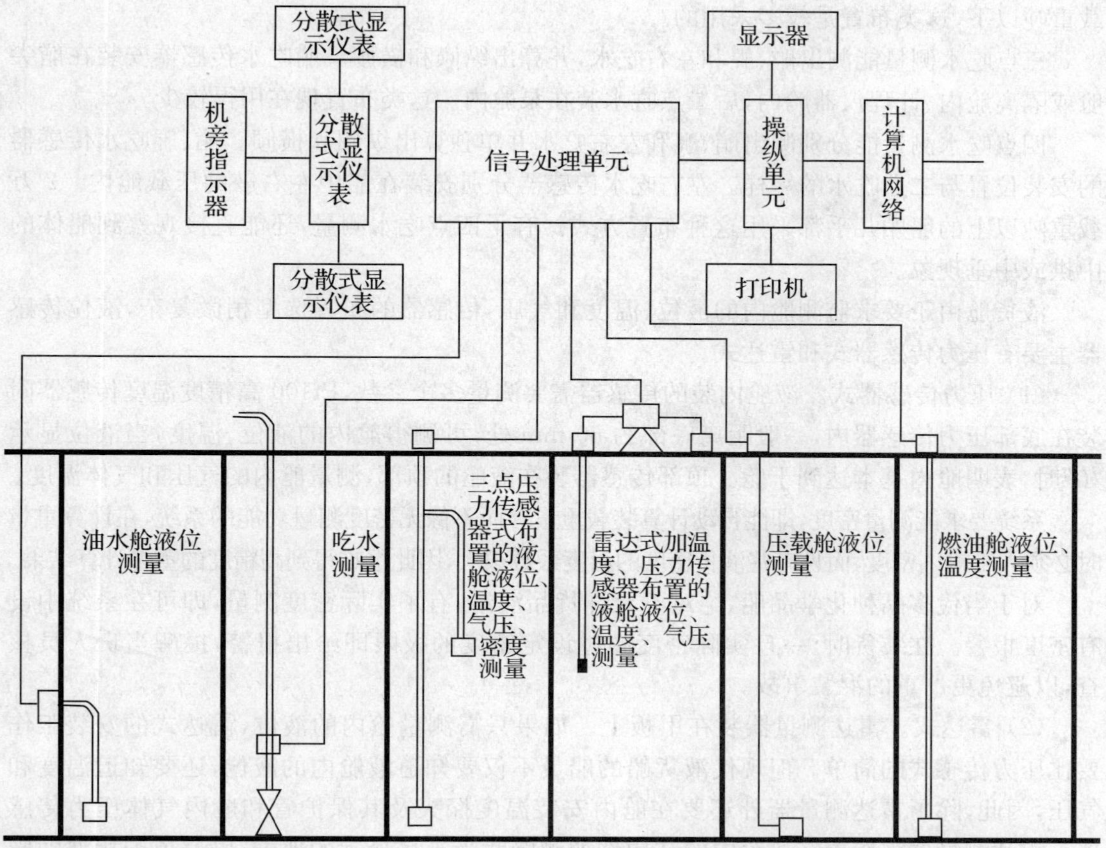

分散式显示仪表
显示器
机旁指示器
分散式显示仪表
信号处理单元
操纵单元
计算机网络
分散式显示仪表
打印机
油水舱液位测量
吃水测量
三点压力传感器式布置的液舱液位、温度、气压、密度测量
雷达式加温度、压力传感器布置的液舱液位、温度、气压测量
压载舱液位测量
燃油舱液位、温度测量

图 7－14　液舱遥测系统组成示意图

3）传感器

传感器是液舱遥测系统中最为基本的组成部分。根据测量参数以及测量区域不同，传感器的选型以及布置都有所不同。测量区域及参数包括压载舱的液位，船舶吃水，船舶液货舱的液位、温度、压力等。

现在大部分船舶压载舱液位的测量都选择在压载舱底部安装一个压力传感器，而船舶吃水测量传感器则有三种安装方式，如图 7－15 所示，图 7－15(a)为二点吃水测量；图 7－15(b)为三点吃水测量；图 7－15(c)为四点吃水测量。

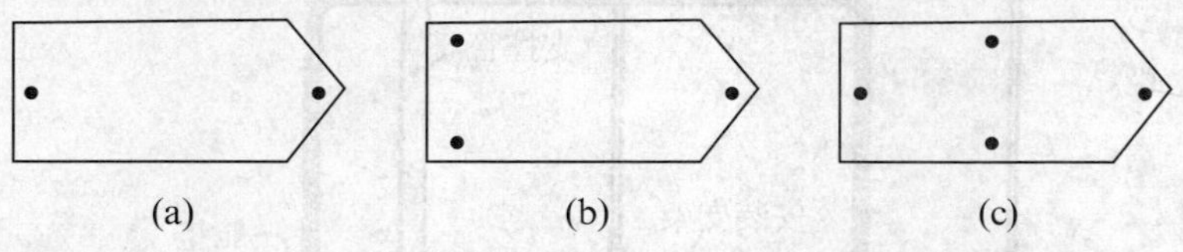

图 7－15　吃水测量传感器安装示意图

二点吃水测量即艏、艉吃水测量，能测出艏、艉吃水并算出纵倾。另外，需在系统内安装一个倾斜仪以测出船的横倾。艏吃水传感器一般装在艏尖舱内，或安装在隔离空舱或计程仪舱内。艉吃水传感器一般装在机舱后部，也有装载泵舱内的。对于型宽较小的船，如 2 万

载重吨以下，这类布置是较多采用的。

三点吃水测量能测出艏、艉和左右吃水，并算出纵倾和横倾。艏吃水传感器安装在艏尖舱或隔离舱内、计程仪器舱内，后二点吃水装在泵舱内。这类布置现在用得较少。

四点吃水测量能分别测出艏、艉和左右吃水并单独算出纵倾和横倾。艏、艉吃水传感器的安装位置与二点吃水的一样。左右吃水传感器分别安装在船中左右舷的压载舱内。2 万载重吨以上的船舶几乎都采用这种布置方式。有了四点吃水测量，还能直接观察到船体的中拱或中垂现象。

液货舱由于要求监测舱内的液位、温度和气压，传感器的布置选型稍微复杂，液位传感器主要有压力传感器式和雷达式。

(1) 压力传感器式。液舱内装的传感器需要测量多个参数，Pt100 高精度温度传感器附装在底部压力传感器内，一般距离底部约 60 mm 处，可测得舱内的液位、温度，当液位显示“0”时，表明舱内基本达到干舱。顶部传感器装在液舱的顶部，测量舱内的气压和气体温度。

系统要求能测量密度，即能自动计算装载重量。而不像无密度测量功能的系统，在计算重量时必须人工输入密度，而且有些液货密度的温度系数很大，因此很难得到高精度的重量计算结果。

对于当代多品种化学品船，绝对不允许货品混淆，有了实际密度测量，即可在系统中设有密度报警。在装货时，一旦实际密度超过设定密度的极限即给出报警，提醒当班人员核查，以避免更严重的混装事故。

(2) 雷达式。雷达测量器装在甲板上。如果只需测量舱内的液位，雷达式的安装工作要比压力传感式的简单。但现代液货船的船员不仅要知道液舱内的液位，还要知道温度和气压，因此，除了雷达测量器外还要在舱内安装温度探头及其保护管和舱内气体压力传感器。雷达测量器需布置在离舱内的结构件如侧壁肋骨等尽量远的地方，以避免干扰波的影响，并在相应的舱底留出足够的平整面积，以确保雷达波能直接反射至雷达测量器。

2. **传感器的安装**

液舱传感器有多种形式的安装方式可供选择，有舱内安装、舱外安装、舱的顶部安装或者侧边安装，其安装形式如图 7-16 所示。

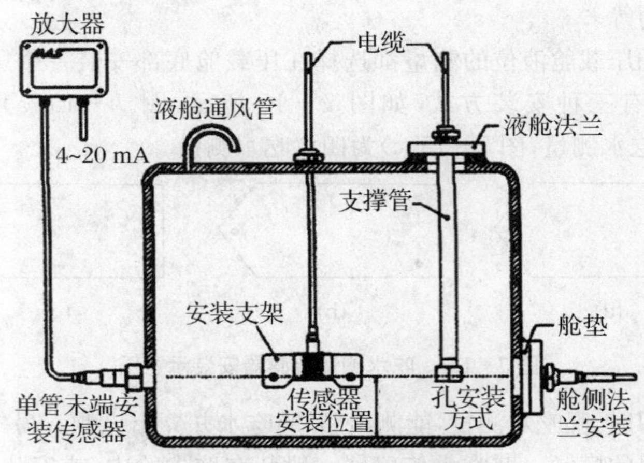

图 7-16　液货舱传感器安装形式

3. 液货舱遥测系统的管理

各个传感器能否正常工作是液货舱遥测系统获得实时数据的关键，因此，在对液舱遥测系统的管理中应该加强对传感器的管理，需要注意以下几个方面的问题：

(1) 经常调整各传感器的零点，使显示数据更加准确，每次调整零点后进行备份，以防止信息丢失。

(2) 各舱室在装入液体物质前应经常仔细检查各传感器的连接及密封情况，防止因密封不好造成传感器不能正常工作或损坏。

(3) 对于上位监控机，应该严格按照说明操作，不要按与系统无关的各功能键、组合控制键，虽然系统有很大的容错功能，但也有限度，乱操作有可能造成死机或不可预测的结果。

(4) 保证至少有一套系统软件的备份，一旦系统文件丢失或出现其他事故，可以恢复。

(5) 在进行其他维修工作时应该注意保护通信电缆，否则会造成严重的后果。

四、货油和压载水控制系统

Mini KCCS 是一个控制与货油相关的泵和压载水的系统，用来完成监测报警、控制和扫舱三个不同的功能。

1. 系统的组成及功能

1) 系统组成

系统由动力系统和控制系统组成，动力系统由蒸汽透平机驱动的三台货油泵和自动扫舱泵，蒸汽驱动的一台货油扫舱泵(往复泵)，电马达驱动、无扫舱装置的两台压载水泵组成，控制系统则由传感器、接口单元、控制器、报警控制屏和安全单元组成。

2) 报警功能

对于每台泵、传动机构、驱动装置都有一个组合报警灯。在报警或故障停止保护(SHUTDOWN)的情形下，组合报警灯将与蜂鸣器信号一起发光。同时，报警文本将出现在显示器上。当应答报警后，报警文本将从屏幕上消失，温度读数将重新出现。当报警被消除后，分组报警灯将断电。所有的报警限值和 SHUTDOWN 限制值被显示和调整。具体报警项目见表 7-2。

表 7-2 货油泵和压载系统报警处理

设备	泵上部轴承温度	泵壳体轴承温度	泵下部轴承温度	传动机构上部温度	传动机构轴承温度	惰性气体压力低	驱动器就地报警
No. 1 货油泵	报警和停机	报警和停机	报警和停机	报警和停机	报警和停机	停机	报警
No. 2 货油泵	报警和停机	报警和停机	报警和停机	报警和停机	报警和停机	停机	报警
No. 3 货油泵	报警和停机	报警和停机	报警和停机	报警和停机	报警和停机	停机	报警
No. 1 压载泵	报警和停机	报警和停机	报警和停机	报警和停机	报警和停机		报警
No. 2 压载泵	报警和停机	报警和停机	报警和停机	报警和停机	报警和停机		报警
扫舱泵							

3）控制功能

在货控室可以遥控驱动装置，同时包括泵的吸口和排口的压力可以得到监控。在控制屏上可以设置和观察泵和相关参数的联锁，如真空泵及其真空管路的真空联锁；货油泵及其蒸汽透平的入口蒸汽压力的联锁；扫舱泵及其入口蒸汽压力之间的联锁。

4）扫舱功能

基于分离柜的液位自动或手动地操作容量调节阀，其仅与带扫舱系统的货油泵相关。真空泵可以根据真空压力自动地起动和停车。

2. Mini KCCS 控制系统

Mini KCCS 控制系统的控制屏通常安装在货油控制室（CCR）的控制台上，所有遥控需要的仪表和控制装置都在这个屏上。使用 4～20 mA 信号的仪表都有零点校正。每台真空泵的方式控制开关都有三个位置：ON，OFF 和 AUTO。控制器对信号输入、报警设定、保护设定、联锁关系、显示输出等都可以进行设定和调整。

1）传感器

每台泵的吸入口和排放口都有 1 个传感器，如果泵带 1 个扫舱系统，则在分离柜上应有 1 个差压传感器，用来指示液位。这些传感器都能应用于危险区域 Zone0（Ex-ia）。每台泵连同传动机构都有 4 个或 5 个温度传感器，表 7－2 所示的泵上部轴承、泵体、泵上部轴承、传动机构下部轴承和传动机构顶部轴承，要求这些传感器都是隔爆本安型的（有 Ex-ia 标志）。压载泵通常不使用泵壳温度传感器，传感器数目通常不会超过 5 个。温度传感器的类型一般是 Pt100，传感器受到本质安全电路的保护，并要带有安全栅。

2）接口单元

接口单元位于机舱，用于来自于危险区域的信号与控制单元连接的中间单元，系统中所有的信号都要通过这个接口单元到达控制单元。具体实现的部件包括 PLC；用于温度、压力等信号的 I/O 模块；用于本质安全电路的旁路二极管安全栅和相关的 24 V DC，5 V DC 隔爆电源。

3）与其他系统的联系

报警系统从惰气系统（IGS）接受一个“惰气压力低”的电触点信号用于货油泵的 SHUTDOWN 动作。但是操作者可以根据实际情况在控制屏上对 SHUTDOWN 进行越控。

在集控室通过电触点信号实现每台泵的组合报警。通常这个触点位于起动器柜、透平机控制柜内。

4）操作控制

除根据传感器的检测信号判断是否报警，甚至是否需要故障停止外，系统配置有机旁操纵与集控室远程操作，其中远程操作还配有相关的压力和温度仪表，用于监测设备的运转情况。

第四节　焚烧炉的控制系统

焚烧炉可焚烧污油、污水、污泥和塑料、纸板、罐头盒、食品废弃物等生活垃圾。它是各种船舶、海上平台防止污染的重要设备，要求废弃物经焚烧后排出的烟气无色、无异味，残剩微量灰渣无毒、无菌，不会因此造成二次污染，整个焚烧炉为可拆卸结构，易于安装和维修。

该设备操作简便，同时具备自动操作控制和远距离监控。

OG200C 型焚烧炉的整个燃烧过程由 PLC 进行全过程自动监控、调节和焚烧控制，炉温、烟温在设定的范围内自动调节。为确保使用安全，该设备还装有一整套安全保护装置。

OG200C 型焚烧炉系统结构如图 7－17 所示，其具体结构和作用如下：

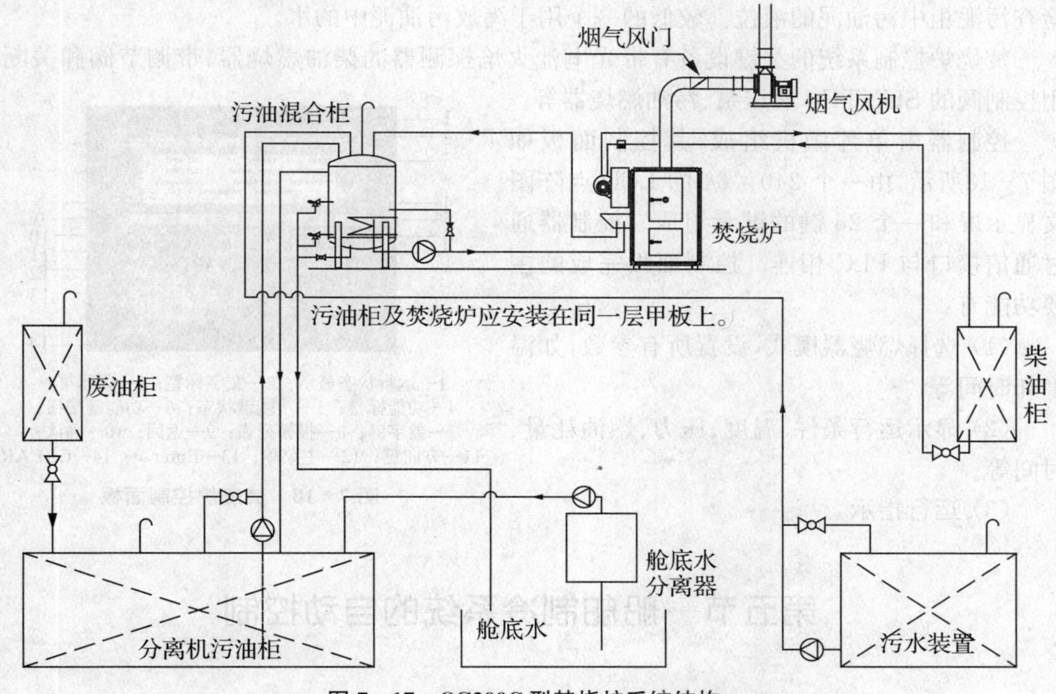

图 7－17 OG200C 型焚烧炉系统结构

一、燃烧室

带柴油燃烧器、污泥燃烧器、燃油加热器和电控箱的燃烧室为焚烧炉的重要组成，燃烧室为钢结构，配有 50 mm 绝热材料（内部为耐火砖结构）。这种绝热材料由低石灰/高铝成份构成，具有抗渣性和很好的抗热冲击性。燃烧室的外部由带冷却气体夹层的双层钢质壁板构成。有关安全的控制包括点火失败、电机过载、应急停止、过电压/欠压保护等。燃烧室配有一个二级柴油燃烧器和一个污泥蒸汽/压缩空气雾化喷嘴。在同一壁板上，安装一个污泥燃烧装置的支架/托盘。

二、烟气风机

烟气风机用于抽送燃烧室烟气，产生炉膛负压。该风机同时通过燃烧室的冷却夹层吸入周围气体。燃烧室中产生的高温烟气与冷却夹套产生的气体混合，降低排出气体的温度。

三、烟气风门

烟气风门受电控箱控制，自动调节烟气管中的烟气流量。用户可以直接从电控箱面板上读取炉膛负压，并调节压力到设定点。

四、蒸汽加热污泥柜

含污泥泵和加热的污泥柜具有作为焚烧炉污油泥服务柜的功能。温度控制器用来控制加热器，确保污油泥温度在设定范围内(60～90 ℃)。两个排放阀(取样点)装于污泥柜上以检查污泥柜中污油泥的液位。较低的一个用于泻放污油泥中的水。

焚烧炉控制系统的关键设备有带光电池火焰探测器的柴油燃烧器、带调节阀和关断作用控制阀的 SUNTEC 液压泵、污油燃烧器等。

控制器由单片微机组成，其控制面板如图 7-18所示，由一个 240×64 的 LCD 点阵图文显示屏和一个 26 键的键盘组成。控制器通过通信接口与 PLC 相连。控制面板完成的主要功能有：

(1) 选择燃烧器模式，设置所有参数，如温度和时间等。

(2) 显示运行条件、温度、压力、燃油耗量、时间等。

(3) 运行指示。

1—运行状态显示；2—文字标签；3—显示屏；4—功能标签；5—功能键状态；6—功能键按钮；7—数字键；8—报警列表；9—返回；10—确认；11—方向键；12—主菜单；13—Enter↵；14—CLEAR

图 7-18 焚烧炉控制面板

第五节 船舶制冷系统的自动控制

一、船舶制冷系统的基本工作原理

制冷是从被冷对象中移出热量并建立一个相对的低温环境，可以在较长时间内维持船上各类食品保鲜或者货物的冷藏储运。按工作原则不同，制冷装置可分类为压缩式、吸收式、真空式及半导体式。船上用得最多的是压缩式，其主要组成部件是制冷压缩机，而压缩机又可分为活塞式、螺杆式和离心式，实用中以活塞式为多见。

1. 制冷基本原理

任何液态物质在蒸发汽化时，都要吸收大量的热量，称为汽化潜热。如在一个标准大气压(10^5 Pa)下，制冷剂的汽化温度较低，在一定的条件下蒸发汽化时，将从其周围吸取大量的热量，使周围温度迅速降低，从而达到制冷的目的。

气体的饱和温度(即气体开始冷凝成液体的温度)是与一定的饱和压力相对应的。因此，用压缩机吸入制冷剂蒸汽，并压缩到较高的压力，则气态冷剂的饱和温度也相应提高，再用较低的海水来冷却，实现冷剂蒸汽的冷凝，从而实现气态冷剂的液化，并放出热量。

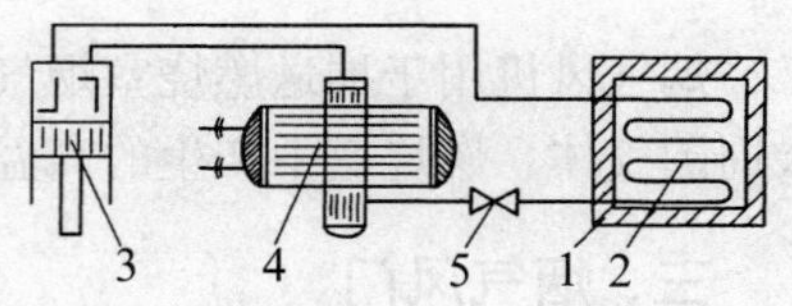

1—冷库；2—蒸发器；3—压缩机；4—冷凝器；5—节流阀

图 7-19 压缩式制冷装置组成示意图

2. 压缩式制冷装置基本组成及工作程序

图 7-19 中的制冷剂在节流阀 5 的控制下，进入冷

库蒸发器 2 的蛇形管中，由于节流阀的降压，冷剂就会在较低的压力下膨胀，蒸发汽化，吸收冷库中大量的热量，降低库温，实现制冷。节流阀 5 常被称为膨胀阀，制冷控制系统往往在该膨胀阀前再安装一个电磁阀控制制冷剂的通断。

为了不使蛇形管的压力因冷剂不断流入发生汽化而升高，采用压缩机 3 将其及时抽出并压缩，在冷凝器 4 中被冷却放热，重新凝结成液态，并经节流阀 5 再次进入蛇形管蒸发汽化，从而形成一个封闭的制冷循环。具体工作程序如图 7－20 所示。

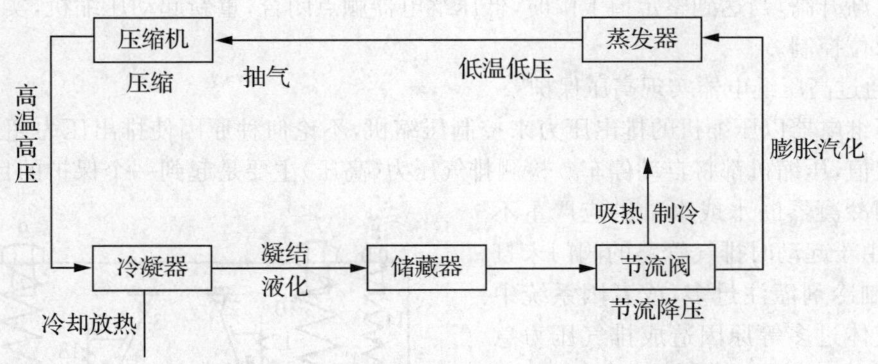

图 7－20　压缩式制冷装置图工作程序

按船舶制冷系统的结构来分，船舶冷藏装置可分为一机一库、一机多库和多机多库。一机一库是指一个压缩机向一个库房的冷风机输送制冷剂以维持制冷循环的冷藏装置，它是最简单的一种船舶冷藏装置。一机多库最典型的是一机两库，即一台压缩机向一个冷藏库和一个冷冻库分别送制冷剂，压缩机的控制逻辑是两个库的库温均达到温度控制器的下限，供液电磁阀才关闭，从而使压缩机进口低压而停机。多机多库可以是多套一机多库构成，也可以是多机联合组成的，对象是同一多库的。一般船舶使用两机两库形式，两机多为独立系统，但也有联合工作的方式。当联合工作时，两台压缩机的吸口联通，其起停的吸口低压控制器的压力设定值不同，在运行中，一台长期处于使用状态，而另一套处于备机状态，为制冷系统的可靠性提供冗余控制。另外，如果两套同时工作可以实现快速冷冻的效果。

3. 冷藏装置工作的自动化

现代船舶制冷控制多采用 PLC 控制系统，由 PLC 根据系统的开关量信号、模拟量传感器输入、计算、处理，并对压缩机、冷却水泵、冷风机、融霜加热器等进行综合控制，以达到最优和智能控制。随时保持所需温度，简化管理，提高经济性，保证安全运行。实现制冷装置的自动控制具体如下：

1）利用温度继电器与电磁阀，实现冷库温度控制

温度继电器的感温管置于冷库之中，当库温达到额定值的下限时，感温管内压力下降，使继电器触点断开，切断电磁阀电路而使阀关闭，由于阀处于膨胀阀前，关闭后制冷剂回路断开，不再有制冷剂进入蒸发器，制冷装置停止工作。当库温回升至额定值的上限时，温度继电器将使电磁阀重新开启，制冷装置重新工作，于是库温又逐渐下降，实现对库温的双位控制。最常用的是温包式压力继电器实现的温度继电器，可以设置其下限和幅差值，上限值为下限值加幅差值。温包应放在能正确反映冷库内空气平均温度的地方，不应过于接近冷

库壁面或冷却盘管，也不应置于冷库门口或热货处。在吹风冷却的冷藏库中，温包一般接近于回风口。

2）电磁阀与自动起停压缩机

当各冷库的温度都达到整定值下限时，各电磁阀均应关闭，此时如压缩机不停车，则压缩机的吸入压力会越来越低，甚至出现真空，有可能使外界空气进入系统。因此，利用低压继电器使压缩机停车，随着冷库温度的升高，电磁阀通电开启，冷剂进入蒸发器，压缩机吸入侧压力逐渐升高，当达到整定值上限时，低压继电器触点闭合，重新起动压缩机，实现压缩机起停的双位控制。

3）通过高压继电器实现高压保护

高压继电器以压缩机的排出压力来控制压缩机，不论何种原因使排出压力超过高压继电器整定值，压缩机都将自动停车。检测排气压力（高压）主要是起到一个保护的目的，是为了防止因冷凝器断水或水量供应严重不足，或者由于起动时排气管路的阀门未打开，或者制冷剂灌注过多，或者因系统中不凝性气体过多等原因造成排气压力急剧上升而产生事故。常见的还有制冷剂中因低压侧有泄漏，吸进空气，从而造成压缩机排气压力和排气温度升高，功耗增大，产冷量降低。有时在膨胀阀处还会因有水分吸入而产生“冰塞”现象，造成低压报警。发生故障后应查明原因，直至故障排除后方能复位并恢复工作。

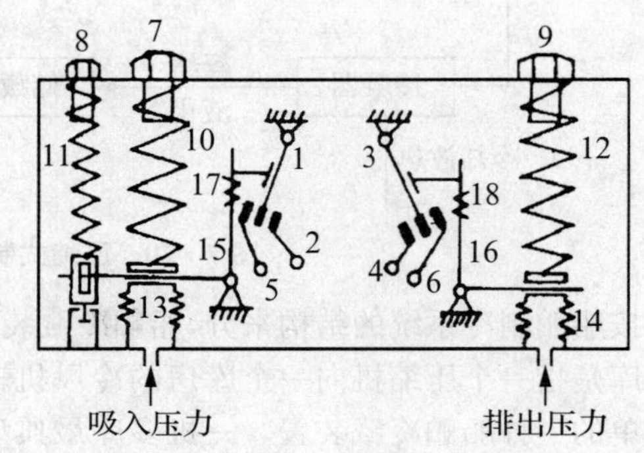

1，3—动触点；2，4，5，6—静触点；7—低压主调螺钉；8—幅差调节螺钉；9—高压调节螺钉；10—低压主调弹簧；11—幅差弹簧；12—高压调节弹簧；13—低压坡纹管；14—高压波纹管，15，16—角杆；17，18—跳簧

图 7-21　高低压继电器的示意图

在实际系统中，多将高压继电器和控制压缩机起停的低压继电器做成一体，也称为高低压继电器，在控制压缩机自动起停的同时，也保护压缩机。常见的高低压力继电器的示意图如图 7-21 所示，旋转幅差调节螺钉 8 可以调整低压下限设定值；旋转高压调节螺钉 9 可调整高压上限压力设定值。

4）压缩机的能量调节

制冷系统的制冷量是根据其工作时可能遇到的最大冷负荷选定的。但制冷机运行时，受使用条件（如冷负荷）的变化以及工况变化（如冷凝压力的变化）的影响，需要的制冷量随之变化，因而压缩机配有能量调节装置以适应上述变化。如果没有能量调节装置，当蒸发器的热负荷变化较大时，蒸发压力会变化较大。当热负荷减小，蒸发压力降低时，不仅运行的经济性会降低，而且，当蒸发压力降到低压继电器设定下限值时，会引起压缩机停车；停车后，压力会逐渐升高；当升高到低压继电器设定上限值时，压缩机再次起动，由此增加压缩机起停频率。能量调节装置还可以起到卸载起动的作用。压缩机满载起动，其起动力矩较大，容易引起电机过载，既增大电网负载的波动，又容易引起电机损坏。压缩机能量调节方法比较多，多数由压缩机自身机构来实现，也可以用压缩机电机变速的方法实现。常用的能量调节方式如下：

(1) 压缩机间歇运行：它是最简单的能量调节方法，在小型制冷装置中被广泛采用。它是通过温度控制器或低压压力控制器双位自动控制压缩机的停车或运行，以适应被冷却空间制冷负荷和冷却温度变化的要求。压缩机间歇运行方式，实质上是将一台压缩机在运行时产生的制冷量与被冷却空间在全部时间内所需制冷量平衡。

间歇运行使压缩机的开停比较频繁，对于制冷量较大的压缩机，频繁地开停还会导致电网中电流较大的波动，此时可将一台制冷量较大的压缩机改为若干台制冷量较小的压缩机并联运行，需要的冷量变化时，停止一台或几台压缩机的运转，从而使每台压缩机的开停次数减少，降低电网的不利影响，这种多机并联间歇运行的方法已获广泛的应用。

(2) 吸气节流：通过改变压缩机吸气截止阀的通道面积来实现能量调节。当通道面积减小时，吸入蒸汽的流动阻力增加，使蒸汽受到节流，从而吸气腔压力相应降低，蒸汽比容增大，压缩机的流量减小，达到能量调节的目的。吸气节流压力的自动调节可用专门的主阀和导阀来实现。这种调节方法不够经济，应用较少。

(3) 全顶开吸气阀片：它是指采用专门的调节机构将压缩机的吸气阀阀片强制顶离阀座，使吸气阀在压缩机工作全过程中始终处于开启状态。在多缸压缩机运行中，如果通过一些顶开机构，使其中某几个气缸的吸气阀一直处于开启状态，那么，这几个气缸在进行压缩时，由于吸气阀不能关闭，气缸中压力建立不起来，排气阀打不开，被吸入的气体没有得到压缩就经过开启着的吸气阀，又重新排回到吸气腔中去。这样，压缩机尽管依然运转着，但是，那些吸气阀被打开了，气缸不再向外排气，真正在有效地进行工作的气缸数目减少了，结果达到改变压缩机制冷量的目的。

这种调节方法是在压缩机不停车的情况下进行能量调节的，通过它可以灵活地实现上载或卸载，使压缩机的制冷量增加或减少。另外，全顶开吸气阀片的调节机构还能使压缩机在卸载状态下起动，这样对压缩机是非常有利的。四缸以上的、缸径 70 mm 以上的系列产品中已被广泛采用。

全顶开吸气阀片调节法：通过控制被顶开吸气阀的缸数能实现从无负荷到全负荷之间的分段调节。如对八缸压缩机，可实现 0，25％，50％，75％，100％五种负荷。具体控制方法是八缸压缩机分为四组，其中一组为基本组，其他三组受电磁阀控制，利用动作压力值不同的三个压力开关去控制对应的三个电磁阀，而电磁阀控制对应的压缩机气缸组，每当负载减少到一定程度，压力就下降到一个台阶，对应压力开关动作控制电磁阀失电，使得改组气缸空载运行，从而实现卸载能量调节。对六缸压缩机，可实现 0，1/3，2/3 和全负荷四种负荷，对应需要两个能量调节压力开关和对应电磁阀。

压缩机气缸吸气阀片被顶开后，它所消耗的功仅用于克服机械摩擦和气体流经吸气阀时的阻力。因此，这种调节方法经济性较高。

(4) 旁通调节：一些采用簧片阀或其他气阀结构的压缩机不便用顶开吸气阀片来调节输气量，而是采用压缩机排气旁通的办法来调节输气量。旁通调节的主要原理是将吸排气腔连通，压缩机排气直接返回吸气腔，实现输气量调节。

(5) 变速调节：改变原动机的转速从而使压缩机转速变化来调节输气量，这是一种比较理想的方法。汽车空调用压缩机和双速压缩机就是采用这种方法的。双速压缩机的电动机分 2 级或 4 级运转，以达到转速减半的目的，但这种电动机结构复杂、成本高，推广受到限制。近些年来，以变频器驱动的变速小型全封闭制冷压缩机系列产品已面市，它的电动机转速通过改变输入电动机的电源频率而改变，其特点是可以连续无级调节输气量，且调节范围宽广、节能高效，虽然价格偏高，但考虑运行特性和经济性，目前仍获得较大的推广。

(6) 关闭吸气通道的调节：通过关闭吸气通道的方法使吸气腔处于真空状态，气缸不能吸入气体，当然也没有气体排出，从而可达到气缸卸载调节的目的。这种方法没有气体的流动损失，因此比顶开吸气阀的方法效率高，但必须保证吸气通道关闭严密，一旦有泄漏存在，将会造成气缸在高压比下运行，会使压缩机过热，这是十分危险的。

5) 电子膨胀阀

电子膨胀阀相对热力膨胀阀有明显的优点，主要有：

(1) 流量调节可以不受冷凝压力和供液过冷度变化的影响。

(2) 动作迅速，调节精确，热负荷变化激烈也能避免振荡，因此允许将出口过热度调至很小(2 ℃甚至更低)，而且可以实现 PI 调节，使过热度变化量为零，从而提高蒸发器的利用率。

(3) 流量特性的线性范围很宽，适用很大的制冷量范围，也适用各种蒸发温度。

(4) 电动式还允许制冷剂双向流动，可直接用于热泵工况和热气除霜。

由于以上显著的优点，虽然电子膨胀阀调节系统相对复杂、价高，但不仅已用于家用空调器，也已广泛用于要求适用不同冷藏温度、制冷量变化大、温度控制精度要求高的冷藏集装箱，船舶的空调制冷装置也已采用，从而压缩机在热负荷变化大而进行容量调节时，无须像过去那样并联大、小两个热力膨胀阀切换使用。电子膨胀阀按驱动方式分有电磁式和电动式两类。电磁式膨胀阀是其比例电磁线圈的电流与其开度近似成比例关系，不过为安全起见，采用的是反作用式，即电磁线圈的电流越大，其开度越小。

电动式膨胀阀的结构实例和流量特性如图 7-22(a)和 7-22(b)所示。它是用步进电动机驱动，在电机定子绕组 5 上施加正、反序列的脉冲电压指令即可驱动转子 4 正、反向转动，调节阀杆 3 上、下移动，改变针阀 2 的开度，使得制冷剂通过管路 1 和 6 的流量得到控制。

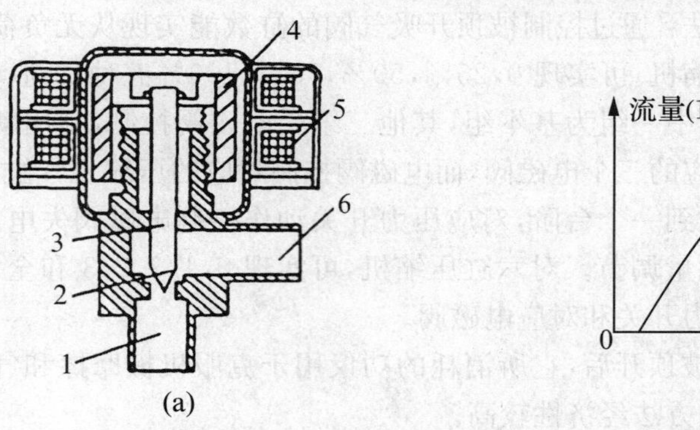

1，6—管路；2—针阀；3—阀杆；4—转子；5—定子绕组

图 7-22 电磁式膨胀阀

4. 压缩机控制保护

1) 油压差保护环节

制冷压缩机在运行过程中，运动摩擦面需要有一定压力的润滑油进行润滑和冷却。为了保证压缩机的安全运行，采用压力润滑时，当液压泵排压与曲轴箱压力(即吸气压力)之差

降至某一定值时,应发出信号,使压缩机停止运行。

油压差保护环节采用压差继电器来实现,其系统安装图如图 7-23 所示。两个感压元件接在液压泵出口端与吸入端(压缩机曲轴箱)之间,检测的是两者之间的压力差值。目前用于压缩机油压差保护的是自身带延时装置的压差继电器。图 7-24 所示是 JC3.5 型油压差继电器工作原理图,其主要技术指标如下:压差调节范围为 0.049~0.34 MPa;最大工作压力为 1.57 MPa;额定工作电压为 220/380 V AC,220 V DC;延时时间为 45 s±20 s;主触点容量为 220/380 V AC,300 V·A,220 V DC,50 W。

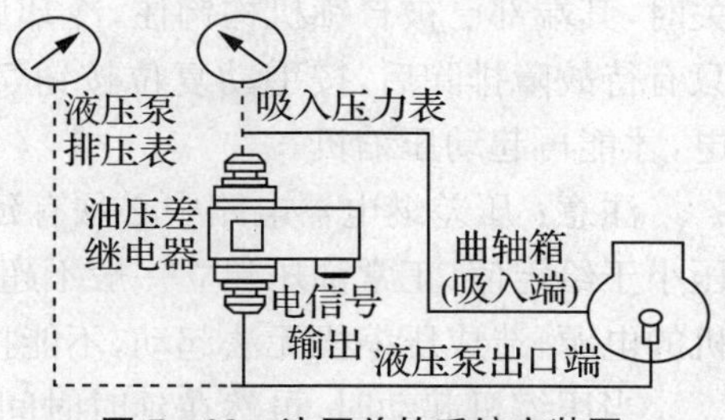

图 7-23 油压差的系统安装图

如图 7-24 所示,高压波纹管 2 接滑油泵出口端,低压波纹管 1 接曲轴箱,其压力差值所产生的力由主弹簧 16 平衡。刚起动时,由于滑油压差未建立,开关 K,YJ 接通,使加热器 5 投入工作,此时正常工作灯 14 不亮。如果压缩机状态正常,应在双金属片动作前建立正常油压差,使压差值大于设定值,角形杠杆 15 处于实线位置,将开关 K 与 DZ 接通,由压缩机电路的 a 点经 K,DZ 再回到 b 点,使正常信号灯 14 亮;由 a 点经交流接触器线圈 13,开关 SB,X,Ksx,SX,高低压继电器 20,热继保护 11,再回到 b 点,因为热继电器 11、高低压继电器 20 均处于正常闭合状态,故压缩机电机接触器 C 接通,压缩机正常运转。

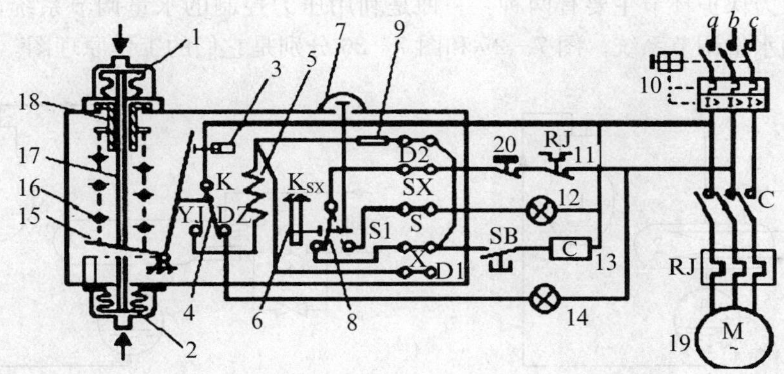

1—低压波纹管;2—高压波纹管;3—试验按钮;4—压力差开关;5—加热器;
6—双金属片;7—手动复位按钮;8—延时开关;9—降压电阻;10—电源开关;
11—热继电器;12—故障信号灯;13—交流接触器线圈;14—正常工作灯;
15—角形杠杆;16—主弹簧;17—顶杆;18—压差调节螺钉;
19—压缩机电机;20—高低压继电器

图 7-24 JC3.5 型油压差继电器工作原理图

当压差小于设定值时,角形杠杆 15 逆时针偏转(处于虚线位置),开关 K 与 YJ 接通,正常信号灯熄灭,电流由 a 点经 K,YJ,加热器 5,Dl,x,K_{sx},SX 再回到 b 点,此时压缩机仍能运转,但电热器通电后发热,加热双金属片,约经过 60 s 后,当双金屑片向右侧弯曲程度逐渐增大,直至能推动延时开关 Kn 与 S1 接通,从而切断交流接触器线圈 13 与加热器 5 的电源,交流接触器脱开,压缩机停止运转,而故障信号灯 12 亮,同时加热器停止加热。

在因油压差低于设定值使压缩机停车后,虽已停止对双金属片加热,但它在推动延时开关时，其端部已被自锁机构钩住，冷却后也不能弹回，故不能自动复位，且再次起动压缩机，只有待故障排除后，按手动复位按钮 7，使 K_{sx} 回到与 x 接通的位置，使交流接触器线圈通电，才能再起动压缩机。

注意：压差继电器电路中必须有延时机构。若无延时机构，则在压缩机刚起动时，因油压小于给定值（正常油压建立一般不超过 40 s），压差继电器的开关 K_{sx} 会立即切断压缩机电机的电源，造成压缩机无法起动，不能投入工作。

当压缩机起动时，虽然在延时时间以内已经加热双金属片，但因弯曲不足，延时开关尚未动作，故压缩机在运转，故障信号灯不亮，但因开关已经脱离触点 DZ 而未与触点 YJ 相接触，所以短时间内正常信号灯也会不亮。

在压差继电器正面装有试验按钮，供随时测试延时机构的可靠性。在制冷压缩机正常运转过程中，将按钮往左方向推动，并保持 60 s 以上模拟油压消失，强迫开关 K 与 YJ 接通，使加热器 5 通电并加热双金属片，如在推动试验按钮时间内能切断电源而使压缩机停车，则说明延时机构能正常工作。

2）冷却水压力保护环节

若要制冷装置正常工作，则冷却水压力须处于一个比较稳定的工作范围。冷却水压力过高会导致压缩机功耗增大，而且还容易引起设备破损；而冷却水压力过低，其效果不好，对压缩机易造成液击。

冷却水压力保护环节主要有两种：一种是利用压力控制的水量调节系统，另一种是利用温度控制的水量调节系统。图 7－25 和图 7－26 分别是它们的工作原理图。

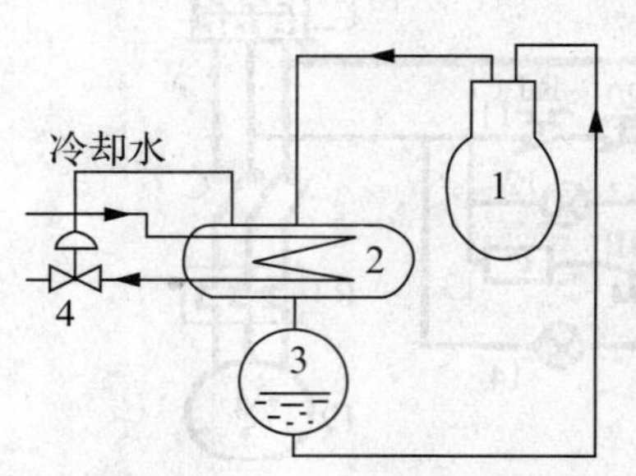

1—压缩机；2—冷凝器；3—储液罐；
4—压力控制的水量调节阀

图 7－25　压力控制的水量调节系统

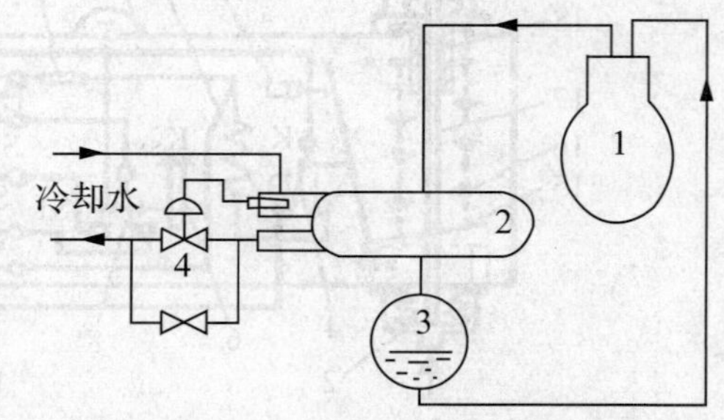

1—压缩机；2—冷凝器；3—储液罐；
4—温度控制的水量调节阀；5—融霜控制

图 7－26　温度控制的水量调节系统

5. 融霜

在制冷过程中，当蒸发器的管外壁温度低于 0 ℃时，空气中的水蒸气就会在其表面结霜（主要是鱼库、肉库，有时蔬菜库也结霜）。由于霜层的导热系数低，蒸发器结霜后就会大大削弱它的吸热能力，从而导致蒸发压力和蒸发温度的降低，装置的制冷量减少，经济性下降；此外，对空气冷却器来说，如霜层较厚，还会使管外肋片间的通道堵塞，通风量减少，甚至难以正常工作。因此，在蒸发器上结有一定厚度的霜层后（一般建议霜厚约 3 mm 时），就必须及时进行融霜。融霜按热源不同分为淋水冲霜、电热融霜和热气融霜。目前，船舶制冷装置越来越普遍采用的是电热融霜。电热融霜有手动和自动两种方式。自动融霜有采用固定时间间隔方式和传感器检测融霜方式。

二、制冷电气控制系统

1. 冷库系统

某轮冷库系统原理如图 7－27 所示，实际制冷压缩机有两套（图示一套），制冷回路为一套，但是制冷的舱室有五个，包括鱼库、肉库、蔬菜库、干货库和日用库，各回路内部温度设定不同。通常，对鱼、肉类食品应冻结储藏，即使其温度降低到大部分汁液冻结的程度，设计库温为－18 ℃；干货库、日用库和蔬菜库的库温维持在 0 ℃以上，其中干货库为 15 ℃，日用库为 2 ℃，蔬菜库为 4 ℃。

较为复杂的是鱼库，除蒸发器及其风扇外，还使用融霜气来融霜，并带有融霜温度传感器。舱室内设置温度传感器，其信号送 PLC 控制的模拟量模块。阀板上有制冷或加热的电磁阀，有带制冷量控制的膨胀阀，还有一个控制回气到压缩机曲柄箱冷却压缩机用的回路。回气在回压缩机前，还利用其低温经回气热交换器冷却高压制冷剂。压缩机根据进气低压控制器、高压保护开关和滑油压力开关控制压缩机的起停。一般压缩机和电动机还内置防潮加热器，用于停机时加热防潮。

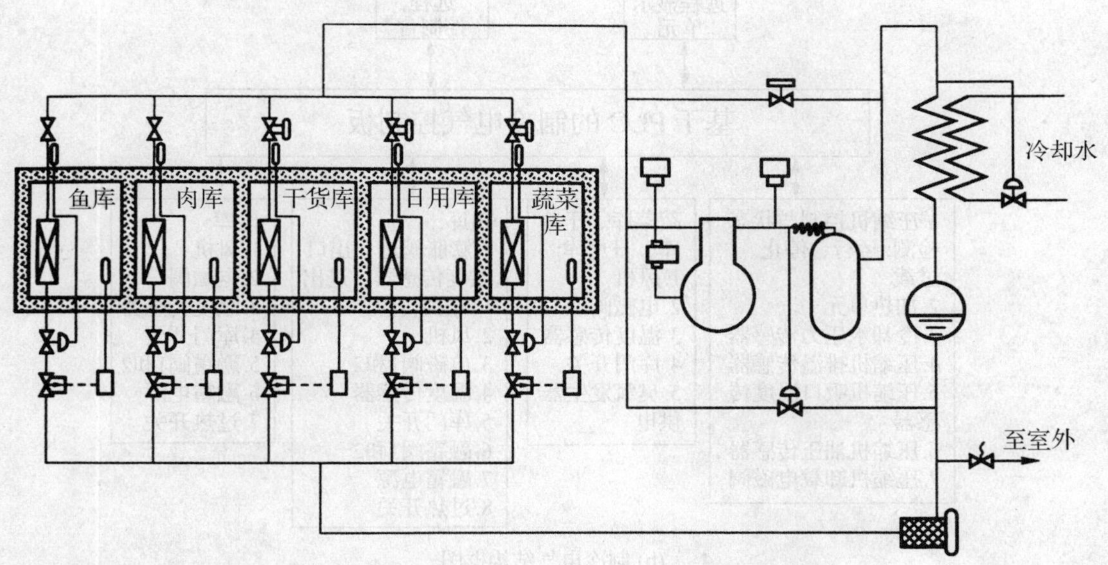

图 7－27　某轮冷库系统原理

2. 电气控制系统

制冷电气控制系统如图 7－28 所示，分为动力回路和控制回路，其中动力回路向压缩机、风扇、融霜加热器等供电，而压缩机采用卸载电磁阀控制的直接启动方式。控制回路由 PLC 实现，一般选用微型 PLC，较为复杂的控制可选中型 PLC 来实现控制。PLC 自带模拟量接口的扩展模块，可直接连接模拟量传感器，如 Pt100 温度传感器、4～20 mA 压力传感器等。开关量模块直接将外围各种状态开关信号接入即可，另外，PLC 还可通过通信实现远程控制和远程显示。

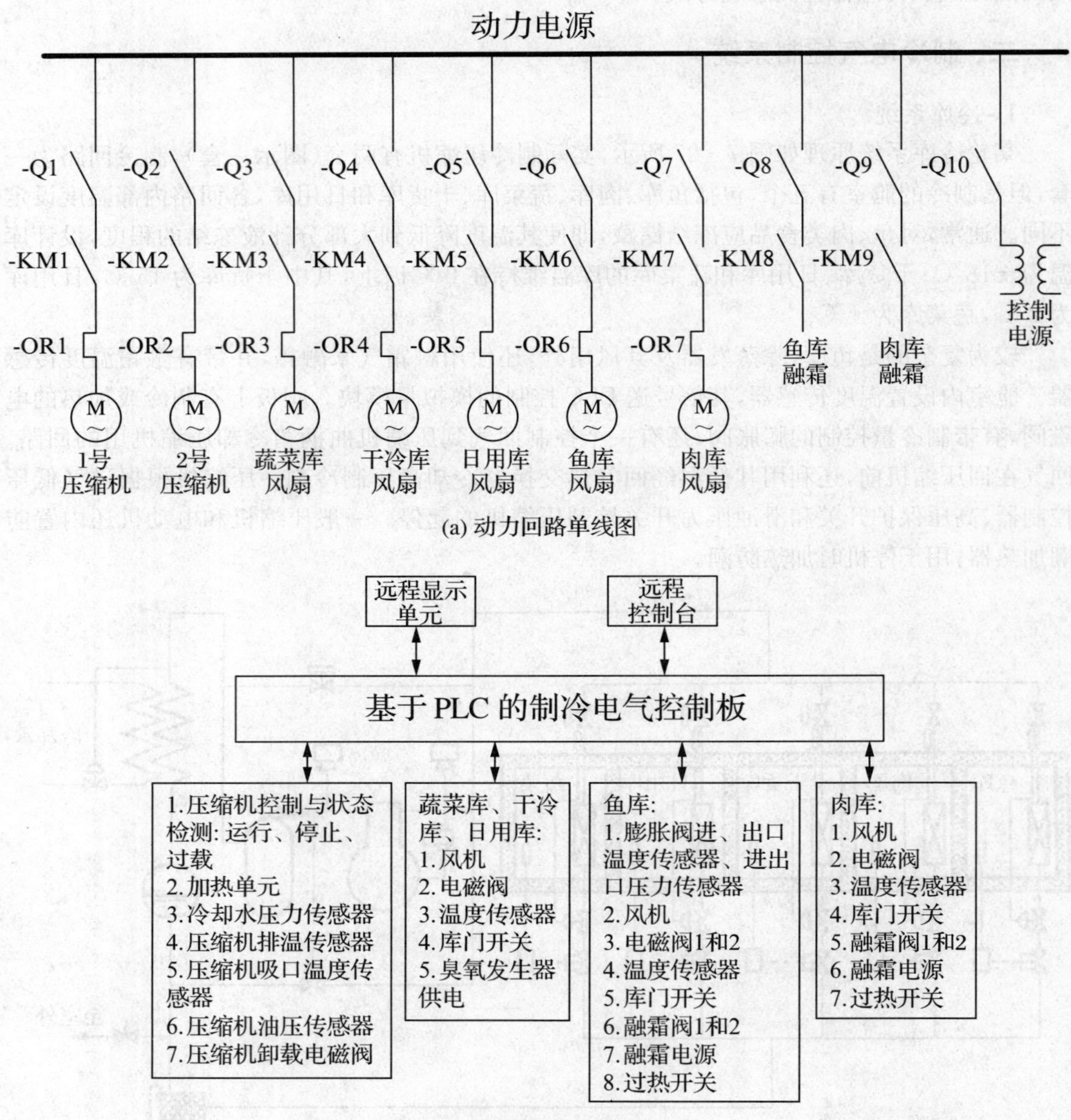

(a) 动力回路单线图

(b) 制冷电气结构框图

图 7-28 制冷电气控制系统

3. 制冷电气控制系统的通电调试

1) 参数整定及电源的准备

(1) 将所有开关(配电网络电源开关、控制箱电源开关、控制回路电源开关等)处于分闸断开或停止位置。

(2) 检查控制箱内的熔芯是否与具体标注值一致。

(3) 整定控制箱的所有热继电器的整定值与实际匹配,且在标志范围处。

(4) 根据设备维护说明书对蔬菜库、鱼库、肉库内控制电磁阀开关的温度继电器温度值进行整定，设定在要求的温度值，作好标记。同时对鱼库、肉库除霜控制温度开关进行调试整定（以上温度开关的整定，一般调试时先将温度值根据刻度值进行粗整定，在冷库制冷后再用冷库内的温度计进行对比调整）。

（5）冷却水压力继电器压力值的调试。根据系统对冷却水压力的要求用手压泵在压力继电器的取样口打压，调整压力继电器的动作值，然后恢复到管路取样管接口上。同时在整定值点锁紧。

（6）自起停低压继电器值的设定。根据系统设计要求值，对低压继电器的值进行调整，一般调试时以系统上安装的压力表为标准压力表。这样方便系统的调试。

（7）高压保护继电器值的调试，一般在调试过程中，为确保系统的运行安全，首先将高压保护继电器的值整定得小一点，在实际运行中再准确地调整。

（8）滑油压力继电器值的设定。根据系统设计要求值，对滑油压力继电器的值进行调整，在调试时以系统上安装的压力表为标准压力表。这样方便系统的调试。

（9）在主配电板上合上冷藏系统控制箱电源开关，用万用表检测电源电压。当三相电压平衡满足通电要求后，合上控制回路电源开关。

（10）观察电源指示灯工作，待电源指示灯正常工作后，合上控制回路电源开关。

2）功能试验调试

（1）功能试验调试过程一般在系统全部具备运行条件后进行调试。

（2）“试灯”功能调试。将控制电源开关合上后，按下控制箱上“试灯”按钮，所有指示灯应全部发光工作。

（3）冷却水压力继电器的调试。起动冷藏系统冷却水泵，当水泵正常运行后，压力值在达到设定值时，压力继电器常开触点闭合。为制冷压缩机起动做准备工作。

（4）准备用钳形电流表测量空压机的起动电流和运行电流值。控制压缩机起动运行，记录压缩机的起动电流和运行电流。

（5）低压继电器起动，停车功能试验。起动冷藏系统压缩机运行，按下鱼库、肉库、蔬菜库风机起动按钮后，风机运行。此时断开电磁阀控制温度开关，模拟冷库温度达到设定值工况。

（6）当压缩机吸口压力低时，低压继电器动作，压缩机停止运行。然后将电磁阀控制温度继电器接通，压缩机吸入口压力升高，低压继电器动作，压缩机又起动运行。在调试过程中校对低压继电器起停压力值。

（7）高压继电器保护功能试验。压缩机起动运行后，缓慢关闭系统的阀，系统的压力缓慢升高，待压力达到高压保护设定值时，压缩机停机同时报警指示灯亮，系统处于报警状态，此时，压缩机不能再次起动。打开系统出口阀，手动复位高压保护继电器，可以重新起动冷藏压缩机。

（8）滑油低压继电器功能调试。将滑油低压继电器的取样管接到手压泵上，将手压泵压力提高到设定值以上，起动制冷压缩机运行，将手压泵压力值慢慢泄放降低到设定值，滑油低压继电器动作，继电器指示灯变暗。经设定延时后，压缩机停止运行。

（9）鱼库、肉库除霜功能调试。起动制冷压缩机正常工作，然后将除霜控制时钟继电器调整到除霜工作位置。压缩机停止工作，鱼库、肉库风机停止运行。此时将除霜控制温度继电器的常开触点接通，除霜加热器通电工作开始加热除霜。当时钟继电器除霜时段过后，除霜控制温度继电器恢复正常位置。压缩机制冷恢复到正常制冷程序。

上述调试结束后，将系统恢复正常状态，按照要求进行整个系统的联锁试验、校对调试值是否准确。另外进行长时间运行考核、冷库温度的保温试验、系统膨胀阀的调整、系统延伸报警的调试等工作。

三、冷藏集装箱控制系统

1. 概述

冷藏集装箱是为载运过程中要求保持一定温度的货物（如新鲜水果、蔬菜、鱼、肉等食品）而专门设计的，简称冷藏箱。应用冷藏箱进行冷藏货运已成为一种主要形式。

冷藏箱适应运输和移动，结构紧凑坚固，耐振动，制冷装置设置在箱体一端，蒸发器与压缩机距离很近，多为单蒸发器，制冷量相对较小。一般冷藏箱只有风冷冷凝器，只能放在露天甲板上，而有的具有水冷冷凝器，适宜安置在大舱内工作。冷藏箱所运货物的品种随机性很大，箱内温度的调节也因货物而异，如水产品（海鲜等）要求－20～－18 ℃，新鲜水果要求＋3 ℃。因此，冷藏箱的温控范围，一般设定在－30～＋25 ℃。对于不同挡的温度，冷藏箱一般设有冷藏、冷冻和加热三种温控方式。为了提高调温精度（如±0.2 ℃），采取能量调节措施，如压缩机间隙工作、制冷剂热气旁通、制冷流量调节、电加热、卸缸调载、蒸发器和冷凝器风机变速及其风机运行台数控制等。

冷藏箱的控制技术发展迅速，目前基本上使用以微处理器为核心具有一定通信功能的温度控制系统。图 7－29 所示为某冷藏箱的制冷系统示意图。

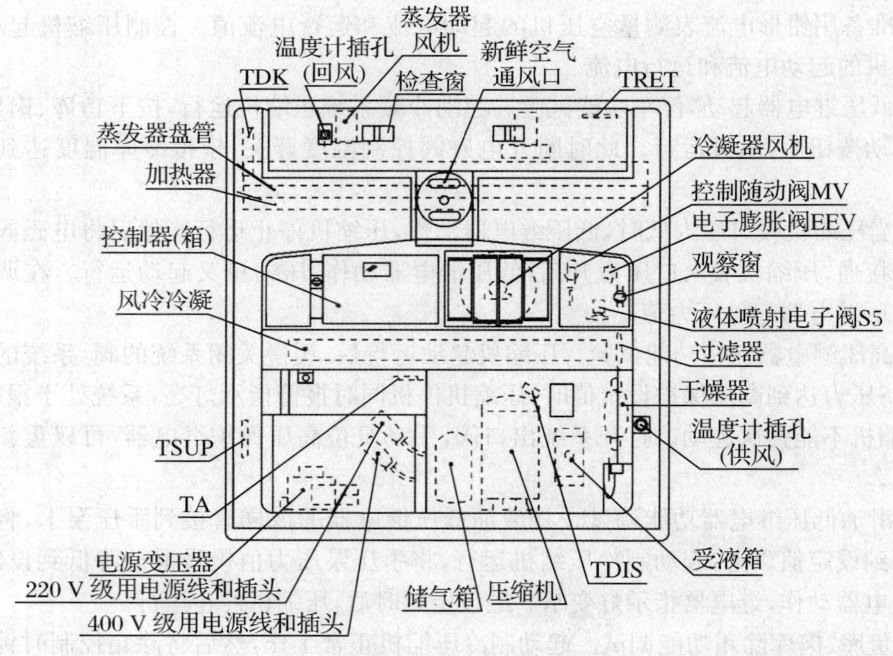

图 7－29　某冷藏箱制冷系统示意图

在图 7－29 中，上部主要有密封在箱内的蒸发器、蒸发器风机以及新鲜空气通风口。中部主要有冷凝器、冷凝器风机、控制箱以及控制随动阀、电子膨胀阀和液体喷射电磁阀等。下部主要有制冷压缩机、储气箱、制冷系统外部管路以及电源变压器、电源。压缩机功率为5.5 kW，制冷剂为 R22。控制系统采用微机控制器，温度设定范围为－30～＋25 ℃(0.1 ℃/挡)，冷藏方式的温度控制精度(CHILL)为±0.2 ℃，冷冻方式(FROZEN)则为±0.5 ℃。

控制器具有这类冷藏箱所要求的各种功能：①温度和除霜控制；②自动诊断和安全保护功能；③试验功能；④显示控制功能；⑤运行和运输数据记录功能；⑥数据通信功能。

2．制冷系统的工作原理

如图 7－30 所示的制冷系统，采用一台全封闭涡流式制冷压缩机。压缩机排出的高温、高压冷剂气体进入风冷冷凝器(在冷藏方式中，当制冷运转方式转为容量控制或容量控制＋低热时，控制随动阀 MV 被打开，部分高温冷剂气体经此阀进入蒸发器，实现无级能量调节，从而实现箱体温度的精确控制)。在冷凝器中，冷剂气体与外界空气进行热交换而被冷却和液化。液化冷剂经过储液箱进入干燥器和过滤器分离水分及滤去杂质后，大部分进入电子膨胀阀 EEV，小部分经过液体喷射电磁阀 S5、毛细管喷射入压缩机的吸气腔，避免压缩机过热。冷剂经过 EEV 突然膨胀，压力降到蒸发压力，经过液体分配器进入蒸发器。冷剂流过蒸发器盘形管时吸收箱内的热量而不断气化，使箱内温度下降。最后冷剂离开蒸发器经储气箱进入压缩机吸气腔。安装在蒸发器出口管路上的温度传感器(TDK)和压力传感器(LPT)实时反映出口冷剂的过热程度。制冷控制器根据过热程度控制电子膨胀阀 EEV 开度，以维持最适量的冷剂流入蒸发器。

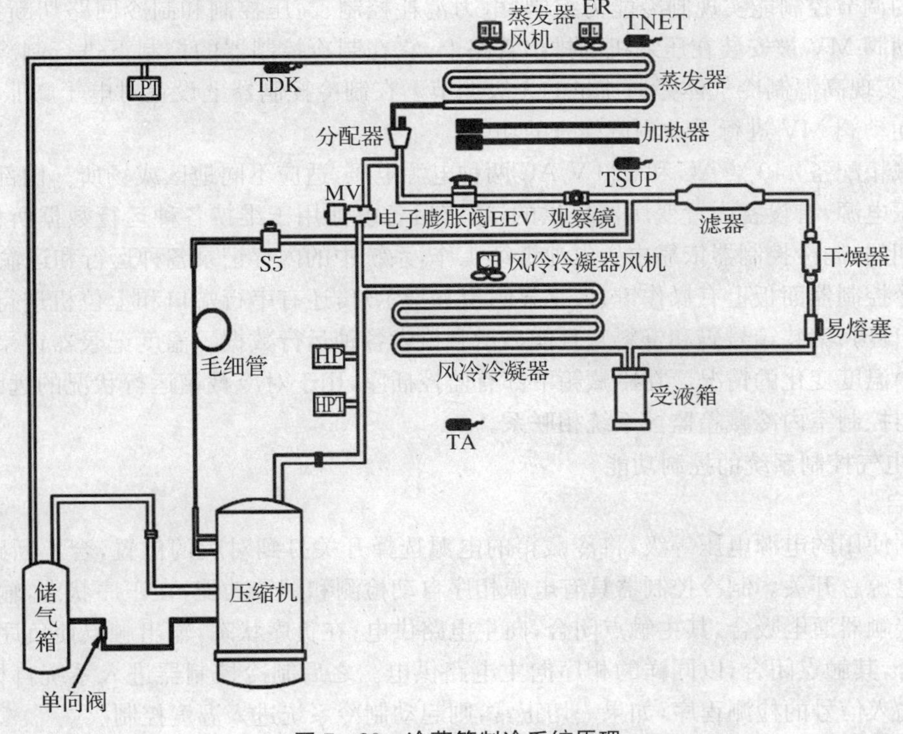

图 7－30　冷藏箱制冷系统原理

3. 电气控制系统的结构

整个制冷系统的各种运行工况都是在制冷控制器的控制下实现的。制冷控制器接受系统中温度、压力、电压、电流等各种信号，进行分析、处理后，经输出通道控制压缩机、风机或加热器，实现冷藏箱的温度控制。

制冷电气控制系统以制冷控制器为核心，分为输入、信息处理与输出、执行和电源供给。接收的输入信号有蒸发器供风温度、回风温度(即冷藏箱体温度)、蒸发器出口端冷剂温度、冷藏箱环境温度、压缩机出口温度、用于压缩机过热保护的温度传感器；低压传感器和高压传感器分别检测压缩机进出口压力；电流互感器测量压缩机电机工作电流和主电路的工作电流。

除上述模拟量外，系统还有温度开关。在加热或除霜过程中，一旦加热器过热，温度开关自动断开，切除加热器电源；高压开关，用于检测压缩机出口冷剂异常，如果压缩机出口出现异常高压，高压开关断开，控制压缩机停止工作。

制冷控制器的输出控制分为开关量和模拟量两种。通过制冷控制器内部继电器的控制触点分别控制接触器，进而控制主电路供电与相序、压缩机、风机和加热器。对应的控制关系是：主开关→相序继电器→相序接触器 1 或 2；主开关→接触器→压缩机(低速或高速)；风机开关→风机接触器→冷凝器风机；蒸发器风机开关→接触器→热继电器→蒸发器风机(低速或高速)；加热器开关→接触器 1，2→加热器 1，2。

制冷控制器对电子膨胀阀 EEV 和控制随动阀 MV 进行连续的电压调节控制，其过程调节可采用比例积分微分调节，使系统处于最佳运行状态。电子膨胀阀 EEV 有多种用途，通过对它的调节控制能实现制冷能力控制、电力消耗控制、高压控制和制冷回路切断控制等。控制随动阀 MV 被安装在压缩机的排出管路上，它在制冷控制器的控制下进行制冷的容量控制，并实现高温制冷气体旁通流量的无级调节。在制冷控制器上设置对电子膨胀阀 EEV 和控制随动阀 MV 进行手动测试检查的功能。

冷藏箱配备 440 V AC 和 220 V AC 两种电源电压，适应不同地区或场所。内部所用的多种低压电源，有设备内置变压器提供的，还有后备电池用于维持各种运行数据所保存的。在断电期间，制冷控制器依靠内置电池继续工作，系统中的内存记录各种运行和运输资料。

制冷控制器面板上有操作键、数字显示窗和指示灯，还有串行端口和上位机进行数据通信(包括日历、集装箱号码和资料)，且能显示和检索各种运行数据。温度记录器记录冷箱运行过程中温度变化的情况。在冷藏箱下部有监控插座，用于对冷藏箱运行状况的远距监控，通过它与控制室内冷藏箱监控系统相联系。

4. 电气控制系统的控制功能

1) 启动

根据使用的电源电压等级，将冷藏箱的电源选择开关打到对应的位置，合上断路器，接通控制电源总开关。制冷控制器具有电源相序自动检测和翻转功能，在正序状态，输出触点使正序接触器通电吸合，其主触点闭合，向主电路供电；在负序状态，输出触点使负序接触器通电吸合，其触点闭合，以同样的相序向主电路供电。之后制冷控制器进入系统自检、电源和其他输入信号的检测程序，如果一切正常，则起动制冷系统进入温度控制。

2）温度控制

制冷控制器根据实际温度与设定的温度之差遵循预设顺序进行“运转挡”转换来实现温度控制。所谓预设顺序就是系统根据实际温度变化过程，按照预先设定步骤，控制程序运行在不同运转挡的顺序。

(1) 冷藏(CHILL)方式。设定温度：−5 ℃及其以上。冷藏(CHILL)方式有五个运转挡：①全致冷运行；②使用高温气体控制随动阀 MV 的容量控制运行；③容量控制＋低热运行；④低热运行；⑤高热运行。当运行开始时，控制器根据供风温度高于还是低于设定温度将机组的初始运转挡设置在“全致冷”或“低热”运行状态。

机组在“全致冷”运转挡，制冷控制器的输出触点使主接触器通电吸合，起动压缩机；同时使喷液电磁阀 S5 通电打开，部分液体冷剂经过毛细管喷射入压缩机的吸气腔，以帮助冷却压缩机。同时控制器控制触点闭合，使冷凝风机接触器通电吸合，起动冷凝风机，并使蒸发器风机高速接触器通电吸合，使两台蒸发器风机高速运行。而制冷控制器根据蒸发器出口冷剂的温度和压力推算出其过热程度，调节电子膨胀阀 EEV 的开度，保持最适量的冷剂流入蒸发器，使制冷能力与最少能耗下的热负荷相一致，保持机组连续运行。如果机组在“全致冷”运转挡下，供风温度降至设定温度，机组将转到下一挡的“容量控制”。此时，压缩机和风机运行状态保持不变，制冷控制器根据蒸发器出口冷剂过热度和供风温度调节随动阀 MV 的开度，部分高温冷剂气体直接进入蒸发器，实现能量无级调节，使箱体温度精确地保持在所设定的范围内。相应输出触点使橙黄色指示灯 OL 指示箱体温度处于设定范围内。机组根据控制随动阀 MV 的开度、设定过热度和温度偏差状况也可能会从容量控制转换到容量控制＋低热的运转挡运行或者两挡之间运转转换。

机组在“低热”运转挡，制冷控制器的一个输出触点闭合，使一个加热器通电，但同时保持两台蒸发器风机高速运转，系统处于低加热状态。当供风温度高于设定温度 1.5 ℃时，机组会进入上一挡的“容量控制＋低热”运转挡运行。

如果机组从“低热”运转挡投入工作，而此时供风温度低于设定温度 2 ℃时，机组会进入下一挡的“高热”运转挡，此时，两台蒸发器风机仍高速运转，但控制器控制三个加热器全部通电。当供风温度回升到高于设定温度 1 ℃时，机组重回到“低热”运转挡工作。

如果控制温度超出为各运转挡所设定的温度范围，机组就转换一挡运行。在“冷藏”运行方式下，除了除霜时段外蒸发器风机始终处于高速运转。

(2) 冷冻(FROZEN)方式。设定温度：低于−5 ℃。在冷冻方式下，机组根据回风和供风两者中的较高温度，利用“全致冷”“低循环(风扇工作)”和“低热”三个运转挡，实现温度控制。当回风或供风温度高于设定点温度时，制冷控制器使初始运转挡保持在“全致冷”运转挡，而制冷的开始阶段与冷藏方式相同(压缩机运行、冷凝器风机运行、两台蒸发器风机高速运行、喷液电磁阀 S5 打开、制冷控制器对电子膨胀阀 EEV 开度进行不断调节)。当箱内温度下降到−5 ℃时，输出继电器触点使蒸发器风机高速接触器失电，低速接触器通电吸合，两台蒸发器风机由高速转为低速运行。当控制温度升高到设定温度上限时，蒸发器风机从低速转为高速运行。

当温度低于设定点温度时，制冷系统进入“低循环”运转挡：压缩机和冷凝器风机停转；关闭 S5、随动阀 MV 和电子膨胀阀 EEV；仅两台蒸发器风机处于低速运行状态。当温度回升到设定温度上限时，压缩机重新起动，机组进入"全致冷"运转挡，将温度保持在所设定的范围内。

当控制温度低于设定点温度且超出 2 ℃时，输出继电器触点动作使两台蒸发器风机恢复到高速运行，但压缩机、冷凝器风机均处于停转，由于电子膨胀阀 EEV 和随动阀 MV 关断，系统处于"低热"运转挡。当温度上升到设定点温度时，系统进入"低循环"运转挡，如果温度继续回升，高于设定点温度，系统进入冷冻方式下的"全致冷"运转挡。

(3) 除霜。只有当蒸发器出口冷剂的温度低于 10 ℃时，才有可能进行自动或手动除霜操作。①自动除霜操作由除霜定时器控制，除霜时间间隔挡有 A(自动)－3—6—9—12 h 等挡位，可用于自动或固定(3—6—9—12 h)方式进行除霜，在预设时可任选其中一个除霜时间进行自动除霜。如果选择自动方式，则系统把最后一次的除霜时间跟当前的一次进行比较，并自动对除霜定时器设定最佳的除霜时间间隔(程序会自动地在 3—6—9—12 h挡中改变除霜时间)，当除霜时间到，时机组自动开始除霜。也可通过手动预设方法(可调间隔为 3，6，9 或 12 h)对除霜定时器进行固定的除霜时间间隔的设定，同样，当除霜时间到达时，机组自动开始除霜。但是，不管除霜间隔设为多少，第一次除霜总是在系统运行 3 h 后进行的。当除霜时，压缩机、蒸发风机都停止运行，输出继电器触点使主加热器接触器通电吸合，主加热器通电加热；同时副加热器也通电加热。此时，主、副两个加热器同时加热，很快将蒸发器上的霜层融化掉。在融霜期间，控制器输出控制使除霜指示灯亮。当蒸发器出口端冷剂温度传感器感受到的温度高于 15 ℃或除霜持续 60 min 时，除霜被终止。②手动除霜。按下"手动除霜"键，可随时进行除霜。其他动作顺序与上述自动除霜完全相同。

3) 安全保护功能

(1) 压缩机出口高压保护。如果压缩机出口压力异常升高，高压传感器将把检测到的信号传给制冷控制器，制冷控制器直接停止压缩机；3 min 后，当高压降到正常值时系统自动地重新起动压缩机。此功能仅执行 3 次。如果此项功能没有起作用，则高压开关断开，压缩机接触器断电，压缩机停机，喷液电磁阀 S5 断电关闭，制冷指示灯熄灭；易熔塞也可能破裂，释放冷剂。

(2) 压缩机进口低压保护。如果压缩机进口压力异常低，制冷控制器将接受低压传感器(LPT)检测到的信号，直接停止压缩机和冷凝器风扇。3 min 后，当低压上升到正常范围内时压缩机和冷凝器风扇自动地重新开始运行，此功能仅执行 3 次。

(3) 压缩机过热保护。如果压缩机排温异常升高，制冷控制器将接受压缩机排温传感器(TDIS)检测到的信号，直接切断压缩和冷凝器风扇电源。

(4) 压缩机电机过电流保护。如果压缩机电机电流持续数秒，超出正常范围，则制冷控制器根据电流传感器 CTM 的信号，直接切断压缩机和冷凝器风扇电源。

(5) 除霜终止保护。当融霜传感器上的温度升高到 15 ℃或除霜持续 60 min 时，制冷控制器将依据融霜传感器反映的信号，终止除霜。如果此项功能没有起作用，则过热保护恒温器的触点断开，使主、副加热器断电，停止加热。

(6) 环境高温保护。环境温度传感器将温度信号输送给制冷控制器，当温度低于 50 ℃时，全部设备保持正常运行；当温度高于 50 ℃时，制冷控制器发出信号控制机组停止运行。

(7) 电流、电压异常保护。当制冷控制器获得电流传感器、电压传感器的异常信号，将使主电路上的动力设备停止工作；如果 24 V 控制电路上电流过大，电路保护器将断开起保护作用。

(8) 制冷控制器在系统运行过程中不断地检查系统运行状态，当发现任何异常现象时，警报 ALARM 灯亮，并显示警报代码。如果系统中传感器本身出现故障，制冷控制器显示相应警报代码，同时，系统自动转换到“失效-保护温度控制”的运行方式，采用该功能目的是使控制系统不会因传感器故障而使整个制冷系统停止工作。

5. 冷藏箱运输的管理

冷藏箱在船舶运输过程中是由船舶管理人员负责进行管理，要求及时排除故障，维持冷箱的正常运行，确保货物完好无损。管理人员应认真做好定时的巡回检查，及时发现问题并加以处理。常规的巡检主要有：设备运行中有无异常噪声和振动；显示的实际温度是否在规定范围内，有无报警指示；查看和分析温度记录曲线，判断系统工况是否处于正常状态；检查设定值(如温度)是否偏移或丢失；观察冷剂管路上的水分指示器颜色，其中绿色表示冷剂中无水分，属正常，若显示黄色则表示冷剂中有水分，需处理；应用手动测试方式(“MODE”键)检查该方式下所提供的一些工况参数、报警信息、运行状况与调整。

除了对运行中的冷藏箱进行外部察看之外，还应运用手动测试方式(“MODE”键)检查，检查内容包括变更或输入设定温度、显示的控制温度、设定或输入用于除霜定时器的手动自动开关、选择和操作 MIN. PTI 或 MAX. PTI 功能(PTI：Power Take Input)、改变或输入设定的湿度、手动操作运行设置，显示部件的多个 I/O 状态、0 ℃校正、多项显示运行数据、多项显示当前的警报代码等。

查看和分析冷藏箱体温度记录曲线是判断系统工况非常重要的手段。为了更好地了解冷藏箱体温度记录盘温度曲线，冷藏箱的几个基本工作状态有：

(1) 制冷状态(Cooling State)。当冷藏箱内温度高于设定温度时，冷藏箱进入制冷工作状态。

(2) 加热状态(Heating State)。当冷藏箱内温度低于设定温度时，冷藏箱进入加热工作状态。

(3) 除霜状态(Defrost State)。当冷藏箱蒸发器盘管(Evaporator Coil)结霜过多，影响箱内冷气流动时，冷藏箱进入除霜状态。

(4) 范围内状态(In - range State)。当箱内温度与设定温度接近时，冷藏箱进入范围内状态。其范围是设定温度的±0.5～±2.0 ℃，设定温度可根据用户需要设置。

正常的温度曲线轨迹如图 7 - 31 所示，冷藏箱体温度控曲线典型图例。

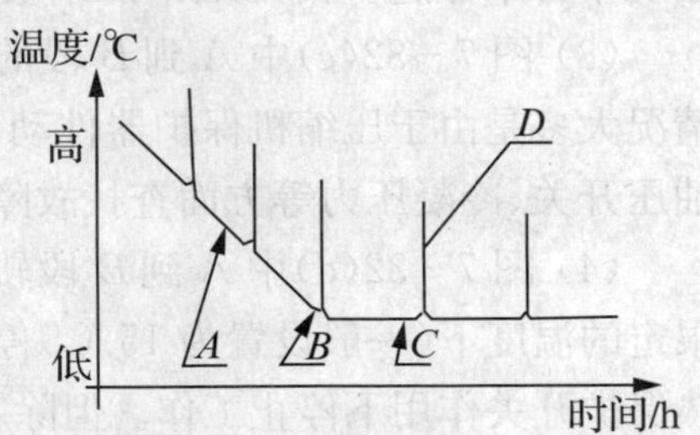

图 7 - 31　冷藏箱体温度控曲线典型图例

A 段轨迹是冷藏箱内温度的下降过程。在一般情况下，货物装箱后，其温度比设定温度高，此时冷藏箱进入制冷状态，箱内温度随时间不断下降，直至进入范围内状态。这段时间的长短取决于货物本身温度、装箱时的外部条件以及货物是否预冷(Pre - Cooling)。当然，在这个时间段内可能存在除霜状态。

B 段轨迹表示箱内温度达到了设定温度的上限温度，即进入范围内状态。

C 段轨迹表示箱内温度已达到设定温度，从 B 过渡至 C 通常只需几分钟的时间。在此期间，冷藏箱根据货温间断运行，以维持所需温度，直至进入除霜状态。

D 段轨迹表示冷藏箱进入除霜状态。在运行轨迹上表现为温度在很短时间内(超过 20 min)迅速上升，值得注意的是，此时温度记录盘所显示的只是蒸发器盘管上方的记录器感温棒的温度，蒸发器风机并未得电，故冷藏箱内温度并未因除霜而上升。

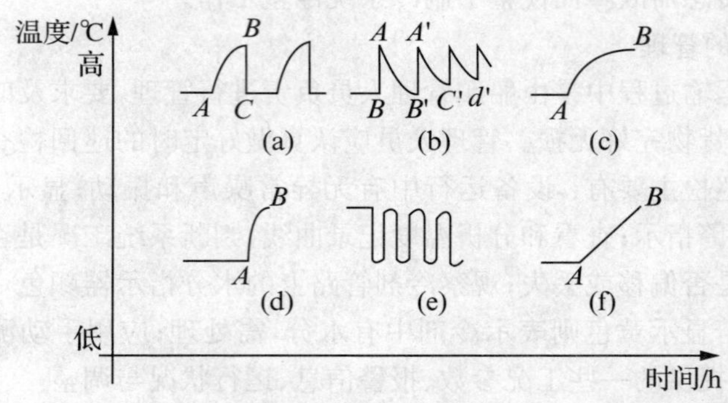

图 7－32　冷藏箱故障引起的温度曲线

图 7－32 是冷藏箱故障引起的 6 种温度变化曲线轨迹，在排除故障时，根据不同曲线采取相应措施。

(1) 图 7－32(a)中 A 到 B 段的轨迹为冷藏箱的除霜过程。加热器通电，蒸发器盘管温度迅速上升，使霜层融化。B 到 C 段为制冷机组在除霜后的制冷工作状态，由 $A \to B \to C$ 大约需 40 min，故 AB 段曲线轨迹应与 BC 段接近，如出现图 7－32(a)曲线时，可初步判定是加热功能不正常。通常是因为加热管损坏或失效，除霜时间过长造成的。机组在一段时间内维持除霜状态，在超过时限后(一般设置为 60 min)，强制终止除霜，此时应着重检测加热元件的性能、状态。

(2) 图 7－32(b)中 B 到 A 段(以及 B' 到 A' 段)的轨迹为冷藏箱的除霜过程。A 到 B' 段(A' 到 C' 段)的轨迹为冷藏箱的制冷过程。显然这样的轨迹表明制冷时间过长，而且 B 点、B' 点、C' 点和 d' 点温度逐步升高，依此大致可判定机组的制冷剂不足或有泄漏，或是膨胀阀局部阻塞，造成冷剂供应不足，从而导致制冷量下降，箱内温度升高。此时应着重检查：①制冷管路是否有漏点；②冷剂视镜是否有大量气泡产生；③视镜的湿度指示是否显示制冷系统中含水分过多；④膨胀阀工作是否正常。

(3) 图 7－32(c)中 A 到 B 段的曲线轨迹表明机组压缩机已停止工作，不再制冷。这种情况大多是由于压缩机保护器件动作而造成的，可通过检测压缩机排气温度、压缩机电流、油压开关、冷凝压力等方面查找故障根源。

(4) 图 7－32(d)中 A 到 B 段轨迹表明机组除霜终止传感器失效，使除霜加热管不能在限定的温度下(一般设置为 15 ℃)停止工作，而使蒸发器盘管持续升温。通常加热管会在过热保护开关作用下停止工作。但除霜时间过长，蒸发器盘管温度过高，会给货物带来不良影响，所以应及时更换失效的除霜终止传感器。

(5) 图 7－32(e)所示机组除霜动作频繁。其故障根源是箱内冷气运行不畅，使蒸发器盘管迅速结霜造成的。除霜后机组运行时间不长，又迅速结霜，如此循环，使货温不能维持在设定温度范围内。此时应着重检查蒸发器风机运行状态及其控制电路是否正常。当然，不正确的货物堆放，阻碍冷气流动通道，也是出现此种故障的重要原因之一。

(6) 图 7－32(f)这段轨迹表明蒸发器盘管已严重结霜，使蒸发器与箱内冷气无法实现热交换，造成货温升高，它是由于机组未实施除霜引起的，应着手检查除霜传感器及加热管是否失效。

第六节　船舶空调的电气控制系统

一、空调控制系统的概述

1. 船舶空调的要求

船舶空调仅用于满足卫生和舒适的需要，为船员创造良好的工作和休息环境，称为舒适性空调，它对空气条件不十分严格，一般应满足以下几方面：

(1) 空气温度。冬季为 19～22 ℃，夏季为 24～28 ℃，室内外温差不超过 6～10 ℃。

(2) 空气湿度。冬季相对湿度为 30%～40%，夏季相对湿度为 40%～50%。

(3) 空气清新程度。它包括空气清新(少含粉尘和有害气体)和新鲜(足够的含氧量)两项要求，满足人呼吸对氧气的需要，新鲜空气供给量为每人 2.4 m^3/h 即可，为了要使 CO_2，烟气等有害气体降到允许值以下，新风量要求每人 30～50 m^3/h。

(4) 空气流速。在舱室内，空气应有轻微的流动，使人感到不气闷，要求气流速度以 0.15～0.2 m/h 为宜，最大不超过 0.35 m/h，否则人也会感到不舒服。

(5) 噪声。距室内空调出风口处，测试的噪声应不大于 55～60 dB。

2. 舱室的热负荷和湿负荷

单位时间内渗入舱室并引起室温变化的热量称为舱室的热负荷，它主要包括：

(1) 渗入热。夏季通过船舶围护结构传入的热量占舱室显热负荷的 26%～31%。

(2) 太阳辐射热。通过外窗渗入的占 25%～27%。

(3) 人体散热量。平均每人约 210 kJ/h，人体散热占 16%～18%。

(4) 照明和其他电气设备散热占 4%～5%。

(5) 食品、燃烧或其他过程的散热量。

空调舱室的湿量来自人体散发的水蒸气、食物和水以及空气侵入而带入的湿量，每小时散布出的水蒸气量称为舱内湿负荷。人体和食物总是不断散发水蒸气使舱内含湿量增加，所以无论冬夏，舱内湿负荷总为正值。

要做到空调舱室的热湿平衡，就要求在空调舱室达到稳定时，空调供风换气所带来的热量和舱内的热负荷、湿负荷相平衡。

3. 集中式船舶空调

船舶空调一般都是将空气经过集中处理再分送到各舱室，这样的空调装置称为集中式空调装置，只有某些特殊舱室（机舱集控室）才单设专用的空气调节器。

船舶空调多采用完全集中式单风管空调系统，其通风机从新风吸口及回风吸口分别吸入新风（外界空气）和回风，两者混合后经空气调节器一次处理，然后用单风管经主风管、支风管送至舱室的布风器送风，舱室中多余空气通过房门下部的格栅或留出的空隙流入走廊。

非空调舱室厕所、浴室、配餐室等与走廊设有抽风口，由抽风口抽出，从高处排出大气。这样，由于非空调舱室中形成一定负压，空调舱室中的空气会自动流入，使之达到一定的空调效果，并避免不良气味散发到其他舱室。

船舶空调设备主要由两大部分组成：一部分是将空气进行冷却，形成“冷风”，以适应热天的要求；另一部分是将空气进行加热，形成“热风”，以适应冷天的要求。

4. 冷风的形成

空调设备的空气冷却系统与前一节讲过的船舶制冷系统大体相同。从图 7－33 可以看出，高压冷剂由积储器出来先进入过冷器 13，在过冷器中进一步受到冷却，以提高制冷效率。然后经电磁阀 14 进入热力膨胀阀 15 节流降压，进入冷却用的蒸发器 3 的盘管中，在管内蒸发吸热后再进入过冷器 13 冷却高压冷剂，然后送至压缩机。

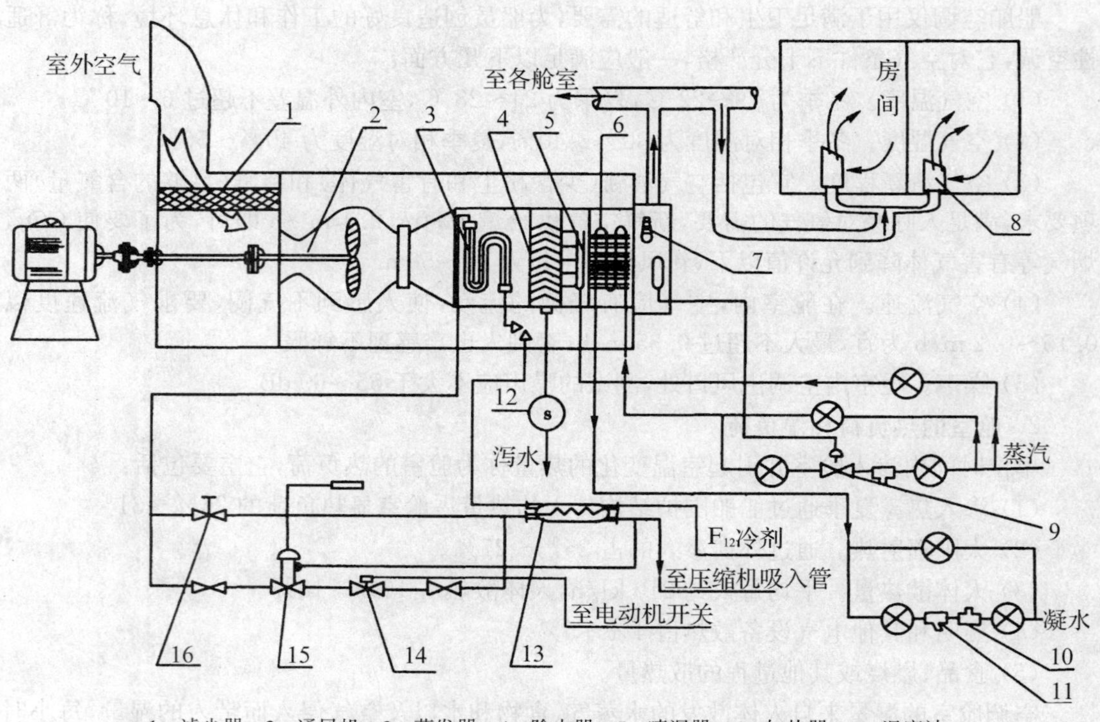

1—滤尘器；2—通风机；3—蒸发器；4—除水器；5—喷湿器；6—加热器；7—温度计；8—诱导器；9—温度调节器；10—阻汽器；11—凝水滤器；12—视流器；13—过冷器；14—电磁阀；15—热力膨胀阀；16—手动膨胀阀

图 7－33　空调系统

电磁阀线圈和压缩机电动机的磁力起动器的常开辅助触点串联。当空压机电动机工作时，电磁阀 14 通电开启；当空压机停止运行时，电磁阀 14 关闭。这样可以在空压机停止工作时，避免大量液态冷剂进入蒸发器 3，从而使空压机起动时不会产生冲缸现象。

室外空气经风管进入风箱，先经空气滤尘器清除空气中的尘埃。滤尘可使用纱布、粗孔泡沫塑料或金属网等，再经通风机将空气送入冷却器。冷却器由多组外面包有散热片的盘管所组成，管内有冷剂流过，冷剂的蒸发温度为 5～7 ℃，冷剂从管内流过时可将管外流过的空气冷却到 16 ℃左右，经管路通道送至房间，从而维持空调器回风口温度在 27～29 ℃的合适范围内。

当室外空气被冷却后，空气中的水分可能凝结析出，必须除去，因此在空调设备中装设有除水器，它由许多弯折成锯齿形的薄钢片构成，如图 7-33 所示。当空气流通过两钢片之间的曲折通道进，空气流动方向变化，由于空气与水的比重不同，B 口可将水滴分离出来，并附着在钢片上向下流落，后经泄水管排出。

5. 热风的形成

空调设备的空气加热系统如图 7-34 所示，在冷天时，室外空气温度很低，经滤尘后，由通风机吸入，在流经加热器时被加热(通常由蒸汽加热)。为提高换热量，加热器盘管外表面具有散热片。一般而言，加热后空气温度在 40 ℃左右，40 ℃左右的热风送至房间，即可维持房间温度在 18～21 ℃的合适范围。

除用蒸汽加热空气外，也可采用热水或电加热器加热冷空气。空气经过加热以后，比较干燥，因此常用喷一些蒸汽的方法以增加空气湿度。

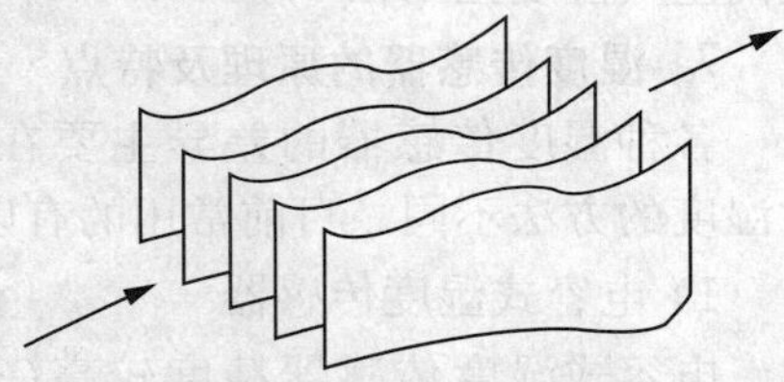

图 7-34　空调设备的空气加热系统

6. 湿度的自动调节

采暖工况可根据送风温度手动调节加湿阀的开度来控制送风相对湿度，即能大致控制舱室的相对湿度，避免湿度过低引起干燥，但是控制精度要求不高。加湿管路常设有与风机联锁启闭的电磁阀，调节方案有以下三种：

1) 控制送风的相对湿度

图 7-35(a)示出控制送风湿度的比例调节系统简图。感湿元件 1 放置在空调器出口的分配室内，用以感受送风的相对湿度，然后将信号送至比例式湿度调节器 2。当送风的相对湿度高于或低于调定值时，调节器会使加湿蒸汽调节阀 3 相应关小或开大，开度变化与送风湿度的偏差值成比例，使送风的相对湿度控制在一定的范围内。

这种方案只要根据送风温度选取合适的相对湿度调定值，即可大致调定送风的含湿量。只要送风量和舱室的湿负荷不变，就可控制室内空气的含湿量，并在室温变化不大时保持室内相对湿度合适。不过如果舱室的湿负荷变化较大，则室内的相对湿度仍会产生较大的变化。显然，控制送风湿度的方法不能采用双位调节，一般都采用比例调节。

2) 控制送风的含湿量(露点)

图 7-35(b)示为控制送风含湿量的空调系统简图。若能直接控制送风的含湿量，同时控制室温，就可控制室内的相对湿度。因为含湿量可由露点确定，故这种方案即为露点调节。这种系统采用两级加热的方法，即在预热器 7 后再加设喷水加湿器 4。喷水加湿是一个等焓加湿过程，故加湿后的空气温度会有所降低，未能被吸收的水则由泄水管路泄走。喷水加湿后空气能达到的相对湿度一般比较稳定。只要用调节预热器加热介质流量的方法，控制加湿后的空气温度，即可控制送风的含湿量和露点。送风的含湿量一般控制为 6～

6.3 g/kg，即露点为 6～7 ℃。这种方法用温度调节来代替湿度调节，比较方便、可靠，适用于采用两级加热的分区再热系统和双风管系统。

3）控制回风或典型舱室的相对湿度

图 7－35(c)示出控制回风或典型舱室相对湿度的双位调节系统简图。当双位式湿度调节器 10 收到感湿元件 1 送出的湿度信号，表明回风或典型舱室的湿度已降到要求范围的下限时，双位式湿度调节器 10 即发出调节信号，使加湿电磁阀 11 开启，舱室内湿度随之增加；而当感湿元件 1 感受的湿度达到上限时，调节器又会使电磁阀关闭，于是舱室内湿度开始下降。这种方案大多采用双位调节，将室内空气湿度控制在 30%～50%即可。

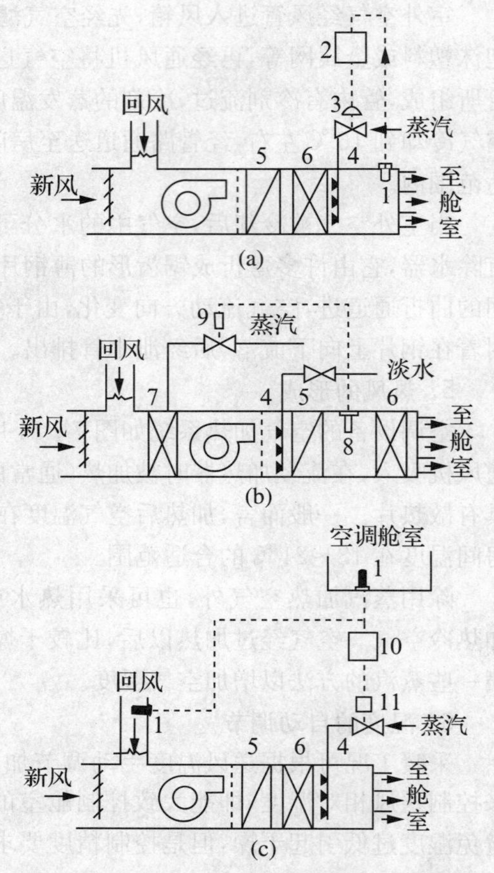

1—感湿元件；2—比例式湿度调节器；3—加湿调节阀；4—加湿器；5—冷却器；6—加热器；7—预热器；8—温包；9—直接作用式温度调节器；10—双位式湿度调节器；11—加湿电磁阀

图 7－35　湿度自动调节系统简图

7．**湿度传感器的原理及特点**

各种湿度传感器的差异主要在于测量相对湿度的方法不同。目前常用的有以下三种：

1）电容式湿度传感器

电容式湿度传感器精度较高（3.5%）、体积小、量程宽（10%～95%）、反应快、湿性能稳定、使用寿命长、几乎无须维护，被认为是当今最理想的测量相对湿度的方法，但价格较贵。其适用环境温度是 0～50 ℃。

电容式湿度传感器是一对金箔制的平板电极，薄到允许水蒸气通过。极间介质是有吸、放湿特性的聚合物薄膜，其含水量随空气的相对湿度而变。当极间介质的含水量改变时，平板电容器的电容量会产生很大变化，由检测电路转换成可反映相对湿度大小的 0～10 V 的直流电压，经电路转换后对加湿阀进行双位或比例控制。

2）电阻式湿度传感器

电阻式湿度传感器是利用氯化锂等金属盐在相对湿度变化时吸湿量改变，引起电阻值改变的原理来工作的。

氯化锂双位式电动湿度传感器的感湿元件是一个绝缘的圆柱体，表面平行缠有两根互不接触的银丝，外涂一层含氯化锂的涂料。当空气相对湿度变化时，氯化锂涂料的含水量随之改变，使其导电性改变，通过元件的电流即成比例地发生变化。此电信号经晶体管放大器放大后，控制调湿电磁阀。当空气相对湿度达到调定值时，信号控制器触点断开，则电磁阀断电关闭，停止向空调器喷湿；当相对湿度低于调定值 1%时，信号控制器触点闭合，则电磁阀开启，蒸汽加湿器工作。

氯化锂的电阻值除与含水量有关外，还与温度有关。湿度传感器上设有可改变晶体管放大器中电位器电阻值的调节旋钮，可按当时的环境温度，根据厂家提供的湿温关系曲线设置旋钮的位置。

氯化锂感湿元件反应快、精度高（±1.5%以内）。最高安全使用温度是 55 ℃，温度过高则氯化锂溶液会蒸发。其每种测头的量程较窄，应按空调的要求选用。使用直流电源会使氯化锂溶液电解，故不能用万用表测量其感湿元件电阻。用久后氯化锂涂料会脏污或剥落，故感湿元件需定期清洁和更换。

3）毛发（或尼龙薄膜）湿度传感器

这种传感器采用脱脂毛发或尼龙薄膜作为感湿元件，它们有许多微孔，在空气相对湿度变化时，微孔的吸湿能力会改变，引起其弹性壁面形变，故在一定的拉力作用下长度会随相对湿度的升降而增减。反映相对湿度大小的位移信号可转换成电动传感器的电信号，也可通过喷嘴挡板机构转换为气动传感器的气压信号。

毛发或尼龙薄膜的电动传感器简单、价廉，无须特别维护，量程（尼龙式为 30%～80%；毛发式为 20%～96%）和精度（±5%）能满足舒适性空调的要求；但其灵敏度差，而且毛发与尼龙薄膜用久后易发生塑性变形与老化，会影响测量精度，故零值和终值常需调整。

此外，利用干湿球温差反映相对湿度的湿度传感器也很常见，其湿感温元件采用温包或热电阻。但它需要经常保持湿感温元件外面所套的湿纱布浸水、清洁和通风，维护较麻烦，船上较少采用。

二、空调控制系统的控制装置分析

一般远洋运输船舶空调都是采用集中制冷/加热方式，装设两台制冷压缩机组和通风机。制冷原理与冷藏设备一样，所以，其控制方案也是大同小异。空调的压缩机组功能比较多，外界热负荷变化也比较大，一般空调压缩机具有卸载起动，随外界热负荷变化而自动卸载或增载（即自动减缸或增缸工作）。

在制冷工况下，当空调器回风温度高于设定值上限时，压缩机卸载起动，两个供液电磁阀仅开启一个，即只有一路冷剂管路开通。压缩机排出的高压冷剂经分油器、冷凝器、干燥器和一路制冷剂管进入空气冷却器蒸发制冷。制冷的空气冷却器将来自回风口处的回风和新风冷却，然后被通风机抽出送各舱室降温；在制热工况下，当室外温度低于规定值时，热蒸汽在气动调节阀的控制下进入空调器中的蒸汽加热器，将流过空调器的回风和新风加热，被加热的空气由通风机送入各舱室。当供风温度升到规定值时，蒸汽调节阀便自行关闭；当舱室内空气湿度过高或过低时，可手动或自动调节加湿器进汽管中的蒸汽针阀来改变。此外，该系统只有风机起动后才能起动压缩机，也即压缩机的控制受风机接触器辅助触点的控制；只有压缩机联锁保护回路均解除，才能允许压缩机起动运行，而且受回风调温开关控制。

图 7－36 是一船舶空调装置及其控制回路方框图。图 7－36(a)为多个空调机组中的一个，主要设备是供风电动机，用于向舱室送风，配有多个温度传感器、湿度传感器和差压变送器。如图 7－36(b)所示，控制板以 PLC 为核心，包括外围扩展模拟量输入模块、模拟量输出

模块和各种开关量的 I/O 模块，另外还在控制屏上设置触摸屏，用于信号的显示，命令的输入和参数的修改。

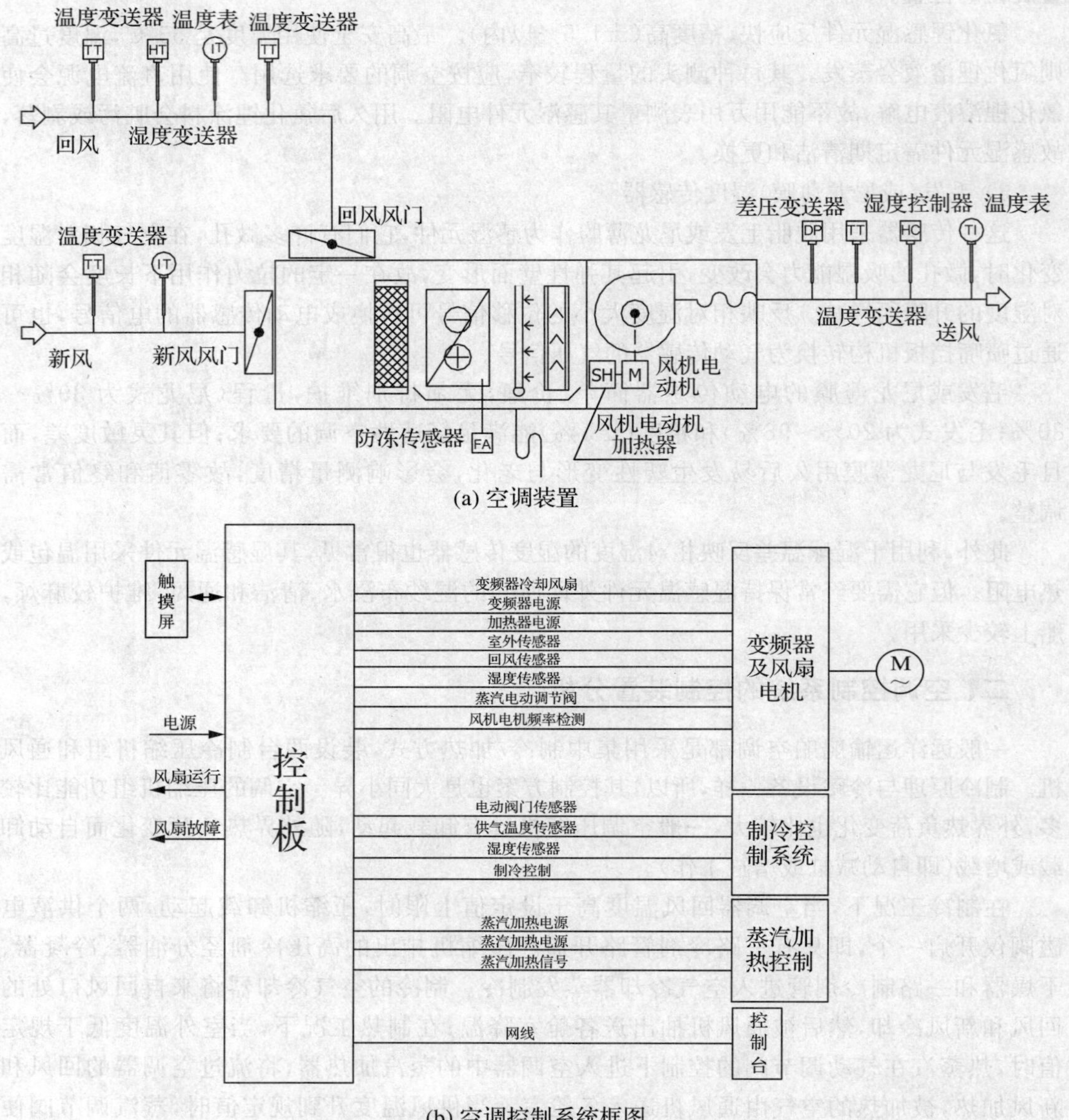

图 7-36　一船舶空调装置及其控制回路方框图

1. 送风温度调节控制

在新风和回风风门开度一定情况下，通过调节制冷量或加热量，即可调节输出送风的温度。制冷控制通过检测送风温度控制电动供液阀的开度调节其冷济流量，加热控制通过加热控制装置实现加热量的控制，如果是蒸汽加热，则调节蒸汽阀的开度，如果是电加热，则控制加热功率的大小或加热时间比。

2. **湿度调节控制**

根据送风的湿度传感器,控制板输出蒸汽加热信号,实现PLC控制加湿器的水汽,以保证出口湿度在设定的范围内。

3. **送风压力控制**

送风出口压力由差压变送器检测,通过调节风机电动机运行的速度来调节其流量,实现出口压力相对稳定的控制。空调送风压力可能随外界用风负载而变化,如果风机速度不变,则送风压力就会波动很大,有的系统还检测送风流量,通过流量的检测预先调节分级的速度,实现出口压力相对稳定。分级速度的调节现采用变频器控制电动机来实现。

4. **回风温度自动控制和能量调节**

1)回风温度达到整定值

随压缩机的运行,温度开始下降,当回风温度降到温度传感器的整定值时,PLC控制制冷供液电磁阀断开,使得压缩机吸口压力下降,压缩机出现自动减载乃至停机。

2)回风温度高于整定值

压缩机减载或停止后,制冷减少或停止,回风温度逐渐上升,当回风温度高于温度传感器的整定值时,控制压缩机制冷供液电磁阀打开,使得吸口压力上升,压缩机起动运行或加载。

3)电动机过载保护

当风机过载时,PLC控制使得风机电动机停止;同时向监控系统送出相应的信号。压缩机或水泵过载信号由空调中的制冷装置直接向监控系统送信号。

三、空调控制系统的调试与常见电气故障

1. **调试**

1)调试准备

关控制箱上的所有开关,合上配电板负载屏到空调压缩机控制箱的电源开关,将电送至控制箱,用万用表测三相电压。然后合上控制箱内的电源开关,使主回路和控制回路均有电工作。

2)加热器试验

合空调控制箱面板上电机加热器开关,控制箱面板上加热器指示灯亮,加热器通电。当压缩机运行时,主接触器通电,其常闭触点断开,控制箱面板上加热器指示灯灭,加热器自动失电。

3)空调海水泵的起停试验

按控制箱面板上的海水泵起动按钮,空调海水泵通电运行,控制面板上的空调海水泵的运行指示灯亮。按控制箱面板上的海水泵停止按钮,空调海水泵失电停止运行,控制面板上的空调海水泵的运行指示灯灭。

如空调不带空调海水泵,但开空调压缩机和制冷时必须开启冷却水泵。

4)空调风机的起/停试验

起动:按控制箱面板上空调风机的起动按钮,空调风机起动运行,如有电流表,则可观

察其电流变化过程。

停止：按控制箱面板上空调风机的停止按钮，空调风机停止，控制面板上的相应的指示灯灭。

5）空调压缩机的起停试验

起动：确认冷却水压力及其压力开关正常，高压开关因低压断开，油压开关正常合上，按起动按钮，空调压缩机起动，控制面板上的空调压缩机运行指示灯亮。

停止：按控制箱面板上压缩机的停止按钮，空调压缩机停止。

6）空调压缩机的故障停机试验

模拟冷却水压力开关低压断开，高压开关高压闭合，油压开关故障断开或热继电器过载常闭触点断开，均应使空调压缩机停止运行，相应故障指示灯点亮。

7）空调风机的故障停机试验

模拟空调风机的热继电器过载动作，空调风机停止。控制面板上的空调风机的运行指示灯灭，故障指示灯亮。

8）温度调节试验

降温：起动空调压缩机，当温度达到设定值，确认温度控制器动作，触点闭合，供液电磁阀通电。

升温和加速：起动空调风机，合上加湿开关，合上湿度电源开关。当湿度控制器降到设定值，湿度开关闭合，加湿电磁阀通电，湿度指示灯亮，通过增加蒸汽来增加空气湿度。当空调温度开关低于设定值时，加热蒸汽电磁阀通电，蒸汽指示灯亮，锅炉蒸汽送入风箱内换热器，使空气得到加热，温度超过设定上限时，其压力开关触点断开，加热电磁阀失电，停止加热。

2．常见故障检修

1）压缩机无法起动

（1）压缩机的起动受其联锁保护回路控制，特别是压缩机起动前必须先起动风机，故首先检查风机转否，若不转先把风机不转的故障排除；若转，则检测压缩机起动控制回路是否正常。

（2）若压缩机控制回路没有电压，检查控制屏内压缩机保护联锁电路是否正常。包括：检查海水泵是否工作，水压开关是否正常，油压开关是否故障；检查热继电器触点、高低压开关、压缩机电机绕组热保护开关及相应接线柱等。

（3）若压缩机保护联锁电路正常，则着重检查压缩机起动控制电路。包括各按钮的状态、中间继电器状态等。

2）空调系统工作时，舱室温度比较高

（1）检查温度调节器设定值，或观察其参数是否飘移。

（2）检查压缩机是否处于卸载工作状态，造成制冷量不够。若制冷量不够，则原因可能是选择开关人为进行卸载运行，也可能是供液电磁阀线路发生故障。

（3）除了电气故障原因外，还有外界原因（海水温度高）及制冷系统方面的原因（冷剂不够、压缩机工作效率低等）也会导致制冷状况不好，造成舱室温度比较高。

复习思考题

1. S 型分油机控制系统的组成有哪些？各有何作用？
2. 简述水份传感器 MT50 测量原理，并说明故障时系统如何工作？
3. S 型分油机自动控制系统的传感器主要有哪些？各起什么作用？
4. S 型分油机控制系统中的 EPC－50 控制器的主要任务是什么？
5. S 型分油机在拆修、修复后，如何操作使分油机分油工作？
6. S 型分油机控制系统如何自动检测自身设备？
7. S 型分油机控制系统如何进行判断外部传感器的好坏？
8. 简述自清洗滤器自动清洗的条件和清洗步骤。
9. 阀门遥控和液位遥测由哪些设备组成？两者有何关联？
10. 焚烧炉控制系统的组成和作用有哪些？
11. 船舶伙食制冷装置主要由哪些部分组成？其自动控制系统又由哪些部分组成？
12. 试描述制冷装置自动控制系统从起动到停止的一个循环工作过程。
13. 根据吸气压力来调节压缩机能量的方式比较多，目前在船舶中使用较多的是压力继电器—电磁阀式能量调节方式，试简述其工作原理。
14. 船舶伙食制冷装置主要有哪些保护？由哪些相应的器件实现？
15. 简述集装箱制冷控制系统的组成和日常维护保养工作。
16. 简述图 7－32(e)中的故障现象和故障原因。
17. 简述船舶空调温度调节的基本方案，并说明有哪些控制方式？
18. 空调控制系统的传感器有哪些？对应控制哪些执行器件来实现参数的控制？
19. 如何进行空调电气控制系统的调试？

第八章　机舱反馈自动控制系统

船舶机舱设备参数有液位、温度、压力、转速等，控制要求较高的参数需要有相应的闭环反馈自动控制系统，如柴油机气缸冷却水温度自动控制系统、主机燃油黏度自动控制系统、柴油机转速自动控制系统等。

第一节　柴油机气缸冷却水温度自动控制系统

一、柴油机冷却水温度自动控制系统概述

柴油机在运行时，气缸套和气缸盖都需要用淡水来冷却。把冷却用的淡水温度控制在给定值或给定值附近，对柴油机安全、可靠和经济地运转都是十分重要的。其控制方法是，将气缸冷却淡水（缸套水）分成两部分：一部分通过缸套水冷却器，用海水冷却缸套水使其温度降低；另一部分不通过淡水冷却器，与经过冷却的淡水混合，然后进入柴油机气缸的冷却空间。如果冷却水温度高于给定值，应减少不经冷却器的旁通水量，增大经冷却器的水量，使冷却水温度降回到给定值。反之，若冷却水温度低于给定值，则应增大旁通水量，减少经冷却器的水量，使冷却水温度回升到给定值。控制这两部分水量比例大小的部件是三通调节阀，也就是该控制系统的执行器。

1. 柴油机冷却水温度自动控制系统的结构组成

柴油机冷却水温度自动控制系统由缸套水冷却器（控制对象）、测温元件、调节器和三通调节阀（执行器）等基本单元组成，其原理图如图 8－1 所示。

在图 8－1 中，把测温元件装在柴油机冷却水进口管路上，测温元件输出信号与冷却水进口温度成比例变化。测温元件输出信号送至调节器。通过冷却水温度给定与测量值比较得到偏差值，然后按着某种作用规律输出一个控制信号送至执行器，从而可改变三通调节阀的开度，把冷却水的进口温度控制在给定值或给定值附近，以确保实现冷却柴油机的效果。运行中冷却水的柴油机出口温度随柴油机的负荷而变化，在超负荷运行的情况下，可能会产生冷却水出口温度短时过高的现象。而在主机停机时间过长，或备车时，需要使用暖缸加热器，以确保冷却水温度不至于过低。

2. 中央冷却水系统概述

船舶柴油机在运行过程中，需要对其高温冷却水温度和滑油温度进行调节控制。冷却源采用中央冷却水时，需要用海水对中央冷却水的温度进行调节。所以整个冷却系统有中

央冷却水、高温淡水和主机滑油温度三套对应的控制系统，每个系统均有控制器、三通调节阀、冷却器和被冷却的对象。

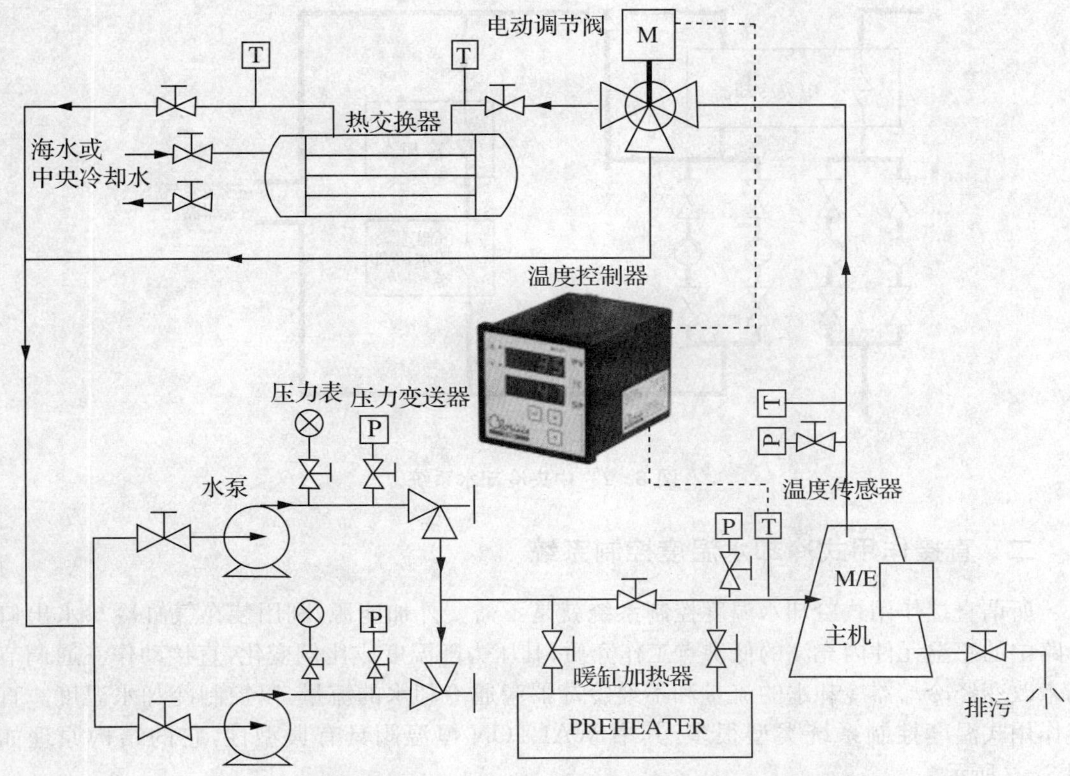

图 8-1　主机冷却水温度自动控制系统原理图

中央冷却水系统的基本特点是由高温淡水、中央冷却水、海水三个分系统组成。闭式的高温淡水（80～85 ℃）用于冷却主柴油机、气缸盖、废气涡轮增压器；中央冷却水（30～45 ℃）用于冷却高温淡水、发电柴油机气缸套、增压空气、活塞冷却油、柴油机系统滑油、空气压缩机、船舶空调冷凝器、船舶伙食装置冷凝器、蒸汽冷凝器；受热后的低温淡水在一个中央冷却器中由开式的海水系统进行冷却。

中央冷却水系统由两台海水泵、两台低温淡水泵和相关管系组成。中央冷却水先冷却温度较低的滑油，再冷却温度较高的主机高温冷却水，如图 8-2 所示。中央冷却水还要冷却主机扫气空气冷却器和发电机组的柴油机冷却水。

3. 柴油机冷却水温度自动控制方式

船舶柴油机冷却水温度自动控制方式有直接作用式、基地式、单元组合式和现场总线微机控制方式，其中，小型柴油机上多使用简单的直接作用式；在现在使用的船舶中还有使用基地式和单元组合式，随着技术的进步将逐渐退出市场；在新造船舶中，现在使用的多为现场总线微机控制方式。

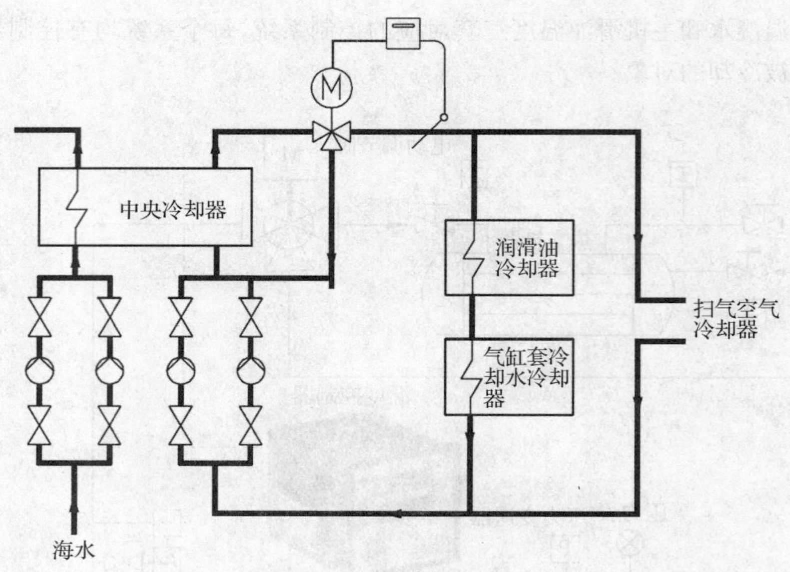

图 8－2　中央冷却水系统

二、直接作用式冷却水温度控制系统

所谓直接作用式冷却水温度控制系统就是不需要外加能源，利用装在气缸冷却水出口管路中的感温元件内充注的低沸点工作介质，其压力随温度成比例变化，直接动作三通调节阀来改变经冷却器冷却水的流量和不经冷却器旁通冷却水的流量，以控制冷却水温度。直接作用式温度控制系统类型很多，其中 WALTON 恒温阀具有典型性，它的结构原理如图 8－3所示。

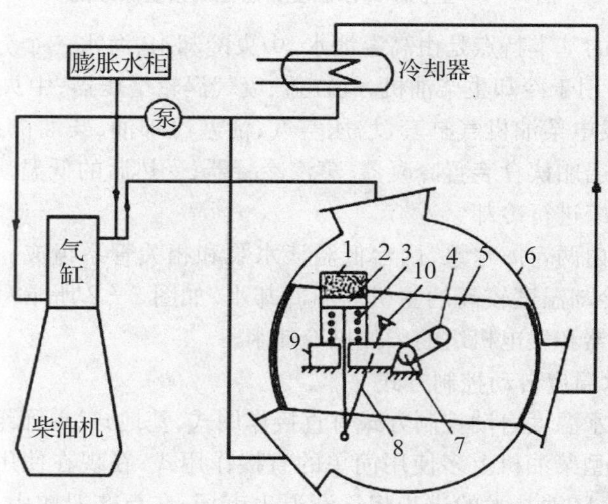

1—感温盒；2—活塞及活塞杆；3—弹簧；4—转轴；5—滑板；
6—阀体；7—轴；8—杠杆；9—拖板；10—杠杆支点

图 8－3　WALTON 恒温阀结构原理

1. 恒温阀结构和工作原理

恒温阀又称自力式调节阀。它由阀体、传动机构、滑板和感温盒组成。感温盒内充有石腊混合液作为感温介质。其动作原理是利用石腊混合液的体积随温度变化的性质，用体积膨胀产生的作用力来推动执行器，改变滑板的位置来控制冷却水的温度。

若冷却水温度升高，石腊混合液体积增大，感温盒1内的活塞2下移，经活塞杆、杠杆8及连杆与滑板5相连的杠杆支点10，使滑板5绕轴7逆时针转一个角度，减少旁通水量而增加经冷却器的水量，从而使冷却水温度下降，逐渐向给定值恢复，随着感温盒活塞的下移，弹簧3被压缩，当感温盒内石腊混合液因体积膨胀产生的向下的力与弹簧3向上的张力相平衡时，滑板5不再转动，旁通管口和经冷却器管口的开度不再改变。冷却水温度又重新稳定在给定值附近。当冷却水温度降低时，石腊混合液体积收缩，在弹簧3作用下，活塞2上移，滑板5绕轴7顺时针转动一个角度，开大旁通管口，关小通冷却器管口，使冷却水温度升高，并逐渐向给定值恢复。当弹簧3的张力再次平衡石腊混合液体积膨胀力，滑板停止转动，系统又达到一个新的平衡状态。

直接作用式控制系统把测量单元、调节器和执行器都组装在一起，成为不可分割的整体。直接作用式调节器结构简单，但只能实现比例作用，存在静差。同时，它的控制精度低、误差大，在对被控量精度要求比较高的情况下，使用直接作用式调节器是不适宜的。

给定值的调整是通过改变滑板的初始位置来实现的。在实物中，感温盒1、拖板9和轴7紧固在一起，转轴4伸出前端盖并装一个指针，该指针指示冷却水温度的给定值，转动这个指针可改变滑板5的初始位置，即可改变给定值。对恒温阀进行手动控制时，也是通过转动这个指针，改变滑板5的位置来实现的。

2. 管理和维护要点及故障分析

(1) 在安装时，注意管道对中。当上紧连接法兰螺栓时，用力要均匀，以避免阀体产生变形，造成滑板5卡阻从而使阀动作失灵。

(2) 在运行期间，每隔3 000 h要对阀的内部进行一次检查和清洗，防止污物卡住滑板。当拆装时，一定要将前端盖和整个内部部件一起拉出来，尤其不得将感温盒和传动机构拆开。当装复时，上紧前端盖螺栓后，要通过手操指针来回转动几次。若无异常现象，再把指针转至正常运行的位置上。

(3) 在运行过程中，若发现冷却水温度不可控制地升高时，首先要检查恒温阀，看是否因其出现故障所致。检查方法是，将通往冷却器的管口手动全开，旁通管口全关。过数分钟后，如果冷却水温度下降，说明恒温阀有故障，较大的可能性是感温盒中的石腊混合液泄漏。若温度仍不下降，说明不是恒温阀的问题，应另找原因；若发现冷却水温度不可控制地降低时，故障的最大可能性是，弹簧3发生断裂或滑板5卡在冷却器的管口开的较大位置。

三、数字温控器

数字温控器作为闭环控制系统的核心，是船舶定值控制系统的主流控制器，除实现定值闭环控制基本功能外，其主要功能有：易于操作，用户自定义设定，过程参数和设定值数字显示，比例积分或比例积分微分控制规律，二位输出（加、减）控制，参数自优化，紧凑结构，可选冷却或加热控制，Pt100或热敏电阻输入，线性输入处理环节，手动/自动切换，防护等级达 IP65,半自动的数据保护,插接式接线端子。

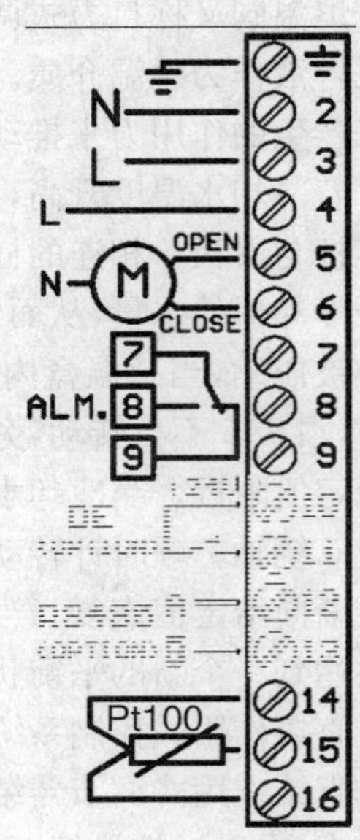

图 8-4 ER2000 外围接线图

图 8-4 为 ER2000 的外围接线图,2,3 号端子为 220 V 电源输入,4,5 为阀门开大触点,4,6 为阀门关小触点,7,8,9 为报警输出触点,14,15,16 为 Pt100 输入端子。10,11 为外围输入的触点信号,用于内部编程控制使用,它是一个选项,12,13 为 RS485 通信接口,需要时可以通过该接口与传感器或调节阀或其他系统联通,实现总线控制。

图 8-1 中间的控制器为 ER2000 的外形,其面板如图 8-5 所示,最上边的 ALM.、指示灯用于越限报警,第一行显示实际测量值 PV,第二行液晶显示设定值,左边两个指示灯表示阀门打开或关闭动作,对应图 8-4 中的电动机开、关动作,面板下边三个按钮是参数修改操作键,在正常运行时,直接按上下键,即可直接调节设定值,同时在第二行显示。如回车确认键在 2 s 内被按下 2 次,装置由自动模式进入手动模式,第二行显示"nAn",接着按上下键即可控制输出开或关的动作。如回车确认键持续按下超过 2 s,则进入参数修改模式,进入前先要确认密码,此时第一行显示"Cod",第二行为待设置的密码值,密码设置正确后,进入参数修改,第一行显示参数符号,第二行为参数值。具体参数可以参考产品说明书。控制器 ER2000 的控制方框图如图 8-6 所示,方框内的箭头表示内有对应参数可调。

调节器具有自整定和人工整定两种方法,自整定方法一般是在过程开始或过程中途进行,整定时间一般依被控对象而定,自整定过程中要注意防止出现严重事故。自整定法的整定过程为:即自动给出阶跃信号,观察输出响应,通过输出响应,按一定经验计算 PID 参数,这种在线自整定,实际与人为离线整定方法是一致的。按说明书要求,置调节器于"自整定"状态,观察阀门指示窗的变化情况。

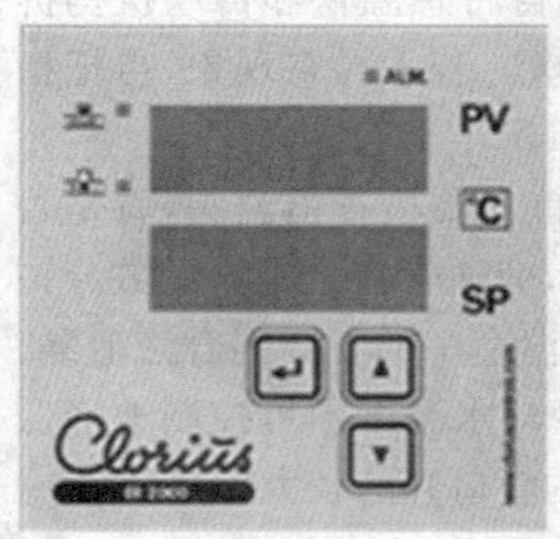

图 8-5 ER2000 面板图

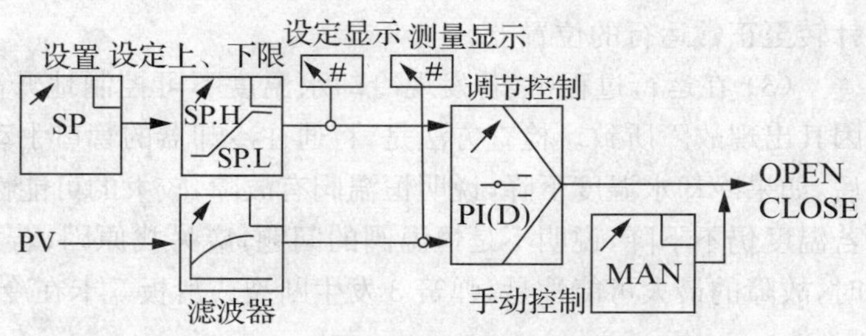

图 8-6 ER2000 的控制方框图

四、带海水流量控制的中央冷却水温度控制系统

在现代大型船舶上,中央冷却水温度控制系统多以三通阀调节冷热水混合比来实现单个温度参数的调节,而各水泵的控制是独立的,与温度控制无关。但是也有根据负载情况调

节海水泵的流速来配合温度调节的系统，其中 ENGARD 控制器采用单片机控制系统取代常规的电动调节器，在主要以三通阀控制冷却水温度的同时，海水泵的流速得到调节控制以配合优化温度调节。

1. 中央冷却水温度控制系统的组成

ENGARD 冷却水温度控制系统原理图如图 8-7 所示，ENGARD 冷却水温度控制系统主要由中央冷却器（常用板式冷却器）、低温淡水温度调节阀 3，主海水泵组 5，主淡水泵 6，Pt100 温度传感器 2 和 4，ENGARD 控制器 1 等组成。其中，Pt100 温度传感器 TT1 和 TT2 分别用来检测低温淡水温度和海水温度。

作为系统的核心部件，ENGARD 控制器的主要任务是：①通过低温淡水温度调节阀实现低温淡水的温度定值控制。②通过控制海水泵的台数及运转速度实现冷却海水流量的控制。系统按照控制器设定的参数，通过海水流量的有级调节和调节阀的开度变化来控制低温（LT）淡水系统的温度，以达到节能的效果。

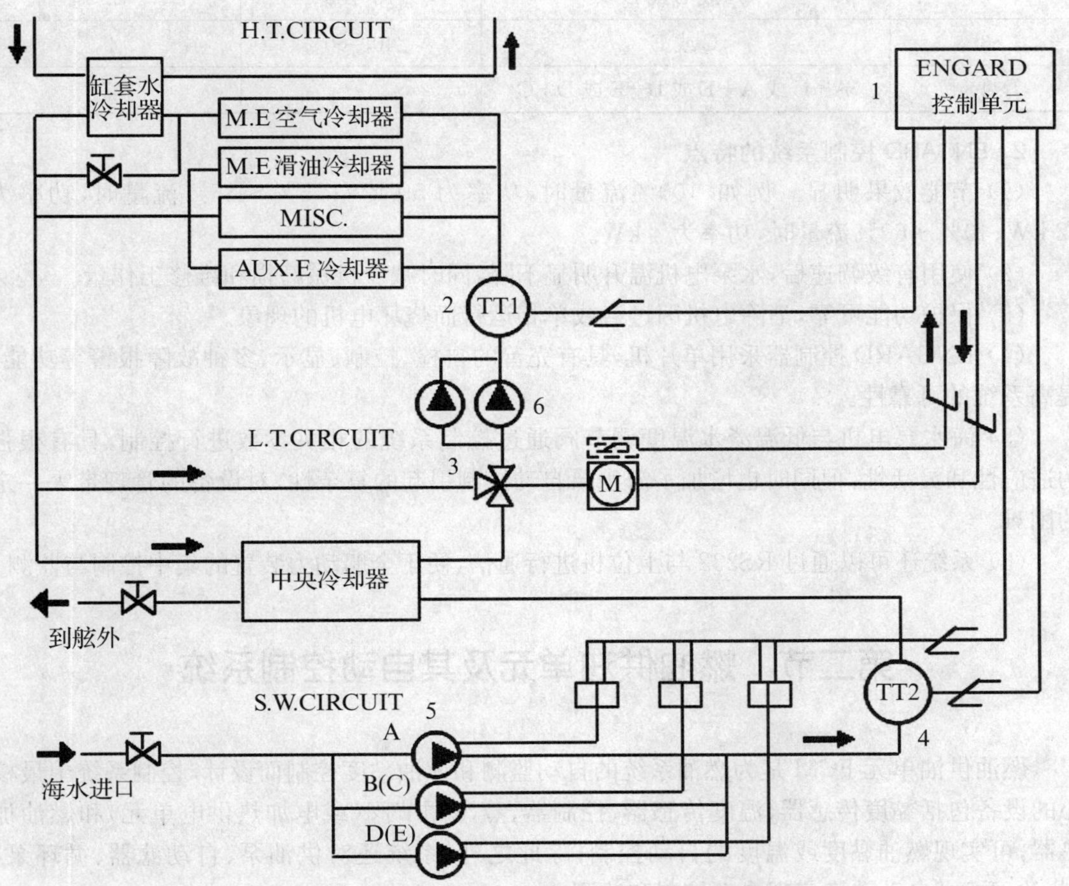

1—ENGARD控制器；2—Pt100温度传感器(TT1)；3—LT回路调节阀(V1)；
4—SW回路温度传感器(TT2)；5—冷主海水泵组；6—主淡水泵；M—伺服电动机

图 8-7　ENGARD 冷却水温度控制系统原理图

在海水回路的三台海水泵中：一台是单速的；另两台由双速电动机拖动，可进行变极调速。双速电动机拖动两台海水泵都在50%的负荷下并联运行时，也可以达到冷却系统的最大海水流量(100%)。ENGARD控制器管理这三台海水泵的运行状态，根据负荷大小变化自动地控制海水泵的并联、解列和调速，以得到合理的海水流量，满足中央冷却器在不同负荷下的控制需要。由流体力学可知，当水量减少、水泵转速下降时，其功率要降低很多。与传统的流量节流调节或旁通调节相比，ENGARD控制系统具有明显的节能效果。海水泵的流量组合见表8-1，水泵A，B，D的速度是一样的，而C和E的速度只有B和D的一半，但是流量不是成比例的，轴功率P与n的三次方成正比。

表8-1 海水泵的流量组合

流量种类	泵的组合	流量/%	消耗功率/kW
1	A+B或A+D或B+D	100	50
2	A或B或D	75～85	22
3	C或E	40～60	4
4	A+C或A+E或B+E或D+C		

2. ENGARD控制系统的特点

(1) 节能效果明显。例如，100%流量时，功率为50 kW；75%～85%流量时，功率为22 kW；40%～60%流量时，功率为4 kW。

(2) 使用有级调速后，水泵电机温升明显下降，同时减少机械磨损和维修工作量。

(3) 保护功能可靠，消除电机因过载或单相运行而烧坏电机的现象。

(4) ENGARD控制器采用单片机，具有完善的自检、控制、显示、多种故障报警等功能，提高系统的可靠性。

(5) 海水泵电机与低温淡水温度调节阀通过控制系统的相关参数进行控制，具有很强的适应性和灵活性，但同时也增加了海水泵自动控制引起的复杂性，对设备的管理带来一定的困难。

(6) 系统还可以通过RS232与上位机进行通信，便于全船动力装置的集中控制与监测。

第二节 燃油供油单元及其自动控制系统

燃油供油单元FCM是为燃油系统的自动监测和燃油黏度控制而设计，控制系统中最核心的设备包括黏度传感器、温度传感器、控制器、蒸汽调节阀(或电加热供电单元)和燃油加热器，可实现燃油黏度或温度的自动控制；除此之外，系统还对供油泵、自动滤器、循环泵、“柴油-重油”自动转换实现自动控制和监测。

系统中可采用蒸汽加热器，也可采用电加热器或两者兼用。柴油或重油经转换后，由控制器根据选择的加热器控制加热，并同时在线测量油温和黏度，由控制器根据选择的控制方式进行温度或黏度的自动控制。

一、燃油供油单元的组成

燃油供油单元的组成如图 8-8 所示。总体上可以分为供油处理系统、燃油黏度或温度自动控制系统、液压泵电机和滤器自动控制系统等部分。

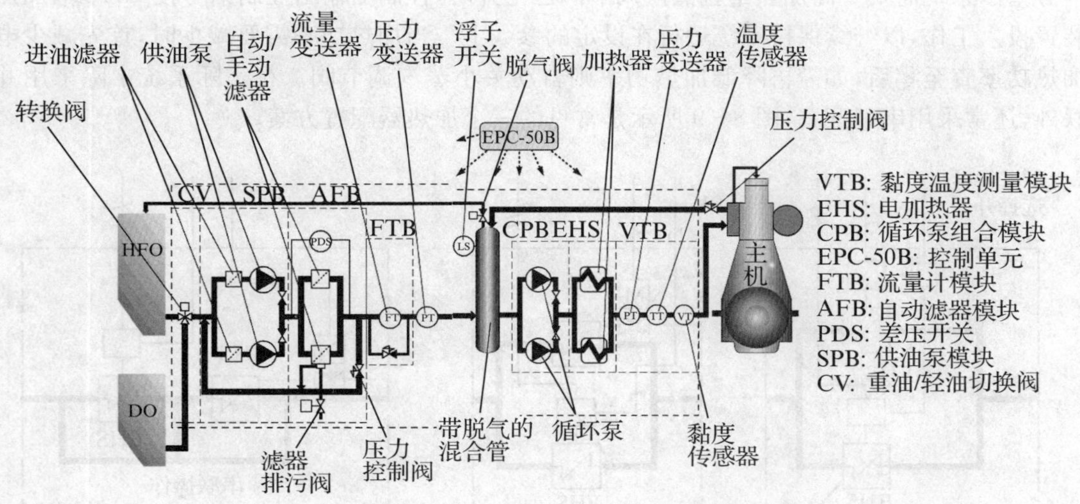

图 8-8　燃油供油单元的组成

1. 供油处理系统

供油处理系统由重油日用柜、柴油日用柜、“柴油-重油”转换阀、燃油供给泵(供油泵)、燃油自动滤器、流量变送器、压力变送器、集油在井(混油前筒)、燃油循环泵、燃油回油管系等设备组成。燃油供给泵的压力由压力变送器 PT 集油井检测,用于控制器分析和判断供给泵的状态。供给泵的流量由流量变送器 FT 检测,用于控制器分析柴油机的耗油情况。在自动滤器的前后装有差压开关 PDS,用于滤器脏堵报警的检测,当滤器进出口压差达到设定值时,控制器发出报警。滤器排污电磁阀可执行滤器自动排污。脱气模块包括带脱气的集油井、浮子开关和脱气阀,用于供油与加热后从主机的回油混合,并使油气分离。当气体达到一定量时,浮子开关动作,控制系统控制脱气阀打开,将油路中的气体放回日用柜 HFO。循环泵组合模块 CPB 用于向柴油机提供需要的油压,可以通过电压力变送器来检测。主机的回油通过电压力控制阀和管系回送到集油井,进行脱气处理。

2. 燃油供油单元的加热控制

在燃油黏度或温度自动控制系统中,若采用电加热器 EHS,则由两个电加热供电单元分别对两个电加热器的燃油进行加热,一是提供足够的加热量,确保燃油能够得到加热;二是可以方便地控制加热速度的快慢,需要快速加热时,两个可同时满额工作;三是两个加热器可互为备用,保障加热器的安全使用。若采用蒸汽加热,也是由两个加热器组成,电加热器 EHS 被蒸汽加热器 SHS 代替。蒸汽从外部引入,经过蒸汽调节阀送到两个蒸汽加热器,然后从本系统流出至热水井。由 EPC-50B 控制器通过比例积分调节器输出继电器触点,控制伺服电动机 M 动作,从而改变蒸汽调节阀 SRV 的阀门开度。另外,加热器还可选择使用热油作为加热源，控制方式与蒸汽加热相同，也是用调节阀来控制加热量。有的系统配置两个不同类型的加热器，典型的配置是一个蒸汽加热器和一个电加热器，既可方便控制加热，又能实现互为备用。系统以蒸汽加热（或热油加热）为主，电加热装置为备用，即刚投入使用期间用 SHS 蒸汽加热装置，由增加或减少信号控制蒸汽调节阀；当来自 EPC-50B 的信号指示系统需要更高加热量且蒸汽调节阀已全开时，控制器输出控制信号使 EHS 电加热装置投入工作，以继续保持系统运行在设定的参数上。当加热功率需要减少时，首先减少电加热功率直至零后，如需再降低加热功率则自动关小蒸汽调节阀。在实际系统中除采用并联外，还常采用串联配置，图 8-9 所示是常见的三个加热器配置方案。

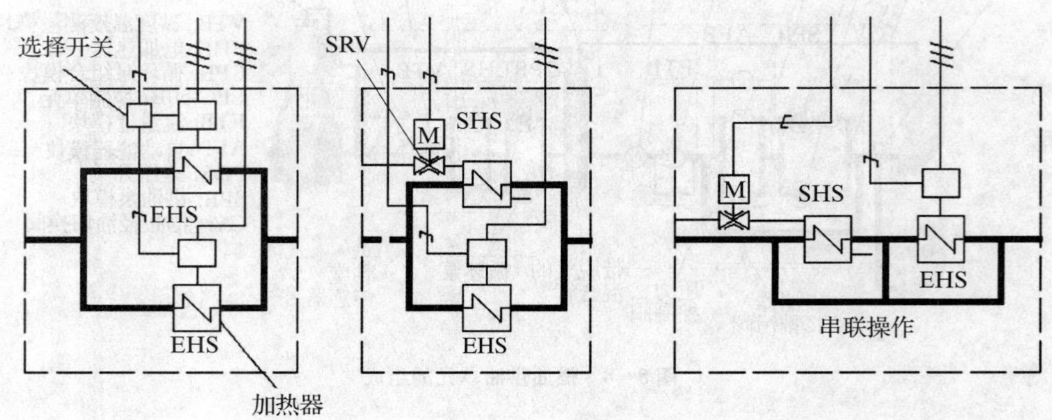

图 8-9　常见的三个加热器的配置方案

无论采用哪种加热方式，燃油温度均由温度传感器 TT(Pt100)检测，由控制器 EPC-50B 按照事前设定的比例积分控制规律调节加热器的加热量，从而实现燃油温度自动控制。如果系统选择黏度控制方式，不仅需要黏度传感器 VT 检测燃油黏度，还需要温度传感器 TT 检测燃油温度，并由控制器按照比例积分控制规律来调节加热器的加热量，实现燃油黏度自动控制。如果执行器件是蒸汽调节阀 SRV，则控制器给出“增加”或“减小”信号去控制伺服电动机动作，直到阀门开度检测信号（0～2 kΩ 电阻信号）与输出要求一致；如果是电加热供电单元，则 EPC-50B 输出最多 5 挡加热控制（根据加热器容量和控制输出挡位设定决定），由温度控制系统实现温度闭环控制。另外，控制器上配有手动/自动选择操作和手动加热量增加/减小（或加热挡位选择）操作，可以在需要时通过操作面板采用手动加热控制。控制系统除了燃油黏度或温度的自动控制以外，还能对“柴油-重油”转换阀进行自动控制，为保证转换正确、可靠，实际回路中装有限位开关来检测转换阀的具体位置，并将检测信号送给控制器。

3. **液压泵控制**

由液压泵电机起动箱实现电机的起动、停止控制，每个起动箱对应一台电机，带电源开关、电流表和指示灯，还配有选择开关安装在本地操作面板上，用于选择“Manual—Stop—EPC—Remote”，当选择“EPC”时，即液压泵由 EPC-50B 控制器自动控制，两套液压泵之间互为备用，可实现备用液压泵自动切换运行控制。另外，自动滤器也是由本地操作面板选择

“手动清洗—手动关—自动控制”，当选择“自动控制”时，由 EPC－50B 根据设定时间和差压开关 PDS 来控制滤器的自动清洗。当液压泵电机或自动滤器选择“Remote”时，则由 FCM 的远程(集控室)操作面板或微机进行控制。

4．控制器

控制器 EPC－50B 是整个系统的核心单元，由主控制板、本地基本操作面板组成，如图 8－10 所示。另外，可根据需要选配 FCM 远程操作面板，如图 8－11 所示。

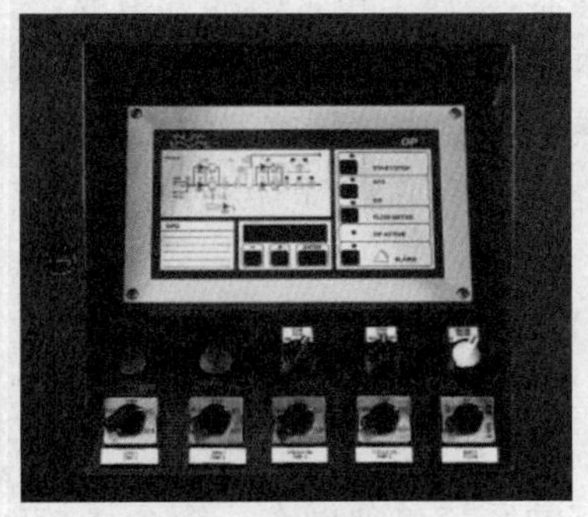

图 8－10　控制器 EPC－50B

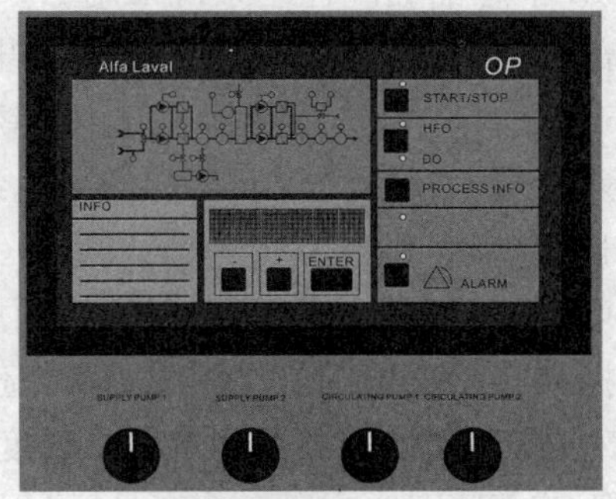

图 8－11　FCM 远程操作面板

控制器 EPC－50B 的主控制板与分油机控制中的 EPC－50B 硬件上是一样的，也是微机(单片机)控制系统。但是由于控制对象的不同，外围 I/O 不同，输出继电器扩展板和通信扩展板因需求不同也配置不同，所以配置的软件不同，故在本系统中用 EPC－50B 来表示。另外，有四个不同级别的操作模块，分别为基本级、扩展级、高级扩展级和全自动级。基本级即本地操作面板，是基本配置，可实现“柴油-重油”转换控制、燃油加热控制、报警控制、液压泵自动切换控制、自动滤器控制及操作面板上相关状态和测量值的信息显示等功能，其他级则扩展为可远程控制。

控制器 EPC－50B 主要分为三个部分：一是电源，由滤波装置和多输出变压器实现；二是主控制板，安装在 EPC－50B 控制箱内；三是操作面板。主控制板与操作面板通过异步串行通信实现数据交换。主控电路板接收安装在燃油供油单元 FCM 管路上的各种变送器和传感器信号，经分析和处理后，输出控制信号使各种阀件或电器动作，实现“柴油-重油”转换控制、燃油温度或黏度控制、报警控制、液压泵自动切换控制、自动滤器控制等。同时，燃油供油单元 FCM 的运行状态也可通过在主控电路板通信接口与操作面板联系，由操作面板上的一系列 LED 及信息显示窗进行指示，实现良好的人机交互。

EPC－50B 的操作面板采用单片机 P80C32 实现显示控制、按键输入处理和与主板信息交换等功能。结构上分为两块电路板：一块为单片机主板，包括微处理器、内存、字库存储器、通信接口和显示驱动模块等；另一块为专用信息显示控制器，显示需要的 LED 和字符。

操作面板右面有四个按钮和对应的状态指示灯，最上面的第一个按钮是起动/停止按钮，第二个按钮是“柴油-重油”转换按钮，第三个按钮是“过程信息”按钮，第四个按钮是“报警复位”按钮。

正面左上部是 FCM 基本状态及流程模拟图，当前基本状态可以完整显示。具体参数可以通过左侧下方的信息显示窗来显示，并可通过"＋""－"来翻看需要显示的参数值；在发生故障时，显示立即起动切换到显示当前最新故障内容；另外，还可用"ENTER"翻看主要参数，配合"＋""－"可以实现参数的修改操作。

二、燃油供油单元的自动控制系统

1. EVT20 黏度传感器的组成

FCM 中燃油黏度控制系统采用 EVT20 黏度传感器，整体上包含两部分组成，一是传感器本体部分，二是含控制和信号处理的电路板。本体装在燃油输送管道内，电路板安装在 EPC－50B 主板上部。传感器本身由不锈钢制成，安装在油路中。传感器的探头及流管经过表面特殊涂层。自带约 5 m 长的信号电缆用于与电路板之间联接（即传感器与电路板间布线的最长距离约 5 m）。

黏度传感器本体采用有专利的检测原理测量，工作原理是基于流动燃油的黏性对钟摆的旋转振动有阻尼作用。在传感器内，还内置一个温度传感器 Pt100 用于检测钟摆内的温度，供微机校正和补偿黏度测量中由温度引起的误差。

由于该 EVT20 是第三方产品，可以单独安装，有的系统单独做在一个金属控制盒内。在 FCM 系统中，将 EVT20 的电路板安装在 EPC－50B 主控制板上。两块单独的电路板叠放在 EPC－50B 的主板上，其中下边一块为电源板，输入双路 17 VAC 电源，通过整流滤波稳压后向黏度检测主板提供±15 V 和 5 V 电源。该控制板与黏度传感器的连线包括两对线用于检测振动的压电元件，一对线用于压电元件的振动源，还有三根线用于温度传感器 Pt100，因此，共需要用到电缆线中的 9 芯。电路板内采用单片机控制系统，检测转换响应时间小于 1 min，将检测到的信号转换为 4～20 mA，则对应的黏度为 0～50 cSt，瞬时误差范围为±2%。由于黏度传感器及其电路板是第三方提供的，所以系统采用简便的 4～20 mA 信号实现传感器向 EPC－50B 主控制微机传送。黏度传感器内的温度传感器 Pt100 除自身需要黏度校正使用外，还可通过本电路板转换，选择输出 4～20 mA 供 EPC－50B 使用。

2. EVT20 黏度传感器的显示

黏度传感器的电路板上有一个数码 LED 显示，用于显示传感器的状态。EVT20 电路板对诊断指示有规定，故障和错误用闪烁数字或文字显示在数码 LED 的第 7 段上（即数码管的中间一横）。根据故障、错误或警告的类型，黏度或温度输出将为 0 mA，4 mA，20 mA，或输出保持正常（4～20 mA 与实际黏度对应）。如果没有故障、错误或警告，数码管用不闪烁的符号指示程序状态，如电源开用"－."，正在初始化硬件用"O."等，具体可参考黏度传感器的说明书。

当电源打开后，数码管底部的小数点一直打开；当 EVT20 显示 EEPROM 时，小数点关闭。如果发生一个故障情况，通常 EVT20 电子设备将尝试重启单元直至确认故障。如果发生多个故障，则由于故障是按其重要性确定次序的，位于表格上部的故障有最高的优先级，这就意味着高级别的故障可以改写较低级别的故障，即该数码管只显示当前最重要的故障，表 8－2 是说明书中的部分重要的故障显示字符。

表 8－2　黏度传感器电路板自检故障符号

数码管显示	故障原因	传感器电路板尝试的反映
8.	5 V 电源故障，电源下降到 4.65 V 以下； 微机内 EPROM 或 PAL 缺省； 微机注册测试失败； 微机控制系统没有投入工作	 监控系统复位 监控系统复位 监控系统复位
L.	外部 I/O 回路测试失败	自动复位
	……	
d.	15 V 电源故障，电压下降到 13 V 以下	延迟后重试

3. EVT20 黏度传感器的故障

黏度传感器在正常使用中常出现传感器本身没有问题，而系统环境或条件发生不良状态，导致测量出现极端情况。该情况传感器本身可能没有报警，但是送给 EPC－50B 的信号出现失常。表 8－3 列明常见故障现象、故障原因和处理方法供参考。

表 8－3　黏度传感器一般故障查找

故障现象	故障原因	解决措施
黏度信号太低	空气夹杂在燃油系统	排气系统
黏度信号保持在最大值	起动期间燃油温度太低	检查燃油管保温措施和/或燃油加热器
	由于没有足够的热量，系统正常操作期间燃油温度太低	增加黏度控制器的输出信号至换热器
无黏度信号	空气夹杂在燃油系统中	排出旁通阀系统
	EVT－20 没有电源	检查主电源 检查控制单元的熔体和/或电源开关， 检查电接头的完整性
	电流接头损坏	检查 4～20 mA 电线输出信号
	EVT－20 故障	联系最近的代表商修理，更换传感器

三、燃油供油单元的控制过程与重要参数

1. 燃油反馈控制系统概述

在燃油供油单元 FCM 的自动控制系统中，采用黏度或温度定值控制是基于同一燃油温度的变化要比黏度的变化灵敏这一事实，特别是在温度传感器经改进后，检测温度很敏感的情况下，可大大提高系统的灵敏性，改善系统的动态特性，同时，两种定值控制可以互为备用，从而提高系统的可靠性。燃油黏度控制系统是由黏度传感器、温度传感器、控制器EPC－

50B 和加热器构成。黏度传感器和温度传感器分别检测燃油加热器出口燃油的黏度和温度，两者将黏度和温度值按比例转换成标准电流和电压信号送到控制器。控制器内置具有 PI 控制规律的软件，可以对重油的黏度或温度进行定值控制，而对柴油只能进行温度定值控制。但在控制系统开始投入工作或换油切换过程，EPC－50B 控制器则根据燃油温升斜坡速率实现温度程序控制。系统除可现场自动控制外，还可选择遥控；在需要时，还可在本地经转换选择后，实现本地手动调节。信息显示窗可以显示系统中燃油的黏度、温度值或其他需要的测量值，另外也可显示参数值和故障信息。燃油黏度或温度控制系统就是一个典型的单参数反馈控制系统。

2. 重要控制参数

从 DO 转换到 HFO 并工作状态稳定后，EPC－50B 对 HFO 进行温度或黏度的定值控制。当 HFO 模式且系统处在温度控制方式时，即参数 *Pr*19＝*Temp*，参数 *Pr*30 作为温度设置点，此时的 *Pr*30 应为所需黏度对应的温度值。在从低温开始的加温过程中，系统控制加热量，实现按设定的温升参数 *Fa*30 来程序控制加热。当温度程序控制加热到设定 *Pr*30 减去 3 ℃的温度值后，系统开始温度定值控制。而当 HFO 模式且系统处在黏度控制方式时，即 *Pr*19＝*Visc*，*Pr*20 作为黏度设置点，而此时的 *Pr*30 应为所需黏度对应的温度值减去 2～4 ℃(一般设为 3 ℃)，这样，在从低温开始的加温过程中，按温升参数加热到该 *Pr*30 后，系统自动转为黏度控制。所以 *Pr*20 与 *Pr*30 有对应关系，在换用不同的 HFO 时，一般要求黏度不改变，但要调整 *Pr*30 以适应黏度控制设定值 *Pr*20 的需要。

在燃油黏度定值控制过程中，系统根据黏度变化按控制器内 PI 调节参数进行自动控制。系统根据加热器的不同设置有两套 PI 调节参数，参数 *Fa*25、*Fa*26 为蒸汽或热油加热的比例带和积分时间，参数 *Fa*27，*Fa*28 为电加热的比例带和积分时间。如果调节过程出现振荡，则需要增加参数 *Fa*25 或 *Fa*27，*Fa*26 或 *Fa*28，但是这些参数的增加会使得系统反映变慢，消除静差能力减小。调试过程中应综合各种需要，整定到一个既稳定又反映较快的参数。一般出厂后调试工程师整定的参数应可靠保存，以备需要时恢复原始设定。如果调节过程中出现偏差过大，包括黏度和温度的偏差，系统都将给出报警信号。

系统除上述的黏度或温度定值控制外，还有 DO/HFO 的转换控制、燃油供油泵的运行/备用控制、燃油滤器的自动控制、回油的脱气自动控制、燃油循环泵的运行/备用控制及远程控制等功能，全部由控制器 EPC－50B 来协调综合控制。

1) DO/HFO 的转换控制

燃油的转换控制有两种不同的控制模式，即在 EPC－50B 控制器上设置控制模式按钮：柴油控制模式 DO 和重油控制模式 HFO。相应的 EPC－50B 控制器有两套设置和报警参数，并有相应的 LED 指示灯显示。在进行操作时，可能出现以下几个过程：

(1) DO 控制模式。当控制器接通柴油模式 DO 时，EPC－50B 自动选择为温度控制模式，燃油温度被监控。加热程序由柴油温升参数 *Fa*31 控制，温升斜坡允许燃油在设定的时间内被加热到设定的温度(如果 *Fa*31＝0，斜坡函数被禁止，控制单元直接使用正常的设置点和报警限制等)。斜坡函数在加温期间温度控制指示 LED 指示灯“TT”闪烁，当燃油温度在达到温度设置 *Pr*35 的 3 ℃内后，温升斜坡停止，正常温度控制运行。LED 指示灯“TT”稳定发亮。在此过程中应注意：①在加热控制斜坡期间，低黏度和低温报警是无效的；②在加热控制斜坡开始阶段，设置一个最长的起动加热斜坡持续时间，从而确保它不能运行太长时间，如果起动斜坡超过该最长时间，则报警启动。

(2) 从 OFF 到 HFO 或从 DO 到 HFO。当需要从 DO 转变到 HFO 时，操作步骤如下：①按操作面板上右侧 DO/HFO 选择按钮；②一个问题出现在信息显示屏上，“Change oil mode? ＋＝yes，－＝no”；③按“＋”按钮开始转换；④如果转换阀安装的是一个电动/气动转换阀，此阀将马上开始变换到 HFO。当控制器接通 HFO 模式，或从 DO 转换为 HFO，燃油温度和黏度被监控和显示。加热运行程序由重油温升参数 *Fa*30 控制，温升斜坡允许燃油被加热到设定的温度。在设定的时间内，斜坡函数期间 LED 指示灯“VT”闪烁，如果从 DO 转换为 HFO，则 LED 指示灯“TT”稳定发亮；如果从 OFF 开始就是 HFO 模式，则 LED 指示灯“TT”不发光（如果 *Fa*30＝0，斜坡函数被禁止，控制器直接调节使用正常的设置点和报警限制等）。从 DO 转换为 HFO，则 EPC－50B 控制器可检测到黏度增加，表明重油已经进入系统，那么重油将被开始加热。在加热升温斜坡期间，如果控制器检测到油黏度降低，则暂停加热。当温度低于重油温度设置值 3 ℃时，控制器自动转到黏度调节控制。此时 LED 指示灯“TT”关闭，LED 指示灯“VT”稳定发光，切换程序完成，黏度控制开始运行。在此切换过程中，注意以下几点：①在起动斜坡加热期间，低黏度和低温报警是无效的。②在加热开始，即斜坡开始阶段，设置一个最长的起动斜坡持续时间，从而确保它不能运行太长时间，如果起动斜坡超过了最长时间，则报警启动。③上述过程是从 DO 转换为 HFO，反之亦然。燃油在 50 ℃时黏度被显示在瞬时值列表中，即就可以查看燃油表知道：在通常的参考温度 50 ℃时，系统中有多少柴油转换为重油。

(3) HFO 控制加热模式。HFO 控制加热模式类型由参数 *Pr*19 决定，选择的类型由传感器 LED 指示灯，即操作面板流程图上的“VT”或“TT”指示出来。如果黏度传感器“VT”LED 指示灯发亮，控制器处在黏度控制类型。如果温度传感器“TT”LED 指示灯发亮，控制器处在温度控制类型。

(4) 从 HFO 转换为 DO。当从重油转换为柴油，控制器将继续控制燃油黏度，同时降低重油-柴油混合温度来保持黏度值，此时“TT”LED 指示灯闪烁，“VT”LED 指示灯稳定发光。当温度达到柴油的设置值时，控制模式被自动转变为柴油模式（温度控制），然后“TT”LED 指示灯变换为稳定发亮，“VT”LED 指示灯关闭。

(5) HFO 与 DO 间自动转换。如果加热器发生故障，有可能自动安排转换到柴油。这取决于低温限制值参数 *Fa*14。在加热器发生故障时，油温低于 *Fa*14 并延时 2 min 确认后，系统才能被设置为自动转换到柴油。推荐设置 *Fa*14 值低于低温报警限制，当达到设置的低温限制，转换倒数计时开始，靠近 DO/HFO 转换按钮的“DO”LED 指示灯开始闪烁，一条信息在信息窗间断地出现，显示转换的时间。转换倒数计时器可以通过手动按“DO/HFO”按钮来中断。

在系统配置电动或气动转换阀时，并且设置参数 *Fa*17 为主机最大燃油消耗量（L/h），则在系统运行中，如出现燃油消耗量持续小于参数值 *Fa*16（0～100％）2 min 后，系统会自动进入换到 DO 的控制程序。但由于换油过程仍保持燃油黏度控制，所以一旦出现需要加温状况，系统再次回到 DO 到 HFO 的工况中，即保持加热到设定温度后，新一轮的黏度控制开始。

如果系统安装电动切换阀，即切换阀的开度可以通过电动伺服机构来控制，则新的燃油可以被逐渐地引进系统中，通过调节参数设置转换阀从 DO 到 HFO 的时间，或从 HFO 到 DO 的转换时间。

2) 燃油供油泵的运行/备用控制(与燃油循环泵的运行/备用控制相同)

在 EPC－50B 控制器操作面板上有液压泵工作模式选择开关，用于选择“Manual—Stop—EPC—Remote”，当选择“EPC”时，即液压泵由 EPC 控制器自动控制，EPC－50B 根据内部参数 *Pr*1 来选择燃油输送泵的控制方式，*Pr*1＝1(2)表示 1 号运行，2 号备用；*Pr*1＝2(1)表示 2 号运行，1 号备用；*Pr*＝1 表示 1 号运行，2 号停止；*Pr*＝2 表示 2 号运行，1 号停止。同理，*Pr*2 用于选择燃油循环泵的控制模式。备用机组起动取决于相应的压力开关和运行机组的状态，如 *Pr*11 为燃油输送泵的出口压力下限制，当压力低于该压力时，并经过延时时间 *Fa*9 确认后，备用泵自动切换工作。或运行机组故障后，备用机组自动起动。运行或故障状态在操作面板上相应的 LED 指示灯显示出来，并在信息窗提供相应的报警。

当设备断电后重新送电，并经过参数 *Fa*11 延时后，EPC－50B 能够按时间间隔(约 1 s)，并根据参数 *Fa*10 设置来依次起动各液压泵、滤器、加热器和自动控制系统，起动运行的液压泵是停电前的运行机组。但是如果 EPC－50B 控制器正常，而发生液压泵等动力电源断电后的再次恢复，EPC－50B 认为原设备存在故障，将控制备用机组自动运行。

3) 燃油滤器的自动控制

假如滤器脏堵，燃油供油泵起动将会困难，所以即使 EPC－50B 控制器处于停止状态，滤器也应保持在自动运行模式，但是放残阀不能自动工作。在供油泵停止后，可以手动定期运行滤器，手动定期放残。

控制系统根据燃油滤器的选择开关来控制滤器冲洗，选择位置有“MAN—STOP—AUTO”三挡，当选择为自动时，滤器间隔性自动进行反冲洗。而差压开关 PDS 只起到滤器脏堵报警的检测作用。自动放残还取决于系统设定的时间间隔 *Fa*21，放残时间由参数 *Fa*22 决定。如果选择手动，则自动无效，需要定期手动冲洗，并需要时刻注意滤器的压差。

4) 回油的脱气自动控制

集油井内将主机的回油和供油泵送来的油混合，油中混入的空气会因比重轻而上升到上部，所以需要定时控制脱气阀，将空气放回日用柜(因还混有高温油)。如果上部浮子开关检测液位低，表示集油井内空气过多，系统控制脱气阀打开，如果 120 s 后仍然在脱气，则给出报警。

5) 远程控制

除本地基本控制级外，系统还可选配扩展级、高级扩展级和全自动级。扩展级是基本级中的操作控制和有关指示功能远传到控制室，但是没有基本级上的流程图和信息显示窗。使用时需要本地选择开关转至“Remote”(远程)，实现的功能有状态指示、燃油自动转换、系统起停控制、液压泵手动起停控制和报警指示；但是不能在远程站实现报警复位和液压泵自动切换控制，也没有信息显示窗和操作键。一旦出现故障或液压泵停止，需要到 EPC－50B 现场实现报警复位或液压泵切换处理。所以扩展级与系统的连线是一般的控制电缆。高级扩展级等于是本地操作面板移到远程，在本地面板上选择好“Remote”即可将功能全部移交远程站，包括各液压泵工作模式的选择控制和信息窗内容的显示和操作。显然，除需要控制电缆线连接外，还需要串行通信（RS485 通信）电缆联系。要实现液压泵自动远控，需要电机起动模式选择开关处于“Remote”控制。如果选用全自动级的远程操作，则通过现场总线（可在 EPC－50B 主机板上选 ProfiBus DP，ModBus RTU 或工业以太网）将控制器 EPC－50B 的总线接口与远程计算机直接相连，再在计算机内配置相应的通信和应用软件即可实现远程全功能操作。本地控制 EPC－50B 即成为整个分布式控制系统的一个通信节点，向上位机提供所需要的信息，并接受上位机的控制。此时远程设备与控制系统的连线就是一根通信线，不再需要控制电缆。

四、燃油供油单元的操作与管理

（1）在系统投入工作之前，要先检查燃油和加热系统有没有泄漏或损坏的情况，各阀件是否开关正确；把控制方式选择开关打到“OFF”位置，合上主电源，观察 EPC－50B 控制板和黏度检测电路板指示是否正常；观察比较测量值与实际值有无异常情况；手动检测各电磁阀或电动切换阀是否正常、灵活。准备确认后，起动燃油供给泵，然后根据燃油系统的具体配置情况将控制模式切换到 DO 或 HFO 位置，使用参数 *Pr*19 选择选择温度或黏度定值控制。这时可通过信息显示窗显示燃油温度或黏度的实际测量值，系统正式投入调节控制工作。

（2）EVT20 黏度传感器的工作情况可通过设在传感器电路板上的数码管显示内容来检查。清洗 EVT20 传感器时需要特别小心，防止人体受伤和损坏传感器。首先要切断通过 EVT20 传感器的供油；切断控制箱电源；尽可能排出和排空管系中燃油。其次把 EVT20 传感器从罩壳上拆除后，再拿下 EVT20 传感器，旋出两套固定保护管的螺钉以拆下保护管，最后用一块干净的软布清洁钟摆。钟摆不要被机械力损坏或弯曲，更不要用研磨材料，如砂纸，锉刀等来清洁钟摆头。

（3）在系统新安装后或工作条件改变时，要对系统运行的参数进行重新设定和修改，以适应新的需要。对于不同的燃油，需要调整一些参数设置，尤其是重油特性相差较大时，对应的参数设置也要相应改变，以期获得最佳调节效果。当重油油品改变时，下面的一些参数是必须改变的：①密度参数 *Pr*23。对不同密度的一种重油，调整密度参数，可获得更为精确的黏度测量。②重油温度设置点参数 *Pr*30。新更换的燃油需要加热到不同的温度，从而得到相同的黏度。该温度值用于黏度智能调节过程的控制。③HFO 低温限制值 *Pr*32。HFO 加热温度控制不能低于该限制值。

除此之外，还需要根据油品的不同，有针对性地设置有关加热速率、加热温度、比例带和积分时间等参数。

（4）系统故障显示。报警系统是为了确保一个安全的黏度控制系统而设计。所有报警都显示在操作者面板屏幕上，大部分由 LED 补充。报警按发生的次序显示。FCM 燃油控制系统中有两种类型的报警：①报警显示在 EPC－50B 上，由普通报警输出特征输出“Axx”，例如，A40 表示黏度—高。②仅给出警告在 EPC－50B 上，显示“Wxx”，例如，W75 表示转换控制模式（*Pr*19），传感器失灵。

在发生多个故障情况下，需要读取历史报警列表，但 EPC－50B 中的微处理器只存储最后的32次报警。通过按“ENTER”键,即可进入该故障有关信息的显示,通过按“+”来翻看,每个故障的具体内容有：

报警号：如1号报警是最新发生的报警,2号是上次发生的报警……

报警时间：从报警发生后计时,小时,分钟;

报警编码：用Axx或Wxx表示,具体含义参考说明书;

复位时间：故障发生到报警复位的时间,如果为零,表示刚一发生故障就被复位,也就是第一个复位的故障。

复习思考题

1. 最简单的机舱冷却水温度控制设备是什么？使用中如何调整温度和温度误差？
2. 采用Pt100温度传感器的数字温度控制器除了实现温度控制外,还有哪些功能？
3. 简述控制海水流量配合三通阀温度调节的中央冷却水温度控制系统的组成及其作用。
4. 当传感器出现故障时,使用Pt100的冷却水温度控制系统有哪些反应？
5. 简单FCM型燃油供油单元主要由哪几部分组成？各有何功能？
6. 在FCM型燃油供油单元中,最主要的传感器是什么？如何进行运行观察和日常维护？
7. 在FCM型燃油供油单元中,燃油控制系统中的I/O设备有哪些？各有何作用？
8. 在FCM型燃油供油单元中,燃油控制系统从开机到黏度自动调节运行的过程中,控制系统具体的执行步骤有哪些？系统又是如何退出运行的？
9. 燃油系统在运行过程中出现没有黏度信号,应如何处理？故障原因有哪些？

第九章 船舶主机遥控系统

第一节 主机遥控系统的基础知识

大型船舶的推进装置主要有柴油机推进和电力推进两类。采用柴油机推进时，直接驱动螺旋桨的柴油机称为主柴油机（主机）。主机一般可以在机旁、集控室和驾驶台三个操作部位进行操纵和控制。当离开机旁，在集控室或驾驶台操纵时，需要在操作部位与主机之间设置一套能够对其进行远距离操纵的控制系统，称为主机遥控系统。

对于大型低速主机，主机遥控可分为自动遥控和手动遥控两种方式。在驾驶台操纵时通常采用自动遥控方式，此时，遥控系统能根据驾驶员发出的车令信号按照主机要求的操纵步骤和要求自动地进行起动、停车、换向和加减速控制，直至主机运行状态达到车令要求为止。而在集控室操纵时，考虑到操纵主机的是轮机员，对柴油机的状态非常熟悉，通常采用手动遥控方式。此时，轮机员根据驾驶台车令，结合主机实际状态，按照操纵步骤和要求，通过集控台上的操纵手柄对主机进行手动操作。有些遥控系统也配有集控室自动遥控功能，具体由船舶所有人选装。

通过主机遥控系统，能对主机进行起动、停车、换向等逻辑控制，对主机的转速进行闭环控制，同时还能对主机的转速和负荷进行必要的限制，并具有必要的安全保护功能。主机遥控系统不仅能改善轮机员的工作条件和船舶的操纵性能，而且还能提高船舶航行的安全性，以及主机工作的可靠性和经济性，它是轮机自动化的重要组成部分，也是现代化船舶实现无人机舱必不可少的条件之一。

一、主机遥控系统的组成

主机遥控系统的组成主要包括车钟系统、遥控控制台、含逻辑控制和调速器的遥控装置、包括遥控执行器在内的主机操纵系统以及包含转速检测的测量装置、安全保护装置六大部分，其系统结构如图 9－1 所示。

1. 车钟系统

车钟系统是实现驾驶台与集控室、驾驶台与机旁之间进行车令传送与应答的重要设备，由驾驶台车钟、集控室车钟、机旁应急车钟和操作部位选择装置组成。车钟系统一般有两种工作模式，一种是操控模式，另一种是传令模式。操控模式对应于在驾驶台遥控主机的情况，此时驾驶台车钟直接通过逻辑控制单元和转速控制单元对主机进行自动遥控。传令模式对应于在集控室或机旁操纵的情况，此时驾驶台车令通过首先传递到集控室或机旁，轮机员进行车令应答（回复）后，再对主机进行相应的操纵。

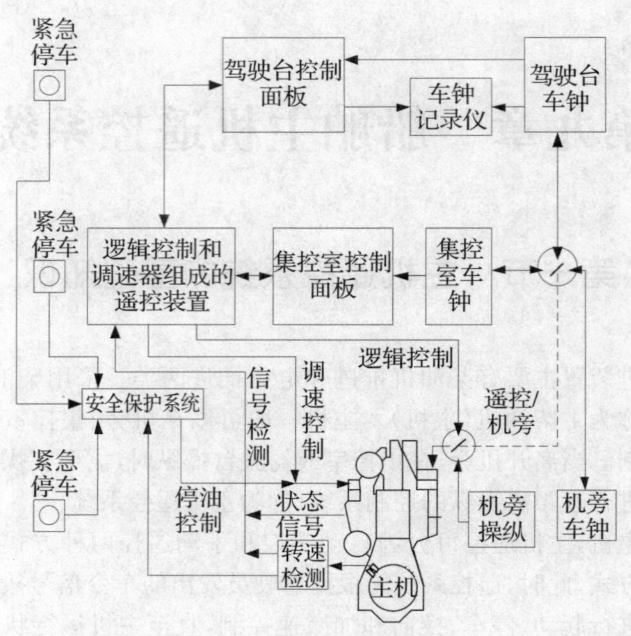

图 9-1　主机遥控系统结构

2．遥控控制台

遥控控制台设置在驾驶室和集控室内，分别与驾驶室控制台和集控室控制台形成一个整体。驾驶室控制台主要安装有车令手柄、辅助车钟、车令记装置、指示灯和控制面板以及显示仪表等；集控室控制台上主要包括车钟回令兼换向手柄、主机起动与调速手柄、操作部位切换装置、指示灯、控制面板以及显示仪表等。

此外，在主机机旁还设有应急控制台，包括应急车钟和机旁应急操纵装置。

3．遥控装置

遥控装置主要包含逻辑控制单元和调速器两大部分。逻辑控制单元是根据遥控控制台给出的车令转速和车令转向、主机凸轮轴位置、转速以及其他状态信息，完成对主机的起动、换向、制动、停油等逻辑控制功能。调速器的功能是：一方面通过闭环控制使主机最终运行在车令手柄设定的转速；另一方面对加减速速率、热负荷、转速、转矩、燃烧状态等进行必要的限制，以确保主机运转的安全。

4．主机操纵系统

主机的起动、换向、制动和停车等操作的逻辑控制通常都是以压缩空气作为动力源的，对于采用液压调速器的主机，多通过气压信号作为调速器的设定转速，所以主机操纵系统多采用气动操纵系统。为实现需要的逻辑功能，气动操纵系统使用众多气动元件和回路，通常由主机厂家随主机一起提供。通过气动操纵系统，可以在集控室对主机进行手动遥控和在机旁进行应急操纵，同时气动操纵系统还是遥控系统最终的执行环节。

5．测量装置

测量装置用来检测主机的转速、转向。主机状态如凸轮轴位置、停油状态、盘车机等状态由相关的传感器检测送给遥控装置，以向遥控系统提供所需的各种工况参数。

6. **安全保护装置**

安全保护装置用来监测主机运行中的一些重要参数。一旦某个重要参数发生严重越限，安全保护装置应能通过遥控系统使主机进行减速，或迫使主机停车以保障主机安全。安全保护装置是一个不依赖于遥控系统而相对独立的系统，即使遥控系统出现故障，也应能正常工作。

二、主机遥控系统的主要功能

尽管不同生产厂家生产的主机遥控在实现方案和实现手段上不尽相同，但各厂家都必须共同遵守相关船级社所规定的船舶建造和入级规范。从总体上讲，主机遥控系统的主要功能应包括四个方面，即逻辑程序控制功能、转速与负荷控制功能、安全保护与应急操纵功能以及模拟试验功能。下面分别进行具体介绍。

1. **逻辑程序控制功能**

1）操作部位切换功能

出于安全考虑，主机遥控系统在设计上必须保证在驾驶台自动遥控失效时能切换到集控室或机旁进行操纵，而集控室失效时能切换到机旁进行应急操纵。因此，遥控系统必须在机旁和集控室提供操作部位切换装置。机旁一般设有“机旁（Local）”和“遥控（Remote）”转换开关，而在集控台上则设有“集控室（ECR）”和“驾驶台（BR）”转换开关。只有在机旁转换开关转至“遥控（Remote）”位置时才能在集控室或者驾驶台操纵。在集控室还是在驾驶台操纵由集控室转换开关进行选择。在三个操作部位中，机旁的操作优先权最高，自动化程度最低；集控室的操作优先权和自动化程度均其次；驾驶台的操作优先权最低，但自动化程度最高。在进行操作部位切换时，在高优先级的操作部位可以无条件地获得操作权，反之则不然。

2）起动逻辑控制

遥控系统判断车令与主机凸轮轴位置一致，符合起动逻辑就对起动条件进行鉴别。

当满足起动主机所需的各项条件时，控制空气分配器投入工作，打开主起动阀，启动空气将进入主机进行起动，在主机转速达到发火切换转速时，自动完成油气转换（对油气并进的主机可提前供油），停止起动。这时若起动成功，自动转入主机加速程序。

3）重复起动程序控制

若主机在起动过程中发生点火失败，遥控系统将自动进行第二次起动。若第二次起动又发生点火失败，则自动进行第三次起动。无论哪次起动成功都将自动转入主机加速程序，并结束起动程序。当出现第三次起动失败时，遥控系统将自动停止起动，同时发出起动失败报警。当故障排除后，需把车钟手柄拉到停车位置，对第三次起动失败信号复位，方可对主机进行再起动。

4）重起动逻辑控制

在应急起动、倒车起动或有重复起动的情况下，为了提高主机起动的成功率，遥控系统将自动增大起动供油量，或者自动地提高起动空气切断转速对主机进行重起动。但针对不同的主机，相应的遥控系统重启动逻辑条件及控制方法有所不同。

5）慢转起动逻辑程序

当主机停车时间超过规定时间（一般 30～60 min 内可调）以后，或在停车期间断过电，再起动主机时，遥控系统将自动控制主机先进入慢转起动，即让主机缓慢转动 1～2 转，随后再转入正常起动。若慢转起动失败，将发出报警信号并且封锁正常起动。

设置慢转起动的目的是：一方面使主机各主要摩擦面建立起润滑油膜后再转入正常起动，以减少磨损；另一方面当慢转起动失败后，可以检查出主机的故障，避免起动事故发生。

6）换向逻辑控制

当有动车车令，即车钟手柄从停车位置移至正车或倒车位置的某一位置时，遥控系统首先进行换向逻辑判别，即判断车令位置与实际凸轮轴的位置是否一致。当车令位置与实际凸轮轴位置不符时，便自动控制主机换向，将主机的凸轮轴换到车令所要求的位置上。当换向完成后，遥控系统转入起动逻辑控制（如车令位置与实际凸轮轴位置相符，则省去上述换向过程，直接进入起动逻辑控制）。如在规定的时间内，主机凸轮轴未能换到车令所要求的位置，遥控系统将发出换向失败报警信号，同时禁止起动主机。

7）主机运行中的换向与制动逻辑程序控制

当船舶全速航行遇到紧急情况时，若把车钟手柄拉到停车位置，遥控系统控制停油，由于船舶的惯性很大，船舶的滑行距离很长，主机转速也会因为螺旋桨的水涡轮作用而保持相当长的时间，这对紧急避碰来说是极为不利的，为了解决这个问题，现在的主机遥控系统一般都设有主机运行中的换向与制动功能。

当主机在正车（或倒车）运行中，车钟手柄突然从正车拉到倒车位置（或相反）时，遥控系统将自动执行停油—换向—制动—倒车起动—倒车加速过程。有的主机换向需要有转速限制，即转速降到一定数值才允许换向，而且换向转速分为正常换向转速和应急换向转速（应急换向转速比正常换向转速快）。制动的前提是换向完毕，大型低速柴油机的遥控系统只设置强制制动。强制制动让空气分配器工作，动作时序为车令方向，且主起动阀开启。此时，高压起动空气在各缸的气缸起动阀前等待，转速停止前，当某缸活塞上行时，空气分配器控制此缸气缸起动阀开启。于是，高压起动空气进入气缸，强行阻止活塞运动，使主机转速迅速下降为零，实行强制制动，当主机转速下降为零后，则仍按车令方向为动作时序控制空气分配器，即按倒车起动顺序控制来起动主机，使主机倒转，并按倒车加速程序将主机转速调节到车令设定转速。

2. 转速与负荷控制功能

1）转速程序控制

当对主机进行加速操纵时，应对加速过程的快慢有所限制，转速（或负荷）范围不同对加速过程的限制程度就不同，因此加速过程控制有下列两种形式：①发送速率限制；②程序负荷（也称负荷程序）。其中，发送速率指的是主机在中速区以下的加速控制，加速速率较快。而程序负荷指的是高速区的加速控制，特别强调慢加速。因为在高负荷时加速太快，会使主机超热负荷，严重影响缸套、活塞和缸盖等燃烧室部件的寿命。因此，有了发送速率和程序负荷这种控制功能，驾驶员可按实际情况把车钟手柄扳到任一速度挡，而不必考虑是否会损害主机。当车钟手柄从停车扳到正车（倒车）全速时，主机先进行起动操作，起动阶段完成以后，主机的加速过程就会按预先设定好的加速速率进行加速，当主机定速后，主机转速控制系统就会按设计好的程序负荷继续给主机加速，最后一直到车钟手柄所设定的海上全速。由此可见，转速给定值是变化的，而且变化规律是确定的。因此，在主机起动完成到转速稳定这段时间内，主机转速控制系统实际上是在完成一个转速程序控制过程。

实际上不仅有加速程序负荷，还有减速程序负荷，只不过减速程序负荷比加速过程快得多，往往被忽略，除遇到应急情况外，主机在从海速降速时进行一段减速程序负荷控制，对延长主机使用寿命和降低故障率都是十分重要的，因此，部分主机转速控制系统还设有减速程序负荷。

2）转速-负荷控制

主机的转速与负荷控制回路是一个综合控制回路。在正常航行工况下，控制回路主要是通过调速器对主机转速进行定值控制。控制回路的作用就是克服各种扰动，把主机转速控制在车钟手柄所设定的转速上，或在设定转速附近的一个范围内。但是，当船舶在恶劣海况下航行时，螺旋桨可能会频繁露出水面，转速升高，若此时仍采用转速定值控制，调速器为了维持主机运行在设定转速，会出现频繁的大幅度调节主机供油量，这就有可能导致主机超热负荷。一旦调速器减油不及时，主机还可能发生飞车而使主机超机械负荷。这时，主机转速控制系统常采用负荷控制等其他方式来保障主机的安全运行。

3）转速限制

为了保证主机安全、可靠及有效地运行，车令设定的转速必须符合主机自身特性的要求，因此，遥控系统将对进入主机调速器的设定转速进行限定，具体有临界转速避让、起动转速设定、最小转速限制、最大转速限制以及轮机长手动设定最大转速限制。

(1) 临界转速自动避让。当车钟设定转速处于临界转速区时，为了保证主机不在临界转速上运转，遥控系统将自动地把设定转速限制在临界转速区之外，并在设定转速经过临界转速区时，自动地控制其快速通过临界转速区，以确保主机安全运转。

(2) 起动转速设定。主机刚起动时，送给调速器的转速信号为起动转速设定，此时，主机不按车令转速运行，而是先在设定的起动转速稳定运行一段时间(约 5 s)后再转为车令转速运行，以确保起动可靠。

(3) 最小转速限制。当车令设定转速值小于主机最低稳定转速时，为了防止主机不稳定运转或熄火停车，遥控系统将自动地把设定转速限制在主机最低稳定转速上。

(4) 最大转速限制。当车令设定转速值大于主机所允许的最大转速时，为防止主机超速，遥控系统将自动地把设定转速限制在主机所允许的最大转速范围内。由于主机倒车运行工况较正车差，有些遥控系统还设置数值上较正车小的最大倒车转速限制。

(5) 轮机长手动设定最大转速的限制。在非应急运转工况下，当车令设定转速值大于轮机长手动设定最大转速值时，遥控系统将对其车令设定转速值进行限制，以确保主机转速不超过轮机长所设定最大允许转速。

4）负荷限制

主机转速控制系统在对主机转速进行转速自动控制时，主机的供油量是由调速器根据偏差转速大小来控制的。调速器为了把主机的转速快速调节到设定转速，有可能使主机因供油量太大而超负荷。为此，遥控系统应对主机的供油量进行限制。负荷限制主要包括如下几个方面：

(1) 起动油量的设置。若要使主机顺利且平稳地起动起来,就必须在主机起动时供给适量的燃油,为了使起动油量不受车令设定转速的影响,实现定油量起动,遥控系统在主机起动期间自动阻断车令设定转速,给出一个最佳起动转速及最大允许起动油量,以确保主机安全、平稳、可靠地起动。实际系统中,可以选择起动油量或起动转速设定中的一个,也可以两个都选,视具体主机而定。

(2) 转矩的限制。为了保证主机的安全运行,防止机械扭矩过大,遥控系统一般都设置转矩限制功能,原因是主机在某一转速下运行时,如供油量过大就有可能使主推进轴的扭矩超机械负荷。此时,遥控系统将自动地限制主机的供油量,即根据车令设定的转速或主机的实际转速给出一个相应的允许供油范围,从而将主机的转矩限制在安全的范围内。

(3) 增压空气压力的限制。主机从低速开始加速时,油量会突然增加很多,而此刻增压器输出的增压空气压力较低,这样就会出现油多气少的现象,导致燃烧不充分而冒黑烟。为防止主机在加速过程中冒黑烟,遥控系统将自动地根据增压空气压力的高低来限制主机的供油量,以保证喷入气缸的燃油充分燃烧,同时也可防止主机受热部件的过热现象。

(4) 最大油量的限制。在主机供油量超出轮机长所设定最大供油量时,遥控系统将自动地将主机供油量限制在轮机长设定的最大供油量上,以实现主机的最大负荷限制。有的主机在调速器输出的油门杆上设有机械限制块,防止运行中油量过大。

3. 安全保护与应急操纵功能

1) 安全保护

安全保护装置是主机遥控系统的重要组成部分,当主机重要参数越限时,它能使主机自动减速或自动停车,发出报警信号并显示安全系统动作的原因,以保护主机的安全。有些重要参数的安全保护值有两个:一个是自动减速值,另一个是自动停车值。当出现安全保护装置动作且故障排除后,这时需要对故障复位才能进行起动和加速。

2) 应急操纵

在应急情况下,为了保证船舶的安全需要对主机进行一些特殊的操纵,主要包括以下三个方面。

(1) 机旁应急运行。在主机遥控系统失灵的情况下,为了保证主机仍然继续运行,只要将主机操纵部位从驾驶台或集控室直接切换到机旁,即可实现机旁手动应急操纵。

(2) 应急运行。在驾驶室按下“应急运行”按钮,或在运行中的全速换向操作会引起遥控系统应急运行,包括应急换向、应急起动及应急加速。应急换向指的是主机在应急换向转速下的换向。应急起动除了采用重起动外还将自动取消慢转起动与时间起动。应急加速主要指的是取消负荷程序,进行快加速,同时还自动取消某些限制(如增压空气压力限制、转矩限制等)。

当安全保护系统动作后,主机减速或停车。但从整个船舶的安全看,又不允许停车或减速,这时应采取“舍机保船”措施,取消自动减速和自动停车信号,迫使主机带“病”运转。这常称为越控运行。有的主机安全保护系统有专门的越控按钮,有的用应急运行按钮替代,有的没有这两个按钮,而是用具体的故障取消按钮来实现。但对一些严重的故障停车信号(如主机滑油低压和超速)一般是不能强迫取消保护的。有的船上只能取消自动减速信号,而不能取消故障停车信号。

(3) 手动应急停车。当车钟手柄扳回到停车位置,由于遥控系统出现故障,不能使主机停油，这时应按下“应急停车”按钮，通过应急停车装置使主机立即断油停车，同时发出报警。若要重新起动主机，必需对应急停车信号进行复位，才可进行起动操作。

4. 模拟试验功能

各种主机遥控系统几乎都设置了相应的模拟试验装置。除用于显示遥控系统的运行工况，如电磁阀的状态、主机凸轮轴的位置以及起动过程等外，还能测试和调整遥控系统的各种参数，检查遥控系统的各种功能是否正常。若遥控系统存在故障，可利用模拟试验来查找和判定故障部位。

尽管主机遥控系统有各种各样的模拟试验装置和多种试验方式，但其中最基本的试验方式是在主机停车时利用车钟(实际车钟或模拟车钟)与主机转速模拟旋钮配合操作，使遥控系统完成一系列动作。在停车试验中，主起动阀要确认关闭，以防止出现主机误运转动作。在做好相关的准备工作后，遥控系统的各种阀和部件都可以在模拟试验中动作，并得到检验。

三、主机遥控系统的类型

根据所采用的遥控设备及实现手段的不同，常见的主机遥控系统可以分为以下几种类型。

1. 气动式主机遥控系统

气动式主机遥控系统主要由气动遥控装置和气动驱动机构组成，并配有少量的电动元件，如电磁阀和测速电路等。它的主要特点是驱动功率大，工作可靠，结构简单、直观，便于掌握管理。但是存在压力传递滞后的现象，因此控制距离受到限制，而且对气源要求高，气动元部件容易出现漏气、脏堵及磨损现象。

2. 电-气式主机遥控系统

电-气式主机遥控系统的遥控装置主要由电动元器件构成，而驱动机构则由气动元件构成。这种结构充分发挥电动式和气动式两种遥控系统的优点，是早期较完善的遥控系统。

3. 微机控制的主机遥控系统

微机控制的主机遥控系统主要由PLC或微机及其接口电路组成，只有驱动机构采用气动或电动元件。遥控系统的功能主要由软件实现，具有应用灵活、功能强大、适用性强和可靠性高的特点。近几年下水的船舶几乎全部采用微机控制，并朝着分布式和网络化的方向发展。

4. 现场总线型主机遥控系统

现场总线型主机遥控系统是基于计算机网络技术实现的控制系统。控制系统的各个组成部件采用分布式的计算机节点控制，各个控制节点采用现场总线互联，从而大大地减少了连接电缆，降低了布线成本，方便了安装和维护，同时也提高了系统的可靠性。现场总线型主机遥控系统是该技术发展的主流方向。

第二节　主机遥控系统的主要气动元件

在遥控系统中，常用的气动阀件可分为逻辑元件、时序元件和比例元件等。其工作气压信号是由气源提供的，气源压力一般为 0.7 MPa。

一、逻辑元件

逻辑元件实际上就是开关元件。根据某些逻辑条件，其输出端或者通气源（逻辑输出为 1），或者输出端通大气（逻辑输出为 0）。逻辑元件包括二位三通阀、二位四通阀、三位四通阀、二位五通阀、双座止回阀和联动阀等。

1. 二位三通阀

1）机械动作的二位三通阀

机械动作二位三通阀的结构原理如图 9-2(a)所示，图 9-2(b)是其逻辑符号，它有两个位置和三个通路。该阀的用途是在受机械动作时工作口 2 通入压缩空气（此时接口 4 为气源口）或使工作口 2 排气（此时接口 4 为大气）。其工作原理是当控制端有机械动作时，通过滚轮杠杆 6 作用于顶杆 7，顶杆 7 首先与阀心 5 接触，从而切断工作口 2 和 1 之间的通路，然后顶杆 7 将阀心 5 从阀座 3 上向下顶开，使工作口 2 和接口 4 接通，在逻辑符号图上相当于上位通。若控制端有机械动作取消，顶杆在弹簧作用下回到其初始位置，复位弹簧 8 将阀心重新压回至阀座 3 上，这样工作口 1 和 2 接通，而接口 4 截止，在逻辑符号图上相当于下位通。

2）气动二位三通阀

气动二位三通阀的结构原理如图 9-3(a)所示，图 9-3(b)为其逻辑符号。该阀的用途是当控制口 Z 有压力信号时，可使工作口 A 通入压缩空气（P1 为压力口），或使工作口 A 排气（P1 为大气）。其工作原理是当控制口 Z 有控制压力信号时，活塞 2 克服弹簧 3 的弹簧力而向下运动，在顶杆 4 随之一起向下运动的过程中首先使 A 口与 P2 口的通路截断，然后使阀心 1 从其阀座上向下离开，从而使 P1 口与 A 口相通，在逻辑符号图上相当于上位通。如果控制口排气，活塞 2、顶杆 4 和阀心 1 均在复位弹簧作用下复位，则有接口 A 和 P2 接通，而接口 P1 截止，在逻辑符号图上相当于下位通。

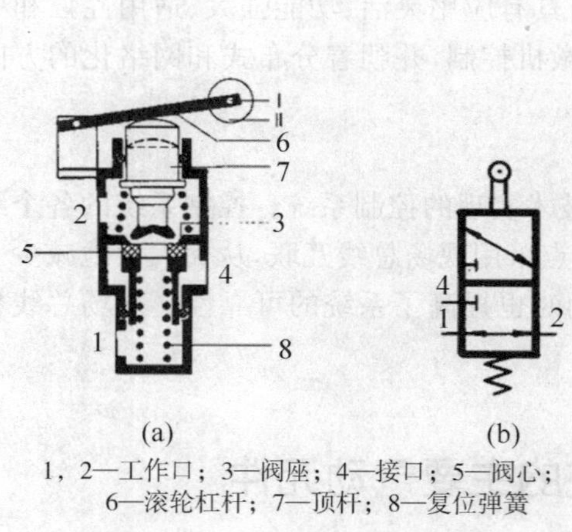

1，2—工作口；3—阀座；4—接口；5—阀心；6—滚轮杠杆；7—顶杆；8—复位弹簧

图 9-2 机械动作二位三通阀的结构原理及逻辑符号

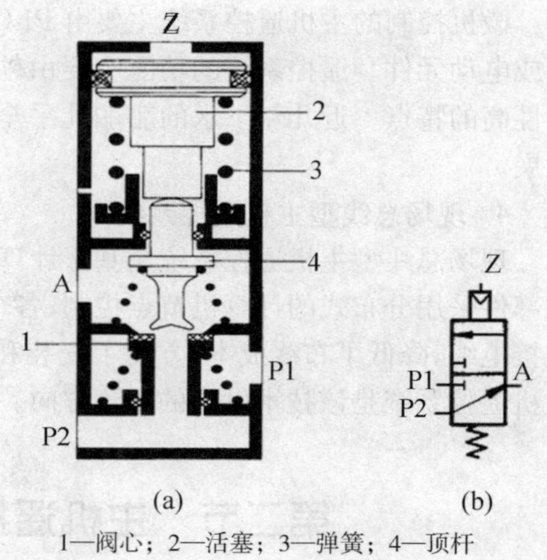

1—阀心；2—活塞；3—弹簧；4—顶杆

图 9-3 气动二位三通阀的结构原理及逻辑符号

根据动作阀心力的性质不同，也就是控制信号的种类不同，二位三通阀可分为机械动作、手动操作、单气路控制、双气路差动控制和电动控制等类型，图 9-4(a)～图 9-4(e)分别为它们的逻辑符号。

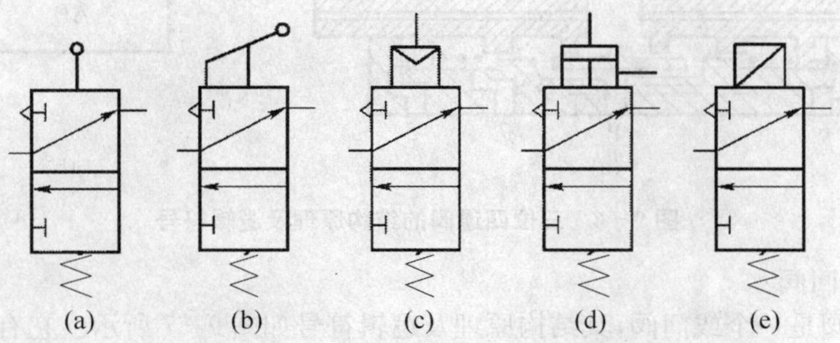

图 9-4 常用二位三通阀逻辑符号

2. 二位五通阀

二位五通阀的结构原理及逻辑符号如图 9-5所示。该阀的用途是使两个工作口之一与压力口相通的同时，而另一工作口与排气口相通。其工作原理是若扳动手柄 1 可使顶杆 2 克服弹簧 3 的弹簧力向下运动，从而使压力口 P 与工作口 A 相通，工作口 B 与排气口 S 相通，排气口 R 截止，如果手柄回到其初始位置，则弹簧同样使顶杆回到其初始位置，这时 P 口与 B 口相通，A 口与排气口 R 相通，排气口 S 截止。

二位五通阀可以被安装在任意位置上，松开螺钉 4 可根据需要调节手柄的初始位置，常用在操作部位的切换中，使用时应防止排气口被水和污物阻塞。

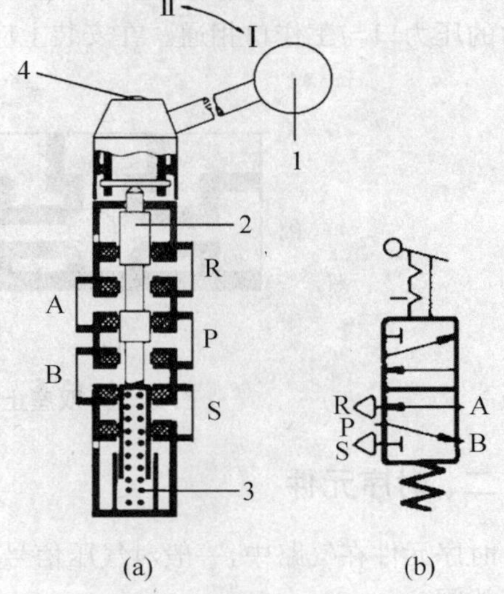

1—手柄；2—顶杆；3—弹簧；4—螺钉

图 9-5 二位五通阀的结构原理及逻辑符号

3. 三位四通阀

在遥控系统中，三位四通阀常作为双凸轮主机的换向阀。图 9-6(a)和图 9-6(b)分别示出该阀的结构原理及逻辑符号。它由阀体、左右滑阀及弹簧组成，A 口和 B 口分别为正车换向和倒车换向输出口，7 口接联锁信号。只要有联锁信号，该阀就被锁在中位通的位置，此时气源口 P 截止，A 口和 B 口均通大气，该位置是不允许进行换向操作的。当联锁信号 7 撤消(7 口通大气)后，若 5 端通控制信号，6 端通大气，该阀右位通，B 口输出 1，A 口输出 0，气源经 B 口进入倒车换向油缸进行倒车换向。若 6 端通控制信号，5 端通大气，该阀左位通，A 口输出 1，B 口输出 0，气源经 A 口进入正车换向油缸进行正车换向。当换向完成后，7 口通联锁信号，三位五通阀立即被锁在中间位置。

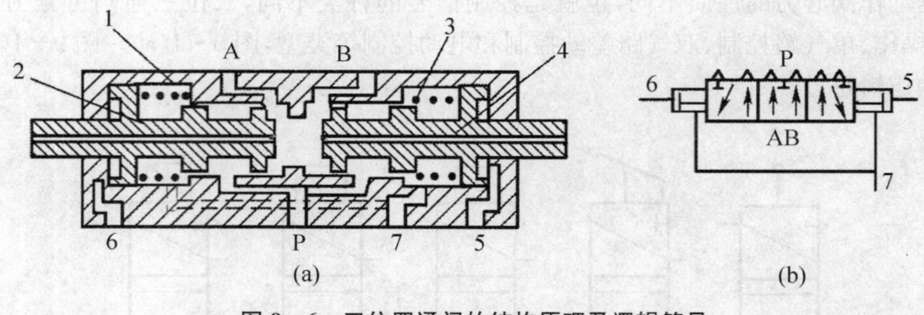

图 9-6　三位四通阀的结构原理及逻辑符号

4. 双座止回阀

双座止回阀是一个或门阀，其结构原理及逻辑符号如图 9-7 所示。它有两个输入端 P1 和 P2，一个输出端 A，其逻辑功能是 $A=P_1+P_2$。该阀的用途是用于控制有共同工作口的两个压力口的转换。其工作原理是当两个压力口之一（P1 口或 P2 口）进气时，那么小球将第二个压力口关闭，并使压缩空气到达工作口 A。当两个压力口同时进气时，那么具有较高压力的压力口与工作口相通。在安装上应要求水平安装。

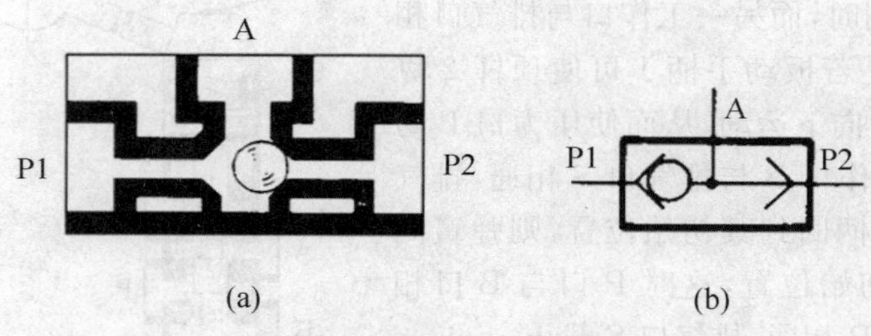

图 9-7　双座止回阀的结构原理及逻辑符号

二、时序元件

时序元件在气路中，一般对气压信号的变化起延时作用，包括单向节流阀、分级延时阀及速放阀。

1. 单向节流阀

单向节流阀的结构原理与逻辑符号如图 9-8 所示。该阀的用途是可以在一个方向上对气流进行节流调节，而当气流以相反的方向流过时不节流。其工作原理是当从接口 3 进气时，碗形密封圈 4（预应力约为 0.4 bar）被从阀座上打开，气流不被节流地流到接口 2。当从接口 3 排气时，碗形密封圈 4 被关闭，并且接口 2 的排气只能通过节流口 5，节流口可以通过调节螺栓 6 来改变。向右拧动，减少过流面积，延长排气时间，向左拧动增大流通面积，节流作用减弱。安全环 7 用于防止将节流口完全关闭。另外，还用两个孔隙为 20 μm 的过滤器 1 来防止污物进入节流口。

节流阀可以被安装在任何位置上，但在安装时必须注意流动方向。

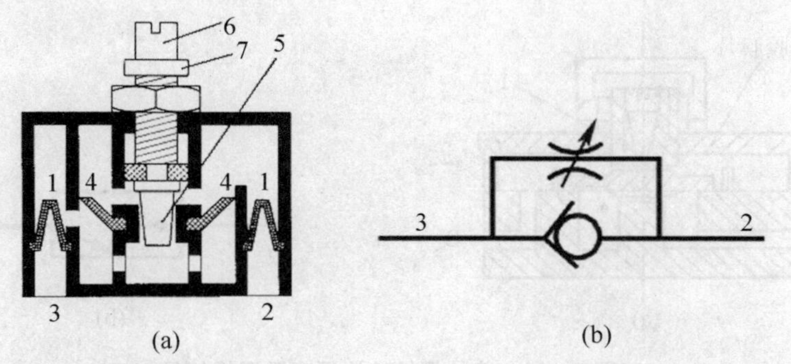

1—过滤器；2，3—接口；4—密封圈；5—节流口；
6—螺栓；7—安全环

图 9-8　单向节流阀的结构原理及逻辑符号

2. 分级延时阀

分级延时阀的结构原理及逻辑符号如图 9-9 所示。当输入口的压力信号较低时，在弹簧作用下，活塞下移。阀盘离开阀座，由 1 口输入的气压信号经 2 口直接达到输出口 3，不进行节流延时，当输入 1 口压力信号增大到一定值时，活塞克服弹簧张力上移使阀盘压在阀座上，输入的气压信号必须经 4 口，再经节流孔达到输出口 3，进行节流延时。转动调整螺钉 A，可改变弹簧的预紧力，即可调整开始进行节流延时的输入信号的压力值；转动调整螺钉 B，可改变节流孔的开度，即可调整延时时间。当输入的气压信号降低或撤消时，在弹簧作用下，活塞连同阀盘一起下移，输出端 6 直接与输入端相通，不进行节流延时。

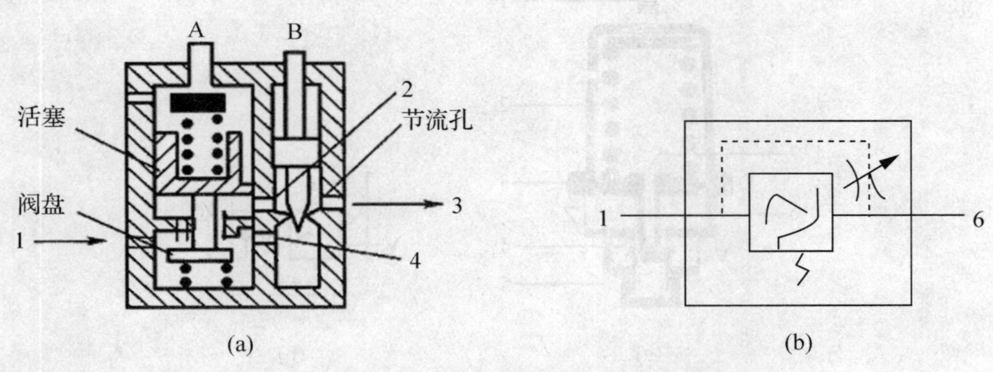

图 9-9　分级延时阀的结构原理及逻辑符号

3. 速放阀

速放阀的结构原理及逻辑符号如图 9-10 所示。A 端为输入端，B 端为输出端。当输入端 A 有气压信号时，橡胶膜片被顶起封住通大气口 1，使输出端 B 的气压信号立即等于 A 端的；当输入端 A 的气压信号撤消时，橡胶膜片下落封住输入端，同时打开通大气口 1，使输出端 B 的气压信号就地泄放，而不必经输入端 A，再经较长的管路泄放，这就避免信号泄放的延时。

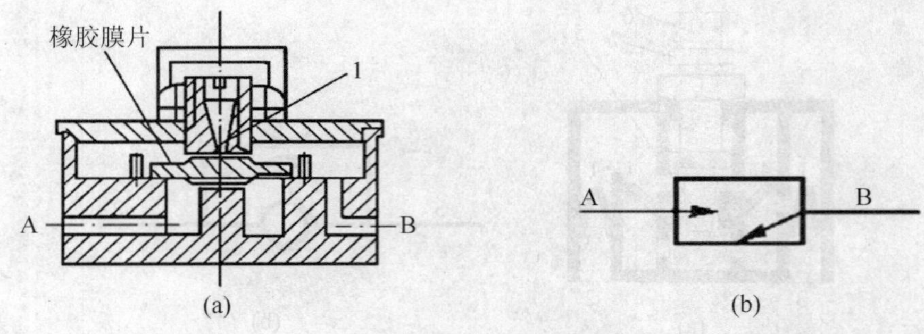

图 9-10 速放阀的结构原理及逻辑符号

三、气动比例元件

1. 减压阀

减压阀的结构原理及逻辑符号如图 9-11 所示。减压阀的作用是将较高的输入压力(通常称为气源)降低至一个较低的稳定压力输出。其工作原理是经过预压的调压弹簧 2 通过顶杆 6 使阀心 5 打开,压缩空气从 V 口经过这个打开的阀口流向压力较低的 Z 口,在这同时压缩空气也到达膜片 3 的下方,随着 Z 口压力的升高,会使带顶杆的膜片和阀心一起克服调压弹簧的弹簧力向上运动,直到 Z 口压缩空气作用在膜片上的力(Z 口压力×膜片的有效面积)与通过调节螺钉 1 调节的弹簧力相平衡为止,这时阀心与阀座 4 接触,从而使 V 口与 Z 口之间的通路截止(截止状态,即输入与排气均被截止)。

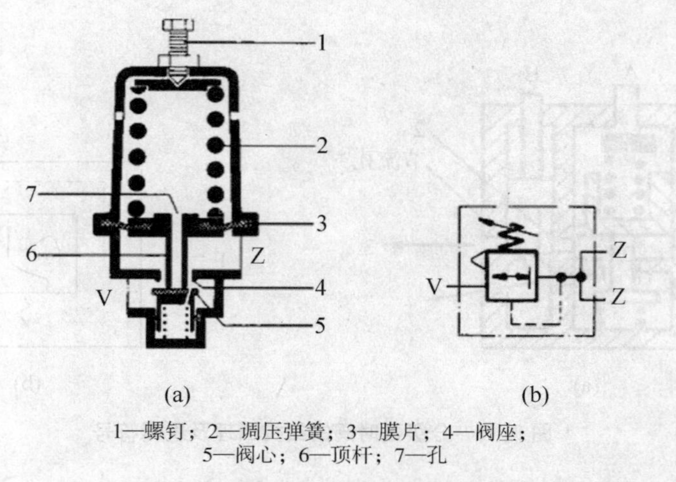

1—螺钉; 2—调压弹簧; 3—膜片; 4—阀座;
5—阀心; 6—顶杆; 7—孔

图 9-11 减压阀的结构原理及逻辑符号

如果输出的压力下降到低于与调压弹簧的弹簧力相对应的值时,则膜片向下运动,并通过顶杆使阀心 5 打开阀口,直到重新达到与调压弹簧的弹簧力相对应的压力值为止。如果输出压力超过与调节弹簧相对应的压力值,则膜片带着顶杆脱离阀心 5,使 Z 口的一部分压缩空气通过孔 7 排出,当 Z 口的压力达到期望值时,膜片向下运动,使排气口关闭,这样重新达到该阀的截止状态。减压阀可以被安装在任何位置上,但应为安装固定和该阀的操纵预留足够的空间。

2. 比例阀

比例阀的结构原理及逻辑符号如图 9 - 12 所示。比例阀常用于气压信号的隔离跟随。当输出端 2 的气压信号与输入端 5 相等时，膜片 6 上、下受力相等，处于平衡状态。动阀座 8 截止气源 1，阀心 7 压在动阀座上，封住通大气口 4，输出信号不变。当输入端的气压信号增大时，膜片 6 向下弯，动阀座 8 下移，气源 1 与输出端 2 相通，使输出端的气压信号增大。该增大的气压信号经反馈口 3 进入膜片 6 的下部空间，当输出的气压信号增加到与输入信号的相等时，膜片 6 又处于平衡状态，气源 1 被动阀座 8 截止，输出稳定在比原来高的压力值上。若输入信号降低时，膜片 6 向上弯，阀心上移，输出端 2 与大气口 4 相通，输出压力降低。经反馈口 3 使膜片下部空间的压力降低，直到输入信号与输出信号相等时，膜片 6 又恢复到平衡状态，这时输出压力就稳定在比原来低的值上。可见，比例阀在稳态时，其输入与输出是相等的。

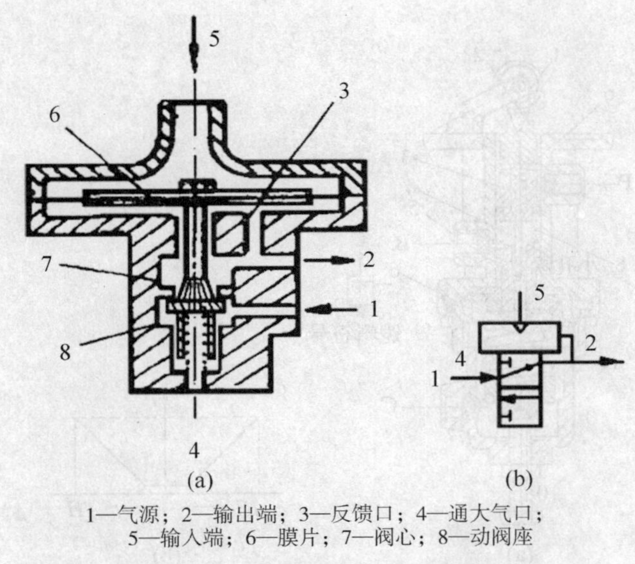

1—气源；2—输出端；3—反馈口；4—通大气口；
5—输入端；6—膜片；7—阀心；8—动阀座

图 9 - 12 比例阀的结构原理及逻辑符号

3. 转速设定精密调压阀

在气动遥控系统中，转速设定精密调压阀用于车钟设定转速的发讯，其输入信号是车钟手柄的位移，输出信号是与设定转速所对应的空气压力。该阀的结构原理及输出特性如图 9 - 13所示。滚轮 1 与车钟手柄下面所带动的凸轮相接触。当车钟手柄向加速方向扳动时，经滚轮 1 使顶锥 2 下移，克服弹簧张力使上滑阀 3 下移，进排气球阀 4 中的下球阀仍压在下滑阀 5 的阀座上，封闭通大气口，上球阀会离开上滑阀 3 的阀座而打开某一开度。气源 P 经上球阀通至输出端 B，使输出压力升高。该升高的压力信号一方面作为转速设定信号输出，另一方面经反馈小孔（图中虚线所示）进入膜片 6 的上部空间，压缩弹簧 7，使下滑阀连同下球阀一起下移。当下滑阀的下移量与顶锥 2 的下移量相等时，上球阀又被压在上滑阀 3 的阀座上，封闭气源 P，使输出端 B 的压力不再升高，稳定在某一数值上。在稳定输出时，上、下球阀均关闭。可见,输出压力与顶锥 2 的下移量成比例。当车钟手柄向减速方向扳动时,在弹簧 8 的作用下,顶锥和上滑阀连同进排气球阀一起上移,使上球阀关闭,下球阀会离开阀座而打开,使输出端 B 与大气口 C 相通,输出压力降低,经反馈小孔使膜片上部空间压力降低,靠弹簧 7 的张力使下滑阀上移,直到下滑阀的上移量与上滑阀的上移量相等时,下球阀又封闭通大气口,使输出压力稳定在比原来低的数值上。图 9－13(b)示出该阀的输出特性线。因为车钟手柄下面所带动的凸轮,其正、倒车边是对称的,所以正、倒车转速设定的特性线是相同的。其输出压力的变化范围一般为 0.05～0.5 MPa,其中 0.05 MPa 对应于最小设定转速值,0.5 MPa 对应于最大设定转速值。最小设定转速值的调整是通过转动螺钉 10 改变弹簧 7 的预紧力来实现,即可上下平移输出特性线。若旋紧螺钉 10 使弹簧 7 预紧力增大,则最小设定转速值增大,即向上平移输出特性线,反之亦然。最大设定转速值的调整是通过转动弹簧座,改变弹簧 7 的有效工作圈数(即刚度)来实现,从而可改变输出特性线的斜率。若有效工作圈数减少,会使刚度增大,则最大设定转速值增大,输出特性线的斜率增大,反之亦然。

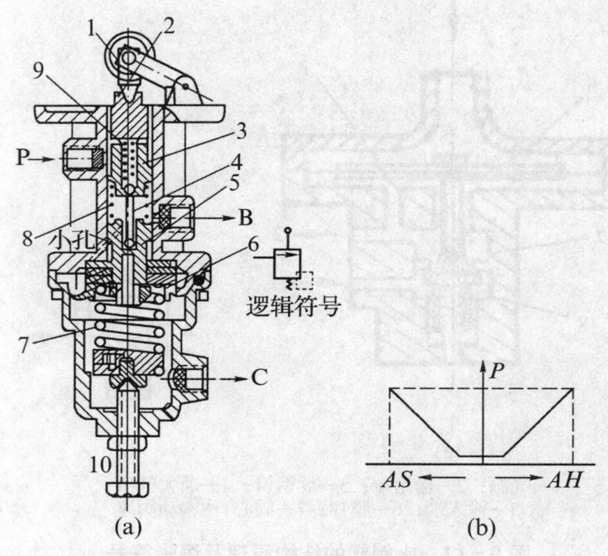

1—滚轮; 2—顶锥; 3—上滑阀;
4—进排气球阀; 5—下滑阀; 6—膜片;
7—压缩弹簧; 8—弹簧; 9—弹簧; 10—螺钉

图 9－13　转速设定精密调压阀结构原理及输出特性

四、主机遥控系统气源的标准及其要求

在气动主机遥控中,常用 3.0 MPa 的压缩空气作为换向和起动的动力气源,用 0.7 MPa的压缩空气作为其控制气源。0.7 MPa 的控制气源可由 3.0 MPa 的空气瓶的压缩空气减压而获得,也可由单独的气源设备供给。但无论采用哪一种方式,为了保证气动主机遥控系统能正常工作,控制气源必须是稳定而洁净的。它首先需经过净化处理,以滤去空气中的灰尘杂质,去除水分及油污,然后再经过稳压(减压)处理才可使用。鉴于控制气源的重要性,控制气源中的过滤器和减压阀常成双配备,并由气源选择阀来选用。如

图 9－14所示，一个气源选择阀包括选择阀 5、过滤器（滤清器）6、减压阀 7、单向阀 8、输出压力表 9 等。

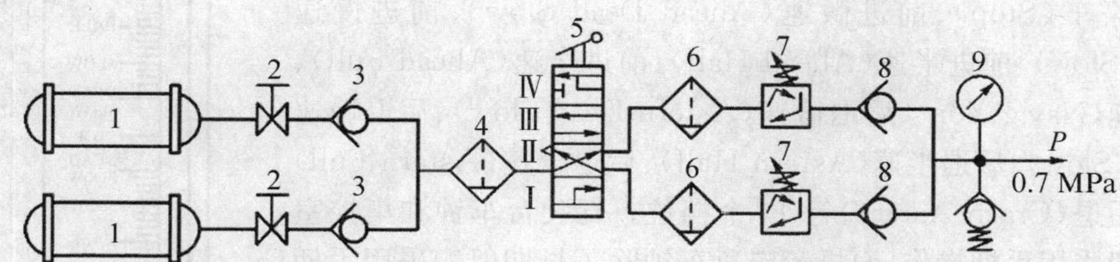

1—主空气瓶；2—截止阀；3，8—单向止回阀；4，6—过滤器；
5—气源选择阀；7—减压阀；9—输出压力表

图 9－14　主机遥控系统气源装置

在图 9－14 中，两个空气瓶内的 3.0 MPa 压缩空气经各自的截止阀 2 和单向止回阀 3 引入过滤器 4，由过滤器 4 初步净化后送到气源选择阀 5。气源选择阀 5 的两个输出气口上接有两条具有同样过滤器 6 和减压阀 7 的气路，过滤器 6 将 3.0 MPa 的压缩空气进一步净化后由减压阀 7 减至 0.7 MPa，最后再经各自的单向止回阀 8 送到遥控系统中，作用遥控气源。气源装置的四种工况由气源选择阀来选定。

气源选择阀切换到Ⅳ位，由过滤器 4 来的 3.0 MPa 压缩空气截止，上、下过滤减压支路均通大气（不工作），无气源输出，遥控系统不工作，因此该工况用于停泊状态。

气源选择阀切换到Ⅲ位，上支路通大气，下支路投入工作，输出 0.7 MPa 遥控气源。

气源选择阀切换到Ⅱ位，下支路通大气，上支路投入工作，输出 0.7 MPa 遥控气源。

可见，Ⅱ位和Ⅲ位都是单路工作（一路工作，另一路备用），因此适用于海上航行状态，在海上航行中若工作支路故障或需清洗滤器，可切换到备用支路。

气源选择阀处于Ⅰ位，上、下支路同时投入工作。它主要用于进出港时供气，以满足进出港时主机操纵频繁、耗气量大的要求，确保进出港时的操作安全。

第三节　车钟系统及操作部位的转换

一、车钟系统的概述

车钟系统是用来在各操作部位之间发送和接收主机操纵指令及传递操作信息的装置，一般由驾驶台车钟、集控室车钟和机旁应急车钟组成。根据所传递指令的不同性质，车钟还可分为主车钟和副车钟两种，主车钟用于主机操纵指令的传递，副车钟仅用于驾驶室与集控室之间的备车、完车和定速航行信号的联系，多采用按钮形式。目前，多数船舶的驾驶台主车钟除向集控室或机旁发送主机操纵主令外，还兼有直接向主机遥控装置发送主机控制信号；集控室主车钟不仅用于传令车钟，而且还常用作主机正、倒车操纵控制；而机旁的车钟基本上仅作为传令车钟使用。

1. 主车钟

主车钟用于传送停车、换向和转速设定等主机操纵命令，一般设有停车（Stop）、前进微速（Ahead Dead Slow）、前进慢速（Ahead Slow）、前进半速（Ahead Half）、前进全速（Ahead Full）、海上全速（Navigation）、后退微速（Astern Dead Slow）、后退慢速（Astern Slow）、后退半速（Astern Half）、后退全速（Astern Full）和应急后退（Crash Astern）等 11 个挡位。驾驶台车钟和集控室车钟一般采用手柄操作，而机旁应急车钟除了早期船舶采用手柄操作外，目前大多数船舶均采用按键操作。手柄式车钟的挡位定义如图 9－15 所示。

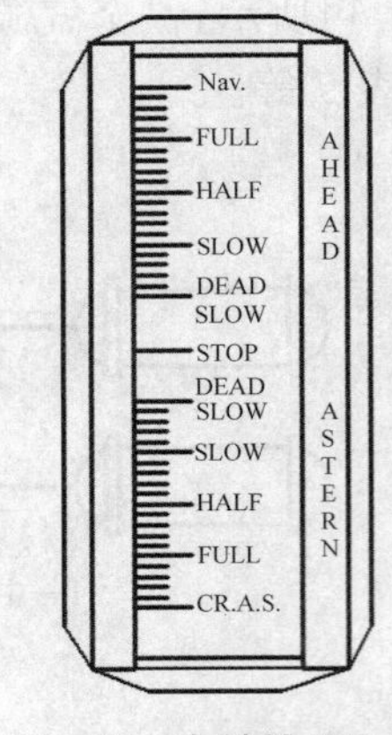

图 9－15　车钟挡位示意图

手柄式车钟一般设有两根指针，一根指示本地手柄的位置，另一根跟踪其他操作部位的手柄位置，也称为复示指针；按键式车钟则用指示灯代替指针。手柄式车钟的指针跟踪一般采用自整角机或由电路控制的伺服电动机实现。

当驾驶台发出车令后，集控室或机旁的复示指针或指示灯将跟踪驾驶台车令，轮机员应在主机的当前操作部位进行回令，即将车钟手柄推到相应的位置，或按下按键式车钟相应的挡位按钮。在回令之前，有车钟声响警报提示，当回令结束后，车钟声响消失。

对于在驾驶台安装有自动遥控系统的船舶，车钟系统往往还兼有主机的控制功能，除了传送车令信息外还需向主机遥控系统发送主机的各种操作命令。目前大型自动化船舶所使用的车钟通常都是集传令车钟与遥控手柄于一体的指针跟踪式或指示灯跟踪式车钟，车钟系统已成为主机遥控系统的重要组成部分。

主车钟向遥控系统发送主机操纵命令的发讯装置通常有气动和电动两种类型。气动发讯装置采用机械动作控制二位三通阀，利用二位三通阀的气压输出实现正车、倒车和停车信号的发讯，并用手柄带动凸轮控制精密调压阀的气压输出，其输出压力即为当前手柄位置相对应的转速设定值，从而实现转速指令的发讯。如图 9－16 所示，操纵车钟手柄下有正车阀、倒车阀和调速阀，输出的信号分别是 I_H，I_S和 I_n。电动发讯装置通常采用微动开关和相应的逻辑处理电路发出正车、倒车和停车信号，采用精密电位器与信号处理电路发出 0～10 V 的电压、4～20 mA的电流或 0～5 kΩ 的电阻等信号来实现转速设定值的发讯。

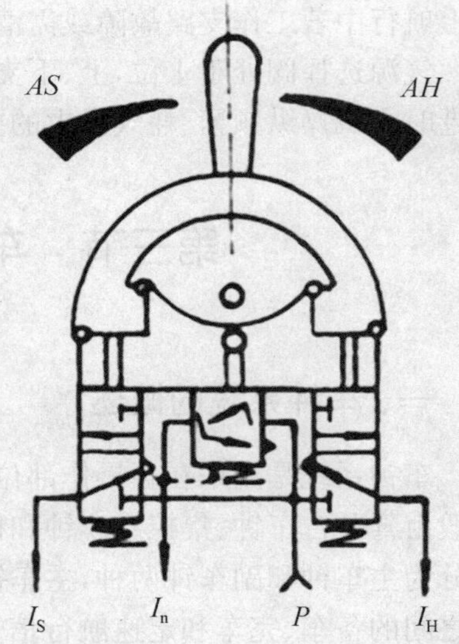

图 9－16　气动遥控车钟

在不同的操作部位操纵主机时，主车钟的工作模式也不同。以定距桨船舶的低速主机为例，在驾驶台操纵时，驾驶台车钟直接对主机进行遥控操纵，集控室车钟和机旁应急车钟只对驾驶台车令进行复示；在集控室或机旁操纵时，驾驶台车钟只用于传令操纵，轮机员回复车令后，在集控室或机旁对主机进行手动操作。应当指出的是,集控室车钟手柄通常还兼有主机的换向控制功能,而主机的起动、停车和转速控制则由主机操纵手柄进行控制。

2. **副车钟**

副车钟用于传送与主机操纵有关的其他联络信息,如备车(Stand by)、完车(Finished with Engine)和海上定速(At Sea)等。假设当前操作部位为集控室,则当需要进入备车状态时,首先由驾驶台按下“备车”按钮,发出主机备车指令,给出声响,“备车”指示灯闪光。当轮机员备车后,进行机旁冲车和集控室试车操纵,确认就绪后,值班轮机员在集控室按“备车”按钮予以应答,声响停止,“备车”指示灯变为平光,进入备车状态。此后,可根据需要将主机的操作部位转到“驾驶台”位置。当船舶结束机动航行进入海上定速航行时,在“驾驶台”按“海上定速”按钮,“海上定速”指示灯闪光,同时给出声响。轮机员确认可以进入定速航行后,在集控室按“海上定速”按钮,声响停止,“海上定速”指示灯切换为平光,进入定速航行状态,同时自动取消备车信号。当船舶停泊后不再需要操纵主机时,在“驾驶台”按下“完车”按钮,在集控室按“完车”按钮后,进入完车状态,“完车”指示灯平光指示。在副车钟操纵过程中,备车、完车、海上定速这三个状态之间是互锁的。

机旁、集控室和驾驶台的车钟上常设有“应急停车”按钮,当出现异常情况需要应急停车时,在任一位置按下“应急停车”按钮,相应的“应急停车”指示灯点亮的同时,都将通过主机安全保护系统可靠地切断主机的燃油供给,强迫主机停车。当应急停车后需在故障排除后,将车钟扳回到停车位置及再次按下“应急停车”按钮或旋转“应急停车”按钮进行复位,“应急停车”指示灯灭,主机才能再次起动运行。

二、车钟系统组成及操作部位的转换

在主机遥控系统中,可以在驾驶台操纵主机,也可以在集控室操纵主机,而且在遥控失灵的情况下,还可在机旁应急操纵主机。在上述三个操作部位中,优先级最高的是机旁操纵,其次是集控室,优先级最低的是驾驶台操纵。为了确保安全,避免因操作部位转换而产生扰动,在正常情况下,驾驶台和集控室之间的操作部位转换要满足如下两个条件:

(1) 集控室遥控车钟发出的正车、倒车或停车车令必须与驾驶台遥控车钟发出的正车、倒车或停车车令一致,否则操作部位切换阀将被联锁机构锁定而无法切换,这一条件是驾驶台和集控室之间的操作部位转换必须满足的条件。如果没有联锁机构而出现车令不一致时切换,则主机工况立即发生变化,极有可能引起安全事故,所以在切换操作时,必须注意车令一致的条件。

(2) 集控室遥控车钟发出的转速设定值必须与驾驶台遥控车钟发出的相等,否则切换中因车令设定转速改变而使主机转速变化,产生切换扰动,但这一条件不是必须满足的条件。

某主机遥控的车钟系统总体结构如图 9－17 所示。该系统采用微机控制,由驾驶台车钟、集控室车钟和机旁应急车钟组成,相互间通过串行通信进行信息联络。驾驶台和集控室的主车钟采用手柄操作,机旁主车钟为按键操作,三地副车钟均为按键操作。驾驶台车钟还能将车令信息发送给主机遥控系统(Remote Control System)的驾驶台控制单元,以便在驾驶台操纵时，通过遥控系统直接控制主机。此外，车钟系统还连接一台车令打印机，对车令信息进行打印记录。

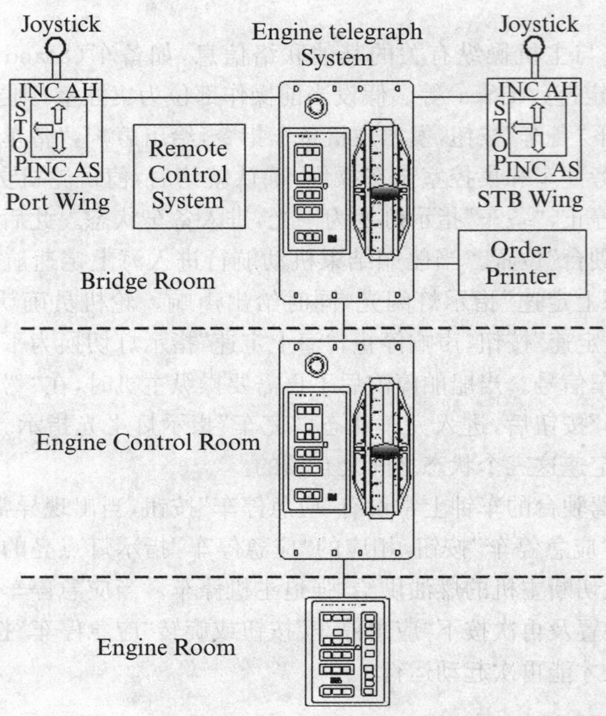

图 9－17　某主机摇控的车钟系统总体结构

一般而言，驾驶员都是在驾驶台内直接通过驾驶台车钟对主机进行操纵，但对于大型船舶而言，通常还需要在驾驶台的左右舷设置侧翼(Port Wing 和 STB Wing)操纵手柄，其目的是便于船舶离靠码头时的机动操纵。侧翼操纵的实现大体有两种方案：一种是在左右舷各设置一个与驾驶台内完全一样的车钟手柄，它们可以完全独立地发送各种车令信号，具有完全独立操纵主机的功能；另一种如图 9－17 所示，在侧翼控制台设置香蕉柄(Joystick)。“Joystick”手柄必须通过驾驶台的车钟系统间接完成车令发送任务，它通过控制三个微动开关的动作给出三个开关量车令信号，向前推给出“正车加速”(Increase Ahead)车令信号，向后拉给出“倒车加速”(Increase Astern)车令信号，松手则“维持当前转速车”令信号，向左扳给出“停车”(Stop)车令信号。这三种车令信号通过伺服电动机和齿轮机构驱动驾驶台车钟手柄机构向正车、倒车方向转动，车钟手柄机构再带动其下设的精密转速设定电位器，实现转速调节，同时带动正车、倒车微动开关给出正车、倒车车令信号。而驾驶台转速设定电位器的实际转速设定信号被反馈到左右舷车钟手柄控制台上的转速设定复示表(Setpoint Repeator)，供操作者参照。应该指出的是左右舷车钟手柄主要用于离靠港时控制主机在“微速”以下的机动运行，采用“Joystick”车钟手柄是可以有效地满足此种用车操纵要求的。

在机旁应急操纵状态下，驾驶台车钟发讯的车令信号经车钟控制箱发送到机旁车钟，机旁车钟的挡位指示自动跟踪到驾驶台车钟手柄位置。机旁车钟发讯回令信号经车钟控制箱发送到驾驶台车钟，驾驶台车钟的挡位指示自动跟踪到机旁车钟回令按钮位置，并在车钟手柄位置和车钟回令按钮位置与跟踪指示位置不一致的情况下，发出错位报警，直到位置一致为止。

当机旁选择遥控操纵时，当把主机的操作部位“驾控-集控”转换装置转到集控室操纵后，驾驶台主车钟的遥控功能将被取消，但仍然保留传令车钟的功能。驾驶台车钟的发讯信号经车钟控制箱发送到集控室车钟，集控室车钟挡位指示自动跟踪到驾驶台车钟手柄位置。集控室车钟的发讯回令信号经车钟控制箱发送到驾驶台车钟，驾驶台车钟的挡位指示自动跟踪到集控室车钟手柄位置。并在车钟手柄位置与跟踪指示位置不一致的情况下，发出错位报警，直至车钟手柄位置与跟踪指示的位置一致为止。

在驾驶台遥控操纵状态，驾驶台车钟发讯信号经车钟控制箱发送到集控室车钟和机旁车钟，使驾驶台车钟、集控室车钟和机旁车钟的随动指示灯自动跟踪到驾驶台车钟手柄位置。在驾驶台改变车钟位置时(驾驶台车钟的随动指示灯尚未跟上驾驶台车钟手柄位置)，车钟会发出短暂的错位报警声。

第四节　主机遥控系统的控制功能

采用不可逆转船用柴油机作为主推进装置的船舶，一般配以变距桨或离合器进行换向操作，而柴油机本身不需要换向；采用可逆转船用柴油机作为主推进装置，可使用柴油机本身的换向功能来实现船舶的前进或后退，一般配以定距桨。大型船舶的主流设备采用可逆转船用柴油机配以定距桨作为主推进装置。

一、换向控制逻辑

主柴油机的换向系指通过改变空气分配器，燃油及排气动作时序将主机的转向从正车换到倒车，或从倒车换到正车，传统的方法采用凸轮轴控制，对应有空气分配器，燃油及排气三组凸轮，也有的采取联动控制和分开控制。主机的换向操作有两种情况：一种是在停车状态下换向；另一种是在运行过程中换向。前者是指主机遥控系统在起动主机前，首先鉴别主机的凸轮轴位置是否与车钟指令一致，如不一致，其换向控制回路通过换向执行器将主机的凸轮轴位置换到车钟指令所给定的转向上；后者是指主机在某一转向运行时，如突然改变车钟指令转向，遥控系统将自动按停油、凸轮轴换向、制动及反向启动程序控制主机，改变运行转向。由于主机的凸轮轴换向装置不同，换向控制的逻辑条件也略有不同，所以分析方法以主流情况为主。

1. 换向逻辑

主机遥控中的换向操作指令是由换向逻辑控制回路在满足换向鉴别逻辑条件时自动生成的。有了换向操作指令后主机能不能换向，还要取决于是否满足已停油、转速低于换向转速等条件，只有在满足所有条件的情况下，换向逻辑控制回路才输出具体换向动作，控制主机安全可靠地完成换向操作。

1）换向逻辑鉴别

换向逻辑回路是在有动车车令时，根据车令与凸轮轴的实际位置，判断是否需要换向。如果需要换向，则自动输出换向命令，对主机进行换向操作。如换向完成后，或不需要换向时，则自动取消换向命令，并为后续的逻辑动作提供换向以便完成信号。

如果用 I_H 和 I_S 分别表示正车车令和倒车车令；用 C_H 和 C_S 分别表示凸轮轴在正车位置和倒车位置。注意非正车车令包含停车和倒车车令两种，同样，非倒车车令包含停车和正车车令两种，所以 $I_H \neq \overline{I_S}$，$I_S \neq \overline{I_H}$。凸轮轴不在正车位置就在倒车位置，没有第三种状态，$C_H = \overline{C}_S$，$C_S = \overline{C}_H$。用 Y_{RL} 表示换向逻辑鉴别，其表达式为

$$Y_{RL} = I_H \cdot C_S + I_S \cdot C_H = I_H \cdot \overline{C}_H + I_S \cdot \overline{C}_S \tag{9-1}$$

若 $Y_{RL}=1$，说明车令与凸轮轴位置不一致，满足换向逻辑鉴别，允许换向；若 $Y_{RL}=0$，说明车令与凸轮轴位置一致，不需进行换向操作。

2）停油逻辑条件

主机在换向过程中必须停油；主机在运行中完成换向后，其车令与主机转向不一致，也必须停油；另外，车令停车（既没有正车指令，也没有倒车指令），或有其他紧急情况需要停车，也应控制主机停油。停油逻辑输出通过停油伺服器，把油门推向零位。如果用 Y_{RT} 表示停油信号，用 R_H 和 R_S 分别表示主机在正车方向运行和在倒车方向运行，I_{ES} 表示应急停车，I_{SH} 表示故障停车，则遥控系统给出的停油逻辑表达式为

$$Y_{RT} = (I_H \cdot \overline{C_H} + I_S \cdot \overline{C_S}) + (I_H \cdot \overline{R_H} + I_S \cdot \overline{R_S}) + \overline{I_H} \cdot \overline{I_S} + I_{ES} + I_{SH} \tag{9-2}$$

若 $Y_{RT}=1$，说明已满足停油条件，油门会被推向零位。若 $Y_{RT}=0$，说明已解除油门零位联锁，允许对主机供油。所以满足上述条件中的任何一个，主机即应有停油动作。当 I_{ES} 或 I_{SH} 有效时，还要控制紧急停车电磁阀动作，直接控制高压油泵停油。

3）转速条件

主机在运行中需要换向时，要待主机转速下降到允许换向转速 n_R，或在有紧急运行指令时，转速下降到应急换向转速 n_{ER} 后，方可进行换向操作。比如，主机在全速正车运行时，突然把车钟手柄从正车方向扳到倒车某速度挡。这时，遥控系统首先对主机进行停油操作，主机转速下降，待转速下降到 n_R 可进行换向操作。在改变车钟手柄方向的同时，又按了“应急操纵”按钮，则主机转速下降到比 n_R 较高的转速 n_{ER} 即可进行换向操作。对应采用的逻辑信号用 $N_R=1$ 表示转速低于 n_R，用 $N_{ER}=1$ 表示转速低于 n_{ER}。

4）顶升机构抬起条件

对于某些采用凸轮控制进排气阀或排气阀的主机，特别是四冲程中速机，为便于移动凸轮轴，需要把进排气阀的顶杆抬起，使顶杆下面的滚轮离开凸轮轴，使凸轮易于换向，待换向完成后，顶杆下落，使其滚轮落在换好后的凸轮上，因此有的主机还需要满足进排气阀顶升机构抬起条件。

用 $D_{UP}=1$ 表示顶升机构被抬起，表示可移动凸轮轴换向；用 $D_{UP}=0$ 表示顶升机构未被抬起，则不可以移动凸轮轴进行换向。

2. 换向控制回路

以上列出的换向逻辑条件应该是“与”的关系，其逻辑表达式为

$$\left.\begin{aligned}
&Y_R = Y_{RL} \cdot Y_{RT} \cdot (N_R + I_{EM} \cdot N_{ER}) \cdot D_{UP} = \\
&I_H \cdot \overline{C_H} \cdot Y_{RT} \cdot (N_R + I_{EM} \cdot N_{ER}) \cdot D_{UP} + I_S \cdot \overline{C_S} \cdot Y_{RT} \cdot (N_R + I_{EM} \cdot N_{ER}) \cdot D_{UP} \\
&Y_{RH} = I_H \cdot \overline{C_H} \cdot Y_{RT} \cdot (N_R + I_{EM} \cdot N_{ER}) \cdot D_{UP} \\
&Y_{RS} = I_S \cdot \overline{C_S} \cdot Y_{RT} \cdot (N_R + I_{EM} \cdot N_{ER}) \cdot D_{UP}
\end{aligned}\right\} \tag{9-3}$$

$Y_R=1$,表示满足换向逻辑条件,对主机进行换向操作;$Y_R=0$,表示不满足换向逻辑条件,不能对主机进行换向。其中,Y_{RH}表示车令为正车时的换向,简称正车换向;Y_{RS}表示车令为倒车时的换向,简称倒车换向。应注意的是,不同机型换向逻辑条件不尽相同,比如,采用单凸轮液压差动换向的大型低速柴油机,有的在运行中换向时对其转速和转向都有要求,有的在运行中换向时对转速没有要求,有的机型其D_{UP}也不是必备条件。但是,换向的鉴别逻辑Y_{RL}和停油条件Y_{RT}是所有机型换向的必备条件。

二、主机起动控制逻辑

起动逻辑控制回路的基本功能是,当有动车指令时,判断是否满足起动的逻辑条件;当所有的起动条件均得到满足时,则输出一个起动信号去开启主起动阀,对主机进行起动。当主机达到发火转速时,能自动撤消起动信号,关闭主起动阀,结束起动,使主机在供油状态下运行。起动逻辑回路包括主起动逻辑回路、重复起动逻辑回路、重起动逻辑回路及慢转起动逻辑回路。

1. 主起动逻辑控制

主起动逻辑控制回路是主机遥控系统完成遥控起动功能的最基本控制回路,它能检查起动条件是否得到满足,这些条件包括起动准备逻辑条件及起动鉴别逻辑。

1）起动准备逻辑条件

启动准备逻辑条件多数是在“备车”时完成的,为方便起见,可用字母和符号来表示各种准备逻辑条件,大致如下:

TG:盘车机脱开信号,脱开为1,未脱开为0。

MV:主起动阀位置信号,在自动位为1,否则为0。

P_A:起动空气压力信号,压力正常为1,太低为0。

P_C:控制空气压力信号,压力正常为1,太低为0。

P_L:滑油压力信号,压力正常为1,太低为0。

ES:遥控系统电源信号,电源正常为1,否则为0。

PS:操作部位转换信号,转换完成为1,否则为0。

TS:模拟实验开关位置信号,在工作位置为1,在实验位置为0。

$\overline{ST}$:无故障停车信号,无故障且已复位为1,否则为0。

$\overline{F}_3$:三次起动失败信号,无三次起动失败为1,三次起动均失败为0。

$\overline{T}_M$:起动限时信号,未到限时时间为1,达到起动限时时间为0。

N_I:发火转速逻辑鉴别信号,主机转速低于发火转速为1,高于发火转速为0。

不同机型和遥控系统使用的起动准备逻辑条件不完全相同,有的多一些,有的少一些。但是,起动准备逻辑条件之间全是“与”关系,即选择的逻辑条件必须都满足后,才能使起动准备逻辑条件完成,其逻辑表达式为(下面逻辑算符“·”表示与逻辑,用“+”表示或逻辑,有时与符号“·”常被忽略)

$$Y_{SC}=TG\cdot MV\cdot P_A\cdot P_C\cdot P_L\cdot ES\cdot PS\cdot TS\cdot \overline{ST}\cdot \overline{F}_3\cdot \overline{T}_M\cdot N_I \qquad (9-4)$$

Y_{SC}为1,表示满足启动准备逻辑条件;Y_{SC}为0,表示不满足起动准备逻辑条件,不能对主机进行起动。

2）起动鉴别逻辑

起动鉴别逻辑判定车令与凸轮轴位置是否一致。当有动车指令时，只有车令与凸轮轴位置一致才允许起动，否则是不允许发起动信号的。用Y_{SL}表示起动的鉴别逻辑，其逻辑表达式为

$$Y_{SL}=I_{H}\cdot C_{H}+I_{S}\cdot C_{S} \tag{9-5}$$

$Y_{SL}=1$，表示车令与凸轮轴位置一致，满足起动鉴别逻辑；$Y_{SL}=0$，说明车令与凸轮轴位置不一致，不满足起动鉴别逻辑，不允许发启动信号。

3）主起动逻辑回路

主起动逻辑回路发出起动信号，不仅必须满足起动准备逻辑条件，还要满足起动鉴别逻辑，这两者是与的关系，其逻辑表达式为

$$Y_{SO}=Y_{SC}\cdot Y_{SL}=$$
$$TG\cdot MV\cdot P_{A}\cdot P_{C}\cdot P_{L}\cdot ES\cdot PS\cdot TS\cdot \overline{ST}\cdot \overline{F}_{3}\cdot \overline{T}_{M}\cdot N_{I}\cdot(I_{H}\cdot C_{H}+I_{S}\cdot C_{S}) \tag{9-6}$$

$Y_{SO}=1$，表示满足所有的起动逻辑条件，主起动阀开启对主机进行起动。当主机转速达到发火转速N_I时，N_I为0；$Y_{SC}=0$，Y_{SO}立即变为0，关闭主起动阀，停止起动。如果从发出起动信号（$Y_{SO}=1$）开始，在规定的时间内，主机仍达不到发火转速，$\overline{T}_M=0$，要终止起动，发出起动失败的声光报警信号。起动失败信号另一种情况是，在起动时，主机能达到发火转速，$N_I=0$，当撤消起动信号（$Y_{SO}=0$）后，主机转速立即下降，以至下降到零，使N_I由0又变为1。第一次起动失败后，间隔一段时间自动进行再起动。但是，当第三次起动仍然失败时，$\overline{F}_3$为0，将终止起动，发出起动失败的声光报警信号，此故障报警应答后，车钟只有回到停车位置，$\overline{F}_3$才能自动复位。$\overline{ST}$是无故障停车信号，如果主机由于某些故障而自动停车，则$\overline{ST}=0$，不允许起动主机，待故障排除后，必须把车钟手柄扳回到停车位置，且按下“故障停车复位”按钮，才能使$\overline{ST}$由0变为1。只有复位后才允许起动，这就避免在排除故障期间主机突然动车而造成的危险。主机遥控系统一般都有一块模拟实验板，可模拟主机转速、正倒车凸轮等基本状态信息给遥控系统，依次来检验主机遥控系统的各种功能。一般模拟实验是在停车状态下进行的，须把模拟实验开关 TS 转至“实验”位置。在这个位置是不准许实际动车的，当做完实验后，须把该开关转至“工作”位置方可起动主机。PS是操作部位转换信号，只有在操作部位转换装置处于指定的部位时，起动逻辑输出才能有效，其他操作部位则不受该逻辑控制，如机旁控制。PS为1，一般是指驾驶室控制。但有些集控室选择“自动”控制时也需要该信号。

2. 重复起动逻辑控制

重复起动是指主机起动失败后，对主机所进行的再次起动。在重复起动中，总的起动次数一般选定为三次。起动失败有两种情况：一是在起动过程中，主机一直达不到发火转速，即N_I保持为1，遥控系统对起动计时，当时间超过设定的时间，即停止起动，并发出起动失败报警，该起动时间称为一次性起动；二是主机达到发火转速，当停止起动后，主机转速又降回到零。重复起动的逻辑功能是，当满足起动逻辑条件时，发起起动信号，若起动成功则撤

消起动信号，终止起动，主机由起动状态转为在供油下的正常运行状态。若起动不成功，需记录起动失败次数，同时中断几秒钟后进行再起动，依次自动进行三次起动。如果三次起动均未成功，终止起动，发出起动失败的声光报警信号，说明起动回路有故障。两种起动故障都需要在修复后，把车钟手柄扳回到停车位置，即故障停车复位后，方可再次起动主机。

上述重复起动控制的方式称为时序-转速控制，即在重复起动回路中，主机的每次起动由转速或时序原则来控制起动的结束过程。在主机能达到发火转速的正常情况下，按转速原则来结束起动过程；若因主机起动系统管路漏气、起动空气压力低、气缸起动阀卡死、活塞咬死或拉缸、主轴瓦烧蚀等机械方面的故障，或螺旋桨缠绕异物等，使主机起动时一直达不到发火转速，则按时间原则结束起动过程。两次起动间隔时间按时间原则来控制。起动失败次数采用计数方式。

3. 重起动逻辑控制

所谓重起动是指在一些特殊条件下的起动过程，目的在于保证起动的成功。重起动逻辑回路必须能区分正常起动和重起动逻辑条件。在正常起动条件下，起动逻辑回路应送出正常起动油量和正常起动转速信号。在重起动条件下，起动回路送出或者增大起动供油量的信号，或者送出提高发火转速的信号。

1）重起动鉴别逻辑条件 Y_{SH}

(1) 必须满足起动的逻辑条件，$Y_{SO}=1$。因为重起动也是起动，其起动的准备逻辑条件和起动鉴别逻辑必须都得到满足，所以 Y_{SC} 和 Y_{SL} 必须均为 1。

(2) 有应急操纵指令 I_E（在发出开车指令的同时按“应急操纵”按钮），或者有重复起动信号 F（第一次起动为正常起动，第二次和（或）第三次起动为重起动），或者有倒车指令 I_S（倒车起动性能不如正车）。

(3) 起动转速未达到重起动发火转速，$N_{Hi}=1$。

重起动的逻辑表达式为

$$Y_{SH}=Y_{SO}\cdot N_{Hi}\cdot(I_E+F+I_S) \tag{9-7}$$

在上述的重起动逻辑条件中，关于倒车起动是否采用重起动，不同机型不尽相同。有的机型正车与倒车起动性能一样，在表达式中可取消 I_S 项。有的机型是在运行中完成倒车换向后的起动采用重起动。遥控系统发出起动信号后，起动逻辑回路要能判别是否满足重起动逻辑条件。若不满足重起动逻辑条件，起动逻辑回路发正常起动信号，若满足重起动逻辑条件，则发重起动 $Y_{SH}=1$ 信号，如果起动成功，则撤消重起动信号，以备下次起动时重新判别是否满足重起动逻辑条件。

实现重起动通常采用的方案有两种：一是发火转速不变，增加起动供油量。在常规的主机遥控系统中，多数采用这种方案。在这种方案中，由于起动供油量较多，有可能在起动过程中主机发生爆燃。二是起动供油量不变，提高起动的发火转速。在用微机组成的主机遥控系统中，多采用提高发火转速方案，该方案的特点是主机起动较平稳，但需要消耗较多的起动空气。而重起动时调速器的起动转速设定需要提高，由正常的起动转速设定提高为重起动转速设定。

2）重起动控制回路

(1) 重起动鉴别逻辑。图 9-18 所示为重起动逻辑回路。图中左半边虚线框内电路为重起动逻辑鉴别回路，由图 9－18 可知，要满足重起动鉴别逻辑，$Y_{SH}=1$，必须具备如下条件之一：①有应急操纵指令，$I_E=1$，则 Y_{SH} 直接为 1，采用重起动。②重复起动中的第三次起动采用重起动。当第二次起动失败后，$F_2=1$，$\overline{S}=0$，直接控制触发器输出端 $Q=1$，$Y_{SH}=1$。③主机在运行中完成换向后的起动采用重起动。当主机高于制动转速 n_B（与重起动发火转速接近，有的系统使用 N_{Hi} 替代）运行时，N_B 为 0，触发器输入端 $D=1$，如果把车钟手柄从原方向扳到另一个方向，车钟手柄必定会经过停车位置，故非停车信号 $\overline{I}_{ST}$ 会从 0 跳变为 1，触发器输出端 $Q=1$，Y_{SH} 为 1。上述情况的发生为主机原来转速较高时，出现运行中的车令换向操作，意味着后续的起动需要使用重起动。

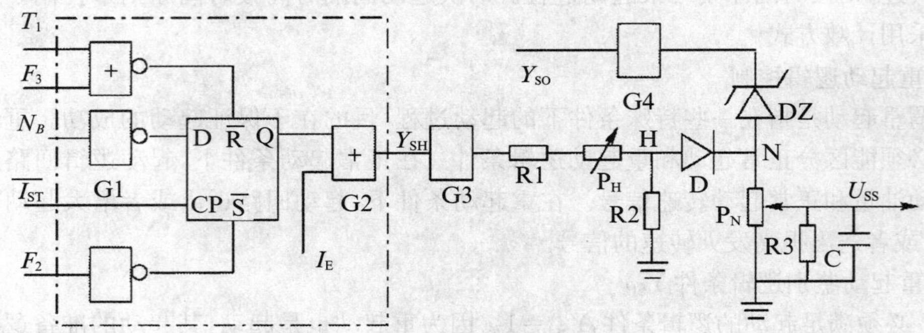

图 9－18　重起动逻辑回路

复位重起动的逻辑条件是：①应急操纵指令已复位，即 $I_E=0$；②第三次起动失败后，$F_3=1$，或者由于一次起动时间过长而使起动失败，$T_1=1$，使得触发器复位端为 0，触发器复位，输出端 Q 为 0；③将车钟扳回停车位置后再进行起动操作，使第二次起动失败，$F_2=0$，另外由于主机停车，转速低于制动转速，$N_B=1$，D 触发器的输入端 $D=0$，在下次动车车令时，非停车信号 $\overline{I}_{ST}$ 有一个从 0 到 1 的信号变化，D 触发器的 CP 端收到此信号后，就把 $D=0$ 信号锁存 D 触发器，使 D 触发器复位，输出端 $Q=0$，撤销重起动信号。

（2）重起动转速的设定。图 9－18 中右半边是起动转速的设定回路，Y_{SO} 和 Y_{SH} 分别为正常起动和重起动信号。在正常起动过程中，Y_{SH} 为 0，G3 输出为低电平，二极管 D 截止。因 Y_{SO} 为 1，G4 输出高电平，N 点电位是稳压管 DZ 经电位器 P_N 的分压输出的电压值 U_{SS}，使对应于正常起动设定转速送至调速器。当满足重起动逻辑条件时，Y_{SO} 和 Y_{SH} 都为 1，G3 和 G4 都为高电平。G3 输出的高电平经 R1，P_H 与 R2 分压后，使 H 点的电平高于 N 点电平，二极管 D 导通，N 点电平被抬高，再经 P_N 分压后输出重起动设定转速，从而提高起动设定转速，以致增加起动油量。改变 P_N 的中心抽头位置可调整正常起动设定转速，调整 P_H 可改变 N 点电压在重起动时所要提高的值，从而调整重起动时的起动设定转速。调整时应先调整正常起动设定转速，然后再调整重起动设定转速。

4．起动逻辑控制电路分析

包含按时序-转速方式实现的起动逻辑控制电路如图 9－19 所示，图 9－19 中与非门 G4 为起动逻辑判断逻辑门，其输出 $\overline{Y}_S$ 为 0 时，表示满足起动逻辑条件和起动准备条件，可以起动主机。这时，该信号一方面通过 G5 放大、二极管 D1 放电、P 和 C 充电延时，带滞回比较的施密特触发器 G6、驱动器 G7 送至电磁阀 25E 的驱动电路，并使其通电，打开主起动阀对主机进行起动；另一方面送至一次起动计时电路的与非门 G8，使 G8 输出为 1(低于制动转速时，N_B 为 1)，经二极管 D 放电、P 和 C 充电延时，带滞回比较的施密特触发器 G9、或门 G10 送至 D 触发器 2F，准备重起动和三次起动计次；第三路送至移位寄存器 1F 的时钟脉冲端，用于起动次数计数。

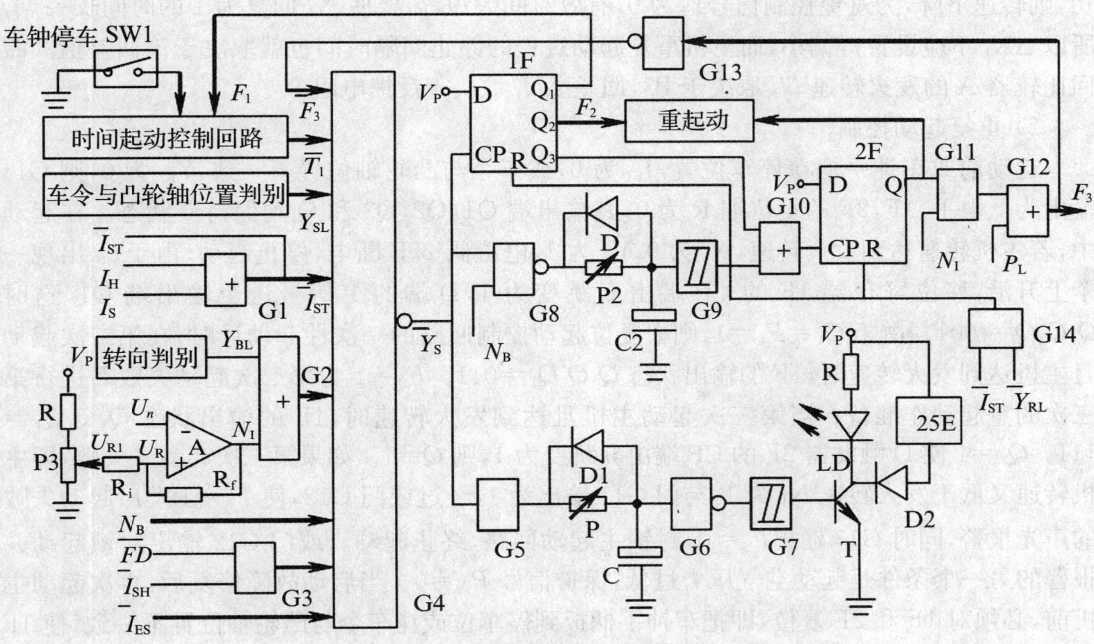

图 9-19　起动逻辑控制回路

1) 起动逻辑条件

根据图 9-19 所示逻辑门 G4，因$\overline{Y_S}=0$表示起动，经过后续非门 G6 后控制 25E 电磁阀动作，参考逻辑表达式，G4 输出可以表达如下

$$Y_{SO}=\overline{F_3}\cdot\overline{T_1}\cdot Y_{SL}\cdot\overline{I_{ST}}\cdot G_2\cdot N_B\cdot G_3\cdot\overline{I_{ES}}=$$

$$\overline{F_3}\cdot\overline{T_1}\cdot Y_{SL}\cdot(I_H+I_S)(Y_{BL}+N_I)\cdot N_B\cdot(\overline{FD}\cdot\overline{I_{SH}})\cdot\overline{I_{ES}} \qquad (9-8)$$

式中：Y_{SO}为起动电磁阀 25E 动作逻辑；Y_{BL}为车令与转向不一致信号；$\overline{FD}$为无转速传感器故障信号；$\overline{I_{SH}}$为无故障停车信号；$\overline{I_{ES}}$为无紧急停车信号；其他符号前述起动逻辑中均有描述。

从式(9-8)中可以看出，任一条件都不满足，主机即停止起动。(I_H+I_S)表示车令动车，即非停车车令$\overline{I_{ST}}$。其中转速条件有两个，一个是 N_I，另一个是 N_B。由于 n_B 接近 n_{HI}，所以$(Y_{BL}+N_I)\cdot N_B=Y_{BL}\cdot N_B+N_I\cdot N_B=Y_{BL}\cdot N_B+N_I$，表示的是在起动过程中，$Y_{BL}=0$，起动阀开闭取决于发火转速 N_I。当车令与转向不一致时，且当转速高于 N_I，低于 n_B 时，即可控制主起动阀打开，即此时出现的是强制制动，一般该情况发生在车钟从正常突然拉倒车的紧急换向情况下。

转速条件 N_I 由比较器 A 实现，采用回差比较，根据实际转速信号 U_n 与设定转速 U_R

(取决于电位器 P3)比较,当 U_n 高于转速 N_I 时,逻辑信号 N_I 即从 1 变为 0;而当 U_n 低于转速 $N_I-\Delta N_I$ 时,逻辑信号 N_I 即从 0 变为 1;$N_I-\Delta N_I$ 的值取决于电路回差设置。假设某额定转速为 100 r/min 的主机,其 N_I 一般为 12 r/min 左右,$N_I-\Delta N_I$ 在 6 r/min 以下。主机起动后,转速高于发火转速,$\overline{Y_S}=1$,G5 通过 P,C 充电延时,延时关闭主起动阀,停止起动,主机在发火成功后保持供油稳定运行。所以一般起动过程转速会上冲一些。如果发火不成功,则转速下降,为避免控制信号$\overline{Y_S}$为 0,有效时间太短,需要使 N_I 回复为 1 的时间长一点,所以 ΔN_I 不应设置得偏小,而主机重复起动过程的停止间隔时间也就取决于该回差值。滞回比较器 A 的发火转速 N_I 取决于 P3,回差 ΔN_I 取决于反馈电阻 R_f。

2) 重复起动控制

起动前或车钟手柄在停车位置,$\overline{I_{ST}}$为 0,或车令与凸轮轴位置不一致,$\overline{Y_{RL}}$为 0,则 G14 输出为低电平,1F,2F 的复位端 R 为 0,其输出端 Q1,Q2,Q3 和 Q 均保持 0 状态。在起动中,若主机转速达到发火转速,N_I 为 0,$\overline{Y}_S$ 为 1,电磁阀 25E 断电,停止起动;由于$\overline{Y}_S$ 出现一个上升沿,移位寄存器 1F 的 CP 端由 0 跳变为 1,D 端的 1 信号送至输出端 Q1,这时 $Q_3Q_2Q_1=001$。由于 $Q_1=F_1=1$,则去复位起动控制回路的一次性起动计时;在第二次起动且主机达到发火转速时,1F 的输出状态 $Q_3Q_2Q_1=011$。$F_2=1$ 为第二次起动失败后进行第三次的重起动作准备。当第三次起动主机且达到发火转速时,1F 的输出状态 $Q_3Q_2Q_1=111$。$Q_3=1$ 使 D 触发器 2F 的 CP 端由 0 跳变为 1,则 $Q=1$。如果第三次起动又失败,即主机转速又低于发火转速 N_I 为 1,与门 G11 输出为 1,经过或门 G12,使 $F_3=1$ 发出起动失败的声光报警,同时 G13 输出$\overline{F}_3=0$,封锁主起动回路,终止起动。或门 G12 输出封锁起动并报警的另一个条件是起动空气压力过低,保护信号 $P_A=0$。当启动故障修复后,再次起动主机前,必须对 1F 和 2F 复位,即把车钟手柄扳到停车位或让车令与凸轮轴位置不一致,使 1F 和 2F 的 R 端为 0,1F 的输出状态 $Q_3Q_2Q_1$ 又恢复到 000;2F 的输出端 $Q=0$,使 F_3 为 0,撤消起动失败报警信号,$\overline{F}_3$ 为 1,解除对主启动回路的封锁。

3) 一次性时间起动控制

在第一次起动过程中($F_1=0$),如果主机一直达不到发火转速,时间起动控制回路延时(一般调整为 6~8 s)后输出$\overline{T_1}$保持为 0,使得$\overline{Y_S}$为 1,主机停止起动。只有开关 SW1(车钟停车位)复位后,$\overline{T_1}$才恢复为 1。如果起动过程达到发火转速,$\overline{Y_S}$有一个上升沿动作,使 1F 计数的 F_1动作为 1,则时间起动控制回路的延时被复位,以后受 $F_1=1$ 的控制,不再输出$\overline{T_1}$为 0。如果$\overline{Y_S}$的上升沿本身是由$\overline{T_1}$延时变为 0 引起的,因时间起动控制回路已锁定,输出为 0,$F_1=1$ 就不能复位该回路。

4) 重起动控制

重起动的控制受 1F 的 Q2 和 2F 的 Q 控制,其中 1F 的输出 $Q_2=F_2=1$,表示第二次起动失败,起动转速设定值被提高到重起动的转速设定值,准备第三次起动采用增大油量的方式来实现。2F 的 Q 受 G10 的控制,G10 受 G9,P2 和 C,G8 的控制,当车令从正车高速突然拉倒车时,车令与凸轮轴位置肯定不一致,$\overline{Y_S}=1$,由于转速较高,$N_B=0$,$\overline{N_B}=1$,G8 输出为 0,G9 和 G10 输出均为 0;当换向完成后,$\overline{Y_S}=0$,同时可以打开主起动阀,G8 输出为 1,G9 和 G10 输出均为 1;2F 的脉冲输入一个上升沿,使得 $Q=1$,即重起动控制有效。也就是说,在紧急换向操作过程中，起动过程自动采用重起动方式，与第几次起动无关。其中，延时环节P2和C的充电延时超过一般的正常起动时间，而同时小于换向制动加起动的时间，即在正常起动过程中，G8输出为1，但延时内G9输出保持为0，以确保正常起动时不使用重起动。

5）起动失败报警

当第三次起动失败后，2F的输出$Q_3=1$，使G10输出从0变为1，2F触发器输出为1，起动失败，所以此时N_1为1，G11输出为1，$F_3=1$，一方面输出报警，另一方面通过G13使$\overline{F_3}$为0，封锁起动。

当一次性起动失败后，时间起动控制回路在输出封锁起动的同时，输出报警信号。

当起动空气压力$P_A=1$时，一方面通过G12输出报警，另一方面通过G13封锁起动。

5. 慢转起动逻辑控制

慢转起动是指主机长时间停车后，再次起动时要求主机慢慢转动1～2转，然后转入正常起动，这样保证主机在起动过程中安全的同时，对相对摩擦部件起到"布油"作用，慢转起动逻辑回路应能区别正常起动和重起动。在遥控系统发出起动指令时，首先要检查是否已形成慢转起动指令，若已形成慢转指令，则要进行慢转起动，慢转起动完成后，自动转入正常起动。如果有重起动指令，则取消慢转指令，直接进行重起动。

1）慢转起动的逻辑条件

(1) 起动前，主机停车时间超过规定的时间(30～60 min)，用S_{Td}表示。

(2) 没有应急取消慢转指令，用$\overline{I_{SC}}$表示。

(3) 主机没有达到规定的转数(1～2转)或规定的慢转时间，用$\overline{R}_1$表示。

(4) 没有重起动信号，用$\overline{Y_{SH}}$转表示。

(5) 满足起动逻辑条件，即$Y_{SO}=1$。

以上逻辑条件是与关系，其慢转起动的逻辑表达式为

$$Y_{SLD}=S_{Td}\cdot\overline{I_{SC}}\cdot\overline{R}_1\cdot\overline{Y_{SH}}\cdot Y_{SO}\qquad(9-9)$$

当满足慢转起动逻辑条件时，$Y_{SLD}=1$，遥控系统自动进入慢转起动控制方式。

2）慢转起动控制方案

在实际应用中，慢转起动的方案基本上有两种：控制主起动阀开度的方案和采用主副起动阀的方案，现代船舶多以主副起动阀来实现慢转起动。

图9-20所示为采用主副起动阀控制慢转起动原理图。当有起动指令时，电磁阀27受控左位通，气源信号输出给副起动阀，使副起动阀打开。当形成慢转指令时，电磁阀28通电受控左位通，气源信号被截止在阀28的进口，主起动阀被关闭。因流过副起动阀的起动空气量较少，主机只能慢慢转动，当转过1～2转后，撤消慢转起动指令，阀28断电失控，右位通，主阀全开。这时，主副起动阀均打开进行正常起动。当主机达到发火转速时，起动控制没有气压信号，阀27失控右位通，气源经过阀27后送到主副起动阀气缸的右端，而左端通过阀28和阀27同大气。此时主辅起动阀全关闭。为使主副起动阀延时一小段时间关闭，以提高主机起动的成功率，常在起动控制信号释放处加一个节流泻放，而延时时间的长短要根据主机的起动工况来设定。

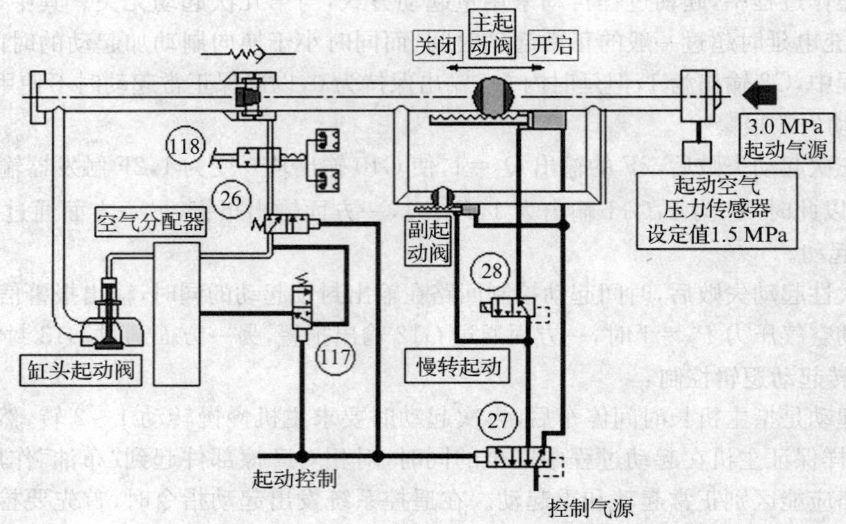

图 9－20　采用主副起动阀控制慢转起动原理图

三、制动逻辑及其控制

制动是指主机在运行中完成换向后，为使主机更快停下来并进行反向起动所采取的操作措施。实践证明，主机停油后，从高转数能较快地下降到较低的转速。但是，由于船舶的惯性造成的螺旋桨水涡轮作用，转速下降得越来越慢，需很长时间主机才能停下来，显然进行反向起动要等待较长的时间。这在一艘实船的操作实验中看得更为清楚。主机以 75 r/min 的转速运转，船舶航速为 15 kn 左右，若不采用制动措施，从主机停油到主机停下需 12.5 min，船舶滑行 17 min，滑行距离为 1.4 n mile，若采用制动操作，仅需 0.7 min 主机就能停下来，船舶滑行时间为 3.1 min，滑行距离仅为 0.4 n mile。从这一组数据可以看出，主机采用制动操作，对提高船舶操纵的机动性和实时性都具有重要意义。

1. 能耗制动

能耗制动是指主机在运行中完成换向后，当主机高于发火转速情况时，保持主起动阀处于关闭状态，让空气分配器投入工作，这时处在压缩冲程的气缸起动阀被打开，柴油机相当于一台压气机，消耗柴油机运动部件的惯性能，使主机能较快地降速。能耗制动常常是在应急操纵情况下进行的。能耗制动的功能是能耗制动的逻辑条件。

(1) 制动的鉴别逻辑。当车令变化时，制动逻辑回路能判断车令与主机转向是否一致，只有车令与转向不一致才满足制动的鉴别逻辑。用 Y_{BL} 表示制动的鉴别逻辑，其逻辑表达式为

$$Y_{BL}=I_H\cdot R_S+I_S\cdot R_H \text{ 或 } Y_{BL}=I_H\cdot \overline{R}_H+I_S\cdot \overline{R}_S \quad (9-10)$$

(2) 换向已经完成，$Y_{RF}=1$。

(3) 已经停油，$Y_{RT}=1$。

(4) 转速高于发火转速，$N_I=1$。

(5) 有应急操纵指令，$I_E=1$。

这些条件应该是与关系，其逻辑表达式为

$$Y_{BRO}=Y_{RF}\cdot Y_{RT}\cdot Y_{BL}\cdot \overline{N_I}\cdot I_E=(I_H\cdot C_H+I_S\cdot C_S)\cdot(I_H\cdot \overline{R}_H+I_S\cdot \overline{R}_S)\cdot Y_{RT}\cdot \overline{N_I}\cdot I_E \quad (9-11)$$

$Y_{BRO}=1$，表示满足能耗制动逻辑条件，对主机进行能耗制动。

2. 强制制动

强制制动有三点与能耗制动不同：一是对所有主机，只要在运行中完成换向后，都能进行强制制动，而不必有应急操纵指令；二是只有主机低于发火转速时才能进行强制制动；三是空气分配器与主起动阀均投入工作，气缸在压缩冲程进起动空气，强迫主机停止运行。这样，强制制动的逻辑条件应该是：

(1) 制动鉴别逻辑，即车令与主机转向不一致，$Y_{BL}=1$。

(2) 换向已经完成，$Y_{RF}=1$。

(3) 满足停油条件，$Y_{RT}=1$。

(4) 主机低于发火转速，$N_I=1$。

这些逻辑条件应该是与的关系，其逻辑表达式为

$$Y_{BRF}=Y_{BL}\cdot Y_{RF}\cdot Y_{RT}\cdot N_I \quad (9-12)$$

$Y_{BRF}=1$，表示满足强制制动逻辑条件，对主机进行强制制动。

从强制制动的逻辑表达式可以看出，它与起动的逻辑表达式相似。其中，换向完成信号 Y_{RF} 就是起动的鉴别逻辑 Y_{SL}，即 $Y_{RF}=Y_{SL}$。在强制制动的逻辑条件下，强调转速条件 N_I，实际上，它应当满足起动的准备逻辑条件，即 $Y_{SC}=1$。这样强制制动逻辑表达式可改为

$$Y_{BRF}=Y_{BL}\cdot Y_{RT}\cdot Y_{SL}\cdot Y_{SC} \quad (9-13)$$

可见，强制制动是在车令与转向不一致且在停油下的起动。强制制动在遥控系统中不是独立存在的，它是附加在起动回路上的，并且用起动回路的功能来达到强制制动的目的。

应当指出：能耗制动是在较高转速上的一种制动方式，对主机较快的降速效果是明显的。此时如果采用强制制动，其效果并不明显，且要消耗较多的起动空气。在较低的转速范围内采用强制制动，对克服螺旋桨水涡轮能使主机更快地停下来的作用是很有效的。在中速机中，往往是采用能耗制动和强制制动相结合的制动方案；在大型低速柴油机中，主机从停油到换向完成，其转速已经降到比较低的范围，可只设强制制动而不必设置能耗制动逻辑回路，而且主要在紧急换向时才出现强制制动。

四、转速与负荷的控制和限制

1. 主机转速控制系统的组成及功能

主机转速控制与其他自动控制系统一样，需要考虑其品质指标，还需兼顾其控制后果。这是因为在大幅度操纵主机或变工况的情况下，若只考虑控制系统的品质指标可能造成主机的热负荷或机械负荷超指标。因此，为了保障主机的运行安全，控制中一旦出现危及主机安全的情况，转速控制系统将自动放弃某些控制指标，把主机的转速或供油量限制在其安全范围内。然而，在船舶遇到紧急情况，如船舶在避碰操纵时，控制系统必须能采取“舍机保船”的紧急措施，应急撤销某些限制或放宽限制，实现紧急操作。由此可见，主机的转速控制与负荷控制是包括各种限制和应急操纵在内的综合性自动控制，其控制系统如图 9-21 所示。

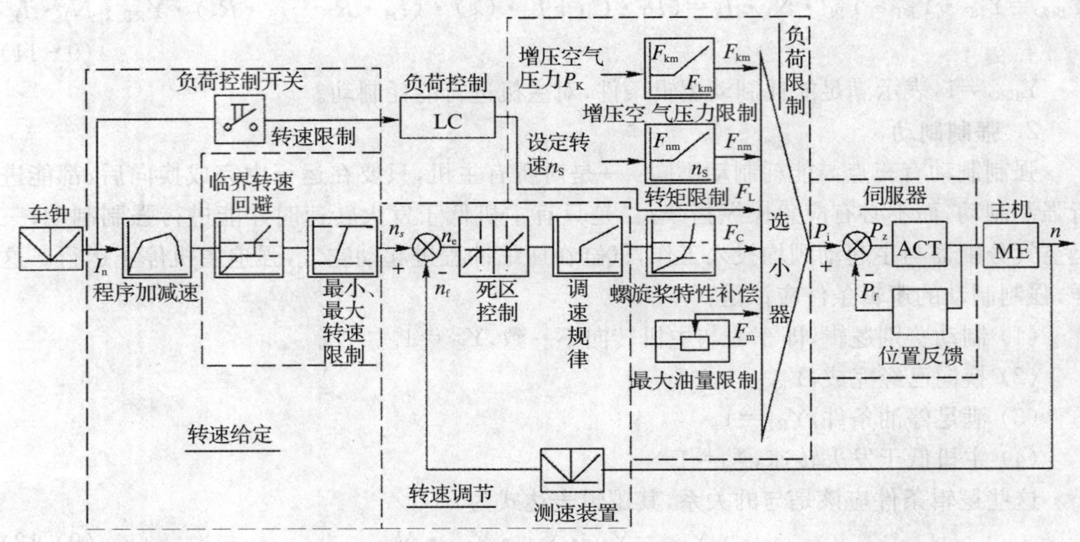

图 9－21　转速与负荷控制系统

在图 9－21 中，由驾驶台遥控车钟发出的车令设定转速 I_n 首先被送到程序加减速环节，实现加速速率限制与程序负荷限制，使车令设定转速按主机的操作规律变化。即在低速区允许设定转速快速变化，在中速区则应慢点变化，而在高速区应按时间原则程序加速以提高主机在低速范围内的机动性，避免中速区加速过快及高速区热负荷波动过大。经程序加减速后的设定转速再送到转速限制环节，进行临界转速的自动避让，以保证主机不在临界转速区域内运行，然后进行最小和最大转速限制，以确保主机转速不会低于其最低稳定转速或高于其最大允许转速。通过上述处理后的设定转速作为转速调节环节的转速给定值 n_S 被引到其比较环节，使之与测速装置检测到的主机实际转速 n 进行比较。比较所得偏差转速 n_e 按固有的调节规律（如 PI 规律）运算后输出主机供油控制信号 F_C 至负荷限制环节。有时为了使主机的调速特性与螺旋桨的推进特性相逼近，通常在调节规律运算后增加一个螺旋桨特性补偿环节，或在调节规律运算中采用非线性变增益运算。调速环节输出的控制油量 F_C 还受到主机的增压空气压力限制、转矩限制及最大油量限制。即把控制油量 F_C、增压空气压力限制所允许的最大油量 F_{km}、转矩限制所允许的最大油量 F_{nm} 及轮机长手动设定的最大允许油量 F_m 都送到选小器进行选小。保证主机在运行过程中，其供油量不会超过各限制环节所限定的最大允许油量，以确保主机的运行安全。

然而，在恶劣海况下，船舶纵向摇摆厉害，螺旋桨吃水变化大，调速系统为了把主机转速维持在设定转速，将频繁调节主机供油量，使主机的负荷变化可能超出主机所能承受的范围，甚至发生飞车现象，从而危及主机运行安全。为此，遥控系统通常采用如下两种方法来避免主机负荷变化过大及飞车现象。

1）负荷控制方法

当船舶航行中遇到风浪时，可通过控制台上的选择开关接通负荷控制开关，使主机的控制方式从转速控制切换到负荷控制。这时车钟发出的车令设定转速 I_n 经负荷控制器处理后输出与 I_n 成比例的主机油量控制信号 F_L 一起被送到选小器。由于在正常情况下，F_L＜

F_C，所以选小器选择负荷控制输出油量 F_L，使主机的供油量仅与车令设定转速有关，因此，在车令设定转速不变时，主机的供油量和负荷也保持不变。但此时主机的转速无法恒定，会随着螺旋桨的吃水变化而变化。当螺旋桨下沉时，它产生的阻力矩就会大于柴油机气缸燃气所产生的驱动力矩，使动量平衡破坏，主机转速下降，以满足新的动量平衡关系。反之，主机转速就会升高。可见，负荷控制是一种定负荷、变转速的控制方式，由于它未将系统输出量反馈至输入，而是直接由给定量控制的，所以负荷控制是一种开环控制。

单纯的定油量控制：当螺旋桨露出水面，主机会出现飞车现象。在图 9-21 的控制回路中，当遥控系统进入负荷控制状态时，调速回路并未停止工作。在正常情况下，由于调速回路输出 F_C 大于负荷控制回路输出 F_L，故无法输出调速控制信号。然而，当螺旋桨上翘时，主机转速逐渐升高。在主机转速上升到一定值后，偏差转速出现负值，使调速控制信号 F_C 减小，当小于负荷控制器输出 F_L 时，选小器则选择 F_C 作为输出。于是控制系统又转化为转速控制方式，将主机油门关小，阻止主机转速进一步上升，从而避免主机超速。

2）死区控制方法

在主机转速控制中的偏差转速检测后加一个死区控制。它利用控制死区范围来实现三种不同的控制方式。

（1）刻度控制方式。这种控制方式的死区范围最大。当主机转速偏离车令设定转速的偏差而未超过最大死区范围时，死区控制输出保持为 0，调速回路调节输出不变，主机油门刻度位置不变，主机的热负荷和机械负荷也基本保持不变。但主机的转速将随螺旋桨负荷变化而在一个较大的范围内波动。因此，刻度控制适用于主机高负荷范围内需维持主机进油量恒定，以获得稳定的热平衡效果的场合。

（2）正常控制方式。正常控制方式的死区范围适中，比刻度控制小得多。因此，正常控制方式能使主机的转速跟随车令设定转速，并将其偏差转速保持在正常控制方式的死区范围内。主机在稳定运行状态下，只要主机的转速波动小于正常控制死区范围，死区控制就无偏差输出，无调节作用。因此，可减小脉动转速对调速系统的影响，提高系统的静态稳定性。但是，一旦主机转速波动超出正常控制死区，调速回路就会将其自动调节到正常控制的范围内。由此可见，正常控制是在保证所需的调节精度下尽可能减小主机油门刻度位置波动的一种控制方式。因此，它适用于主机正常运行工况。

（3）恶劣海况控制方式。这种控制方式主要是为防止主机在大风浪运行中发生超速。在恶劣海况控制方式中，控制回路减小主机的最大供油范围，并将死区调得最小（趋于零），以提高转速控制灵敏度。因此，当螺旋桨上翘露出水面时，调速系统就能以最快响应速度减小主机进油量，从而有效地防止主机超速。

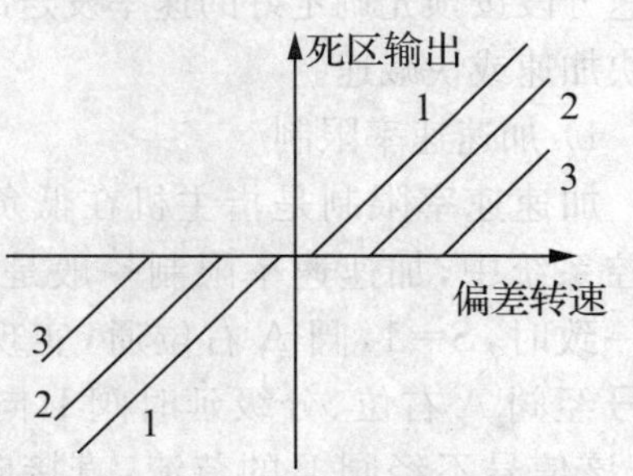

1—恶劣海况；2—正常海况；3—刻度控制

图 9-22　死区控制方式

上述三种控制方式通过图 9-22 可以得到体现，横坐标是偏差转速，纵坐标为死区处理后的输出，该输出用于转速比例积分调节。

在主机遥控系统中，常把图 9－21 所示的转速与负荷控制回路分成两部分，前半部分为转速给定部分，用来将车钟发出的设定转速经程序加减速与转速限制处理后送至调速环节，作为主机转速的设定值。后半部分为转速调节与负荷限制部分。传统的主机调速器由全制式液压调速器或电子调速器与电/液(电/气)伺服器构成，智能柴油机的调速器由电子调速器直接控制各缸的喷油量来实现。

2. **起动油量的设定**

在驾驶台遥控主机时，驾驶员可将车钟从停车位置扳到正车(或倒车)的任何位置来起动主机。这时若仍由车令设定转速来给定起动油量，就可能出现车令过小，主机因起动油量不足而不能正常发火；也可能出现车令过大，主机因起动供油量过量而发生爆燃现象。为了确保主机在任何情况下都能安全、可靠地起动成功，在起动阶段，遥控系统将自动阻断车钟所发出的车令设定转速，先由起动供油回路来控制其起动油量。这个起动油量比慢速挡的供油量还要多一些，以实现起动油量固定，这样既可以保证有很高的起动成功率，又可以防止由于起动供油量过大而产生严重爆燃的现象。

对于不同类型的主机，其起动油量的供给方式不同，有的采用油-气并进方式，而有的采用油-气分进方式。油-气并进是指主机在压缩空气起动的同时供给起动油量，直到主机转速达到起动空气切断转速，当结束压缩空气起动时，才转为车钟设定值。油-气分进是在压缩空气起动阶段不供油，当主机转速达到起动空气切断转速，在切断起动空气的同时供油。为了保证起动的成功率，除提供适量的起动油量外，对油-气分进还需维持数秒起动油量后才转为车钟转速控制。因此，常在起动油量与车令转速切换阀的控制端设置一个由单向节流阀和气容组成的延时环节，以设定起动油量的维持时间。

3. **主机加减速程序控制**

主机的程序加减速是指主机在加减速过程中应遵循的加速规律。为了使车钟所发出的车令转速信号能符合主机的加减速规律，必须对车令转速进行预处理。即在低速区，允许主机快些加速或减速，不限制车令转速的变化速度；而在中速区，对车令转速进行加速速率和减速速率的限制；在高速区，如在 70％额定转速(视机型而定，现代智能柴油机定义的高速区都大于 70％)以上再加速时，则按主机负荷变化规律，对车令转速进行程序加速和减速。为此，遥控系统中都设置加速与减速速率限制环节和程序负荷环节，以便把车钟所设定的车令转速分段按预先调定好的速率发送出去。在应急情况下，可手动操作取消程序负荷限制，实现快加速或快减速。

1) 加速速率限制

加速速率限制是指主机在低负荷区加速时，对主机转速增加速率的限制。在气动遥控系统中，加速速率限制一般是由分级延时阀实现的，如图 9－23 所示。当车令与转向一致时，$S=1$，阀 A 右位通，实现起动转速和运行车令转速的切换，车令设定的转速信号经阀 A 右位、分级延时阀 B 向气容 C 充气，当设定转速低于额定转速的 30％左右时，该信号不经阀 B 的节流，直接向气容 C 充气，主机转速迅速升高。当设定转速高于额定转速的 30％以上时，该信号经阀 B 的节流再向气容 C 充气。这时，主机转速的增加就会稍慢一些。当减速时，气容内压力信号不经阀 B 节流，而直通，减小了的设定信号实现快减速。

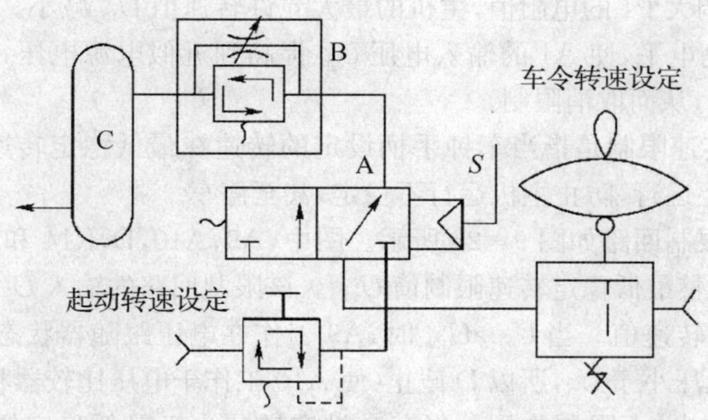

图 9-23 气动加速速率限制环节

在电动遥控系统中，加速速率限制环节的形式是多种多样的。传统采用运算放大电路来实现，当前多采用微机技术，使用数字计数方法来实现。

2) 程序负荷

当主机转速达到额定转速的 70%以上时，它已进入高负荷区，主机已经承受很高机械负荷和热负荷。此后的加速过程必须严格加以限制，防止超负荷。在高负荷区内，必须设置一个特殊的时间程序，使之慢慢加速即为程序负荷。在图 9-24 所示的曲线中，车令在 70%中速区以下变化时，对车令进行快加速或减速控制，在车令大于 70%以后，按曲线 c 进行程序负荷慢加速控制，按曲线 d 进行程序负荷减速控制。曲线 c' 和 d' 是时间较短的另一种程序控制，可以根据需要选用。曲线 b 的延伸段 e 为应急运行情况下的加速控制，等于是应急运行取消程序负荷功能。

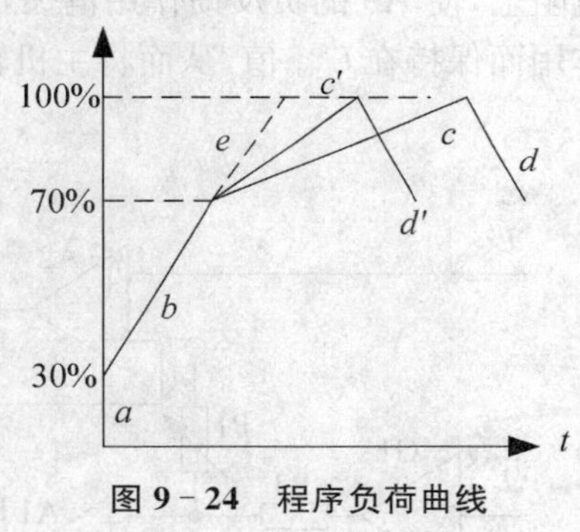

图 9-24 程序负荷曲线

4. 转速限制

转速限制是指限制送到调速器的转速设定值，以此来限制主机的运行转速。设置转速限制的目的是使车钟发出的车令设定转速能符合主机的操作要求，保证主机不在临界转速区域内运行。不在低于最低稳定转速以下运行，以及不在高于主机最大允许转速上运行。

1) 最大转速和最低稳定转速等限制

(1) 轮机长最大转速限制是指正常运行时，自动将主机的最大运行转速限制在轮机长所设定的最大允许转速值，并在应急情况下，可通过应急操纵指令取消限制。

轮机长最大转速限制回路如图 9-25 所示，图中，A1，A2，D1，D2 和 R2 构成一个选小器；P1 为轮机长最大允许转速设定电位器；U_S 为车令设定转速值；I_E 为应急操纵指令。在正常运行时，$I_E=0$，G1 输出低电平，A1 输入由 P1 与 R1 分压后得到的最大允许转速值 U_m。当车令设定转速值小于最大允许转速值时，即 $U_S<U_m$，则选小器选择车令设定转速作为输出 $U_O=U_S$，无限制作用。当车令设定转速值大于最大允许转速值时，即 $U_S>U_m$ 时，选小器选择轮机长设定的最大允许转速值作为输出 $U_O=U_m$，从而将主机转速限制在轮机长所设定的最大转速值。调大 P1 的电阻值，主机的最大允许转速值 U_m 减小。当有应急操纵指令时，$I_E=1$，G1 输出高电平，使 A1 的输入电压 U_m 提高到近似电源电压，选小器选择车令设定转速 U_S 作为输出，从而取消限制。

(2) 最低稳定转速限制是指当车钟手柄设定的转速在最低稳定转速以下时，能保证主机在最低稳定转速上运行，防止主机运行不稳定，甚至停车。

最低稳定转速限制回路如图 9-26 所示。图中，A9，A10，D，R14 和 R15 构成一个选大器。电位器 P5 可调整最低稳定转速限制值 U_{min}。该限制回路的输入 U_i 来自上述选小器的输出，就是车令设定转速值。当 $U_i>U_{min}$ 时，A9 工作在电压跟随器状态，输出 $U_o=U_i$。这时，因为 A10 输出电压小于 U_o，所以 D 截止（使 A10 工作于电压比较器状态，输出为 0）。选大器选择 U_i 作为输出，无限制作用。当车令设定转速小于最低稳定转速限制值时，$U_o<U_{min}$，则 A10 输出增大，使 D 导通。于是，A10 从电压比较器状态转为电压跟随器，使 $U_o=U_{min}$。此时，A9 的同相端输入电压小于反相端端电压，其输出减小。因为 A9 与 A10 为选大输出运算放大器，而且 A9 输出经 R14 电阻与 U_o 相连，所以，A9 输出的电压全部降在 R14 电阻上，使 A9 的负反馈作用消失，由电压跟随器转为电压比较器。U_o 将受到 A10 的钳位作用而保持在 U_{min} 值，从而将主机转速限制在最低稳定转速上。

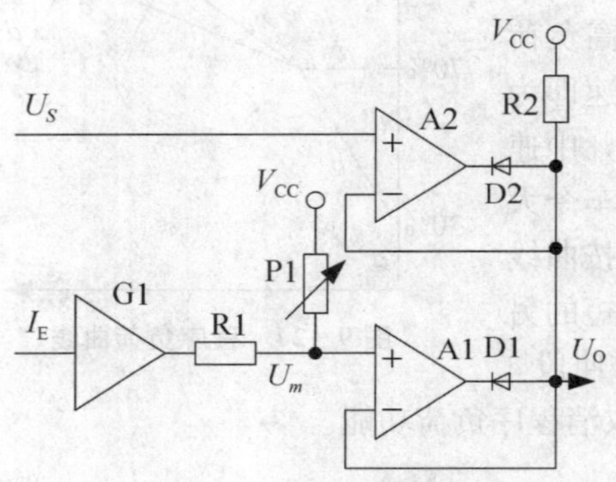

图 9-25　轮机长最大转速限制回路

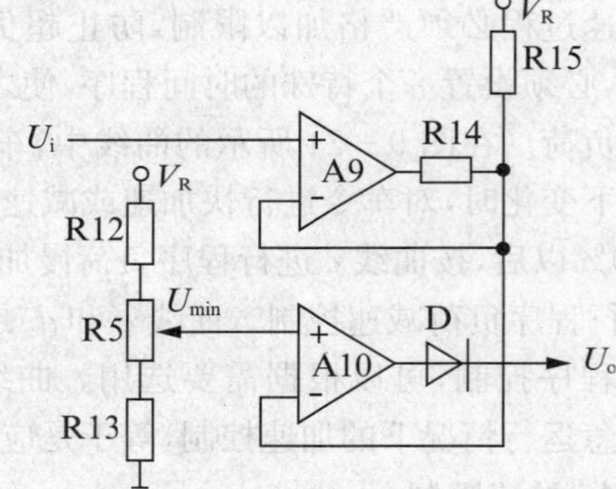

图 9-26　最低稳定转速限制回路

(3) 最大倒车转速限制是防止因倒车车令设定转速值太大而使倒车转速太高的限制，由于螺旋桨倒转时的阻力大于正转阻力，当主机倒转时，如仍将其转速调整在正转最大转速，就会导致主机超负荷。为了保证主机的安全，主机遥控系统都设有最大倒车转速限制功能。

(4) 故障降速转速限制是指当主机发生某些故障时，主机降速到所允许的低转速值。在有应急操纵指令时，将取消故障降速功能，不允许主机降速。

2) 临界转速的回避

柴油机轴系都有其固有的自振频率，当外界强制干扰频率（主机转速）与其自振频率相同时，将引起共振。在柴油机全部工作转速内可能有两个或两个以上共振区，其中最大的共振区称为临界共振区，所对应的主机转速叫临界转速。主机在临界转速区工作时，产生的扭转振动应力将超过材料的允许应力，造成曲轴的扭伤或折断，或者造成组合式曲柄组合件的相对滑移。因此，柴油机在运行期间必须避开临界转速区。其原则是，不在临界转速区内运行及快速通过临界转速区。临界转速自动回避的方式有三种：一是避上限，当车令转速设定在临界转速区时，遥控系统能自动使主机在临界转速的下限值运行；二是避下限，当车令转速设定在临界转速区时，遥控系统能自动使主机在临界转速的上限值运行；三是避上、下限，加速时避下限，减速时避上限，但有些遥控系统正相反，即加速时避上限，减速时避下限。在实际应用的气动临界转速回避回路中，为使该环节结构简单，多采用避上限方式。而在微机控制的临界转速避让方式实现起来灵活、方便，可以根据需要制定。

图 9－27 所示为气动临界转速回避回路。图中阀 1 和阀 3 是调压阀，当输入信号小于调定值时，输出值等于输入值。当输入信号大于调定值时，其输出保持调定值不变。阀 1 调定值为临界转速的下限值 P_a；阀 3 调定值是临界转速的上限值 P_b；阀 2 是双气路控制的二位三通阀；P_S 是转速设定值。

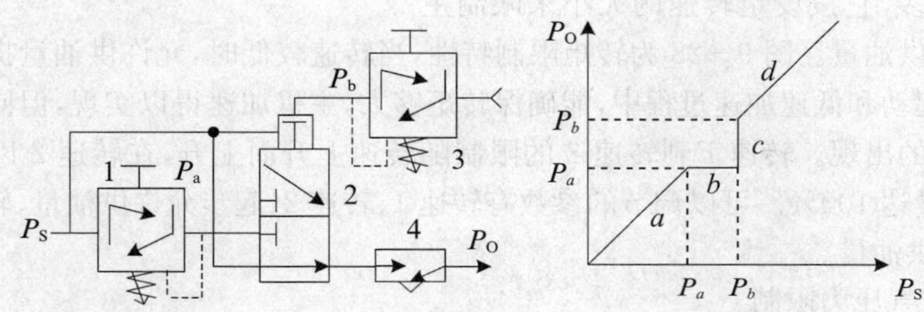

图 9－27　气动临界转速回避回路

该回路是按避上限方式工作的。当转速设定值小于临界转速下限值时，阀 1 输出 P_S，阀 2 上位通。P_S 经阀 1、阀 2 上位和速放阀 4 输出，$P_O=P_S$，如图 9－27 中临界转速回避特性的 a 线所示。当转速设定在临界转速区时，$P_S>P_a$，阀 1 输出 P_a 不变，阀 2 上位通不变，$P_O=P_a$，主机在临界转速下限值运行，如图 9－27 中 b 线所示。当设定转速 P_S 大于临界转速上限值时，阀 2 下位通，输出 P_O 由临界转速下限值立即跳变到大于临界转速上限值的 P_b，可快速通过临界转速区，然后输出随 P_S 而变，如图 9－27 中 c 和 d 线所示。同理，在减速时，当 $P_S>P_b$ 时，阀 2 下位通，$P_O=P_S$。而当 $P_a<P_S<P_b$ 时，即转速设定在临界转速区时，阀 2 上位通，$P_O=P_a$。当 $P_S<P_a$ 时，$P_O=P_S$。所以在减速时也是避上限，且可快速通过临界转速区。

5. 负荷限制

负荷限制用来限制主机的供油量，防止主机超负荷，故又称燃油限制。由于主机转速控制系统是根据偏差转速来控制主机供油量的，当螺旋桨吸收功率增加使主机转速降低，或当给定转速增大时，为了快速地把主机转速调节到给定转速，有可能使主机供油量增加过多或过快，造成热负荷与机械负荷超载。为此，必须对主机供油量进行限制，以确保主机安全。负荷限制包括增压空气压力限制、转矩限制和最大油量限制等。

负荷限制实现的方法根据调速器类型的不同而异，对于 PGA 等液压调速器，负荷限制的功能均在调速器内部实现；对于数字调速器，均由软件实现；对于采用集成电路的电子调速器，则采用电路实现。前面两种情况在此不予讨论，下面介绍采用电路实现的常用负荷限制方法。

1）转矩限制

转矩限制的目的是限制主机的机械负荷和热负荷，防止主机超负荷运行。主机的转矩过大是由于主机在某一转速下的喷油量过多造成的。由于转矩检测比较困难，而根据功率等于转矩乘转速的关系可知，在当前转速下限制功率（即主机供油量）即可限制转矩不至于过大，因此，转矩限制普遍采用通过转速来限制油量的方法。在实际中，常采用按设定转速限制油量和按实际转速限制油量两种方法。目前，采用设定转速限制油量的方法用得较多，它按设定转速的大小来限制主机的最大允许供油量。图 9－28 为转矩限制特性，当转速较低时，允许供油量提供一固定最大值，在主机起动和低速加速过程中，能确保转矩够大，主机加速得以实现，但同时也防止起动过程超转矩的出现。转速 1 到转速 2 的限制随转速上升而上升，在转速 2 以上加速过程中，允许供油量达 100%。可以调节的参数有转速 1、转速 2、起步允许供油量、转速 1 和转速 2 对应的允许供油量。

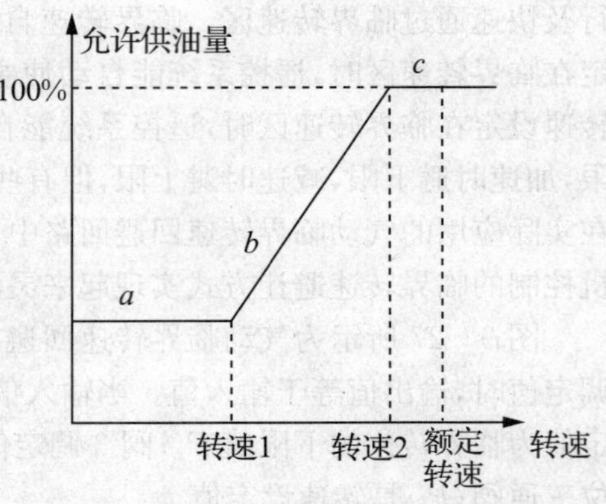

图 9－28　转矩限制特性

2）增压空气压力限制

在加速时，由于增压器的滞后效应，增压空气压力增加往往不够及时。若主机喷油量增加过快，就会造成油多气少，燃烧不完善，导致主机的排气温度过高，热负荷超过允许值。因此，为避免主机加速过程中出现冒黑烟现象，防止超热负荷，必须按增压空气压力的大小来限制主机的最大允许供油量。

图 9－29 所示为增压空气压力限制环节的 I/O 特性，只要调速器输出电压高于限制曲线，调速器中油量选小环节最大只能输出当前增压空气压力所对应的最大允许供油量。图 9－29 中，U_K 是与增压空气压力成比例的电压值，U_{KM} 为增压空气限制环节的输出，U_M 为最大起动油量限制所对应的电压值。在起动期间，增压空气压力 U_K 较低，限制不起作用，只是最大起动油量限制起作用。当起动成功后，U_K 增大，但只要 $U_K < U_N$，U_M 则保持不变。当增压空气压力 $U_K > U_N$ 时，U_{KM} 也按比例增大，主机的允许供油也随之增加。

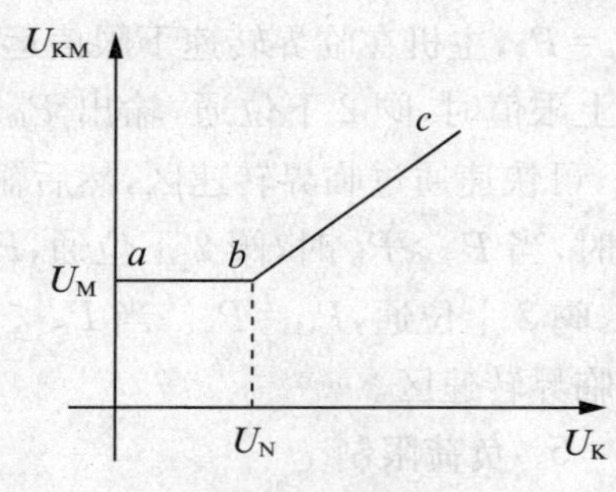

图 9－29　增压空气压力限制环节的 I/O 特性

显然增压空气压力限制环节需要可靠地采集增压空气压力模拟量，再由增压空气压力限制环节计算允许的最大供油量。

在应急情况下，为了使主机快速地加速，电路中通常还应设置相应的取消限制功能，当按下"应急操纵"按钮时，将 U_{KM} 提高到最大值，从而取消增压空气压力的限制。

3）最大油量限制

最大油量限制是指轮机长根据海面状况和主机的运行情况，手动限制主机的最大供油量，防止在驾驶台遥控时，可能发生的主机超速和超负荷现象。最大油量限制范围一般为额定油量的50%～100%。在应急操纵情况下，可取消最大油量限制。

最大油量限制的实现电路与轮机长最大转速限制环节相似，所不同的是最大油量限制所限制的是调速器输出的油量信号，而轮机长最大转速限制所限制的是送入调速器转速设定值信号。

第五节　主机遥控系统的电/气转换装置和执行器

在电动遥控和用微机进行遥控的系统中，驾驶台发送的转速设定信号是电压或电流信号，该信号经各种转速限制回路处理后，作为转速给定值送至调速器。对于采用PGA型调速器的遥控系统，必须把转速给定值的电压信号转换成气压信号，才能送至调速器的转速设定波纹管以控制主机转速，这就需要一个电/气(E/P)转换装置将电信号转换为相应的气压信号。对于采用电子调速器的遥控系统，调速器输出的油量信号是一个弱电信号，不能直接控制对主机的供油量，必须通过电/液(E/H)伺服器才能拉动主机的油门拉杆，目前广泛采用的数字调速系统所配的电动执行器是一套交流伺服系统。

一、电/气转换器

电/气转换器类型很多，其中较为常用一种类型的组成和工作原理如图9-30所示。图中，U_S是转速给定值，接在比较输入正相端；P_{OUT}是该电/气转换器输出的气压信号，送至调速器的转速设定波纹管，同时，经图示压力传感器成比例地转换成电压信号U_P接在比较输入反相端；比较偏差信号ΔU经过死区比较后得到加速*Acc*或减速*Dec*逻辑信号；G是脉冲信号发生器，它输出一系列幅值不变、占空比预设的脉冲信号，与加速*Acc*或减速*Dec*与逻辑比较后，输出控制脉动的加速或减速的信号，经过功率驱动分别驱动电磁阀SV1和SV2。

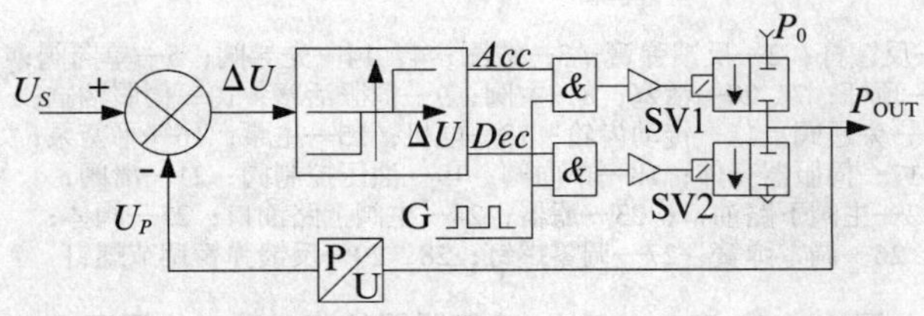

图9-30　常用电/气转换器的组成和工作原理

当电磁阀SV1有电时，受控左位通，电磁阀SV2没电时，失控右位通，气路被关断。气源经SV1向调速器输出，气压增加。当输出的气压信号P_{OUT}相当于转速给定值时，$U_S=U_P$，*Acc*和*Dec*均为逻辑“0”，电磁阀SV1和SV2均断电右位通，气源和放大气口均被截止，输出管路内的气压信号不变。当输入信号U_S减小时，ΔU为负值，经逻辑处理后，电磁阀SV1关闭，SV2脉动，使输出管路内的气压通过SV2放气，输出气压下降，直至气电转换环节P/U的U_P与输入U_S再次相等，回复平衡。

二、电/液伺服器

在采用电子调速器的遥控系统中，调速器输出的电压控制信号必须进行信号变换才能送至控制油门杆动作的执行器。少数遥控系统采用气动执行器动作油门，绝大多数遥控系统采用液压执行器，它需要把调速器输出的电信号转换成液压信号，经放大后执行油量调节任务，这就是电/液伺服器。较为常用的是 Hagenuk 电/液伺服器，其组成和工作原理如图9－31所示。

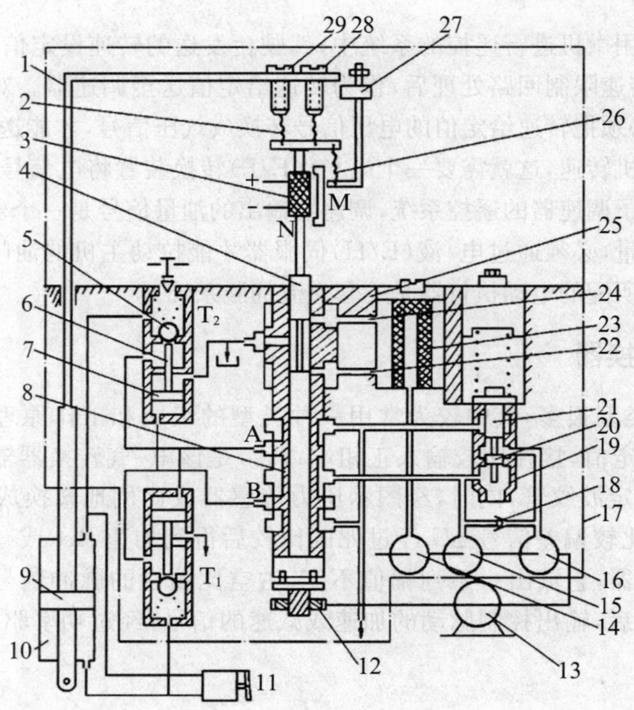

1—反馈杆；2—反馈弹簧；3—线圈；4，14—先导阀；5—单向阀；
6—顶杆；7，20—活塞；8—主阀；9—伺服活塞；10—伺服油缸；
11—旁通阀；12—传动齿轮；13—电机；15—主泵；16—平衡泵；
17—伺服器壳体；18—单向阀；19—油压控制阀；21—滑阀；
22—主阀下路油口；23—滤器；24—主阀上路油口；25—阀体；
26—调零弹簧；27—调零螺钉；28，29—反馈弹簧调节螺钉

图 9－31　Hagenuk 电/液伺服器的组成和工作原理

在铸铁的箱盖上面装有一台电机 13，它带动主阀 8 高速旋转，同时带动先导泵 14、主泵 15 和平衡泵 16 工作，先导泵 14 排出的油压经滤器 23 进入由先导阀 4 控制的主阀上、下路油口 24 和 22。当先导阀 4 处于中间平衡位置时，先导阀上、下控制边缘刚好把油口 24 和 22 打开少许，使其压力油流回低压油柜。这时，主阀 8 处于中间位置，主阀上的凸面封住 A 口和 B 口，主泵打出的高压油被封住在主阀两凸面之间。先导阀与主阀之间的动作关系是，主阀始终跟踪先导阀移动，电/液伺服器的工作过程就是依据这一动作特点进行的。

电子调速器输出的电压信号要经过电压、电流（U/I）转换器，把电压信号转换成 0～10 mA或 4～20 mA 电流信号，送至与先导阀连在一起的力线圈 N 中，在永久磁场 M 中载流线圈会产生一个向下的电磁力。这个力与流过力线圈 N 的电流大小成比例。当加速时，电流增大，力线圈和先导阀克服反馈弹簧 2 的拉力下移。关闭油口 24，开大油口 22，主阀上路油口 24 油压大于主阀下路油口 22 的油压，主阀在这一油压差作用下跟踪先导阀下移，直到油口 24 和 22 的开度相等为止。由于主阀 8 下移，A 口与低压油箱相通，B 口通主泵的高压油。该压力油顶开联锁阀 T1 的单向阀进入伺服活塞 9 的下部空间。同时，B 口输出的高压油顶开联锁阀 T2 中的单向阀，使伺服活塞 9 上部空间的油压经 A 口流回低压油箱，伺服活塞和活塞杆一起上移，即向加油方向移动，随着活塞的上移，将增大反馈弹簧的拉力，使力线圈和先导阀逐渐上移，封住油口 22，开大油口 24，于是主阀又跟着先导阀上移。当力线圈受到向下的电磁力与反馈弹簧向上的拉力相等时，力线圈和先导阀又回到中间的平衡位置，这时，主阀也必定跟踪到中央平衡位置，主阀上的两个凸面又把 A 口和 B 口封住，伺服活塞不再移动，油门就稳定在新的开度上。当减速时，流过力线圈的电流减小，其向下的电磁力减小。在反馈弹簧的拉力下，力线圈与先导阀一起上移，封住油口 22，开大油口 24，使主阀跟踪先导阀上移，直到油口 24 和 22 开度一样为止。主阀上移 B 口与低压油箱相通，A 口通主泵的高压油，则伺服活塞 9 连同活塞杆一起下移，减小主机油门降速。当活塞杆下移时，减小反馈弹簧的拉力。当电磁力与反馈力相等时，先导阀又回到中央的平衡位置，主阀也必定跟踪到中央平衡位置，主阀上的两个凸面又封住 A 口和 B 口，伺服活塞不再下移，油门开度就稳定在比原来小的位置上。

平衡泵的作用是补充主泵供给的压力油，起稳定压力作用。当力线圈接收一个较大电流变化信号时，A 口和 B 口会有较大的开度，压力油会大量进入伺服活塞 9 的上部或下部空间，油压会降低。这时平衡泵的压力油顶开单向阀予以补充。在 A 口和 B 口开度很小或全被封住的情况下，主泵的油压升高。这时高压油会顶开活寒阀，使一部分油流回低压油箱。

Hagenuk 电/液伺服器在出厂时已经调好，使用时不要轻意扭动有关螺钉。经较长时间使用，确实发现零点和量程不准，方可进行调整。电/液伺服器的零点，是指当输入电流为 0 mA（或 4 mA）时，伺服活塞所在位置应保证供最低稳定转速油量，若零点不准，可通过调零螺钉 27 调整调零弹簧 26，即改变力线圈的初始位置来调整。在保持输入电流为 0 mA（或 4 mA）时，增大调零弹簧的预紧力，输出油量增加，零点增加。电/液伺服器的量程，是指当输入电流为 10 mA（或 20 mA）时，伺服活塞所在位置应保证供主机在额定转速下的油量，若量程不准，可通过反馈弹簧调节螺钉 28 和 29 对反馈弹簧的有效圈数加以调整，上紧反馈弹簧，可增大量程；反之，量程减小。

Hagenuk 电/液伺服器工作是可靠的，要经常检查油质的变化情况，如果油中含有过量的水、杂质、氧化物等，或油温太高，都会引起运动部件的磨损，造成控制失常或转速波动等现象。最好每年对电/液伺服器清洗一次，并更换新油。换油时要注意油的品种是否正确，且把陈油除净，绝对不允许混用两种不同的油。

第六节　船舶主机气动操纵系统

主机气动操纵系统是主机遥控系统的重要组成部分，主机的起动、换向和停车，甚至转速设定信号的传递，最终都是依赖气动操纵系统来完成的。主机气动操纵系统一般由主机生产厂家随主机配套提供，因此对于不同的船舶主机，其气动操纵系统也不尽相同。

常见的 MAN－B&W－MC/MCE 型主机气动操纵系统气路图如图 9－32 所示，其主要控制元部件分布在集控室控制台、机旁和专门的气动控制箱内。系统提供对主机进行机旁手动操作和集控室手动遥控的功能，若配上自动遥控装置，则可以实现驾驶室自动遥控。该系统要求提供约 3.0 MPa(30 bar)的动力气源。此外，还要求提供两个相互独立的 0.7 MPa(7 bar)气源，分别用作控制气源和安全保护气源。该气路设计的特点不仅在于有完善的主机操纵功能，还有喷油定时的自动调节和慢转起动等控制环节。

图 9－32 所描述的当前工况为：主机处于停车状态；凸轮机构的滚轮处于正车位置；已具备电源和气源条件；调速器连接油门拉杆的供油离合器处于“遥控”位置；机旁控制台的“遥控/机旁”转换阀 100 处于“遥控”位置，已具备集控室操纵工作条件；盘车机已脱开；至空气分配器的气路已打开。气路上，在多处画有气路分叉，这是一种制图上的简化，相应的分叉数应同该主机的气缸数相一致。图示各元器件的结构与功能可以参考说明书。

一、集控室操纵

1. 集控室主机控制台

集控室主机控制台如图 9－33 所示，其中：A 为换向手柄兼回令车钟手柄；B 为主机操纵手柄，即“停车-起动-供油调速”手柄；73 为控制空气压力表；1 为“电子调速器供油限制取消”指示灯；79 为“电子调速器供油限制取消”开关；2 为“慢转起动”指示灯；78 为“慢转起动”控制开关；80 为“驾控/集控”转换阀。

换向手柄 A 有三个工作位置，即正车(AHEAD)、停车(STOP)和倒车(ASTERN)位置。它一方面通过电路给出回令信息，另一方面控制换向阀给出换向信号。对照图 9－32，手柄 A 处于正车位置时，管路 6 有气；手柄 A 处于倒车位置时，管路 8 有气；手柄 A 处于停车位置时，管路 6 和管路 8 均放气。

操纵手柄 B 也有三个位置，即停车(STOP)、起动(START)和供油区(FUEL RANGE)。手柄 B 处于停车位置时，阀 64 被压下，工作在上位，送出停车指令，管路 2 有气，同时限位开关 60 和 61 动作，分别向电子调速器发送断油停车信号和起动逻辑发出停车复位指令。手柄 B 处于起动位置时，阀 63 动作，送出起动信号，管路 5 有气；阀 64 继续保持在上位，管路 2 继续有气。手柄 B 处于供油区后，阀 63，64 失控，停油释放，起动阀关闭，手柄 B 还带动转速设定电位器，给电子调速器送出一个与手柄位置相对应的转速设定值。

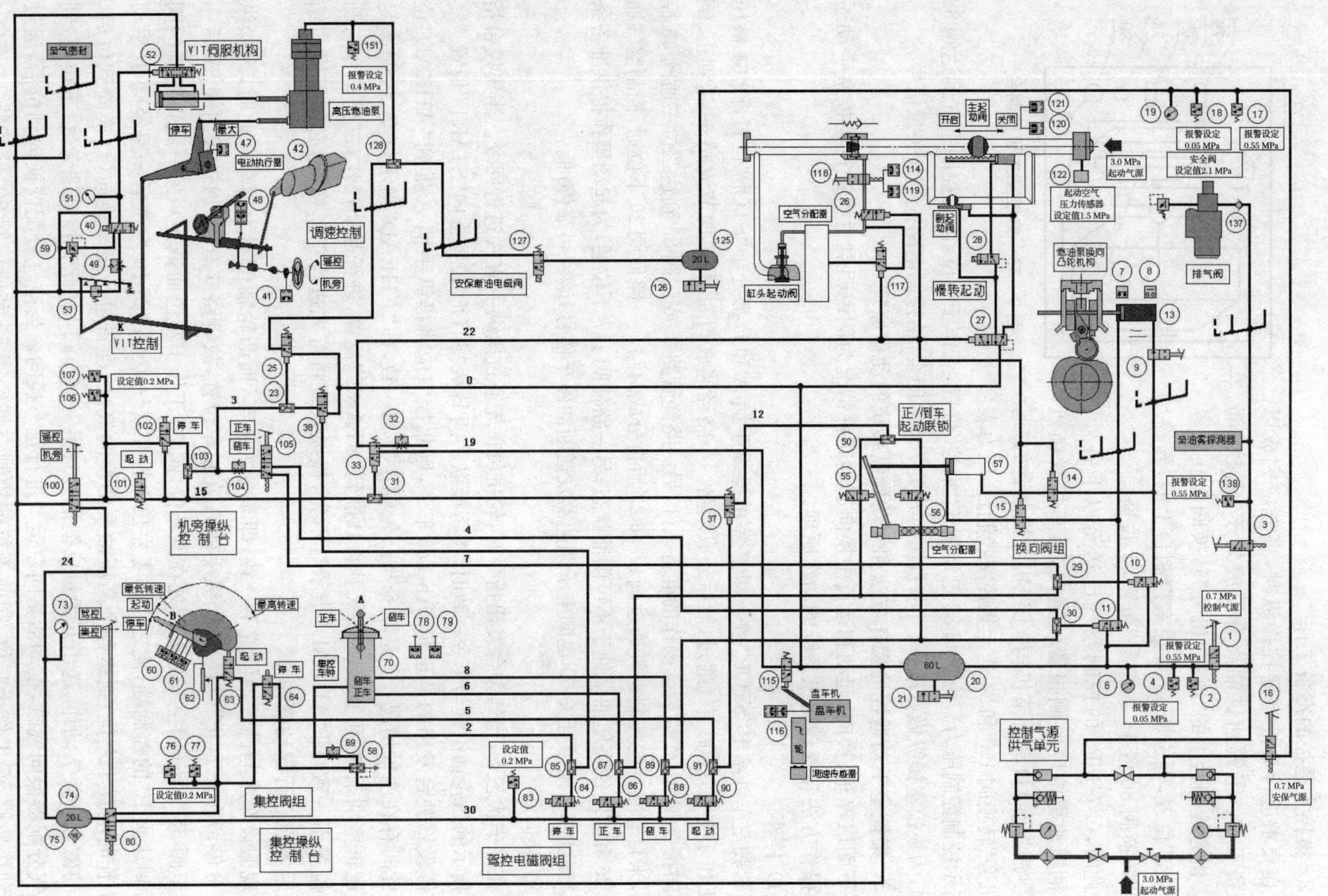

图9-32　常见的MAN-B&W MC/MCE型主机令动操纵系统气路图

2. 集控室遥控的准备工作

在要求进行集控室遥控操纵时，事先应完成以下准备工作：①调速供油离合器应处于“遥控”部位；②机旁控制台上的“遥控/机旁”转换阀 100 应置于“遥控”位置，下位通；③集控室控制台上的“驾控/集控”转换阀 80 置于“集控室”位置，上位通。

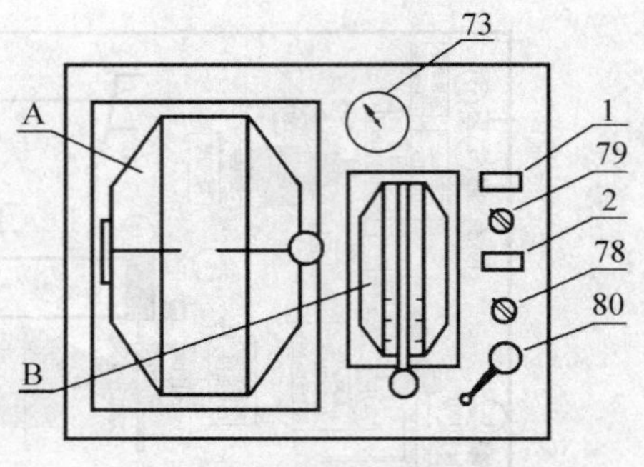

图 9-33 集控室主机控制台

此时，0.7 MPa 的控制空气已送至以下各处：①曲柄箱油雾浓度监测报警装置；②盘车机联锁机构；③喷油定时自动调节机构；④经机旁控制台的“遥控/机旁”转换阀 100 和 24 送至集控室控制台，压力表 73 指示控制控制压力。由于阀 80 已经置于“集控”位置，工作于上位，因而控制空气到达阀 63 和 64，为集控室操纵做好准备。同时，压力开关 76，77 闭合，给控制电路提供开关量信号。

3. 集控室手动遥控的操作方法和气动操纵系统的动作原理

下面以停车、换向、起动和运行中换向起动四种情况为例说明对主机进行集控室手动遥控的操作方法和气动操纵系统的动作原理。

1）停车

驾驶室车钟给出“STOP”指令，集控室的操纵手柄 A 和 B 都处于“STOP”位置，阀 64 被压下，工作于上位，控制空气通过，然后分成两路。一路经速放阀 58 和单向节流阀 69 送到正、倒车换向指令阀 70，作为后续操作的准备条件；另一路经管路 2、或门阀 85 到达二位三通阀 38 控制端，来自管路 0 的控制空气通过阀 38 和 23 后再分成两路。一路使阀 25 下位通，控制空气通过阀 25 和 128 使高压油泵处于不可供油状态；另一路使阀 117 下位通，为起动操作提供准备条件。与此同时，限位开关 60 也向电子调速器发送断油停车信号，确保可靠停油。

2）换向

在停车状态下，当驾驶台发出指令时，轮机员首先通过操纵手柄 A 进行回令。当集控台指示灯指示的凸轮轴位置与车令一致时，再将操纵手柄 B 从“STOP”位置推向“START”位置。

假设驾驶台发出的是正车（Ahead）车令，则集控室应将操纵手柄 A 推到“AHEAD”位置。此时存在两种情况：一是车令与凸轮轴位置相一致，即“AHEAD”指示灯亮，说明满足起动逻辑鉴别条件，可直接将操纵手柄 B 推到“START”位置，进行起动操作；二是车令与凸轮轴位置不一致，即“AHEAD”指示灯不亮，操纵系统将首先进行正车换向，必须等换向结束之后才能进行起动操作。

现假设车令与凸轮轴位置不一致，即车令为正车，而凸轮轴位置为倒车。此时，因操纵手柄 B 停留在“STOP”位置，而操纵手柄 A 在正车位置，故管路 6 有气，通过或门阀 87 后一路送至阀 55 等待（因空气分配器处在倒车位，阀 55 工作于左位而截止），另一路再经或门阀 29 后到达阀 10 的控制端，使之工作于左位而打开。气源经过阀 10 左位后一路经阀 9（手动阀，工作时应置于左位）到达各个高压油泵的换向气缸，准备进行正车换向（当换向到位后，相应的磁力开关 7 动作，送出开关量反馈信号）；另一路经阀 14（此时控制端无气，下位通）到达空气分配器换向气缸，推动活塞向左运动进行正车换向。当空气分配器换向到位后，通过机械动作使阀 55 工作于右位，阀前等待的控制空气经阀 55 和或门阀 50，使管路 12 有气。

而管路 12 有气标志着空气分配器换向结束，到达阀 37 的阀前等待，为主机起动准备条件。

以上为操纵系统进行正车换向的过程，倒车换向过程类似。

3）起动

当车令与凸轮轴位置一致时，将集控室操纵手柄 B 推到"START"位置，阀 63 被压下，工作于上位，管路 5 有气；由于是油-气分进型主机，此时阀 63 仍然处于上位，管路 2 继续有气，系统仍处于停止供油状态。

管路 5 的控制空气经或门阀 91 到达阀 37 的控制端，使其下位通，阀前等待的气源经过阀 37、或门阀 31 使阀 33 下位通。只要盘车机是脱开的，阀 115 上位通，管路 19 有气，控制空气将通过阀 33 下位使管路 22 有气。管路 22 的控制空气将产生以下逻辑动作：①使阀 14,15 均工作在上位，空气分配器的位置被锁定；②使阀 26 工作在右位，为空气分配器投入工作准备条件；③使阀 27 工作在左位，阀前等待的气源经过阀 27 左位到达阀 28 和副起动阀，使副起动阀打开。阀 28 为慢转电磁阀，没有慢转指令时工作于右位，控制空气得以通过，使主起动阀也打开。3.0 MPa 动力空气立即进入起动空气总管，一方面到达各缸气缸起动阀，另一方面经过手动阀 118 和阀 26 的右位，然后分成两路：一路进入空气分配器，另一路经阀 117 下位（停油时工作于下位）使空气分配器投入工作，指挥各个气缸起动阀按照正车的顺序开启，使主机进行正车起动。

若有慢转指令，则慢转电磁阀 28 得电，工作于左位，起动时只有副起动阀打开，使主机慢转。当主机慢转 1～2 转后，取消慢转指令，电磁阀 28 失电，打开主起动阀，转入正常起动。当主机转速已经达到起动转速时，将操纵手柄 B 从"START"推向"FUEL RANGE"区域，这时阀 63,64 都复位到下位通，电位器 62 输出转速设定电压信号。

阀 64 的复位使管路 2 的停车指令立即消失，阀 38 复位到上位通，于是就有：①阀 25 复位到上位通，各缸高压喷油泵停车气缸内的压缩空气通过阀 25 泻放，进入工作状态；②阀 117 复位到上位通，空气分配器停止工作。

管路 6 经单向节流阀 69 进行延时泻放，有利于各缸高压油泵在起动运行中逐个换向成功。

阀 63 的复位使管路 5 立即失压，阀 37 和 33 先后都复位到上位通，管路 22 上的控制空气将通过阀 33 上位和单向节流阀 32 延时泻放。阀 32 的节流作用是使进气过程延时结束以获得约 1 s 的油-气重叠的时间，保障主机起动的成功率。

起动供油阶段结束以后，主机操纵手柄 B 下面的电位器 62 输出转速设定信号送至电子调速器，调速器通过执行电机控制主机高压油泵齿条调节油量，进入正常运行阶段。

4）运行中换向起动

当驾驶台车钟给出运行中换向指令后，值班轮机员首先通过操纵手柄 A 回令。此时，由于操纵手柄 B 仍处于"FUEL RANGE"区域，阀 63,64 均工作于下位，回令车钟 70 不具备气源条件，尽管它已处于正车或倒车的换向状态，但是管路 6 或管路 8 上没有换向指令气压输出，因此回令操作只是使车钟产生声、光应答信号，并不执行换向操作，主机仍然处于原来的运行状态。

接下来应对主机进行减速，将操纵手柄 B 拉至低于换向转速的区域，观察转速表，当主机转速下降到换向转速时，再把操纵手柄 B 拉至"STOP"位置，操纵系统执行停油动作，主机进一步降速。与此同时，回令车钟 70 在获得气源并通过管路 6 或管路 8 送出换向信号，进行相应的换向操作。换向结束后，再把操纵手柄 B 从"STOP"扳到"START"位置，只要空气分配器换向完成，即“正/倒车起动联锁”解除，就可以使主机进入强制制动工况，而后开始反向起动。其操作过程和气路工作过程与停车起动完全一致。

二、驾驶室遥控

主机气动操纵系统均设置有与驾驶台自动遥控系统进行接口的气路。只需在集控室操纵状态下，将控制台上的“驾控/集控”转换阀 80 置于“驾控”位置，则阀 80 工作于下位，接通停车电磁阀 84、正车电磁阀 86、倒车电磁阀 88 和起动电磁阀 90 的工作气源；同时，切断集控室主机控制台气源，手柄 A 和手柄 B 均失去对气路的控制功能。

或门阀 85，87，89 和 91 的两个输入端分别接收来自集控控制台和各个电磁阀的输出信号。在驾控时，自动遥控系统根据车令和主机状态况进行逻辑判断，通过电信号指挥各个电磁阀动作。电磁阀的输出代替来自集控室的命令，实现对主机的各种操纵，其工作过程与集控室操纵相同。

根据需要，主机可以选配不同的自动遥控系统。自动遥控功能或因厂家而异，但一般都具有正常起动、重复起动、慢转起动、重起动、一次性限时起动、正常换向、应急换向和制动等逻辑功能，同时还可以对换向、起动失败等情况进行监测，发生故障时将给出声、光报警信号。此外，在转速和负荷控制方面，一般还有最低稳定转速限制、最高转速限制、临界转速自动回避、加速速率限制、程序负荷、增压空气压力限制以及转矩限制等功能。

三、机旁应急操纵

任何主机的气动操纵系统都必须具备机旁应急操纵功能，以便在遥控气路、调速器等发生故障或在其他某些必要情况下能够在机旁对主机进行操纵。

当进行机旁操纵时，首先要进行操作部位的切换。MAN－B&W－MC/MCE 型主机的机旁应急控制台如图 9－34 所示，切换至“应急操纵”的操作步骤如下：①检查换向阀 105 的位置。阀 105 是在机旁操纵时的手动换向阀，切换之前应确保处于希望的位置。从图 9－32 可看出，当只有停车阀 102 被压下时，换向阀 105 才起作用。②逆时针转动锁紧手柄 A，使油门调节手轮 B 处于自由状态。③将锁定臂（Blocking ARM）置于“应急”（Emergency）位置。④将手轮 B 转至合适的位置（参见主机说明书），逆时针转动压紧手轮（Impact Handwheel）P，使油门拉杆从调速器输出断开，连接到手动调节手轮 B。⑤将操作部位转换阀 100 由“正常”（Normal）转至“应急（Emergency）”位置。

当切换至“应急”（Emergency）位置后，机旁控制台气源接通（压力开关 106 和 107 动作，送出相应的开关量信号），可通过机旁手动阀对主机进行应急操纵；管路 24 的气源被切断，集控室和驾驶台操纵失效。

机旁操纵指令由停车阀 102、正/倒车换向阀 105 和起动阀 101 给出，并分别通过或门阀 23，29，30 和 31 同来自集控室或驾驶台的遥控指令相“或”。由于遥控气路不工作，以上或门阀的输出只能来自机旁。

（1）停车。按下停车阀 102，使其上位通，来自转换阀 100 的气源经或门阀 103 和 23 送至二位三通阀 25 的控制端，其后的停油动作与遥控操作相同。应注意的是，停车阀 102 不带复位弹簧，而是采用气动复位，在按下起动阀 101 之前，停车阀 102 将保持在上位（即停车位置）。

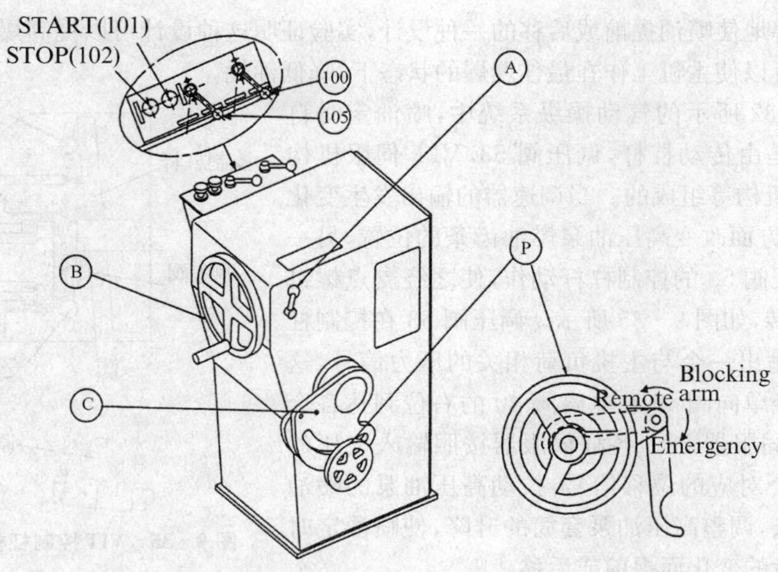

图 9-34 MAN-B&W-MC/MCE 型主机的机旁应急控制台

(2) 换向。只有按下停车阀，换向阀 105 的阀前才有工作气源，因此只有在停车状态下才能进行换向操作。当正车换向时，将阀 105 置于正车位置，阀前压力经过阀 105 的下位送至或门阀 29，阀 29 的输出有气，进行正车换向；当倒车时，或门阀 30 的输出有气，进行倒车换向。在机旁手动操作时，换向联锁应由操作轮机员自行判定。

(3) 起动。操作按下起动阀 101，使其上位通，输出有气并分成三路。其中：一路使阀 102 复位；一路经或门阀 31 送至阀 33 的控制端，进行起动操作；还有一路经或门阀 103 和 23，送至阀 25 的控制端，使得起动过程中保持停油。当起动成功后，松开起动阀，靠弹簧复位，停止起动。

在机旁控制气路中，单向节流阀 104 的作用与单向节流阀 69 的作用相同。

(4) 供油调速。机旁手动操作的供油调速是通过操纵手轮 B 经传动杠杆、离合器和调油轴等直接控制高压油泵实现的，因此，在机旁给出的不是转速设定信号，而是直接控制油门杆的油量信号。此时调速器是脱开的，其调速功能不起作用。

四、安全保护断油

在气动控制箱内设置由安全保护系统控制的断油停车电磁阀 127，它由独立的气路提供工作气源。一旦按下“应急停车”按钮，或主机出现紧急情况使得安全保护系统输出应急停车指令时，电磁阀 127 得电，下位通，安全保护控制空气将通过阀 127 和或门阀 128 送至高压油泵停油阀，实现断油停车，对主机进行安全保护。

五、喷油定时自动调节(VIT 机构)

VIT 机构的实质是在主机负荷变化时，能够自动调整高压油泵的喷油提前角，使主机在部分负荷时有较高的爆压，提高部分负荷下的经济性，而在高负荷运行时最高燃烧压力不超过额定值，以达到节能和保障主机性能的双重效果。

在 MAN-B&W-MC/MCE 主机的气动遥控系统中，喷油定时自动调节是根据主机负荷变化有规律地使喷油提前或后移的一种设计，实验证明这种设计可以提高爆压，尤其是在高负荷区内可以使主机工作在最佳燃爆的状态下，降低油耗。

在图 9-32 所示的气动操纵系统中，喷油定时自动调节单元是由传动杠杆，调压阀 53，VIT 伺服机构 52 以及操作机构等组成的。当调速器的输出发生变化时，调油轴一方面改变高压油泵燃油齿条的位置，另一方面驱动调压阀 53 的控制杠杆动作，使之绕支点螺钉 O1 或 O2 偏转，如图 9-35 所示。调压阀 53 在控制杠杆的作用下输出一个与主机负荷相关的压力信号，这一压力信号经单向阀 49 和电磁阀 40 的右位到达各个气缸的 VIT 伺服器 52。各缸伺服器按照输入气压的大小输出一个对应的位移信号，拉动高压油泵的喷油定时调节齿条，调整高压油泵套筒的升降，使喷油定时随着主机负荷的变化而提前或后移。

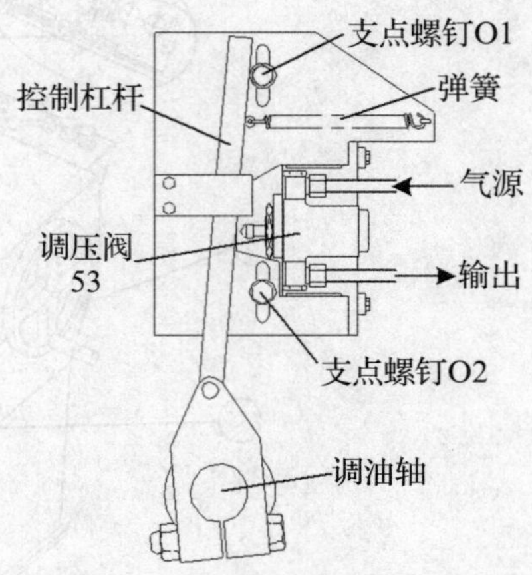

图 9-35　VIT 控制杠杆动作原理

喷油定时随着主机负荷变化而变化的设计规律可用图 9-36 加以描述，图中①～④分别对应主机负荷的四个不同区域，分别说明如下：

(1) 主机在约 50%标定功率以下的低负荷区运行时，控制杠杆在弹簧的拉力作用下贴紧支点 O1，喷油定时不受控制，喷油提前角 θ 最小，VIT 机构不起作用。

(2) 当主机负荷在约 50%标定功率以上时，随着喷油量的增加，控制杠杆绕支点 O1 转动压紧调压阀 53 的控制端，调压阀输出压力增加，喷油定时得以提前，爆压增长要比原先为快。

(3) 当负荷达到 80%～85%额定负荷时，控制杠杆开始与支点 O2 接触，这时爆压应达到最大允许压力。如果负荷继续增加，控制杠杆绕支点 O2 转动，调压阀 53 的输出压力开始减少，喷油提前角 θ 逐渐减小，因此这是喷油定时调节的一个转折点。

(4) 当负荷高于 80%～85%额定负荷时，喷油定时将随复合增加而后移，大体保持爆压恒定，确保机械负荷和热应力不超过允许值。

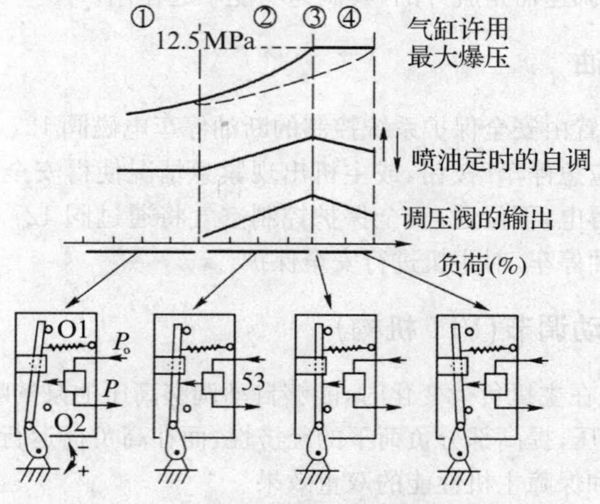

图 9-36　喷油定时随主机负荷变化的规律

必要时，可以对支点螺钉 O1 和 O2 以及调压阀的位置进行调节，调油轴传动杠杆和控制杠杆之间的相对位置一般不作调整。这就可以对定时自动调节特性曲线的起始点、转折点和终结点进行调整，使主机获得最经济的油耗控制。

图 9-32 中的单向节流阀 49 可以在调油轴转角波动较小(即主机喷油量变化不大)时，阻断对定时控制的干扰，其设计要求是在油门开度有±2 格变化的情况下，应不影响喷油定时控制。电磁阀 40 在倒车状态下有电，向 VIT 伺服机构送入一个由调压阀 59 预先调定的固定压力，喷油定时不再随负荷的变化而变化。

六、气动操纵系统管理和维护要点

1. 管理要点

在气动遥控系统中，信号的传递都是以压缩空气作为工作介质的。遥控气源的压力必须正常，一般为 0.7 MPa；操作空气要求无尘、无水、无脏物；为了使某些运动部件得到润滑，操作空气最好经过滑油雾化处理。

为了使气动遥控元件发挥其应有的效能，轮机员必须重视气动遥控元件的定期检查和保养工作。建议按以下周期进行维护、检查和调校工作。

(1) 1～7 天对滤器、气瓶定期排放污水，并注意查看有关的液位情况。

(2) 半年至 1 年更新空气过滤器中的过滤元件，对遥控气路认真进行漏气检查。

(3) 每 2 年对强度在 3 MPa 以下的气动元件，如气缸等执行器，进行维护和检查。

(4) 每 4 年对强度在 1 MPa 以下的气动元件，即大多数气动阀件，进行维护和检查。

(5) 4～8 年对密封垫片之类的橡胶制品，即使没有表面破损等情况也必须予以更新。

(6) 原则上经过 8 年长期使用之后的 1 MPa 以下的气动元件都要求更新，以确保工作的安全和可靠。

在进行维护和检查的时候，对金属零件应用清洗油清洗，对橡胶制品则应用肥皂水清洗。当发现破损、老化等情况必须予以更换。在安装时，要用低压压缩空气吹净并给予必要的润滑。

2. 故障排除

如果遥控系统工作不正常，借助说明书提供的故障表来判断，结合气动控制原理分析和实际经验来定位故障部位，从而进行排除。在进行各项检查之前，首先应着手以下项目的检查：①核对遥控系统高、低压气源的压力是否正常；②检查管路上是否有泄漏情况；③检查应急停车等应急操纵是否已被撤消。

故障分析和排除的方法可从以下几个方面着手处理：

1) 确认系统的安全保护装置和联锁装置

在主机遥控系统中，最常见的故障是：不能起动或起动困难，不能换向，不能调速。

造成这些情况的原因，往往是安全装置的保护作用不到位。因而在分析故障之前，一定要首先了解安全保护装置和联锁装置，最好能找到安全装置的传感器或联锁装置的安装位置。安全保护装置常见的有油压、水压、油温、水温、超速保护、曲柄箱油雾浓度监测等。联锁装置一般有：不停油不能换向、换向不完毕不能起动、转向联锁、盘车机联锁等。安全和联锁装置造成操纵主机困难的原因，往往不是参数和主机的状态不正常，而是传感器的误动作,因而检查传感器是故障分析的重要环节。

2) 了解主机遥控系统的各种控制过程及可整定的参数

一般遥控系统的说明书中都提供详细的数据表。在系统的功能和参数正确理解情况下,结合主机工况,必要时根据机器的状态进行适当调节。例如,点火转速(Ignition Speed),是根据主机的状态,确保主机起动点火燃烧而切断起动空气的一个转速。柴油机经过多年运转,设备状态发生变化,原来设置的点火转速可能不够,需要进行修改。再如,起动油量,是为了起动可靠而设置的、专门用于起动的油量。如一台主机经几年的运转,气缸、活塞、液压泵及油门传动机构有不同程度的磨损,如仍用新机的起动油量,往往造成起动油量不够,起动困难,这时,应适当增大起动油量的设置。

3) 故障出现后的分析步骤

(1) 查报警。柴油机操作不灵或运行过程中突然自动减速或停车,首先应检查的是故障报警。一般控制台或模拟板上都有比较重要参数的指示灯、数值表,如润滑油、冷却水的压力、温度等。分析这类故障时,要分清是参数不正常还是传感器不正常,并分别进行处理。

(2) 使用机旁操纵。在进出港或其他备车情况下,若出现主机操纵困难,应首先使用机旁操纵以保证主机操纵安全。并在机旁操纵时,观察现象,确认机旁操纵和遥控执行环节正常后,再对遥控系统进行检查和测试。

(3) 检查系统参数设置。如果机旁操纵没有问题,可以断定主机操纵的执行器是好的,其中包括起动阀、换向机构、调速器等。下一步应检查集控或驾控所使用的传感器、信号源、输入设备、执行阀件等,可通过系统的模拟试验,检查各器件的工作状态。如果系统为硬件故障,可通过换备用模块板的方式进行解决,而不必去考虑板上的哪个集成块或元件有问题。硬件确认无故障后,则应考虑参数的设置问题,例如,起动油量、点火转速、一次起动时间等。应根据故障的具体现象及机器的使用状态等情况作适当修改。

(4) 查电气接口。因为电气转换的接口部分是控制系统较为薄弱的环节,所以容易导致接触不好、断线、短路或接地故障。一般先使遥控系统发出操作指令,再检查阀件是否动作,较常见的故障是电磁阀或电磁阀线路故障。用晶体管驱动电磁阀的回路中,晶体管也是较为容易出故障的地方。

第七节 变距桨自动遥控系统

由于可变螺距螺旋桨(Controllable Pitch Propeller, CPP,简称变距桨)的桨叶角度(即螺距角)连续可调,使得主机负荷、推力大小、推力方向在一定范围内可任意调节,配合主机转速可改善船舶在各种航行工况下的推进效率,提高船舶的可靠性和机动性,减少主机的频繁操纵,延长主机寿命。通过螺距调节,不但可控制航速,还可实现倒航,使船舶具有更好的机动性和操纵性。与定距桨相比,变距桨具有诸多明显的优点,在具有多种航行工况的运输船舶、工程船舶(如消防艇、挖泥船、扫雷艇、拖网渔船等)以及军用舰船及大功率的大中型船舶上有着广泛的应用。

一、变距桨系统的结构及组成

船舶变距桨推进系统一般包括一台或多台主机、传动设备、传动轴系、变距桨等部分，如图 9－37 所示。主机一般采用船用中速柴油机，为了与螺旋桨所需要的较低转速配合，一般都包含减速齿轮箱、联轴器、离合器、制动器等传动设备，实现减速、离合、正反转控制及减振等功能。齿轮箱的输出法兰和螺旋桨之间是传动轴系，包括传动轴、支承传动轴用的轴承以及其他附件。推进系统的末端是变距桨，用于将主机发出的能量转换成船舶前进的推力。

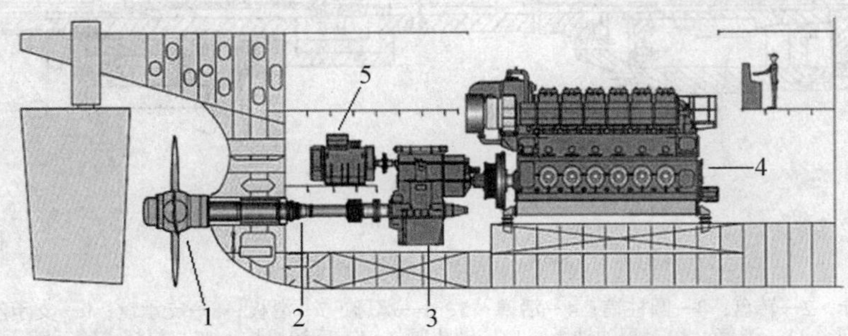

1—变距桨；2—传动轴系；3—传动设备；4—主机；5—轴带发电机

图 9－37 变距桨推进系统组成

在通常情况下，变距桨在控制系统的作用下，可根据需要改变其螺距，主机可以维持较为恒定的转速，因此，作为主推进装置的变距桨推进系统，通常都会带上一台轴带发电机，起到节约能源、降低造船和营运成本（使用轴带发电机则可以减少一台柴油发电机组）、减小运行时机舱内的噪声等效果。

为了使变距桨系统能更好的发挥自身的优点，需要配备性能优良的控制系统，特别是选择主机转速和螺旋桨螺距联合控制模式时，可使主机运行在最优工况。

1. 变距桨系统的概述

变矩桨的配置模式有单机单桨方式、双机双桨方式、四机双桨方式等。常见的船舶侧推器（艏侧推、艉侧推）使用的是单机单桨方式。

1）变距桨的组成

变距桨的变距机构常以液压驱动，其组成一般包括变距桨本身、传动轴、调距机构、液压系统及操纵系统五个基本组成部分，如图 9－38 所示。

（1）带转叶机构的变距桨包括可活动的桨叶、桨毂及桨毂内转动桨叶的旋转机构。

（2）轴系用于变距桨与轴系相连，轴的某些部分（一般是艉轴和配油轴）包含在变距桨装置中；另外，当伺服动力油缸位于桨后部时，为了引进和排出液压油将轴做成中空。首端通过联轴器与中间轴和主机动力相连。

（3）调距传动机构包括通过产生转动桨叶所需力的伺服动力油缸，输送液压油给油缸的配油装置、桨叶定位和桨叶位置的反馈装置及其附属设备等调节螺距、稳距，以及对螺距进行反馈和指示。

（4）液压系统主要由带传动装置的液压泵、分配转向阀等阀件、油箱和管路组成。

(5) 操纵系统包括控制台和可改变螺距的伺服系统。为实现机桨联合控制的目标,可变螺距螺旋桨主机遥控系统中,一般将螺距伺服系统整合为整个遥控系统的一部分。这样,在机桨联合控制和转动遥控车令操纵手柄时,能同时改变螺距和主机转速。

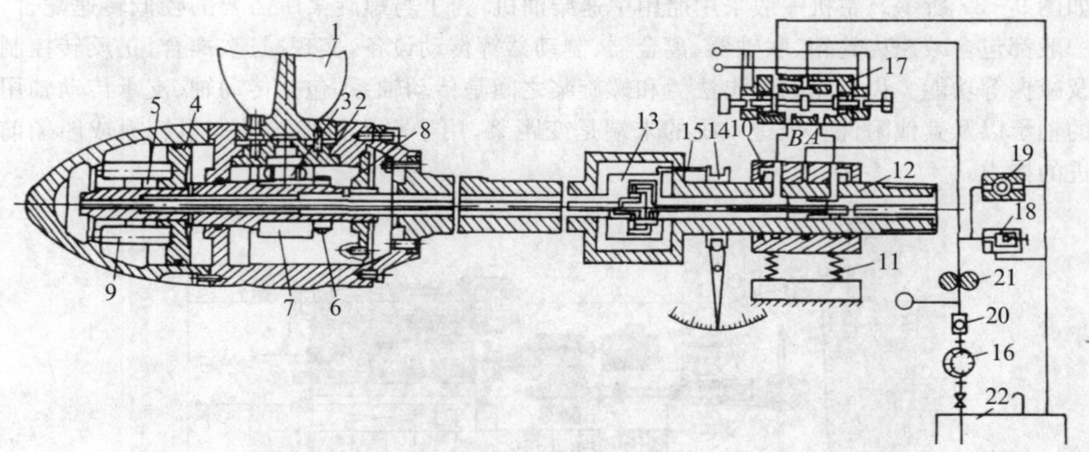

1—桨叶; 2—转盘; 3—圆柱销; 4—活塞; 5, 6—螺母; 7—滑板; 8—支承盘; 9—支承座;
10—轴承; 11—弹簧; 12—配油轴承; 13—销止阀; 14—反馈机构; 15—拉杆; 16—液压泵;
17—转向阀; 18—溢流阀; 19—流量控制阀; 20—单向阀; 21—过滤器; 22—油箱

图 9-38 液压变距桨装置组成与结构

2) 变距桨的优缺点

由于变距桨能够改变螺距,从而改进船舶机动性,即使在极端工作条件下,也能保持较高的推进效率。因此,与定距桨相比,变距桨有以下一些突出的优点:

(1) 主机可以不再设换向机构及其操纵系统,这对主机的设计、制造和维修工作都有所简化,运动件的工作条件也大有改善,使用寿命相应得到延长。

(2) 把螺距角从全正车调节到全倒车,即可实现船舶的紧急制动,不需要主机反转,这对于不可倒车的燃气轮机动力装置来说,具有特别重要的意义。变距桨船的紧急制动较定距桨船缩短制动距离 30%~50%,也可在零至最大航速间无级调速,具有优良的低速性能,从而显著提高船舶操纵性和机动性。

(3) 与单工作制的定距桨不同,变距桨是多工作制机构,有效地协调船的多工况与单一主机的矛盾,在非设计点的其他工况,均能发挥主机螺旋桨的能力与效率,提高船的性能。与定距桨推进系统相比,可提高 3%~5%的综合效率,具有节能效果。

(4) 当主机采用定转速变距桨的设计时,可以考虑由主机驱动轴带发电机、液压泵等设备,这样的配套设计可以带来满意的经济效益。

(5) 变距桨具有优良的遥控性能,并有以节约燃料费用为目的的主机-变距桨联合控制、以保护主机不超负荷为目的的负荷控制系统等,采用变距桨装置能显著降低船员的劳动强度,易于实现船舶操纵自动化。

当然采用变距桨的也存在一些缺点,主要有:

(1) 变距桨的轴系结构复杂,制造工艺要求高,要求较好的材料,因此,比定距桨造价高;若加上调距机构等附加装置,初始投资就比定距桨高很多。

(2) 变距桨的转叶机构中零件多,保养及维护比较困难,可靠性不如定距桨。

(3) 变距桨的叶根部,由于叶根法兰尺寸的限制以及桨叶固定螺栓布置的影响,使叶根剖面宽度减小。为保证根部强度,叶根厚度相应要增加,这使得桨叶根部容易产生空泡。

(4) 由于变距桨毂内安放转叶机构等设备,毂径比 d/D 由定距桨的 0.18～0.20 增大到 0.24～0.32,因此,在相同设计工况下,变距桨效率比定距桨的效率要低 1%～3%。

由上述优缺点可见,变距桨具有操纵性能好、能实现最佳功率运转、减少油耗量、易于实现自动遥控等优点,它适用于多工况变化频繁和经常需要超低速航行的船舶;但由于变距桨装置成本高,维护、管理要求高等原因,并不适用于所有类型的船舶。

2. 变距桨控制系统的类型

变距桨船舶推进系统的控制包括遥控与机旁控制。遥控通常是指远离主机,在驾驶台、集控室,通过操作车钟、选择开关来控制主机的运转、停车、改变螺距等。而机旁控制就是轮机员在机舱,通过控制手柄直接对主机转速、调距桨螺距进行操作。

遥控方式主要有气控式、液控式、电控式三大类。随着计算机技术的发展和自动控制技术在船舶遥控方面的应用日益完善,遥控方式往往不是单一的一种方式,而是几种方式有机的结合,达到最佳配合效果,而最常见的是电液控制方式。

电-液式系统遥控应用在调距桨上较为常见,它是依电动同步、机械和液压传动来进行工作的。整个螺距遥控装置是由驾驶室操作设备、机侧手操设备、螺距操调执行部分、液压设备以及调距桨组成的。

3. 变距桨系统的控制方式

早期的船舶采用主机转速和螺旋桨螺距通过各自的操纵手柄分别进行独立控制的方式,但现代常用的方式有:

1) 联合控制

联合控制是保持主机转速和变距桨螺距角按预定不变的程序运行,通过单一控制杆同时控制转速和变距桨的螺距角。当选择这种方式时,操纵是根据预先设定的联合曲线进行的,这样可以保证在设定工况下最佳的操纵性能以及经济性,这是因为联合曲线的设定是综合考虑螺旋桨的效率、船舶的操纵性、主机的负荷、最低燃油消耗率等因素的;同时,联合控制还可以保证主机在各种不同工况下安全运行,不超负荷。

但采用这种控制方式时,只有在设计工况时才能保证螺距角和主机转速的最佳匹配,一旦船舶航行状态或阻力性能发生改变后,就很难保证它们之间的最佳匹配关系。尤其是在高负荷情况下,随着船舶状态的改变,吸收功率变化也很大,实际需要的控制曲线可能远离预设的控制曲线,造成调距桨的控制状态有可能比单独方式还要糟糕,此时不适于采用这种联合控制方式。因此,联和控制只适用于航行工况比较单一的船舶,如定点班轮等。

2) 自动负荷控制方式(ALC)

自动负荷控制方式是用单一操纵手柄来设定主机的负荷和转速,它可以看作是联合方式的一种改进。其基本原理是将实际负荷与设定负荷相比较,根据负荷偏差自动控制变距桨的螺距角,直到实际负荷与设定负荷相等。自动负荷控制的负荷设定原则是使推进系统(主机和螺旋桨)的综合效率最高,这样在额定工况下其推力也最大。在这种控制系统中,在低负荷范围内可将其自动转为恒定转速控制。由于这种控制方式在主机的所有工况下都能获得较高的效率和良好的操纵性能,因此在现今变距桨船上大多采用这种控制方式。

3）恒定转速方式

恒定转速方式也称为轴带发电机方式、螺距控制或跟踪控制。当选用这种控制方式时,保持主机转速恒定,仅通过调节螺距角来改变船速。在由于主机转速保持恒定不变,通常由恒定转速方式来驱动轴带发电机等辅机。

4）非跟踪控制

这是应急操纵时的控制方式。当螺距控制系统出现故障时,而电源和螺距校正系统仍能正常工作,可利用驾驶台上的“应急操纵”按钮切换到这种控制方式,直接控制变距桨的螺距;或者将变距桨的螺距固定在正车某一位置,将其作为定距桨来使用。非跟踪控制作为应急操纵模式,通常作为上面其他四种控制方式的备用。

二、变距桨控制系统的功能和结构

1. 系统功能

变距桨控制系统除了要完成定距桨控制系统的相关功能之外,还需要对螺距、离合器以及对螺距和主机转速进行联合控制等。不同厂家生产的控制系统在功能和实现上有所差异,但都能够完成如下所述功能:

(1) 对推进装置实行自动控制,确保推进系统的安全和船舶操纵的可靠性能。

(2) 调节螺距角,确保柴油机和螺旋桨处于最佳的匹配状态,提高经济性能。

(3) 确保推进系统的快速响应和提高调距桨在机动操纵下的效率。

(4) 主机的起动(包括慢转起动)和停车。

(5) 控制主机转速和负荷,规避临界转速,防止柴油机超负荷,延长推进系统的使用寿命。

(6) 有利于配备轴带发电机,保证柴油机转速控制在要求的范围内,实现机-桨最佳匹配。

(7) 对于由离合器控制的螺旋桨和轴带发电机系统,还要有离合器控制功能。

(8) 实现在驾驶台、集控室、机旁操纵推进装置,并能够在控制位置间进行切换。

2. 系统结构

如图 9－39 所示,控制系统包括指令发生器、主机转速器、螺距控制器、负荷测量和负荷控制器五个主要组成部分。图中 P/D_c 为螺距指令信号,n_c 为主机转速指令信号,P/D 为实际螺距信号,n 为实际转机转速信号,n_p 为变距桨实际转速,δ 为螺距负荷修正信号(由负荷控制器根据负荷最优控制得到),Q 为海况、船况等外界干扰。指令发生器采集操作命令信号,根据操作模式和设定信号给出最佳的控制信号,将其分别输出到螺距伺服系统和柴油机调速系统,实现对变距桨螺距和柴油机转速的控制。而操作命令由驾驶室车钟和集控室操纵杆提供。驾驶台和集控室控制台主要完成控制位置选择、控制指令发送、控制模式选择、控制参数设定、运行参数显示和故障报警等功能,有的还配有驾驶台侧翼(左右翼)控制面板。根据模式设置,控制系统能够实现螺距和转速的单独控制、联合控制及自动负荷控制,并包含主机加减速速率限制、螺距加减速速率限制、增压空气压力限制等保护和限制功能。

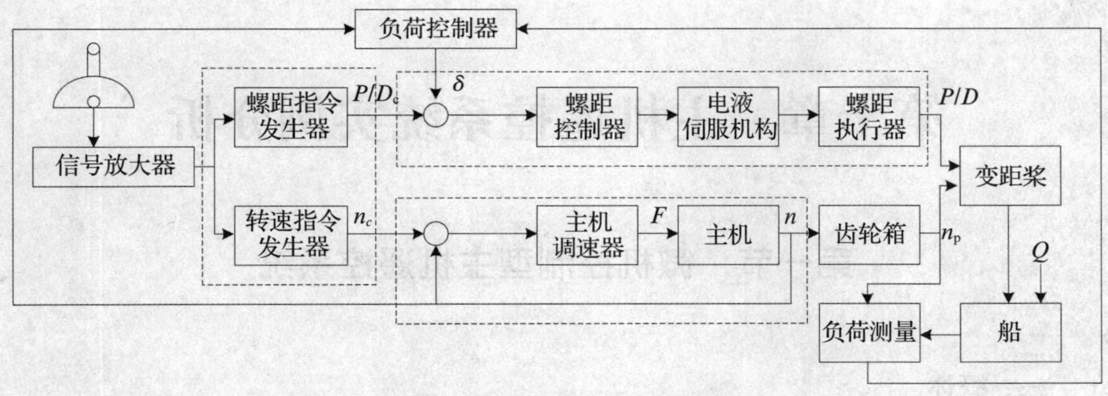

图 9－39　变距桨控制系统结构

由负荷测量、主机转速测量、负荷控制器和螺距控制实现的变距桨控制是整个控制系统的核心部分，在主机转速和转向一定的情况下，通过改变桨叶角度实现主机负荷的增大和减小，保持主机负荷和转速的关系沿设定的负荷曲线变化，以改善船舶在不同航行工况下的主机推进效率和操纵性能。

驾驶台和集控室都设有“应急停车”按钮，当按下“应急停车”按钮，按钮直接作用于停车电磁阀，进行停油操作，遥控系统随后将速度和螺距输出设为 0；驾驶台的主控制台上设有“备用控制”按钮，当系统出现故障时，按下“备用控制”按钮，车钟手柄信号不经过遥控系统控制箱，直接作用于螺距伺服装置，对螺距进行直接控制。

复习思考题

1. 简述主机遥控系统的组成及各主要部分的作用。
2. 当遥控转换机旁控制时，需要进行哪些操作？
3. 主机换向逻辑条件有哪些？正车换向的条件有哪些？试用逻辑图表明正车换向逻辑。
4. 主机起动控制逻辑条件有哪些？重起动是如何实现的？慢转起动的条件有哪些？
5. 分析临界转速避让的工作原理，主机负荷限制有哪些措施？
6. 扫气压力限制环节有何作用？与起动供油量有何关系？
7. 气动主机操纵系统中起动控制回路有哪些相关阀件？延时阀件有何作用？
8. 气动主机操纵系统中关于供油的控制有哪些回路？各有何作用？
9. 气动遥控系统的保养注意事项有哪些？
10. 变距桨控制系统的组成有哪些？

第十章　主机遥控系统实例分析

第一节　微机控制型主机遥控系统

一、概述

采用微机控制型的遥控系统，具有功能丰富、维护方便和安全性强等特点。微机控制型主机遥控系统的结构组成和布局如图 10－1 所示。包含转速检测测量装置和遥控执行器在内的主机操纵系统一般由主机供应商提供，主机遥控系统包括四大部分：

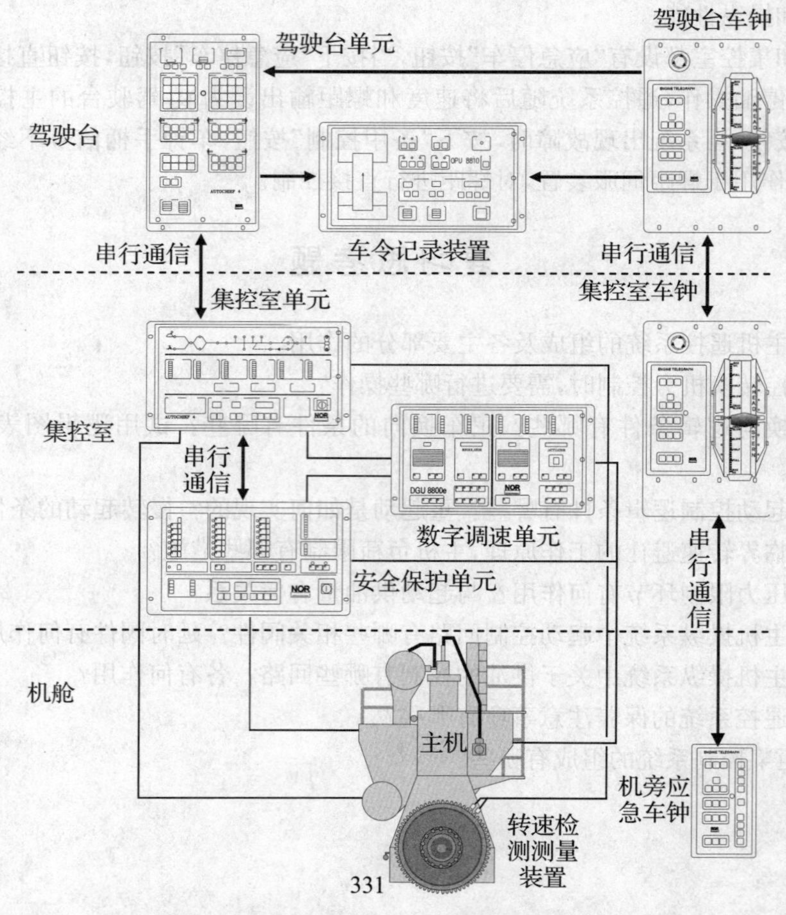

图 10－1　微机控制型主机遥控系统的结构组成和布局

(1) 主机起停换向等逻辑控制系统，包括驾驶台单元和集控室单元。

(2) 主机转速控制的数字调速单元。

(3) 主机安全保护功能的安全保护单元。

(4) 车钟系统由驾驶台车钟、集控室车钟和机旁应急车钟组成。

各部分在功能上具有完整性和独立性，可以由这四部分组合成一套完整的主机遥控系统，也可以单独地与其他遥控系统配合使用。

微机控制型主机遥控系统的以上各个组成部分由以微处理器为核心的微机电路实现。其中，驾驶台单元、集控室单元、数字调速单元和安全保护单元均单独成套，而数字调速单元常分别由调节器(Regulator)和执行器(Actuator)组成，两部分由不同的微机电路实现，实现执行动力回路与调节控制电路相对独立，避免互相干扰，结构上两者安装在一起，统称数字调速器。此外，车钟系统和车令记录装置也是由微机电路控制的。

图 10-2 给出驾驶台单元、集控室单元、安全保护单元和数字调速单元中的微机控制系统原理图，各单元微机控制系统的硬件结构大致相同，即都由一块微处理器主板(Processor Card)、一块扩展 I/O 接口板(Extension Card)和多块 I/O 适配器板(Adapter Card)组成。微处理器主板主要由微处理器、存储器(RAM，EEPROM，EPROM，ROM 等)、可编程并行接口芯片、串行接口芯片、中断控制器、计时/计数器、ADC 和 DAC 等组成，它是微机控制系统进行数据处理及 I/O 控制的核心；扩展 I/O 接口板连接控制面板上的指示灯、按钮和 LCD 数码显示器等，实现人机交互过程中的信息输入与输出；I/O 适配器板的任务是将外部

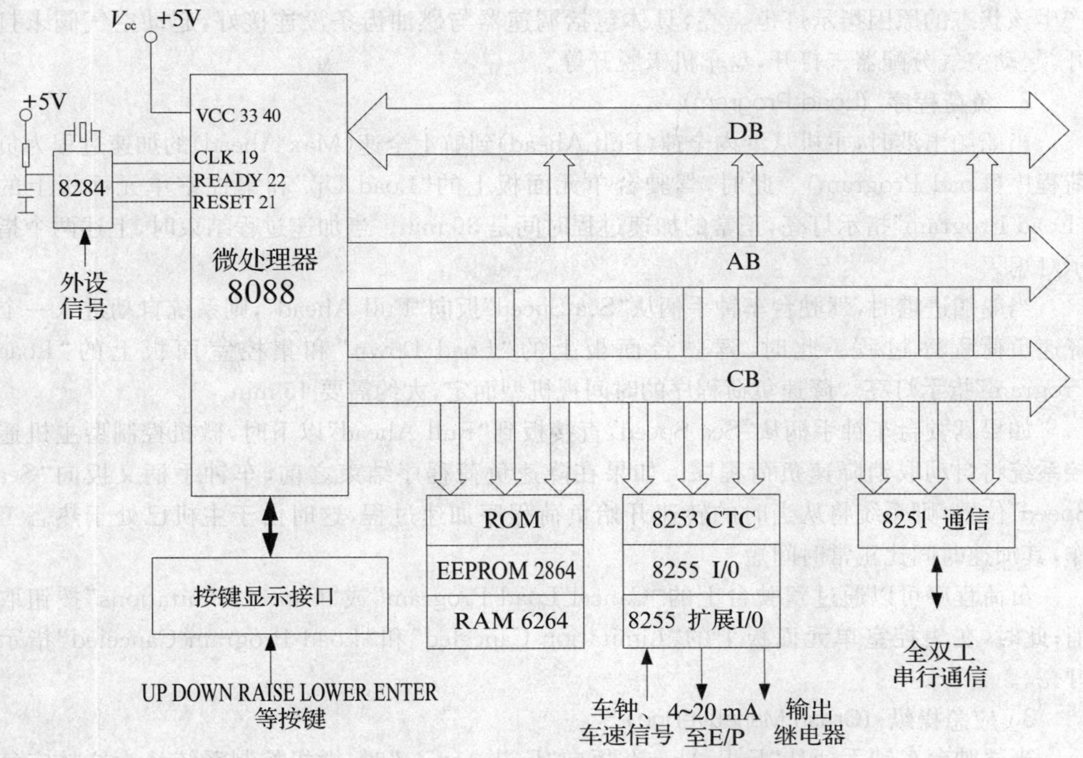

图 10-2　主机遥控中的微机控制系统原理图

I/O 信号转换为标准统一的电信号，再送到微处理器主板上的 I/O 接口芯片，或将微处理器主板送出的控制信号进行转换后驱动 I/O 设备，如电磁阀等。尽管各单元的硬件组成基本相同，但由于程序存储器中存储的程序不同，因此各自实现的功能也各不相同。各单元均采用 RS422/RS485 串行总线，围绕集控室控制单元 ECU 进行相互连接，进行信息通信，共同协调完成主机遥控的各种功能。

二、微机控制型主机遥控系统的主要功能

微机控制型主机遥控系统包含常规主机遥控系统的所有功能，利用其显示、输入等良好的人机操作界面，另外还根据主机的状态和要求扩展一些其他功能，使得操作和维护更加方便与安全。

1. 状态显示

由于主机、集控室、驾驶室等部位的有关信号都接入遥控系统，所以微机型遥控系统能够通过各种显示方式，将各种信号显示出来，如在驾驶室显示主起动空气压力、主机转速、车令转速、主机负荷(燃油量)等，在集控室除各种仪表显示对应参数外，还将主机有关的状态在显示屏或控制屏上显示出来，如起动阻塞、起动失败、主机未准备就绪等，并且还将具体的状态信号显示出来，便于观察与分析处理。如在“Start Block”灯点亮的同时，产生该起动闭锁的原因指示灯也点亮，具体包括起动空气压力太低，转速检测装置出现故障，有应急停车命令，主机因滑油失压、超速等原因导致的故障停车。又如“Engine Not Ready”灯点亮时，产生该状态的原因指示灯也点亮，具体包括调速器与燃油齿条没连接好，起动空气阀未打开，起动空气分配器未打开，盘车机未脱开等。

2. 负荷程序 (Load Program)

当船舶出港时，主机从港内全速(Full Ahead)到航上全速(Max Ahead)的加速过程为负荷程序(Load Program)。此时，驾驶台单元面板上的“Load Up”和集控室单元面板上的“Load Program”指示灯亮，正常的加速过程时间是 30 min。当加速过程结束时，上述两个指示灯熄灭。

当船舶进港时，驾驶台车钟手柄从“Sea Speed”扳向“Full Ahead”，则系统自动进入一个降速负荷程序过程。此时，驾驶台面板上的“Load Down”和集控室面板上的“Load Program”指示灯亮。降速负荷程序的时间视机型而定，大约需要 15 min。

如果驾驶台车钟手柄从“Sea Speed”直接扳到“Full Ahead”以下时，微机控制型主机遥控系统将自动取消降速负荷程序。如果在降速负荷程序结束之前，车钟手柄又扳向“Sea Speed”位置，则系统将从当时的转速开始负荷程序加速过程，这时由于主机已处于热态工作，其加速时间比正常时间短。

负荷程序可以通过驾驶台上的“Cancel Load Program”或“Cancel Limitations”按钮取消；此时，在集控室单元面板上的“Limitation Canceled”和“Load Program Canceled”指示灯亮。

3. 应急操纵 (Crash Maneuvering)

当驾驶台车钟手柄从“Full Ahead”扳向“Full Astern”时，微机控制系统认为这是应急操纵状态。此时，系统的控制过程为：驾驶台和集控室单元面板上的“Crash Astern”指示灯

亮；主机停油；应急换向和强制制动；重起动；起动成功后，切断起动空气和正常供油；运行中取消负荷程序，取消增压空气压力限制和转距限制。

4. 恶劣海况模式 (Rough Sea Mode)

恶劣海况模式是一种可供选择的工作方式，用来防止在恶劣海况情况下，发生超速停机现象。在微机型驾驶台单元和安全保护系统控制面板上都设置"Rough Sea Mode"选择按钮，按下此按钮，"过速"现象被特别监控，具体做法是：当主机转速达到"过速"转速时，切断燃油供给，主机转速将下降。但该"过速"值略低于"超速"设定值，从而避免安全保护系统断油动作。当主机转速下降到复位转速时，恢复燃油供给，主机的转速慢慢地恢复到先前的转速。

为了得到更好的恶劣海况运行效果，该功能的动作上限值是可调整的，适当地调整这个上限值，可避免系统在"过速"/"复位"之间频繁波动。由于在恶劣海况模式中，主机负荷变化过快，生产商一般不建议使用。

5. 轴带发电机控制模式 (Shaft Gen. Control Mode)

如果船舶装备带有定频齿轮(CFG)装置的轴带发电机时，主机遥控系统必须具有与船舶电站控制系统进行信息交流的功能，以避免在主机转速降低或故障降速时造成轴带发电机跳闸，从而导致全船失电的恶性事故发生。

6. 取消功能 (Cancel Function)

微机遥控系统中将"应急运行"按钮用多个取消按钮来替代，可以实现应急操纵更加具体化，常用的取消按钮有轮机长手动转速限制、故障减速转速限制、恶劣海况限制、慢转起动、调速器转速限制等。实船规定，根据船长命令才可以按相应的取消限制按钮。

7. 驾驶室操纵位置选择

在驾驶室和船舷两侧均装有控制台的遥控系统中，每个控制台上有"IN COMMAND"按钮，用于选择左舷、驾驶室、右舷控制主机。注意：当选择切换时，车令与主机当前状态应一致，或车令为下一个需要的车令，避免切换中出现不必要的扰动。

8. 参数调整

由于采用微机控制，系统内部众多数据可以通过 EEPROM 得以保存并避免参数波动。同时，可以通过数码管组合，便于人机操作，参数调整易于实现。

9. 转速保持功能

遥控系统在正常遥控工作时，出现以下情况，主机转速保持不变：

(1) 当驾驶室控制时，UPS 断电。

(2) 转速传感器系统有两套，且互为备用，遥控使用的传感器失效或两套均失效时。

(3) 电子调速器调节单元失电。

(4) 电子调速器的伺服控制单元失电。

(5) 电子调速器伺服电动机中的编码器插头松脱。

10. 系统自检和功能测试

除常规功能测试外，微机控制系统还能对控制设备自身、执行阀件和传感器等进行测试，并将故障通过代码显示出来，便于使用人员进行维修和保养。

三、典型微机控制型主机遥控系统的控制面板

1. 驾驶台控制面板

作为典型的微机控制型主机遥控系统，AC－4 驾驶台控制面板如图 10－3 所示，为驾驶员与遥控系统提供人机之间交互的界面。在驾驶台，可以实现对主机的遥控、状态监测，也可以实现有关驾驶台单元的参数设定。

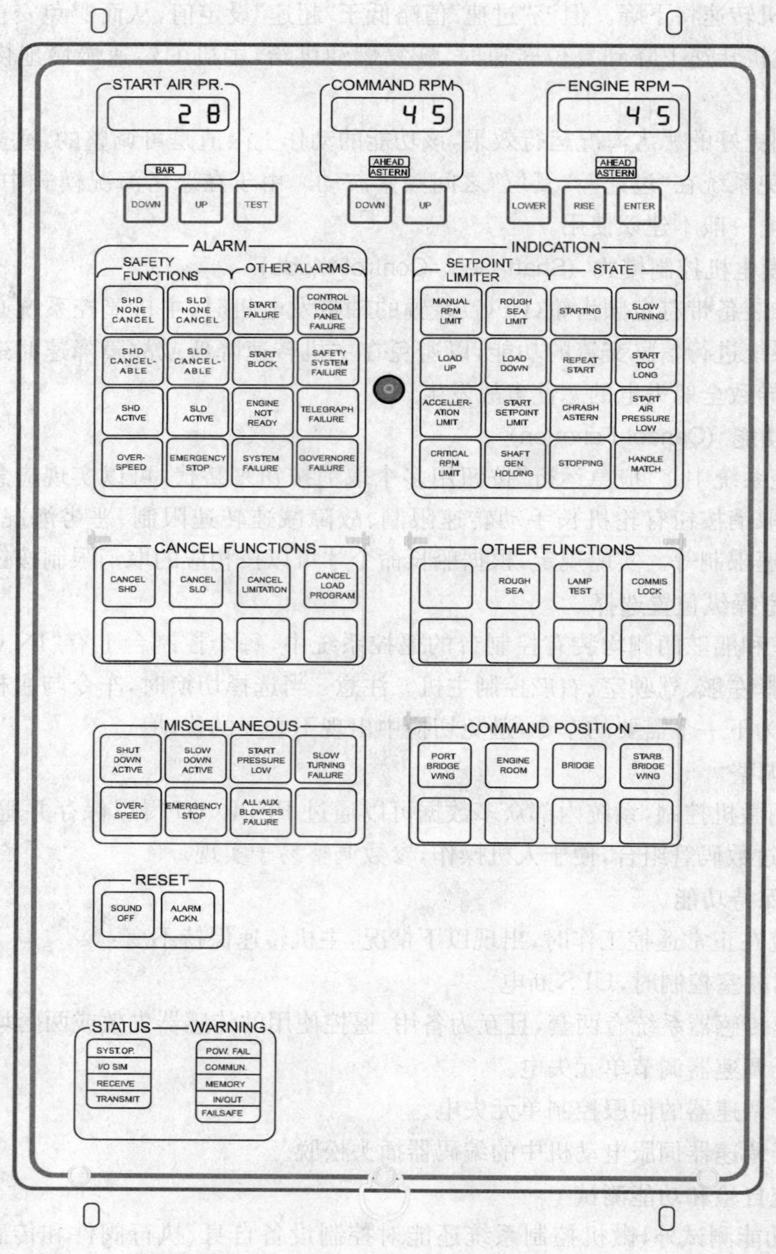

图 10－3　AC－4 驾驶台控制面板

驾驶台控制面板的上部是三个数码显示器，向下依次是报警指示灯、状态指示灯、取消按钮、试验及参数设定按钮、操车位置及报警声响确认按钮等。

驾驶台控制面板的主要功能包括：显示过程报警状态；显示过程参数值；显示和主机遥控系统相关的状态；接收驾驶台车钟系统的信号，如转速设定信号、正倒车信号等；接收驾驶台应急停车信号；与驾驶台控制相关的参数设定。

三个数码显示器有两种用途。在正常情况下，分别用于显示“起动空气压力”“车令设定转速”和“主机实际转速”；在进行参数查询和整定时，可显示遥控系统的工作状态和报警信，也可进行参数修改。

报警指示灯的报警内容包括安全保护和其他报警两部分。安全保护指示包括可取消的故障自动停车和故障自动减速信号，不可取消的故障自动停车和故障自动减速信号，已执行的故障自动停车和故障自动减速信号，还有超速和手动应急停车信号。其他报警指示灯有三个是与主机起动有关的，即主机没备妥、起动联锁和起动失败。上述三项的具体内容将在集控室面板介绍。其他报警还包括系统故障、集控室控制板故障、安全保护系统故障、车钟故障及调速器故障等系统内部故障。

系统状态指示灯分为两部分，左边八个指示灯指示设定转速限制器(Setpoint Limiter)的限制项目，右边八个指示灯指示主机不同的运行状态。设定转速限制器的指示项目主要有手动最大转速限制、恶劣海况限制、负荷程序加速限制、负荷程序减速限制、加速速率限制、起动设定转速限制、临界转速限制和轴带发电机运行转速限制。主机运行状态指示包括正常起动、慢转起动、重复起动、起动超时、紧急换向、起动空气低压、停车和操纵手柄匹配。重复起动和起动超时将在集控室面板中详细介绍。紧急换向(Crash Astern)指示灯亮代表主机在运转中换向，且将进行制动操作。紧急换向是有条件的，例如，要求车钟手柄从正车全速拉到倒车全速，而且操作时间要小于 6 s，若不满足上述两个条件，则不属于紧急换向。操纵手柄匹配(Handle Match)指示灯用于主机运行时操作部位无扰动切换，当集控室操纵手柄给出的设定转速与驾驶台操纵手柄给出的设定转速基本相等时，允许操作部位从驾驶台转到集控室，或从集控室转到驾驶台。

操作指示板中部有取消功能带灯按钮和其他功能带灯按钮。取消功能带灯按钮用于应急操纵，包括取消故障自动停车、取消故障自动减速、取消多种限制和取消负荷程序。这是在紧急情况下驾驶员所采取的“舍机保船”措施，平时一般不会使用。其他功能按钮包括恶劣海况(ROUGH SEA)、试灯(具有硬件检验功能)、显示和调试功能锁定(COMMIS LOCK)三个按钮。显示和调试功能锁定按钮用于参数显示和修改，若“COMMIS LOCK”指示灯灭，则顶部的数码显示器为正常显示状态；按下“COMMIS LOCK”按钮，指示灯变亮，则数码显示器为系统参数显示和整定状态；再次按下“COMMIS LOCK”按钮，指示灯闪光，则数码显示器为 I/O 通道参数整定状态。恶劣海况的具体含义将结合集控室的操作指示面板介绍。

主机操纵部位转换有四个带灯按钮，分别代表驾驶室内、驾驶室左舷、驾驶室右舷、集控室(或机旁)四个操作部位。一般而言，集控室与驾驶室内的按钮转换只是通信联系，转换由专门的手柄完成，而驾驶室内与驾驶室两舷的按钮转换既是通信联系，也是直接转换。

在操作指示面板的左下方有“报警消声”按钮和“报警确认”按钮，在这两个按钮的下方有系统工作状态指示灯和系统硬件故障指示灯。系统工作状态指示灯指示计算机的运行状态,包括系统处于运行状态、I/O 模拟试验状态、数据通信接受状态、数据通信发送状态共四个指示灯。系统硬件故障指示灯的指示内容包括电源故障、通信故障、存储器故障、I/O 通道故障、安全保护系统线路故障共五项。

2. 集控室控制面板

AC-4 遥控系统的集控室控制面板如图 10-4 所示。同驾驶台一样,操作指示面板内部主要包括一台微处理器主板、多个 I/O 接口板和电源板等。集控室控制面板是轮机员与遥控系统之间进行人机交互的部件,可以实现系统状态监测、操作及参数修改等。

集控室操纵指示面板指示主机起动、停车、换向等逻辑控制过程,面板外部分为 3 个区域,上部为整个主机起动过程状态的 MIMIC 图,21 个 LED 指示灯指示主机起动、停机、换向等控制过程。中部为整个主机遥控系统状态和报警指示灯及复位等按钮,下部为参数显示和修改功能区及计算机内部状态和报警指示灯。

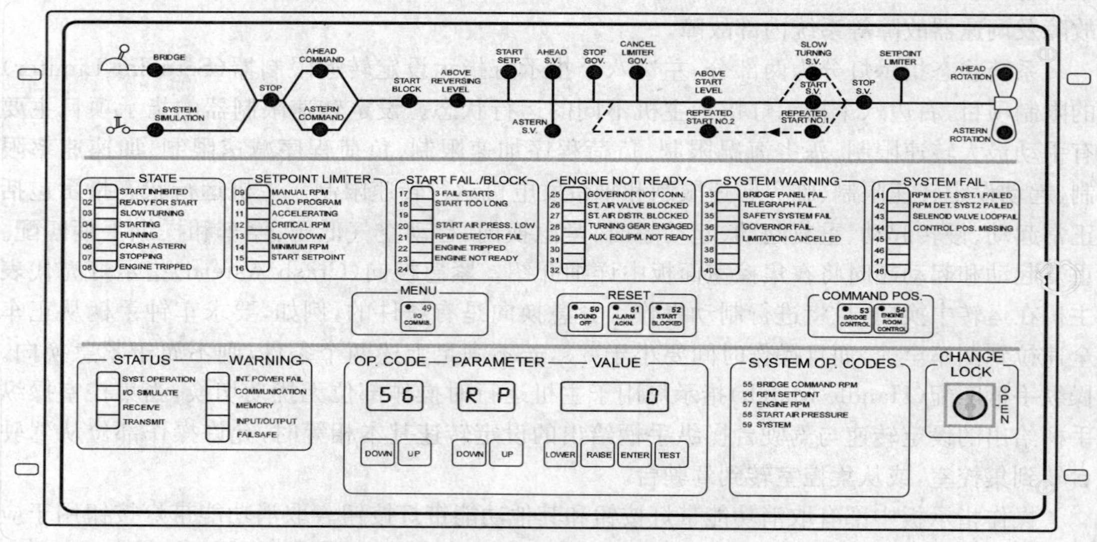

图 10-4 AC-4 遥控系统集控室控制面板

主机遥控系统状态和报警指示部分包括主机状态指示、给定值限制器、起动失败/故障、主机未备妥、系统警告、系统故障共 6 个方框。主机状态指示方框有 8 个指示灯,指示主机的各种状态,包括禁止起动、允许起动、慢转起动、正在起动、运行、紧急换向、正在停车及故障停车等。系统警告方框指示遥控系统主要设备故障和某些应急操纵。系统故障方框指示测速装置失灵、电磁阀及控制位置丢失三大重大故障。

给定值限制器方框有 7 个指示灯,分别指示轮机长最大转速限制、负荷程序、加速速率限制、临界转速、减速限制、最低转速限制和起动给定转速设定等。应特别注意的是,给定值限制器是位于车钟与调速器之间的给定转速处理环节,而给定值限制器的输出才是调速器真正的转速给定值。

起动失败/闭锁方框包括起动失败(Start Fail)和起动闭锁(Start Block)两部分。起动失败包括两项，即由点火失败引起的三次起动失败和主机转速一直达不到发火转速所引起的起动超时。起动失败指的是主机已经实施压缩空气起动，但起动没有成功，而起动闭锁指的是由于主机未备妥或设备故障等原因使主机起动被禁止。起动闭锁包括起动空气压力低、转速监测器故障、主机故障停车以及主机未备妥等。主机未备妥方框包括调速器未连接、主起动阀关闭、空气分配器阀关闭、盘车机未脱开及其他辅助设备未准备好等项目。其中，调速器未连接项目指的是调速器的执行电机输出轴未与主机燃油总轴相连或连接不到位。

主机遥控系统状态和报警指示部分有一排带灯按钮，包括复位（RESET）操作部位转换（COMMAND POS）和调试功能锁定（COMMIS.）等按钮。复位按钮有 3 个，分别用于报警应答、报警声响切除和被禁止起动故障的复位。

操作部位转换按钮有 2 个，与驾驶台操纵指示面板上的 2 个按钮是相对应的，用于驾驶室与集控室进行操作部位转换的请求和应答。在一般情况下，使操作部位生效是靠主控台上的转换手柄实现的，此手柄控制的是气动二位五通阀。也有个别采用与驾驶室联系的操作部位转换按钮来控制。

“显示和调试功能锁定”按钮用于参数显示和修改，若“COMMIS.”指示灯灭，则数码显示器为系统参数显示和整定状态，按下“COMMIS.”按钮，指示灯变亮，则数码显示器为 I/O 通道参数整定状态。“显示和调试功能锁定”按钮需要与下部数码显示器及修改锁配合使用。

四、微机控制型主机遥控系统的参数设置

为了便于在日常使用、管理、维护、故障诊断和系统调试等过程中对遥控系统的内部状态和参数进行查看和设置，微机型的集控室单元面板上设有专门的数码显示器和操作按钮，图 10－5 所示为 AC－4 遥控系统集控室面板上的显示器显示格式。通过显示器和操作按钮进行显示或设置的参数类型有两种，即系统编码参数和 I/O 通道参数，可通过“COMMIS LOCK”按钮进行切换。显示器的左边两位用于显示系统参数编码（OP. CODES）或者 I/O 通道号编码（I/O Channel），并可通过其下方的“DOWN”或“UP”按钮进行编码选择。中间两位用于显示当前编码下的参数号（PARAMETER）或参数性质，同样可以通过其下方的“DOWN”或“UP”按钮进行选择。右边的四位用于显示具体的参数值（VALUE），在必要的情况下可通过“LOWER”和“RAISE”按钮进行修改，修改完毕按“ENTER”键输入，其中逻辑信号用“tuRE”或“FALS”来表示逻辑“1”和 0。平时，集控单元面板上的“CHANGE LOCK”修改锁一般置于“LOCK”位置，通过编码显示框下面的“DOWN”或“UP”按钮操作只能读出编码 55～58 的参数显示值。只有用钥匙将“CHANGE LOCK”修改锁置于“OPEN”位置时，才能将编码 1～59 的参数全部读出。

系统编码参数主要是指遥控系统在工作过程中的各种特征参数，如发火转速值、轮机长限制转速值、超速保护限定值、慢转起动参数和主起动空气报警参数等，系统参数的编码与集控室单元面板上的参数编码排序一致。例如，编码 9（MANUAL RPM）为轮机长转速限制参数，包括正车最大转速 P_1、倒车最大转速 P_2 和恶劣海况的正车最大转速 P_3。在驾驶台遥控操纵中，如车钟指令值超过轮机长设定值，则主机转速达到轮机长设定值时不再上升，并给出轮机长转速限制指示（09 号灯点亮）。

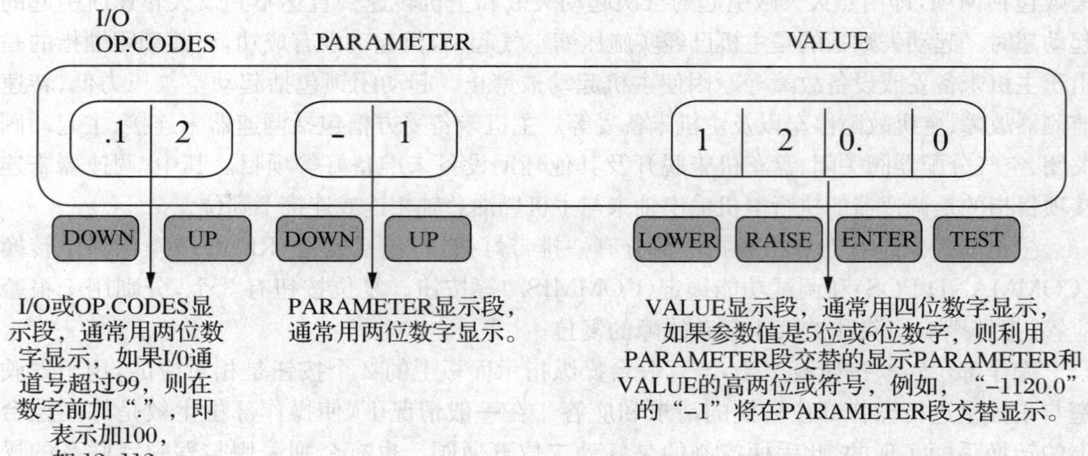

图 10-5　AC-4 遥控系统集控室面板上的显示器显示格式

如欲显示或修改正车最大转速值 P_1，则首先使“OP. CODE”显示器中的显示值为“09”，然后使“PARAMETER”显示器显示“P_1”，此时“VALUE”显示器将显示当前的正车最大转速设定值，若需要修改，则通过“LOWER”和“RAISE”按钮调整到希望的数值，并按“ENTER”键。显示值闪烁两次后变为平光，说明设定的新值已被输入，修改完毕。当参数修改完毕后，应将修改锁置回“LOCK”位置，以防数据丢失。

I/O 通道参数是指与计算机 I/O 通道相关的设置参数或反应通道状态的状态参数，如模拟量零点和量程参数、A/D 转换值以及开关量的状态等。I/O 通道参数的意义在于可以修正模拟量信号的零值和量程、设定上下限报警值、对输入信号及传感器接线情况等进行监测，摇控系统不正常情况下可以借助显示来对输入信号进行检查，还可以进行摇控系统控制功能的输出模拟。I/O 通道参数的显示和设置与系统参数基本相似，区别在于打开修改锁开关后，需要按一下“COMMIS LOCK”按钮(49 开关灯点亮)，使编码显示切换为 I/O 通道号。

I/O 通道的编号与 I/O 通道编号(CH xx)相同。其中，有些对应开关量，有些对应模拟量，具体的通道安排可查阅说明书。

开关量的典型例子如控制主机进行起动、停车、正车和倒车换向的电磁阀控制信号，通道号分别为 CH65，CH70，CH66 和 CH68。以正车换向电磁阀(CH66)为例，若要查看其输出状态，则首先按“I/O COMMIS”按钮一次，使 LED 指示灯 49 平光亮，然后选择通道号 CH66。此时，“PARAMETER”显示器将显示参数性质为“dO”，“VALUE”显示器的显示内容与当前遥控系统所进行的逻辑动作有关。若此时车钟手柄在停车位，则“VALUE”显示器应显示“CLOS”，若处在正车换向的过程当中，则应该显示为“OPEN”。如果实际显示内容与逻辑上应当显示的内容不符，则说明该路输出存在故障，如电磁阀故障或线路故障等。按同样的方法，也可以查看起动、停车和倒车电磁阀的状态。

模拟量参数的显示和可设置内容比开关量要复杂。例如，在模拟量输入电路中，传感器输出的模拟量信号可以是 0～10 V DC 或 0～±10 V DC 的电压信号，4～20 mA 或 1～

5 mA的电流信号，还可以是 0～5 kΩ 电阻信号。这些模拟量信号经模拟量输入接口电路进行模数转换，其转换值称为数字量(Counts)。这里的 Counts 是与 A/D 输出二进制数相对应的十进制数，例如，Counts＝4 095，表示 12 位 A/D 转换器输出的全 1 二进制数 111111111111 所对应的十进制数。微处理器再将“Counts”标度变换(Scaling)为统一标准的工程值(Technical Value)或称为标度值(Scaled Value)，如压力(Bar)、温度(T)等，以便于参数显示与报警等，其信号变换情况如图 10－6 所示。

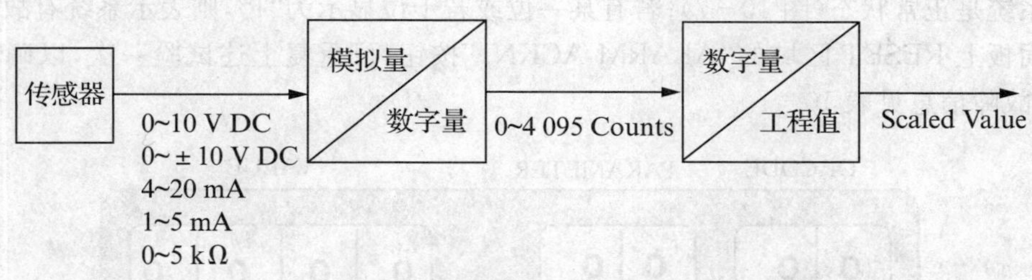

图 10－6　模拟量信号变换情况

对应某一个通道编号，通过选择“PARAMETER”显示器中不同的参数类型可以得到模拟量电路中各种参数值，例如，若选择参数类型为 AC，则可读出这一通道的数字量(Counts)；若选择参数类型为 AI，可读出模拟量输入工程值；若选择参数类型为 AP，可读出模拟量输入的百分数。同理，选择 CL，CH，tL 和 tH 可分别读取数字量低限、数字量高限、工程值低限和工程值高限。

五、微机控制型主机遥控系统的自检与试验

1. 系统自检

微机控制系统在上电和不间断运行的情况下，对系统有关硬件进行全面自检。故障发生后，微机自动执行自检程序，随后在操作面板上给出故障代码显示并产生故障报警输出。具体故障有：

(1) 内部 WatchDog、微处理器、存储器和其他电路故障。

(2) 5 V，15 V 和 24 V 控制电源低压。

(3) 驾驶室和集控室通信电缆故障。

(4) 控制系统、安全保护系统、车令系统和报警系统间的通信故障。

(5) 正车、倒车、起动和停止电磁阀电缆故障。

(6) 慢转电磁阀电缆故障。

(7) 测速传感器电缆故障。

(8) 操作部位信号丢失或不正常故障。

2. 系统试验

试验可用来在线检查装置的故障，且不会影响系统的运行。在正常情况下，系统的功能试验程序是不运行的，只有在使用驾驶台和集控室单元上的“TEST”按钮时，试验程序才能被起动。集控室进行功能试验步骤如下：

(1) 将修改锁置于“OPEN”位置。

(2) 按下"TEST"按钮，在显示器上显示系统软件的版本型号，所有的报警/状态 LED 指示灯将同时闪烁。

(3) 5 s 之后，所有的显示窗口将同时显示数字从 0 到 9，每个数字显示两次；随后所有的报警/状态 LED 指示灯将成对交替闪烁。

(4) 当过程(3)的显示进行两次以后，所有的报警/状态 LED 指示灯将同时闪烁，并且数码显示器的每个显示位都显示数字"0"或"1"。如全部数码显示器的所有显示位都显示"0"，则系统是正常状态(图 10-7)；若有某一位或若干位显示为"1"，则表示系统有故障。按下控制面板上 RESET 区域的"ALARM ACKN."按钮，可重复上述试验一次，以确认故障的存在；故障信息见表 10-1。

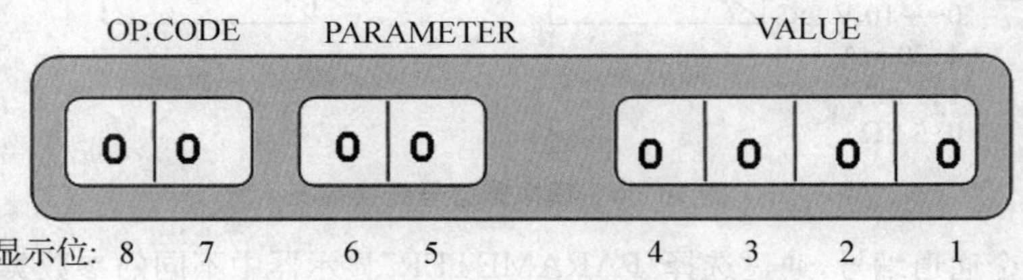

图 10-7 正常状态的系统

(5) 当在线试验结束后，再次按下"TEST"按钮，结束试验，返回正常显示。

表 10-1 自检故障信息

显示位	状态说明和处理方法	
1	主计算机局部数据修改标志： 0=系统初始数据没有被修改过； 1=系统初始数据通过控制面板修改过	该标志可通过主计算机命令或关掉系统电源复位
2	通信状态： 0=OK； 1=Parity Error(奇偶校验错误)	该故障会引起多种报警，可用"ACKN."按钮复位。检查 DIP 开关设置
3	通信状态： 0=OK； 1=Overrun Error(数据溢出错误)	该故障会引起多种报警；有时，这些报警可能会因噪声引起
4	通信状态： 0=OK； 1=Framing Error(硬件装配错误)	该故障可用"ACKN."按钮复位，如果故障立即发生，则检查 DIP 开关设置
5	输入通道组状态： 0=OK； 1=Channel Type Combination Illegal (不正确的通道类型组合)	可能因通道组合失配，不能正常工作，重新正确组合后，该故障将被自动复位
6	微处理器板硬件状态： 0=OK； 1=Processor Fail(微处理器故障)	更换微处理器板(Intel 8088 微处理器板)，按"ACKN."按钮清除

（续表）

显示位	状态说明和处理方法	
7	微处理器板上 EEPROM 存储器芯片状态： 0＝OK； 1＝EEPROM Malfunction（芯片损坏）	更换 IC U05，重新初始化程序和数据；更换微处理器板
8	内部数据状态： 0＝OK； 1＝Indicates Faulty Processor Conditions （微处理器故障状态指示）	更换控制面板，按“ACKN.”按钮清除

上述试验功能为进行遥控系统的故障诊断提供便利的条件，当主机遥控系统出现故障时，管理人员可以从以下几个方面着手进行故障分析：

(1) 观察控制台和控制面板上的状态指示灯、报警指示灯以及 LCD 显示器显示的故障信息等，了解故障的大致内容和范围。

(2) 根据故障的报警指示和故障信息提示，采取相应的操作试验以便区分开故障是发生在主机遥控的气动操作系统部分还是在电动自动遥控部分。例如，如果不能驾控遥控起动主机，则应该首先改为集控室或机旁试起动，如果集控室或机旁都不能起动，则首先应检查的范围是气动操作系统；反之，可以确定故障发生在电动遥控部分。

(3) 在进行了过程(2)后，再参照过程(1)提供的各种指示及信息，有目的地利用遥控系统所提供的其他专用“TEST”或通过“参数检查与修改”等方法，进一步确定故障的具体部位、具体环节或具体回路。

(4) 在确定故障的具体部位、具体环节或具体回路后，就要“查找—分析—测试—判断”接线图及其环节中的“I/O 设备”“导线”“接线端子或针孔插件”“适配器板、扩展 I/O 接口板或专用 I/O 接口板”等每个小环节的确切状况，如果发现故障，应给予相应的维修或更换备件。

(5) 检修后要进行运行实验。若条件允许，则可以起动主机进行实操试验，以便验证故障是否已经消除；如果在条件不允许的情况下，也可以将起动空气和燃油总阀关闭，仅通过遥控系统模拟试验或参数监测等方法即可验证故障是否已经修复，而无须起动主机。

第二节　PLC 控制的主机遥控系统

一、概述

PLC 控制的主机遥控系统结构简单，其结构组成如图 10－8 所示，由 PLC 构成的遥控装置单独成套，一般置于集控室，控制柜内同时装有独立 PLC 控制的安全保护系统。遥控装置通过通信与驾驶室的操作面板、集控室的操作面板与指示面板联系，同时直接通过信号线输入驾驶室车钟和集控室车钟的信号，并将遥控处理好的速度信号送给调速器。调速器也是单独的控制单元，根据遥控装置或集控室操纵杆的输入控制主机转速。主机安全保护装置也通过通信与集控室安全保护操作面板联系，其传感器和转速测量均为独立，主机的转速指示由安全保护系统提供。

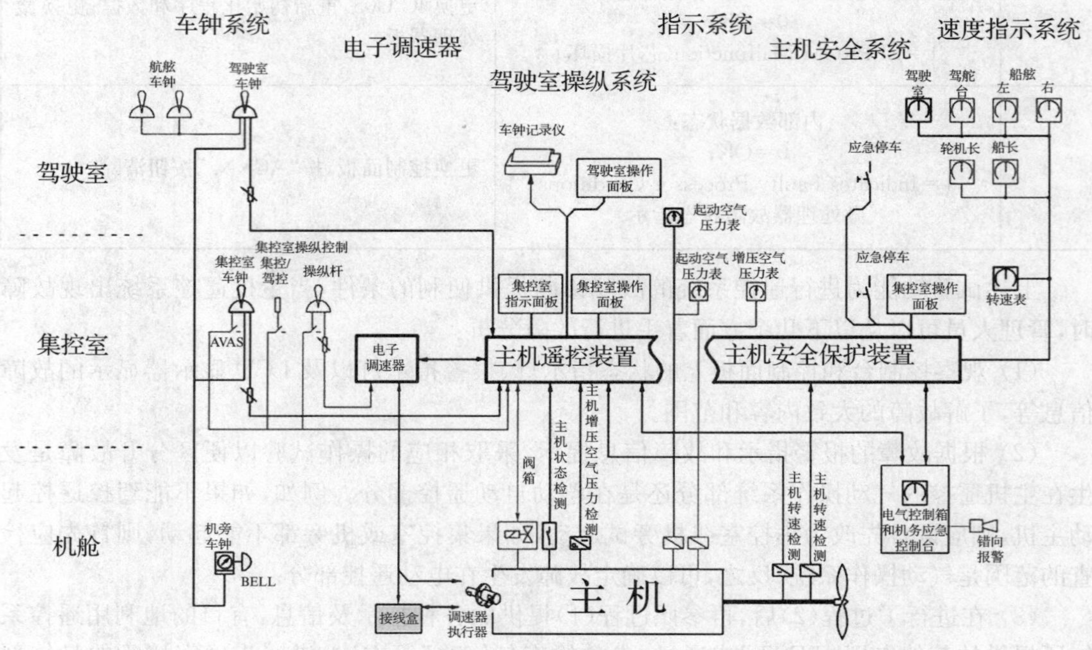

图 10-8　PLC 控制的主机遥控系统结构组成

一般集控/驾控切换开关安装在集控室操纵杆附近，当集控室控制时，由集控室车钟向遥控系统送正倒车信号，操纵杆送调速设定信号。图示集控室车钟也有转速信号通过电位器送遥控装置，说明在集控室选择为自动控制时，在集控室车钟回令的同时，转速信号通过遥控装置也能送达电子调速器。

PLC 由电源模块、CPU 模块、开关量输入模块、开关量输出模块、模拟量输入模块、模拟量输出模块、通信模块和转速脉冲模块等组成，系统可根据需求进行扩展和选用。每个模块都有相应的地址设置、指示灯状态指示，便于操作和维护。具体的组成主要包括主控制柜(PLC，I/O 模块等)，DMS 控制屏(驾驶台、集控室各有一套，驾驶台左右舷选用)，ECR 指示屏(用于 ECR 手动遥控)，机旁控制箱，遥控车钟和副车钟系统以及主机转速测量装置。

二、PLC 控制主机遥控系统的特点

PLC 控制应用在主机遥控系统中，除 PLC 本身具备的安全可靠、I/O 组合灵活、扩展方便及调试方便等优点外，还具有以下几个特点：

(1) 在硬件模块化结构的同时，软件集成化和标准化。

(2) 与其他设备通过串行通信联系。

(3) I/O 扩展范围宽，信号类型多样，除常规开关量、模拟量外，还具有脉冲量、PWM 等接口模块。

(4) 根据主机机型的不同,可选用、组合不同的软件,实现优化配合。

(5) 安全保护系统的 I/O 回路具备自检功能,方便查找回路故障。

三、典型实例的操作面板

以 DMS2100i 主机遥控系统为例,其控制面板如图 10－9 所示,右上角使用液晶显示状态与信息,其他按钮(或带灯按钮)实现各种遥控系统的功能。按下"ALARM LIST",则液晶显示当前报警信息,如果较多,可通过按"△""▽"键观察;"STOP HORN"为消声按钮,在出现故障报警时,按下该按钮消声;"ALARM ACKN"为报警确认按键,在消声后,观察确认故障后再按下该按钮。"ADD LIST"是附加信息显示按钮;"DISPLAY CHANNEL"为通道显示;"ADJUST CHANNEL"为通道调整;"BRIDGE CTRL""E. C. R CTRL""LOCAL CTRL"为操作部位的选择与指示;"SEA MODE""STAND BY""F. W. E"是副车钟按钮和指示灯。中间一大块为安全保护系统的信息汇总,"SLOW DOWN"为故障减速指示灯;"SHUT DOWN"为故障停车指示灯;"SLOWD CANCEL"为故障减速取消按钮及指示灯;"SHUTD CANCEL"为故障停车取消按钮及指示灯;"SLOWD RESET"为故障减速复位按钮及指示灯。中间还有:"START BLOCK"为起动闭锁指示灯;"LIMITS CANCEL"为各种限制取消按钮和指示灯;"SELECT""STATUS""CONTROL""SETTINGS"四个按钮配合使用,用于不同工作模式。

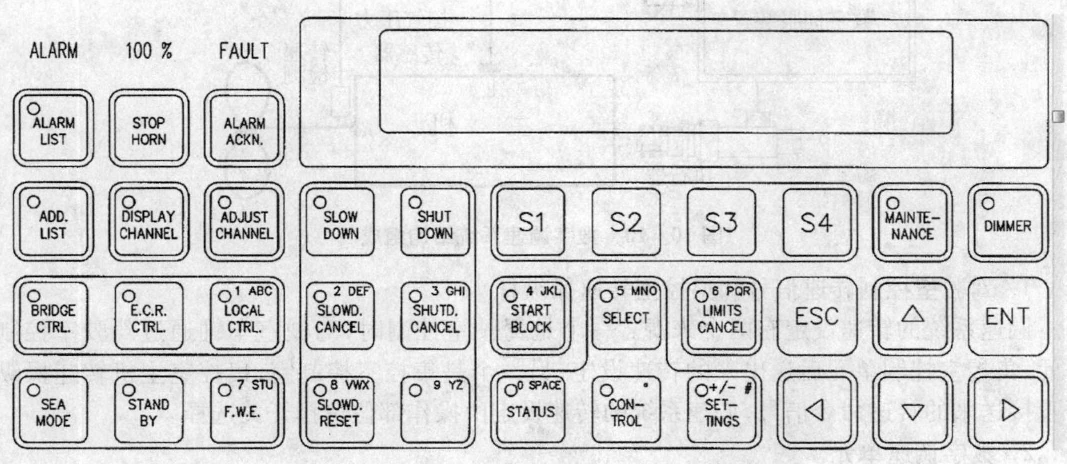

图 10－9　DMS2100i 主机遥控系统控制面板

第三节　数字调速系统

数字调速系统是由计算机控制的全数字式调速系统,具备全制式液压调速器的所有功能,能满足低速长冲程柴油机的所有调速任务,既适用于定螺距系统(Fixed Pitch Propeller, FPP),又适用于可变螺距系统(Controllable Pitch Propeller, CPP)。数字调速系统应根据不同机型配以不同版本,以满足主机的需求。

一、数字调速系统结构组成

数字调速系统主要由驾驶室控制转速信号和集控室转速操纵杆、数字调速单元、数字伺服装置、测速传感器、变压器、执行器和扫气压力传感器等部分组成。图 10－10 给出它们之间的相互关系。

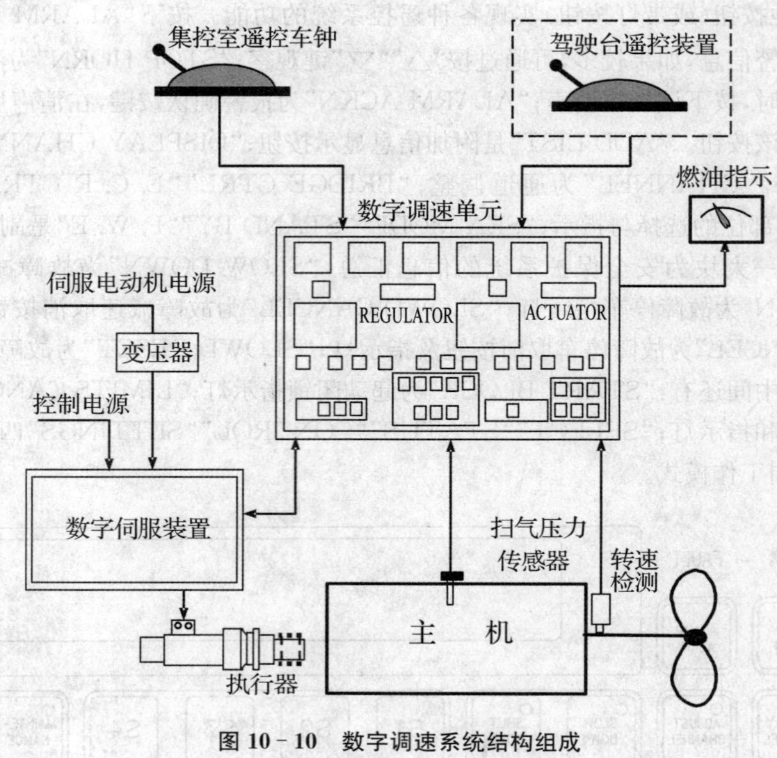

图 10－10　数字调速系统结构组成

1. 驾驶室控制转速信号和集控室转速操纵杆

调速系统的转速设定有两个来源：一个是驾驶室控制时，驾驶室车钟通过驾驶室控制单元、集控室控制单元后送出来的转速设定；另一个是集控室控制室，集控室主机转速操纵杆直接送来的转速命令信号，调速系统的转速设定由操作部位选择开关选择。

2. 数字调速单元

数字调速单元一般镶嵌于集控台的立面上，包含两个独立完整的微机子系统，分别用于主机转速调节和执行器。两个子系统所用硬件模块相同，通过 I/O 接口实现数据传送。面板的左半部分（REGULATOR）显示调速器的相关状态和参数，通过按钮操作可对调速器进行参数修改和其他操作；右半部分（ACTUATOR）则为执行器提供显示和操作接口。

3. 数字伺服装置

数字伺服装置包括电源单元、伺服放大器（主要包含变频控制单元）和供调速器使用的 24 V DC 电源，控制柜安装在集控室控制台前方的墙上。

电源单元和伺服放大器用于执行器控制电路和伺服电动机转速的控制。伺服放大器输出伺服电动机需要的交流供电。

4．测速传感器

两个磁电式转速传感器装在一个防水的盒子内，面对飞轮安装，传感器和飞轮之间的间隙为 2.5 mm±0.5 mm。传感器提供转速脉冲信号，测速方波信号的幅度在低转速时接近 4 V，在高转速时接近 10 V。

为了保证测量的可靠性，系经采用冗余设计，有 A，B 两个测速传感器，但对两个探头的相位无要求（不考虑转向）。装置对两个测速通道的信号进行校验，取出正确通道的值作为调节器的反馈信号，并送显示器进行显示。

5．变压器

三相变玉器给 DSU 供电，输出 220 V（或 135 V）电压用于执行器的转速控制。变压器输入电压为 440 V（或 220 V），由配电板直接供电。

6．执行器

执行器主要由一个三相无刷伺服电动机组成，带有减速齿轮。伺服电动机由数字伺服装置中的变频器控制，经过减速后最大能够提供 5 500 N 的输出力，最大转角达 42°，而静态精度可达 0.01 mm。伺服电动机有一内置式制动器，当系统故障或电源故障时动作，将油门调节杆保持在当时的位置上，使主机保持当时的转速运行。伺服电动机还带有过载保护装置。

油门调节杆（执行器）的位置由一个直接安装在伺服电动机上的绝对值式光电编码器进行测量，提供执行器位置反馈信号。编码器的分辨率为 1 024 Lines/Rev 或 4 096 Pulses/Rev。另配一个三相旋转变压器，用于提供转角反馈信号，送至数字伺服装置。

7．扫气压力传感器

扫气压力传感器的作用是将主机扫气空气总管内的压力成比例地转换成 4～20 mA 电流，该电流信号经 A/D 转换后供调速器软件用于增压空气压力限制。

二、系统功能

数字调速器不仅具有全制式液压调速器的所有功能，而且能充分利用微机控制的灵活性，实现多种操作方式、精确的限制功能及故障自动显示与报警，其功能的全面、强大和灵活是传统调速器无法比拟的。

数字调速器的主要功能包括以下几个方面。

1．给定转速指令处理

（1）接收驾驶台或集控室送来的转速指令信号。

（2）接收安全保护装置 SSU8810 送来的故障减速和故障停车指令。

（3）转速限制包括最大车令转速限制、临界转速自动避让、轴带发电机的最低转速设定、“SLOW DOWN”转速、系统出故障时的“替代转速”等。

（4）速率限制和程序负荷控制。

（5）起动（正常起动、重起动）油量设定及起动成功后的恒定油量延时控制。

（6）操作方式和状态切换。

2．主机转速检测

（1）采用低通滤波，滤除高频噪声信号。

(2) 采用自适应滤波，滤除由于个别气缸缺火运行导致的特定低频转速噪声信号；但当恶劣海况或有较大扰动发生时自动切除滤波功能。

3. **转速调节**

从总体上看，转速调节属于带有前馈控制和比例积分(或比例积分微分)闭环定值控制的复合控制回路。具体包括：

(1) 比例积分和比例积分微分调节。在正常情况下采用比例积分调节；在恶劣海况下自动加入微分调节。

(2) 前馈控制。实现燃油设定指令前馈，以提高系统的跟踪速度和精度。

(3) 死区控制。在死区范围(如 2 r/min)内，调节器维持油门不变，以避免执行器频繁动作。

(4) 调节器增益特性控制(可变增益控制)。有两套比例增益及积分时间，分别用于正常海况和恶劣海况。在恶劣海况方式下，积分时间是正常海况时的三倍，比例增益变大。在死区范围内，比例增益可以是正常时的 1/5。

(5) 主机延时估计器。这是数字调速器的一大特色。当主机转速指令较大时，不是按常量增益马上开大油门，而是按主机的燃烧特性加大油门，这样会产生一个延后，从而使油门的动作尽量符合主机的燃烧性能要求。

4. **燃油限制**

燃油限制包括转矩限制、扫气压力限制、手动最大燃油限制和零螺距油门限制(用于CPP 系统)、转速的非线性补偿(螺旋桨特性补偿)、车令转速和转矩限制、扫气压力限制、手动最大燃油限制等。信号经选小器选小后输出，再经补偿及转换处理，作为执行器的给定位置信号。

5. **数字执行**

(1) 伺服控制回路的全数字比例积分控制。

(2) 输出信号与伺服放大器的信号匹配(输出标度变换)。

(3) 监测控制信号，在故障情况下锁定执行器。

6. **主要功能**

(1) 喷油定时(VIT)控制。由于采用微机控制，VIT 的功能齐全，喷油定时不仅与主机的油门开度有关，还与平均指示压力等多种因素有关。

调速器输出的 4～20 mA 电流信号经 I/P 转换器变换成 0.5～5.0 bar 气压信号，再用气压信号控制 VIT 机构的机械动作。

(2) LCDL (Load Change Dependent Lubrication)控制。这个功能控制对主机附加的气缸润滑，即随着主机负荷(或气缸温度)的变化增加气缸润滑，且当负荷变化超过预定时间时开始增加气缸润滑油。

三、基本工作原理

调节器对转速输入指令进行各种必要的处理后形成转速指令值，对测量转速信号进行滤波处理后形成实际转速值，然后将两者进行比较形成转速偏差。装置对转速偏差进行包括死区控制、可变比例增益、可变积分增益等在内的全面处理后，综合转速指令前馈控制信号形成调节器输出信号。

调节器输出信号和燃油限制信号(转矩限制、扫气压力限制、手动最大油量限制等)经选小器选小输出,再经执行器位置非线性补偿、转速非线性补偿(螺旋桨特性补偿)后形成执行器位置设定信号(油门设定信号)。

执行器的位置偏差信号经过 PI 运算处理后,进行信号的标度处理,形成伺服电动机转速指令信号,该信号经伺服放大器处理后,输出调速控制脉冲驱动信号送至数字执行器,控制三相伺服电动机转动,带动油门调节杆动作,调节油门至所需的位置,使主机转速保持在设定的转速上。

1. 调速器的主要输入信号

调速系统和执行器定位系统均分别由一个 Intel 8088 微处理器控制,信号的 I/O 通过计算机接口电路实现,其主要的外界输入信号包括:

1) I/O 数据通道

(1) 来自两个测速探头的飞轮转速信号。

(2) 来自遥控系统或集控室手动设定手柄的两个车令速度输入信号,信号类型可以是 4～20 mA 电流、0～10 V DC 电压或 5 kΩ 电位器信号。

(3) 一个扫气空气压力输入信号,4～20 mA 对应 0～0.4 MPa。

(4) 螺距反馈信号,5 kΩ 电位器或－10～＋10 V 电压信号(仅限 CPP 系统)。

(5) 两个燃油刻度指示(负荷指示)输出信号,4～20 mA 电流或 0～10 V DC 电压。

(6) 变负荷润滑(LCD)需要的供油量信号。

(7) 可变喷油定时(VIT)需要的供油量信号及其报警信号。

(8) 备用柴油发电机需要的起动信号(轴带发电机运行且命令转速降低时激活)。

2) 逻辑输入信号

(1) 来自安全保护装置的停车信号。

(2) 来自安全保护装置的减速信号。

(3) 车令位置选择信号(遥控系统设定或集控室手动设定)。

(4) 操作命令数量选择(1 个或 2 个,遥控系统设定和集控室手动设定)。

(5) 遥控系统电源故障(冻结最新设定转速)。

(6) 备用转速(适用于可变螺距系统)。

(7) 各类限制取消信号。

2. 调速系统的原理

图 10－11 为数字调速系统原理框图,数字调速系统具有三个闭环控制系统:一个是由数字调速单元中的调速系统构成的主机转速闭环控制回路,根据设定转速与测量转速的偏差按比例积分或比例积分微分调节规律计算控制量输出,经各种负荷限制(燃油限制)、非线性补偿和标度变换(将计算得出的控制量数值转换为具有物理单位的执行器位置刻度值)后,作为执行器位置设定值送给油门位置闭环控制;调速器中的执行器根据油门设定位置与旋转变压器测到的实际位置计算出偏差,按照比例积分调节规律,输出执行电机需要的运转转速,送给数字伺服装置;由于伺服电动机采用无刷直流电机,调速控制中需要电机转子位置,所以数字伺服装置需要绝对值编码器的位置反馈信号,同时计算出电机转速信号。即最

后一个闭环是由数字伺服单元、执行电机以及绝对值编码器构成变频调速闭环控制，简称三个闭环，即分别称为外环、中环和内环。

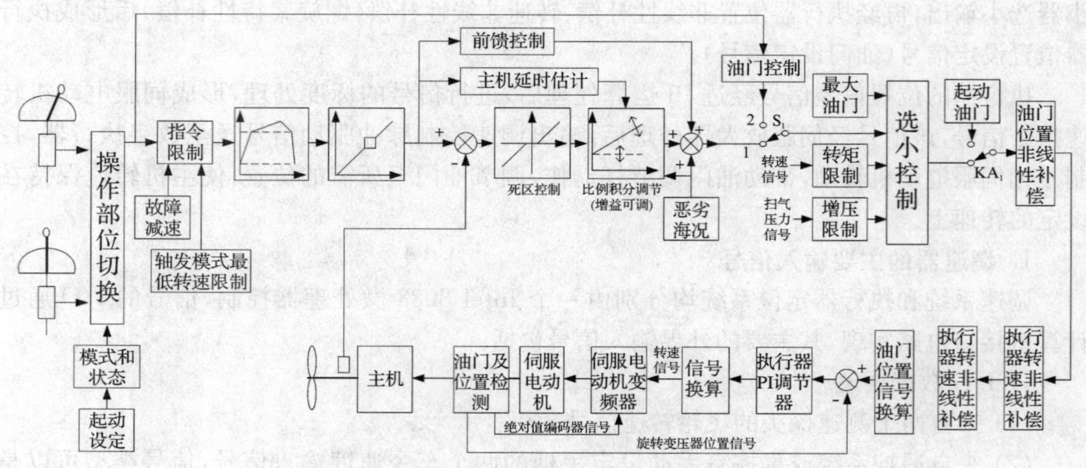

图 10-11　数学调速系统的原理框图

四、调速器面板与操作

调速器面板分成调节和执行两大部分，其左半部分为调节器区域，右半部分为执行器区域。执行器区域设有一个钥匙开关（“修改锁 CHANGE LOCK”），供两部分公用。

1. 调节器控制面板

调速器控制面板由上、中、下三部分组成，顶部为三组工作指示灯，中间部分为参数显示与调整区，底部为操作按钮区。

1）工作指示灯

控制面板的顶端是调节器的工作指示灯，按类型分为三组，分别为运行模式（MODE）、运行状态（STATUS）和报警（ALARM），如图 10-12 所示。

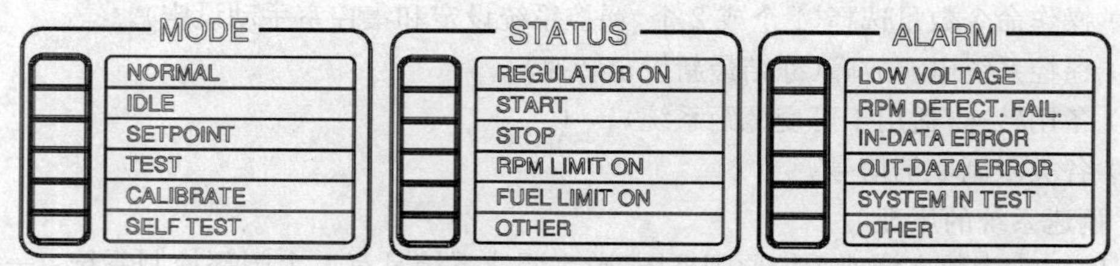

图 10-12　调节器控制面板工作指示灯

（1）运行模式指示灯共有六个，用于指示调节器的当前运行模式，分别为：①NORMAL。车钟手柄离开“STOP”位置，系统就自动进入“NORMAL”方式，即系统处于正常控制（包括驾驶台遥控和集控室控制）状态，根据参数编号，可以检查所有参数的数值并可进行调整及保存。②IDLE。又称“空闲方式”或“STOP 方式”，接通装置的电源，车钟手柄处于“STOP”位置时，便自动处于 IDLE 方式。在这种方式下，可以进行参数的监测、修改、试验和自检。“TEST”“CALIBRATE”和“SELF TEST”需要在该模式下进入。

③SETPOINT。直接供油方式，又称“设定值方式”。车钟手柄直接控制油门开度（调节器被旁通，车钟信号直接发送到DSU）。这种操作模式比以往的机旁应急操纵更加方便、快捷和舒适，通常在主机遥控系统发生故障或对执行器进行校准时才使用。通常使“DEAD SLOW”转速对应0%油门。“海上全速”对应100%油门。④TEST。试验方式，系统的输入值可以直接在面板上模拟设定。系统将对模拟的输入信号做出与实际输入信号相同的反应，并会出现“SYSTERM IN TEST”的报警。当系统出现故障时，利用试验方式可以分辨到底是外部传感器还是系统内部部件（如适配卡、110接口板等）有问题。调节器测试按钮可以提供命令转速“CMD”、实际转速“RPM”、螺距“PITCH”、增压空气“CHARGE AIR”和校验信号“CAL”等五个模拟信号。只要按下其中某个测试按钮，即可让调速器进入试验模式。例如，短时间按下“CHARGE AIR”按钮，使按钮内的指示灯闪光，表示该按钮的模拟输入功能被激活，并可通过“＋”“—”按钮增、减模拟信号的大小。通过选择相应的参数编号（PARAMETER NO），在数值显示器（DATA VALUE）上可读取该数值的变化情况。数值增/减的速度有快慢两档，当按下试验区域的速率“RATE”按钮时，数据变化的速率将加快。长时间按下被激活的模拟按钮，指示灯熄灭，信号源将恢复为传感器信号。需要注意的是，在正常模式（NORMAL）运行时，不能对实际转速“RPM”进行模拟，否则会影响系统的正常运行。⑤CALIBRATE。在NORMAL方式和IDLE方式下，都可转入校正方式。在NORMAL方式下，按下“CAL”按钮，系统调用校正程序，产生一个较大的RPM值（方波信号）加到实际转速输入信号中，并且不经过转速限制环节，直接参与调速器的偏差运算，用这个“扰动”信号来试验调速器的响应，进而检验其灵敏度和稳态精度。⑥SELF TEST。自检方式，专门用来检验微机的存储器状况，只有在IDLE方式下才可进入，属于离线检验。

（2）运行状态指示灯：①“REGULATOR ON”——调速器运行指示，灯亮表示主机供油量受调速器控制。②“START”——主机起动指示，灯亮表示调速器输出起动供油量。③“STOP”——主机停车指示，灯亮表示车令转速设定值为零。④“RPM LIMIT ON”——转速限制指示，灯亮表示至少有一种设定的转速限制值在起作用。如手动转速限制、临界转速限制等。⑤“FUEL LIMIT ON”——油量（负荷）限制指示，灯亮表示至少有一种负荷限制值在起作用。如手动给油量限制、负荷加速程序限制、扫气空气限制等。⑥“OTHER”——系统其他状态指示，灯亮表示在“参数显示与调整区域”通过9号参数查询系统的其他状态。

（3）报警指示灯：①“LOW VOLTAGE”——低电压指示，灯亮表示＋5 V，＋15 V，－15 V，＋24 V电源中的某种电源电压太低，相应适配器电路板上的LED指示灯再分别指示。②“RPM DETECT FAIL”——转速检测装置故障指示，详细信息见有关适配器电路板上的LED指示灯。③“IN－DATA ERROR”——数据输入错误指示，灯亮表示转速设定值或扫气空气压力模拟量输入信号故障。④“OUT－DATA ERROR”——数据输出错误指示，灯亮表示调速器电路板与执行器电路板之间的数据通信有错误。⑤“SYSTEM IN TEST”——系统测试指示，灯亮表示系统工作在试验或校验模式。⑥“OTHER”——系统其他报警指示，灯亮表示在“参数显示与调整区域”通过10号参数查询系统的其他报警。

2）参数显示与调整区域

面板中部为参数显示与调整区域，左右各有一个液晶显示器显示窗口，“PARAMETER NO”窗口显示参数代码，“DATA VALUE”窗口显示相应的数值或状态，如图 10－13 所示。

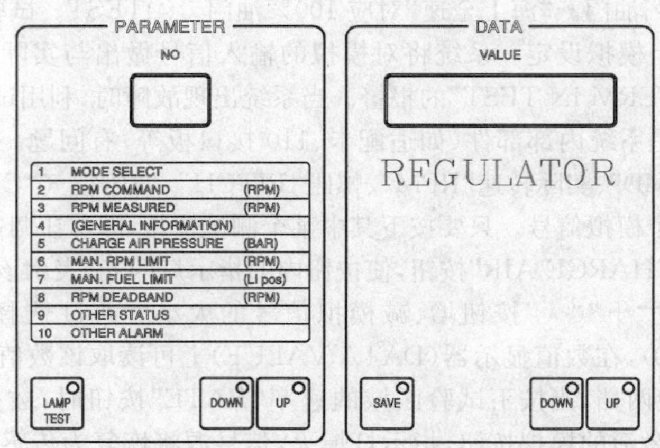

图 10－13　调速器参数显示与调整

“PARAMETER NO”区域列出 10 个常用的参数名称及其代码，通过区域内的“DOWN”和“UP”按键可选择和显示参数代码，“DATA VALUE”区域显示与该代码相对应的数值或状态。根据参数性质的不同，有些参数是“只读”的，如 3 号参数（RPM MEASURED，测量转速）和 5 号参数（CHARGE AIR PRESSURE，增压空气压力），只能显示，不能修改；有些参数是可以修改的，如 6 号参数（MAN. RPM LIMIT，手动最大转速限制）、7 号参数（MAN. FUEL LIMIT，手动最大油量限制）和 8 号参数（RPM DEADBAND 转速死区）等。对于可修改的参数，可通过该区域的“DOWN”和“UP”按键进行修改。

修改参数要配合使用“CHANGE LOCK”（修改锁）和“SERVICE CODE”（服务密码）。当修改参数或使用某些按钮功能时，必须将授权的钥匙插入“CHANGE LOCK”并将钥匙转向“OPEN”位置，对某些重要参数的修改还必须输入服务密码。当参数修改后，若按下“DATA VALUE”区左下方的“SAVE”按钮，则修改过的参数将在 EEPROM 存储器中保存起来。任何参数的修改都将立即生效，但如果未经保存，则系统断电后重启时，参数将恢复修改前的状态。

“PARAMETER NO”区域左下角的“LAMP TEST”按钮用于面板试灯和计算机系统的内存自检。

3）控制按钮

面板的底端是调速器的控制模式选择按钮和测试按钮，分别如图 10－14 和 10－15 所示。控制模式选择按钮包括恒定供油量“CONST. FUEL”模式按钮、恶劣海况“ROUGH SEA”按钮和燃油直接控制“FUEL SETPNT”按钮，用于选择调速器的控制模式；测试按钮包括命令转速“CMD”按钮、实际转速“RPM”按钮、螺距“PITCH”按钮、增压空气“CHARGE AIR”按钮和校验“CAL”按钮，以及增加“＋”按钮、减少“—”按钮和增减速率“RATE”按钮，用于在模拟试验时产生模拟信号。

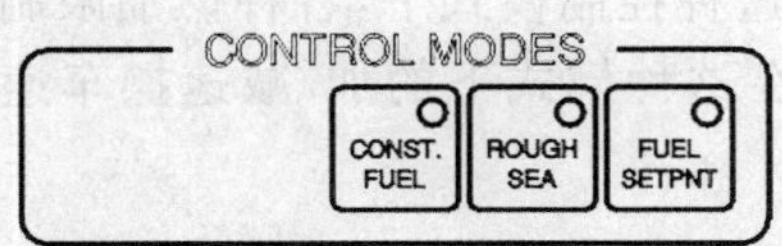

图 10-14　调速器控制模式选择按钮

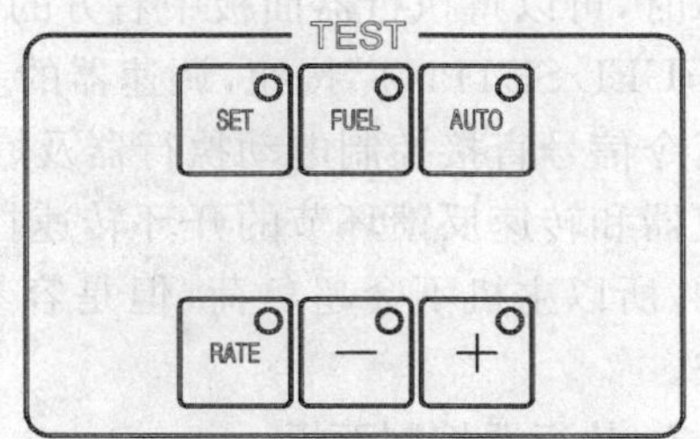

图 10-15　调速器测试按钮

4) 调节器的三种特别控制模式

在一些特殊的工况下，调节器为用户提供三种特别有效的控制模式，以获得主机更好的运行性能。这三种特别的控制模式是恒定供油量(CONST. FUEL)控制模式、恶劣海况(ROUGH SEA)控制模式和燃油设定值(FUEL SETPNT)直接控制模式。

(1) 恒定供油量(CONST. FUEL)控制模式。该方式有两个功能(死区控制和恒定燃油控制)可供选择(通过参数 1. A4 选择)。目的都是为了节约燃油，且主机转速都会在一定范围内波动，但两者略有区别。

若参数 1. A4 设置为“False”，则在风平浪静的情况下按下“CONST FUEL”按钮，按钮上的 LED 平光，死区控制起作用。当主机转速维持在预设的转速死区限制(RPM DEADBAND LIMIT，一般设定为±2 r/min)范围内时，燃油供油量维持恒定不变的控制模式。死区值越大，调速器工作越稳定，但对主机转速和船速的要求降低。死区值越小，调速器灵敏度越高，但工作越不稳定。

若参数 1. A4 设置为“True”，则在恶劣海况且转速指令手柄在 100%设定值以下时(如 30～90 r/min)按下“CONST. FUEL”按钮，恒定燃油控制功能将分阶段起作用。首先进入搜索(Searching)阶段，按钮上的 LED 闪光，系统试图实现恒定燃油控制，要求在转速吻合定时(如 5 s)内，主机转速必须在转速吻合范围(如±2 r/min)和上下限之间(如 30～110 r/min)，且转速指令手柄不再变化。当满足条件后，LED 变为平光，转入恒定燃油控制。

(2) 恶劣海况(ROUGH SEA)控制模式。在正常海况定速海上航行时，调速器采用比例积分调节规律调节，并按正常的比例积分参数运行。在恶劣海况(大风浪天气)航行时，按下“ROUGH SEA”按钮，调速器将进入恶劣海况转速控制模式运行。该模式主要采取以下三大举措：①减小 PI 调速器的比例带，即加强调速器对偏差的反应力度，以抑制因大风浪使螺旋桨部分露出水面而引起的主机转速过大波动。②在比例积分调节规律中引入微分作用，以便在主机螺旋桨开始露出或潜入水面时，调速器的微分作用给出一个超前调节，使主机转速相对稳定，不会因螺旋桨的露出或潜入而引起主机转速波动过大或飞车。③DGS 数字调速系统还兼有极限调速器的功能，即当主机转速接近“超速”转速时，自动切断燃油供给，主机转速下降；当主机转速下降到复位转速时，恢复燃油供给，主机的转速慢慢地恢复到先前的转速，这是一种双位式幅差控制。

需要注意的是柴油机厂商并不推荐使用此功能，该功能仅供选择。

(3) 燃油设定值(FUEL SETPNT)直接控制模式。在调速器或转速检测装置等发生故障时，可以将执行器面板中右方的修改锁用钥匙把开关扳向开（OPEN）的位置，然后按下“FUEL SETPNT”按钮，调速器的基本功能和转速反馈信号都将被切除，车钟手柄给出的车令信号直接控制电动执行器及燃油齿条位置。燃油设定值直接控制模式是一种撇开调速器和转速反馈环节的开环转速控制系统。在这种控制模式下，各种燃油限制仍然起作用，所以主机不会超负荷，但是容易超速，所以在这种模式下的加/减速操车速度不能太快。

2. **执行器控制面板**

执行器由执行电机定位控制环节、数字伺服装置、伺服电动机、转速及转角传感器等组成，接受转速控制环节送来的执行电机位置命令，并根据命令位置与电机实际转角位置的偏差进行比例积分调节，实现执行电机的定位控制，对应于图 10－10 的中环和内环。

执行器控制面板与调速器部分的布局相似，也由上、中、下三部分组成，即顶部的三组工作指示灯，中间部分的参数显示与调整区和底部的操作按钮区。

1) 工作指示灯

工作指示灯如图 10－16 所示。

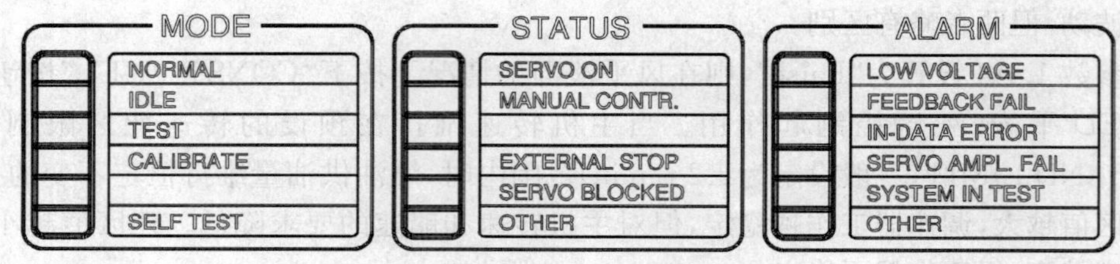

图 10－16 工作指示灯

(1) 运行模式（MODE）指示灯。运行模式指示灯共有五个，用于指示调速器的当前运行模式，分别为“NORMAL”“IDLE”“TEST”“CALIBRATE”和“SELF TEST”。①“NORMAL”灯亮表示执行器正处在正常的实时 I/O 数据处理及给油调节过程中。②“IDLE”灯亮表示执行器正处在“运行就绪”状态，对所有的输入数据或信息进行监测，一旦发现某种能引起模式转换的信号输入，比如，某处车钟手柄给出动车车令信号，则调速器和执行器都将自动进入“NORMAL”模式等。③“TEST”灯亮表示执行器处在测试或模拟试验模式，可从控制面板输入模拟数据以代替实际传感器的信号输入。④“CALIBRATE”未使用。⑤“SELF TEST”灯亮表示执行器正处在“自检”模式，微机控制系统自检程序被激活。按下执行器控制面板“PARAMETER”区域右下方的“LAMP TEST”按钮，系统进入“LAMP TEST”模式。

(2) 运行状态（STATUS）指示灯。①“SERVO ON”。伺服电动机正常工作时亮。②“MANUAL CONTR.”。在故障时，开锁，用“＋”和“－”按钮手动操作时亮。③“EXTERNAL STOP”。由于应急运行、故障停机和超速而引起的强制停机时亮。④“SERVO BLOCKED”。因严重的系统故障而引起执行器阻塞时亮。⑤“OTHER”。其系统状态标志，通过选择有关参数可显示附加信息。

(3) 报警(ALARM)指示灯。①"LOW VOLTAGE"。低电压指示，灯亮表示+5 V，+15V，-15 V，+24 V电源中的某种电源电压太低，相应适配器电路板上的LED指示灯再分别指示。②"FEEDBACK FAIL"。反馈信号故障指示，即执行器位置测量装置故障。③"IN- DATA ERROR"。数据输入错误指示，由输入数据自检程序检查到的一组故障，可通过选择适当的参数编码来显示进一步的附加信息。④"SERVO AMPL FAIL"。伺服放大器系统故障指示。⑤"SYSTEM IN TEST"。系统测试指示，灯亮表示系统工作在试验模式。⑥"OTHER"。系统其他报警指示，可通过选择适当的参数编码来显示进一步的附加信息。

2) 参数显示与调整

如图10-17所示，执行器的参数查询与修改方法与调节器完全相同。在参数区标注有10个参数编码及参数名称，其中：可读(Readable)参数主要有油量命令值(FUEL COMMAND)、油量输出值(FUEL OUTPUT)、伺服机构偏差输出(SERVO DEVIATION OUTP.)等；可修改(Adjustable)参数主要有伺服死区(RPM SERVO DEADBAND)、反馈故障(FEEDBACK FAIL)等。

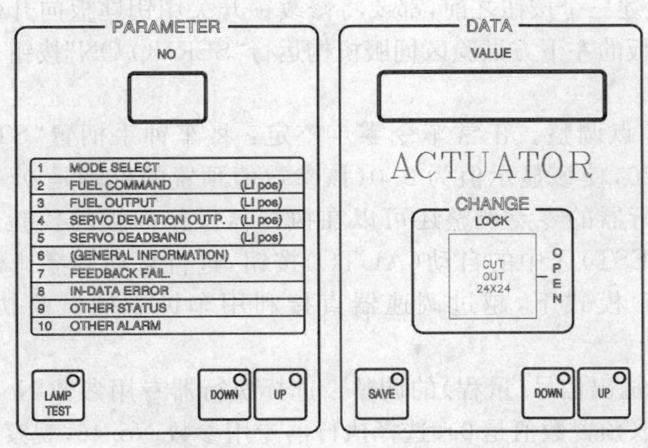

图10-17　参数显示与调整

3) 伺服有效操作按钮

在执行器面板的左下方"TEST"区有一伺服有效操作(SERVO ON)按钮，如图10-18所示，按钮内含工作状态指示灯。灯亮表示伺服机构在有效工作状态，灯灭则表示相反状态。"SERVO ON"指示灯的状态可以自动转换，当车令手柄离开停车位置时，系统将自动进入"NORMAL"模式，且"SERVO ON"灯亮。而当手柄处在停车位置时，系统将进入"IDEL"模式，且"SERVO ON"灯灭。

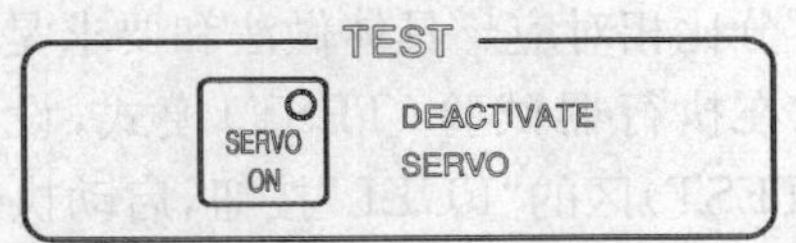

图10-18　执行器操作按钮

此外，执行器的工作状态还可以通过按钮手动切换。

4) 试验按钮

在执行器面板的右下方"TEST"区设有"SET""FUEL"和"AUTO"三个实验功能按钮，如图10-19所示，其各自的功能如下：

(1)“SET”为油量手动设定按钮,可以改变油门位置,也就是改变油门比例积分反馈定位系统的给定值,可以检查该闭环系统中的 PI 调节器、油门位置反馈装置及电机是否正常,可以进行手动校验,所以,按下“SET”按钮,运行模式方框中试验和校验指示灯都亮。油量给定值的大小由增(+)和减(-)按钮来手动调定。

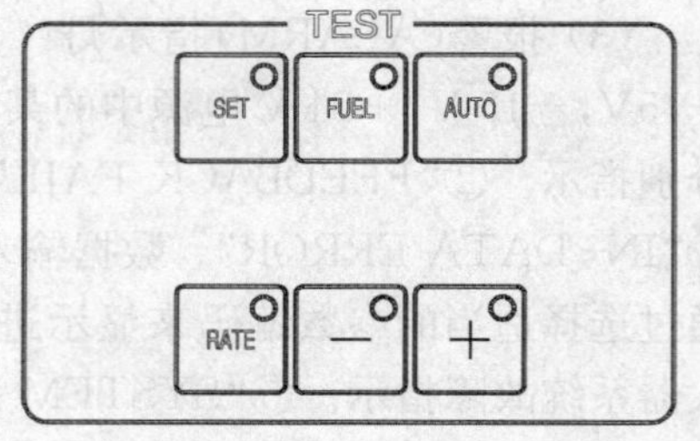

图 10-19 测试按钮

(2)“FUEL”为油门调节按钮,可以直接控制电机来调节油门,用以检查电机及其驱动电路是否正常工作。可以在集控室进行手动控制,所以,按下“FUEL”按钮,运行模式方框中试验和运行状态手动控制(MANUAL CONTROL)指示灯都亮。油门量的大小也是由增(+)和减(-)按钮来手动调定。

(3)“AUTO”为自动校验按钮,按下“AUTO”按钮,将启动一个执行器的“自动校准”程序(包括零点和量程),对执行器进行自动校验。此时,运行模式(MODE)方框中试验和校验指示灯都亮。

注意:在操作上述三个按钮之前,都要将修改锁开关用钥匙扳向开(OPEN)的位置,同时,要按下执行器面板的左下方试验区伺服机构运行“SERVO ON”按钮。

5) 参数调整

(1) 执行器的零点调整。正常车令零点整定:将车钟手柄置“STOP”位置,选择执行器专用参数 No. 20,使该显示值为 0.0(该参数值预置的范围是 0~5 000),即执行器反馈信号为零。执行器的零点调整还可以在执行器操作面板的校验(CALIBRATION)模式下按下试验(TEST)区中的自动(AUTO)按钮,进行自动调零。也可以在调速器的设定值(SETPOINT)模式下,越过调速器直接利用车钟手柄试验执行器和对执行器调零。

(2) 执行器燃油输出信号(量程)的调整。选择执行器专用参数 No. 45,观察和调整执行器输出位置的零点(预置数值是 0);选择执行器专用参数 No. 46,观察和调整执行器输出位置的最大值(预置值是 21 189)。调整的方法是调节 CH. 4 通道适配器板上的零点(ZERO)电位器和量程(SPAN)电位器,使执行器的输出与燃油泵齿条刻度和燃油设定最大百分比相对应。具体做法和要求是:①使燃油泵齿条刻度与执行器输出位置成线性关系。②在执行器试验(TEST)模式,设置执行器参数 No. 1 的数值为 2。③按下执行器试验(TEST)区的“FUEL”按钮,启动执行器的试验(TEST)模式,用增(+)和减(-)按钮模拟执行器输出位置信号。④在调整零点(ZERO)和量程(SPAN)的时候,用执行器参数 No. 3 显示执行器的位置输出。⑤重复调零和调量程几次,直到满意为止。

五、数字调速器系统故障诊断及处理方法

数字调速系统具有很强的故障监测与报警功能,所有的报警状态和故障信息都可以通过控制面板上的指示灯、控制面板内电路板上的指示灯和控制面板上的液晶显示器等方法指示和显示出来,同时,该报警信息被延伸到机舱集中报警系统,给出声响报警信号。在出现报警后进行故障排除时,应首先根据控制面板上液晶显示器给出的报警信息和控制面板

上“ALARM”区报警指示灯给出的故障信息和故障指示，找到故障的大致范围或大致的故障部位，然后，打开控制面板，检查相应电路板上的红色故障状态指示灯，进一步判断故障的详细部位。

1. 数字调速器装置故障诊断及处理方法

数字调速器系统为用户提供多种故障监测、故障诊断和参数整定等功能，这些功能大体可概括为：

(1) 报警组灯。在调节器和执行器控制面板上的“ALARM”区域各设置六个报警组指示灯，为用户提供故障群组的故障指示。当某组报警中所包含的一个或多个报警出现，则该报警组灯亮。比如，图中的“RPM DETEC. FAIL”指示灯亮，则说明转速装置有故障。若要知故障详情，请使用报警信息显示功能。

(2) 报警信息显示。在控制面板的“PARAMETOR NO”和“DATA VALUE”显示器上选择有关参数可以进一步查看报警组灯指示的一组报警中出现的是哪一个或哪几个报警。例如，选择“PARAMETER NO”为16，则“DATA VALUE”显示器上将显示转速检测装置中可能出现的四种故障之一。如选择“PARAMETER NO ”为17则“DATA VALUE”显示器上将显示(模拟量输入信号故障 In－Data Error)中出现的一个或几个故障。

(3) 利用模拟实验(TEST)功能提供的模拟实验 I/O 信号来取代实际的故障的 I/O 信号，从而实现对报警指示和报警信息的进一步确认和验证。

2. 数字调速器系统的常见故障

数字调速器系统常见故障多发生在电源、转速检测、适配器电路板、存储器和微处理器电路板及数据传送等各个重要环节上。

1) 电源低电压报警(LOW VOLTAGE)

电源故障是各种监控系统最常见的故障之一，而数字调速器的电源种类较多，个别电源还采取独立供电，因此，数字调速器在控制面板左下脚，特设一块电源监测电路板，在电路板上装有一排 LED1～LED4 故障指示灯，从上到下分别用以指示＋24 V DC，－15 V DC，＋15 V DC，＋5 V DC 电压过低故障报警。

一旦发现电源故障，电源监测电路除了使自身的四个指示灯给出故障指示外，还将故障信号送到调节器和执行器微处理器，然后通过调速器控制面板上的“DATA VULUE”显示器和“ALARM”区的“LOW VOLTAGE”报警指示灯给出报警信息和报警指示，同时，通过低电压继电器 K3 将报警延伸到机舱集中报警装置，给出声响报警信号。表 10－2 列出电源电压低故障报警的原因和处理方法。

2) 转速检测装置故障(RPM DETEC FAIL)

转速检测装置是主机遥控系统最容易发生故障的部位或环节之一，而转速检测装置一旦出现故障将可能引起主机超速或飞车等严重后果，所以在日常维护管理中要经常注意转速检测装置及其布线管路是否受到撞伤破碎等异常现象，一旦发现，立即修理，以免进水受潮引起线路短路等故障。通常，转速检测装置故障表现在转速检测信号传输线路回路短路/开路故障、转速检测装置探头内部电路故障、探头与飞轮齿顶间隙改变等。

3) 模拟量输入信号故障(IN－DATA ERROR)

“IN－DATA ERROR”指的是调节器控制面板上“ALARM”区内的“IN－DATA

ERROR”报警组指示灯，该灯亮，表示输入到DGU装置中去的一组模拟量信号中可能有一个或几个故障出现，这些模拟量输入信号是：①来自集控室备用车令转速信号；②来自驾驶台或集控室的遥控系统车令转速信号；③螺距反馈信号（仅对CPP系统）；④扫气空气传感器信号；⑤来自机旁或集控室的应急车令转速信号。

表10-2 电源电压低故障报警的原因和处理方法

故障现象	故障原因	处理方法
+24 V DC故障灯亮，显示故障信息“Fuel Linkage Blocked”	从DSU（安全保护装置）中的电源变压器处引来的+24 V DC不正常	①检查导线和接线端子； ②检查DGU，DSU中的自动熔体； ③检查变压器熔体
±15 V DC故障灯亮，但系统正常运行	①电源监测电路本身故障； ②+15 V电压，低于12 V	①测量+15 V电压是否正常； ②如果正常，更换电源监测电路板
±15 V DC故障灯亮，模拟量输入信号都不正常	①15 V电源外部或负载电路板回路短路； ②15 V电源内部故障	①拔出适配器电路板，用万用表查找短路点； ②更换15 V直流电源板上，DC-DC电源变换器
+5 V DC故障灯亮，系统正常运行	①电源监测电路本身故障； ②+5 V电压，低于4.75 V	①如果不正常，更换电源监测电路板； ②检查或调整+5 V电压
+5 V DC故障灯亮，系统工作不正常	①5 V电源外部短路或过载； ②5 V电源内部故障	①逐次断开相应部件，查找短路点或过载原因； ②更换5 V电源或5 V电源内部故障芯片

在发现某路模拟量输入通道故障报警指示或故障信息显示时，为了证明该路模拟量输入信号是否真的有故障，可以通过模拟实验的方法来进行验证。其方法是：将控制面板上的“CHANGE LOCK”开关扳向“OPEN”位置，然后，按下调节器控制面板“TEST”区域的“CMD”“PITCH”或“CHARGE AIR”按钮，便可以通过该区的“UP”或“DOWN”按钮，在“DATA VALUE”显示器上选择适当模拟实验信号来代替故障的模拟量输入信号，如果使用模拟实验信号后其他环节（如调速器输出和执行器输出）都反映正常，则说明确实是该路模拟量输入通道故障，而不用怀疑或可以排除其他故障的可能性。比如，当值班轮机员发现“IN-DATA ERROR”报警组灯亮后，他必须在“PARAMETER NO”选择区使用“UP”或“DOWN”按钮，在显示器上找到故障参数编号，然后，在“DATA VALUE”显示器上将显示故障的模拟量输入通道编码，如果该组中同时有多个报警点出现，则使用“DATA VALUE”区的“UP”或“DOWN”按钮查找。

4）数据通信故障（OUT-DATA ERROR）

“OUT-DATA ERROR”指的是调节器控制面板上“ALARM”区内的“OUT-DATA ERROR”报警组指示灯，该灯亮，表示调节器与执行器之间的数据通信出现故障，数据通信故障主要包括数据传送出错（Data Communication Error）和数据缓冲器出错或丢失（Faulty or Missing Data Buffer)等故障。

5）其他报警(OTHER ALARM)

“OTHER ALARM”报警指示灯亮，表示有“OLD ALARMS”存在，“OLD ALARMS”是指那些故障已排除而没复位的故障。这时参数应选在历史故障编号值 16，按“UP”按钮能复位过去的“测转速探头”故障或“输出信号”故障；而选用故障编号 17 能复位“输入信号故障”。

3. 执行器报警信息及处理方法

在执行器控制面板上有一排报警组灯和可用查询报警信息的显示器，用于显示有关执行器的各种报警信息。其部分与调速器类似的故障及其处理方法已有描述，另外常见的伺服放大器故障(SERVO AMPLIFER FAIL)可能发生在执行器处理单元传输电缆或转速接口适配器卡上，要注意检查“ABS”电源上的状态 LED 指示灯：①“Servo Power Supply”指示灯，伺服器电源正常。②“Servo Drive Enable”指示灯，伺服驱动器运行。③“EL Motor Thermic Shut Down”指示灯，执行器伺服电动机过热而保护停机。④“24 V Volt Connection DSU not Operative”指示灯，执行器没有 24 V 电源。

第四节　主机安全保护系统

安全保护系统是主机遥控系统三大重要组成部分之一，是为保护主机安全运行而特设的一个功能系统，该系统的主要作用是在主机运行过程中出现不正常情况时，例如，主机冷却水系统、滑油系统、燃油系统的温度、压力、流量等参数异常；主机排气温度过高；增压器滑油油柜液位过低；曲轴箱内油雾浓度越限；盘车机未脱开；主机超速；转速传感器故障等，自动控制主机减油减速或停油停机及闭锁起动。

上述情况的感知大多采用开关量传感器来检测，一旦出现异常，则通过安全保护系统输出信号去控制“安全保护电磁阀”动作，再通过操纵系统中的气路控制停油装置进行停油停机或减油减速，同时给出报警信号。在机舱无人情况下，安全保护系统的重要作用是不言而喻的。

通常安全保护系统下达的故障减速和故障停机指令，还可以根据故障对主机的危害程度不同，分成可取消(CANCELABLE)和不可取消(NON CANCEL)两类，例如，推力轴承高温、主机滑油失压、超速等所引发的故障停车指令通常是不可取消的。主机排气温度过高、增压器滑油油柜的液位过低、转速传感器故障等所引发的故障停车指令通常是可取消的。对现代先进的微机控制型主机遥控系统而言，有些故障还可采取智能处理方法，例如，在微机控制型主机遥控系统中采用两套转速传感器，在正常情况下对两套转速传感器信号择优选用，若一套传感器故障，则选用另一套，若两套都故障则采用被处理后的转速设定进行开环式转速控制等。图 10－20 所示是 SSU 8810 安全保护系统的控制面板，面板上大多是各种报警指示灯，少数是状态指示灯及复位与显示器操作按钮等。

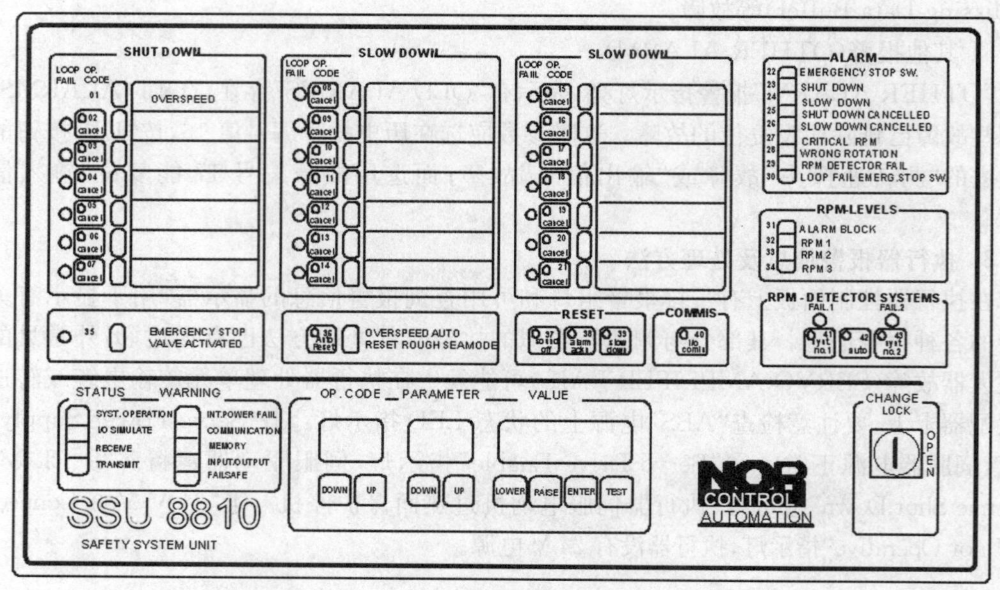

图 10 - 20　SSU 8810 安全保护系统的控制面板

一、故障停机和故障减速保护功能

1. 故障停机 (SHUT DOWN) 保护

本系统实现的 SHUT DOWN 保护项目是：①超速保护(OVERSPEED)；②主机滑油低压保护(MAIN LUBRICATION OIL LOW PRESSURE)；③凸轮轴滑油低压保护(CAMSHAFT LUBRICATION OIL LOW PRESSURE)；④推力块高温保护(THRUST PAD HIGH TEMPERATURE)；⑤透平增压器进口滑油压力低(TURBOCHARGER LUB. OIL INNET LOW PRESSURE)。

其中,不可取消的故障停机保护项目有:“超速保护”和“主机滑油低压保护”。

可以取消的故障停机保护项目有:“凸轮轴滑油低压保护”“推力块高温保护”和“透平增压器进口滑油压力低”,SHUT DOWN 的取消权在驾驶台控制面板。

当上述故障停机项目发生时,主机遥控系统将控制操纵系统中的“应急/安全保护停油电磁阀”有电动作,控制停油机构停油停机,同时控制面板上“EMERGENCY STOP VALVE ACTIVATED”指示灯亮。

关于停油机构,对 MAN - B&W 主机而言,控制燃油泵泄油阀打开泄油;对 NEW SULZER 主机而言,控制燃油泵停油机伺服构动作关闭油门。

如果所发生的故障停机项目是可以取消的,若在规定时间内,驾驶员根据需要按下驾驶台控制面板上的“SHUT DOWN CANCEL”按钮,或集控室轮机员按下本面板“SHUT DOWN”和“SLOW DOWN”左方“CANCEL”按钮,即可取消该项故障停机保护功能。

2. 故障减速 (SLOW DOWN) 保护

本系统实现的 SLOW DOWN 保护项目是：①曲柄箱油雾高(OIL MIST IN CRAKCASE GIGH)；②缸套冷却水进口低压(JACKET COOL WATER INLET LOW

PRESSURE)；③活塞冷却水进口低压(POSTON COOLANT INLET LOW PRESSURE)；④活塞冷却水出口高温(POSTON COOLANT OUTLET HIGH TEMPERATRE)；⑤扫气空气高温(扫气箱失火)(SCAV. AIR HIGH TEMPERATURE (FIRE))；⑥活塞冷却水出口流量低(PISTON COOLANT OUTLET LOW FLOW)；⑦推力块高温(THRUST PAD HIGH TEMPERATURE)；⑧曲柄箱油雾高温(OIL MIST HIGH TEMPERATURE)；⑨排气出口高温(EXHAUST GAS OUTLET HIGH TEMPERATURE)。

以上 SLOW DOWN 保护项目都是可以取消的保护项目，在上述保护项目发生时，驾驶员都可以在驾驶台上根据船舶安全航行的需要，随时取消这些保护功能。

应该指出的是，当“SHUT DOWN”和“SLOW DOWN”故障现象解除后，“SHUT DOWN”情况时在车钟回到停车位置后，必须按下集控室或驾驶台上的复位(RESET)按钮才能恢复正常的控制状态。

除“OVERSPEED”以外，每项“SHUT DOWN”和“SLOW DOWN”参数检测回路都带有故障检测回路(LOOP FAIL)，并在每项保护指示的最左方设有一个回路故障 LED 指示灯，以指示“SHUT DOWN”和“SLOW DOWN”参数采集回路工作是否正常。

二、其他状态与报警指示

1. 综合报警指示

综合报警指示灯有：①应急停机(EMERGENCY STOP)；②故障停机(SHUT DOWN)；③故障减速(SLOW DOWN)；④故障停机被取消(SHUT DOWN CANCELLED)；⑤故障减速被取消(SLOW DOWN CANCELLED)；⑥在临界转速区运行(CRITICAL RPM)；⑦车令与转向不一致(WRONG ROTATION)；⑧转速检测装置故障(RPM DETECTOR FAIL)；⑨应急停机电磁阀回路故障 LOOP FAIL EMERG. STOP SW。

上述指示灯中，②～⑤四个指示灯都是报警组灯，其具体内容还要看“SHUT DOWN”和“SLOW DOWN”指示灯，并在 LCD 显示器上查询。

2. 系统运行状态与硬件故障指示

(1) 系统运行状态(STATUS)：①系统运行状态(SYSTEM OPREATION)；②I/O 模拟试验状态(I/O SIMULATE)；③通信接收状态(RECEIVE)；④通信发送状态(TRANSMIT)。

(2) 硬件故障指示(WARNING)：①内部电源故障(INT. POWER FAIL)；②系统通信故障(COMMUNICATION)；③CPU 主板上存储器芯片故障(MEMORY)；④I/O 回路故障(INPUT/OUTPUT)；⑤安全保护系统故障(FAILSAFE)。

(3) 应急停机电磁阀(EMERG. STOP VALVE ACTIVAED)：当出现故障紧急安全保护停机时，主机遥控系统控制安全保护应急停机电磁阀动作，相应指示灯亮，如果出现回路故障，则左边的回路故障小指示灯亮。

3. SSU 面板功能按钮

转速检测系统(RPM DETECTOR SYSTEM)包括选择按钮及指示灯：SYSTEM NO. 1，AUTO，SYSTEM NO. 2，它用于选择第一套转速检测系统“SYSTEM NO. 1”或第二套转速检测系统“SYSTEM NO. 2”，如果按下“AUTO”按钮，系统将自动选择两套转速检测系统的一套工作。

4. 复位 RESET 操作

复位 RESET 操作包括消声(SOUND OFF)按钮、报警确认(ALARM ACKN.)按钮、故障减速复位(SLOW DOWN)按钮。

三、参数查询与修改

SSU 控制面板上的密码锁和 LCD 显示器的使用和操作参见 RCS 微机型控制面板,有关参数代码编号需查阅安全保护系统使用说明书。

第五节 现场总线型主机遥控系统

现场总线(Field Bus)是一种应用于工业现场的计算机互联总线,只需少量的几根通信线便可将各种计算机控制的设备(如智能化仪表、控制器和执行器等)连接起来,具有分布式、开放式、互联性和高可靠性等特点,既可以与同层网络互联,也可以与不同层网络(上层局域网或下层现场网络)互联,还可以实现网络数据的共享,因此广泛应用于各种工业控制的场合。自 20 世纪 90 年代以来,现场总线开始应用于船舶机舱的监测报警和主机遥控等系统。

现场总线的种类较多,不同的设备厂商所采用的总线类型各不相同。例如,以 SIEMENS PLC 构建的系统一般采用现场总线,而 KONGSBERG 等公司的产品则采用 CAN 总线。此外还有一些厂商采用自己研制的现场总线。

AC C20 型主机遥控系统是一种集控制、报警和安全保护于一体的综合推进控制系统,采用分布式模块化设计。分布式模块采用标准化设计,模块之间通过双冗余 CAN 总线互联,适用各种不同类型的柴油机控制。本章主要介绍与 MAN－B&W MC 主机相配套的 AC C20主机遥控系统。

一、AC C20 主机遥控系统的结构与组成

1. AC C20 主机遥控系统的组成

AC C20 主机遥控系统主要由驾驶台操纵单元(Bridge Maneuvering Unit, BMU)、集控室操纵单元(Control Room Maneuvering Unit,CMU)、主机接口单元(Main Engine Interface, MEI)、数字调速器单元(Digital Governor Unit, DGU)和主机安全单元(Engine Safety Unit, ESU)等组成,其结构框图如图 10－21 所示。结构框图按上、中、下分别对应驾驶台、集控室和机舱三个位置。

驾驶台主要安装 BMU 和车令打印机。某些具有特殊要求的船舶要求能够在驾驶台的两侧对主机进行操纵,AC C20 主机遥控系统还可配置侧翼操纵单元(Bridge Wing Maneuvering Unit, BWU),在图 10－21 中标示为“PORT WING”和“STB. WING”。BMU 包含两部分,一部分是 AutoChief 控制面板(AutoChief Control Panel, ACP),另一部分是单手柄复合车钟(Combined Lever and Telegraph Unit, LTU),两者组装在一起形成一个整体;侧翼操纵单元包括操纵手柄、指示灯按钮面板、起动空气压力表和主机转速表等;车令打

印机与 BMU 相连，对车令进行实时记录。

集控室主要布置有 CMU、主机起/停与转速设定手柄(Start/Stop & Speed-set Lever)和指示面板单元(Indication Panel Unit，IPU)。CMU 的结构组成与 BMU 完全一致；"主机起/停与转速设定杆"设有主机的起动、停车挡位和正、倒车转速设定区域，用于在集控室操纵时对主机进行半自动操纵；IPU 包括反映主机运行状态的各种指示灯和辅助风机控制开关等。其中，"主机起/停与转速设定杆"为可选设备，如果不安装，则可通过集控室操纵单元上的 LTU 直接操纵主机。

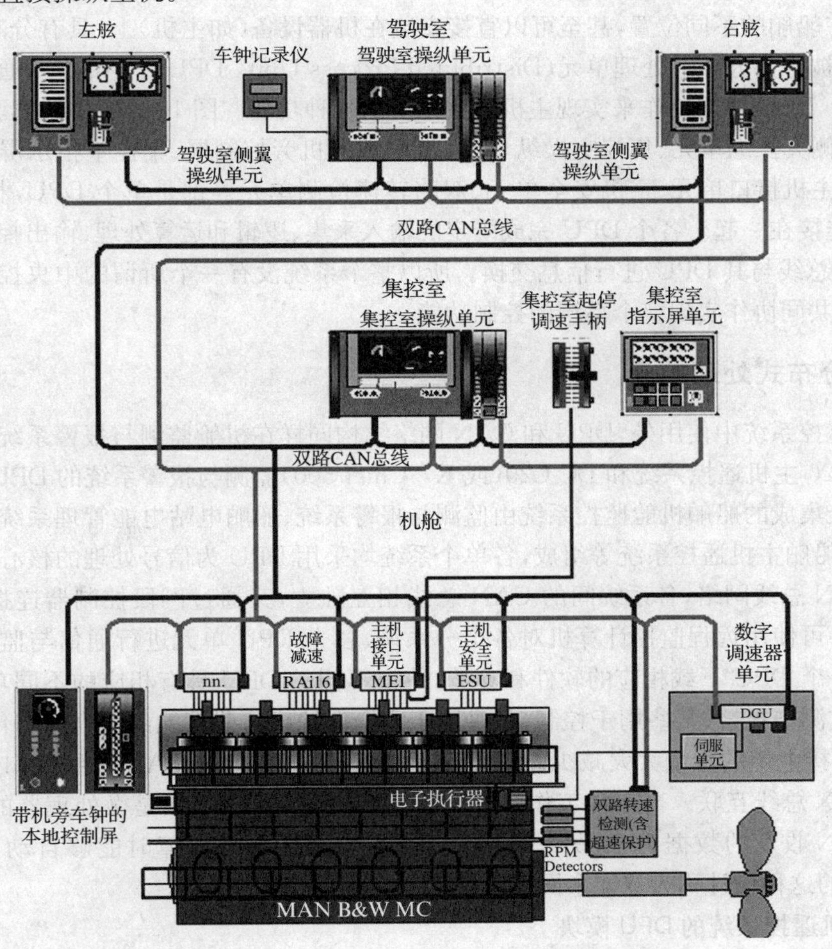

图 10－21　AC C20 主机遥控系统结构框图

机舱设有机旁控制面板(Local Control Panel，LCP)、按钮式车钟(Pushbutton Telegraph，PBT)、主机接口模块、数字调速系统(Digital Governor System，DGS)和 ESU 等。机旁控制面板和按钮式车钟安装在机旁控制台上，配合机旁安装的起动按钮、停车按钮和换向手控气动阀以及主机油量调节手轮用于完成主机的机旁应急操纵。MEI 一方面通过网络接收 BMU 或 CMU 发出的操作命令，另一方面输出控制信号控制气动操纵系统中的各个接口电磁阀，实现主机的起动、停油和换向等逻辑动作。ESU 通过传感器检测主机运行状态，当发生危及主机安全的情况时，将发出自动降速或自动停车命令。DGS 包括数字调速器单元、转速测量单元、伺服单元和执行器四大部分，DGU 通过网络接收转速设定命令和主机实际转速，根据控制规律输出油量信号，由伺服单元控制执行器，改变主机给油量，实现主机的转速控制。

2. AC C20 主机遥控系统的网络结构

AC C20 的上述各个组成部分都是由微机控制的相对独立的子系统，各个子系统通过一种被称为控制器局域网(Controller Area Network，CAN)的网络总线互联，形成一个 CAN 总线控制网络，CAN 网络中的每个子系统称为网络的一个节点。不同的节点可根据方便性原则安装在船舶的不同位置，甚至可以直接安装在机器设备(如主机)上，具有分布式安装的特点，因此被称为分布式处理单元(Distributed Process Unit，DPU)。AC C20 通过 CAN 网络中的各个 DPU 协同工作来实现主机遥控系统的各种功能。图 10－21 中的驾驶室操纵单元、驾驶室侧翼操纵单元、集控室操纵单元、带车钟的机旁控制屏、集控室指示屏单元、数字调速单元、主机接口单元、主机安全单元、双路转速检测单元等都是单个 DPU，相互间均以双路总线连接在一起。各个 DPU 完成既定的输入采集、逻辑和运算处理、输出控制等功能，通过 CAN 总线与其 DPU 进行信息交换。所以整个系统没有一个所谓的中央控制单元，而是各 DPU 共同协作实现整个系统的控制功能。

二、分布式处理单元

除在遥控系统中使用外，DPU 和 CAN 网络结构同样在机舱监测与报警系统得到应用，甚至 AC C20 主机遥控系统和 DC C20(或 K－Chief 500)监测与报警系统的 DPU 模块可互为通用。全集成的船舶机舱监控系统由监测与报警系统、船舶电站电能管理系统、船舶辅机控制系统、船舶主机遥控系统等组成，各单个系统均采用 DPU 为信号处理的核心单元，构成单独的 CAN 总线网络，各系统间的 CAN 总线相互独立，又通过网段控制器连接在一个监控系统中。可使用远程监控计算机对各个分系统、各个 DPU 单元进行通信与监控，并可通过网络向各个 DPU 下载相应的软件和参数，使得不同的 DPU 具有相应的不同功能，例如，某些用于监测与报警、某些用于控制、某些用于安全保护或这些功能的混合。与传统系统相比，DPU 连接电缆的数量大大减少。DPU 均设置有两个独立的 CAN 总线接口，并分别通过两套 CAN 总线互联。当正常工作时，两套 CAN 总线均工作，只是微处理器的通信控制以一套 CAN 收发的数据为主，另一套备用，当工作网络出现故障时能够自动进行切换。CAN 总线的这种设计称为双冗余网络设计。

1. 主机遥控系统的 DPU 模块

专门用于主机遥控系统的专用模块在机械和电气特性上与通用模块完全一致，只是在 I/O 通道的设计上考虑了主机遥控的特殊需要。一个实际系统中所包含的模块类型及模块数量根据实际情况而定。

1) MEI

MEI 是专门为主机遥控系统的电动部分与主机的气动操纵系统相接口而设计的，模块提供各种与气动操纵系统相接口的开关量和模拟量 I/O 通道。图 10－22 给出 MEI 在某轮 AC C20 主机遥控系统中的应用实例。图中，X1 为 I/O 接线端子，端子编号采用 3 位数，个位数为端子编号，十位和百位表示通道号(191 和 192 分别代表第 19 通道的第 1 个和第 2 个接线端子)；X8 为 CAN 1 总线的接线端子，X8 中的 81 和 83 连接网络中的上一个相邻 DPU，82 和 84 连接下一个相邻 DPU；X9 为 CAN 2 总线的接线端子，与 X8 类同；X10 接入 24 V DC 电源。不论在 AC C20 主机遥控系统还是 DC C20(或 K - Chief 500)监测与报警系统中，所有 DPU 的端子名称和编号规律均一致，此后不再赘述。

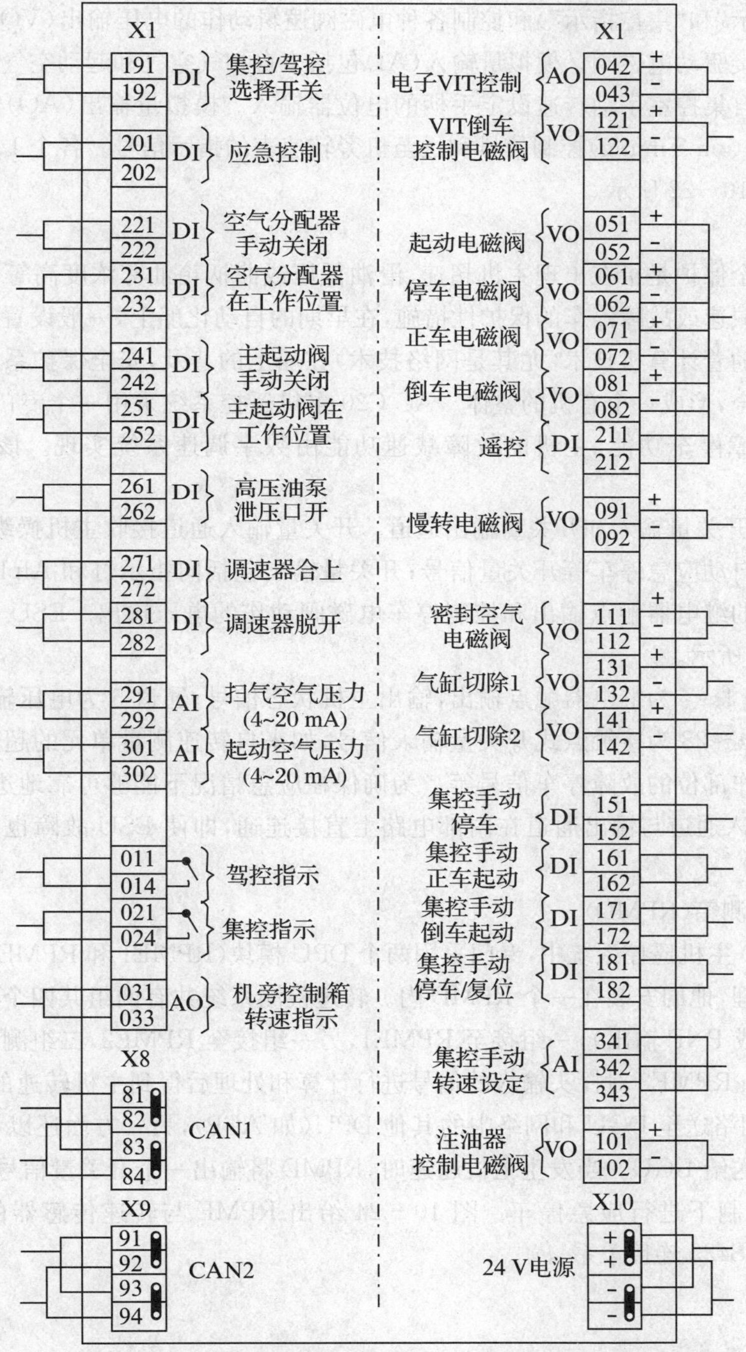

图 10 - 22　MEI 在某轮 AC C20 主机遥控系统中的应用实例

在本应用实例中，开关量输入(DI)包括各种反映主机当前操作状态的开关量信息，如当前操作是机旁“应急控制”还是“遥控”，是集控控制还是驾驶台控制，空气分配器和主起动阀是手动关闭还是处在工作位置，高压油泵是否泄压停车，调速器输出杆与油门拉杆是接合还是脱开以及集控室的手动操作命令等。开关量输出包括反映当前操作部位的继电器触点输出(即“驾控指示”和“集控指示”)和控制各种电磁阀逻辑动作的电压输出(VO)两大类，其中电压输出可直接驱动电磁阀。模拟量输入(AI)包括来自扫气空气和起动空气压力传感器的电流输入和来自集控室手动转速设定手柄的电位器输入。模拟量输出(AO)包括电子 VIT (Variable Injection Timing)控制信号和送至机旁转速表的指示信号。各个 I/O 通道的详细分配情况如图 10－22 所示。

2) ESU

主机的安全保护是指在出现主机超速、滑油低压或曲柄箱油雾浓度高等应急情况下对主机采取故障减速或故障停车的保护性措施，在早期的自动化船上，一般设置独立的主机安全保护系统。随着计算机技术(尤其是网络技术)在船上的普及，安全保护系统通常与主机遥控系统相结合，形成一个有机的整体。AC C20 主机遥控系统采用一个专门 DPU 模块来实现主机的故障停车功能，主机的故障减速功能由数字调速系统实现。该 DPU 模块称为 ESU。

ESU 只有开关量输入和开关量输出通道。开关量输入通道接收主机操纵部位开关、手动应急停车和自动应急停车等开关量信号；开关量输出包括向指示灯和 Alpha 注油器送出主机状态指示的继电器触点输出和控制停车电磁阀动作的电压输出。ESU 的典型应用实例如图 10－23 所示。

图中，通道 1～4 为继电器触点输出，输出主机状态信号；通道 5 为电压输出，控制停车电磁阀；通道 14～28 为接触点式开关量输入信号，如来自转速测量单元的超速停车信号以及来自各个操作部位的故障停车信号等。为确保在应急情况下能够可靠地进行应急停车，ESU 的许多输入通道与输出通道在内部电路上直接连通，即使 ESU 故障也不会影响其故障停车功能。

3) 转速检测箱(RPMD)

在 AC C20 主机遥控系统中，专门采用两个 DPU 模块(RPME1 和 RPME2)对主机转速进行检测和处理，他们安装在一个 RPMD 内。转速检测系统共有两组共四个脉冲式检测探头(NPN 输出或 PNP 输出)，一组接至 RPME1，另一组接至 RPME2，二组测速装置互为冗余。RPME1 和 RPME2 对探头输入的信号进行计算和处理后得到主机转速的测量值，一方面通过 CAN 网络送至 DGU 和网络中的其他 DPU(如 ACP)，另一方面还以 RS422/RS485 通信方式直接送给 DGU。当发生主机超速时，RPMD 将输出一个开关量信号送至 ESU，在 ESU 的输出控制下进行应急停车。图 10－24 给出 RPME 与转速传感器的连接及其与 DGU 之间的 RS422 连接关系。

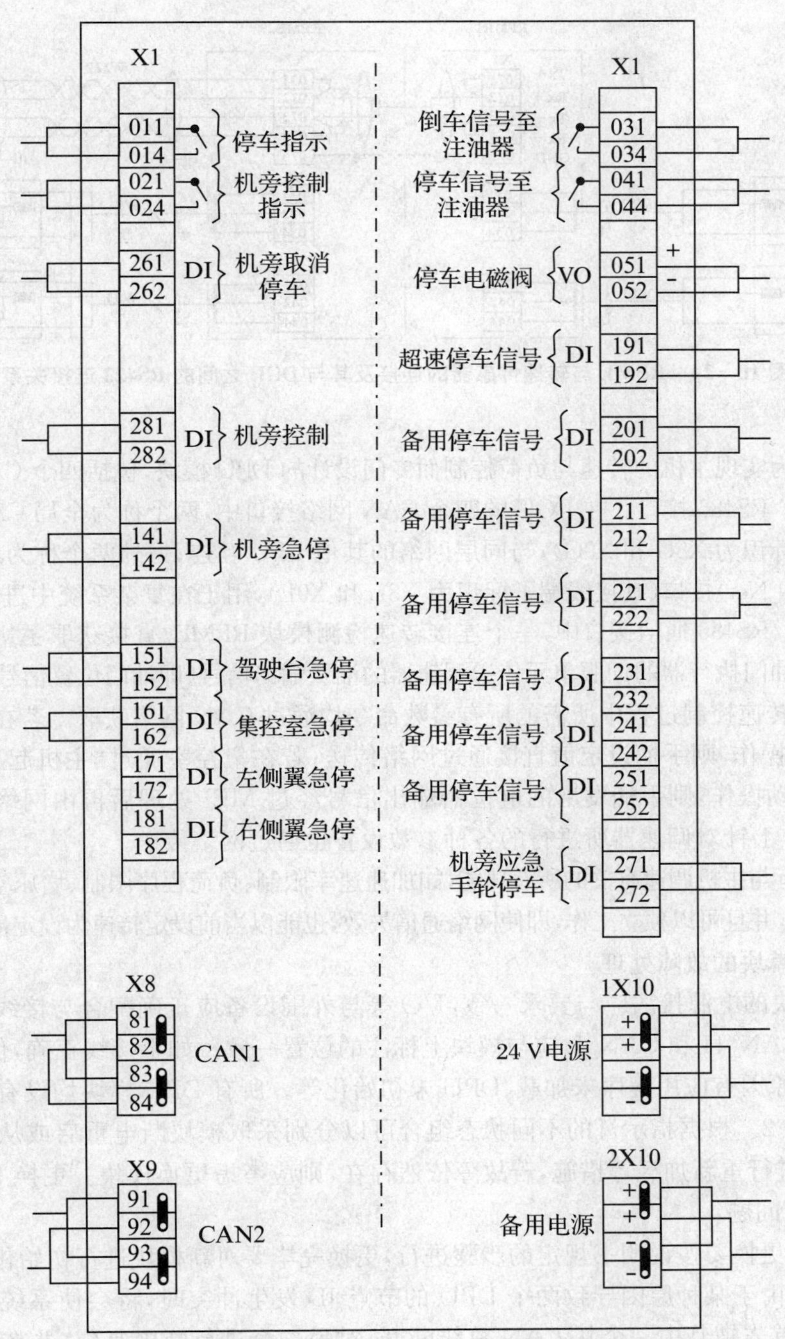

图 10-23　ESU 的典型应用实例

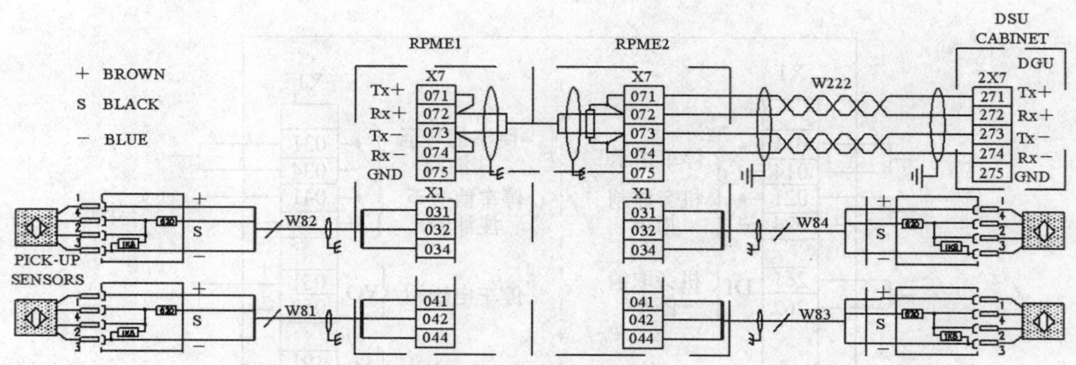

图 10－24　RPME 与转速传感器的连接及其与 DGU 之间的 RS422 连接关系

4）DGU

DGU 是为实现主机的转速与负荷控制而专门设计的 DPU 模块，包括四个 CAN 网络接口和两个 RS422/RS485 接口。在 DGU 的四个 CAN 网络接口中，两个称为全局 CAN 网络接口（其接线端子标识为 X8G 和 X9G），与同层网络的其他 DPU 互连；另外两个称为局部 CAN 网络（Local CAN Net）接口（其接线端子标识为 X8L 和 X9L），用于在复杂系统中进行网络扩展。在两个 RS422/RS485 通信接口中，一个连接转速检测模块 RPME，直接获取主机的转速测量值，另一个向油门执行器的伺服单元传送调速器的油量输出信号（即油门位置信号）。

DGU 在转速控制过程中所需的所有参数命令均通过 CAN 网络获取。若在驾驶台或集控室以 LTU 操作，则手柄设定值直接通过网络传送；若在集控室通过“主机起/停与转速设定杆”进行手动操作，则手柄发出的电位器输出信号经过 MEI 处理后再由网络送至 DGU。此外，在 ACP 上针对调速器所进行的各种参数设置也通过网络传送。

DGU 具有与主机调速有关的所有功能，如加速速率限制、负荷程序限制、增压空气压力限制和自动调速等，并且可以独立工作，即使网络通信失效，也能以当前设定转速为设定值继续工作。

2. DPU 模块的故障处理

DPU 模块的电源接法应与要求一致，I/O 等与外围设备应正确配合与接线，CAN 总线中的两根线 CAN_H 和 CAN_L 应与模块上标注的位置一致。如果接线正确，但是 DPU 未工作，可能的原因有应用程序未加载、DPU 未初始化等。所有 DPU 模块均设有五个状态指示灯，见表 5－2。根据指示灯的不同状态组合可以分别采取模块断电重启或从远程操作站 ROS 对模块进行重新加载等措施，若故障依然存在，则应考虑更换模块。更换 DPU 模块时需要考虑以下问题：

（1）模块更换要按说明书规定的步骤进行，更换完毕要对新模块进行初始化设置。

（2）一旦由于某种原因导致两个 DPU 的节点 ID 发生冲突时，将会使系统出现严重问题。此时，应首先把其中一个从 CAN 总线断开，对另一个进行断电复位，并在远程操作站 ROS 上利用 RioLoad 工具软件对节点 ID 进行更正。

（3）若诊断结果显示只是 DPU 模块中个别通道出现故障，则可考虑启用同一模块的空闲通道，而不必更换整个模块。如果同一模块内的空闲通道不足，则还可以考虑采用其他模块的空闲通道。但无论哪种情况，都需要对所涉及的模块进行重新设置。

三、AC C20 的车钟系统

AC C20 车钟系统的典型配置是一个由驾驶台车钟、集控室车钟和机舱应急车钟组成的三地车钟系统，如图 10－25 所示。对于有侧翼控制台的系统，则还应有侧翼车钟。其中，驾驶台车钟和集控室车钟与 Autochief 控制面板 ACP 一起分别组成 BMU 和 CMU，和 ACP 共用一个 DPU，而机舱应急车钟则单独使用一个 DPU。三地车钟通过 DPU 的双冗余 CAN 总线相互通信。

驾驶台车钟与集控室车钟完全相同，均为 LTU，而机舱应急车钟则为按键式车钟（Push Button Telegraph，PBT）。

1. LTU

LTU 安装在驾驶台操纵面板和集控室操纵面板上，所谓复合车钟是指装置具有传令和主机操纵指令的发信功能，图 10－26 所示为 LTU 的面板结构。

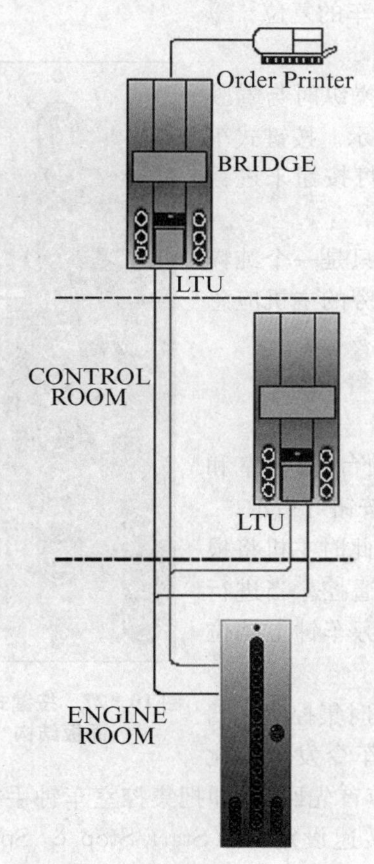

图 10－25　AC C20 车钟系统

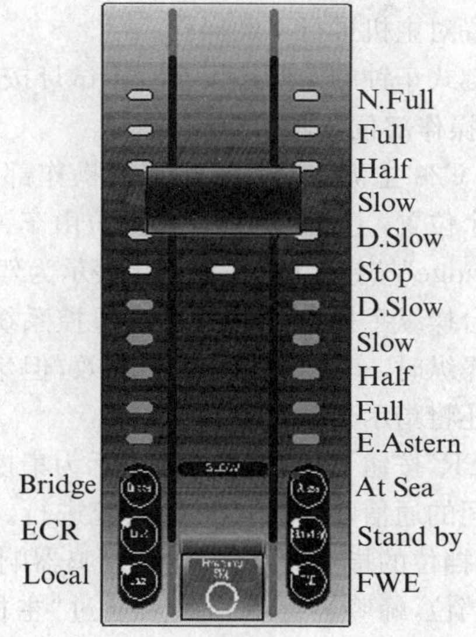

图 10－26　LTU 的面板结构

车钟手柄共分 11 挡，包括停车（Stop）位和正、倒车各 5 个挡位。正车的 5 个挡位包括微速（Dead Slow）、慢速（Slow）、半速（Half）、全速（Full）和海上全速（Navigation Full）；倒车的 5 个挡位包括微速（Dead Slow）、慢速（Slow）、半速（Half）、全速（Full）和应急倒车

(Emergency Astern)。手柄两侧,对应各个挡位,分别布置有 LED 指示灯,当手柄打在不同位置时,对应的 LED 指示灯点亮,并且手柄下方的文本显示器会显示相应的挡位名称。例如,手柄的当前位置为"Slow",则"Slow"灯点亮,其文本显示内容也为"Slow"。尽管手柄分为不同的挡位,但手柄也可以自由地移动到 2 个挡位之间的任意一个位置,因此可实现精细的转速设定。

车钟左下方设有 3 个带灯按钮,其上标明"Bridge"(驾驶台)、"ECR"(集控室)和"Local"(机旁)标识,用于进行操作部位的指示和切换。

车钟右下方的三个带灯按钮分别为"At Sea"(海上航行)"Stand by"(备车)和"FWE"(完车)按钮,用作辅助车钟。

车钟的正下方还设有一个保护翻盖,上面的红色标示为"Emergency Stop"(应急停车)。在紧急情况下,可打开翻盖,按下"应急停车"按钮。此时,遥控系统将触发主机安全保护系统发出应急停车信号,同时也将使转速控制系统的转速设定值为零,实现应急停车。再按一次"应急停车"按钮,并将车钟手柄回零,可实现应急停车的复位。

2. 按键式车钟 (PBT)

按键式车钟位于机舱机旁控制台上,用于在机旁操纵时与驾驶台或集控室进行传令联络,其面板结构如图 10-27 所示。按键式车钟的挡位划分与 LTU 完全一致,区别在于是通过带灯按钮来进行传令操作和车令指示的。

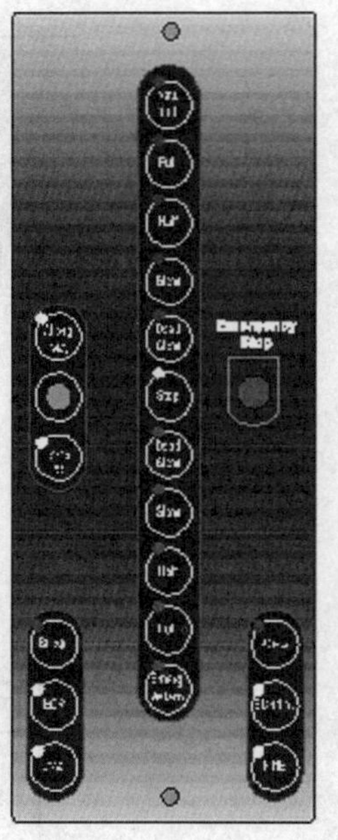

图 10-27 按键式车钟面板结构

按键式车钟没有主机操纵指令的发讯功能,因此只是一个纯粹的传令车钟。当在机旁进行操作时,轮机员要通过机旁的主机应急操纵装置对主机进行手动操作。

按键式车钟的左侧还设有一个试灯按钮和错向报警指示。

3. 操作部位及其切换

AC C20 主机遥控系统典型的操作部位包括驾驶台、集控室和机旁三个位置,主机的当前操作部位由车钟上相应的按钮灯指示。

"Bridge"按钮上的 LED 点亮表示为驾驶台操纵,此时主机将根据驾驶台操纵手柄发出的指令由遥控系统进行自动遥控。当进行驾驶台操纵时,车钟的传令功能失效,但集控室和机旁车钟上挡位指示灯还将指示驾驶台手柄的位置。

"ECR"按钮上的 LED 点亮表示为集控室操纵,此时集控室和驾驶台之间的通信联络通过车钟系统进行。当驾驶台车令发生变化时,目标挡位的指示灯点亮,同时蜂鸣器响。轮机员应首先回令(即把集控室车钟手柄移动到目标挡位,蜂鸣器停响),然后通过"主机起/停与转速设定杆"(Start/Stop & Speed-set Lever)操纵主机,使主机达到车令要求的状态。

"Local"按钮上的 LED 点亮表示为机旁操纵,此时机旁与驾驶台之间可通过车钟系统建立通信联系。当驾驶台车令发生变化时,轮机员首先通过机旁车钟的按键回令,然后通过机旁应急操纵装置对主机进行相应操纵。机旁应急操纵装置因主机类型而异,一般为主机气动操纵系统自带的手动控制阀和主机油量调节手柄或手轮。

操作部位切换可通过带灯按钮的操作来实现。例如,从集控室转到驾驶台操纵时,首先按下集控室车钟上的“Bridge”按钮,这将使集控室和驾驶台车钟上“Bridge”按钮的LED闪光且使蜂鸣器响,然后在驾驶台按下“Bridge”按钮,两地“Bridge”按钮的LED变为平光,且蜂鸣器停响,“ECR”按钮的LED熄灭,操作部位切换完毕。其他切换与上述过程相类似,但需要注意到以下两点:

(1) 对于有侧翼控制台的系统,当需要进行侧翼操作时,还需进行驾驶台与侧翼控制台之间的操作转换。

(2) 在机旁与集控室之间进行转换时(需在主机停车的状态下进行),还需根据气动操纵系统的具体情况进行其他某些操作,例如,进行气动阀件的转换操作,油门拉杆与调节器及手操油门杆的离合切换等。

四、AC C20控制面板的操作

1. Autochief控制面板

Autochief控制面板ACP是AC C20主机遥控系统的重要组成部分,与LTU一起构成驾驶台/集控室操纵单元,如图10-28所示。ACP由独立的一个DPU控制,内装嵌入式操作系统,通过LCD显示窗口、按键和多功能旋转按钮为用户提供丰富的人机交互功能,多功能旋转按钮通过旋转选择需要显示的内容,通过按下进入需显示的界面。

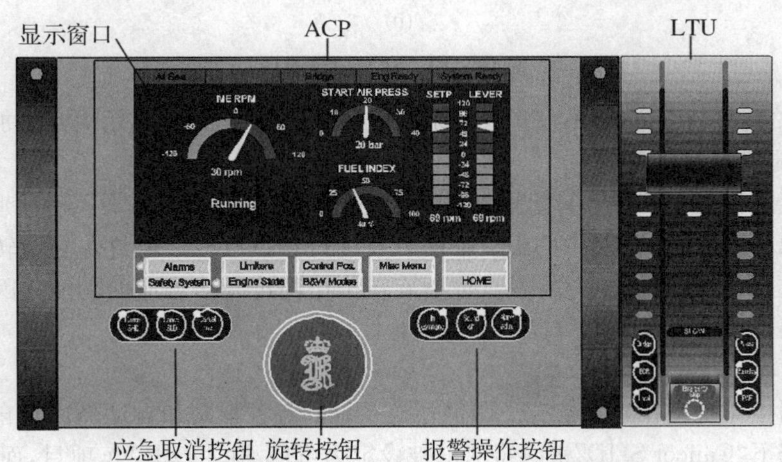

图10-28　AC C20驾驶台/集控室操纵单元

1) 显示窗口

显示窗口具有丰富的显示功能,通过旋转按钮选择菜单式软按钮,调出各种Mimic显示画面。图10-29所示为两个常用的显示页面,窗口顶部文本显示副车令、操作部位和主机状态等,底部显示为菜单按钮,中间部位为主要显示区域,可以是文本信息、流程图或显示参数的模拟仪表和条形图等。例如,图10-29(a)显示主机转速、起动空气压力、燃油齿条刻度、手柄设定转速(SETP)和经过各种转速限制环节之后实际送到调速器的设定转速(ACT);图10-29(b)显示主机当前状态(STATE)、起动失败/起动阻塞(START FAIL/BLOCK)原因和主机备车未完(ENGINE NOT READY)原因等。

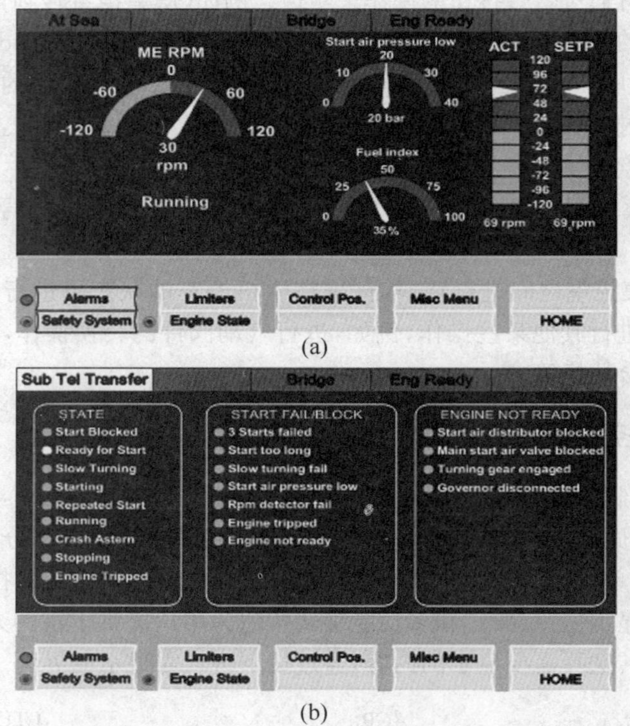

图 10－29　ACP 显示窗口

AC C20 的软件显示功能不仅省去传统的硬件显示面板，还使显示内容更加丰富。

2）多功能旋转按钮

多功能旋转按钮相当于计算机鼠标，可用于选择和确认显示窗口中菜单键和 Mimic 图中的操作对象、移动 Mimic 图中的虚拟手柄以及进行参数修改。通过左右旋转可对操作目标进行轮回选择（被选目标变为高亮），按下旋转按钮即可激活相应的功能。因此旋转按钮是驾驶台和集控室操纵面板的重要操作工具。

3）应急取消按钮

应急取消按钮是为在紧急情况下取消遥控系统的各种限制和自动降速及自动停车功能而设置的。按下“Cancel SHD”键时将取消被设定为可取消的自动停车项目，而按下“Cancel SLD”键则可取消被设定为可取消的自动降速项目，“Cancel Limits”用于取消转速和负荷限制。

4）报警操作按钮

报警操作按钮包括“Sound off”（消声）按钮和“Alarm ackn.”（报警确认）按钮。当有报警事件时，显示窗口将出现报警信息的文本显示，可通过这两个按钮进行消声和确认，当恢复正常后报警文本消失。与报警确认和消声按钮并排设置的还有一个“In Command”绿色指示灯，灯亮表示该 ACP 具有对主机的操作权。

2. IPU 指示面板单元

IPU 指示面板单元位于集控室控制台，其面板的结构和布局如图 10－30 所示。由一个独立的DPU进行控制，其主要功能是对主机及遥控系统状态进行直接显示，另外还兼有辅助风机的控制和状态指示功能。面板上半部分指示主机及遥控系统的状态，具体内容参考面板上的各个指示灯名称；下半部分用于辅助风机的运行控制和状态显示。辅助风机的数量最多可以有三台，分别通过带灯按钮“START/RUN”和“STOP”进行控制和指示。运行选择开关打在“MAN”位置时可通过“START/RUN”或“STOP”按钮进行手动起/停控制；打在“AUTO”位置时，风机将根据风压情况自动起动或自动停止，自动增加或减少运行风机的数量；而打在“STOP”位置时，将禁止对风机的操作。若风机出现故障，则“WARNING”报警灯发出报警信号。

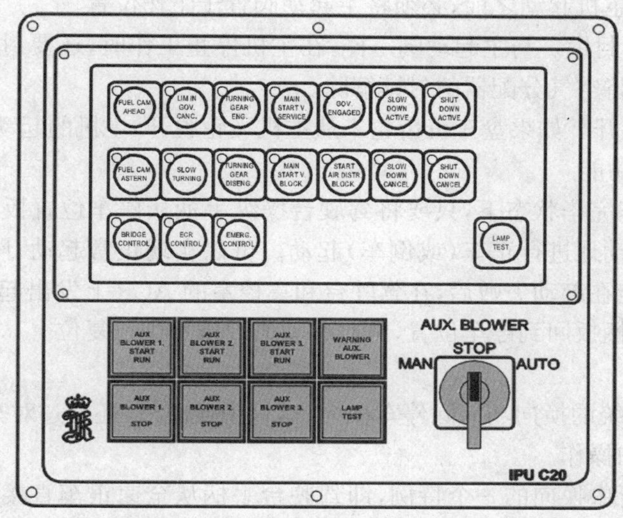

图 10-30　IPU 指示面板单元面板的结构和布局

3. 机旁显示面板

当操作部位切换至机旁操纵时，通过按键式车钟与驾驶台联络，根据驾驶台车令在机旁操纵主机。此时，借助机旁显示面板能够了解主机当前运行状态、安全状态及操作部位等综合信息。显示内容包括主机转速、主机运转方向指示、主机当前操作部位指示、辅助风机运行指示、应急操纵指示、自动停车指示和盘车机未脱开指示等，此外包括一个自动停车取消按钮和试灯按钮。

五、AC C20 的控制功能

1. 逻辑控制

1）起动封锁功能

起动封锁是指在某些特定的情况下，不允许主机进行起动的一项安全措施。在遥控系统中，如果出现下列任意一种情况，起动即被封锁。

（1）主机故障停车。当主机安全保护系统检测到某种严重故障而导致故障停车时，将封锁主机的起动操作。故障停车的具体原因可在通过 ACP 上的 Mimic 画面查询，确认并排除故障，当车钟回零、复位按钮复位后，才能解除该封锁。

(2) 起动空气压力低。为保证主机起动成功,必须保证有足够的起动空气压力,起动空气压力的最低值可在 ACP 面板上进行设置。当压力低于设定压力时,将触发起动封锁。

(3) 转速检测故障。转速是主机起动过程和运行的关键性参数,当转速检测系统发生故障时,主机不允许起动。

(4) 调速器脱开。当进行机旁操纵时,油门拉杆是人工进行手动操作的,油门拉杆离合器从调速器执行器断开,合向手动油门拉杆。此时,主机的起动操作也是在机旁进行的,因此不允许遥控系统发出起动命令。

(5) 主起动阀封锁。出于安全的考虑,当主机停止工作时,主起动阀必须手动置于封锁位置。因此,在进行主机起动之前,必须将主起动阀置于工作位置。

(6) 空气分配器封锁。与主起动阀一样,在主机停止工作时,还要封锁空气分配器。在主机起动之前,必须将空气分配器的封锁解除。

(7) 盘车机未脱开。如果盘车机齿轮未从主机飞轮脱开,主机的起动是严格禁止的。

2) 主机的起动功能

在主机处于备车完毕状态下,只要将驾驶台操纵手柄从停车位置扳向正车(或倒车)任意位置,主机都将自动地进行正车(或倒车)起动。可以实现正常起动、慢转起动、重复起动和重起动功能。并能在起动失败后,在驾驶台和集控室的 ACP 上发出起动失败报警。当消声处理后,将操纵手柄扳回到停车位置,可对起动失败报警进行复位。

3) 换向功能

AC C20 遥控系统的换向功能除停车换向、运行中换向外,还通过对车令变化的判断,自动给出应急倒车换向操作。

应急倒车是运行中换向的一个特例,即驾驶台手柄从全速正车直接扳到应急倒车位置时的一种紧急操作。一般情况只在船舶避碰的情况下才使用,因此也称为避碰倒车(Crash Astern)。在应急倒车情况下,遥控系统将有如下动作:

(1) 驾驶台和集控室 ACP 上显示"Crash Astern"。

(2) 发出主机停车命令。

(3) 主机转速下降到制动转速。

(4) 对主机进行换向,换向结束后打开起动空气进行强制制动。

(5) 重起动,并取消送至调速器的限制命令和调速器内的限制功能。

(6) 倒车转速达到油气切换转速时切断起动空气,调速器供油。

4) 停车功能

当车令手柄扳至停车位置时,遥控系统将通过 MEI 控制停车电磁阀动作,各个高压油泵泄压阀动作,使主机停车。同时,停油信号还将送至调速器,使调速器输出油量为零。

另外,在驾驶台、集控室和机旁控制台的车钟面板上还设有"应急停车"按钮,在应急情况下,按下"应急停车"按钮,将通过 ESU 进行应急停车。

5) 其他辅助功能

(1) 辅助风机控制。系统可以控制 1～3 个辅助风机,在主机低负荷条件和起动之前,可在集控室指示面板上通过手动或自动的方式起动或停止风机的运行。在自动模式下,风机的起/停由扫气箱压力传感器控制。当扫气压力达到 0.65 bar 时,风机自动停止。

（2）燃油凸轮监控。燃油凸轮监控功能可确保在换向过程中所有的燃油凸轮都能动作到位，以便主机能按照希望的方向正确起动。

（3）电子VIT控制（可选功能）。作为一个可选功能，AC C20主机遥控系统可提供电子VIT控制功能，以取代MAN-B&W主机的机械式VIT机构。

（4）气缸追加润滑（可选功能）。当监测到主机负荷在相对长的时间内有明显增加时，调速器将控制气缸注油系统的一个电磁阀动作，使得注油量在原来的基础上额外增加，以更好地适应主机负荷的变化。这是针对MAN B&W主机的可选功能。

（5）可变气缸切换。该功能是针对主机的低负荷和低转速情况设计的，也称气缸切除（Cylinder Cut Out，CCO）。当主机的负荷和转速都比较低时，可将主机的工作气缸分为两组，并且只让其中一组工作，即只有一半的气缸同时工作。其目的是保证主机在低转速和低负荷情况下的运转能够更加平稳。考虑到各缸热负荷的均匀以及避免气缸润滑油的浪费，两组气缸一般按照时间顺序进行轮流工作。但是，为保证主机安全起动，从主机起动直至稳定运行期间，气缸切除功能将被屏蔽。另外，如果"取消限制"功能被激活，或者手柄设定转速和实际转速偏差超出预定的范围，也必须保证所有气缸同时工作。

2. 转速控制

主机转速控制是遥控系统的重要组成部分，AC C20的主机转速控制系统由测速单元、DPU、伺服控制单元和伺服电动机组成，如图10-31(a)所示。

为确保测速可靠，测速单元采用两套CAN节点式测速模块（RPME），即通过两个DPU对来自测速探头的脉冲信号进行处理，转换为主机实际转速值，并以数字信号输出。转速测量值通过两种方式送给DGU，一种是通过RS422/RS485通信接口直接连接，另一种是通过CAN总线连接，两种连接互为备用。

DGU一方面通过CAN网络和RS422接口接收转速测量信号，另一方面通过CAN网络接收操纵手柄发出的手柄设定转速，其控制输出通过RS422/RS485通信送给伺服控制单元，由伺服控制单元进行位置反馈控制和功率放大后驱动伺服电动机，对油门拉杆进行精确定位。

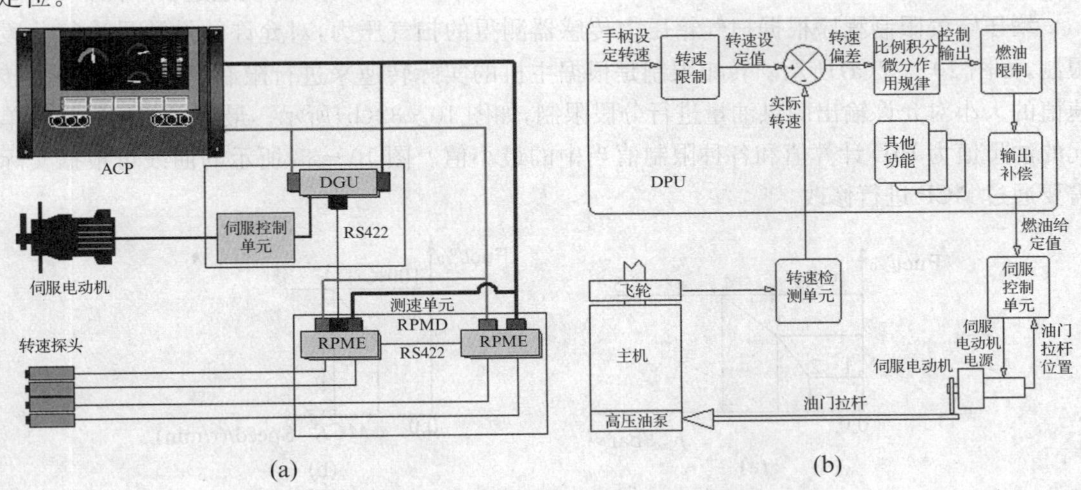

图10-31　AC C20的主机转速控制系统结构

AC C20 的主机转速控制系统的逻辑结构如图 10－31(b)所示。手柄设定转速经各种转速限制环节后作为转速设定值与来自测速单元的转速实际值相比较，得到转速偏差，经比例积分微分作用规律获得控制输出。比例积分微分控制的输出再经燃油限制(负荷限制)和输出补偿(如非线性补偿)得到 DPU 的最终油量输出，送给伺服控制单元。调速器的输出可以理解为燃油给定值(即油门拉杆的希望位置)，而伺服控制单元实质上是一个局部的反馈控制器。伺服控制单元将油门拉杆设定值与来自伺服电动机的绝对值式光电编码器所反映的油门拉杆实际位置比较后，根据偏差和控制规律驱动伺服电动机带动油门拉杆动作，直到油门拉杆位置与调速器希望的位置相符为止。

为保证主机能在控制系统失电情况下仍能继续运转，调速系统的伺服控制单元设置对伺服电动机的制动功能。一旦控制系统失电，伺服电动机将被锁定在当前位置，使主机以当前的输出油量继续工作。当恢复供电后，调速系统自动转入正常工作。

3. 转速与负荷限制

主机的转速与负荷限制是转速控制系统的附加功能。AC C20 的主机遥控系统采用 DPU，调速器根据转速设定值和实际测量转速的偏差进行比例积分微分调节，实现对主机的加减速和转速定值控制。但作为转速控制对象，船舶主机具有一定的特殊性，为了防止主机超负荷，AC C20 在 DPU 的软件中设有各种转速限制和负荷限制功能。

1) 转速限制

转速限制包括加速速率限制、负荷程序、最低转速限制、轮机长最大转速限制、最低稳定转速限制、故障减速和临界转速回避等。在 AC C20 主机遥控系统中，转速限制的功能通过计算机软件来实现，具体参数可以通过 ACP 进行修改。其中，程序负荷设定慢加速的主机速度值应结合主机实际工况来确定，有的选港内全速值，大多选主机实际高负荷起始值。

2) 负荷限制

在 DPU 中，经 PID 控制算法得到的油量信号还要经过油量限制环节才能作为油量输出值送给伺服控制单元。这种限制是为了避免主机超负荷而设置的，即负荷限制。在 AC C20 主机遥控系统中，负荷限制包括增压空气压力限制、转矩限制和最大油量手动限制，均通过软件实现。

增压空气限制程序根据扫气箱压力传感器测得的扫气压力，对允许的供油量进行分段限制，如图 10－32(a)所示。转矩限制是根据主机的实际转速来进行限制的，即根据测量转速值的大小对允许输出的供油量进行分段限制，如图 10－32(b)所示。最终送至伺服控制单元的油量值为 PID 计算值和各种限制值当中的最小值。图 10－33 所示的曲线可根据实际需要通过 ACP 进行修改。

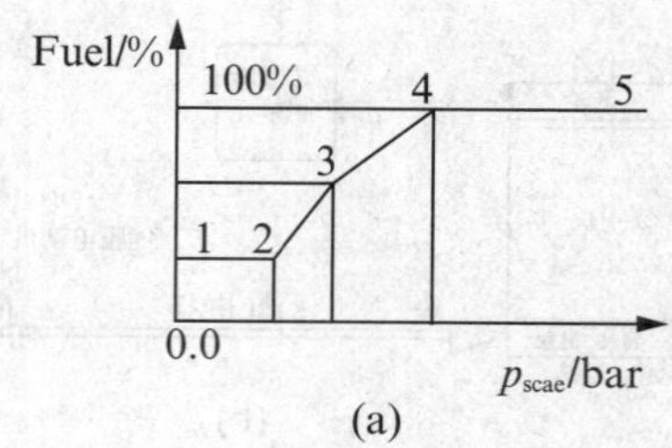

(a)

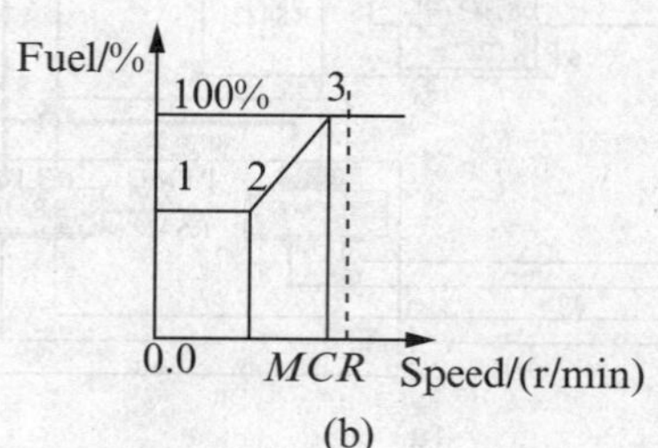

(b)

图 10－32 负荷限制曲线

最大油量手动限制是通过 ACP 对调速器设定的一个最大输出油量值，当 DPU 的计算油量超过这一油量限制值时将受到输出限制。与最大转速手动限制相类似，最大油量手动限制也称作轮机长最大油量限制。

3）限制的取消

当按下 ACP 上的"Cancel limits"按钮时，最大转速和最大油量的手动限制可被取消，同时增压空气压力限制和转矩限制的限制值将自动提高 10%(可调)。

4. 特殊工作模式

为满足某些特殊情况的需要，AC C20 的转速控制系统还提供几种特殊的工作模式。

1）轴带发电机模式

当轴带发电机带有恒速装置时，为避免因主机正常减速或自动降速导致全船失电，遥控系统提供一种可选工作模式，即轴带发电机模式。主配电板上有一路反映轴带发电机并车状态的开关量信号("轴带运行"信号)送至主机遥控系统，当轴带发电机与电网连接时，要求主机转速必须高于某一规定转速(通常为 75% *MCR*，可调)。一旦驾驶台手柄设定转速低于这一转速，或者发生自动降速时，系统将进行以下动作：

(1) 立即减速到轴带发电机要求的最低转速。

(2) 驾驶台和集控室的 ACP 上显示"RPM holding"警示。

(3) 向主配电板发送"柴油发电机组起动和轴带发电机解列"指令。

(4) 主机继续维持轴带最低转速直至轴带发电机解列，但最长不超过 60 s(可调)。

(5) 当"轴带运行"信号消失后，转速降至要求的转速，即设定转速或自动降速限制转速。

以上过程同样适用于主机停车操作或应急倒车操作的情形。轴带发电模式转速控制过程如图 10-33 所示。

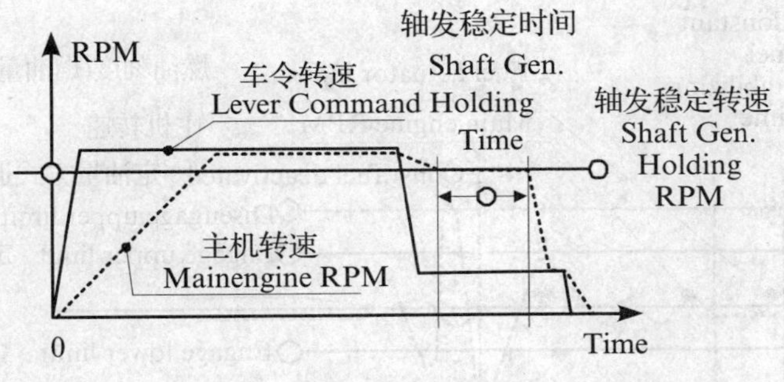

图 10-33 轴带发电模式转速控制过程

2）恶劣海况模式

恶劣海况模式是在风浪天航行时采用的一种可选工作模式，其目的是避免主机因超速而导致停车。在海况恶劣的航行条件下，通过 ACP 菜单操作可进入恶劣海况模式。当转速超过设定的过速值(比安全保护系统的超速保护略低)时，遥控系统切断燃油供应，迫使主机降速，转速下降到停车复位转速后恢复供油，然后维持该转速持续运行。此后，若想让主机再按手柄设定转速运行，则需将手柄拉回至复位转速，再推向希望的设定转速。恶劣海况模式的转速控制过程如图 10-34 所示。

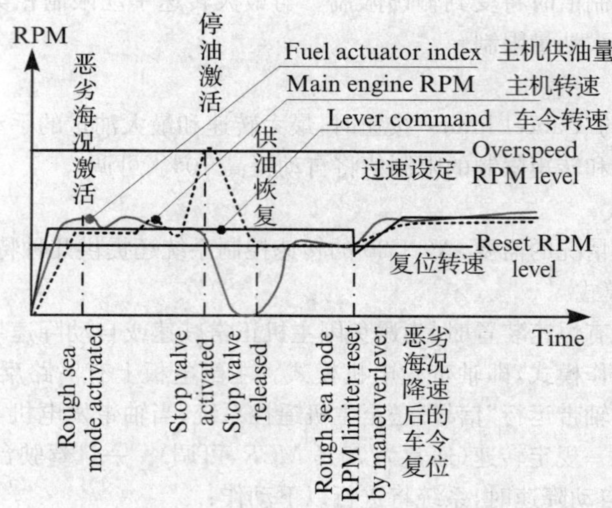

图 10-34 恶劣海况转速控制过程

3）定油量模式

这是 AC C20 主机遥控系统 DGU 所特有的一种控制模式。当测量转速在某一预设时间范围内保持恒定时，调速系统将在指令控制下进入定油量控制模式。此时，调速器将通过伺服控制单元锁定燃油齿条，以保持恒定的主机供油量，此时转速将随外界负荷的波动而波动，但转速偏差不允许超出规定的范围。转速偏差一旦超限，系统将自动退出定油量模式，转入正常的转速控制模式。定油量模式的控制过程如图 10-35 所示。

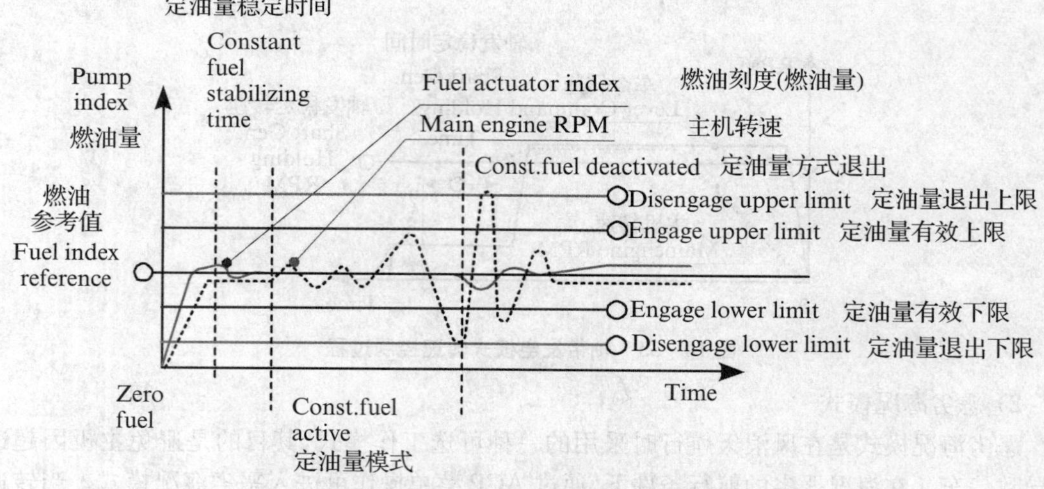

图 10-35 定油量模式的控制过程

这种模式并不适用于低转速区间和高转速区间，因为前者有可能导致主机低于最低稳定转速，而后者则有可能使主机超负荷。通过 ACP 操作可限定此种工作模式的允许转速范围。

六、AC C20 的安全保护功能

安全保护系统的主要功能是在出现某些特殊情况时对主机进行应急停车或故障减速，确保主机的安全。

1. 应急停车

应急停车包括故障自动停车和手动应急停车两种情况，AC C20 的应急停车功能主要通过 ESU 实现。

1）故障自动停车

故障自动停车是当 RPME 发出主机超速信号或其他专门的故障停车传感器发生作用时，ESU 将指挥停车电磁阀动作，转速控制系统也同时将调速器的输出减少至零，使主机停车。AC C20 一般可设置 6 个自动停车项目，即“Shut down 1”～“Shut down 6”。其中，“Shut down 1”固定用作超速停车，其余 5 个可根据实际需要分配给其他故障停车传感器，常见的有主机滑油低压、冷却水高温、推力轴承高温等。在某些特殊的场合，若所需的故障停车项目较多，则还可以增加额外的定制项目。

超速信号来自测速单元，当主机转速超过额定转速的 109%（可调）时，RPME 将发出 1 个继电器触点信号，并通过连线直接连接送至 ESU 的第 19 输入通道，触发自动停车。

其他故障停车传感器可以是开关量或是模拟量传感器，若是开关量传感器，则可通过连线直接接到 ESU 的备用故障停车通道，若是模拟量传感器，则必须通过 CAN 网络将故障停车指令送至 ESU。

（1）故障停车的取消。对所有的故障停车项目均可通过 ACP 屏幕操作将其设置为“不可取消”或“可取消”两种类型。在一般情况下，超速停车应设为“不可取消”。对于不可取消的项目，只要传感器起作用就将立即触发主机自动停车；而对于可取消的项目，则可分别设置一定的延时时间，并且在延时范围内可以取消。取消方法有两种：一是在集控室 ACP 上通过屏幕操作对当前出现的故障停车项目进行选择性取消（这种方法与当前操作部位无关）；二是在当前操作部位按下“Cancel SHD”按钮进行一次性全部取消。

（2）故障停车的复位。一旦发生故障停车时，必须在自动停车的故障消失后，在当前操作部位将操纵手柄回零，进行复位操作，然后才能再次起动主机。

2）手动应急停车

当值班人员发现紧急情况时，还可通过按下“应急停车”按钮来实现手动应急停车。驾驶台车钟、集控室车钟和机旁应急车钟均设有“应急停车”按钮，对于有侧翼控制台的船舶，则在侧翼控制台也设有“应急停车”按钮。按下任意一个部位的“应急停车”按钮，均可发出应急停车命令，且与当前操作部位无关。一般“应急停车”按钮为带锁的按钮，即按下后就一致保持被按下的状态，需要再按一次或旋转或向上拔才能使按钮复位，取消应急停车信号。

2. 故障减速

AC C20 的故障减速是由故障减速传感器和转速控制系统在网络通信的配合下完成的，最多可设置 20 个自动降速项目，对应有 20 个故障减速传感器。故障减速传感器可以是开关量或模拟量传感器，只要其中某个开关量传感器动作或模拟量传感器的测量值越限，将使调速器的转速设定值自动降低到某个预设值（一般为“慢速”挡设定值），迫使主机故障减速。

此时，主机转速不会超过这一预设转速，但在最低稳定转速和该预设转速之间，手柄调速仍然有效。

与故障停车项目类似，故障减速项目也可被设置为“不可取消”或“可取消”两种类型。对于不可取消的项目，只要相应的故障减速条件具备，遥控系统将指挥调速器进行立即降速；对于可取消的项目，则可分别设置一定的延时时间，并在延时范围内可取消。取消方法也有两种，一是在集控室 ACP 上通过屏幕操作对当前出现的故障减速项目进行选择性取消，二是在当前操作部位按下“Cancel SLD”按钮进行一次性全部取消。

当引发故障减速的故障现象消失时，故障减速将自动复位。只有复位以后，手柄的转速设定功能才能在正常的转速区间有效。

不论是发生故障减速还是应急停车，AC C20 都将发出报警信号，并在 ACP 显示屏上显示相应的文本信息。此时，可通过 ACP 上的“Sound off”和“Alarm ackn.”按钮进行消声和报警确认。

复习思考题

1. AC－4 主机遥控系统的硬件主要由哪些组成？各有哪些功能？
2. AC－4 主机遥控系统的备车条件有哪些？
3. AC－4 主机遥控系统的集控室面板由哪些区域组成？各自有何作用？
4. AC－4 主机遥控系统起动前出现起动闭锁“Start Block”，则需要检查哪些环节？
5. 在 AC－4 主机遥控系统中，安全保护系统 SSU8810 出现故障停车的信号有哪些？各应如何处理？
6. AC－4 主机遥控系统的调速系统 DGS 8800e 有哪三种特殊工作模式？
7. AC－4 主机遥控系统的调速系统 DGS8800e 的控制面板上有哪些主要内容与功能？
8. AC－4 主机遥控系统进入功能测试的条件是什么？功能测试的内容有哪些？
9. AC－4 主机遥控系统功能测试的步骤有哪些？
10. PLC 构建的主机遥控系统由哪些重要环节组成？
11. AC C20 主机遥控系统的结构组成和特点分别有哪些？
12. 简述 AC C20 主机遥控系统中 DPU 模块的结构组成和主要功能。
13. AC C20 主机遥控系统中的 DPU 模块的主要特点有哪些？
14. 在 AC C20 主机遥控系统中，DPU 模块有哪些具体模块？
15. AC C20 主机遥控系统使用中出现紧急情况，按下紧急运行按钮后，哪些功能会被取消？
16. AC C20 主机遥控系统的参数在哪里修改？轮机长手动转速限制值应如何调整？
17. AC C20 的转速控制系统还提供哪几种特殊的工作模式？各适合何种情况？
18. 在 AC C20 主机遥控系统中，MEI 有哪些 I/O 信号？

第十一章　智能柴油机控制系统

随着控制技术的不断进步，船舶轮机设备的控制越来越多地使用电子控制，甚至智能控制技术，其中较为典型的有智能柴油机控制系统、电力推进控制系统、柴油机润滑控制系统等。

第一节　智能柴油机的共轨技术

由于对船舶可靠性、经济性和废气排放控制的要求越来越高，20 世纪 90 年代开始智能柴油机的研究。1998 年首台 ME 柴油机安装在挪威的 Bow Cecil 轮上，2000 年 11 月进行试航，并通过 DNV 等船级社认可，2002 年初开始电子控制的 ME 系列柴油机的生产。而在 1998 年出现的 RT-flex 共轨式全电子控制的智能型柴油机，实现了无凸轮轴柴油机的燃油喷射、排气阀、起动空气和缸套润滑的全电控制，带来了大型低速船舶柴油机的重大技术进步。由于柴油机的控制全部采用电子控制，所以也称之为电控柴油机。我国船舶上采用的是比较典型的 Wartsila 公司的 RT-flex 系统和 MAN－B&W 公司的 ME 系统。

智能控制引入船舶主机控制系统是从智能调速器开始的，智能调速器把船舶主机排烟中的含氧量，排气温度，增压器的压力、转速等信号都引入控制系统，根据主机的给定转速与实际转速的偏差大小，再综合排烟温度、增压器的压力、含氧量等来决定燃油量，使其充分燃烧，达到经济性要求。但是，影响船舶柴油机燃烧的因素很多，不仅与增压压力的大小、输入新鲜空气量的大小有关，还与喷射开启时间、喷射时间持续长短、燃油喷射的压力有关，而且在不同转速下，各相关参数也不是稳定的。所以，当时智能型调速器达不到减排高效目的，只能通过传统柴油机自身结构上的突破，才能提高船舶主机的可靠性、经济性和降低排放。智能柴油机取消传统柴油机的凸轮轴以及相关的机械部件，将燃油喷射、气阀启闭以及柴油机的起动、换向、停车和气缸润滑等功能全部由电子控制，并可以设定和修改相关参数，调整主机的运行工作参数，使柴油机保持在最佳状况下工作。此外，还可对柴油机的运行情况及零部件的状况进行实时监测，并与主机遥控系统、报警系统连接，对柴油机进行全方位的控制。如图11－1所示的 RT-flex 电控柴油机采用共轨（Common Rail）装置，用来建立燃油压力；采用液压控制排气

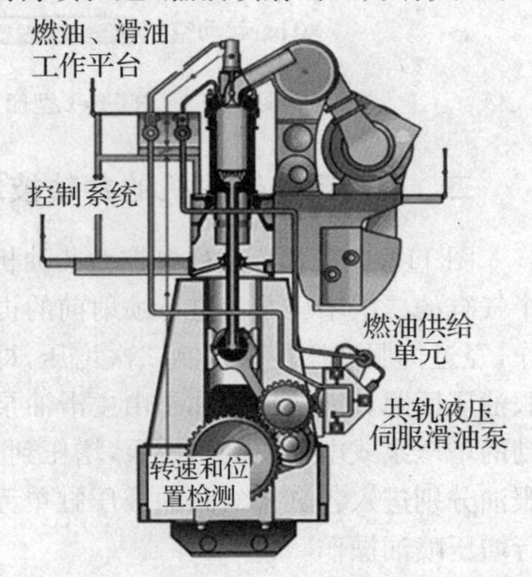

图 11－1　RT-flex 电控柴油机结构示意图

阀启、闭操作;采用燃油喷射控制单元控制燃油的流量和喷射时间;采用燃油供给单元取代原有的燃油泵来提供高压燃油,由共轨液压伺服滑油泵提供动力液压油。

一、RT-flex 型柴油机的共轨技术

图 11-2 为 RT-flex 型船用低速柴油机电子控制共轨系统示意图,该系统取消凸轮轴装置对其喷油和排气控制,取而代之的电子控制系统给各缸的 CCU 发送燃油喷射控制信号,CCU 根据这个指令和本气缸的活塞位置等来控制燃油喷射量、喷射时间、喷射方式(一次性喷射和脉冲性喷射)以及喷射油头的个数。排气阀的控制是由电子控制系统发出指令给各缸的 CCU,CCU 根据指令给本缸的排气控制电磁阀通电,控制高压伺服油驱动排气阀并使之排气;而柴油机的起动也是由电子控制系统根据曲柄角度传感器送来的曲柄的位置信号来判别各缸的活塞位置,从而发出哪个缸应打开气缸起动阀进气,进行起动。这里的起动阀也是采用电动控制气缸起动阀。由于各缸的燃油压力都是一样的,各缸的液压伺服油压力也是一样的,因而得名共轨技术,但各大柴油机制造商设定的共轨压力和共轨方式不同,RT-flex 型是采用 1 000 bar 高压燃油压力和 200 bar 的伺服滑油压力。

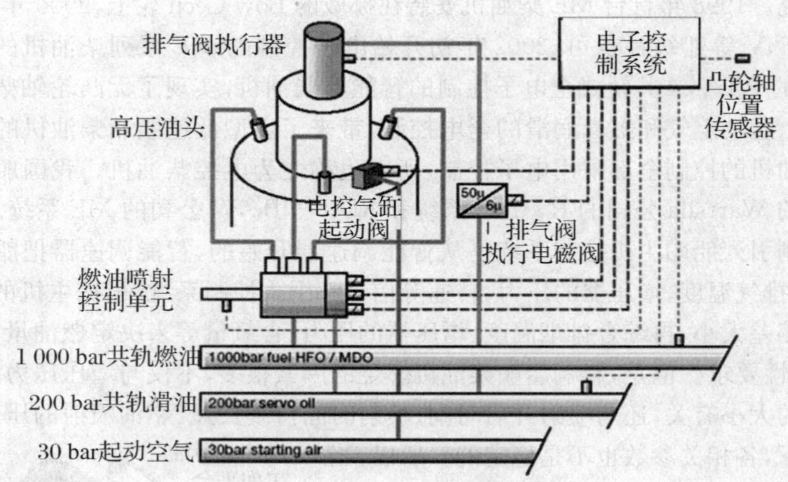

图 11-2　RT-flex 型船用低速柴油机电子控制共轨系统示意图

二、ME 系列柴油机的共轨技术

图 11-3 为 ME 系列电控型柴油机的共轨控制系统示意图,7～8 bar 的燃油被送到各个气缸的二次增压泵。进行喷射前的再增压,使压力达到喷射压力,电动控制伺服液压油动作,经过伺服液压再去控制二次增压,即电动控制的不是燃油的高压回路,而是较低压的伺服油压回路。液压伺服油是由主滑油泵送来的滑油通过二次过滤(6 μm),再通过曲柄轴驱动的增压泵或电动驱动增压泵,增压到 200 bar 送到阀箱,通过控制各缸的电磁阀,使液压伺服油分别进入各缸排气阀的液压缸单元进行排气操作,进入各缸燃油增压的液压缸单元进行增压喷油操作。

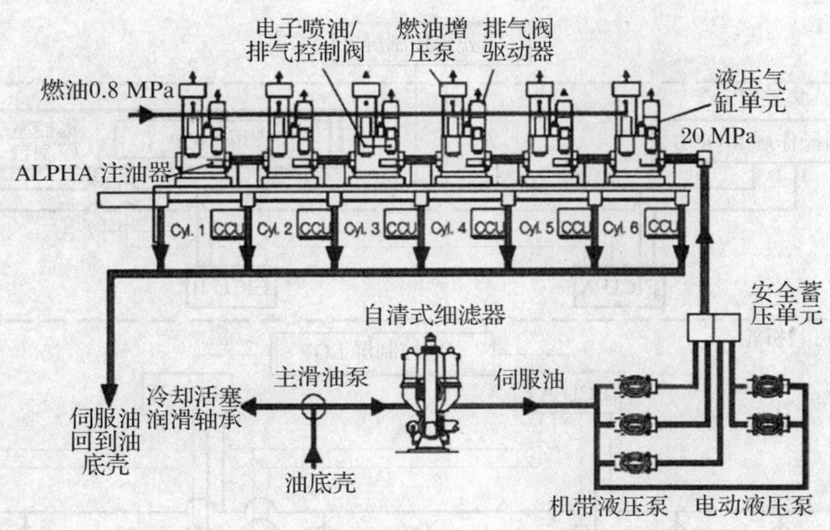

图 11－3　ME 系列电控型柴油机的共轨控制系统示意图

三、智能控制系统的控制要求

要实现电控型柴油机的各种功能，需要靠现代自动化、计算机、通信等技术手段来支持。首先要将检测到的柴油机的各种运行状态信号送到计算机进行处理（按照最佳的工作模式，使柴油机燃油效率最高，排放最低），处理结果要对柴油机的燃油喷射系统、数字调速系统、增压系统、排气阀系统等进行控制。这就要求检测信号的传感器反应快、可靠性高，计算机运行速度快，各系统的执行器动作快、灵敏和可靠；其次是要对柴油机的管理维护、故障诊断等进行深层次管理，使柴油机在寿命期限内达到最大效率。一个完善的主机控制管理系统还要完成柴油机各工况监测，记录历史数据，并对其进行分析，检测出磨损量，预测出检修、更换备件的时间表，同时，还能对备件进行管理，少件或缺件自动形成申购表。另外，通过检测到的柴油机运行参数，对存在的故障能进行故障诊断，从而实现对柴油机进行全方位管理。显然，由于检测参数和执行器多种多样，用单台计算机处理控制无法满足实时性和安全性，所以多采用分散式控制方案，用多台处理器通过现场总线进行交换和传递相关信息。如每个气缸的 CCU 与 ECU 通过现场总线（CAN 总线）来联系。

第二节　ME 系列柴油机智能控制系统

图 11－4 为 ME 系列柴油机智能控制系统，ECU 采用冗余结构。在集控室有两个并联冗余的 EICU 和两个并联冗余的控制面板（MOP A 与 MOP B）（实现人机信息交换），在机舱里的两个 ECU，通过冗余设计的双总线控制 ACU1，ACU2，ACU3 以及与各气缸的控制器 CCU。同时与集控室中的 EICU 相连接，实现与遥控系统的通信。

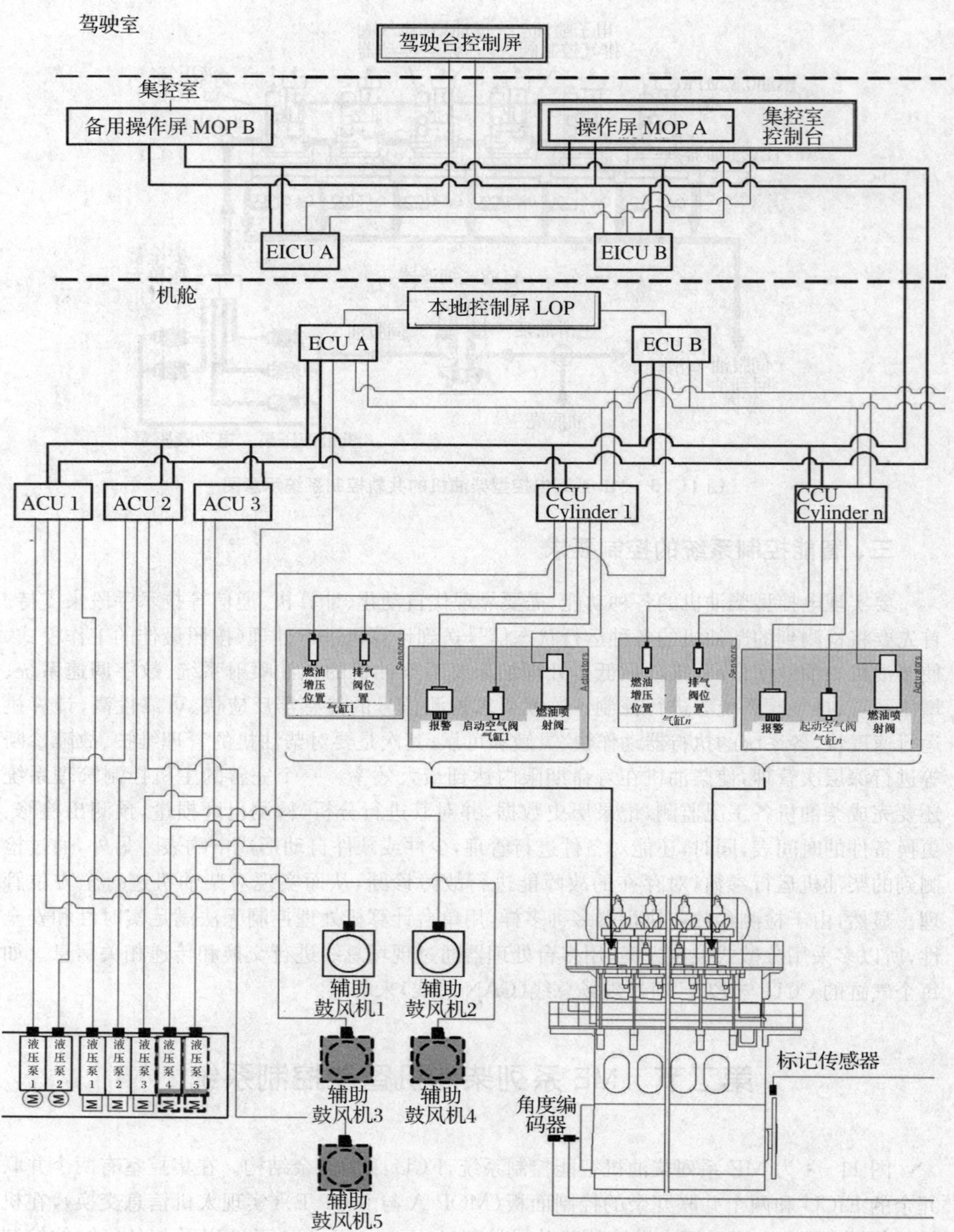

图 11－4　ME 系列柴油机智能控制系统

一、ME 柴油机智能控制系统的组成

1. 主机信息控制单元 (EICU)

在集控室的控制台中，有两个 EICU，正常状态均处于运行状态，互为热备用，即一旦运行中的一个发生故障，另一个可继续使用。EICU 接收驾驶台上操作信息和集控室操纵屏上的信息，同时，还与外部系统进行通信，实现与上位机的主机功率管理系统、手动操作系统、主机遥控系统、报警系统、安全保护系统的信息交换。如图 11－5 所示，电控柴油机控制系统与主机遥控、监测与报警系统、机旁手动控制装置以及主机安全保护系统均通过 EICU 联系，有的采用模拟量信号连接，如机旁手动操作；有的采用 RS422 通信连接，如遥控系统；有的采用开关量连接，如主机安全保护系统。与监测与报警系统可以通过总线连接，也可以通过信号直接传输。

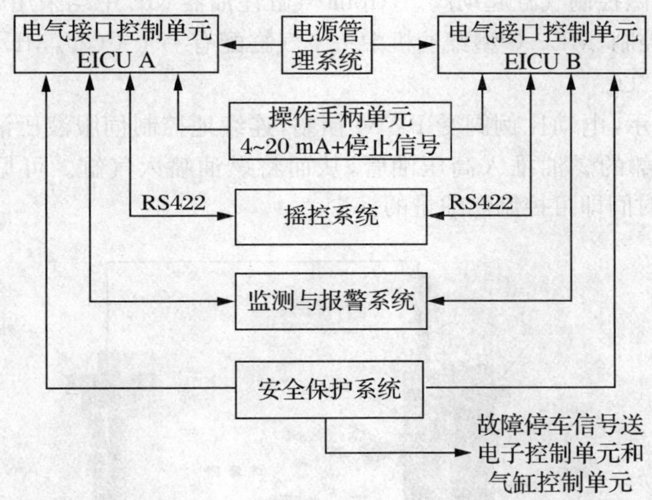

图 11－5　电控主机控制系统与其他系统连接示意图

2. 主机控制单元 (ECU)

ECU 是 ME 系列柴油机智能控制器的核心，管理着三个 ACU 和 CCU，并对其进行监控；同时，接收现场传感器送来的信号和机旁操纵板 LOP 的操作指令，对 ACU，CCU 下达指令，实现主机换向、起动、喷油、排气和停车等一系列操作，使其达到最佳运行状态；另外，还可直接控制备用泵的起、停运行和压力控制。

3. 辅助控制单元 (ACU)

ACU 是对燃油泵、润滑泵和辅助鼓风机进行起、停控制的，使其对应共轨管路中的压力保持在要求值。ACU 有自动控制模式和手动控制模式：在自动控制模式下，各台辅助鼓风机是根据设定好的“起动顺序”，按扫气压力的大小进行起、停控制。当扫气压力小于等于 0.4 bar 时，就按“起动顺序”起动辅助鼓风机；当扫气箱中压力达到 0.7 bar 时，就依次停止这些鼓风机。其停止是按扫气压力逐一减台的，即大于等于 0.7 bar 时，先延时停一台鼓风机；当扫气压力小于 0.7 bar，大于 0.4 bar，就不再停第二台；若停了一台鼓风机，扫气压力还

是大于 0.7 bar 时就停止第二台，以此类推。起动正好相反，以 0.4 bar 为起动值。当主机停车时，辅助鼓风机将继续运行约 15 min 后才停机。在手动操作模式下，由操作者控制。

4. CCU

每个气缸都有一个独立的 CCU，接收安装在曲柄轴自由端的角度编码器信号，由此计算出本气缸活塞位置和工作进程状态。同时，接收主机转速传感器信息，计算出活塞的运行速度信号；另外，CCU 还采集燃油增压活塞和废气排气阀的位置信号，根据 ECU 发来的指令进行综合处理，用以控制主机各缸的起动、停车、喷油和排气等操作。

5. 燃油控制阀，起动空气阀和气缸注油器

燃油喷射阀在 ME－B 中为 ELFI 阀，即电控燃油喷射；在 ME－C 中采用 FIVA(ELFI 和 ELVA)阀，包括燃油喷射控制和排气阀控制两个部分，而 ME－B 中排气阀仍采用凸轮控制。起动空气阀的控制在 ME－B 中仍采用传统的凸轮控制，而在 ME－C 中已全部改成 ECS 控制各缸的电磁控制气缸起动阀。Alpha 气缸注油器 ME 中均采用电控。上述三个执行部件均有 CCU 控制，ME－C 型柴油机中一个气缸配有一个 CCU，ME－B 型柴油机中两个气缸配有一个 CCU。

如图 11－6 所示，电动比例阀受 PWM 控制，连续地控制伺服液压油进入液压活塞底部，推动活塞将上部的燃油推入高压油管，从而将燃油喷入气缸。可见控制电动比例阀 PWM 的占空比和时间即可控制燃油量的多少。

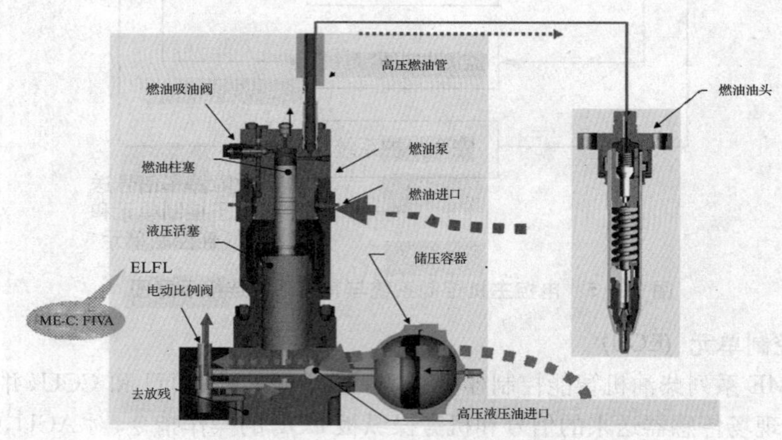

图 11－6 ME 燃油控制阀原理图

6. 操作部分

主机控制系统本身只提供机旁操纵控制面板(LOP)，通过 ECU 直接控制主机。主机遥控部分是第三方供应的驾驶室控制面板，由本系统的 EICU 与之进行信息交换，实现驾驶室遥控。LOP 位于发动机上，可进行基本操作，如起动、控制发动机速度、停车和换向，并显示最重要的发动机数据。

7. 主操作面板 (MOP)

MOP 是轮机员操纵主机的主要信息接口。虽然 MOP 通过控制网络可同发动机控制系统的各控制器进行通信，但发动机的运转与 MOP 无关。因为来自 LOP 或遥控的所有控

制指令都直接同 EICU/ECU 通信，MOP 不会直接给出控制信号。

在机舱集控室，设有 MOP A 和 MOP B 两个带触摸屏和跟踪球的工业级 PC 机，实现冗余互备。轮机员可观察实施发动机的指令，调节发动机的参数，选择运转的模式，显示控制系统的状态。

系统软件采用 Windows - XP 嵌入式(兼容 Windows 2000)系统，应用软件为 C++，图形在 BorlandC++Building 中实现。主操作界面如图 11 - 7 所示，整个图形分为三块，分别是右边一列为主操作的主菜单，中间大面积部位是整个控制系统的基本状态反映，下边一横条表示主机起动状态。大面积显示部位的左上方为主状态，显示主机未闭锁，操作部位状态及其速度设定；右边上边依此为主机实际转速、螺距(可变螺距控制)、供油量。中间从左到右分别是：运行模式、调速器工作模式、转速设定值/实际值、螺距、限制供油值/实际供油值；下边较大图形为柱形显示(从左到右)：起动空气压力 19.1 bar、燃油进口压力 2.1 bar、液压动力油压 243 bar、扫气压力、转速设定值/实际值指针指示、螺距指示、限制供油值/实际供油值指示。如果是定螺距控制，则螺距显示状态可以根据需要隐掉。左边下边状态表示辅助设备的基本信息，从左到右分别是：HPS 状态、注油器状态、辅助鼓风机状态。最下边的主机起动状态信息分别反映主机起动状态、准备起动、慢转起动、自动起动和空气正在运行状态。屏幕最高上方出现一条红色报警信息条，表示故障发生，并表明故障内容和故障时间及当前状态。右上角图形中带数字表示图形状态的信息内容有几条，用于提醒操作者。主显示界面的显示内容随主菜单的变化而变化，图 11 - 7 是最常用的操作界面，除此之外，还有报警、过程信息、气缸压力、辅助设备、授权进入等界面。

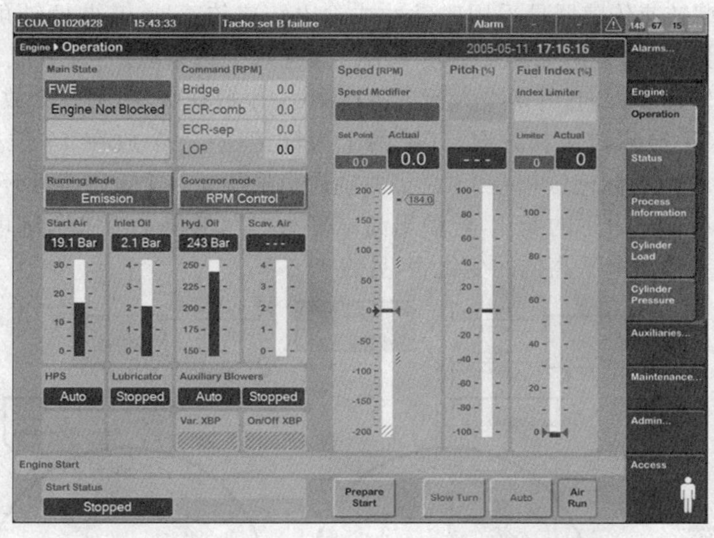

图 11 - 7　MOP 主操作界面

8. 网络通信

如图 11 - 8 所示，整个系统由专用网络组成，为了安全起见还设置为双重控制网络(Duplicated Control Network for Security)。CCU1 作为主网络的起点，依此将各设备连通并最终连到 MOP A，作为备用网络，CCU*n* 为起点，终点为 MOP B，每个网络首尾均接有

120 Ω 的终端电阻。两个网络互备,且一直同时工作。当任一网络出现故障,另一个网络仍保持不间断通信。系统与外界通信主要通过 MOP B 以以太网形式与监测与报警系统(AMS)或气缸压力监测(PMI)系统连通,实现资源共享,但是不影响主机控制系统的工作。

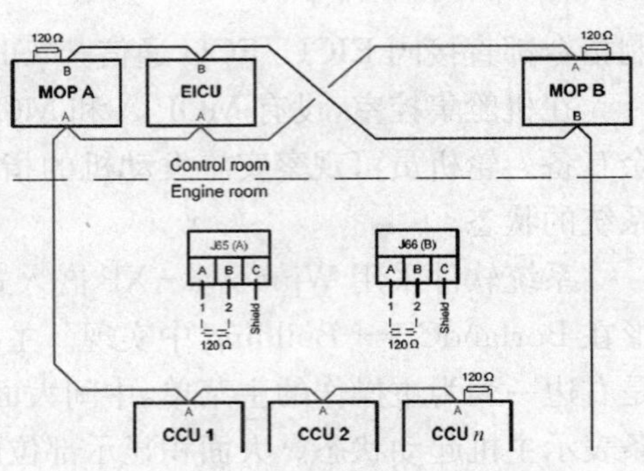

图 11-8　ME 控制系统网络图

二、ME 柴油机智能控制系统的转速控制

1. ME 柴油机智能控制系统的转速调节

当驾驶台或集控室的车钟发出主机转速指令,遥控系统按照主机的运行参数和本身特性参数对车钟的转速指令进行调制:如起动稳速过程、停车减速过程、最小转速限制、最大转速限制、定速航行控制、紧急停车指令、故障减速、功率与转矩最佳配合、加速速率限制、负荷程序控制、临界转速回避和转速微调等。这时车钟与调速器设定转速是不一致的,这个设定转速与主机实际转速信号进行比较得到偏差值,送到转速调节器进行比例积分微分调节,或经过智能控制算法进行处理。其所得的调节输出信号,经过主机性能指标的限制后,得到燃油量的输出,送到 CCU 作为其给定。再由 CCU 控制电动燃油喷射比例阀 FIVA,实现燃油量控制,使主机转速跟随设定转速的要求。ME 系列机型的调速控制器功能被集成在 ECU 中。

2. 曲柄轴角度编码器

ME 系列机型转速传感器是采用磁脉冲式输出转速传感器,其曲柄轴角度编码器与通常编码器有所不同,其原理图如图 11-9 所示。共有八个磁感应探头,分成 A 与 B 两组;A 组中两个为检测转速和方向,另两个为标记位检测(一个放在 0°位,另一个放在 90°位上);而 B 组,也用两个探头检测转速和方向,其他两个为标记位(一个放在 45°位上,另一个放在 135°位上),但与 A 组的标记位相差 45°。当曲轴自由端驱动一个磁性半圆环转动时,在标记位上的探头就会有输出电平的变化,若输出高电平为“1”,低电平为“0”,则可得到曲柄轴位置角度与四个探头输出电平高低的变化表,见表 11-1。

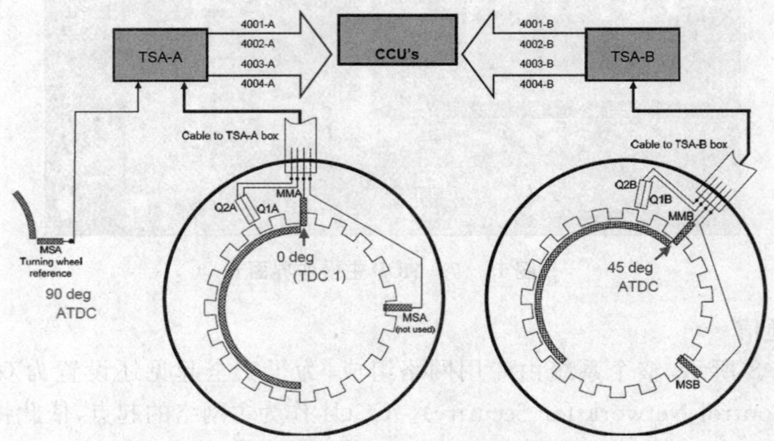

图 11-9　ME 系列机型转速传感器原理图

表 11-1 四个标记位探送输出电平高低与角度的关系

位置	0°～44°	45°～89°	90°～134°	135°～179°	180°～224°	225°～269°	270°～314°	315°～359°
MMA	1	1	1	1	0	0	0	0
MMB	0	1	1	1	1	0	0	0
MSA	0	0	1	1	1	1	0	0
MSB	0	0	0	1	1	1	1	0

用于检测转速的两个探头是正交的，在时间上相差 90°(1/4 周期)。这两组信号通过转速角度测量系统处理后，送到 ECU 和 CCU，从而推算出气缸活塞的位置，做出相应控制和操作。

三、ME 智能控制系统的辅助单元

1. 液压动力源 (HPS)

HPS 为系统提供需要的液压动力源，除由两台作为备用的电动油泵外，ME-C 主机另外配有三台机械传动的高压油泵。除液压泵提供动力源外，系统中还配有高性能的自清洗滤器和相关的压力传感器。

2. 电源供电单元 (PSU)

由于工作的重要性，系统配有两套互为备用的供电单元，其中主单元中还配有不间断电源 UPS 和保证供电的备用蓄电池。所有设备均采用 24 V DC 电源。电源供电系统原理图如图 11-10 所示。

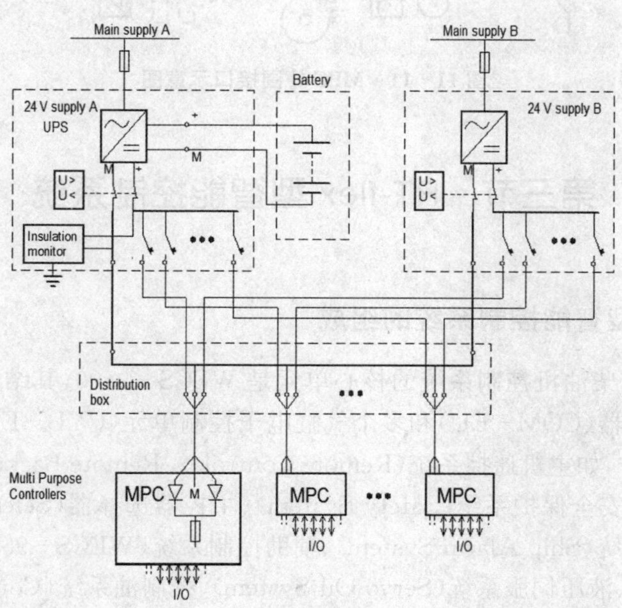

图 11-10 电源供电系统原理图

四、多用途控制器(MPC)

ME 柴油机的控制系统(ECS)由一组 MPC 构成,如前述的 EICU,ECU,CCU,ACU 等均由 MPC 实现,只是针对不同的对象,内部采用不同的软件,使得系统硬件结构上通用性好,备件管理方便,并且由于操作方便,系统的维护、保养、修理变得简单易行。

MPC 是一台没有用户接口(诸如显示器和键盘)的计算机,但是它有各种各样不同的 I/O(I/O)同发动机的传感器和驱动器相连接,如图 11－11 所示,MPC 的主处理器是一块 32 位处理器 Motorola 68332,包括一个芯片定时协同处理器用于同曲轴旋转和速度测量相同步。MPC 内所有可编程部件均采用在线可编程,允许用相当简单的工具对该控制器进行现场更新。该 MPC 不含硬盘或其他敏感的机械部件,而软件则储存在一个非易失的闪存中,也就是说该应用软件可以通过网络发送和编程到该 MPC 中,因而当用库存的备件更换该 MPC 以后,可以恢复其功能。该 MPC 配备有一个电池。该电池用于万一当 24 V 电源被关掉时,作为该 MPC 时钟电路的备用电源。所有 MPC 的时钟都是通过网络实现同步。

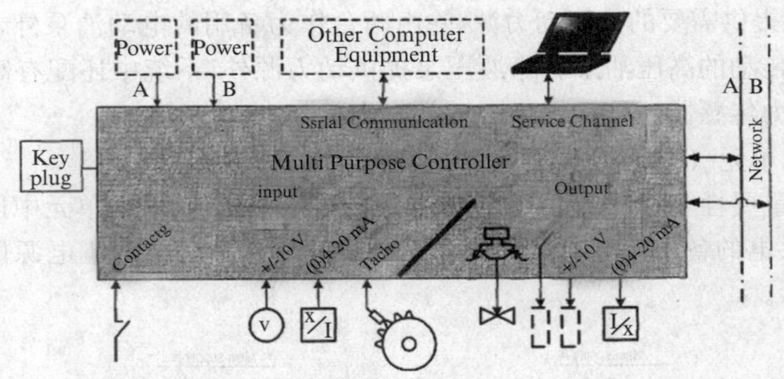

图 11－11　MPC 外围接口示意图

第三节　RT-flex 型智能控制系统

一、RT-flex 型智能控制系统的组成

RT-flex 型电控柴油机控制系统的核心单元是 WECS－9500,其结构原理如图 11－12 所示,主要由主控制器(COM－EU)和多个气缸电子控制单元(CYL－EU)等组成。COM－EU 接收外界的信号,如主机遥控系统(Remote Control & Remote Backup Control)、调速器(Speed Governor)、安全保护系统(Safety System)、主控器选择器(Selector for COM－EU 1/2)、监测与报警系统(Ship Alarm System)、辅助控制系统(WECS－9500 Assistant)、燃油系统(Fuel System)、液压伺服系统(Servo Oil System)、控制油系统(Control Oil System)等信号,然后进行程序处理,把处理的结果送到 CCU,根据其传感器和曲轴箱角度信号,再去控制燃油系统的执行器、液压伺服系统的执行器等进行相应调节,使柴油机完成相应功能,

达到最佳运行状态。

WECS－9500控制系统不仅取代了传统柴油机上凸轮轴相关的机械零部件的功能，而且能对燃油喷射，排气阀动作，柴油机的起动、换向、停车和气缸润滑等功能的全电子化灵活控制。通过对相关参数的设定和修改，可调节主机的运行状态和性能参数，实现柴油机最佳性能。此外，还可对主机的运行情况进行实时监测，并与船上的其他控制系统和报警系统连接，将主机的运行情况直接送到各系统。各系统可直接采用该信号进行综合处理。WECS－9500控制系统的主要作用是对共轨的燃油压力、伺服油压力进行控制，以及主机、气缸相关的功能管理，其中包括对主机的状态检测，参数的调整，控制气缸的喷油时间、喷油量、排气时间，使主机处于最佳工作状态。另外，还负责对外界系统的通信。

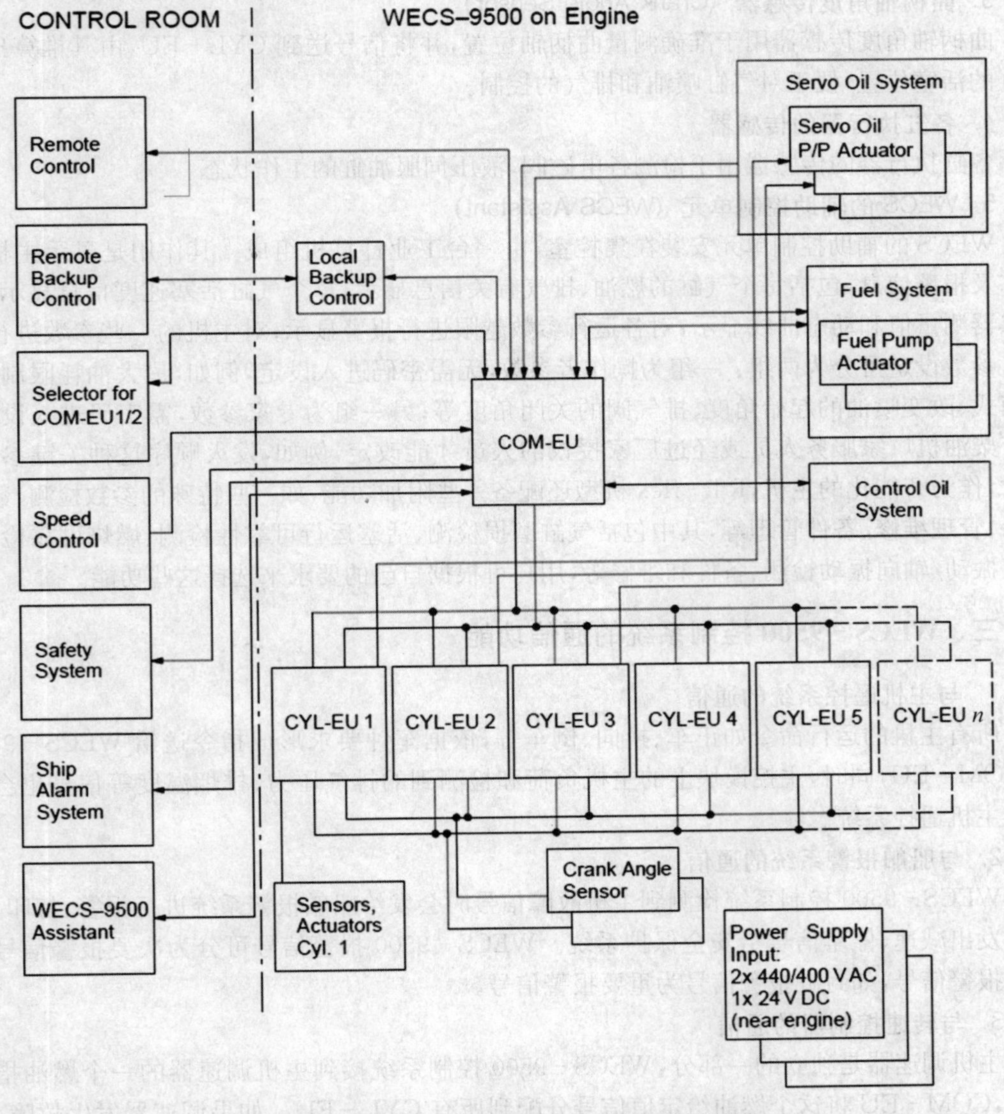

图 11－12　WECS－9500控制系统结构原理图

二、WECS－9500 控制系统各功能单元的作用

1. 公共电子控制单元 (COM－EU)

COM－EU 包括两个互为备用的主控制模块(MCM),由外部的选择开关确定哪个模块处于工作,哪个处于热备用。MCM 的主要作用是对共轨中的油压控制、主起动阀的控制以及与其他系统通信,并对主机内部信号进行检测和传输。

2. 气缸电子控制单元 (CYL－EU)

每个气缸都装配一个 CYL－EU,安装在共轨平台的下部,实现气缸的起动空气阀的启、闭控制,燃油喷射、排气阀的启、闭控制。

3. 曲柄轴角度传感器 (Crank Angle Sensor)

曲柄轴角度传感器用于准确测量曲柄轴位置,并将信号送到 CYL－EU,由其推算出各气缸的活塞位置,便于对气缸喷油和排气的控制。

4. 各缸执行器的传感器

各缸执行器的传感器用于检测各电磁阀,液压伺服油缸的工作状态。

5. WECS 的辅助控制单元 (WECS Assistant)

WECS 的辅助控制单元安装在集控室,由一台工业计算机组成。其作用是显示主机的状态及报警信息,包括每个气缸的燃油、排气有关信息显示,每个气缸活塞速度信息显示,各传感器测量值和动态曲线显示;对各运行参数越限进行报警显示;对主机的一些参数进行设定。参数设定可分为两组:一组为操作者参数,无需密码进入设定,例如,最大油耗限制、磨合模式、改变喷油的起始角度、排气阀的关闭角度等;另一组为专家参数,需密码进入设定,只有柴油机厂家服务人员或经过厂家授权的人员才能改定,例如,发火顺序这种关键参数。同时,作为智能化的主机,RT－flex 机型还配备一些附加功能,如一些特殊的参数检测、数据分析、管理维修、备件管理等,其中包括气缸磨损检测、活塞运行可靠性检测、燃烧可靠检测、扭矩振动/轴向振动检测、备件和维修等,用户可根据自己的要求来选择这些功能。

三、WECS－9500 控制系统的通信功能

1. 与主机遥控系统的通信

所有主机的运行命令如正车、换向、倒车等,依据车钟要求形成指令送给 WECS－9500 的 COM－EU,同时,主控模块上的主机负荷和检测到的排气压力、排烟温度等信号也会传送给主机遥控系统。

2. 与船舶报警系统的通信

WECS－9500 控制系统检测到主机故障信号时会发给船舶报警系统进行报警、打印、记录或发出减速、停车信号给安全保护系统。WECS－9500 报警信号可分为次要报警信号和重要报警信号,如封缸报警信号为重要报警信号。

3. 与转速控制器的通信

主机调速器是独立的一部分,WECS－9500 控制系统接到主机调速器的一个燃油指令信号,COM－EU 将这个燃油给定值信号分配到所有 CYL－EU。如果调速器发生故障,仍可手动调节燃油命令信号,此时,主机处于备用模式运行,在该模式下,对于可变螺距的主机

而言，为了防止主机超速，应把螺旋桨设为定螺距运行。

4. 与选择器的通信

与识别器进行信号交换，确定哪一个 COM - EU 处于运行状态，哪一个处于热备用状态。

5. 与安全保护系统的通信

WECS - 9500 控制系统对液压系统的泄漏监测、各传感器工作状态监测、曲柄轴角度传感器监控，把这些监控到的信号都发到安全保护系统。泄漏检测是采用在整个液压系统的外皮包装中安装多个检测开关，当系统中某个部位或子系统发生不正常的泄漏，就能检测出来。对各传感器的工作状态监控可以判断传感器送出的信号是否越过上、下限值，若超出测量范围，说明传感器工作不正常，此信号不可信，同时也显示一个测量误差信号。由于曲柄轴角度是极其重要的参数，对其检测采用冗余设计，把两个曲柄轴角度编码器安装在自由端，通过联轴器由曲轴驱动。这两个曲柄轴角度编码器提供绝对转角信号，两个信号都传送到电子 CYL - EU，对这两个曲柄轴角度编码器的信号进行比较，若出现偏差超限，说明编码器不正常或存在故障；若不出现偏差超限，再与飞轮端的转速传感器读数进行比较，必要时还需通过 WECS 辅助控制器进行补偿和校正。

四、燃油系统的控制

由于电控型柴油机燃油采用共轨系统，所以有共轨燃油压力控制和各缸喷射油量的控制。图 11 - 13 为 RT-flex 型电控型柴油机的共轨管路燃油压力控制原理图，COM - EU 从 CYL - EU 接收柴油机转速信号和共轨压力信号，通过内部运算处理，输出信号控制燃油泵执行器-变量泵的调节轴，使得燃油压力达到柴油机所要求的压力。当共轨上的燃油压力高时，通过燃油压力控制释放阀，使其保持稳压；当安全保护系统检测到危及主机的故障信号时就发出关闭燃油信号，使燃油速闭阀动作，把燃油排放掉。同时，共轨燃油压力也受主轴承滑油压力的保护控制。如果其中一个燃油泵或其执行器发生故障，通过复位弹簧能使变量泵处在正常连接的适当位置或移动到最高位置，即变成定量泵，其余没有发生故障的燃油泵则仍保持变量泵而受控。

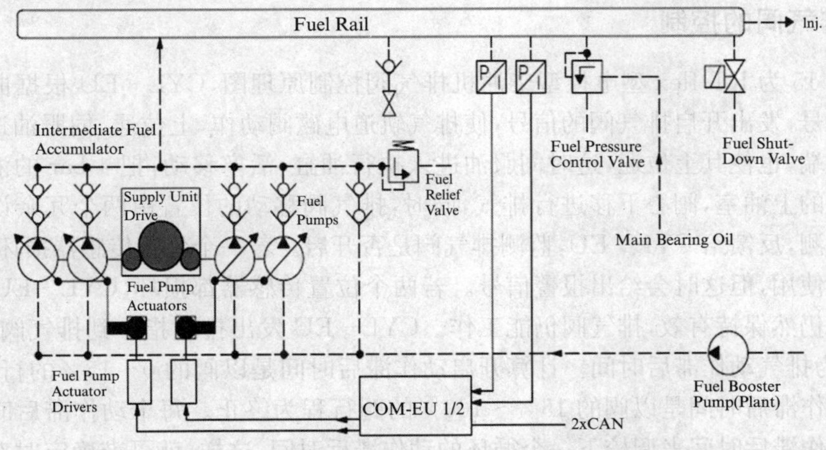

图 11 - 13　RT-flex 型电控型柴油机的共轨管路燃油压力控制原理图

图 11－14 为 RT-flex 型电控型柴油机燃油喷射量控制原理图和外形图。在非喷射燃油时间段内，CYL－EU 不发出喷射燃油信号，三个电磁阀无电，控制伺服油不能进入喷射控制阀的信号端，喷射控制阀下位通，共轨管路中的 1 000 bar 的燃油通过三个喷射控制阀下位，进入燃油喷射量油缸中，注满量油缸，接着控制量油缸内活塞移动的位置，即控制了该气缸燃油喷射量的大小。燃油喷射量是 COM－EU MCM 通过比较速度控制器中的喷射油量和燃油指令信号的要求推算出的。当 CYL－EU 根据曲柄轴编码器送来的曲柄角度信号和 VIT 要求，可计算出喷射初始角。当到达喷射初始角时刻，CYL－EU 发喷油指令，使共轨电磁阀通电（这三个电磁阀是否同时通电，取决当时柴油机的负荷和转速，例如，在低速、低负荷时，只需一个电磁阀工作，即一个油嘴工作），这时相应的液压伺服控制油出现在喷射控制阀的信号端，使其上位通，这时共轨管路的燃油被封闭，量油缸中左侧 1 000 bar 蓄好的燃油由活塞右侧 1 000 bar 共轨压力油的驱动，通过喷油嘴喷入气缸进行雾化燃烧。由于各阀件启、闭是需要时间的，为了准确定时喷油，需要计算出延时时间，通常把触发信号发出时刻到有效喷射的时刻之间差值称为喷射动作滞后时间。根据之前循环的喷射动作滞后时间可计算出下一个喷射循环。喷射系统还可以采集三个喷射阀的开启时间来监测每次的循环，以保证不混乱。如果油量传感器损坏故障，控制系统将取代 MCM 的燃油指令信号，进行定量喷射。

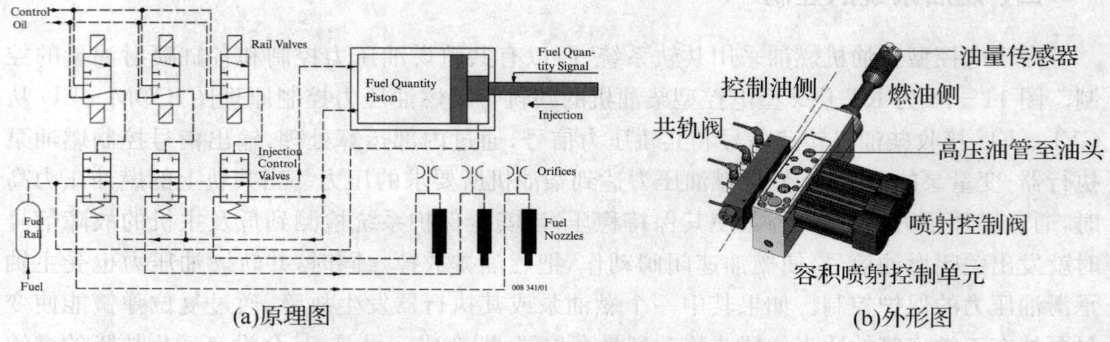

(a)原理图 (b)外形图

图 11－14 RT-flex 型电控型柴油机燃油喷射量控制

五、排气阀的控制

图 11－15 为 RT-flex 型电控型柴油机排气阀控制原理图，CYL－EU 根据曲柄轴角度编码器的信号，发出开启排气阀的信号，使排气轨道电磁阀动作，上位通，伺服油进入排气控制阀的信号端，也使其上位通，这时伺服油进入执行油缸，活塞移动，把 4 bar 的液压油增压推入排气阀的上油室，阀心下移进行排气，同时，排气阀移动的位置由两个冗余设计位置传感器进行监测，反馈给 CYL－EU，监测排气阀是否开启。若一个位置传感器损坏，另一个传感器可继续使用，但这时会给出报警信号。若两个位置传感器都损坏，CYL－EU 内部的固定动作程序仍然保持有效，排气阀仍能工作。CYL－EU 发出排气指令到排气阀打开，也有延时，称其为排气动作滞后时间。计算开启动作滞后时间是以阀的 0～15％的行程为终止，计算关闭动作滞后时间是以阀的 15％～100％的阀行程为终止。每个动作滞后时间都可通过之前的动作滞后时间来调校下一个循环的动作滞后时间，这样，就可准确定时对排气阀进行打开（VEO）和关闭（VEC）控制。

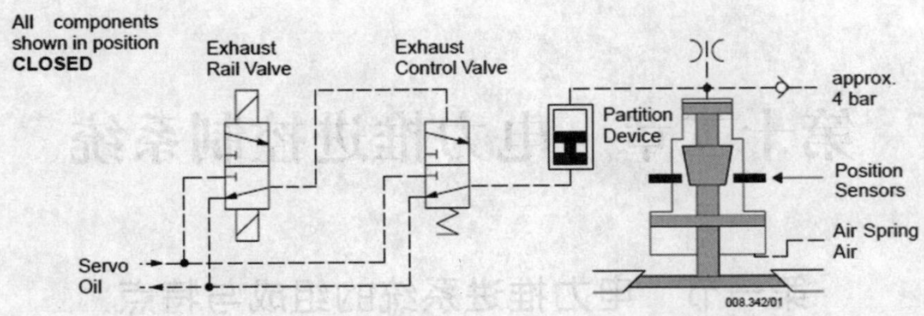

图 11－15　RT-flex 型电控型柴油机排气阀控制原理图

六、柴油机的转速控制

RT-flex 型电控型柴油机的转速控制是由一个独立于 WECS 9500 控制系统的转速控制器来完成的。图 11－16 为该机型的转速控制原理图。转速控制接到车钟的转速命令之后，与采集回来的主机转速进行比较，得到一个偏差值。转速控制器根据偏差值的大小、主机负荷状态等综合计算需要提供多少燃油的命令给 COM－EU 中的主控模块 MCM。COM－EU 通过 CAN 总线将数据传给各气缸控制模块 CYL－EU，当喷油初始角到来时，CYL－EU 中的发出喷油操作信号，通过控制动作时间来控制燃油喷射量；同时，喷油量的大小信号反馈给燃油喷射量油缸的控制器，再到 COM－EU 中的主控模块 MCM，进行燃油量闭环控制，同时，也反馈给主机转速控制器，便于进行下一步的转速控制。

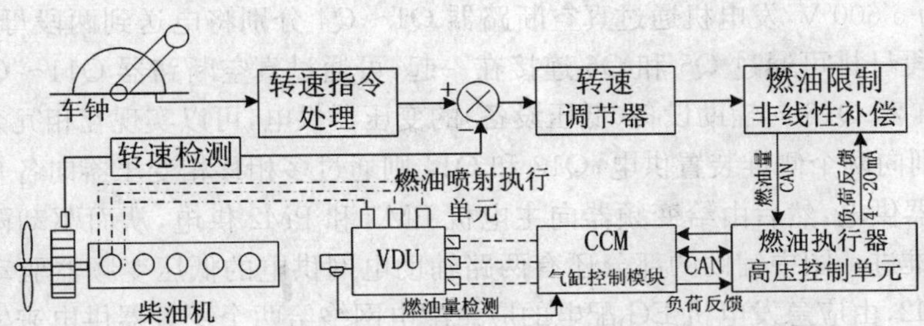

图 11－16　RT-flex 型电控型柴油机的转速控制原理图

复习思考题

1. 电控柴油机与普通柴油机对比，减少了哪些设备，又增加了哪些设备？
2. ME 电控柴油机控制系统有哪些部分？
3. ME 智能柴油机中 MOP 的主界面显示哪些重要的参数？
4. ME 柴油机的转速调节由哪个环节实现？其调速功能有哪些？
5. RT-flex 型电控型柴油机的组成有哪些？各有何作用？
6. RT-flex 型电控型柴油机中的燃油喷射量是如何控制的？
7. RT-flex 型电控型柴油机 COM－EU 与 CYL－EU 通信的信息有哪些？

第十二章 电力推进控制系统

第一节 电力推进系统的组成与特点

电力推进主要用于邮轮、渡轮、动力定位钻探船、浮式控位采油设施、穿梭油轮、布缆船、管道敷设船、破冰船与其他冰上作业船、供应船以及军用船舶等，同时在其他船舶设计中，对电力推进系统的应用可行性正进行不断地研究和评估，随着永磁同步电动机的技术进步，电力推进有着越来越广阔的应用前景。

一、电力推进系统的组成

船舶发电机输出电压恒定、频率恒定的三相交流电源，经配电板配电到变压器、变频器，通过控制变频器改变加载在电动机的电压和频率，从而实现灵活控制电动机的动力输出。因此，船舶电力推进系统通常由发电机组、配电屏、变压器、变频器、推进电机等五大部分组成。如图 12－1 所示，图中 DG 表示柴油发电机组，Q(从 Q1Q16)为中、高压真空断路器，图示供电电压为 6 600 V，发电机通过真空断路器 Q1～Q4 分别将电送到两段母排 HSB A 和 HSB B；该两段母排可通过 Q5 和 Q6 连接在一起，可通过真空断路器 Q11～Q16 向负载供电，其中：Q11 和 Q16 向辅助设备(低压设备)的变压器供电，可以实现互相冗余，确保安全；Q12，Q15 分别向两个侧推装置供电；Q13 和 Q14 则通过多相移相变压器向各自的主动力回路-交流变频器供电，然后由给变频器向主电机 PM1 和 PM2 供电，从而驱动两个螺旋桨旋转，实现船舶推进。图中辅助的部分还有两路辅助电网供电的低压变频器驱动全回转机构电机 M1 和 M2，由应急发电机 EG 配电的应急配电网络给两个变频器供电来实现各自全回转的应急供电，驱动各自的应急全回转电机 M1 和 M2；图中 BR 是制动控制单元和制动电阻，用于消耗变频电机停止过程中的惯性能量。

1．发电机组

电力推进用的原动机可以采用柴油机、汽轮机或燃气轮机。目前一般采用中速或高速柴油机，柴油电力推进系统中的柴油机与直接机械推进系统中使用同规格低速发动机相比，中、高速柴油发动机的重量更轻、成本更低。对于电力推进系统来说，电站的可用性至关重要。在柴油电力推进系统中，一般由多台柴油机共同组成一个冗余驱动网络，这不仅意味着系统具有很高的可靠性，而且还具有先进的故障诊断特性和故障快速修复特性。在个别情况下，特别是大功率轻型高速船舶或者是在燃气价格较低的场合(例如，利用石油生产中的排放物和 LNG 运输船中的汽化物等)，发电机组也可采用燃气发动机、燃气轮机、蒸汽轮机或蒸汽-燃气联合循环气轮机驱动。

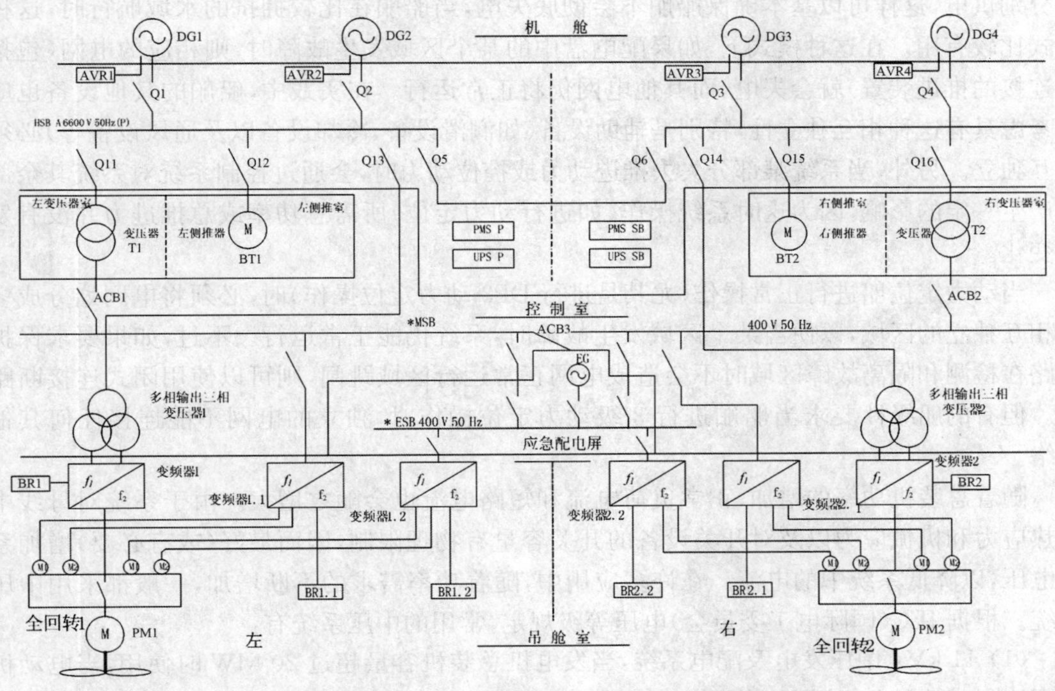

图 12-1　电力推进系统的电力推进系统

发电机可以采用直流他激电动机、差复激发电机或交流同步发电机。大部分新造船舶和所有商用船舶都配备有交流配电功能的交流电站，所用发电机均为无刷交流同步发电机，其转子上的磁化绕组由一台同轴的励磁发电机经同步旋转整理桥供电，控制励磁发电机的励磁电流，即能控制励磁发电机的输出电压，从而控制主发电机的直流励磁电流。当原动机驱动转子转动时，三相定子绕组会在该转子电流所产生磁场的作用下，感应生成三相交流正弦电压。

2. 配电装置

为了保证船舶电力推进系统的冗余度要求，主(或发电机)配电盘通常采用分布式结构或被划分成两个、三个甚至四个区域。根据电力推进系统的原则与规定，在冗余度要求更高的场合，配电盘还应该能够承受因火灾或进水引起的故障，这就意味着必须采用既防水又防火的间隔设施对配电盘各组成部分进行隔离。

对于划分为两个区域的配电盘来说，每个区域承受的发电机容量和负荷相等，当其中某个区域发生故障时，系统将失去50%的发电容量和负荷。为降低设备成本，电力推进系统通常被划分成三个或四个区域，这样便可以减少为确保电力推进系统冗余度而必须增加的设备数量。另外，增设可将某台发电机或某一负荷接通至某两个配电盘区域的切换开关，也可达到类似的降低设备成本的效果。

在推进操作模式下，配电盘通常被连接成一个整体，这样可以使电站的布置更加灵活。瞬时负荷波动会被许多个柴油发电机平均分担，系统可以自动确定连接到电网的最佳柴油机数量。

当船舶航行时，也可以通过配电盘中某些相互独立的配电区域对两个或多个独立的电网分别供电，这样可以基本确保船舶不会彻底失电，当船舶在比较拥挤的水域航行时，这种模式比较有用。在这种模式下，如果配电盘中的某个区域发生故障时，则相应的电网（包括其连接的推进装置）就会失电，而其他电网仍将正常运行。在实践中，船舶的其他设备也应该考虑具有这种相互独立性，特别是辅助设备（如润滑设备、冷却设备以及通风设备等）必须相互独立。另外，当系统某部分失去推进动力或控位动力时，会通过控制系统对系统其余部分产生一定的影响，因为这时系统操作（如进行动力定位）所需总功率或总推进力并没有发生变化。

当动力定位船进行正常操作（尤其是进行 DP3 动力定位操作）时，必须将电网划分成多个相互独立的区域，以便当某个区域发生故障时，系统仍能正常运行。不过，如果要求保护电路在检测和隔离故障区域时不会造成电网正常运行区域跳闸，则可以使用闭式连接断路器。但有的船级社要求当船舶进行 3 级动力定位操作时，独立的电网不能连接任何其他网络。

随着总装机功率的增加，正常负荷电流和短路电流也会随之增大。由于系统对母线中的热应力和机械应力以及对开关设备的开关容量有物理限制，因而最好（或有必要）增加系统电压，以降低系统中的电流。在许多应用中，随着功率需求的不断增加，一般都采用中压系统。根据 IEC（国际电工委员会）电压等级规定，常用的中压系统有：

(1) 11 kV：中压发电及配电系统，当发电机总装机容量超过 20 MW 时使用，当电动机功率达到或超过 400 kW 时使用。

(2) 6.6 kV：中压发电及配电系统，当发电机总装机容量超过 4～20 MW 时使用，当电动机功率达到或超过 300 kW 时使用。

(3) 690 V：低压发电及配电系统，当发电机总装机容量低于 4 MW 时使用，供功率低于 400 kW 的电气设备使用，如可用作钻井的电动机。

(4) 用于低压生活设施的配电，如 400/230 V。

设备功率极限一般由实际的负荷电流和故障电流确定，因而每种系统电压所对应的实际功率极限可能与上述推荐值有所不同。尤其是对于大部分负荷为变频器负荷并且不影响短路功率的系统，情况更是如此。由于不会影响配电系统中的短路电流，通常可以提高各种电压等级适用的功率极限。

从较低的系统电压改用较高的系统电压时，通常会错误地认为电压越低越安全。事实上，就安全性来说，中压配电盘也同样非常安全，即使是在对开关设备进行维护时，人员也不会接触到任何导体。另外，正常电流和故障电流也都比较小，在短路等特殊情况下对导体和电缆的影响也不大。尽管配电盘内部通常很少发生短路，但系统仍然采用耐电弧设计，这样在出现短路最坏情况时，可以防止发生人员伤害，并且最大限度地减小设备损失。

发电机（或负荷设备）与配电盘之间，以及配电盘的不同区域之间，通常采用断路器进行连接，现已投入应用的断路器技术有多种类型。空气绝缘断路器在传统的低压配电盘中应用较多。中、高压配电比较常用的是 SF6 断路器和真空断路器，两者均是依靠一个密闭隔离室隔断电流。SF6 断路器的隔离室中充有绝缘强度比空气高的 SF6 气体，而真空断路器的隔离室被抽成真空。这两种断路器的设计特点使其能够非常紧凑、非常可靠地应用于中压系统。当真空断路器切断电流时，可能会因快速（即 di/dt 值较大）断开电感负荷而引起过电压尖脉冲，故应考虑安装过电压限制器。对于功率较小的场合，可用熔融接触器替代断路器。采用熔融接触器时，由于其电流的切断比较柔和（即 di/dt 值较大），开关尖脉冲问题没有上述其他断路器那样明显。

3．变压器

使用变压器的目的是将配电系统的各个不同部分隔离成几个独立的区段，通常是为了获得不同的电压等级，但有时候是为了移相。移相变压器可用于向变压器（如变速推进变频器）供电，以通过抵消绝大部分谐波电流的方式来减小输入到电网中的畸变电流。也就可以减小发电机和其他电气设备的电压畸变。变压器还能够对高频导体发出的噪声起到阻尼作用，当变压器一次绕组和二次绕组之间装有接地铜屏蔽时，这种阻尼效果会更好。

目前使用的变电器有多种不同的类型，其中最常用的类型有空气绝缘干式变压器、树脂绝缘（铸造或绕制）变压器以及油/液体绝缘变压器，多数船舶使用干式变压器。

变压器通常采用三相结构，在共用磁芯上分别绕有三相一次线圈和三相二次线圈。磁铁心构成磁通闭合回路，变压器通常设有三条垂直支架和两条水平磁轭（一条在变压器底部，另一条在变压器顶部）。内层绕组为二次绕组，外层绕组为一次绕组。一次绕组与二次绕组的匝数比即变压器的变比。线圈的连接方式可以是 Y 型连接方式，也可以是 Δ 型连接方式（也叫做 D 型连接方式）。一次线圈和二次线圈可以分别采用不同的连接方式，这种变压器不仅可以改变电压的大小，而且还能使一次电压和二次电压之间产生相移。相移的大小可通过 Z 型连接绕组中的各段线圈匝数比进行精确计算。另外，含多个二次绕组的三绕组甚至四绕组变压器也有实际应用，如用于多脉冲变频应用等。

4．变频器

现代船舶电力推进系统是由电动机直接驱动螺旋桨，电动机的转速控制是由变频器来实现的。目前，采用的变频器从结构上看，可分为交-直-交变频器和交-交变频器。交-直-交变频方式是先将电网输入的交流电变为直流电，然后再在变流电路中将直流转变为频率可调的交流输出功率。由于交-直-交变频器具有结构简单、频率调节范围宽、功率因素高、电动机匹配无要求等优点，因此在电力推进系统中使用较多。在交-直-交变频器中，按中间储能环节所用的是电容还是电感，又分为电压源型（Voltage Source Inverter，VSI）和电流源型变频器（Current Source Inverter，CSI）。如图 12－2 所示，推进控制器通过由整流器和逆变器组成的变频器实现电机转速调节。

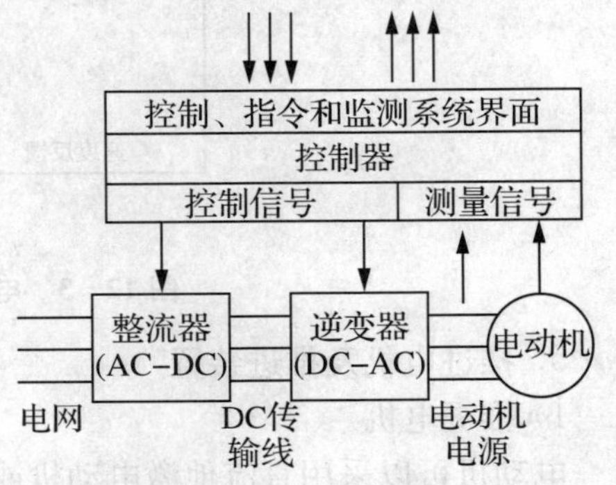

图 12－2　电力推进变频控制系统

电压型采用大电容滤波，电流型采用大电感滤波。目前，在中小功率的船舶电力推进系统中，普遍采用的是电压型的交-直-交变频器。采用的控制方法主要有 PWM（脉宽调制）方式和多电平控制方式。而 PWM 方式又可以分为等脉宽 PWM 方式、SPWM（正弦波 PWM）方式、磁链追踪型 PWM 方式和电流跟踪型 PWM 方式四类。其中，SPWM 方式在技术上已经相当成熟，广泛应用于各种船舶电力推进系统中。

交-交变频器也称周波变频器，是一种直接式变频器，中间没有直流链。通过选择电源电压的相位区段(对逆向平衡晶闸管整流桥进行控制)可得到电动机的AC电压。常用的一种12脉冲配置的周波变频器,可减小线路谐波。周波变频器也可以采用6脉冲配置,在6脉冲配置中,如果电源电压和变频器电压相互匹配,则可用电抗器来代替供电变压器。采用周波变频器,电动机的电压可以进行调节,频率可调至电源频率的1/3(大约20 Hz),因此这种变频器最适合用于不带齿轮传动的直接式轴传动中。目前,这种变频器已经在大型船舶主推进系统(包括吊舱式推进系统)中得到应用。周波变频器主要用于对低速操作和性能要求较高的场合,尤其适合用于破冰船或冰区作业船舶中,但也适合用于低速/机动性能要求较高的动力定位船和客轮中。该变频器的功率范围为2~22 MW。

电动机变频器通常包含速度控制功能,该功能的输出可以被转化成转矩指令或基准,用作电动机控制算法的输入参数。这些算法采用比较先进的电动机模型,可通过接通或断开整流器(如果是可控整流器)和逆变器中的开关元件对电动机的电流和电压进行控制。如图12-3所示,通常将电动机变频器的速度控制回路看成一个比例积分(或比例积分微分)闭环控制系统(内含一个封闭的转矩控制回路),电动机的转速通常需要进行测量,但在新型电动机控制器中一般都配置电动机转速估测装置,而不再需要使用专门的船用速度传感器。

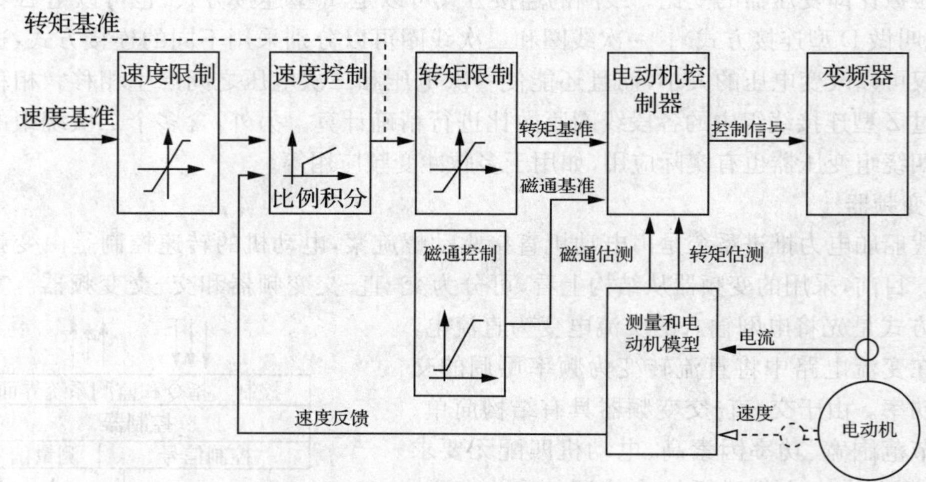

图12-3 电力推进调速控制系统原理图

5. 推进电机及推进装置

1)推进电机

电动机可以采用直流他激电动机或交流异步变频电机、交流同步变频电机、永磁同步电动机等。随着交流调速技术的发展,交流电动机已被大多数现代船舶电力推进系统采用。交流电动机可分为同步电动机和异步电动机两类。同步电动机承受扰动能力强,调速范围宽,可以和螺旋桨直接相连,而异步电动机在低速时易出现步进现象,和螺旋桨之间需经减速器连接,因此,大多数现代船舶电力推进系统采用同步电动机。由于永磁电动机转子没有感应电流、发热少,效率高,并且这种结构使得电动机的体积更小、重量更轻。随着永磁技术的进步,永磁电动机已经在电力推进系统中逐渐被广泛采用。采用不同的电机需要配备对应变流装置,具体如下:

(1) 中小功率的交流电动机(即异步电动机、同步电动机以及永磁同步电动机等)常用电压源型变频器。

(2) 大功率交流同步电动机会选用电流源型变频器或交流-交流变频器(循环变频器)。

2) 推进装置

(1) 轴系推进。在柴油电力推进系统和轴系螺旋桨推进系统中,螺旋桨通常采用变速电动机驱动。卧式电动机可直接连接到螺旋桨轴上,从而使系统更简单、更牢固、更耐用,也可通过齿轮装置与螺旋桨轴相连,从而提高电动机的转速,使电动机的结构更加紧凑。不过当采用齿轮装置连接时,机械结构会变得比较复杂,另外也增加系统的机械功率损失。

在柴油电力推进船舶中,如果所需的推进功率超出全方位推进器所能提供的功率范围,或者船舶不需要具有横向推力(控位操作和机动操作时需要有横向推力),或者可以用导管推进器等更经济的方法来提供横向推进力时,则通常采用轴系推进系统。轴系推进系统通常用于穿梭油轮、科学考察船、抛锚船和电缆敷设船等。

轴系推进系统中通常要使用方向舵,每个螺旋桨配备一个方向舵。高升力方向舵通常也能够提供一定程度的横向推力,如果船舶在进行机动或控位操作时需要更多的横向推力,通常还需要在船尾加装导管推进器。

变速定距螺旋桨(FPP)是比较常用的一种螺旋桨,其结构既简单又牢固耐用。另外,变速可调螺距螺旋桨(CPP)在某些场合也有应用,这种螺旋桨的速度和螺距能在一定程度上进行优化,可以比只对单个控制参数进行调节时获得更高的效率和更快的响应速度。但一般而言,由于对速度和螺距同时控制需要增加投资成本,这样做通常并不值得。

图 12-4 给出轴系推进系统的部分典型变频器配置,这些配置既可以用于单轴推进系统,也可以用于双轴推进系统。

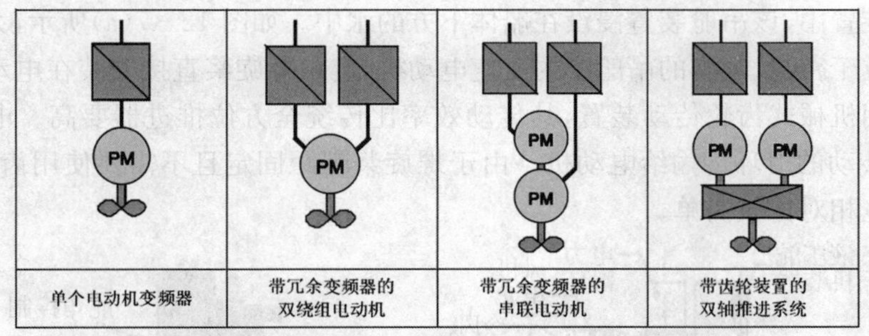

图 12-4　轴系推进系统的部分典型变频器配置

(2) 全方位推进器。全方位推进器是一种可以自由转动的推进器,能产生任何方向上的推力。其推力既可通过 CPP 或 FPP 控制,也可在少数特殊情况下通过速度和螺距联合的控制方式来进行控制。与 CPP 相比,FPP 的水下机械结构更加简单,在低推进力时的损失也更小。

电力推进的电动机通常为卧式安放,其全方位推进器则采用 Z 型齿轮传动。如果推进器室的内部高度允许,则通常选用立式电动机和 L 型齿轮传动,这样可以使整个结构更加简单、功率损失也更小。如图 12-5 所示,为了降低船舶高速行驶时的流体阻力和提高船舶的推进效率,该装置的水下结构形状经过专门优化。有些厂商可以提供双螺旋桨推进器装置,两个螺旋桨既可安装在同一根轴上,也可配置成按相反方向转动。在后一种情况下,其流体动力效率更高，因为一个螺旋桨所产生射流的转动能量可在另一个方向转动的螺旋桨上形成推力。如图 12-6 所示，CRP（反转式吊舱）推进系统将吊舱式推进装置与传统轴系起动螺旋桨结合在一起。全方位吊舱采用变速电动机控制，轴系螺旋桨既可通过电动机控制其转速，也可采用传统的可调螺距直接柴油驱动螺旋桨。在若干种类型船舶中的应用表明，CRP 推进系统可显著提高推进效率、推进功率并显著增加推进系统的冗余度。使用的传统全方位推进器的额定功率最高为 6～7 MW。

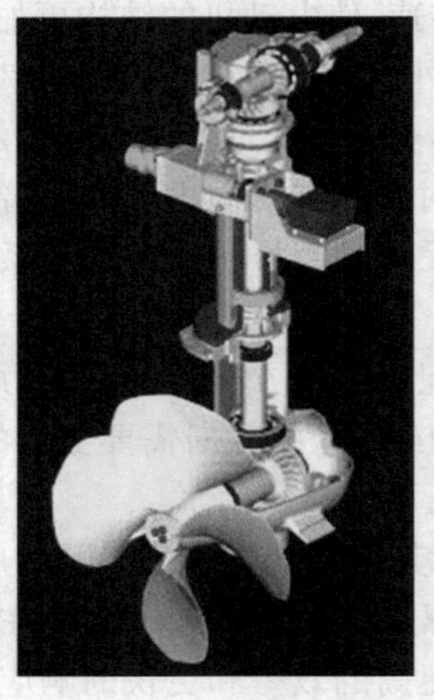

图 12-5　全方位推进器

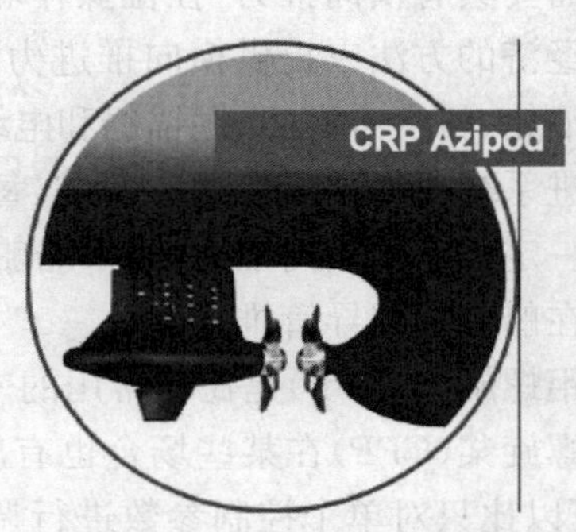

图 12-6　反转式吊舱推进器

（3）吊舱式推进装置。与传统全方位推进器一样，吊舱式推进装置也可以自由转动并能够产生任何方向上的推力。其主要不同之处是后者直接将电动机与螺旋桨轴集成在一个封闭的吊舱装置中，该吊舱装置浸没在船体下方的水中。如图 12-7(a)所示，大功率吊舱装置主要包括位于密封、紧凑的吊舱中的变速电动机，定距螺旋桨直接安装在电动机轴上。由于不需要使用机械式齿轮传动装置，其传动效率比传统全方位推进器要高。电力通过软电缆或可 360°转动的滑环传输给电动机。由于螺旋桨螺距固定且不需要使用齿轮传动装置，其机械结构也相对比较简单。

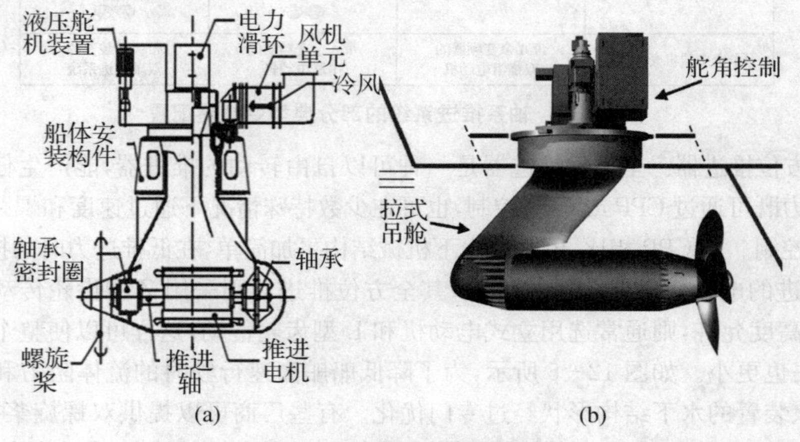

图 12-7　吊舱式推进装置

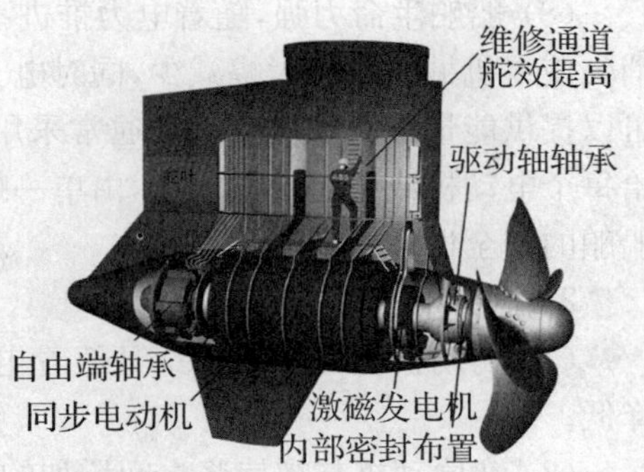

图 12-8 吊舱推进器内部构造

吊舱既可设计成推进式也可设计成拉式，如图 12-7(b)所示，拉式吊舱的特点是能够产生非常好且很均匀的伴流区，可提高螺旋桨的流体动力效率并减少空泡现象，从而降低推进系统引起的噪声和振动。吊舱式装置可双向转动，以产生向前和向后两个方向上的推力(需要采用相应的推力轴承)。螺旋桨通常根据一个主推进方向进行优化，在相反方向上的推力相对要小一些，但这对推进器的机械结构没有任何影响。吊舱式推进装置的功率范围从 1 MW 左右一直到 25 MW 以上。如图 12-8所示，整个吊舱位于船体外侧，浸泡在海水中，并直接向外传热，整个推进器不需要额外冷却，操作者甚至可以直接进入吊舱内部，进行目视检查。

与传统的船舶推进系统相比，吊舱式推进器具有如下一些优点：①推进效率高。②取消艉轴、舵机系统等，不需专门的冷却系统，节省舱容，简化安装。③空间配置灵活，可以充分利用机舱舱容，为船体设计提供很大的灵活性。④模块化设计使得安装、拆卸工作简单。⑤船舶操纵性和机动性增强，噪声和振动减少。

二、电力推进系统的特点

电力推进系统中的电力装置、推进装置、侧推器装置以及安全与自动化系统均具有很高的可用性，整个船舶的可用性得到提高。其中，安全与自动化系统主要用于对电力推进系统中的电站、推进装置以及侧推器装置进行监测、保护和控制，对于优化电力推进系统运行和提高其运行可靠性具有越来越重要的作用。

在引入全方位推进器和吊舱式推进装置之后，一些船舶开始采用同时兼顾行驶、机动和控位等不同操作模式的推进系统配置，以便推进装置能够在船舶的行驶、机动操纵和动力定位(DP)中发挥更好的作用。

1. 电力推进系统的主要优点

(1) 由于减小了燃油消耗和维护费用，从而降低了船舶的寿命周期成本，特别是当船舶负荷变化较大时效果更加显著。例如，对于许多动力定位船来说，其行驶操作的时间和进行控位/机动操纵的时间通常各占一半。

(2) 系统不易受到单个故障的影响，并且可以对原动机(柴油机或燃气轮机)的负荷进行优化配置。

(3) 采用中速柴油机，其质量更轻，外形更小。

(4) 船体空间占用更少，空间利用也更加灵活，从而增加船舶的有效载荷。

(5) 推进可通过电缆供电，因而可以不与原动机布置在一起，给推进的位置选择带来很大的灵活性。

(6) 通过使用全方位推进或吊舱式推进装置，提高船舶的机动能力，操作灵活、可靠。

(7) 由于传动轴更短，而且原动机转速固定，再加上所采用的拉式螺旋桨使水流更加均匀，消弱了空泡现象，从而使推进系统的噪声和振动大为减小。

（8）船舶生命力强，随着电力推进系统灵活性和模块化的发展，齿轮传动系和传动轴的消失使得机械故障率大幅减少，同时电力推进系统的交叉连接是可能的，如船上左舷发电机可以提供能量给右舷电动机。通常采用一前一后或双绕组电动机，这样就能选择推进电源给每个电动机或绕组提供能量，由单一螺旋桨推进变为两个甚至多个螺旋桨推进，大幅提高船舶的安全性。

2. **电力推进系统的不足**

（1）初期投资成本较大，但随着电力推进装置生产数量的增加，其单位成本会逐渐降低。

（2）在原动机与螺旋桨之间增加的组成部件（电气设备-发电机-变压器-变频器-电动机-螺旋桨）加大船舶满载时的传输损耗。

（3）对于刚开始使用推进系统的用户来说，由于船舶安装多种新型设备，因此需要制定不同的运行、人员配备及维护策略。

3. **电力推进系统需要研发的关键技术**

船舶电力推进系统是一项综合性很强的推进系统，与许多技术的发展密切相关，涉及电动机制造、电力电子器件、变换器电路、经典和现代控制理论、计算机辅助设计等众多学科领域。其中，电机技术和电力电子变频技术是两项最为关键的技术，电机技术是解决大功率低速同步水冷电动机的制造工艺，电力电子变频技术则要解决高电压大电流的变流控制技术。

第二节　电力推进系统的控制

电力推进系统的控制包括电站控制和推进控制。电站控制采用电能管理系统，推进系统的控制要求如下：

（1）可通过调整螺旋桨转速或螺距进行推进控制，在正车和倒车方向一般可从零功率至满功率连续调节。

（2）电力推进系统应设置应急推进控制方式，这种控制方式应独立于推进遥控系统。

（3）推进遥控系统的故障应不引起推力或方向的明显变化。

（4）推进控制应包括未获得足够的可用功率时限制推进功率输出，这可以通过自动减小螺距或转速来实现，推进功率限制必须保证船舶电网不致过载。

（5）在所有控制部位均应设置推进电动机的应急停车，该应急停车应独立于推进遥控系统。

在航行减速或倒车机动航行中，再生功率应限制在可接受的最大值内。

一、电力推进系统的控制方式

推进系统的控制台可以设置在任何方便的地方，机舱内应设有一个可供转换的控制台，在应急情况下能在机舱控制台进行控制。控制装置的操作可以采用手动、动力辅助或两者结合操作方式进行。当手动操作时，所有操纵开关、磁场调节器和控制器的操作应轻便；当采用动力辅助（如电动、气动或液压）操作时，在这些设备的动力源发送故障的情况下，在短时内不应导致推进器轴动力的中断。同时应能迅速转换为手动操作。

在机舱以外设有两个或两个以上控制台时,应设置选择开关或其他设施,以便将操作控制转移到指定控制台在选择开关和每个控制台上应设有哪一个控制台正在进行控制的指示,不应有几个控制台同时控制,且不应由于这种转换而导致误动作。控制台的转换,只允许在正在控制的控制台与指定接受的控制台的操纵杆处于相同位置,或当正在控制的控制台收到指定接受的控制台发出的应答信号时进行。

电力推进的控制方式通常包括对船舶辅助系统的手动、自动以及半自动控制,如各种阀、暖通空调系统、压载控制以及货物控制等。另外,船舶电力推进控制系统中还可能集成报警系统、值守呼叫系统以及安全系统等。

控制系统的操作部位主要为驾驶室(桥楼)、集控室、系统附近的控制站或发电机控制室进行监测和控制。

推进控制系统通常包括以下组成部分:

(1) 手动推进器控制系统。对推进器和螺旋桨进行个别单独控制。

(2) 自航或自动导航系统。可以在船舶行驶操作中自动保持航向和自动改变航向,通常配有航线自动跟踪功能。

如果船舶主要用于控位操作,则还应该包括:

(1) 动力定位系统。通过对推进器系统进行适当操作实现手动或自动船舶定位。

(2) 推进器辅助定位锚泊系统。通过推进器的辅助手动和自动控制锚泊船舶的位置和方向。

二、电力推进系统的设备控制

电力推进系统的控制分为现场设备控制和管理控制系统两部分,现场设备控制又可以分为保护功能和控制功能两类。保护装置主要用于对设备故障和设备运行参数超出设计约束条件的情况进行监测。电力推进系统的控制器多为专用控制器,通常与设备集成在一起。

1. 发动机的保护装置和调速器

发电机保护装置主要用于防止发动机出现超速、过热和润滑不良等情况,当出现上述情况时,发动机保护装置会自动关闭发动机。发动机保护装置通常作为发动机的一个组成部分由发动机供应商提供,也可在一定程度上与船舶管理系统集成在一起。

调速器通过控制向原动机注入的燃料量来控制发电频率。这种调速器常采用有差调节,其“速度降”可以由调速器设定,意思是指其稳态频率将随有功负荷(kW)的上升而按比例下降。速度降模式是进行并联发动机间负荷均分的一种简单而可靠的方法。不过,因负荷变化而产生的发电机频率频繁波动,会在同步发电机或不同母线区域中产生不利影响。另外,从负荷操作角度来说,也不希望发电频率有太大的波动。同步均工调节中有一个专门将发电频率保持在设定值附近的调节装置,各个调速器之间通过信号(不论通过硬接线方式还是通过高速总线通信方式)确保原动机之间负荷的适当分配,电力推进设备中使用的大部分调速器都同时提供定速和速度降两种控制模式。

2. 发电机的自动电压调节器

自动电压调节器(AVR)通过调节发电机励磁绕组中的励磁电流对电压进行控制。作为一种调节器，电压调节器可采用电压降控制模式，即电压可随负荷在一定范围（±2.5%）内波动，这使无功负荷（kVAr）分配变得非常简单而且可靠，从而为并联发电机负荷均分奠定基础，并且这种电压波动不会对同步和其他功能产生任何影响。

3. 电力推进系统的保护继电器

电力设备中的保护装置主要用于防止电力推进系统故障引起的人员伤亡或伤害，避免或减轻设备因故障而造成的物理损坏。保护继电器通常设置在配电屏中，在某些情况下也可设置在专门的控制和保护面板中。保护继电器的类型有很多种，功能也都不尽相同，以适用于各种不同的应用场合。如今，数字式可编程序保护继电器的应用已十分普遍，可满足各种应用场合的特殊保护需求。

保护装置可根据对电流、电压、频率等参数的测量结果，在预定时间（取决于测量结果的大小）内断开系统的某些部件或设备。

保护方案可根据操作要求和系统配置的不同而有所变化，一个典型的保护方案应该包括以下功能：

1）配电与电网保护

（1）欠压和过电压保护：通常只进行报警。

（2）欠频（率）和过频（率）保护：通常只进行报警。

（3）接地故障保护：根据接地原理的不同进行跳闸或报警。

（4）差动保护或其他快速短路保护。

（5）短路保护：可集成在发电机保护装置和设备供电的断路器中。

（6）同期（同步并车）检查保护。

（7）差动保护（在环形网络配置情况下）。

2）发电机保护

（1）过电流和短路保护。

（2）接地故障保护。

（3）逆功率保护。

（4）逆相序保护。

（5）欠压和过电压保护。

（6）过频（率）保护。

（7）欠励磁保护、过励磁保护和/或电容性无功功率保护。

（8）差动保护（带变压器涌流阻滞功能）。

（9）带速度输出（输出至原动机）的同期检查保护。

3）变压器馈线

（1）过电流保护。

（2）短路保护。

（3）热过负荷/热像保护。

（4）接地故障保护。

（5）欠压保护。

（6）在某些情况下（尤其对于大型变压器）需要有差动保护。

4）电动机的保护

（1）过电流保护。

（2）短路保护。

（3）接地故障保护。

（4）热过负荷/热像保护。

（5）逆相序保护。

（6）电动机起动：堵转保护，起动次数。

（7）欠压保护。

在设计保护方案和进行保护设定时，既要考虑能够在最短时间内隔离故障设备，又要使需要断开的设备尽可能少，因而必须在这两者之间进行权衡。为了使断开设备的数量达到最少，需要进行选择性和保护装置整定研究，其目的是为了在电力推进系统设计中体现出这种选择性。

4. 推进控制器

推进控制系统通常采用速度控制方式，一般用推进控制器将参考速度尽可能保持在转速和扭矩的极限范围内，并保持推进控制系统的动态能力。

推进控制器通常与调节器/推进控制系统、发电及配电系统和/或电力管理系统、桥楼控制系统（包括遥控操纵杆、自航系统、动力定位等）连接在一起。速度控制需在正车和倒车方向均能够从零功率到满功率连续可调。速度设定值与实际的速度反馈值比较产生速度函数，其对应的功率应不超过可用的电网最大推进功率限制值，经 PI 运算得到转矩值并送到执行设备。

推进功率通常在电站的总负荷中占很大比例，因而其减负荷功能和防停电功能必须与电站设计和电力管理功能高度协调。由于响应时间的长短直接关系到防停电功能的成败，因此对减负荷的速度快慢也有非常严格的要求。在防停电设计中，推进控制器包括三种不同级别的减负荷功能：

（1）通过电力管理系统或经过专门测量，根据可用功率情况计算电力推进系统的最大负荷极限。这种减负荷措施可根据电力管理系统设计中的电力分配和优先顺序情况，为电动机变频器提供最大负荷（kW）。

（2）快速事件触发减负荷。通常由一个数字信号强制电动机变频器的功率减小到某个预定比值或某个绝对功率值。该数字信号一般由电力管理系统或配电盘内的保护/控制设备提供。

（3）快速频率触发减负荷。仅取决于变频器线路电源的频率测量结果，通常作为防停电设计中最后一道保护措施，用于防止因发电机过载而导致低频跳闸。

船级社对推进控制系统相关设备及其他辅助设备的安全和监测功能也有一定的要求。根据总体系统结构的不同，监测和停机功能既可作为整个推进控制系统的一个组成部分，也可包括在集成自动化系统中，或两者兼而有之。

电力推进系统可以根据工况变化的需要，对应采用速度控制、转矩控制或功率控制。与速度控制相比，转矩控制可通过减小海流和海浪对推进螺旋桨推力影响，使来自电网的功率更加稳定。对于冰区作业船或破冰船来说，当螺旋桨撞上冰层或浮冰时，其负荷扭矩将出现急剧变化。目前,功率控制已成功地用于减小电网的这种负荷变化。

三、变频调速装置

船舶电力推进通常使用高压变频器。根据有无直流环节而将高压变频器分为两大类:无直流环节的变频器称为交-交变频器,有直流环节的变频器称为交-直-交变频器。其中,直流环节采用大电感以平抑电流脉动的变频器称为电流源型变频器,直流环节采用大电容以抑制电压波动的变频器则称为电压源型变频器。电流源型变频器还包括晶闸管式负载换相变频器(LCI)。电压源型变频器则包括功率器件串联二电平直接高压变频器、采用 IGCT 或 HV-IGBT 的三电平变频器和采用 LV-IGBT 的单元串联多电平变频器。

船舶电力推进系统使用的变频器主要有交-交变频器、LCI 电流型变频器和电压源型变频器三种。

1. 交-交变频器

交-交变频器又称为 CYCLO 变频器(Cyclo-Converter),中文译作循环变频器。交-交变频器是采用晶闸管实现的无直流环节的直接由交流到交流的变频器,也叫做周波换流器。当电压在 3 kV 以下时,每相要用 12 只晶闸管,三相共 36 只,其电路结构如图 12-9 所示。它通过控制一个可控的桥式反并联晶闸管,选择交流电源的不同相位区间向交流同步电机提供交流电。变频装置输出的每一相都是一个两组晶闸管整流装置反并联的可逆线路:一组晶闸管整流电路提供正向输出电流,另一组提供反向输出电流。构成这种交-交变频装置的三相桥式电路,在一个输出周期中三相电流有 6 次过零,即带来 6 次转矩波动,所以这种交-交变频装置被称为 6 脉波交-交变频装置。它是最基本的类型,应用广泛。当电压超过 3 kV 时,晶闸管必须串联使用,所用的晶闸管成倍增加。

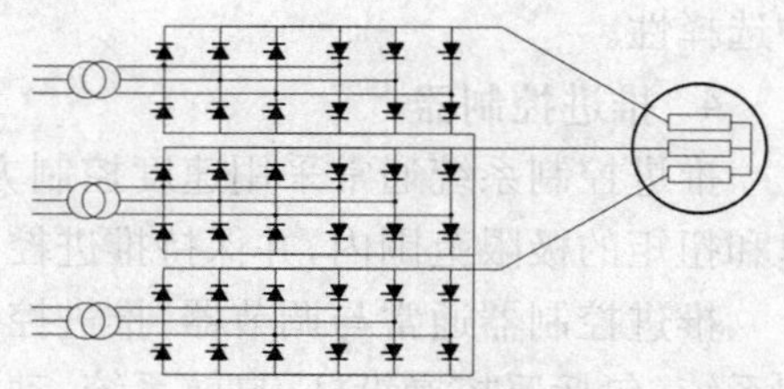

图 12-9　6 脉波交-交变频器电路结构

交-交变频的优点是可用于驱动同步和异步电机,堵转转矩和保持转矩大,动态过载能力强,可四象限运行,电机功率因数最大可以达到 1,极佳的低速性能,弱磁工作范围广,转矩质量高,效率高。其缺点是功率因数与速度有关,低速时功率因数低;最大输出频率为电源频率的 $1/n(n=2,3,\cdots)$,最大转速小于 500 r/min,网侧谐波大。交-交循环变流器主要用于速度极低、转矩极高的场合,典型的例子就是破冰船。循环变频器的功率范围是每台变频器为2～22 MW。

2. LCI 电流源型变频器

CSI 由晶闸管整流器、滤波器、晶闸管逆变器等三部分组成。整流电路将从电网来的交流电转换成直流电,再经三相桥式逆变电路转变为频率可调的交流电,供给推进电动机。电流源型变频器的直流中间环节采用大电感滤波,直流电流波形平直,对电动机来讲,基本上是一个电流源。改变整流电路的触发角,就改变了中间直流环节的电压。而改变逆变电路触发脉冲的顺序,即可改变推进电动机的转矩方向,控制推进电动机转向。6 脉波和 12 脉波 LCI 电流源型变频器结构分别如图 12-10(a)和图 12-10(b)所示。

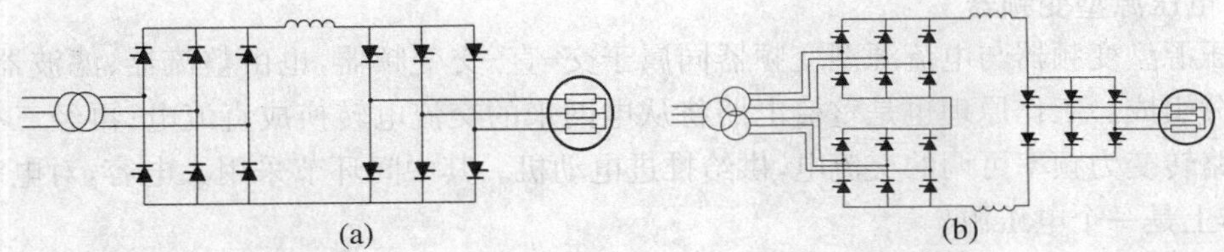

图 12-10 6 脉波和 12 脉波 LCI 电流源型变频器结构

电流源型变频器的特点是其直流通过晶闸管整流器提供，并经感应器进行稳定，由于采用负载换向，也称负载换向型变频器(LSI)，通常与同步电动机一起使用。

从电网这一侧来看，电流源型变频器与 DC 电动机变频器中使用的全桥晶闸管变频器完全相同，对电网的影响也可认为完全相同。在变频器这一侧(向电动机供电)，电流源型变频器结构与晶闸管整流器的结构相同，但它不使用电网电压，而是使用电动机感应电压。

晶闸管整流器使电动机的功率因素随转速而变化，当电机以额定转速运转时，其功率因素较高(0.9)，当电动机低速运转时，其功率因素会减小到接近于零。供电电流中一般含有谐波成分，在进行系统设计时必须考虑到这一因素，通常可以采用 12 脉冲 6 相结构配置来减小谐波电流。

通过控制逆变器，晶闸管将直流电流输出至电动机各相之中时会得到 6 级电流波形，并在电动机中产生谐波和扭矩波动。为了进行换流，电流源型变频器还要电动机中有一定的感应电压(EMF，即电动势)，因此主要用于同步电动机变频器(这种电动机运行时具有电容性功率因素)。

当低速运转时(通常为额定转速的 5%～10%)，电动机中的 EMF 非常低，不能形成自然换流。在该速度范围内，电流源型变频器将按照脉冲模式运行，这样在变频器输出级换流期间，就可以将电流控制为零。由于电流以及扭矩都被控制为零，因此在该区域运行时，电动机轴上扭矩的跳动会比较大。考虑到电动机的振动和噪声，在进行推进控制系统设计时必须认真考虑电动机的扭矩波动和电动机轴的振动。电流源型变频器主要用于大型同步电动机变频器，最大功率约为 100 MW。

变频器的输出频率受同步电机转子所处角度控制，每当电机转过一对磁极，变流装置的交流电输出相应的交变一个周期，保证变频器的输出频率与电机的转速始终保持同步，不会出现失步和振荡。LCI 电流源型变频器适用于同步电机加转子位置检测器的高速高频调速传动场合，可实现近似于直流电机的调速特性，省去直流电机维护困难的机械式换向器和电刷。

LCI 电流源型变频器的优点是在整个转速范围内可以输出大扭矩(功率范围可达 30 MW)、起动扭矩大、控制简单、免维护(无电刷、无熔断器)，与交-交变频方式相比，使用的电子器件数量少，系统简单、可靠。其缺点是当电力推进系统低速运行时，电流型变频器将电流控制在零附近脉动，转矩输出也存在脉动，给轴系带来振动。同时，由于直流电同感性负载相连，电感重量、体积都很大，时间常数也较大，系统动态响应较差。这些不足使得电流型逆变器使用受到一定限制。

3．电压源型变频器

电压源型变频器与电流源型变频器同属于交-直-交变频器，也由整流器、滤波器、逆变器三部分组成。工作原理也是整流电路将从电网来的交流电转换成直流电；再经三相桥式逆变电路转变为频率可调的交流电，供给推进电动机。其中间环节采用大电容，对电动机来讲，基本上是一个电压源。

随着电力电子器件的发展，电压源型变频器发展成新型的脉宽调制型(PWM)，整流器用二极管组成，逆变器用IGBT(绝缘栅双极晶体管)组成。IGBT具有工作速度快、输入阻抗高、热稳定性好、载流能力强等特点。图12－11(a)和图12－11(b)分别为6脉波和12脉波电压源型变频器原理图。采用二极管将交流电整流后，再通过PWM将直流电斩波提供电压和频率均可调节的交流电。

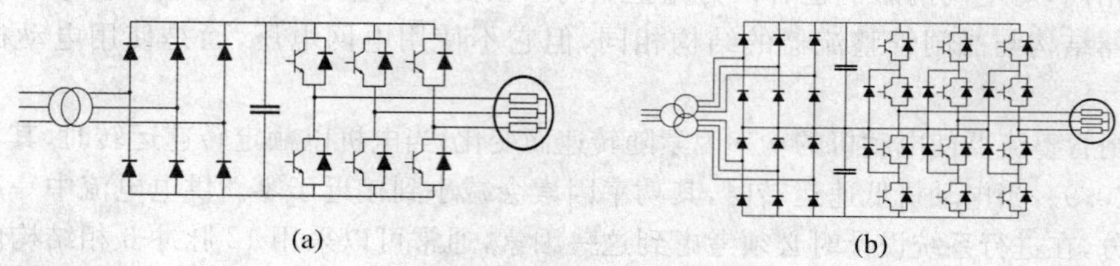

图12－11　6脉波和12脉波VSI变频器原理图

采用二极管整流器，可保持电力推进系统能在任何电机速度的时候功率因数接近0.95。当变频器直接连接到电网中时需要使用这种整流器，其主要谐波电流为5次、7次、11次及13次。如果采用三线圈变压器双路供电的12脉冲配置，谐波畸变还可进一步减小，即可消除5次和7次谐波电流。在需要用变压器进行变压的场合，一般采用12脉冲配置。采用PWM变频器和12脉冲配置，通常可将剩余谐波畸变减小到相关技术规范中规定的标准，但有时还需要采用其他方法，如滤波等。

为了使输出到电动机的电压符合要求，可采用多种方法对开关元件进行控制，最常用的就是采用不同的PWM方法。最基本的PWM方法是，通过将三个正弦参考值与一个高频三角信号进行比较，生成一个三相PWM电压，如图12－12所示。如果正弦参考值比三角信号值大，则变频器支路中的上部开关元件就会接收到一个闭合信号，而下部开关元件则会断开；如果正弦参考值比三角信号值小，情况则正好相反。从变频器输出至电动机接线端子的电压也与此类似，对应于正门极控制信号，瞬态值等于直流链中的正电压，而对应于负门极控制信号，瞬态值等于直流链中的负电压。真正对电动机产生影响的线路电压则是两个相电压之间的差值，如图12－12所示的u_{rU}。

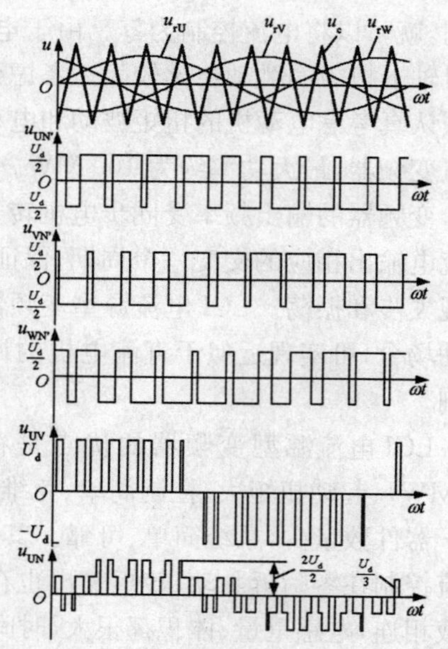

图12－12　三相桥式PWM逆变电路波形图

除了这类PWM方法之外，在直接扭矩控制

(DTC)中还可以采用矢量调制技术和直接调制技术。在直接扭矩控制中，通过对八个电压矢量(包括两个零矢量)中可能作用在定子绕组中的电压矢量进行计算，可直接生成门极触发信号。

电动机控制器的控制方法有多种，这些控制器的作用都是为电动机提供输入并使其产生所需扭矩：

(1) 电压/频率恒定值控制。电压/频率恒定值控制是异步电动机控制中最简单也是最早使用的控制技术，它可通过模拟电子技术实现。这种控制方法的主要不足之处在于：模型只在静态条件下有效，并且模型中的各个参数都会随温度、频率等呈显著变化，因而电压/频率恒定值控制方法的动态性能较差，电动机容量的利用率也不高。

(2) 转子磁通矢量控制。转子磁通矢量控制是电动机电压、磁通和电流等均被看成是旋转坐标系中的矢量。坐标方向与转子绕组中旋转磁通的方向一致，其中电流矢量可分解为磁通分量和扭矩分量。该方法对计算机的运算能力要求较高，还有一个明显不足之处就是需要进行矢量变换，包括一些呈显著变化的参数，尤其是大小随温度变化的转子阻力。为了得到较好的动态性能，需要对转子阻力进行在线调整或对温度科学测量。

(3) 高级定子矢量控制。应用定子坐标系中的定子磁通和电流模型同样可实现解耦的磁通和扭矩控制。该模型与呈显著变化的转子参数无关，但要求控制器具有更强的计算能力。这种控制方法被称作直接扭矩控制。为了实现精确控制，异步电动机模型求解时通常需要具有 40 kHz 的采样频率，否则就不能估算出电动机的电量参数和电动机的机械转速。由于无需编码器测量转速和转子位置，可以显著增强系统的可靠性，因此在大多数应用中得到采用。图 12－13 所示的是将磁通矢量控制方法简化后得到直接转矩控制原理图。

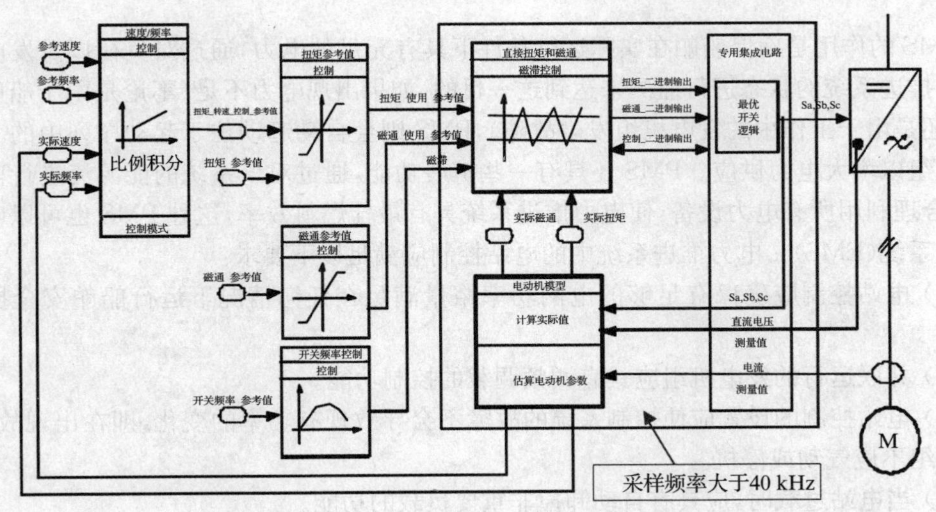

图 12－13　直接转矩控制原理框图

图 12－11 所示变频器可以使电动机按正、反两个方向转动。由于采用二极管整流电源，因而只能由电网供电，并且在进行电机再生制动时产生的电能不能反馈到电网中。则电动机的再生电源通过变频器的部件(反向二极管)整流给电容充电，那么直流母线电压会超出安全极限。

为了能够实现电机再生制动(如当螺旋桨反转急速停船时)时电能的处理,防止直流母线电压过高,通常需要在直流链中设置一组由晶体管控制的能耗电阻。该电阻可以在直流链过电压到达安全极限之前起动,并将再生电能消耗到电阻中。另外,可以为整流器配备一个逆向平行全桥晶闸管整流器,也可用一个有功前端(与变频器模块类似)作为整流装置来向电网提供电力。

在系桩拉力条件下,静态功率的方向为正,即从电网流向电动机。在动态条件下,如果需要快速降低螺旋桨的转速,则除本身具有的流体动力制动转矩外,还需要另外使用单独的制动转矩,因而需要提供动力制动力以使螺旋桨停止或降低其转速。

图 12-11(a)中的 6 脉冲变频器不会从电网中获得正弦电流。为了减小电流畸变,通常需要采用图 12-11(b)所示的 12 脉冲配置,该配置中变频器通过两个次级存在 30°相移的变压器(Ddy 变压器)供电,并且串接或并接两个 6 脉冲二极管整流器,这样初级电流畸变会得到显著降低。与此类似,为了进一步减小电流畸变,还可以采用 18 脉冲配置(三个二极管整流器和四个绕组的变压器)或 24 脉冲配置(四个二极管整流器和五个绕组的变压器)。一般来说,12 脉冲配置通常足以将电流畸变降至可以接受的水平。

因为船舶推进装置功率大、转速低,现应用最多的是周波变频装置。将来随着电力电子器件和技术的创新与发展,IGBT 及 IGCT 高压大容量方面技术的突破和成本的下降,以及矢量控制技术和直接转矩控制技术的成熟与推广,电压源型变频器将会有更大的市场。

第三节　电力管理系统(PMS)

PMS 的作用是确保船舶在实际运行条件下具有充足的电力,通过对负荷以及发电机组和电力推进系统的状态进行监测来达到这一目的,如果出现电力不足(不论是由于船舶负荷增加,还是由于工作中的发电机组发生故障),PMS 则会自动起动位于起动序列中的下一个发电机组以增大电力供应。PMS 还具有一些扩展功能,通过对该系统的能源流进行监测和控制,合理利用所有电力设备,使电力推进系统具有最佳燃料效率,这种 PMS 也可以叫做能源管理系统(EMS)。电力推进系统中的电站控制应满足以下要求:

(1) 电站控制应确保有足够的电网功率裕量满足在任何情况下运行船舶安全操纵的需要。

(2) 并联运行的发电机组应具有调频调载的控制功能。

(3) 电站控制的设置应使控制系统的故障不会导致现有功率的变化,即在出现故障时,发电机组不应气动或停机。

(4) 当电站过载时,应具有自动卸掉非重要负载的功能。

(5) 电站的控制系统应保证在推进和日用负载之间安全地分配电力,如有必要,可以卸掉非重要负载和/或降低推进功率。

(6) 在一台发电机组不工作时,剩余的机组应能向所有的重要设备和船舶的常用设备供电,同时应维持有效的推进。

(7) 如正常情况(由两台或两台以上发电机并联供电),当一台发电机组突然断电时,运行中的剩余机组应足以保证重要设备的不间断运行和有效推进。

一、PMS 的供电组成

在电力推进船舶中，PMS 最重要的功能是在任何时候都能提供足够的电能。为确保 PMS 供电连续性及能量的稳定平衡，PMS 有效地将电站综合保护、重载起动询问、电网可用功率输出等进行综合考虑；在需求的电功率不断变化或供电系统出现故障时，PMS 能采取各种措施，尽可能保证对负载的连续供电，避免电站断电，确保船舶的安全性。一般而言，变频器和推进电动机是船舶电站的最大负载，变频器内部控制系统根据 PMS 送出的电网最大可用功率，限制推进负荷所需功率，同时 PMS 将起动备用发电机，然后推进装置负载将上升到下一个极限值，依次循环。如果一台或多台发电机脱扣，变频器将突降推进负荷所需功率，避免造成发电机过载和全船断电。供电连续性原理图如图 12－14 所示。

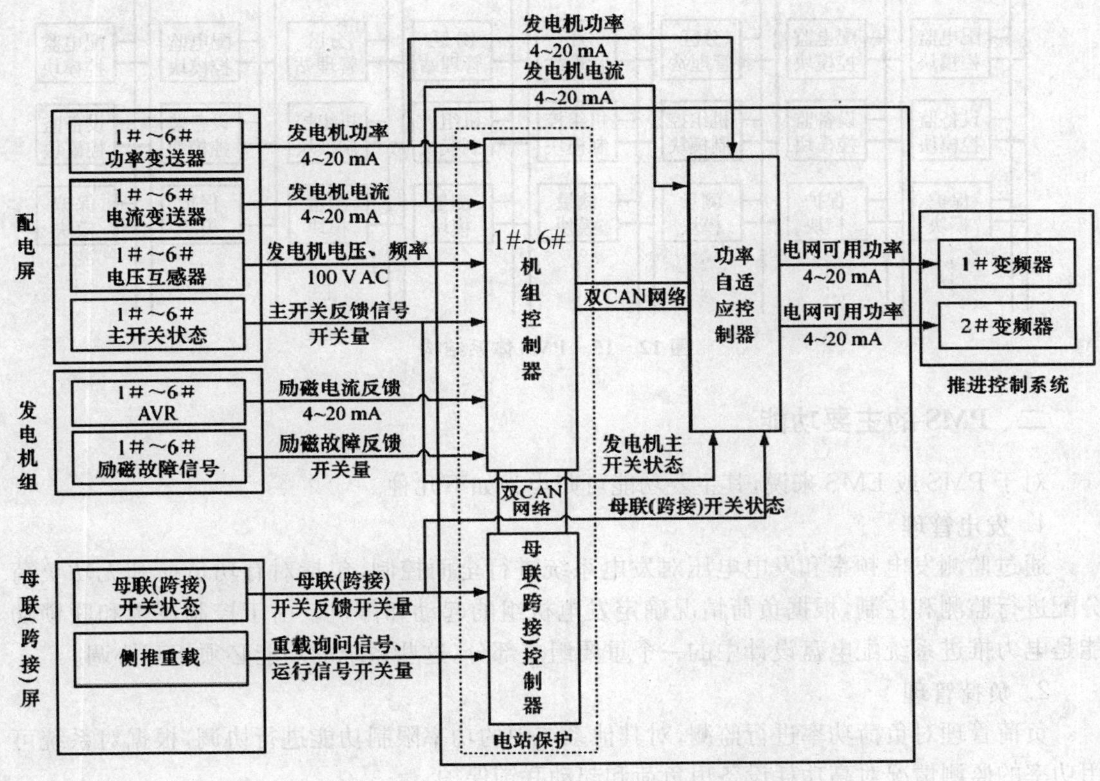

图 12－14　供电连续性原理图

PMS 体系结构如图 12－15 所示。PMS 采用两层冗余计算机网络体系结构。上层为双冗余以太网络，它将中央控制中心互连，组成一个上层系统实现管理及智能操控；下层为 CAN 总线双冗余网，实现发电自动化、监测报警、输配电监控保护、主要用电设备监控管理等功能。

上层与下层各 CAN 总线区域网之间通过网关联接，通过上、下两层网络将中央控制中心、分区管理站、发电机组控制模块、测量模块、配电监控模块、设备监控模块及保护模块互联成系统，组成船舶电力推进系统控制、监控、管理及保护一体化的网络型分布式 PMS 能量管理系统。

PMS 为每台发电机组各配置一套发电机组监控模块，实现机组的智能测量及输出控制功能；配置一套设备监控模块，实现设备的控制；配置一套保护模块，实时监测和保护发动机组；配置两套中央控制中心，实现能量管理。PMS 采用冗余技术设计，互为备用，实现对整个电站的监测、集中管理，并具有终端在网远程遥控等功能。

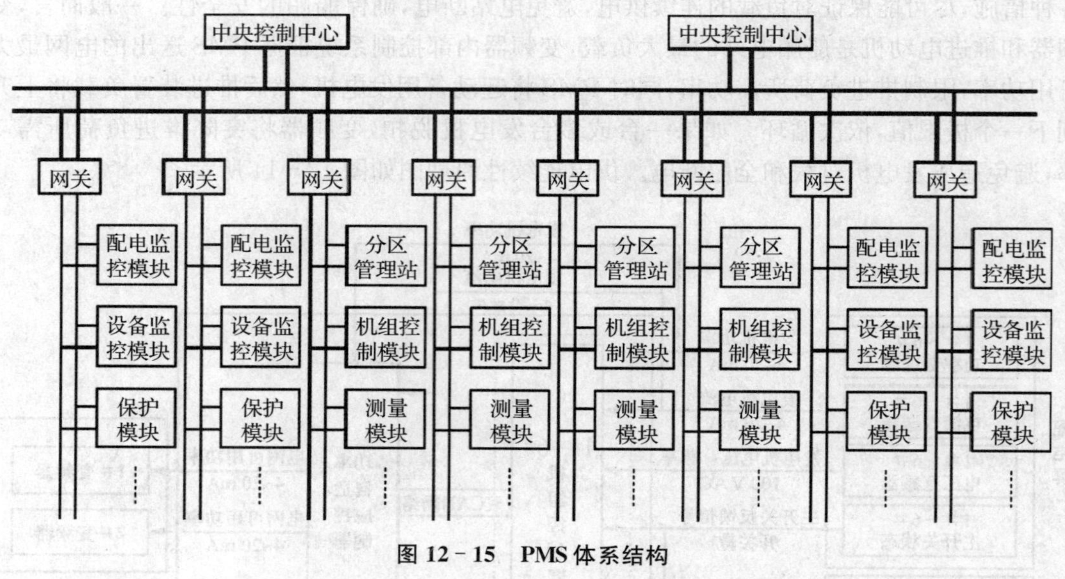

图 12－15　PMS 体系结构

二、PMS 的主要功能

对于 PMS 或 EMS 来说，其主要功能可归类为如下几种。

1. 发电管理

通过监测发电频率和发电电压对发电系统进行全面控制，包括对有功负荷和无功负荷分配进行监测和控制，根据负荷情况确定发电机组的起动和停机。由于控制逻辑和联锁功能是电力推进系统配电盘设计中的一个重要组成部分，这些系统的功能必须相互协调。

2. 负荷管理

负荷管理对负荷功率进行监测，对其他系统中的功率限制功能进行协调，根据对系统可用功率的监测情况对高功耗设备用负荷和起动联锁保护。

3. 配电管理

当重配置配电系统时，对其配置和序列进行控制。配电系统的配置应该满足船舶实际操作模式的要求。

电力推进系统的电力推进系统的配置非常复杂，要求也非常严格，具有先进的安全保护和继电保护设计。电力推进系统可能出现的最为严重的故障就是发电系统停电，针对这一情况，PMS 中采用多种不同的防停电机制，如自动起动、停机功能，减小推进力以及其他负荷、甩掉不重要负荷等。一般而言，可用功率通常被控制在自动起动至自动停机这个区域内，但如果出现负荷突增或出现发电机组跳闸，可用功率就会显著降低。通过对负荷平衡情况和/或定位频率进行监测，当出现上述情况时系统可随即起动减负荷功能和甩负荷功能，以降低电力推进系统负荷和保护发电装置，直到另一台发电机组起动并连入电网。

如果发生停电，并且这种情况频繁出现，通常还需要对电力推进系统的起动和重配置进行顺序控制，这种顺序控制为系统控制，包括起动顺序控制以及发电机组与负荷的同步控制等。通常还需要有一组预先确定的操作模式（如行驶模式、控位模式以及机动模式等），这组操作模式具有对电力推进系统重配置进行自动顺序控制的功能。

4. 发电机组台数管理

大型船舶，特别是工程船都配备多个大负荷重载设备，如侧推装置，PMS 需要充分考虑能量管理的经济性与电站系统备用发电机组的关系，根据其起动询问信号，结合电网可用功率、大负荷设备起动需要的功率及功率增减机组设定值，输出相应重载允许起动信号，或增机成功后输出重载允许信号。增减机组管理可以依据以下原则进行：

（1）恒定平均功率增减机管理原则。设定增加和减少运行机组的功率值。当电网所需负荷增加，要求运行机组的平均功率大于 85%Pe（单台发电机的额定功率）时，增机；反之，平均功率小于 30%Pe 时，减机。拥有动力定位系统的综合电力推进系统工作在恶劣海况全方位动力定位工况时，需要起动所有侧推装置，PMS 需要预留所有侧推装置额定功率，在没有侧推负荷反馈时，当侧推 0～100%负荷运行时系统均需预留所有侧推装置额定功率。

（2）恒储备功率增机、恒平均功率减机管理原则。增机原则是指设定储备功率为恒值，一般约为单机组额定功率的 1/3。减机原则是指在 N 台机组并联运行时，当 1 台机组解列后，其余 $N-1$ 台机组的平均功率 P 小于某设定值，一般为单机额定功率的 1/2。

复习思考题

1. 电力推进系统由哪些部分组成？各有何特点？
2. 电力推进系统对设备控制的要求有哪些？
3. 电力推进系统中的变频调速有哪几种？各有何特点？
4. 电力推进系统的特点有哪些？
5. 整流回路 6 脉波与 12 脉波的区别是什么？系统配置 Ddy 变压器的原因是什么？
6. PMS 有哪些主要功能？

参考文献

[1] 林叶锦. 轮机自动化. 大连：大连海事大学出版社，2009.

[2] 中国海事服务中心. 船舶电气与自动化. 大连：大连海事大学出版社，2012.

[3] 马伟明，张晓锋，焦侬，等. 中国电气工程大典(第12卷)：船舶电气工程. 北京：中国电力出版社，2009.

[4] 王卫兵，宋欣. 可编程序控制器原理及应用. 北京：机械工业出版社，2009.

[5] 贾好来. MCS-51单片机原理及应用. 北京：机械工业出版社，2007.

[6] 高鸿斌，孔美静，赫孟合. 西门子PLC与工业控制网络应用. 北京：电子工业出版社，2006.

[7] 冯博琴. 微机原理与接口技术. 北京：清华大学出版社，2010.

[8] 吴树雄，韩成敏. 船舶轮机自动测控技术. 大连：大连海事大学出版社，2000.

[9] 中国海事服务中心. 船舶机舱自动化. 大连：大连海事大学出版社，2012.

[10] 中国海事服务中心. 船舶动力装置. 大连：大连海事大学出版社，2012.

[11] 齐蓉，肖维荣. 可编程计算机控制器技术. 北京：电子工业出版社，2006.

[12] 李世臣，徐善林. 轮机自动化. 大连：大连海事大学出版社，北京：人民交通出版社，2008.

[13] 王景景，闫春娟，陈琦. 单片机原理及应用. 北京：机械工业出版社，2010.

[14] 邱赤东. 可编程序控制器及其网络通信. 大连：大连海事大学出版社，2011.

[15] “育明”轮有关电气技术资料. 上海海事大学，2012.

[16] 轮机工程手册编委会. 轮机工程手册(下卷). 北京：人民交通出版社，1994.

[17] 郑华耀. 船舶电气设备及系统(第2版). 大连：大连海事大学出版社，2011.

[18] 林叶春. 船舶电子电气工程专业海上实践指南. 上海：上海浦江教育出版社，2013.

[19] 陈宝忠. 船舶轮机工程专业海上实践指南. 上海：上海浦江教育出版社，2013.

[20] 张扬. S7-200PLC原理与应用系统设计. 北京：机械工业出版社，2007.

[21] 郁有文. 传感器原理及工程应用(第三版). 西安：西安电子科技大学出版社，2008.

[22] 林志贵. 微机原理及接口技术. 北京：机械工业出版社，2010.

[23] AC4主机遥控使用手册. KONGSBERG公司，2002.

[24] AC C20主机遥控使用手册. KONGSBERG公司，2004.

[25] DataChief C20机舱集中监视与报警系统使用手册. KONGSBERG公司，2004.

[26] K-Chief-500机舱集中监视与报警系统使用手册. KONGSBERG公司，2008.

[27] S型分油机使用手册. ALFA LAVAL公司，2010.

[28] 船用燃油组合单元使用手册. ALFA LAVAL公司，2010.

[29] ER2000 Instruction. Clorius Control A/S，2010.

[30] AutoChief-4 for Man / B&W User's Manual. KONGSBERG，2002.

[31] K-Chief 500 Marine Automation System Product Description. Kongsberg，2008.

[32] AutoChief C20 Instruction Manual. Kongsberg，2004.

[33] 王晓武，杨建国. 柴油机滑动主轴承磨损状态的振动诊断研究. 武汉交通科技大学学报，1999(1)：53-57.

[34] Alpha 注油器系统使用说明书(MC 柴油机). MAN B&W Diesel A/S,2003.

[35] PMI On - Line System User's Guide(Bersion 2.3). MAN B&W Diesel A/S,2006.

[36] 胡以怀,周铁尘. 柴油机滑动主轴承故障振动诊断的研究. 柴油机,1997:30 - 35.

[37] Bearing Condition Monitoring System for large 2 - stroke diesel engines—Model XTS - W. AMOT company.

[38] LEC1 控制单元使用说明书. Siemens,1997.

[39] 马国华. 监控组态软件及其应用. 北京:清华大学出版社,2001.

[40] 许海燕. 嵌入式系统技术与应用. 北京:机械工业出版社,2002.

[41] 王兆安,黄俊. 电力电子技术. 北京:机械工业出版社,2010.

[42] Alf KareAdnanes 船舶电气装置与柴油电力推进系统. ABB AS 船舶部,2003.